面向21世纪课程教材

十一五 普通
国家

高等学校工商管理类专业核心课程教材

财务管理学

（第六版）

主　编　郭复初　江涛　王庆成

中国教育出版传媒集团

高等教育出版社·北京

内容简介

　　本书是在普通高等教育"十一五"国家级规划教材、面向 21 世纪课程教材、高等学校工商管理类核心课程教材、高等教育百门精品课程建设教材《财务管理学》(第五版)的基础上修订而成的。教材第一版获全国普通高等学校优秀教材一等奖，教材第五版获首届全国优秀教材二等奖。

　　本书系统阐明以公司制企业为代表的现代企业财务管理的理论与方法，对国家财务也用了专章讲述。其内容和体系安排有以下特点：以企业资本运动为管理对象，以理财目标为管理导向，以资金时间价值、风险价值和科学理财观为管理基本价值观念，以筹资决策、投资决策、成本决策、收入与利润分配决策、资本重组决策为管理基本内容，以财务预测、财务决策、财务计划、财务控制和财务评价为管理基本环节和方法。本书分为财务管理基础、财务基本业务管理和财务特种业务管理三篇，共 17 章。内容包括财务管理总论，财务价值计量基础，企业科学理财观，筹资管理，项目投资管理，流动资产管理，无形资产管理，证券投资管理，成本费用管理，营业收入管理，利润与分配管理，财务评价，跨国公司财务管理，国家财务管理，人力资本财务管理，智能财务管理，企业设立、清算与重组财务管理。

　　本书可作为财务管理、会计学、金融学、财政学、保险学和企业管理等专业开设财务管理课程的教学用书，也可作为财经类专业研究生的参考用书，还可供其他相关专业师生使用和财务工作者参考。

图书在版编目（ＣＩＰ）数据

　　财务管理学/郭复初，江涛，王庆成主编． -- 6版
． -- 北京：高等教育出版社，2024.7
　　ISBN 978-7-04-061095-6

　　Ⅰ.①财…　Ⅱ.①郭…　②江…　③王…　Ⅲ.①财务管理-高等学校-教材　Ⅳ.①F275

　　中国国家版本馆CIP数据核字 (2023) 第165115号

Caiwu Guanlixue

| 策划编辑 | 谢睿芳 | 责任编辑 | 谢睿芳 | 封面设计 | 赵　阳　贺雅馨 | 版式设计 | 马　云 |
| 责任绘图 | 李沛蓉 | 责任校对 | 吕红颖 | 责任印制 | 张益豪 | | |

出版发行	高等教育出版社	网　　址	http://www.hep.edu.cn
社　　址	北京市西城区德外大街 4 号		http://www.hep.com.cn
邮政编码	100120	网上订购	http://www.hepmall.com.cn
印　　刷	青岛新华印刷有限公司		http://www.hepmall.com
开　　本	787mm×1092mm　1/16		http://www.hepmall.cn
印　　张	38.75	版　　次	2000 年 1 月第 1 版
字　　数	920 千字		2024 年 7 月第 6 版
购书热线	010-58581118	印　　次	2024 年 7 月第 1 次印刷
咨询电话	400-810-0598	定　　价	79.00 元

本书如有缺页、倒页、脱页等质量问题，请到所购图书销售部门联系调换
版权所有　侵权必究
　物 料 号　61095-00

总前言

　　高等学校经济学类核心课程和工商管理类核心课程是在高等教育面向 21 世纪教学内容和课程体系改革计划"经济学类专业课程结构、共同核心课程及主要教学内容改革研究与实践"和"工商管理类专业课程结构及主要教学内容改革研究与实践"两个项目调研基础上提出、经经济学教学指导委员会和工商管理类教学指导委员会讨论通过、教育部批准的必修课程。其中,经济学类各专业的核心课程共 8 门:政治经济学、西方经济学、计量经济学、国际经济学、货币银行学、财政学、会计学、统计学;工商管理类各专业的核心课程共 9 门:微观经济学、宏观经济学、管理学、管理信息系统、会计学、统计学、财务管理学、市场营销学、经济法。这些课程确定后,教育部高教司组织有关专家制定了各门课程的教学基本要求,并组编了相应的各门教材。各门课程的教学基本要求及相应教材由高等教育出版社于 2000 年秋季出齐,供各高等学校选用。

教育部高等教育司

2000 年 3 月

第六版前言

教材第一版是教育部高等教育司组织编写的面向21世纪课程教材和高等学校工商管理类核心课程教材，于2000年出版，2002年获全国普通高等学校优秀教材一等奖。2002年12月，教材申报并被批准列入"高等教育百门精品课程教材建设计划"。2005年，教材第二版出版，并配套教师教学课件与学生学习课件，初步建成立体化教材，该版被批准为普通高等教育"十一五"国家级规划教材。2009年、2014年和2019年教材第三版、第四版、第五版先后出版。教材第五版于2021年荣获首届全国优秀教材二等奖。本书是在第五版教材基础上修订而成的。

本次修订是在我国实现了第一个百年奋斗目标，正向着全面建成社会主义现代化强国，实现第二个百年奋斗目标迈进的关键背景下进行的。根据《中共中央关于党的百年奋斗重大成就和历史经验的决议》的精神，以及党的二十大精神，对教材中的若干理论观点进行了新的阐述，并根据实际工作需要对有关章节的内容和方法做了补充，使之更能适应培养高级财务管理人才的需求。在内容安排上，我们以习近平新时代中国特色社会主义思想为指导，总结中国特色社会主义建设中的实践经验，形成创新性的财务理论与方法，为我国财务管理实践服务。我们同时吸收了西方财务理论与方法中属于人类共同文明的成果，使之为发展社会主义市场经济所用。例如，第一章新增了财务管理工作需贯彻政治责任性原则；第二章新增了资金风险价值的实质和党中央关于防范系统性金融风险的要求；第三章和第十一章都新增了促进全体人民共同富裕、防止两极分化的要求；第十三章新增了实施"一带一路"倡议，推动构建人类命运共同体的重要内容；第十四章新增了要加快实施创新驱动发展战略，坚决打赢关键核心技术攻坚战的精神。

此外，本次修订还吸收了读者的建议，在内容编排上进行了修改，总结了现代财务管理最新实践经验。第五章项目投资管理，在教学实践中学生反映内容太简单，本次修订进行了重写，提升了难度；第十二章财务评价，依据新的财务制度与会计准则的变化和企业财务分析的新经验，对内容体系做了全面修改；第十六章网络财务管理，内容已不适应数字经济的发展要求，我们将章名改为智能财务管理，内容全部重新编写。教材其他各章都根据新的发展形势，对部分内容与财务管理方法做了必要修改。

本书在体系上保留了第五版的结构，仍然以资金（资本）运动内容为纲，设计各章内容；以财务管理环节与方法为目，设计各节内容。全书系统阐述在资本筹集、投入、耗费、收入分配和重组过程中进行预测、决策、计划、控制、分析和考核的理论和方法。全书分上篇（财务管理基础）、中篇（财务基本业务管理）和下篇（财务特种业务管理）三篇共十七章，全面介绍了财务活动规律、财务管理性质、国内外财务管理的新理论与新方法。本书内容丰富，教师可以根据开设本门课程的学时数，选择课堂讲授章节，其余章节可安排学生课外阅读，以开阔学生视野。

本书由郭复初教授、江涛副教授和王庆成教授主编，并由郭复初教授和江涛副教授对全书进行总编纂。各章分工为：第一章，原由王庆成教授编写，此次由郭复初教授修订；第二章，原由王庆成教授编写，此次由江涛副教授修订；第三、十一、十四章，由郭复初教授编写并修订；第四章，原由王庆成教授编写，此次由江涛副教授修订；第五章，原由孙茂竹教授编写，此次由江涛副教授修订；第六章，原由孙茂竹教授编写，此次由何丹教授修订；第七、八章，原由孙茂竹教授编写，此次由江涛副教授修订；第九章，原由郑亚光副教授编写，此次由戴泽伟副教授修订；第十章，原由孙茂竹教授编写，此次由江涛副教授修订；第十二章，由黄娟教授重新编写；第十三章，原由舒瑾副教授编写，此次由朱章耀副教授修订；第十五章，原由向显湖教授编写，此次由江涛副教授修订；第十六章，由孙静华博士重新编写；第十七章，由杨丹教授编写并修订。

教学资源由江涛副教授主编，根据教师教学与学生学习实际需要，新编了本课程教学大纲、教案、教学课件（PPT）、案例、习题、试卷及答案等，全面呈现新形态财务管理学教材，供教学使用。

本书可作为财务管理、会计学、金融学、财政学、保险学和企业管理等专业开设财务管理课程的教学用书，也可供其他相关专业师生使用和财务工作者参考。本书还可作为财经类专业研究生的参考用书。

在此，我们衷心感谢教育部高等教育司和高等教育出版社领导、编辑的大力支持，感谢本书出版中为我们提供帮助的同志们。

编者

2024 年 5 月

第一版前言

为了满足培养 21 世纪工商管理人才的急需，教育部高教司组织我们编写了这本《财务管理学》教材。本书是我国工商管理类本科专业开设的 9 门核心课教材之一，可供设置工商管理类专业的高等学校选用，也可作为在职工商管理人员继续教育的参考书。

本书在指导思想上坚持以马克思、毛泽东和邓小平经济理论为指导，从我国改革开放的实践出发，以讲述有中国特色的财务管理理论与业务为主线，尽可能借鉴西方财务管理理论与方法中适合我国需要的内容，坚持"洋为中用"的原则，避免照抄照搬西方财务管理教材，做到理论与实践相结合。

本书在体系上以企业资金运动内容为纲，以财务管理环节与方法为目，系统地阐述在资金筹集、投放、耗费、收入和分配管理中进行预测、决策、计划、控制和分析的理论和方法问题。这不但体现了财务管理的性质与规律的客观要求，而且在内容安排上符合财务管理工作进程，由浅入深，易教易学。

本书注意贯彻专业基础教育与创新能力培养相结合的教学要求。在加强基本理论、基本方法和基本技能论述的同时，尽可能增加国内外财务管理理论与实践发展的新内容，使本书具有一定的先进性和前瞻性。

本书对财务管理方法模型的介绍，并不一味注重数学公式的推导，而重视从经济意义上阐明各种方法模型的原理，从而提高了本书的理论性，也便于学生灵活运用。

本书由王庆成和郭复初教授主编，孙茂竹和舒瑾副教授参加编写。编写分工为：王庆成编写第一、第二、第三章；孙茂竹编写第四、第五、第六章；郭复初编写第七、第八、第十章；舒瑾编写第九、第十一、第十二章。全书由王庆成和郭复初教授总纂、定稿。

本书由吴水澎、李相国、何清波三位教授审稿，由吴水澎教授主审。他们对本书的理论观点和业务方法提出了宝贵的修改意见，从而有助于本书质量的提高。特此表示衷心感谢。

在本书出版之际，我们还要感谢教育部高教司和高等教育出版社领导与有关同志的大力支持，感谢在编写和出版过程中为我们提供帮助的同志们。

本书不当之处，恳切期望读者批评指正。

编者

2000 年 1 月

目录

下篇 财务特种业务管理

上 篇

财务管理基础

本篇包括第一章、第二章、第三章，介绍财务管理基础理论，主要讲述财务管理总论、财务价值计量基础和企业科学理财观的内容。

本篇属初级财务的内容，为各开课专业学生的必学内容。

第一章

财务管理总论

第一节　企业财务的概念 ■■

为了研究企业财务管理，首先要对企业财务的概念有一个总括的了解。

企业财务是指企业财务活动，即企业再生产过程中的资金[①]运动，以及企业财务关系，即资金运动所形成的企业同各方面的经济关系。社会主义市场经济条件下，企业的各种生产要素与经营要素都表现为商品，资金就成为资本，资金运动就成为资本运动。企业财务管理则是对企业财务活动（包含财务关系）的管理。要深刻认识企业财务的概念，就必须研究企业财务活动存在的客观基础、企业财务活动的经济内容和企业资金运动所形成的财务关系。它们是企业财务管理学科必须解决的基本理论问题。

一、企业财务活动存在的客观基础

在企业再生产过程中，客观地存在一种资金的运动，这同商品经济的存在和发展是分不开的。

社会主义市场经济从经济形态来看是商品经济，从运行机制来看则是充分发挥市场机制作用的市场经济。在社会主义制度下，社会产品依然是使用价值和价值的统一体。企业再生产过程具有两重性，它既是使用价值的生产和交换过程，又是价值的形成和实现过程。在这个过程中，劳动者将生产中消耗掉的生产资料的价值转移到产品中去，并且创造出新的价值。这样，一切经劳动加工的物资都具有一定量的价值，它体现着生产物资中的社会必要劳动量。物资的价值是通过一定数额的货币表现出来的。在社会再生产过程中，物资价值的货币表现就是资金，资金的实质是社会再生产过程中运动着的价值。资金离不开物资，又不等于物资，它是物资价值的货币表现，体现着抽象的人类劳动，不论其使用价值如何；随着社会经济的发展，某些虽无物质形态，但能以货币表现并具有价值的生产

[①] 资金是财务活动领域的基本细胞。资金从静态看表现为资金占用形态和资金形成来源。资产是指资金的占用形态，资本是指资金的形成来源。

经营要素（如无形资产），也被列为资金。不能以货币表现、不具有价值的物品不叫资金；不在再生产过程中运营的个人财产、手持货币，不属于财务管理学中所研究的资金。为了保证生产经营活动能够正常地进行，企业就要筹集一定数额的资金。企业拥有一定数额的资金，是进行生产经营活动的必要条件。

在企业生产经营过程中，物资不断地运动，其价值形态也不断发生变化，由一种形态转化为另一种形态，周而复始，形成了资金的运动。物资价值的运动就是通过资金运动的形式表现出来的。因此，企业的生产经营过程，一方面表现为物资运动（从实物形态来看），另一方面表现为资金运动（从价值形态来看）。企业的资金运动以价值的形式综合地反映企业的生产经营过程。企业的资金运动构成企业经济活动的一个独立方面，具有自己的运动规律，这就是企业的财务活动。社会主义企业资金运动存在的客观基础，是社会主义市场经济。

二、企业财务活动的经济内容

随着企业再生产过程的不断进行，企业资金总是处于不断运动之中。在企业再生产过程中，企业资金从货币资金形态开始，顺次通过购买、生产、销售三个阶段，分别表现为固定资金、生产储备资金、未完工产品资金、成品资金等各种不同形态，然后又回到货币资金形态。从货币资金开始，经过若干阶段，又回到货币资金形态的运动过程，叫作资金的循环。企业资金周而复始的循环，叫作资金的周转。资金的循环体现着资金运动的形态变化。

从生产经营企业来看，资金运动包括以下五个方面的经济内容。

（一）资金筹集

企业要进行生产经营活动，首先必须从各种渠道筹集资金。企业的自有资金，是通过吸收拨款、发行股票等方式从投资者那里取得的。投资者包括国家、其他企业单位、个人、外商等。此外，企业还可通过向银行借款、发行债券、应付款项等方式来吸收借入资金，构成企业的负债。企业从投资者、债权人那里筹集来的资金，一般是货币资金形态，也可以是实物、无形资产形态，对实物和无形资产要通过资产评估确定其货币金额。

筹集资金是资金运动的起点，是投资的必要前提。

（二）资金投放

企业筹集来的资金，要投放于经营资产上，主要是通过购买、建造等过程，形成各种生产资料。一方面进行固定资产投资，如兴建房屋和建筑物、购置机器设备等；另一方面使用货币资金购进原材料、燃料等，通常货币资金就转化为固定资产和流动资产。此外，企业还可采取一定的方式以现金、实物或无形资产向其他单位投资，形成短期投资和长期投资。企业资金的投放包括在经营资产上的投资和对其他单位的投资，其目的都是取得一定的收益。

投资是资金运动的中心环节，它不仅对资金筹集提出要求，而且是决定未来经济效益的先天性条件。

（三）资金耗费

在生产过程中，生产者使用劳动手段对劳动对象进行加工，生产出新产品，与此同时耗费各种材料，损耗固定资产，支付职工工资和其他费用。在购销过程中也要发生一定的耗费。各种生产耗费的货币表现就是产品等有关对象的成本。成本是生产经营过程中的资金耗费。这样，企业所耗费的固定资金、生产储备资金、用于支付工资的资金，先转化为未完工产品资金，随着产品制造完成，再转化为成品资金。

在发生资金耗费的过程中，生产者创造出新的价值，包括为自己劳动创造的价值和为社会劳动创造的价值。所以，资金的耗费过程又是资金的积累过程。

资金耗费是资金运动的基础环节，资金耗费水平是企业利润水平高低的决定性因素之一。

（四）资金收入

在销售过程中，企业将生产出来的产品发送给有关单位，并且按照产品的价格取得销售收入。在这一过程中，企业资金从成品资金形态转化为货币资金形态。企业取得销售收入，实现产品的价值，不仅可以补偿产品成本，而且可以实现企业的利润，企业自有资金的数额也随之增大。此外，企业还可取得投资收益和其他收入。

资金收入是资金运动的关键环节，它不仅关系着资金耗费的补偿，更关系着投资效益的实现。收入的取得是进行资金分配的前提。

（五）资金收入的分配

企业所取得的产品销售收入要用以弥补生产耗费，按规定缴纳流转税，其余部分与投资收益等形成企业的营业利润。营业利润和营业外收支净额构成企业的利润总额。利润总额首先要按国家规定缴纳所得税，税后利润要提取公积金，用于扩大积累、弥补亏损，并向投资者分配投资收益。企业从经营中收回的货币资金，还要按计划向债权人还本付息。用以分配投资收益和还本付息的资金，就从企业资金运动过程中退出。

资金收入的分配是一次资金运动过程的终点，又是下一次资金运动过程开始的前奏。

资金的筹集和投放，以价值形式反映企业对生产要素的取得和使用；资金的耗费，以价值形式反映企业物化劳动和活劳动的消耗；资金的收入和分配，以价值形式反映企业生产成果的实现和分配。因此，企业资金运动是企业再生产过程的价值方面。

上述企业资金的运动过程，如图 1-1 所示。

在金融市场发达的条件下，企业不仅有占用实物资产的资金运动，还有占用金融资产的资金运动。

三、企业同各方面的财务关系

企业资金的筹集、投放、耗费、收入和分配，与企业各方面有着广泛的联系。财务关系就是指企业在资金运动中与各有关方面发生的经济关系。

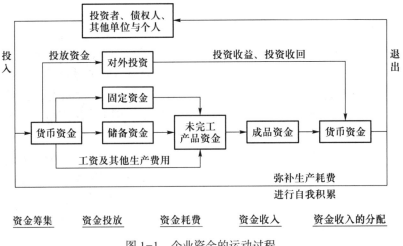

图 1-1 企业资金的运动过程

（一）企业与投资者和受资者之间的财务关系

企业从各种投资者那里筹集资金，进行生产经营活动，并将所实现的利润按各投资者的出资额进行分配。企业还可将自身的法人财产向其他单位投资，这些被投资单位即为受资者。受资者应向企业分配投资收益。投资者与企业及企业与受资者的关系，即投资同分享投资收益的关系，在性质上属于所有权关系。处理这种财务关系必须维护投资、受资各方的合法权益。

（二）企业与债权人、债务人、往来客户之间的财务关系

企业购买材料、销售产品，要与购销客户发生货款收支结算关系，在购销活动中由于延期收付款项，要与有关单位发生商业信用——应收账款和应付账款。当企业资金不足或资金闲置时，要向银行借款、发行债券或购买其他单位债券。业务往来中的收支结算，要及时收付款项，以免相互占用资金，一旦形成债权债务关系，则债务人不仅要还本，而且要付息。企业与债权人、债务人、往来客户的关系，在性质上属于债权债务关系、合同义务关系。处理这种财务关系，必须按相关权利和义务保障有关各方的权益。

（三）企业与税务机关之间的财务关系

企业应按照国家税收法律、法规的规定缴纳各种税款，包括所得税、流转税和计入成本的税金。国家以社会管理者的身份向一切企业征收的有关税金，是国家财政收入的主要来源。企业及时、足额地纳税，是生产经营者对国家应尽的义务，必须认真履行。企业与税务机关之间的财务关系反映的是依法纳税和依法征税的税收权利义务关系（在税法上称税收法律关系）。

（四）企业内部各单位之间的财务关系

一般说来，企业内部各部门、各级单位之间与企业财务部门都要发生领款、报销、代收、代付的收支结算关系。在实行内部经济核算制和经营责任制的条件下，企业内部各单

位都有相对独立的资金定额或独立支配的费用限额，各部门、各单位之间提供产品和劳务要进行计价结算。这样，企业财务部门同各部门、各单位之间，各部门、各单位相互之间，就发生了资金结算关系，它体现着企业内部各单位之间的经济利益关系。处理这种财务关系，要严格分清有关各方的经济责任，以便有效地发挥激励机制和约束机制的作用。

（五）企业与员工之间的财务关系

企业要用自身的产品销售收入，向员工支付工资、津贴、奖金等，从而按照员工提供劳动的数量和质量进行分配。这种企业与员工之间的结算关系，体现着员工个人和集体在劳动成果上的分配关系。处理这种财务关系，要正确地执行有关的分配政策。

企业的资金运动，从表面上看是钱和物的增减变动，而钱和物的增减变动都离不开人与人之间的关系。我们要透过资金运动的现象，看到人与人之间的财务关系，自觉地处理好财务关系，促进生产经营活动的发展。

企业资金运动及其所形成的经济关系，就是企业财务的本质。

第二节　企业财务的职能

企业财务的职能是指企业财务在运行中所固有的功能。财务的职能来源于财务的本质，根源于企业资金运动及其所体现的经济关系。企业资金运动同企业再生产过程存在辩证的关系，企业资金运动既受企业再生产过程的决定和制约，又对再生产过程发挥积极的能动作用。企业财务的职能，也就是企业资金运动对再生产过程的能动作用。

一、组织职能

组织资金运动，保证企业再生产过程顺利、有效地运行，是企业财务的第一项职能。企业资金运动的正常运行，要求在企业内部层层建立委托代理关系，在同一层次建立各责任人的协作关系，构建信息沟通的渠道。要根据生产经营活动的需要，适时、适量地筹集资金，合理、有效地进行项目投资和证券投资，在业绩评价、运用激励机制的基础上进行收益分配。完善的财务组织，可以促进企业各项生产经营活动快速、稳定、有序地运行。

二、调节职能

调节资金运动的流向、流量、流速，协调企业各方面的财务关系，是企业财务的第二项职能。资金从哪里筹集、投向何处、投入多少，既取决于企业生产经营决策，同时，通过合理筹划，又可以从不同方案中进行优选，安排适当的资本结构，分清轻重缓急，权衡成本收益，进行有效的资金运营。认真分析各项生产经营活动的流程，还可以缩短资金在企业各部门、各环节所占用的时间和数量，加速资金的周转，提高资金的使用效率。所有这些都涉及企业各部门、各单位的活动，需要与企业各方面协调财务关系。在企业生产经营和财务活动中，企业各管理层次和环节难免产生一些矛盾，甚至出现偶发、突发事件，这些都需要及时加以处理，以保证企业按经营目标运行。

三、分配职能

对企业生产经营活动取得的货币收入进行分配，是企业财务的第三项职能。企业取得货币收入后，要按照补偿成本、上交企业应负担的职工各项保险费与住房公积金、上缴增值税、上缴企业所得税、提取企业公积金和公益金和向投资者分配利润等内容进行分配，这就是财务分配的基本内容。由此可见财务分配不仅是实现资本保值，保证企业简单再生产正常进行的手段，同时也是实现企业资本积累，实现扩大再生产的工具；财务分配还是正确处理所有者、经营者、企业职工和其他利益相关者的物质利益关系的基本手段。

四、监督职能

对企业生产经营活动利用价值手段进行财务监督，保证各项经营活动运行的合理性、合法性和有效性，是企业财务的第四项职能。企业再生产过程的进行必须以资金的周转为前提，而价值形式的财务信息能够综合反映企业的生产经营活动，资金的收支分配能促进和限制企业的经济行为，这是财务监督必然要发挥作用的客观基础。因而，分析财务信息、控制财务收支就成为进行财务监督的主要手段。通过财务信息分析、财务收支控制，可以发现资金和物资的占用是否合理，人力、物力的利用是否有效，购、产、销生产经营中有何积极因素和消极因素，为改进企业各项经营活动提供线索。

研究财务职能应当把它同财务管理的环节（方法）区别开来。有的学者把组织、计划、预测、决策、控制、分析列为财务管理职能。除组织外，其余五项属于为实现财务职能而运用的财务管理环节（方法），环节比职能要低一个层次，而且这些环节（方法）有许多在企业的其他管理工作中也要运用，未能表现财务职能的特点。

第三节　企业资金运动的规律

企业资金运动中各种经济现象之间存在互相依存、互相转化、互相制约的关系。这种资金运动内部本质的、必然的联系，就是企业资金运动的规律。我们要搞好企业财务管理，就必须充分认识和把握企业资金运动的规律性。

马克思在《资本论》中深刻地揭示了社会化商品经济条件下，物质生产和价值运动的一般规律。马克思关于商品经济条件下价值运动的基本原理，是以资金运动规律及其应用方式为研究对象的财务管理学的理论基础。我们应该以马克思关于价值运动的原理为指导，研究社会主义企业资金运动的规律问题。

企业资金运动的规律，从总体上考察主要有以下几个方面。

一、资金形态并存性、继起性规律

资金循环是各种资金形态的统一，也是各种资金形态各自循环的统一。马克思在分析资本循环时指出："资本作为整体是同时地、在空间上并列地处在它的各个不同阶段上。但是，每一个部分都不断地依次由一个阶段过渡到另一个阶段，由一种职能形式过渡到另一种职能形式，从而依次在一切阶段和一切职能形式中执行职能。因此，这些形式都是流动的形式，它们的同时性是以它们的相继进行为中介的。"① 社会主义企业的资金也是这样，不仅要在空间上并存于货币资金、固定资金、生产储备资金、未完工产品资金、成品资金等资金形态，而且在时间上要求各种资金形态相继地通过各自的循环。每一种资金形态在同一时间里不能"一身二任"，例如，正在执行流通职能的资金不可能在同一时间去执行生产职能。只有把企业的资金按一定的比例分割为若干部分，使它们分别采取不同的资金形态，而每一种资金形态又都必须依次通过循环的各个阶段，资金的运动才能连续不断地进行。如果全部资金都处在固定资金、生产储备资金和未完工产品资金上，流通过程就会中断；如果全部资金都处在货币资金和成品资金上，生产过程就会中断。资金的任何一部分在循环的某一阶段发生停顿，都会使整个资金循环发生障碍。保证各种资金形态的合理配置和资金周转的畅通无阻，是生产经营活动顺利进行的必要条件。

企业资金的并存性和继起性，是辩证统一的关系。一方面，资金每一部分的相继转化，以资金各个部分的并列存在为前提，没有资金的合理配置，没有资金各个部分同时采取的不同形态，就谈不上资金每一部分的相继转化。另一方面，并列存在的本身又是相继转化的结果，相继转化一旦停滞，并列存在就会遭到破坏。可见，资金的并存性和继起性是互为条件、互相制约的，而继起性则是企业资金循环连续进行的关键。马克思说，资本"是一种运动"，"它只能理解为运动，而不能理解为静止物"。② 只有企业资金的每一部分连续不断地完成各自的循环，企业资金总的运动过程才能顺利实现。

资金形态的并存性、继起性，是由企业生产经营活动的阶段性和连续性决定的。资金运动的这一规律，要求财务组织应根据生产经营规模筹集适量的资金，合理地配置资金，使各资金占用形态科学地分布在各生产经营阶段上，并保证资金正常循环，加快资金周转速度，促进生产经营的有效运行。

二、资金收支适时平衡规律

企业取得财务收入，意味着一次资金循环的终结，而企业发生财务支出，则意味着另一次资金循环的开始，所以资金的收支是资金周转的纽带。要保证资金周转顺利进行，就要求资金收支不仅在数量上而且在时间上协调平衡。收不抵支，固然会导致资金周转的中断或停滞，但如全月收支总额可以平衡，而支出大部分发生在先、收入大部分形成在后，也必然会妨碍资金的顺利周转。资金收支在每一时点上的平衡性，是资金循环过程得以周

---

① 马克思，恩格斯. 马克思恩格斯文集：第六卷. 北京：人民出版社，2009：121.

② 马克思，恩格斯. 马克思恩格斯文集：第六卷. 北京：人民出版社，2009. 121—122.

而复始进行的条件。

资金收支的平衡，归根到底取决于购、产、销活动的平衡。企业的资金首先要通过购买阶段用货币资金买回各种生产资料，为生产做好准备。在购买生产资料时，应该从实际情况出发，使生产资料和劳动力相互适应，比例恰当，各种生产资料之间也要相互匹配，防止盲目采购造成资金支出超过生产需要和财力可能。生产阶段是生产产品、创造社会财富的阶段。企业必须不断采用新的科学技术，改进生产工艺流程，搞好劳动组织，节约原材料和能源的消耗，力求用较少的劳动消耗取得较多的生产成果，增加积累，防止亏损。企业还必须尽可能迅速地通过销售阶段，实现货币收入，完成一次资金循环。企业必须经常调查市场情况，了解用户需要，使商品适销对路，做好销售工作，以实现生产过程中创造的社会财富。所以，企业既要搞好生产过程的组织管理工作，又要抓好生产资料的采购和产品的销售，要购、产、销一起抓，克服任何一种片面性。只有使企业的购、产、销三个环节互相衔接、保持平衡，坚持生产和流通的统一，企业资金的周转才能正常进行，并取得应有的经济效益。资金收支主要通过购买和销售两个环节来实现，资金收支的平衡以购、产、销活动的平衡为基础，而组织好资金收支的平衡又能反过来促进购、产、销活动的协调平衡。

三、各种支出收入相互对应规律

企业经济活动的多样性，决定企业具有多种性质不同的资金支出。为了合理安排生产经营活动、正确评价经营成果，进行财务管理要自觉地分清各种不同性质的资金支出。

企业生产经营活动中客观地存在各种资金支出，而且还可能发生各种资金损失。各种资金支出，从其与生产经营过程的联系看，可分为非生产经营支出和生产经营支出：前者主要是职工集体福利设施支出；后者按其效益作用期间分为资本性支出和收益性支出，资本性支出的效益延及若干会计年度，通常要形成长期资产，收益性支出的效益仅延及本会计年度，通常形成营业费用或流动资产，最终计入当期损益。各种资金损失虽然通常为数不多，但内容更为复杂，总的说来可分为经营损失、投资损失和非经营损失。经营损失有流动资产损失（如存货的盘亏、毁损）、固定资产损失（如固定资产盘亏、毁损），应通过一定方式计入营业损益；投资损失应冲销投资收益；非经营损失包括过失性的赔偿金、违约金和违章性的罚没损失、滞纳金，分别计入营业外支出和税后利润项下。

各种性质的资金支出，用途不同，支出的效果也不同；各种性质的资金收入，则来源不同，使用的去向不同。这是不以人们意志为转移而客观存在的。我们应该深刻地认识各种资金支出和资金损失的性质，并将它们与有关的资金收入加以匹配。只有这样，才能合理地安排资金来源（如资本性支出一般不宜用短期资金来源来解决），有效地控制资金支出（如收益性支出要受到目标利润的约束），正确地考核经营成果。此外，这对我们评价企业财务状况、进行经营决策也是十分必要的。

四、资金运动同物资运动既一致又背离规律

资金运动和物资运动是在企业生产经营过程中同时存在的经济现象，然而资金运动作

为物资价值的运动同物资实物形态的运动是可以分离的，资金运动对于物资运动具有一定的独立性。它们之间的关系是既一致又背离。

资金运动与物资运动的一致性表现在两个方面：①企业的物资运动是资金运动的基础，物资运动决定着资金运动。资金是企业再生产过程中物资价值的货币表现，企业的资金运动经常是伴随着物资运动而发生的。有物资才有资金，物资运动状况的好坏，决定着资金运动状况的好坏。只有购、产、销等活动正常进行，才能保证资金运动畅通无阻。②资金运动是物资运动的反映，并对物资运动起着控制和调节的作用。人们可以通过资金在不同周转阶段上运动的通畅与否，来了解购、产、销等活动组织得如何，并据以采取措施，合理组织资金运动，促使物资充分有效地使用，提高生产经营的经济效益。资金运动同物资运动这种互相一致的关系，体现着企业再生产过程的实物形态方面和价值形态方面本质的必然联系。组织企业财务活动，既要着眼于物资运动，以保证购、产、销活动的顺利开展，又要自觉地利用资金运动的反作用，来促进生产经营的改善。

资金运动同物资运动的背离，这两种形态的变动在时间上和数量上有时表现是不一致的：①由于结算的原因而形成两者在时间上的背离。货物运出而未收回货款，材料购进而未支付货款，就是物资运动在前，资金运动在后。预收货款、预付费用，则是资金运动在前，物资运动在后。随着双方货款的结算，这两种运动会一致起来，但这种情况对结算双方的财务状况都会有一定影响。②由于物资损耗的原因而形成两者在数量上的背离。固定资产发生磨损以后，其价值逐渐转移，但在一定时期内其实物仍然存在，并保持其原有的使用价值。有的物资因腐朽失效而贬值，其实物虽然存在，而价值已部分或全部失去。这样就产生了资金运动和物资运动的不一致。随着固定资产的更新、失效物资的报废，两者归根结底也是要一致起来的。这种背离对企业资金的运用也有重要的影响。③由于生产经营的原因而形成两者在数量上的背离。生产某种产品，由于质量达到既定要求或者有所提高，销售时按优质品计价，所实现的价值量就会增加；或者由于消耗减少，收支相抵后可以获得较多的价值量。在这种情况下，价值量的增加超过实物量的增加，即增产更增收。在相反的情况下，价值量的增加则可能少于实物量的增加，即增产少增收，甚至增产不增收。这是由于生产经营的经济效益不同而造成的。在生产经营活动中价值量和使用价值量的变动趋势可能不一致，说明企业再生产过程的价值方面具有一定的独立性。我们应该利用企业再生产过程的实物方面和价值方面的背离，合理地组织资金运动，促进生产的发展，争取用尽量少的价值创造出尽量多的使用价值，为社会增加财富。

五、企业资金同社会总资金依存关系规律

社会总资金是全社会个别资金的总和，主要包括企业经营资金、财政资金、金融资金。

个别资金是独立运行的，个别资金运动之间通过流通过程和分配过程发生联系。全社会所有的个别资金通过流通过程和分配过程的媒介，联结成统一的社会总资金运动。

一方面，企业资金运动是社会总资金运动的基础。国家财政与国有资本经营预算的收入，主要来自企业上缴的税金和国有企业的利润；国家财政与国有资本经营预算支出的安排，目前仍有相当大的部分用于对企业的投资。企业存入银行的闲置资金，是银行金融资金的重要来源；银行贷款的对象主要是企业，银行贷款也是企业借入资金的主要来源。可

见，企业资金运动的状况和成果，对于财政资金、国家财务资金和金融资金的形成、分配和使用有着决定性的作用。另一方面，社会资金运动的规模和结构，反过来又制约着企业经营资金运动的规模和结构。财政、国家财务和金融资金增长为企业经营资金增长提供条件，财政、国家财务和金融资金分配用于新建、扩建固定资产和增加流动资金的比例，直接影响着企业固定资金和流动资金的结构变动。

个别企业的资金运动之间也有着广泛的联系。这里既有因购销业务而发生的资金结算业务，又有因资金短期需要而发生的资金融通活动，此外还有因企业相互之间持股而发生的投资活动。随着商品经济的发展，资金的横向流动将越来越频繁。这样，社会个别资金的运动就形成纵横交错的网络体系。

企业资金运动同社会总资金运动的依存关系，要求企业全面估量各方面的资金来源渠道，经济、有效地筹集资金，在资金使用方向上要合理地决定资金投向，提高资金使用效益。在企业同各方发生资金往来活动（如缴拨款项、存贷款项、资金结算、投资分利等）时，要遵守财政、信贷、结算等制度，保证社会总资金有条不紊地正常运转。

上述五项资金运动规律，是就总体上考察而言的。在各种不同的资金运动领域里，还存在各种具体的规律性，如资金占用、成本开支、收入分配等的规律性。我们必须总结实践经验，深刻地研究和认识企业资金运动的规律性，不断提高财务管理水平。

第四节　财务管理的环境与目标

一、财务管理的环境

企业财务管理的环境是财务组织的重要前提。财务管理的环境即理财环境，是指企业理财过程中所面临的对企业理财活动有直接或间接影响的各种条件和因素的集合。企业理财环境一般可分为宏观理财环境与微观理财环境两个方面。对企业财务组织有重要影响的宏观理财环境主要有国际国内政治经济形势、社会制度与经济体制形式、税收、信贷、价格、外汇、国有资产管理、资本市场与产权市场管理制度等。对企业财务组织有重要影响的微观理财环境主要有企业组织形式、企业管理体制、生产经营状况、内部管理水平、领导与员工素质等。

国际国内政治经济形势直接影响筹资风险、投资风险与外汇风险，并通过影响外贸与消费进而对企业财务效益产生重要作用。

公有制经济是我国社会主义市场经济的主体，非公有制经济是社会主义市场经济的重要组成部分。公有制经济中的国有经济在国民经济中发挥主导作用。因此，我国全部企业资本总额中国有资本与集体资本占有优势比例，全部企业净资产权益总额中大部分为国家与集体所有，用于发展公有制经济，提高人民物质文化生活水平。

随着非公有制经济的迅速发展，私人资本与外商资本的比重会进一步提高，私有企业与外资企业财务管理有着广阔发展前景，但国有资本在国民经济中的引导力、控制力和抗风险力并未改变，国有经济仍将继续发展，国有资本管理只能加强，不能削弱。

我国经济管理体制的目标模式是建立社会主义市场经济体制。在国家宏观政策调控下，发挥市场对社会资源配置的决定性作用，使价值规律与竞争规律发生作用。企业具有经济属性与社会属性的二重性特征，决定了社会生产与流通活动的目标是追求经济效益与社会效益的统一。国家宏观调控使各微观经济主体追求经济效益的目标不损害社会效益目标的实现。这一经济体制决定着财务组织具有既保证企业生产经营活动的有效进行，又通过资本市场去独立从事货币经营获利的双重性能。财务与各种市场的广泛联系，使财务的内涵与外延有了空前的扩展。

税收制度对财务组织有重要影响。我国现行增值税与所得税并重，辅以其他税种的税收制度，使税收配合价格和分配对企业销售与利润水平的调节作用增强。过去按不同所有制形式设置所得税税种与税率的税收制度，使按所有制标准划分企业组织形式具有特殊意义。随着税制改革的实行，不同所有制企业的所得税制度开始统一，这种划分将逐渐失去意义。我国加入 WTO 后，逐步统一对国内外企业的税收政策，这为企业在公平税负下开展竞争创造了条件，但各国因经济发展所需的税收政策差异，为税收筹划留下了发展空间。

信贷制度是财务组织应考虑的又一重要因素。企业贷款种类、利率与贷款条件视不同企业组织形式而有所区别。一般情况下，资本金雄厚的大企业比个人独资企业更能享受信贷的优惠政策，因为这些大企业在信用评估中处于优势地位。银行利率变动是影响企业盈利能力和证券投资收益的强有力的杠杆。

我国价格管理在今后较长时期仍将采用市场调节价、国家指导价和国家计划价三种价格形式。国家定价的商品品种已所剩不多，只限于对国计民生有重要影响的少数商品价格与经营性服务收费标准的定价，市场调节价格已成为主要价格形式。但在市场调节价出现暴涨暴落时，国家物价部门仍可对价格进行指导，在一定时期内对部分商品价格规定最高限价、最低保护价，实行提价申报制度，以维护社会正常经济秩序。财务对价格的管理必须考虑国家价格政策的调节与导向作用。

我国对外汇实行国家统一管理制度。国务院外汇管理部门及其分支机构是外汇管理的行政主管部门。经国家批准有权从事对外贸易与经济合作的机构与企业，以及各种外商投资企业，其经常项目外汇收支可以自行进行，但必须按国家规定在外汇指定银行开立外汇账户，遵守国务院关于结汇、售汇及付汇管理的规定，不得逃汇、套汇。对于资本项目外汇收支，企业不能自行进行，需经国家外汇管理部门审查批准，按国家有关规定办理。国际外汇市场汇率的波动性和国内外汇市场价格的可变性，使企业外币业务具有风险性。这对财务组织外币业务管理有深刻的影响。

社会主义市场经济的发展，要求建立与完善多层次资本市场与产权市场。随着股份制的推行与企业筹资渠道的健全，我国证券发行与交易市场以及贴现市场已逐步建立起来。为推动存量资产的合理流动与重组，促使产业结构优化，出现了企业兼并、拍卖、出租等产权转让活动，产权交易市场也随之建立与发展起来。多层次资本市场与产权市场的建立与发展，为企业筹资、投资和财务重组提供了前提。

我国国有资产是社会主义的重要物质基础，是发展社会生产、增强综合国力和提高人民生活水平的重要物质保证。我国国有资产的绝大部分为经营性国有资产，由若干国有资产经营企业所掌握运用。国家设立中央与地方国有资产监督管理机构（国资委）对企业的国有资产进行产权管理，拥有对国有资产的所有权、投资权、受益权和监督权，与企业发生投资与利润分配关系。对拥有国有资产的企业来说，国家关于国有资产管理的政策与制度对财务组织产生重要影响。

企业微观理财环境对财务管理的影响是直接的。企业组织形式是属于独资企业、合资企业、合作企业还是股份制企业，将会影响企业的资本筹集方式与收益分配方式，影响企业的财务管理制度设计。企业内部实行集权管理、分权管理，还是集权与分权相结合的管理体制，将直接影响财务管理体制的类型。企业生产经营状况将直接影响筹资需要量、投资方向与规模、成本费用水平和收益水平。企业内部管理水平与领导和员工的素质对现代财务管理方法能否采用有重要影响。

随着改革开放的全面深化，国际国内理财环境都将发生深刻变化，财务管理既面临着全新的机遇，也面临新的挑战，财务管理工作也会有新作为。

综上所述，社会主义市场经济体制为我国企业财务组织提供了广阔的活动领域，但理财环境对财务组织会产生重大影响。企业财务管理的主管人员要立足于企业自身经营特点，充分考虑理财环境的影响，在科学地进行财务决策，加强企业内部财务计划管理，保证企业生产经营的顺畅进行与货币资源的充分利用，并获得最大经济效益与社会效益过程中发挥主导作用。

二、财务管理目标的作用和特征

财务管理目标（Goals of Financial Management）又称理财目标，是指企业进行财务活动所要达到的根本目的。进行任何工作，都要分析形势与任务，根据工作对象的客观规律性提出自身需要解决的主要问题。完全应付日常财务具体业务，不树立自己的预期目标，犹如盲人骑瞎马，不知应去何方。但是如果脱离财务活动的客观规律而提出一些主观愿望，那也只能是空想，是不可能实现的。因此，在充分研究财务活动客观规律性的基础上明确理财目标，是财务管理的一个重要理论问题。

研究理财目标最重要的是明确企业全部财务活动需要实现的最终目标。财务管理目标不同于过去我们常说的财务管理任务，它不是平行列举的几项要求，而是财务活动最终要达到的一个目的地（终点），犹如万里行船所要抵达的彼岸，因而指导作用更加显著。

（一）财务管理目标的作用

财务管理目标的作用可以概括为四个方面。

1. 导向作用

管理是为了达到某一目的而组织和协调集体所做努力的过程，理财目标的作用首先就在于为各种管理者指明方向。

2. 激励作用

目标是激励企业全体成员的力量源泉，每个职工只有明确了企业的目标才能调动起潜在能力，尽力而为，创造出最佳成绩。

3. 凝聚作用

企业是一个协作系统，必须增强全体成员的凝聚力，才能发挥作用。企业凝聚力的大小受到多种因素的影响，其中一个重要因素，就是其目标。企业目标明确，能充分体现全体职工的共同利益，就会极大地激发企业职工的工作热情、献身精神和创造能力，形成强大的凝聚力。

4. 考核作用

在管理不够规范的一些企业中，往往凭上级领导的主观印象和对下级工作人员的粗略了解作为业绩考核的依据，这是不客观、不科学的，应当以明确的目标作为绩效考核的标准，这样就能按职工的实际贡献大小如实地进行评价。

（二）财务管理目标的特征

企业财务管理目标具有以下特征。

1. 相对稳定性

财务管理目标是在一定的宏观经济体制和企业经营方式下，由人们总结实践提出来的。随着宏观经济体制和企业经营方式的变化，人们认识的发展和深化，财务管理目标也可能发生变化。例如，西方财务管理目标就曾经有过"筹资数量最大化""利润最大化""股东财富最大化"等多种概括。我国在计划经济体制下时，财务管理是围绕着国家下达的产值指标来进行的，实际上追求的是"产值最大化"；在建立社会主义市场经济体制的过程中，企业财务管理基本上是围绕着利润的增长来进行的，这种情况，反映宏观经济体制、企业经营方式的变化，体现人们认识的发展。但是，宏观经济体制和企业经营方式的变化是渐进的，只是发展到一定阶段以后才产生质变，人们的认识在达到一个新的高度以后，也会有一个取得共识、普遍接受的时期。因此，财务管理目标作为人们对客观规律性的一种概括，总的说来是相对稳定的。

2. 可操作性

财务管理目标是实行财务目标管理的前提。它要起到组织动员的作用，据以制定经济指标并进行分解，实现职工自我控制，进行科学的绩效考评，就必须具有可操作性。可操作性的要求具体说来包括：

（1）可以计量。理财目标要有定性的要求，同时也应据以制定出量化的标准，这样才便于付诸实践。例如，我国社会主义建设的战略目标，每一步都有一定的数量要求。财务管理是一种价值管理，其目标更要能用各单位的量化指标来表现。在实践中不能以切实可行的量化指标来表现的理财目标，企业管理人员实际上是不会接受的。

（2）可以追溯。即理财目标实现得如何应该是最终可以追溯到有关管理部门和人员头上的，这样才便于落实指标，检查责任履行情况，制定整改措施。

（3）可以控制。企业的理财目标以及分解落实给各部门、各单位的具体目标，应该是企业和各部门、各单位管得住、控制得了的。凡是在它们控制范围之外的目标，它们是无能为力的，这些目标有等于无，它们对此是不会关心的。

3. 层次性

财务管理目标是企业财务管理这个系统顺利运行的前提条件，同时它本身也是一个系统。各种各样的理财目标构成了一个网络，这个网络反映着各个目标之间的内在联系。财务管理目标之所以具有层次性，是由企业财务管理内容和方法的多样性以及它们相互关系上的层次性决定的。

财务管理目标按其涉及范围的大小，可分为总体目标和具体目标。总体目标是指整个企业财务管理所要达到的目标，决定着整个财务管理过程的发展方向，是企业财务活动的出发点和归宿。具体目标是指在总体目标的制约下，从事某一部分财务活动所要达到的目标。

财务管理具体目标按其涉及的财务管理对象不同，可分为单项理财活动目标和单项财务指标目标。单项理财活动目标按财务管理内容分为筹资管理目标、投资管理目标、成本管理目标、收益分配目标等，或按筹资投资对象分为股票筹资目标、债券筹资目标、证券投资目标、项目投资目标等，或按资产项目分为应收账款管理目标、存货管理目标等。单项财务指标目标有利润目标（目标利润）、成本目标（目标成本）、资本结构目标（目标资本结构）等。

财务管理目标的相对稳定性、可操作性和层次性，是财务管理目标的基本特征，认真研究这三个特征，将有助于我们合理地设计财务管理目标体系。

三、财务管理的总体目标

企业财务管理的总体目标应该是什么？我国理论界有许多不同的表述，主要有以下一些观点。

（一）经济效益最大化

目前，不少论著主张把我国企业的理财目标确定为经济效益最大化，如"讲求经济效益最大化是企业财务管理的总体目标""我国企业财务管理的根本目标是追求经济效益的最大化"等。以提高经济效益或经济效益最大化作为理财目标的总思路，是有客观依据的。提高经济效益是我国经济发展的重要目标之一，企业财务管理目标理应体现这一要求。企业经济效益主要是通过财务指标如资金、成本、收入等表现出来的，经济效益要求对生产经营中的消耗、占用和成果进行记录、计算、对比和控制，使企业做到以收抵支、增加盈利、提高资金利用效果，作为微观价值管理的财务管理对于提高经济效益具有不可推卸的责任和无可替代的功能。

提高经济效益作为一种定性的要求，无疑是合理的，但是这一要求缺少可操作性，对它不能进行计量，难以进行控制，也难以追溯有关单位和人员的责任。经济效益最大化可以作为理财目标的总思路，却不能代替付诸实践的理财目标。因此，要在这一总思路指导下，探讨一个可以具体应用的理财目标。

在此需要说明，这里所说的"最大化"严格说来是不确切的。最大化无边无际，很难把握和衡量。通常所讲的"最大化"，实际上指的是要使经济效益尽可能地好或最优化，本书只是在这个意义上沿用"最大化"这一提法。

（二）利润最大化

利润最大化（Profit Maximization）理财目标在我国和西方都曾是流传甚广的一种观点，在实务界尤有重大的影响。利润最大化一般是指企业税后利润总额的最大化。我国企业在告别高度集中的计划经济体制以后，经营方式由单纯生产型向生产经营型转变。在由放权让利转为完善经营机制，实行政企分开、两权分离的过程中，企业有了自主权和自己的经济利益，开始扭转过去"产值最大化"的观念，企业理财便围绕着利润的增长来进行。有些学者也明确提出"利润最大化"的主张。

以利润最大化作为理财目标是有一定道理的。①利润额是企业在一定期间经营收入和经营费用的差额，是按照收入费用配比原则加以计算的，它反映了当期经营活动中投入与产出对比的结果，在一定程度上体现了企业经济效益的高低。②在市场经济条件下，在企业自主经营的条件下，利润的多少不仅体现了企业对国家的贡献，而且与企业的利益息息相关。利润最大化对于企业投资者、债权人、经营者和职工都是有利的。③利润这个指标在实际应用方面比较简便。利润额直观、明确，容易计算，便于分解落实，大多数职工都能理解。

利润最大化的目标也存在如下问题：①利润最大化中的利润额是一个绝对数，没有反映出所得利润额同投入资本额的关系，因而不能科学地说明企业经济效益水平的高低，不便于在不同时期、不同企业之间进行比较。②如果片面强调利润额的增加，有可能使得企业产生追求短期利益的行为。

（三）权益资本利润率最大化

针对利润最大化目标存在的问题，我国有些学者提出了以权益资本利润率（Return on Equity Capital）作为考察财务活动的主要指标。这个指标的特点是把企业实现的利润同投入的权益资本进行对比，能够确切地说明企业的盈利水平。

采用权益资本利润率最大化目标有如下好处：①权益资本利润率全面地反映了企业营业收入、营业费用和投入资本的关系即投入产出关系，能较好地考核企业经济效益的水平。权益资本利润率是企业综合性最强的一个经济指标，也是杜邦分析法中所采用的综合性指标。②权益资本利润率不同于资产报酬率，它反映企业资本的使用效益，同时也可反映因改变资本结构而给企业收益率带来的影响。③在利用权益资本利润率对企业进行评价时，可将年初所有者权益按资金时间价值折成终值，这样就能客观地考察企业权益资本的增值情况，较好地满足投资者的需要。④权益资本利润率指标容易理解，便于操作，有利于把指标分解、落实到各部门、各单位，也便于各部门、各单位据以控制各项生产经营活动，对于财务分析、财务预测也有重要的作用。

在采用权益资本利润率最大化这一理财目标时，应当注意协调所有者与债权人、经营者之间的利益关系，防止经济利益过分向股东倾斜，还必须坚持长期利益原则，防止追求短期利益的行为。

（四）股东财富最大化

按照现代委托代理学说，企业经营者应最大限度地谋求股东或委托人的利益，而股东或委托人的利益则是提高资本报酬，增加股东财富。因此，股东财富（Stockholder Wealth）最大化这一理财目标受到人们的普遍关注。

股东财富最大化的评价指标主要是股票市价或每股市价。许多人认为，股票市场价格的高低体现着投资大众对公司价值所做的客观评价。它反映着资本和利润之间的关系；它受预期每股盈余的影响，反映着每股盈余的大小和取得的时间；它受企业风险大小的影响，可以反映每股盈余的风险。

以股票市价最大化作为理财目标实际上很难普遍采用，原因在于：①无论是在我国还是在西方国家，上市公司在全部企业中只占极少一部分（截至 2022 年 12 月 26 日，我国上市公司共有 5 061 家），大量的非上市公司不可能采用这一目标。②即使对上市公司而言，股票市价也受到多种因素包括非经济因素的影响，股票价格并不是总能反映企业的经营业绩，也难以准确体现股东财富。

（五）企业价值最大化

何为企业价值（Company Value）？一些学者指出：企业价值是指企业全部资产的市场价值。通俗地说，就是企业本身值多少钱。在对企业价值进行评估时，着重点不是企业已经获得的利润水平，而是企业潜在的获利能力。可见，企业价值应是企业资产的价值。而股东财富，顾名思义应是企业所有者权益的价值。企业价值同股东财富在性质上和数额上都是有差别的。

企业价值最大化目标存在的关键问题，是如何合理计量。计量方法可能有许多种，目前多数人主张采用"未来企业报酬贴现值"，要以未来一定期间归属于股东权益的现金流量，按考虑风险报酬率的资本成本换算为现值。由此而得到的股东投资报酬的现值是股东财富的具体体现。有的教材按照这一思路设计了企业价值的计算方法，即采用年金现值的计算公式，以企业未来各年的现金流量为年金或系列付款，以与企业风险相适应的贴现率进行贴现，按照预计企业取得收益的持续年份来计算企业价值。

有些学者对企业价值最大化理财目标的优点做了如下的概括：①它考虑了取得报酬的时间，并用时间价值的原理进行了计量。②它科学地考虑了风险与报酬的联系。③它能克服企业在追求利润上的短期行为，因为不仅目前的利润会影响企业的价值，预期未来的利润对企业价值的影响所起的作用更大。④它不仅考虑了股东的利益，而且考虑了债权人、经理层、一般员工的利益。

企业价值最大化理财目标在理论上是合理的，但是"未来企业报酬贴现值"的计量方法在可操作性方面却存在着难以克服的缺陷，主要是：①公式中两个基本要素——未来各年的企业报酬和与企业风险相适应的贴现率是很难预计的，预计中可能出现较大的误差，因而很难作为对各部门要求的目标和考核的依据。②企业价值的目标值是通过预测方法来确定的，对企业进行考评时，其实际值却无法按公式的要求来取得。如果照旧采用预测方法确定，则实际与目标的对比毫无意义，业绩评价也无法进行。因此，它在目前还是难以付诸实行的理财目标。

（六）履行社会责任

企业在谋求自身的经济效益的过程中，必须尽自己的社会责任（Social Responsibility），正确处理提高经济效益和履行社会责任的关系。企业要保证产品质量，搞好售后服务，不能以不正当手段追求企业的利润；要维护社会公共利益，保护生态平衡，合理使用资源，不能以破坏资源、污染环境为代价，谋求企业的效益。此外，企业还应根据自身力量承担一定的社会义务，出资参与社会公益事业，支持社区的文化教育事业和福利慈善事业。提高经济效益和履行社会责任，两者既有统一的一面，又有矛盾的一面。企业要实现理财目标，不能只从企业本身来考虑，还必须从企业所从属的更大范围的社会系统来考虑。因此，企业管理当局必须在各种法律、法规约束下去追求经济效益最大化，追求权益资本最大限度的增值。但是，除了法律、法规规定的项目以外，对形形色色的摊派，则应当依法拒绝。这就是说，企业可以而且应当以合法的手段维护自身的经济利益。履行社会责任，在性质上并不属于企业的理财目标（既不是基本目标，也不是辅助目标），而是企业搞好财务管理、实现理财目标的一个基本约束条件。

综上所述，我国企业现阶段理财目标的可供考虑的选择，是在提高经济效益的总思路下，以履行社会责任为前提，谋求企业权益资本利润率的最优化。

第五节　财务管理的原则

财务管理的原则是企业组织财务活动、处理财务关系的准则，是从企业财务管理的实践经验中概括出来的、体现理财活动规律性的行为规范，是对财务管理的基本要求。

企业财务管理，必须按照社会主义市场经济体制和现代企业制度的要求，讲求生财、聚财、用财之道，认真贯彻下列原则。

一、政治责任性原则

按照马克思主义的经济基础决定上层建筑，上层建筑反作用于经济基础的原理，财务管理必须贯彻上层建筑的要求。在上层建筑中政治处于核心地位。因此，企业财务管理必须认真履行政治责任，贯彻政治责任性原则。企业财务管理贯彻政治责任性原则的基本要求是在组织财务活动和处理财务关系时，认真贯彻党和国家的各项方针政策，为维护国家政治安全、经济安全、社会安全、文化安全、生态安全和发展利益提供财力保障，体现以人民为中心的基本要求。当前特别要贯彻党的二十大精神，以习近平新时代中国特色社会主义思想为指导，在全面建成社会主义现代化强国、实现第二个百年奋斗目标，以中国式现代化全面推进中华民族伟大复兴的进程中充分发挥财务管理的重要作用。

企业财务管理中贯彻政治责任性原则应重点抓好以下几个方面的工作：

（1）为贯彻党和国家各项方针政策提供财力保障。例如，在供给侧结构性改革中处置企业不良资产、转产新产品的资金投入；对国家重大科技发展和关键核心技术攻关的资金投入；保护自然环境和生态环境的资金投入；对发展各类文化企业的资金投入；贯彻全体人民共同富裕政策的财力保障与合理使用；在"一带一路"倡议下我国公司的海外投资等。

（2）为维护国家主权安全和发展利益提供财力保障。例如，建设国防工程与生产国防产品的资金投入；反制敌对国家打击我国经济发展所采取应对措施的财力保障等。

（3）为抗击自然灾害和防控重大流行性疾病提供资金保障。例如企业参加抗灾救灾的资金投入和抗击新冠疫情的资金投入等。

二、资金合理配置原则

企业财务管理是对企业全部资金的管理，而资金运用的结果则形成企业各种各样的物质资源。各种物质资源总是要有一定的比例关系的，所谓资金合理配置，就是要通过资金活动的组织和调节，来保证各项物质资源具有最优化的结构比例关系。

企业物质资源的配置情况是资金运用的结果，同时它又是通过资金结构表现出来的。从一定时点的静态来看，企业有各种各样的资金结构。在资金占用方面，有对外投资和对内投资的构成比例，有固定资产和流动资产的构成比例，有货币性资金和非货币性资金的构成比例，有原材料、在产品、产成品的构成比例等。在资金来源方面，有债务资金和权益资金的构成比例，有长期负债和短期负债的构成比例等。按照系统论的观点，组成系统的各个要素的构成比例，是决定一个系统功能状况的最基本的条件。系统的组成要素之间存在着一定的内在联系，系统的结构一旦形成就会对环境产生整体效应，或是有效地改变环境，或是产生不利的影响。在财务活动这个系统中也是如此：资金配置合理，从而资源构成比例适当，就能保证生产经营活动顺畅运行，并由此取得最佳的经济效益，否则就会危及购、产、销活动的协调，甚至影响企业的兴衰。因此，资金合理配置是企业持续、高效经营的必不可少的条件。

各种资金形态的并存性和继起性，是企业资金运动的一项重要规律。只有把企业的资金按合理的比例配置在生产经营的各个阶段上，才能保证资金活动的继起和各种形态资金占用的适度，才能保证生产经营活动的顺畅运行。如果企业库存产品长期积压、应收账款不能收回，而又未能采取有力的调节措施，则生产经营必然发生困难；如果企业不优先保证内部业务的资金需要，而把资金大量用于对外长期投资，则企业主营业务的开拓和发展必然受到影响。通过合理运用资金实现企业资源的优化配置，从财务管理来看就是合理安排企业各种资金结构问题。企业进行资本结构决策、投资组合决策、存货管理决策、收益分配比例决策等都必须贯彻这一原则。

三、收支积极平衡原则

在财务管理中，不仅要保持各种资金存量的协调平衡，而且要经常关注资金流量的动态协调平衡。所谓收支积极平衡，就是要求资金收支不仅在一定期间总量上求得平衡，而且在每一个时点上协调平衡。资金收支在每一时点上的平衡，是资金循环过程得以周而复始进行的条件。

资金收支的平衡，归根到底取决于购、产、销活动的平衡。企业既要搞好生产过程的组织管理工作，又要抓好生产资料的采购和产品的销售，要购、产、销一起抓，克服任何一种片面性。只有坚持生产和流通的统一，使企业的购、产、销三个环节互相衔接，保持平衡，企业资金的周转才能正常进行，并取得应有的经济效益。

资金收支平衡不能采用消极的办法来实现，而要采用积极的办法解决收支中存在的矛盾。要做到收支平衡，首先是要开源节流，增收节支。节支是要节约那些应该压缩、可以压缩的费用，而对那些在创收上有决定作用的支出则必须全力保证；增收是要增加那些能带来经济效益的营业收入，至于采取拼设备、拼人力，不惜工本、不顾质量而一味追求短期收入的做法则是不可取的。其次，在发达的金融市场条件下，还应当通过短期筹资和投资来调剂资金的余缺。在一定时期内，资金收入不敷支出时，应及时采取办理借款、发行短期债券等方式融通资金；而当资金收入比较充裕时，则可适时归还债务，进行短期证券投资。总之，在组织资金收支平衡问题上，既要量入为出，根据现有的财力来安排各项开支，又要量出为入，对于关键的生产经营支出要开辟财源，积极予以支持，这样，才能取得理想的经济效益。收支积极平衡原则不仅适用于现金收支计划的编制，对于证券投资决策、筹资决策等也都有重要的指导意义。

四、成本效益原则

在企业财务管理中，既要关心资金的存量和流量，又要关心资金的增量。企业资金的增量即资金的增值额，是由营业利润或投资收益形成的。因此，对于形成资金增量的成本与收益这两方面的因素必须认真进行分析和权衡。成本效益原则，就是要对经济活动中的所费与所得进行分析比较，对经济行为的得失进行衡量，使成本与收益得到最优的结合，以求获取最多的盈利。

讲求经济效益，要求以尽可能少的劳动垫支和劳动消耗，创造出尽可能多和尽可能好的劳动成果，以满足社会不断增长的物质和文化生活需要。在社会主义市场经济条件下，这种劳动占用、劳动消耗和劳动成果的计算和比较，是通过以货币表现的财务指标来进行的。从总体上来看，劳动占用和劳动消耗的货币表现是资金占用和成本费用，劳动成果的货币表现是营业收入和利润。所以，实行成本效益原则，能够提高企业经济效益，使投资者权益最大化。实行本原则是由企业的理财目标决定的。

企业在筹资活动中，有资本成本率和息税前资金利润率的对比分析问题；在投资决策中，有投资额与各期投资收益额的对比分析问题；在日常经营活动中，有营业成本与营业收入的对比分析问题；其他如劳务供应、设备修理、材料采购、人员培训等，无不有经济得失的对比分析问题。企业的一切成本、费用的发生，最终都是为了取得收益，都可以联系相应的收益进行比较。进行各方面的财务决策，都应当按成本效益原则做出周密的分析。成本效益原则作为一种价值判断原则，在财务管理中具有很高的应用价值。

五、收益风险均衡原则

在市场经济的激烈竞争中，进行财务活动不可避免地要遇到风险。财务活动中的风险是指获得预期财务成果的不确定性。企业要想获得收益，就不能回避风险，可以说风险中包含收益，挑战中存在机遇。企业进行财务管理不能只顾追求收益，不考虑发生损失的可能。收益风险均衡原则，要求企业对每一项财务活动，全面分析其收益性和安全性，按照收益和风险适当均衡的要求来决定采取何种行动方案，在实践中趋利避害，提高收益。

在财务活动中，低风险只能获得低收益，高风险则往往可能得到高收益。例如，在流动资产管理方面，持有较多的现金，可以提高企业偿债能力，减少债务风险，但是银行存款的利息很低，而库存现金则完全没有收益；在筹资方面，发行债券与发行股票相比，由于利息率固定且利息可在成本费用中列支，对企业留用利润影响较小，可以提高权益资本的利润率，但是企业要按期还本付息，需承担较大的风险。无论是对投资者还是对受资者来说，都要求收益与风险相适应，风险越大，则要求的收益也越高。只是不同的经营者对风险的态度有所不同，有人宁愿收益稳妥一些，而不愿冒较大的风险，有人则甘愿冒较大的风险，以便利用机遇谋求巨额利润。无论市场的状况是繁荣还是衰落，无论人们的心理状态是稳健还是进取，都应当对决策项目的风险和收益做出全面的分析和权衡，以便选择最有利的方案。特别是要注意把风险大、收益高的项目，同风险小、收益低的项目适当地搭配起来，分散风险，使风险与收益平衡，做到既降低风险，又能得到较高的收益，还要尽可能回避风险，化风险为机遇，在危机中找对策，以提高企业的经济效益。

六、分级分口管理原则

在规模较大的现代化企业中，对财务活动必须实行分级分口管理。所谓分级分口管理，就是在企业总部统一领导的前提下，合理安排各级单位和各职能部门的权责关系，充分调动各级各部门的积极性。统一领导下的分级分口管理，是民主集中制在财务管理中的具体运用。

以工业企业为例，企业通常分为厂部、车间、班组三级，厂部和车间设立若干职能机构或职能人员。在财务管理上实行统一领导、分级分口管理，就是要按照管理物资同管理资金相结合、使用资金同管理资金相结合、管理责任同管理权限相结合的要求，合理安排企业内部各单位在资金、成本、收入等管理上的权责关系。厂部是企业行政工作的指挥中心，企业财务管理的主要权力集中在厂部。同时，要对车间、班组、仓库、生活福利等单位给予一定的权限，建立财务分级管理责任制。企业的各项财务指标要逐级分解落实到各级单位；各单位要核算其直接费用、资金占用等财务指标，定期进行考核，对经济效益好的单位给予物质奖励。财务部门是组织和推动全厂财务管理工作的主管部门，而供、产、销等部门则直接负责组织各项生产经营活动，使用各项资金和物资，发生各项生产耗费，参与创造和实现生产成果。要在加强财务部门集中管理的同时，实行各职能部门的分口管理，按其业务范围规定财务管理的职责和权限，核定指标，定期考核。这样，就可以调动各级各部门管理财务活动的积极性。

统一领导下的分级分口管理，包含专业管理和群众管理相结合的要求。企业财务部门是专职财务管理部门，而供、产、销等部门的管理则带有群众管理的性质。通常在厂部、车间两级设有专职财务人员，而在班组、仓库则由广大工人直接参加财务管理。统一领导下的分级分口管理，从某种意义来说，也就是在财务管理中实行民主管理。

七、利益关系协调原则

企业财务管理要组织资金的活动，因而同各方面的经济利益有非常密切的联系。实行利益关系协调原则，就是在财务管理中利用经济手段协调国家、投资者、债权人、购销客户、经营者、劳动者、企业内部各部门各单位的经济利益关系，维护有关各方的合法权益。有关各方利益关系的协调，是理财目标顺利实现的必不可少的条件。

企业内部和外部经济利益的调整在很大程度上都是通过财务活动来实现的。企业对投资者要做到资本保全，并合理安排红利分配同盈余公积提取的关系，在各种投资者之间合理分配红利；对债权人要按期还本付息；企业与企业之间要实行等价交换原则，并且通过折扣和罚金、赔款等形式来促使各方认真履行经济合同，维护各方的经济利益；在企业内部，对于生产经营经济效果好的单位应给予必要的物质奖励，并且运用各种结算手段划清各单位的经济责任和经济利益；在企业同职工之间，实行按劳分配原则，把职工的收入和劳动成果联系起来。所有这些都要通过财务管理来实现。在财务管理中，应当正确运用价格、股利、利息、奖金、罚款等经济手段，启动激励机制和约束机制，合理补偿，奖优罚劣，处理好各方面的经济利益关系，以保障企业生产经营顺利、高效地运行。处理各种经济利益关系，要遵守国家法律，认真执行政策，保障有关各方应得的利益，防止搞优质不优价、同股不同利之类的不正当做法。

在经济生活中，个人利益和集体利益、局部利益和全局利益、眼前利益和长远利益也会发生矛盾，而这些矛盾往往是不可能完全靠经济利益的调节来解决的。在处理物质利益关系的时候，一定要加强思想政治工作，提倡照顾全局利益。

第六节　财务管理的环节

要做好财务管理工作，实现财务管理目标，除了要有正确的原则以外，还要掌握财务管理的环节。财务管理环节是指财务管理工作的各个阶段，包括财务管理的各种业务手段。财务管理的环节主要有：财务战略选择、财务预测、财务决策、财务计划、财务控制和财务分析。这些管理环节互相配合，紧密联系，形成周而复始的财务管理循环过程，构成完整的财务管理工作体系。

一、财务战略选择

财务战略选择是进行其他财务管理环节工作的前提，只有财务战略选择正确，其他各环节工作才有正确的方向和成效，财务战略失误，其他各环节工作均会失败。财务战略是关于进行财务管理的全局性、长期性的方针与总体规划，各项具体财务管理工作都要以财务战略为指导。财务战略，一般分为总体战略与分部战略两大部分。财务总体战略，一般可分为稳定型财务战略、扩张型财务战略和紧缩型财务战略三种。财务分部战略，按其内容一般可分为筹资战略、投资战略、成本战略、收入分配战略、财务重组战略等。本书仅对财务总体战略选择加以介绍。企业财务总体战略选择应着重关注下面两个方面的问题。

（一）财务战略类型的选择

1. 按国内与国际宏观经济周期选择财务战略

一般而言，经济周期与财务战略存在如图 1-2 所示的关系。

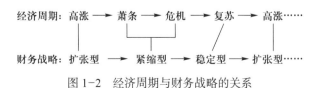

图 1-2　经济周期与财务战略的关系

在宏观经济处于高涨时期时，企业可采用扩张型财务战略，其特征是冒险经营、较高负债，内涵与外延扩大再生产投资并重，保持较高积累水平；在宏观经济处于萧条与危机时期时，企业可采用紧缩型财务战略，其特征是缩小经营规模、较低负债，着重保证简单再生产资金需要，保持较低积累水平；在宏观经济处于复苏阶段时，企业可采用稳定型财务战略，其特征是安全经营、中等负债，着重于内涵扩大再生产投资和保持中等积累水平。

当国内宏观经济周期与国际宏观经济周期的发展阶段不一致时，企业财务战略以何者为主选择财务战略类型，则应看企业的主要市场是国内市场还是国际市场。企业主要市场是国内市场，则以国内宏观经济周期所处阶段为主要依据选择采用的财务战略类型；反之，则应以国际经济周期发展阶段而定。国际上各国的情况有差别，虽然国际经济周期有一个大体发展趋势，但有些国家处于危机时期时，可能另一些国家已处于复苏时期。在这种错综复杂的局面下，企业还要进一步分析企业主导产品的国际市场所分布的主要国家的具体情况，从而慎重选择。

2. 按企业主导产品的生命周期选择财务战略

一般来说，主导产品生命周期与财务战略也存在一定的关系，如图 1-3 所示。

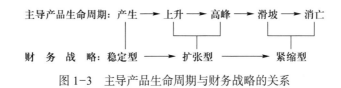

图 1-3 主导产品生命周期与财务战略的关系

在企业主导产品刚形成时宜采用稳定型财务战略；当企业主导产品已被国内外市场逐步接受，从上升走向高峰时，可采用扩张型财务战略；当企业主导产品的生命周期从高峰期走向滑坡与消亡阶段时，宜尽快采用紧缩型财务战略。

上述情况是就企业一种主导产品而言的。在企业（特别是大型跨国企业）的主导产品不是一种，而是几种的情况下，则财务战略的选择还要按企业内部提供各主导产品的不同子企业（或集团成员企业）主导产品的生命周期变化来分别进行选择，不能一刀切。

3. 将经济周期与主导产品生命周期结合起来选择财务战略

从总的趋势看，经济周期对企业经济发展的影响是很大的。一个企业的主导产品虽然处于上升或高峰期，但如果突然遇到国内或国际宏观经济不景气，必将影响企业的市场，这时财务战略选择应以宏观经济周期为主。另一种情况是，当整个国内外宏观经济处于高涨期，而企业主导产品处于滑坡或消亡期时，这时财务战略选择又应以企业主导产品生命周期为主，做到具体问题具体分析。

（二）不同财务战略转换时机的选择

一般情况下，不同财务战略转换时机与经济周期和主导产品生命周期转换时机是相匹配的。例如，当经济周期由高涨期向萧条期过渡时，财务战略就应当由扩张型向紧缩型过渡，逐渐缩小经营规模，减少投资，归还借款，降低企业积累水平，向股东多分配利润；当经济周期由危机阶段向复苏阶段过渡时，财务战略宜由紧缩型向稳定型过渡，适当扩大经营规模，增加一定的负债，增加更新改造投资，适当提高积累水平，为迎接经济高潮的到来做准备；当经济周期进入复苏期并向高涨期过渡时，则可由稳定型财务战略向扩张型财务战略转变，进一步扩大经营与增加新建项目投资，提高负债比例，降低股东分红水平，增加企业积累水平，使企业适时进入经济高涨期。同样道理，企业还要在主导产品生命周期各阶段的过渡时期，实行财务战略的转换。

要做好财务战略类型的选择与财务战略转换时机的选择，对企业高层主管人员素质的要求是很高的。对经济周期与主导产品生命周期及发展阶段与转折拐点的科学预见，将决定企业财务战略选择的成败。

二、财务预测

财务预测（Financial Forecasting）是根据财务活动的历史资料，考虑现实的要求和条件，对企业未来的财务活动和财务成果做出科学的预计和测算。现代财务管理必须具备预测这个"望远镜"，以便把握未来，明确方向。财务预测环节的作用在于：测算各项生产经营方案的经济效益，为决策提供可靠的依据；预计财务收支的发展变化情况，以确定经营目标；测定各项定额和标准，为编制计划、分解计划指标服务。财务预测环节是在前一个财务管理循环的基础上，运用已取得的规律性的认识指导未来。它既是两个管理循环的联结点，又是财务决策环节的必要前提。

财务预测环节包括以下工作步骤。

（一）明确预测对象和目的

由于预测的对象和目的不同，所以对预测资料的收集、预测模型的建立、预测方法的选择、预测结果的表现方式等也有不同的要求。为了达到预期的效果，必须根据管理决策的需要，明确预测的具体对象和目的，如降低成本、增加利润、加速资金周转、安排设备投资等，从而规定预测的范围。

（二）收集和整理资料

根据预测的对象和目的，要广泛收集有关的资料，包括企业内部和外部资料、财务和生产技术资料、计划和统计资料、本年和以前年度资料等。对资料要检查其可靠性、完整性和典型性，排除偶然性因素的干扰，还应对各项指标进行归类、汇总、调整等加工处理，使资料符合预测的需要。

（三）选择预测模型

根据影响预测对象的各个因素之间的相互联系，选择相应的财务预测模型。常见的财务预测模型有时间序列预测模型、因果关系预测模型、回归分析预测模型等。

（四）实施财务预测

将经过加工整理的资料进行系统的研究，代入财务预测模型，采用适当预测方法，进行定性、定量分析，确定预测结果。

财务预测的方法有许多种，常用的有定性预测法和定量预测法，前者可分为经验判断法和调查研究法，后者可分为趋势预测法和因果预测法。

三、财务决策

财务决策（Financial Decision）是根据企业经营战略的要求和国家宏观经济政策的要求，从提高企业经济效益的理财目标出发，在财务预测的基础上，从若干个可以选择的财务活动方案中选择一个最优方案的过程。当财务活动只有一个预期方案时，决定是否采用这个方案也属于决策问题。在市场经济条件下，财务管理的核心是财务决策。在财务预测基础上所进行的财务决策，是编制财务计划、进行财务控制的基础。决策的成败关系着企业的兴衰。财务决策环节包括以下工作步骤。

（一）确定决策目标

根据企业经营目标，在调查研究财务状况的基础上，确定财务决策所要解决的问题，如发行股票和债券的决策、设备更新和购置的决策、对外投资种类的决策等，然后收集企业内部的各种信息和外部的情报资料，为解决制定决策面临的问题做好准备。

（二）拟订备选方案

在预测未来有关因素的基础上，提出为达到财务决策目标而考虑的各种备选的行动方案。在拟订备选方案时，对方案中决定现金流出、流入的各种因素，要做周密的查定和计算。在拟订备选方案后，还要研究各方案的可行性、各方案实施的有利条件和制约条件。

（三）评价各种方案，选择最优方案

备选方案提出后，根据一定的评价标准，采用有关的评价方法，评定出各方案的优劣或经济价值，从中选择一个预期效果最佳的财务决策方案。经择优选出的方案，如涉及重要的财务活动（如筹资方案、投资方案等），还要进行一次鉴定，经过专家鉴定认为决策方案切实可行，方能付诸实施。

财务决策的方法，主要有优选对比法和数学模型法，前者有总量对比法、差量对比法、指标对比法等，后者有数学微分法、线性规划法、概率决策法、损益决策法等。

四、财务计划

财务计划（Financial Plan）工作是运用科学的技术手段和数学方法，对目标进行综合平衡，制定主要计划指标，拟订增产节约措施，协调各项计划指标。它是落实企业奋斗目标和保证措施的必要环节。财务计划是以财务预测提供的信息和财务决策确定的方案为基础来编制的，它是财务预测和财务决策的具体化、系统化，又是控制财务收支活动、分析生产经营成果的依据。

企业财务计划主要包括：资金筹集计划、固定资产投资和折旧计划、流动资产占用和周转计划、对外投资计划、利润分配计划。编制财务计划要做好以下工作。

（一）分析主客观条件，确定主要指标

按照国家产业政策和企业财务决策的要求，根据供、产、销条件和企业生产能力，运用各种科学方法，分析与所确定的经营目标有关的各种因素，按照总体经济效益的原则，确定主要的计划指标。

（二）安排生产要素，组织综合平衡

要合理安排人力、物力、财力，使之与经营目标的要求相适应，在财力平衡方面，要组织流动资金同固定资金的平衡、资金运用同资金来源的平衡、财务支出同财务收入的平衡等。还要努力挖掘企业潜力，从提高经济效益出发，对企业各方面生产经营活动提出要求，制定各单位的增产节约措施，制定和修订各项定额，以保证计划指标的落实。

（三）编制计划表格，协调各项指标

以经营目标为核心，以平均先进定额为基础，计算企业计划期内资金占用、成本、利润等各项计划指标，编制出财务计划表，并检查、核对各项有关计划指标是否密切衔接、协调平衡。

财务计划的编制方法，常见的有固定计划法、零基计划法、弹性计划法和滚动计划法。

五、财务控制

财务控制（Financial Control）是在生产经营活动的过程中，以计划任务和各项定额为依据，对资金的收入、支出、占用、耗费进行日常的核算，利用特定手段对各单位财务活动进行调节，以便实现计划规定的财务目标。财务控制是落实计划任务、保证计划实现的有效措施。

财务控制要适应管理定量化的需要，抓好以下几项工作。

（一）制定控制标准，分解落实责任

按照责、权、利相结合的原则，将计划任务以标准或指标的形式分解落实到车间、科室、班组乃至个人，即通常所说的指标分解。这样，企业内部每个单位、每个职工都有明确的工作要求，便于落实责任，检查考核。通过计划指标的分解，可以把计划任务变成各单位和个人控制得住、实现得了的数量要求，在企业内形成相应的经济指标体系，使计划指标得以实现。

对资金的收付、费用的支出、物资的占用等，要运用各种手段（如限额领料单、费用控制手册、流通券、内部货币等）进行事先控制。凡是符合标准的，就予以支持，并给予机动权限；凡是不符合标准的，则加以限制，并研究处理。

（二）确定执行差异，及时消除差异

按照"干什么，管什么，就算什么"的原则，详细记录指标执行情况，将实际同标准进行对比，确定差异的程度和性质。要经常预计财务指标的完成情况，考察可能出现的变动趋势，及时发出信号，揭露生产经营过程中发生的矛盾。此外，还要及时分析差异形成的原因，确定造成差异的责任归属，采取切实、有效的措施，调整实际过程（或调整标准），消除差异，以便顺利实现计划指标。

（三）评价单位业绩，搞好考核奖惩

在一定时期终了，企业应对各责任单位的计划执行情况进行评价，考核各项财务指标的执行结果，把财务指标的考核纳入各级岗位责任制，运用激励机制，实行奖优罚劣。

财务控制环节的特征在于差异管理，在标准确定的前提下，应遵循例外原则，及时发现差异，分析差异，采取措施，调节差异。常见的财务控制方法有防护性控制、前馈性控制和反馈控制。

六、财务分析

财务分析（Financial Analysis）是以核算资料为主要依据，对企业财务活动的过程和结果进行评价和剖析的一项工作。借助财务分析，可以掌握各项财务计划指标的完成情况，有利于改善财务预测、决策、计划工作，还可以总结经验，研究和掌握企业财务活动的规律性，不断改进财务管理。企业财务人员要通过财务分析提高业务工作水平，搞好业务工作。财务分析的方法很多，主要有对比分析法、比率分析法和因素分析法。

进行财务分析的一般程序如下。

（一）收集资料，掌握情况

开展财务分析首先应充分占有有关资料和信息。财务分析所用的资料通常包括财务报告等实际资料、财务计划资料、历史资料以及市场调查资料。

（二）对比分析，揭露矛盾

对比分析是揭露矛盾、发现问题的基本方法。先进与落后、节约与浪费、成绩与缺点，只有通过对比分析才能鉴别出来。财务分析要在充分占有资料的基础上，通过数量指标的对比来评价业绩，发现问题，找出差异。

（三）因素分析，明确责任

进行对比分析，可以找出差距，揭露矛盾，但为了说明产生问题的原因，还需要进行因素分析。影响企业财务活动的因素，有生产技术方面的，也有生产组织方面的；有经济管理方面的，也有思想政治方面的；有企业内部的，也有企业外部的。进行因素分析，就是要查明影响财务指标完成的各项因素，并从各种因素的相互作用中找出影响财务指标完成的主要因素，以便分清责任，抓住关键。

（四）提出措施，改进工作

要在掌握大量资料的基础上，去伪存真，去粗取精，由此及彼，由表及里，找出各

种财务活动之间以及财务活动同其他经济活动之间的联系，然后提出改进措施。提出的措施，应当明确具体，切实可行；并确定负责人员，规定实现的期限。措施一经确定，就要组织各方面的力量认真贯彻执行。要通过改进措施的落实，完成经营管理工作，提高财务管理水平。

财务管理同会计核算有着十分密切的联系。会计核算是经济管理的一个重要组成部分。它以货币作为统一的计量尺度，对企业的资金活动进行连续、系统、全面的反映和监督。会计核算的对象是企业再生产过程中以资金活动信息为主的信息运动，与财务管理内容有密切的联系。企业的财务活动要通过会计核算来反映，而会计核算资料又是编制财务计划、分析和预测财务活动的重要依据。可见，会计核算也是搞好财务管理不可缺少的科学方法。

研究财务管理环节，要明确它具有如下特征：①循环性。各个财务管理环节在每个经营周期内进行着从财务战略选择、财务预测到财务分析的周而复始的循环，在企业长期经营过程中定期或在某一时期进行的某些基础性工作，不属于财务管理环节（如制定财务制度、建立基础工作）。②顺序性。每个管理环节都处在财务管理循环的一定阶段，具有一定的先后顺序，财务战略选择以及财务预测、决策、计划属于事先管理，财务控制属于事中管理，财务分析属于事后管理，管理环节的顺序不能颠倒或交叉（如把财务分析分为事先分析、事中分析和事后分析，会混淆各管理环节的定位）。③层次性。在财务管理循环中，每个管理环节又分为若干工作步骤或程序，属于步骤或程序方面的工作不宜列为管理环节（如制定控制标准、进行指标分解就不属于管理环节）。④专业性。列为财务管理环节的应该是财务管理本身的业务手段，在财务管理中所运用的一些其他管理方面的业务手段，一般不列为财务管理环节。

第七节　财务管理的体制

企业财务管理体制，是指规范企业财务行为、协调企业同各方面财务关系的制度。企业财务管理体制改革是整个经济体制改革的重要组成部分。研究和改革企业财务管理体制，不仅对加强财务管理、提高经济效益有重要的作用，而且对于促进和配合财税、金融、投资、计划等体制的改革也有重要的意义。

建立企业财务管理体制，既要规范企业对外财务行为和财务关系，又要规范企业内部的财务运行方式和财务关系。

一、企业总体财务管理体制

企业总体财务管理体制是现代企业制度的重要方面，主要是解决企业对外的财务行为和财务管理问题。

建立企业财务管理体制，应当按照社会主义市场经济体制和完善企业经营机制的基本要求来进行。要使企业适应市场的要求，成为依法自主经营、自负盈亏、自我发展、自我约束的商品生产和经营单位，成为独立享有民事权利和承担民事义务的企业法人，就要建立适应市场经济要求，产权清晰、权责明确、政企分开、管理科学的现代企业制度。各类企业应按照自身的产权制度和组织形式，在所有权和经营权分离的原则下，确立自主经营、自负盈亏的财务管理模式。

国家的有关法律法规对企业的财务行为做了必要的规范。例如，在企业筹资方面，公司法、证券法等规范了企业的资本组织形式（企业法人股本、企业股东股份、合伙人共同出资、自然人个人投资等），不同类型企业的筹资渠道、筹资方式和筹资条件等。在企业投资方面，证券交易法、公司法、企业法等规范企业投资的出资方式（现金、固定资产、无形资产等方式）和投资程序，有关法令还指示了企业投资的方向。在企业利润分配方面，税法、公司法、企业法等规范了企业成本开支范围，不同筹资方式下资本成本的列支程序，税后利润的分配程序。企业安排总体财务管理体制，要在国家有关法律法规的指导和约束下，研究下列问题。

（一）建立企业注册资本制度

要明确企业资金的来源、渠道及各种资金的筹集方式，股票、债券等的发行和流通，各类企业出资的最低限额，注册资本登记制度，注册资本保全要求等。

（二）建立固定资产折旧制度

要明确固定资产的划分标准和资金来源，计提折旧固定资产的范围和分类，折旧年限，计提折旧的方法，加速折旧的应用等。

（三）建立成本开支范围制度

要明确企业各种支出的计列方式，允许计入成本、期间费用的支出范围和支出标准，还要规范成本的计算方法。

（四）建立利润分配制度

要研究确认销售收入实现的标准，利润的构成，利润总额和所得税税后利润中允许调整和扣除的项目，税后利润中公积金等的提留项目和提留比例，向投资者分配利润的顺序等。

二、企业财务分权分层管理

现代企业应该适应公司治理结构，建立起适当的财务治理结构。财务治理结构就是规范所有者和经营者财务权限、财务责任和财务利益的制度安排。对于一个财务管理主体（又称理财主体），要建立"两权三层"的财务治理结构。

（一）"两权三层"管理的基本框架

所有者和经营者是针对同一个理财主体而言的。研究企业内部财务管理体制，首先要建立理财主体的概念。理财主体是独立进行财务活动、实施自主理财的单位或个人，它同时也界定了财务活动的空间范围。只有在实践中确定谁是理财主体，才能明确财务管理权限和责任的归属，也才能把某一理财主体的资金及所涉及的财务关系同其他理财主体区分开来。就各种组织形式的企业而言，独资、合伙企业是理财主体，不是法人实体，股份有限公司和有限责任公司则既是理财主体，又是法人实体。大型企业下设的分公司不是理财主体，而企业集团控股的子公司则是理财主体。建立了理财主体这一前提条件，才能明确所有者和经营者，才能探讨他们如何从不同角度对该理财主体进行财务管理。对于一个理财主体来说，在所有权和经营权分离的条件下，所有者和经营者对企业财务管理具有不同的权限，要进行分权管理。这就是所谓的"两权"。

按照公司的组织结构，所有者财务管理和经营者财务管理，分别由股东大会（股东会）、董事会、经理层（其中包括财务经理）来实施，进行财务分层管理。这就是所谓的"三层"。在公司制组织形式下，股东作为出资者拥有财产所有权（股权），所以，股东大会实行所有者财务管理。董事会的地位比较特殊，它与股东大会之间是一种信托托管关系。董事是股东的委托人，承担受托责任，受股东大会的信任委托，托管公司的法人财产和负责公司的经营。董事会拥有有约束的法人财产权和有约束的经营管理权。企业的董事大多是从股东中选举产生的，而且出资额较大的股东才能被选为董事，企业的法人代表——董事长往往是出资额最大的股东。因此，董事会成员既代表出资人，又受雇于全体股东。董事会具有所有者财务管理和经营者财务管理的两种职能，董事会对企业财务管理在行使权限方面代表出资者，而在承担责任方面则代表经营者。总经理和董事会之间是委托代理关系。总经理是受雇者，是董事会的委托人，拥有企业经营管理权。总经理及企业经理层对企业财务的管理属于经营者财务管理。

"两权三层"的企业财务治理结构如图1-4所示。

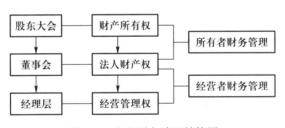

图1-4　企业财务治理结构图

过去人们往往认为，企业财务管理就是财务经理的财务管理。如美国有学者提出，管理财务学可用财务经理的职能和责任来确定其含义。"两权三层"的财务治理结构的建立，是对传统理财观念的一个突破。

（二）"两权三层"管理的内容

所有者财务管理的对象，是所有者投入企业的资本，而经营者财务管理的对象则是企业的法人财产。这两者管理对象上的差别是两权分离的结果。它表明出资者只对投入的资本及其权益行使产权管理，而经营者则对构成企业法人的全部财产行使产权管理，对出资者承担资本保值增值的责任。三个层次财务管理的内容如下。

1. 股东大会

股东大会着眼于企业的长远发展和主要目标，实施重大的财务战略，进行重大的财务决策。如决定公司的经营方针和投资计划，审议批准年度财务预算、财务决策，审议批准利润分配方案和亏损弥补方案，对公司增加或者减少注册资本做出决定，对发行公司债券做出决定，对公司合并、分立、解散和清算做出决定，等等。

2. 董事会

董事会着眼于企业的中、长期发展，实施具体财务战略，进行财务决策。如制定公司的经营计划和投资计划，制定年度财务预算方案、决策方案，制定利润分配方案和亏损弥补方案，制定增加或者减少注册资本的方案，制定发行公司债券的方案，拟订公司合并、分立、解散和清算的方案，决定公司内部财务管理机构的设置，聘任或者解聘经理和财务负责人，等等。

3. 经理层

经理层对董事会负责，着眼于企业短期经营行为，执行财务战略，进行财务控制。如组织实施公司年度经营计划和投资方案，组织实施年度财务预算方案，组织实施利润分配方案或者亏损弥补方案，组织实施增加或者减少注册资本的方案，组织实施发行公司债券的方案，组织实施公司合并、分立、解散和清算的方案，拟订公司内部财务管理机构设置方案，提请聘任或者解聘经理和财务负责人，聘任或者解聘财务管理人员，等等。

随着现代企业财务管理实践的发展，企业各层次财务管理的内容还会进一步丰富起来。

三、财务总监制度

财务总监制度起源于西方，是公司制产生之后西方企业管理制度的一项重要内容。美国《财富》杂志评选的全球五百强企业均设有财务总监。我国的深圳、上海于 20 世纪 90 年代在大中型国有企业中设立财务总监。由财务总监代表所有者对企业经理层的财务活动进行财务监督，将成为我国企业财务治理结构的一个重要组成部分。

（一）建立财务总监制度的必要性

财务总监制度产生和存在的客观前提是所有权和经营权的分离。在两权分离的条件下，由于经营者与所有者在利益上不完全一致，就需要设立代表所有者利益的专业人员对企业经理层进行财务监督。具体说来，建立财务总监制度的必要性在于以下两个方面。

1. 董事会需要对经理层进行有效的监督

在许多公司里，董事会和经理层两套班子的人员不少是相互兼职的。这就形成了董事自己聘任自己当经理、自己监督自己、自己评价自己的局面。于是董事会对经理层的监督往往是低效率甚至是无效率的，经理常常改变董事会甚至股东大会制定的投资方案。因此就需要由董事会指派具有财务管理专业知识并有相当能力的专业人员来对经理层进行财务监督。

2. 外部控制机制的弱化需要内部监督加以辅助

由于国家投资主体的不确定，国有企业的所有权主体往往被分散到若干行政机关手中，使政府对国有企业的控制，一方面表现为行政上的"超强控制"，另一方面表现为产权上的"超弱控制"。部分经理人员利用政府在产权上的"超弱控制"形成事实上的"内部人控制"，推脱责任，转嫁风险。为了解决这一矛盾，也需要设立财务总监对经理人员的行为进行监督。

（二）财务总监的地位和作用

财务总监由公司董事会任命，有的还作为委派的董事进入董事会。他作为所有者的代表对经营者进行的财务活动加以约束。财务总监以产权为依据行使权力，体现的是基于产权约束的监督关系。因此，财务总监的监督行为属于所有者财务管理的范围。

财务总监的工作主要发挥以下作用。

1. 可以起到约束经理人员行为、限制"内部人控制"的作用

企业经营者的利益同所有者的利益有不完全一致的一面，这样就可能产生经营者为了自身的利益而背离甚至损害所有者利益的情况，即所谓"内部人控制"。在目前尚未完全摆脱所有者主体缺位的情况下，就更容易产生经营者行为失控的情况。通过财务总监所进行的财务监督，如对企业财务计划的制定有权参与，对财务计划的执行有权调控，对重大资金的调拨使用有权联签，对财务报告的真实、可靠有权审查签署等，可以规范企业的财务活动，解决会计信息失真、财务收支混乱、经营决策失误、国有资产流失等问题。

2. 可以发挥其他监督形式所不能实现的作用

企业已有的监督形式并不少，有会计监督，有内部审计监督，还有监事会监督。这些监督形式固然各有优点，但都存在一定的局限性。如会计监督和内部审计监督都是经营者所实施的监督，只对经营者负责，并不代表所有者的利益。它们都是按照有关法律、法规进行的监督，具有一定的滞后性。至于根据《企业国有资产监督管理暂行条例》设立的监事会，则是政府机构派出的对企业资产保值增值实施监督的组织，它主要代表政府利益，也基本上属于事后监督。财务总监的监督则不同，他代表所有者的利益，而且其监督贯穿于企业生产经营和财务收支的事前、事中、事后全过程。因而，财务总监可以随时掌握企业各部门活动的各种信息，能够成为对企业经理人员行使权利、履行义务情况的敏感的观测者，能够采取灵活多样的协调手段促使代理契约得到高效率、低成本的实施。

（三）财务总监的职责

财务总监的主要职权如下：①参与制定公司的财务管理制度，监督、检查公司各级财务活动和资金收支情况；②参与拟订财务预算方案、决策方案；③参与拟订发行股票、债券的方案；④审核公司新项目投资的可行性；⑤参与拟订所属部门和二级公司的承包方案；⑥财务总监同经理联签批准规定限额内的经营性、投资性资金支出，汇往境外资金和担保贷款事项；⑦参与拟订公司利润分配方案和亏损弥补方案；⑧审核公司的财务报告，与经理共同确定其真实性，报本公司董事会和国有资产产权部门；⑨定期向国有资产产权部门报告本企业的资产和经济效益变化情况，对企业重大经营问题要及时报告。

财务总监的责任主要是：①对上报的公司财务报告的真实性，与经理共同承担责任；②对国有资产的流失承担相应责任；③对公司重大投资项目决策失误造成的经济损失承担责任；④对公司严重违反财经纪律的行为承担责任。

四、企业内部财务管理方式

企业内部财务管理方式主要是规定企业内部各项财务活动的运行方式，确定企业内部各级各部门之间的财务关系。它要与企业总体财务管理体制相适应，同时根据企业的规模大小、工作基础的强弱研究确定。

确定企业内部财务管理方式，是加强企业财务管理的重要措施。企业内部财务管理大体上有两种方式：

（1）在小型企业，通常采取一级核算方式。财务管理权集中于厂部，厂部统一安排各项资金、处理财务收支、核算成本和盈亏；二级单位（班组或车间）一般只负责管理、登记所使用的财产、物资，记录直接开支的费用，不负责管理资金，不核算成本和盈亏，不进行收支结算。

（2）在大中型企业中，通常采取二级核算方式。除了厂部统一安排各项资金、处理财务收支、核算成本和盈亏以外，二级单位要负责管理一部分资金，核算成本，有的还要计算盈亏，相互之间的经济往来要进行计价结算，对于资金、成本等要核定计划指标，定期进行考核。

在实行厂内经济核算制的条件下，确定企业内部财务管理体制主要应研究以下几方面的问题。

（一）资金控制制度

要将流动资金占用指标分解落实到各级各部门，对车间要核定在产品资金定额，有的要核定储备资金定额，使车间对资金占用承担一定的经济责任，定期进行考核。对车间还可核定固定资产需用量。

（二）收支管理制度

除了要将成本指标分解落实到各级各部门外，对车间要计算收入，使之对比收支，确定经营成果。车间领用原材料或半成品，应向原材料库或半成品库按内部结算价格支付款项，作为车间的费用。车间生产的半成品或成品视为车间完工产品，半成品库或成品库按内部结算价格支付价款，作为车间的收入。这样，车间就有较完整的资金运动概念。

（三）内部结算制度

企业建立内部结算中心，内部各单位的经济往来，包括领用材料、使用半成品和劳务、交出半成品或成品等，要按照实际数量和内部结算价格进行计价结算，并且采用一定的结算凭证（如内部结算单、内部托收单、内部支票等）办理严格的结算手续，以分清经济责任，加强经济核算。

（四）物质奖励制度

要根据各车间经济指标的完成情况，主要是根据资金使用、经营成果的情况，给予奖励。车间还要根据职工的劳动成果采取一定的方式分配奖金。

企业内部财务管理方式，应该根据各个企业的条件加以确定，其内容不能千篇一律，采用的具体形式也可以多样化。在经营层内部财权安排上，有的集权程度大些，有的则分权程度大些。大庆油田对此曾有个通俗的概括："资金要集中，成本要下放。"其基本精神具有普遍的意义。

五、企业财务管理机构

企业财务管理机构的设置，因企业规模大小不同而有差异，同时它同经济发展水平和经济管理体制更有密切的联系。

在过去高度集中的计划经济体制下，我国国有企业大都是将财务机构和会计机构合并设置在一起的。在大中型企业中，在厂长（经理）领导下，由总会计师来领导财务会计部门；在小型企业，不设总会计师，由一名副厂长（副经理）领导财务会计部门。这种财务与会计机构合并设置的模式是同传统的管理体制相适应的。

改革开放以后，企业的筹资渠道和筹资方式越来越多样化，企业投资的规模日益增大，去向日益广阔，利润分配涉及的方面更加广泛，企业要处理的财务关系也更加复杂。在这种形势下，财务管理的独立地位越来越突出，财务与会计的职责不明的弊病也越来越明显，就产生了财务机构同会计机构分别设置的需要。在企业总经理领导下可设置财务副经理来主管财务与会计工作。在财务副经理下面可分设财务处和会计处，分别由财务主任和会计主任担任主管人员，其下再根据工作内容设置若干专业科。企业财务管理机构的设置情况如图 1-5 所示。

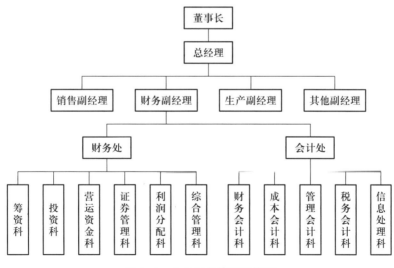

图 1-5　企业财务管理机构图

企业财务处的主要职责有如下几项：①筹集资金；②负责固定资产投资；③负责营运资金管理；④负责证券的投资与管理；⑤负责利润的分配；⑥负责财务预测、财务计划和财务分析工作。企业会计处的主要职责有如下几项：①按照企业会计准则的要求编制对外会计报表；②按照内部管理的要求编制内部会计报表；③进行成本核算工作；④负责纳税的计算和申报；⑤执行内部控制制度，保护企业财产；⑥办理审核报销等其他有关会计核算工作。财务机构和会计机构分别设置、分别规定职责范围，才能明确财务工作和会计工作各自的主攻方向，各司其职，而不致顾此失彼，削弱任何一个方面的工作。

财务机构同会计机构分别设置后，两者还必须为提高企业经济效益这一共同目标而相互配合，密切协作。会计处要及时地向财务处提供真实可靠的会计信息，并利用其所掌握的会计信息参与企业的财务计划和财务分析工作，对企业财务活动进行监督，为经营决策服务。财务处则要充分利用会计处提供的会计信息和其他有关资料搞好财务预测、财务决策、财务计划和财务分析工作，依据日常核算资料及时调度资金，财务处预测、计划所确定的具体财务指标要及时提供给会计处，作为其日常控制、监督的依据。

本章小结

在社会主义制度下，商品经济的发展是企业资金运动存在的客观基础。企业财务就是企业再生产过程中的资金运动及其所形成的经济关系。要全面理解企业资金运动包括的五项经济内容。企业在资金运动中与五个有关方面发生经济关系。企业资金运动及所形成的经济关系，也就是企业财务的本质。企业财务具有组织职能、调节职能、分配职能和监督职能。要搞好企业财务管理，必须充分认识和运用企业资金运动的规律，要系统把握资金形态并存性、继起性规律，资金收支适时平衡规律，各种支出收入相互对应规律，资金运动同物资运动既一致又背离规律，以及企业资金同社会总资金依存关系规律。

学习财务管理总体目标，要明确以提高经济效益为总思路，以履行社会责任为前提，了解利润最大化、权益资本利润率最大化、股东财富最大化、企业价值最大化等观点的优点和不足之处。

学习财务管理原则，要全面理解政治责任性原则、资金合理配置原则、收支积极平衡原则、成本效益原则、收益风险均衡原则、分级分口管理原则、利益关系协调原则，并懂得如何在实际工作中加以应用。

要掌握财务管理的基本环节，学会运用有关的业务手段，必须对财务战略选择、财务预测、财务决策、财务计划、财务控制、财务分析等基本环节，分别研究其概念、作用和程序。进行财务管理必须研究的财务管理体制，包括企业总体财务管理体制、企业财务分权分层管理、财务总监制度、企业内部财务管理方式和企业财务管理机构。

即测即评

请扫描右侧二维码，进行即测即评。

思考题

1. 财务管理的目标有哪些表述，其优缺点是什么？请说明你更支持哪个观点，并给出理由。

2. 股东财富最大化的含义是什么？股东财富最大化作为企业财务管理目标的优缺点是什么？

3. 对企业财务你过去是怎样认识的？学习本章以后对此有何体会？

4. 企业财务的三项职能与会计的职能有何差别？

5. 试简述企业资金运动的规律。

6. 对企业财务管理总体目标的几种观念，请分析比较其优点和不足之处。

7. 请说明在实际工作中应如何贯彻财务管理的原则。

8. 为什么说财务管理的六个环节构成了财务管理的循环？

9. 请说明企业内部的财务关系表现在哪些方面，每一方面的财务管理应该按什么要求来处理。

第二章

财务价值计量基础

资金具有时间价值和风险价值，是财务活动中客观存在的经济现象，也是进行财务管理时必须树立的价值观念。资金筹集、资金投放、收益分配、资本重组、资产评估等，都必须考虑资金时间价值和资金风险价值问题。资金时间价值和资金风险价值通常是通过利息率来表示的，利息率还受通货膨胀因素的影响。利息率作为资金这种特殊商品的价格，是财务管理必须考虑的重要因素。资金时间价值、资金风险价值和利息率的原理，是财务管理的基本原理，在财务实践中被广泛应用。

第一节　资金时间价值

一、资金时间价值的概念

要运用资金时间价值，首先必须了解其含义、产生的客观基础、实践意义等问题。

（一）资金时间价值的含义

一定量的货币资金在不同的时点上具有不同的价值。年初的 1 万元，运用资金时间价值以后，到年终其价值要高于 1 万元。例如，甲企业拟购买一台设备，采用现付方式，其价款为 40 万元；如延期至 5 年后付款，则价款为 52 万元。设 5 年期存款年利率为 10%。试问现付同延期付款比较，哪个有利？假定该企业目前已筹集到 40 万元资金，暂不付款，存入银行，按单利计算，5 年后的本利和为 $40 \times (1 + 10\% \times 5) = 60$（万元），同 52 万元比较，企业尚可得到 8 万元（60−52）的利润。可见，延期付款 52 万元比现付 40 万元更为有利。这就说明，今年年初的 40 万元，5 年以后价值就提高到 60 万元了。随着时间的推移，周转使用中的资金价值发生了增值。

资金在周转使用中由于时间因素而形成的差额价值，即资金在生产经营中带来的增值额，称为资金时间价值（Time Value of Money）。

资金在周转使用中为什么会产生时间价值呢？这是因为资金使用者把资金投入生产经

营以后，劳动者借以生产新的产品，创造新价值，都会带来利润，实现增值。周转使用的时间越长，所获得的利润越多，实现的增值额越大。所以资金时间价值的本质，是资金周转使用后的增值额。资金由资金使用者从资金所有者处筹集来进行周转使用以后，资金所有者要分享一部分资金的增值额。

资金时间价值可以用绝对数表示，也可以用相对数表示，即以利息额或利息率来表示。但是在实际工作中对这两种表示方法并不做严格的区分，通常以利息率进行计量。利息率的实际内容是社会资金利润率。各种形式的利息率（贷款利率、债券利率等），就是根据社会资金利润率确定的。但是，一般的利息率除了包括资金时间价值因素以外，还要包括风险价值和通货膨胀因素。资金时间价值通常被认为是没有风险和没有通货膨胀条件下的社会平均利润率，这是利润平均化规律作用的结果。马克思曾经指出：必须把平均利润率看成是利息率的有最后决定作用的最高界限。所以，作为资金时间价值表现形态的利息率，应以社会平均资金利润率为基础，而又不应高于这种资金利润率。

资金时间价值是经济活动中的一个重要概念，也是资金使用中必须认真考虑的一个标准。如果银行贷款的年利率为10%，而企业某项经营活动的年息税前资金利润率低于10%，那么这项经营活动将被认为是不合算的。在这里，银行的利息率就成为企业资金利润率的最低界限。

（二）资金时间价值的实质

西方经济学者把货币的时间价值作为财务管理的一项基本概念，无疑是正确的。但是对货币时间价值是怎样产生的，其来源是什么，应该如何合理计量等问题，他们并未正确地加以解释。英国经济学家凯恩斯从资本家和消费者心理出发，高估现在货币的价值，低估未来货币的价值，从而认为时间价值主要取决于流动偏好、消费倾向、边际效用等因素。在这种思想指导下，"时间利息论者"认为，时间价值产生于人们对现有货币的评价高于对未来货币的评价，它是价值时差的贴水；"流动偏好论者"认为，时间价值是放弃流动偏好的报酬；"节欲论者"则认为，时间价值是货币所有者不将货币用于生活消费所得的报酬。虽然表述不尽相同，归结起来就是说，货币所有者要进行投资，就必须牺牲现时的消费，因此他要求对其推迟消费的耐心给予报酬，货币时间价值就是对货币所有者推迟消费的报酬。

西方经济学者的这种观点，只是说明一些表面现象，并没有揭示出资金时间价值的实质，既不全面，又不确切。因此，我们要从资金时间价值的产生原因、真正来源、计量原则等方面做出科学的分析。

1. 要正确理解资金时间价值的产生原因

西方的经济学者未能回答这个问题。如果说推迟消费就能获得报酬，那么资金所有者把钱闲置不用或者埋入地下保存是否能得到报酬呢？显然不能。马克思认为，货币只有当作资本投入生产和流通后才能增殖。马克思指出："作为资本的货币的流通本身就是目的，因为只是在这个不断更新的运动中才有价值的增殖。"[①]"如果把它从流通中取出来，

[①] 马克思，恩格斯. 马克思恩格斯文集：第五卷. 北京：人民出版社，2009：178.

那它就凝固为贮藏货币，即使藏到世界末日，也不会增加分毫。"① 因此，并不是所有的货币都有时间价值，只有把货币作为资金投入生产经营活动才能产生时间价值。时间价值是在生产经营活动中产生的，不作为资金投入生产经营过程的货币，是没有时间价值可言的。

我们还要看到，在市场经济条件下，货币的时间价值实际上是资金的时间价值。而西方的一些观点却又限制了生产经营中时间价值发生作用的范围。从现象上看，只有当货币资金流入、流出时才有可能计算时间价值。但在事实上当货币资金用以购买原材料或固定资产以后，时间价值依然要发挥作用。原材料积压，企业就会因延误原材料使用时间而丧失一定的价值；设备利用率提高，企业就会因为充分利用设备工时而获得更多的价值。可见，具有这种时间价值的，不仅是货币资金，而且还有物质形态的资金。全部生产经营中的资金都具有时间价值，这是资金运动的一种客观规律性。

2. 要正确认识资金时间价值的真正来源

西方的经济学者没有揭示这一重要问题。按照他们的观点，似乎"时间""耐心"都能创造价值，这显然是没有科学根据的。马克思没有用"时间价值"这一概念，但正是他揭示了这种所谓"耐心的报酬"就是剩余价值。在发达商品经济条件下，商品流通的运动形式是 $G—W—G'$。这一运动的特点是始点和终点都是货币，没有质的区别。马克思指出："$G—W—G$ 过程所以有内容，不是因为两极有质的区别（二者都是货币），而只是因为它们有量的不同。最后从流通中取出的货币，多于起初投入的货币……因此，这个过程的完整形式是 $G—W—G'$。其中的 $G' = G + \Delta G$，即等于原预付货币额加上一个增殖额。我把这个增殖额或超过原价值的余额叫做剩余价值（Surplus Value）。可见，原预付价值不仅在流通中保存下来，而且在流通中改变了自己的价值量，加上了一个剩余价值，或者说增殖了。"② 上面分析的是流通过程的价值运动形式，如果把生产过程和流通过程结合起来分析，资金运动的全过程则是 $G—W\cdots P\cdots W'—G'$。由此可以看出，处于终点的 G' 是 W' 实现的结果，而 W' 即包含增殖额在内的全部价值是在生产过程中形成的，其中增殖部分是工人创造的剩余价值。因此，时间价值不可能由"时间"创造，也不可能由"耐心"创造，而只能由工人的劳动创造，时间价值的真正来源是工人创造的剩余价值。

3. 要合理解决资金时间价值的计量原则

西方经济学者对此问题也没有找到正确的途径。以凯恩斯为代表的西方经济学者认为，时间价值的量在很大程度上取决于流动偏好、消费倾向、耐心等待等心理因素，当然这些都是无法计算的。马克思不仅正确地说明了剩余价值的产生过程和来源，而且揭示了剩余价值的计算依据。他在《资本论》中精辟地论述了剩余价值是如何转化为利润、利润又如何进而转化为平均利润的，并指出到最后投资于不同行业的资金，将获得大体上相当于社会平均资金利润率的投资报酬率。因此，确定资金时间价值应以社会平均的资金利润率为基础。考虑到投资风险和通货膨胀的客观存在，资金利润率除包含时间价值以外，还包括风险报酬和通货膨胀贴水，在计算时间价值时，后两部分应予扣除。资金时间价值的相对数（时间价值率）是扣除风险报酬和通货膨胀贴水后的社会平均资金利润率；其绝对

① 马克思，恩格斯. 马克思恩格斯文集：第五卷. 北京：人民出版社，2009：177.
② 马克思，恩格斯. 马克思恩格斯文集：第五卷. 北京：人民出版社，2009：176.

数（时间价值额）是资金在生产经营中带来的增殖额，即一定数额的资金与时间价值率的乘积。马克思不仅揭示了资金时间价值的量的规定性，而且指出时间价值应按复利方法来计算。他认为，在利润不断资本化的条件下，资本将按几何级数增长，计算资本的积累有必要用复利方法。

（三）在我国运用资金时间价值的必要性

我国的社会主义市场经济正在蓬勃发展。随着改革开放方针的贯彻执行，逐步发展和完善了各种金融市场，包括建立以国家银行为主的不同形式的金融机构，在以银行信用为主的同时，实行商业信用、国家信用、消费信用等多种信用方式，运用银行票据、商业票据、债券、股票等多种信用工具，开展抵押贷款、租赁、信托等多种金融业务等。这样，在我国不仅有了资金时间价值存在的客观基础，而且有着充分运用它的迫切性。

运用资金时间价值的必要性在于以下两个方面。

1. 资金时间价值是衡量企业经济效益、考核经营成果的重要依据

资金时间价值问题，实际上是资金使用的经济效益问题。研究资金时间价值，就是要考察企业资金在周转使用一定时期以后所增值（或贬值）的程度。资金时间价值代表着无风险的社会平均资金利润率水平，后者应是企业资金利润率的最低限度，而企业资金利润率正是反映企业资金利用效果的综合指标，在一定程度上也是企业经济效益的集中表现。没有资金时间价值观念，就缺乏衡量企业资金利用效果的标准。而且，企业的各项财务收支都是在一定时点上发生的，离开了资金时间价值的观念和具体计算，就无法正确估量不同时期的财务收支，也就无法正确评价企业的盈亏。

2. 资金时间价值是进行投资、筹资、收益分配决策的重要条件

资金时间价值揭示了不同时点上所收付资金的换算关系，这是正确进行财务决策的必要前提。在投资决策中，根据资金时间价值原理，把不同时点上的投资额和不同时点上的投资收益折算成某一时点上的现值，可以正确评价其投入产出的经济效益，做出科学的可行性分析。在筹资决策中，根据资金时间价值原理，可以比较各种筹资方案的综合资本成本，选择最优的资本结构。在收益分配决策中，根据各项现金流出和现金流入的时间确定现金的运转情况，可以合理选择现金股利（分派现金）、股票股利（送股、转股）、股票配售（配股）等股利分配方式。可见，进行各项财务决策是离不开资金时间价值的应用的。要正确进行财务决策，必须弄清楚在不同时点上收到或付出的资金之间的数量关系，掌握各种终值和现值的换算方法。

有人算了一笔账，如果借款的年利率为10%，使用1亿元资金，每年要付出1000万元的代价，每月要付83.3万元，每天要付27 397元，每小时要付1 142元，每分钟要付19元。可见，如果1亿元资金闲置不用，不及时投入生产经营，就要造成巨大的损失。我们应该明确地认识资金时间价值存在的客观必然性，认识充分利用资金时间价值的重要意义，树立起资金时间价值观念，自觉地在社会建设中加以运用。

下面分几个问题阐述资金时间价值的计算方法。

有关资金时间价值的指标有许多种，本书着重说明单利终值和现值、复利终值和现值、年金终值和现值的计算。这里以利息率表示资金时间价值。

二、一次性收付款项终值和现值的计算

（一）单利终值和现值的计算

1. 单利终值

在单利（Simple Interest）方式下，本金能带来利息，利息必须在提出以后再以本金形式投入才能生利，否则不能生利。

单利的终值（Future Value）就是本利和，是指若干期以后包括本金和利息在内的未来价值。

现在的 1 元钱，年利率为 10%，从第 1 年到第 5 年，各年年末的终值可计算如下：

$$1 元 1 年后的终值 = 1 \times (1 + 10\% \times 1) = 1.1（元）$$
$$1 元 2 年后的终值 = 1 \times (1 + 10\% \times 2) = 1.2（元）$$
$$1 元 3 年后的终值 = 1 \times (1 + 10\% \times 3) = 1.3（元）$$
$$1 元 4 年后的终值 = 1 \times (1 + 10\% \times 4) = 1.4（元）$$
$$1 元 5 年后的终值 = 1 \times (1 + 10\% \times 5) = 1.5（元）$$

因此，单利终值的一般计算公式为

$$FV_n = PV_0 \times (1 + i \times n)$$

式中，FV_n——终值，即第 n 年年末的价值；

　　PV_0——现值，即 0 年（第 1 年年初）的价值；

　　　i——利率；

　　　n——计算期数。

2. 单利现值

现值（Present Value）就是以后年份收到或付出资金的现在价值，可用倒求本金的方法计算。由终值求现值，叫作贴现（Discount）。若年利率为 10%，从第 1 年到第 5 年，各年年末的 1 元钱，其现值可计算如下：

$$1 年后 1 元的现值 = 1 \div (1 + 10\% \times 1) = 1 \div 1.1 = 0.909（元）$$
$$2 年后 1 元的现值 = 1 \div (1 + 10\% \times 2) = 1 \div 1.2 = 0.833（元）$$
$$3 年后 1 元的现值 = 1 \div (1 + 10\% \times 3) = 1 \div 1.3 = 0.769（元）$$
$$4 年后 1 元的现值 = 1 \div (1 + 10\% \times 4) = 1 \div 1.4 = 0.714（元）$$
$$5 年后 1 元的现值 = 1 \div (1 + 10\% \times 5) = 1 \div 1.5 = 0.667（元）$$

因此，单利现值的一般计算公式为

$$PV_0 = FV_n \times \frac{1}{1 + i \times n}$$

（二）复利终值和现值的计算

1. 复利终值

在复利（Compound Interest）方式下，本能生利，利息在下期则转列为本金与原来的本金一起计息。复利的终值也是本利和。现在的 1 元钱，年利率 10%，从第 1 年到第 5 年，各年年末的终值可计算如下：

$$1 元 1 年后的终值 = 1 \times (1 + 10\%) = 1.1 （元）$$
$$1 元 2 年后的终值 = 1.1 \times (1 + 10\%) = 1 \times (1 + 10\%)^2 = 1.21 （元）$$
$$1 元 3 年后的终值 = 1.21 \times (1 + 10\%) = 1 \times (1 + 10\%)^3 = 1.331 （元）$$
$$1 元 4 年后的终值 = 1.331 \times (1 + 10\%) = 1 \times (1 + 10\%)^4 = 1.464 （元）$$
$$1 元 5 年后的终值 = 1.464 \times (1 + 10\%) = 1 \times (1 + 10\%)^5 = 1.611 （元）$$

因此，复利终值的一般计算公式为

$$FV_n = PV_0 \times (1 + i)^n$$

式中，FV_n——终值，即第 n 年年末的价值；

$\quad PV_0$——现值，即 0 年（第 1 年年初）的价值；

$\quad i$——利率；

$\quad n$——计息期数。

2. 复利现值

复利现值也是以后年份收到或付出资金的现在价值。若年利率为 10%，从第 1 年到第 5 年，各年年末的 1 元钱，其现值可计算如下：

$$1 年后 1 元的现值 = 1 \div (1 + 10\%)^1 = 1 \div 1.1 = 0.909 （元）$$
$$2 年后 1 元的现值 = 1 \div (1 + 10\%)^2 = 1 \div 1.21 = 0.826 （元）$$
$$3 年后 1 元的现值 = 1 \div (1 + 10\%)^3 = 1 \div 1.331 = 0.751 （元）$$
$$4 年后 1 元的现值 = 1 \div (1 + 10\%)^4 = 1 \div 1.464 = 0.683 （元）$$
$$5 年后 1 元的现值 = 1 \div (1 + 10\%)^5 = 1 \div 1.625 = 0.621 （元）$$

因此，复利现值的一般计算公式为

$$PV_0 = FV_n \times \frac{1}{(1 + i)^n}$$

上列公式中的 $(1 + i)^n$ 和 $\frac{1}{(1 + i)^n}$，分别称为复利终值系数（Future Value Interest Factor）和复利现值系数（Present Value Interest Factor）。其简略表示形式分别为 $FVIF_{i,n}$ 和 $PVIF_{i,n}$。在实际工作中，其数值可以查阅按不同利率和时期编成的复利终值系数表和复利现值系数表（均见本书附表）。

以上两个公式，可分别改写为

$$FV_n = PV_0 \cdot FVIF_{i,n}$$
$$PV_0 = FV_n \cdot PVIF_{i,n}$$

【例 2-1】 存入本金 2 000 元，年利率为 7%。按复利计算，5 年后的本利和为
$$2\,000 \times (1 + 7\%)^5 = 2\,000 \times 1.403 = 2\,806 （元）$$

【例 2-2】 某项投资 4 年后可得收益 40 000 元。按年利率 6% 复利计算，其现值应为
$$40\,000 \div \frac{1}{(1 + 6\%)^4} = 40\,000 \times 0.792 = 31\,680 （元）$$

上式中的 1.403 和 0.792，分别查自复利终值系数表和复利现值系数表。

三、年金终值和现值的计算

年金（Annuity）是指一定期间内每期收付相等金额的款项。折旧、租金、利息、保险金、养老金等通常都采取年金的形式。年金的每次收付发生的时间各有不同。每期期末收款、付款的年金，称为后付年金，即普通年金（Ordinary Annuity）；每期期初收款、付款的年金，称为先付年金（Annuity Due），或称预付年金；距今若干期以后发生的每期期末收款、付款的年金，称为延期年金（Deferred Annuity）；无期限连续收款、付款的年金，称为永续年金（Perpetual Annuity）。

（一）后付年金终值和现值的计算

1. 后付年金终值（已知年金 A，求年金终值 FVA_n）

后付年金是指一定时期每期期末等额的系列收付款项。由于在经济活动中后付年金最为常见，故又称普通年金。

后付年金终值犹如零存整取的本利和，是一定时期内每期期末收付款项的复利终值之和。

每年存款 1 元，年利率 10%，经过 5 年，年金终值计算如图 2-1 所示。

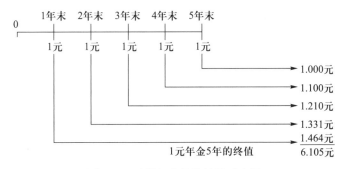

图 2-1　后付年金终值计算示意图

图 2-1 可称为计算资金时间价值的时间序列图，计算复利终值和现值也可以利用这种时间序列图。绘制时间序列图可以帮助我们理解各种现金流量终值和现值的关系。

上例逐年的终值和年金终值，可计算如下：

1 元 1 年的终值 = 1.000（元）

1 元 2 年的终值 = $(1+10\%)^1$ = 1.100（元）

1 元 3 年的终值 = $(1+10\%)^2$ = 1.210（元）

1 元 4 年的终值 = $(1+10\%)^3$ = 1.331（元）

1 元 5 年的终值 = $(1+10\%)^4$ = 1.464（元）

1 元年金 5 年的终值 = 6.105（元）

因此，年金终值的一般计算公式为

$$FVA_n = A\sum_{t=1}^{n}(1+i)^{t-1}$$

式中，FVA_n——年金终值；

A——每次收付款项的金额；

i——利率；

t——每笔收付款项的计息期数；

n——全部年金的计息期数。

以上公式中的 $\sum_{t=1}^{n}(1+i)^{t-1}$ 称为年金终值系数（Future Value Interest Factors for Annuity），其简略表示形式为 $FVIFA_{i,n}$。年金终值的计算公式可写成

$$FVA_n = A \cdot FVIFA_{i,n}$$

后付年金终值系数的数值，可以查阅年金终值系数表（见本书附表）。

后付年金终值系数亦可按以下公式计算：

$$FVIFA_{i,n} = \frac{(1+i)^n - 1}{i}$$

该公式的推导过程如下：

$$FVIFA_{i,n} = (1+i)^0 + (1+i)^1 + (1+i)^2 + \cdots + (1+i)^{n-2} + (1+i)^{n-1} \tag{1}$$

将（1）式两边同乘以 $(1+i)$，得：

$$FVIFA_{i,n} \cdot (1+i) = (1+i)^1 + (1+i)^2 + (1+i)^3 + \cdots + (1+i)^{n-1} + (1+i)^n \tag{2}$$

将（2）-（1）得：

$$FVIFA_{i,n} \cdot (1+i) - FVIFA_{i,n} = -1 + (1+i)^n$$

$$FVIFA_{i,n} \cdot i = (1+i)^n - 1$$

$$FVIFA_{i,n} = \frac{(1+i)^n - 1}{i}$$

【例 2-3】 张先生每年年末存入银行 2 000 元，年利率 7%，则 5 年后本利和应为

$$2\,000 \times \sum_{t=1}^{5}(1+7\%)^{t-1} = 2\,000 \times 5.751 = 11\,502（元）$$

2. 偿债基金（已知年金终值 FVA_n，求年金 A）

偿债基金是指为了在约定的未来某一时点清偿某笔债务或积聚一定数额资金而必须分次等额提取的存款准备金。每次提取的等额存款金额类似年金存款，它同样可以获得按复利计算的利息，因而应清偿的债务（或应积聚的资金）即为年金终值，每年提取的偿债基金即为年金。由此可见，偿债基金的计算也就是年金终值的逆运算，其计算公式如下：

$$\begin{aligned}A &= FVA_n \cdot \frac{i}{(1+i)^n - 1} \\ &= FVA_n \cdot \frac{1}{\sum_{t=1}^{n}(1+i)^{t-1}} \\ &= FVA_n \cdot \frac{1}{FVIFA_{i,n}}\end{aligned}$$

上式中的 $\dfrac{i}{(1+i)^n - 1}$，称作偿债基金系数，可以查阅偿债基金系数表，也可通过年

金终值系数的倒数求得。

【**例 2-4**】 某企业有一笔 5 年后到期的借款，数额为 2 000 万元，为此设置偿债基金，年复利率为 10%，到期一次还清借款，则每年年末应存入的金额为

$$2\ 000 \times \frac{10\%}{(1+10\%)^5-1}$$

$$=2\ 000 \times 0.163\ 8 = 327.6\ (万元)$$

或

$$2\ 000 \times \left(\frac{1}{FVIFA_{10\%,\ 5}}\right)$$

$$=2\ 000 \times (1 \div 6.105) = 327.6\ (万元)$$

3. 后付年金现值（已知年金 A，求年金现值 PVA_0）

后付年金现值通常为每年投资收益的现值总和，是一定时期内每期期末收付款项的复利现值之和。每年取得收益 1 元，年利率为 10%，为期 5 年，后付年金现值计算如图 2-2 所示。

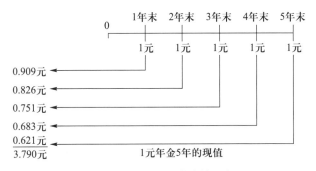

图 2-2　后付年金现值计算示意图

上例逐年的现值和年金现值，可计算如下：

$$1 \text{ 年 } 1 \text{ 元的现值} = \frac{1}{(1+10\%)^1} = 0.909\ (元)$$

$$2 \text{ 年 } 1 \text{ 元的现值} = \frac{1}{(1+10\%)^2} = 0.826\ (元)$$

$$3 \text{ 年 } 1 \text{ 元的现值} = \frac{1}{(1+10\%)^3} = 0.751\ (元)$$

$$4 \text{ 年 } 1 \text{ 元的现值} = \frac{1}{(1+10\%)^4} = 0.683\ (元)$$

$$5 \text{ 年 } 1 \text{ 元的现值} = \frac{1}{(1+10\%)^5} = 0.621\ (元)$$

$$1 \text{ 元年金 } 5 \text{ 年的现值} = 3.790\ (元)$$

因此，年金现值的一般计算公式为

$$PVA_0 = A\sum_{t=1}^{n} \frac{1}{(1+i)^t}$$

以上公式中的 $\sum_{t=1}^{n}\dfrac{1}{(1+i)^t}$，称为年金现值系数（Present Value Interest Factors for Annuity），其简略表示形式为 $PVIFA_{i,n}$。年金现值的计算公式可写成

$$PVA_0 = A \cdot PVIFA_{i,n}$$

后付年金现值系数的数值，可以查阅年金现值系数表（见本书附录）。

后付年金的现值系数可按以下公式计算

$$PVIFA_{i,n} = \dfrac{1 - \dfrac{1}{(1+i)^n}}{i}$$

该公式的推导过程如下。

$$PVIFA_{i,n} = \sum_{t=1}^{n}\dfrac{1}{(1+i)^t} = \dfrac{1}{(1+i)^1} + \dfrac{1}{(1+i)^2} + \cdots + \dfrac{1}{(1+i)^n} \tag{1}$$

（1）式两边同乘以（$1+i$），得

$$PVIFA_{i,n} \cdot (1+i) = 1 + \dfrac{1}{(1+i)^1} + \dfrac{1}{(1+i)^2} + \cdots + \dfrac{1}{(1+i)^{n-1}} \tag{2}$$

（2）-（1），得

$$PVIFA_{i,n} \cdot (1+i) - PVIFA_{i,n} = 1 - \dfrac{1}{(1+i)^n}$$

$$PVIFA_{i,n} \cdot i = 1 - \dfrac{1}{(1+i)^n}$$

$$PVIFA_{i,n} = \dfrac{(1+i)^n - 1}{i(1+i)^n} = \dfrac{1 - \dfrac{1}{(1+i)^n}}{i}$$

【例 2-5】 RD 投资项目于 2023 年年初动工，设当年投产，从投产之日起每年得收益 40 000 元，按年利率 6% 计算，则 10 年收益的现值为

$$40\ 000 \times \sum_{t=1}^{10}\dfrac{1}{(1+6\%)^t} = 40\ 000 \times 7.36 = 294\ 400\ （元）$$

4. 年资本回收额（已知年金现值 PVA_0，求年金 A）

年资本回收额是指在约定的年限内等额回收的初始投入资本额或清偿所欠的债务额。其中未收回或清偿的部分要按复利计息构成需回收或清偿的内容。年资本回收额的计算也就是年金现值的逆运算，其计算公式如下：

$$A = PVA_0 \cdot \dfrac{i}{1 - (1+i)^{-n}}$$

$$= PVA_0 \cdot \dfrac{1}{\sum\limits_{t=1}^{n}\dfrac{1}{(1+i)^t}}$$

$$= PVA_0 \cdot \dfrac{1}{FVIFA_{i,n}}$$

上式中的 $\dfrac{1}{\displaystyle\sum_{t=1}^{n}\dfrac{1}{(1+i)^t}}$ 称为资本回收系数，可以查阅资本回收系数表，也可通过年金现值系数的倒数求得。

【例2-6】 C公司现在借入2 000万元，约定在8年内按年利率12%均匀偿还，则每年应还本付息的金额为

$$2\,000\times\frac{12\%}{1-(1+12\%)^{-8}}=2\,000\times0.201\,3=402.6（万元）$$

或　　　　$$2\,000\times(1/PVIFA_{12\%,\,8})=2\,000\times\frac{1}{4.968}=402.6（万元）$$

（二）先付年金终值和现值的计算

先付年金是指一定时期内每期期初等额的系列收付款项。先付年金与后付年金的差别，仅在于收付款的时间不同。由于年金终值系数表和年金现值系数表是按常见的后付年金编制的，在利用这种后付年金系数表计算先付年金的终值和现值时，可在计算后付年金的基础上加以适当调整。

1. 先付年金终值

n 期先付年金终值与 n 期后付年金终值的关系，如图2-3所示。

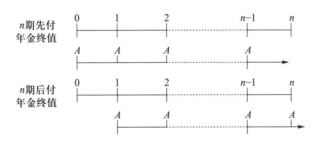

图2-3　先付年金终值与后付年金终值的关系示意图

n 期先付年金与 n 期后付年金比较，两者付款期数相同，但先付年金终值比后付年金终值要多一个计息期。为求得 n 期先付年金的终值，可在求出 n 期后付年金终值后，再乘以 $(1+i)$。计算公式如下：

$$V_n = A \cdot FVIFA_{i,n} \cdot (1+i)$$

此外，根据 n 期先付年金终值和 $n+1$ 期后付年金终值的关系，还可推导出另一公式。n 期先付年金与 $n+1$ 期后付年金比较，两者计息期数相同，但 n 期先付年金比 $n+1$ 期后付年金少付一次款。因此，只要将 $n+1$ 期后付年金的终值减去一期付款额，便可求得 n 期先付年金终值。计算公式如下：

$$V_n = A \cdot FVIFA_{i,n+1} - A$$

【例2-7】 张先生每年年初存入银行2 000元，年利率7%，则5年后本利和应为

$$2\,000\times\sum_{t=1}^{5}(1+7\%)^{t-1}\times(1+7\%)$$

$$= 2\ 000 \times 5.751 \times 1.07 = 12\ 307\ (\text{元})$$

或 $$2\ 000 \times \sum_{t=1}^{6} (1+7\%)^{t-1} - 2\ 000$$

$$= 2\ 000 \times 7.153 - 2\ 000 = 12\ 306\ (\text{元})$$

2. 先付年金现值

n 期先付年金现值与 n 期后付年金现值的关系，如图 2-4 所示。

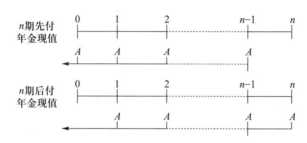

图 2-4　先付年金现值与后付年金现值的关系示意图

n 期先付年金现值和 n 期后付年金现值比较，两者付款期数也相同，但先付年金现值比后付年金现值少贴现一期。为求得 n 期先付年金的现值，可在求出 n 期后付年金现值后，再乘以 $(1+i)$。计算公式如下：

$$V_0 = A \cdot PVIFA_{i,n} \cdot (1+i)$$

此外，根据 n 期先付年金现值和 $n-1$ 期后付年金现值的关系，也可推导出另一公式。n 期先付年金与 $n-1$ 期后付年金比较，两者贴现期数相同，但 n 期先付年金比 $n-1$ 期后付年金多一期不需贴现的付款。因此，先计算出 $n-1$ 期后付年金的现值再加上一期不需贴现的付款，便可求得 n 期先付年金现值。计算公式如下：

$$V_0 = A \cdot PVIFA_{i,n-1} + A$$

【例 2-8】 某公司租入 B 设备，若每年年初支付租金 4 000 元，年利率为 8%，则 5 年租金的现值应为

$$4\ 000 \times \sum_{t=1}^{5} \frac{1}{(1+8\%)^t} \times (1+8\%)$$

$$= 4\ 000 \times 3.993 \times 1.08 = 17\ 250\ (\text{元})$$

或 $$4\ 000 \times \sum_{t=1}^{4} \frac{1}{(1+8\%)^t} + 4\ 000$$

$$= 4\ 000 \times 3.312 + 4\ 000 = 17\ 248\ (\text{元})$$

（三）延期年金现值的计算

延期年金是指在最初若干期没有收付款项的情况下，随后若干期等额的系列收付款项。m 期以后的 n 期年金现值，延期年金现值计算如图 2-5 所示。

延期 m 期后的 n 期年金与 n 期年金相比，两者付款期数相同，但这项延期年金现值是 m 期后的 n 期年金现值，还需要再贴现 m 期。因此，为计算 m 期后 n 期年金现值，要先计算出该项年金在 n 期期初（m 期期末）的现值，再将它作为 m 期的终值贴现至 m 期

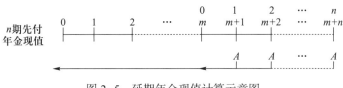

图 2-5　延期年金现值计算示意图

期初的现值。计算公式如下：

$$V_0 = A \cdot PVIFA_{i,n} \cdot PVIF_{i,m}$$

此外，还可先求出 $m+n$ 期后付年金现值，减去没有付款的前 m 期的后付年金现值，即为延期 m 期的 n 期后付年金现值。计算公式如下：

$$V_0 = A \cdot PVIFA_{i,m+n} - A \cdot PVIFA_{i,m}$$

【例 2-9】RD 项目于 2022 年动工，由于施工延期 5 年，于 2027 年年初投产，从投产之日起每年得到收益 40 000 元。按每年利率 6% 计算，则 10 年收益在 2022 年年初的现值为

$$40\,000 \times \sum_{t=1}^{10} \frac{1}{(1+6\%)^t} \times \frac{1}{(1+6\%)^5}$$
$$= 40\,000 \times 7.36 \times 0.747$$
$$= 219\,917\ (元)$$

或

$$40\,000 \times \sum_{t=1}^{15} \frac{1}{(1+6\%)^t} - 4\,000 \times \sum_{t=1}^{5} \frac{1}{(1+6\%)^t}$$
$$= 40\,000 \times 9.712 - 40\,000 \times 4.212$$
$$= 220\,000\ (元)$$

（四）永续年金现值的计算

永续年金是指无期限支付的年金。优先股因为有固定的股利而又无到期日，其股利可视为永续年金。有些债券未规定偿还期限，其利息也可视为永续年金。在资产评估中，某些可永久发挥作用的无形资产（如商誉），其超额收益亦可按永续年金计算其现值。

永续年金现值的计算公式如下：

$$V_0 = A \cdot \sum_{t=1}^{\infty} \frac{1}{(1+i)^t} = A \cdot \frac{1}{i}$$

永续年金的现值系数 $PVIFA_{i,\infty}$ 为 $\sum_{t=1}^{\infty} \frac{1}{(1+i)^t} = \frac{1}{i}$。其推导过程说明如下。

前已说明，普通年金现值系数可简化为下式：

$$PVIFA_{i,n} = \frac{1 - \dfrac{1}{(1+i)^n}}{i}$$

当 $n \to \infty$ 时，则 $\dfrac{1}{(1+i)^n} \to 0$

$$PVIFA_{i,n} = \frac{1}{i}\ (n \to \infty)$$

$$V_0 = A \cdot \frac{1}{i}$$

【例 2-10】 某企业持有 A 公司的优先股 6 000 股，每年可获得优先股股利 1 200 元。若利息率为 8%，则该优先股历年股利的现值为

$$1\ 200 \div 0.08 = 15\ 000\ （元）$$

【例 2-11】 某生物学会准备存入银行一笔基金，预期以后无限期地于每年年末取出利息 16 000 元，用以支付年度生物学奖金。若存款利息率为 8%，则该生物学会应于年初一次存入的款项为

$$16\ 000 \div 0.08 = 200\ 000\ （元）$$

四、不等额系列收付款项现值的计算

前述单利、复利业务都属于一次性收付款项（如期初一次存入，期末一次取出），年金则是指每次收入或付出相等金额的系列付款。在经济活动中，往往要发生每次收付款项金额不相等的系列收付款项（以下简称系列付款），这就需要计算不等额系列付款（Unequal Series of Payments）的现值之和。不等额系列付款又有两种情况：全部不等额系列付款、年金与部分不等额系列付款。现分别说明其现值的计算方法。

（一）全部不等额系列付款现值的计算

为求得不等额系列付款现值之和，可先计算每次付款的复利现值，然后加总。不等额系列付款现值的计算公式如下：

$$PV_0 = U_1 \frac{1}{(1+i)^1} + U_2 \frac{1}{(1+i)^2} + U_3 \frac{1}{(1+i)^3} + \cdots + U_n \frac{1}{(1+i)^n}$$

$$= \sum_{t=1}^{n} U_t \frac{1}{(1+i)^t}$$

【例 2-12】 5 年不等额系列付款每年年末的现金流量如表 2-1 所示。

表 2-1 5 年的不等额系列付款

年（t）	现金流量（U_t）（元）	年（t）	现金流量（U_t）（元）
1	1 000	4	2 000
2	2 000	5	1 000
3	3 000		

若贴现率为 10%，则此项不等额系列付款的现值为

$1\ 000 \times [1 \div (1+10\%)^1] + 2\ 000 \times [1 \div (1+10\%)^2] + 3\ 000 \times$
$[1 \div (1+10\%)^3] + 2\ 000 \times [1 \div (1+10\%)^4] + 1\ 000 \times [1 \div (1+10\%)^5]$
$= 1\ 000 \times 0.909 + 2\ 000 \times 0.826 + 3\ 000 \times 0.751 + 2\ 000 \times 0.683 + 1\ 000 \times 0.621$
$= 6\ 801\ （元）$

以上各复利现值系数，可查阅复利现值系数表。

如果遇有若干年间不连续发生的不等额的系列付款，可采取列表法计算各项现金流量的复利现值，然后求系列付款的现值之和。

【例2-13】 假设利率为10%，某企业第3年年末需用2 000元，第5年年末需用2 000元，第6年年末需用4 000元。为保证按期从银行提出款项以满足各年年末的资金需要，现在应向银行存入的款项如表2-2所示。

表2-2　不连续发生的不等额系列付款

单位：元

t	U_t	$PVIF_{10\%,\,t}$	PV_0
3	2 000	0.751	1 502
5	2 000	0.621	1 242
6	4 000	0.564	2 256
合计	8 000	—	5 000

（二）年金与不等额系列付款混合情况下的现值

如果在一组不等额系列付款中，有一部分现金流量为连续等额的付款，则可分段计算其年金现值同复利现值，然后加总。

【例2-14】 某项现金流量如表2-3所示，贴现率10%，试计算该项系列付款的现值。

表2-3　年金和不等额系列付款

年（t）	现金流量（U_t）（元）	年（t）	现金流量（U_t）（元）
1	3 000	6	2 000
2	3 000	7	2 000
3	3 000	8	2 000
4	2 000	9	1 000
5	2 000		

在这个例子中，1～3年为等额付款，可求3年期的年金现值，4～8年亦为等额付款，可求8年期的年金现值，但要扣除前三年的年金现值（即延期年金现值），第9年的现金流量可计算其复利现值。该项不等额的系列付款现值可按下列公式采取算式法计算。

$$PV_0 = 3\,000 \times PVIFA_{10\%,\,3} + 2\,000 \times (PVIFA_{10\%,\,8} - PVIFA_{10\%,\,3}) + 1\,000 \times PVIF_{10\%,\,9}$$
$$= 3\,000 \times 2.487 + 2\,000 \times (5.335 - 2.487) + 1\,000 \times 0.424$$
$$= 13\,581（元）$$

以上所述为不等额系列付款现值的计算，至于不等额系列付款终值的计算，其方法基本相同，计算时，只需把公式中的复利（年金）现值系数改换成复利（年金）终值系数即可。

五、计息期短于一年时间价值的计算和贴现率、期数的推算

以上有关资金时间价值的计算，主要阐述了现值转换为终值，终值转换为现值，年金转换为终值、现值，终值、现值转换为年金的计算方法，这种计算的前提是计息期为一年，而且贴现率和计息期数已经给定。但是，在经济生活中，往往有计算期短于一年，或者需要根据已知条件确定贴现率和计息期数的情况。为此，就要对资金时间价值计算中的几个特殊问题做些分析。

（一）计息期短于一年时间价值的计算

计息期就是每次计算利息的期限。在单利计算中，通常按年计算利息，不足一年的存款的利息率可根据年利率乘以存款日数除以 365 天来计算，所以不需要单独规定计息期。在复利计算中，如按年复利计息，一年就是一个计息期；如按季复利计息，一季是一个计息期，一年就有四个计息期。计息期越短，一年中按复利计息的次数就越多，利息额就会越大。因此要事先规定计息期的长短。

以上叙述中，计息期是以年为单位的，n 是指计息年数，i 是指年利率。在实际经济生活中，计息期有时短于一年，如半年、季、月等，期利率也应与之相匹配。如计息期为一季，就要求采用计息季数、季利率；如计息期为一月，就要求采用计息月数、月利率。为此，要研究不同计息期下终值和利息之间的关系。

按国际惯例，如果未做特别说明，i 就是指年利率。大多数国家规定的利率是年利率。当计息期短于一年，而运用的利率又是年利率时，则期利率和计息期数应加以换算，复利终值和现值的计算公式也要做适当调整。

计息期短于一年时，期利率和计息期数的换算公式如下：

$$r = \frac{i}{m}$$

$$t = n \times m$$

式中，r——期利率；

　　i——年利率；

　　m——每年的计息期数；

　　n——年数；

　　t——换算后的计息期数。

计息期换算后，复利终值和现值的计算可按下列公式进行：

$$FV_t = PV_0 (1+r)^t = PV_0 \times \left(1 + \frac{i}{m}\right)^{mn}$$

$$PV_0 = FV_t \left[1 \div (1+r)^t\right] = FV_n \times \frac{1}{\left(1 + \frac{i}{m}\right)^{mn}}$$

【例 2-15】 某公司将 1 000 元存入银行，年利率为 8%，按单利计算。如半年后取出，其本利和为

$$FV_{0.5} = 1\ 000 \times \left(1 + 8\% \times \frac{1}{2}\right) = 1\ 040\ (\text{元})$$

【例 2-16】 北方公司向银行借款 1 000 万元, 年利率为 16%。按季复利计算, 2 年后应向银行偿付本利和为多少?

对此首先应换算 r 和 t, 然后计算终值 FV_t。

$$r = 16\% \div 4 = 4\%$$
$$t = 2 \times 4 = 8$$
$$FV_8 = 1\ 000 \times (1 + 4\%)^8 = 1\ 000 \times 1.369 = 1\ 369\ (\text{万元})$$

【例 2-17】 某基金会准备在第 5 年年底获得 2 000 元, 年利率为 12%, 每季计息一次。现在应存入多少现金?

$$r = 12\% \div 4 = 3\%$$
$$t = 5 \times 4 = 20$$
$$PV_0 = 2\ 000 \times \frac{1}{(1 + 3\%)^{20}} = 2\ 000 \times 0.554 = 1\ 108\ (\text{元})$$

如果规定的是一年计算一次的年利率, 而计息期短于一年, 则规定的年利率将小于分期计算的年利率。分期计算的年利率可按下列公式计算:

$$k = (1 + r)^m - 1$$

式中, k——分期计算的年利率;

　　r——计息期规定的期利率;

　　m——一年的计息期数。

上式是对一年期间利息的计算过程进行推导求得的。如果一年后的终值是 V_m, 则一年期间的利息是 $V_m - V_0$, 分期计算的年利率可计算如下:

$$k = \frac{V_m - V_0}{V_0} = \frac{V_0 \cdot (1 + r)^m - V_0}{V_0}$$
$$= (1 + r)^m - 1$$

【例 2-18】 北方公司向银行借款 1 000 元, 年利率为 16%。按季复利计算, 试计算其实际年利率。

这时, $r = 4\%$, $m = 4$, 则

$$k = (1 + 4\%)^4 - 1 = 1.170 - 1 = 0.17 = 17\%$$

为了验证, 可用分期计算的年利率 k 按年复利计算, 求本利和。这时, $k = 17\%$, $n = 2$。计算出来的 2 年后终值, 与用季利率按季复利计息的结果完全一样。

$$FV_2 = 1\ 000 \times (1 + 17\%)^2 = 1\ 000 \times 1.369 = 1\ 369\ (\text{元})$$

在【例 2-16】中, 按 $r = 4\%$, $t = 8$ 计算的结果为

$$FV_8 = 1\ 000 \times (1 + 4\%)^8 = 1\ 000 \times 1.369 = 1\ 369\ (\text{元})$$

(二) 贴现率的推算

在计算资金时间价值时, 如果已知现值、终值、年金和期数, 而要求 i, 就要利用已有的计算公式加以推算。

根据前述各项终值和现值的计算公式进行移项, 可得出下列各种系数。

$$FVIF_{i,n} = \frac{FV_n}{PV_0}$$

$$PVIF_{i,n} = \frac{PV_0}{FV_n}$$

$$FVIFA_{i,n} = \frac{FVA_n}{A}$$

$$PVIFA_{i,n} = \frac{PVA_n}{A}$$

求出换算系数后，可从有关系数表的 n 期各系数中找到最接近的系数。这个最接近的系数所属的 i，就是要求的贴现率的近似值。

现以普通年金为例，说明推算贴现率的步骤。

（1）计算出 $\dfrac{FVA_n}{A}$ 的值，假设 $\dfrac{FVA_n}{A} = a$。

（2）查普通年金现值系数表。沿着 n 所在的那一行横向查找，若恰好找到表中某一系数值等于 a，则该系数所在的列的利率，便是所要求的 i 值。

（3）如果无法找到恰好等于 a 的系数值，就要在表中 n 行上找出与 a 最接近的两个上下临界系数值，取其中与 a 更接近的一个系数值作为要选用的 i。

（4）如果要求贴现率计算准确一些，则可用插值法来进行计算。假设在表中 n 行上找出与 a 最接近的两个临界系数值为 β_1，β_2（设 $\beta_1 > a > \beta_2$ 或 $\beta_1 < a < \beta_2$），查出与 β_1，β_2 对应的临界利率 i_1，i_2，则可用插值法计算 i。计算公式如下：

$$i = i_1 + \frac{\beta_1 - a}{\beta_1 - \beta_2} \cdot (i_2 - i_1)$$

【例 2-19】 某公司现在存入银行 2 000 元，要想 4 年后能得到本利和 3 000 元，存款利率应有多高？

$$FVIF_{i,4} = 3\ 000 \div 2\ 000 = 1.5$$

在复利终值表中，凡属 4 年期的各系数中，年利率 11% 的值为 1.518，与 1.5 十分接近。可见，年利率大约为 11% 时才能保证 4 年以后得到 3 000 元。

如果要使贴现率计算得更加准确，可用插值法来进行计算。

【例 2-20】 某企业现在向银行存入 5 000 元，问年利率 i 为多少时，才能保证在以后 10 年中每年得到 750 元利息。

$$PVIFA_{i,10} = 5\ 000 \div 750 = 6.667$$

从年金现值系数表中可以看到，在 $n = 10$ 的各系数中，i 为 8% 时，系数是 6.710；i 为 9% 时，系数是 6.418。可见，利率应在 8%～9%。假设 x 为超过 8% 的百分数，则可用插值法计算 x 的值。

利息率				年金现值系数	
8%	$x\%$	1%	$\dfrac{x\%}{1\%} = \dfrac{0.043}{0.292}$	6.710	0.043
?				6.667	0.292
9%				6.418	

$$x = 0.147$$
$$i = 8\% + 0.147\% = 8.147\%$$

此外，还要说明几点。

（1）对于先付年金利率 i 的推算，同样可采用上述方法进行。所不同的是，求出 FVA_n/A 的值以后，令 $a = (FVA_n/A) + 1$，然后在普通年金终值系数表中沿 $n+1$ 所在的行纵向查找，找出与 a 相等或相近的系数，据以确定 i。

（2）永续年金贴现率 i，可根据其年金现值计算公式直接求得。

$$V_0 = A/i$$

则

$$i = A/V_0$$

（3）一次性收付款的贴现率，也可根据其复利终值（或现值）的计算公式直接求得，而无须查表。

$$FV_n = PV_0 \times (1+i)^n$$
$$FV_n/PV_0 = (1+i)^n$$
$$i = \left(\frac{FV_n}{PV_0}\right)^{1/n} - 1$$

【例 2-21】 某企业现在存入银行 2 000 元，期望 4 年后能得到本利和 3 000 元，存款利率应有多高，试直接计算求得（即不用查表）。

$$i = \left(\frac{FV_n}{PV_0}\right)^{1/n} - 1$$
$$= (3\ 000 \div 2\ 000)^{1/4} - 1$$
$$= (1.5)^{1/4} - 1$$
$$= 11\%$$

（三）期数的推算

期数 n 的推算，其原理和步骤与贴现率 i 的推算相同。

现以普通年金为例，说明在 PV_n、A 和 i 已知的情况下，推算期数 n 的基本步骤。

（1）计算出 PV_0/A，设为 a。

（2）根据 a 查普通年金现值系数表。沿着已知的 i 所在列纵向查找，如能找到恰好等于 a 的系数值，其对应的 n 值即为所求的期数值。

（3）如找不到恰好为 a 的系数值，则要查找最接近 a 值的左右临界系数 β_1、β_2 以及对应的临界期数 n_1、n_2，然后应用插值法求 n。计算公式如下：

$$n = n_1 + \frac{\beta_1 - a}{\beta_1 - \beta_2} \cdot (n_2 - n_1)$$

【例 2-22】 某企业拟购买一台柴油机，更新目前所使用的汽油机。柴油机价格较汽油机高出 2 000 元，但每年可节约燃料费用 500 元。若利息率为 10%，则柴油机应至少使用多少年此项购买才有利？

已知 $PV_0 = 2\ 000$，$A = 500$，$i = 10\%$

$$PV_0/A = 2\ 000/500 = 4 = a$$

即 $PVIFA_{10\%,n} = a = 4$

查普通年金现值系数表。在 i = 10% 的列上纵向查找，无法找到恰好为 4（即 a）的系数值，于是查找大于和小于 4 的临界系数值 β_1、β_2 以及对应的临界期数 n_1、n_2，即

$$\beta_1 = 3.791 < 4 \quad n_1 = 5$$
$$\beta_2 = 4.355 > 4 \quad n_2 = 6$$

可见，期数应在 5 至 6 之间，可用插值法求 n。

期数
年金现值系数

$$
\left.\begin{array}{c}5 \\ ? \\ 6\end{array}\right\}x \Bigg\}1 \qquad \frac{x}{1} = \frac{0.209}{0.564}
$$

$$
\left.\begin{array}{c}3.791 \\ 4.000 \\ 4.355\end{array}\right\}0.209 \Bigg\}0.564
$$

$$x = 0.37$$
$$n = 5 + 0.37 = 5.37（年）$$

第二节　资金风险价值

企业的经济活动大都是在风险和不确定的情况下进行的，离开了风险因素就无法正确评价企业收益的高低。资金风险价值原理，揭示了风险同收益之间的关系。它同资金时间价值原理一样，是财务决策的基本依据。财务管理人员应当理解和掌握资金风险价值的概念和有关计算方法。

一、资金风险价值的概念

资金时间价值是在没有风险和通货膨胀下的投资收益率。上节所述，没有涉及风险问题。但是在财务活动中风险是客观存在的，所以，还必须考虑当企业冒着风险投资时能否获得额外收益的问题。

资金风险价值（Risk Value of Investment）就是指投资者由于冒着风险进行投资而获得的超过资金时间价值的额外收益，又称投资风险收益、投资风险价值。投资风险价值实质上是企业投资者冒险进行创业投资（如采用先进科学技术或到高风险地区投资，从而获得国家各项优惠政策），投资成功后，由于提高了劳动生产率，从而获得比生产同类产品的企业更多的超额利润。但企业不能片面追求资金风险价值最大化，防止系统性金融风险。

（一）投资决策的类型

在市场经济条件下进行投资决策，对所涉及的各个因素可能是已知的、可确定的，但许多时候对未来情况并不十分明了，有时甚至连各种情况发生的可能性如何也不清楚。因此，根据对未来情况的掌握程度，投资决策可分为三种类型。

1. 确定性投资决策

这是指未来情况能够确定或已知的投资决策。如购买政府发行的国库券，由于国家实力雄厚，事先规定的债券利息率到期肯定可以实现，就属于确定性投资，即没有风险和不确定的问题。

2. 风险性投资决策

这是指未来情况不能完全确定，但各种情况发生的可能性——概率为已知的投资决策。如购买某家用电器公司的股票，已知该公司股票在经济繁荣、一般、萧条时的收益率分别为 15%、10%、5%；另根据有关资料分析，认为近期该行业繁荣、一般、萧条的概率分别为 30%、50%、20%，这种投资就属于风险性投资。

3. 不确定性投资决策

这是指未来情况不仅不能完全确定，而且各种情况发生的可能性也不清楚的投资决策。如投资于煤炭开发工程，若开发顺利可获得 100% 的收益率，但若找不到理想的煤层则将发生亏损；至于能否找到理想的煤层，获利与亏损的可能性各有多少事先很难预料，这种投资就属于不确定性投资。

各种长期投资方案通常都有一些不能确定的因素，完全的确定性投资方案是很少见的。不确定性投资决策，因为对各种情况出现的可能性不清楚，无法加以计量。但如对不确定性投资方案规定一些主观概率，就可进行定量分析。不确定性投资方案有了主观概率以后，与风险性投资方案就没有多少差别了。因此，在财务管理中对风险和不确定性并不作严格区分，往往把两者统称为风险。

（二）资金风险价值的表示方法

资金风险价值也有两种表示方法：风险收益额和风险收益率。投资者由于冒风险进行投资而获得的超过资金时间价值的额外收益，称为风险收益额；风险收益额对于投资额的比率，则称为风险收益率。在实际工作中，对两者并不严格区分，通常以相对数——风险收益率进行计量。

在不考虑物价变动的情况下，投资收益率（即投资收益额对于投资额的比率）包括两部分：一部分是资金时间价值，它是不经受投资风险而得到的价值，即无风险投资收益率；另一部分是风险价值，即风险投资收益率。其计算公式如下：

$$投资收益率 = 无风险投资收益率 + 风险投资收益率$$

（三）风险与收益的权衡

风险意味着有可能出现与人们取得收益的愿望相背离的结果。但是，人们在投资活动中，由于主观努力，把握时机，往往能有效地避免失败，并取得较高的收益。所以，风险不同于危险，危险只可能出现坏的结果，而风险则是指既可能出现坏的结果，也可能出现好的结果。

风险在长期投资中是经常存在的。投资者讨厌风险，不愿遭受损失，为什么又要进行风险性投资呢？这是因为有可能获得额外的收益——风险收益。人们总想冒较小的风险而获得较多的收益，至少要使所得的收益与所冒的风险相当，这是对投资的基本要求。因此，进行投资决策必须考虑各种风险因素，预测风险对投资收益的影响程度，以判断投资项目的可行性。

风险收益具有不易计量的特性。要计算在一定风险条件下的投资收益，必须利用概率论的方法，按未来年度预期收益的平均偏离程度来进行估量。

二、概率分布和预期收益

（一）概率的概念

一个事件的概率是指这一事件的某种后果可能发生的机会。企业投资收益率 25% 的概率为 0.40，就意味着企业获得 25% 的投资收益率的可能性是 40%。如果把某一事件所有可能的结果都列示出来，对每一结果给予一定概率，便可构成概率的分布。

【例 2-23】　顺达公司某投资项目有 A、B 两个方案，投资额均为 500 万元，其收益的概率分布如表 2-4 所示。

表 2-4　某投资项目 A、B 两方案收益的概率分布表

经济情况	概率（P_i）	收益额（随机变量 X_i）（万元）	
		A 方案	B 方案
繁荣	$P_1 = 0.20$	$X_1 = 60$	$X_1 = 70$
一般	$P_2 = 0.60$	$X_2 = 50$	$X_2 = 50$
较差	$P_3 = 0.20$	$X_3 = 40$	$X_3 = 30$

概率以 P_i 表示。任何概率都要符合以下两条规则：

（1）$0 \leqslant P_i \leqslant 1$；

（2）$\sum_{i=1}^{n} P_i = 1$。

这就是说，每一个随机变量的概率最小为 0，最大为 1，不可能小于 0，也不可能大于 1。全部概率之和必须等于 1，即 100%。n 为可能出现的所有结果的个数。

（二）预期收益

根据某一事件的概率分布情况，可以计算出预期收益。预期收益又称收益期望值，是指某一投资方案未来收益的各种可能结果，以概率为权数计算出来的加权平均数，是加权平均的中心值。其计算公式如下：

$$\overline{E} = \sum_{i=1}^{n} X_i \cdot P_i$$

式中，$\overline{E}$——预期收益；

　　　X_i——第 i 种可能结果的收益；

　　　P_i——第 i 种可能结果的概率；

　　　n——可能结果的个数。

根据表 2-4 中的数据，可分别计算 A、B 两方案的预期收益如下：

A 方案：$\overline{E} = 60 \times 0.2 + 50 \times 0.6 + 40 \times 0.2 = 50$（万元）

B 方案：$\overline{E} = 70 \times 0.2 + 50 \times 0.6 + 30 \times 0.2 = 50$（万元）

（三）概率分布

在预期收益相同的情况下，投资的风险程度同收益的概率分布有密切的联系。概率分布越集中，实际可能的结果就会越接近预期收益，实际收益率低于预期收益率的可能性就越小，投资的风险程度也越小；反之，概率分布越分散，投资的风险程度也就越大。为了清晰地观察概率的离散程度，可根据概率分布表绘制概率分布图进行分析。

概率分布有两种类型。一种是非连续式概率分布，即概率分布在几个特定的随机变量点上，概率分布图形成几条个别的直线；另一种是连续式概率分布，即概率分布在一定区间的连续各点上，概率分布图形成由一条曲线覆盖的平面。

表 2-4 假定经济情况只有繁荣、一般、较差三种，概率个数为 3。根据该表资料可绘制不连续的概率分布图，如图 2-6 所示。

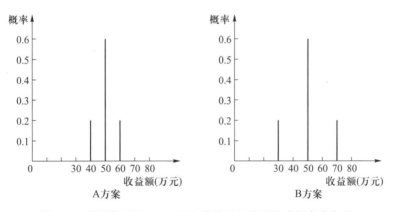

图 2-6　某投资项目 A、B 两方案收益的非连续式概率分布图

在实践中，经济情况在极度繁荣和极度衰退之间可能发生许多种结果，有着许多个概率，而不是只有繁荣、一般、较差三种可能性。如果对每一种可能的结果给予相当的概率，就可以绘制连续的概率分布图。以表 2-4 中的数据为依据加以展开，如图 2-7 所示。

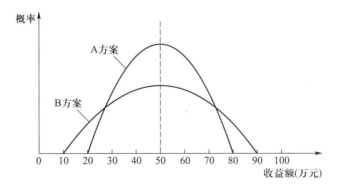

图 2-7　某投资项目 A、B 两方案收益的连续式概率分布图

在图 2-6 中，收益为 50 万元的概率是 60%，而在图 2-7 中，其概率要小得多。因为在图 2-7 中经济情况不只是三种，而是有许多种，那么每一种经济情况的概率自然就要下降。

由此可见，概率分布越集中，概率分布中的峰度越高，投资风险就越低。因为概率分布越集中，实际可能的结果就会越接近预期收益，实际收益率低于预期收益率的可能性就越小。如图 2-7 所示，A 方案收益的概率分布比 B 方案要集中得多，因而其投资风险较低。所以，对有风险的投资项目，不仅要考察其预期收益率的高低，而且要考察其风险程度的大小。

三、投资风险收益的计算（一个方案选用与否的决策）

投资风险程度究竟如何计量，是一个比较复杂的问题。目前通常以能反映概率分布离散程度的标准离差来确定，根据标准离差计算投资风险收益。现结合实例说明如下。

【例 2-24】 南方公司某投资项目有甲、乙两个方案，投资额均为 100 000 元，其收益的概率分布如表 2-5 所示。

表 2-5 某投资项目甲、乙两方案收益的概率分布表

经济情况	概率（P_i）	收益（随机变量 X_i）	
		甲方案	乙方案
繁荣	$P_1 = 0.30$	$X_1 = 20\%$	$X_1 = 30\%$
一般	$P_2 = 0.50$	$X_2 = 10\%$	$X_2 = 10\%$
较差	$P_3 = 0.20$	$X_3 = 5\%$	$X_3 = 0\%$

（一）计算预期收益

预期收益是表明投资项目各种可能的结果集中趋势的指标，是各种可能结果的数值乘以相应的概率而求得的平均值。根据前述预期收益的计算公式，甲、乙方案的预期收益可计算如下：

$$\overline{E}_甲 = 20\% \times 0.3 + 10\% \times 0.5 + 5\% \times 0.2 = 12\%$$
$$\overline{E}_乙 = 30\% \times 0.3 + 10\% \times 0.5 + 0\% \times 0.2 = 14\%$$

（二）计算收益标准离差

以上计算的结果是在所有各种风险条件下，期望可能得到的平均收益值为 12% 和 14%。但是，实际可能出现的收益往往偏离期望值。如甲方案市场繁荣时偏离 8%，销路一般时偏离 -2%，销路较差时偏离 -7%。要知道各种收益可能值（随机变量）与期望值的综合偏离程度是多少，不能用三个偏差值相加的办法求得，而只能用求解偏差平方和的方法来计算标准离差。计算公式如下：

$$标准离差 \delta = \sqrt{\sum（随机变量 X_i - 期望值 \overline{E}）^2 \times 概率 P_i}$$

代入表 2-5 中的数据，求得

$$\delta_{甲} = \sqrt{(0.20 - 0.12)^2 \times 0.30 + (0.10 - 0.12)^2 \times 0.50 + (0.05 - 0.12)^2 \times 0.20}$$
$$= 5.57\%$$

$$\delta_{乙} = \sqrt{(0.30 - 0.14)^2 \times 0.30 + (0.10 - 0.14)^2 \times 0.50 + (0.00 - 0.14)^2 \times 0.20}$$
$$= 11.14\%$$

标准离差是由各种可能值（随机变量）与期望值之间的差距所决定的。它们之间的差距越大，说明随机变量的可变性越大，意味着各种可能情况与期望值的差别越大；反之，它们之间的差距越小，说明随机变量越接近于期望值，就意味着风险越小。所以，收益标准离差的大小，可以看成是投资风险大小的具体标志。

（三）计算收益标准离差率

标准离差是反映随机变量离散程度的一个指标。但只能用来比较预期收益率相同的投资项目的风险程度，而不能用来比较预期收益率不同的投资项目的风险程度。为了比较预期收益率不同的投资项目的风险程度，还必须求得标准离差和预期收益的比值，即标准离差率。其计算公式如下：

$$V = \frac{\delta}{\overline{E}} \times 100\%$$

式中，V——标准离差率；

δ——标准离差；

$\overline{E}$——期望值。

根据以上公式，代入上例数据求得

$$V_{甲} = (5.57\% \div 12.00\%) \times 100\% = 46.42\%$$
$$V_{乙} = (11.14\% \div 14.00\%) \times 100\% = 79.57\%$$

（四）计算应得风险收益率

收益标准离差率可以代表投资者所冒风险的大小，反映投资者所冒风险的程度，但它还不是收益率，必须把它变成收益率才能比较。标准离差率变成收益率的基本要求是：所冒风险程度越大，得到的收益率也应该越高，投资风险收益应该与反映风险程度的标准离差率成正比例关系。收益标准离差率要转换为投资收益率，其间还需要借助于一个参数，即风险价值系数。

应得风险收益率 R_R = 风险价值系数 b × 标准离差率 V

应得风险收益额 P_R = 收益期望值 $\overline{E}$ × $\dfrac{风险收益率\ R_R}{无风险收益率\ R_F + 应得风险收益率\ R_R}$

在上例中，假定投资者确定风险价值系数为 8%，则应得风险收益率为

甲方案的 R_R = 8% × 46.42% = 3.71%

乙方案的 R_R = 8% × 79.57% = 6.37%

下面再对风险价值系数的计算加以说明。

投资收益率包括无风险收益率和风险收益率两部分。投资收益率与标准离差率之间存在着一种线性关系，如图 2-8 所示。

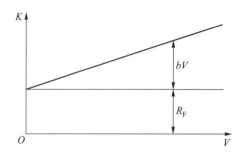

图 2-8 投资收益率、无风险收益率、风险收益率与 V 的关系

$$K = R_F + R_R = R_F + bV$$

式中，K——投资收益率；

  R_F——无风险收益率；

  R_R——风险收益率；

  b——风险价值系数；

  V——标准离差率。

以上各项目之间的关系见图 2-8。

至于风险价值系数的大小，则是由投资者根据经验并结合其他因素加以确定的，通常有以下几种方法。

1. 根据以往同类项目的有关数据确定

根据以往同类投资项目的投资收益率、无风险收益率和标准离差率等历史资料，可以求得风险价值系数。假设企业进行某项投资，其同类项目的投资收益率为 10%，无风险收益率为 6%，标准离差率为 50%。根据公式 $K = R_F + bV$，可计算如下：

$$b = \frac{K - R_F}{V} = \frac{10\% - 6\%}{50\%} = 8\%$$

2. 由企业领导或有关专家确定

如果现在进行的投资项目缺乏同类项目的历史资料，不能采用上述方法计算，则可根据主观的经验加以确定。可以由企业领导，如总经理、财务副经理、财务主管等研究确定，也可由企业组织有关专家确定。这时，风险价值系数的确定在很大程度上取决于企业对风险的态度。比较敢于冒风险的企业，往往把风险价值系数定得低些；而比较稳健的企业，则往往定得高些。

3. 由国家有关部门组织专家确定

国家财政、银行、证券等管理部门可组织有关方面的专家，根据各行业的条件和有关因素，确定各行业的风险价值系数。这种风险价值系数的国家参数由有关部门定期颁布，供投资者参考。

（五）计算预测投资收益率，权衡投资方案是否可取

按照上列程序计算出来的风险收益率，是在现有风险程度下要求的风险收益率。为了判断某一投资方案的优劣，可将预测风险收益率同应得风险收益率进行比较，研究预测风险收益率是否大于应得风险收益率。对于投资者来说，预测的风险收益率越大越好。无风

险收益率即资金时间价值是已知的，根据无风险收益率和预测投资收益率，可求得预测风险收益率。其计算公式如下：

$$预测风险收益率 = 预测投资收益率 - 无风险收益率$$

前已求得甲、乙方案预测投资收益率（即预期收益）为 12%、14%，假定无风险收益率为 6%，则其预测风险收益率应为

$$甲方案：R_R = 12\% - 6\% = 6\%$$

$$乙方案：R_R = 14\% - 6\% = 8\%$$

求出预测的风险收益率后，与应得的风险收益率进行比较，即可对投资方案进行评价。

甲方案：预测风险收益率 6%＞应得风险收益率 3.71%。

乙方案：预测风险收益率 8%＞应得风险收益率 6.37%。

甲、乙两方案预测可得的风险收益率均高于应得的风险收益率，因此，两个方案均可取。

以上是就每一个方案选择与否的决策而言的。如果对多个方案进行选择，那么进行投资决策总的原则应该是：投资收益率越高越好，风险程度越低越好。具体说来有以下几种情况：① 如果两个投资方案的预期收益率基本相同，应当选择标准离差率较低的那一个投资方案。② 如果两个投资方案的标准离差率基本相同，应当选择预期收益率较高的那一个投资方案。③ 如果甲方案预期收益率高于乙方案，而其标准离差率低于乙方案，则应当选择甲方案。④ 如果甲方案预期收益率高于乙方案，而其标准离差率也高于乙方案，在此情况下则不能一概而论，而要取决于投资者对风险的态度。有的投资者愿意冒较大的风险，以追求较高的收益率，可能选择甲方案；有的投资者则不愿意冒较大的风险，宁肯接受较低的收益率，可能选择乙方案。但如甲方案收益率高于乙方案的程度大，而其收益标准离差率高于乙方案的程度较小，则选择甲方案可能是比较适宜的。

应当指出，风险价值计算的结果具有一定的假定性，并不十分精确。研究投资风险价值原理，关键是要在进行投资决策时，树立风险价值观念，认真权衡风险与收益的关系，选择有可能避免风险、分散风险，并获得较多收益的投资方案。我国有些企业在进行投资决策时，往往不考虑多种可能性，更不考虑失败的可能性，孤注一掷，盲目引进设备、扩建厂房、增加品种、扩大生产，以致造成浪费，甚至面临破产。这种事例屡见不鲜，实当引以为戒。因此，在投资决策中应当充分运用风险价值原理，充分考虑市场、经营中可能出现的各种情况，对各种方案进行权衡，以求实现最佳的经济效益。

四、投资组合的风险收益

投资者同时把资金投放于多种投资项目，称为投资组合（Investment Portfolio）。由于多种投资项目往往是多种有价证券，故又称证券组合（Securities Portfolio）。投资者要想分散投资风险，就不宜把全部资金用于购买一种有价证券，而应研究投资组合问题。

（一）证券组合的风险

投资风险按是否可以分散，分为可分散风险和不可分散风险。

1. 可分散风险（Diversifiable Risk）

可分散风险又称非系统性风险或公司特别风险，是指某些因素对个别证券造成经济损失的可能性。如某个公司产品更新迟缓，在市场竞争中失败等。这种风险可通过证券持有的多样化来抵消。多买几家公司的股票，有些公司的股票报酬上升，另一些公司的股票报酬下降，就可将风险抵消。

例如，某公司所购 W 和 M 股票构成一个证券组合，每种股票各占 50%，它们的报酬率和风险的情况见表 2-6。

表 2-6　完全负相关的两种股票构成的证券组合的报酬率和风险情况

单位：%

年度（t）	K_W（W 股票）	K_M（M 股票）	K_P（W 与 M 的组合）
1977	40	−10	15
1978	−10	40	15
1979	35	−5	15
1980	−5	35	15
1981	15	15	15
平均报酬率（K）	15	15	15
标准离差（δ）	22.6	22.6	0

资料来源：Eugene F. Brigham. Fundamentals of Financial Management. The Dryden Press，1983：157.

根据表 2-6 中的数据，可以绘制出两种股票及其证券组合的报酬率，如图 2-9 所示。

从表 2-6 和图 2-9 中可以看出，如果分别持有两种股票，都有很大风险，但如果把它们组合成一个证券组合，则可能没有风险。

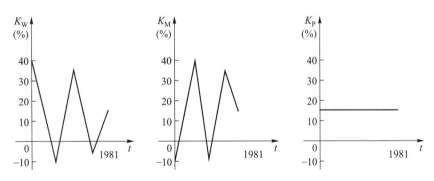

图 2-9　完全负相关的两种股票及其证券组合的报酬率

W 股票和 M 股票之所以能结合起来组成一个无风险的证券组合，是因为其报酬率的变化方向正好相反，即当 W 股票的报酬率下降时，M 股票的报酬率正好上升；而当 W 股票的报酬率上升时，M 股票的报酬率正好下降。股票 W 和 M 的关系称为完全负相关。其

相关系数 $r = -1.0$。上面这个例子当然是极端情况，在实际生活中两种股票之间不可能出现这种绝对的负相关，但此例表明了负相关的典型状态。

与完全负相关相反的是完全正相关，其相关系数 $r = 1.0$。两个完全正相关的股票的报酬将一起上升或下降，这样的两种股票组成的证券组合，不可能抵消风险。

根据以上分析可知，当两种股票完全负相关时，同时持有两种股票，所有的非系统性风险都可以分散掉；当两种股票完全正相关时，分散持有股票则不能抵减风险。实际上，大部分股票都是正相关，但却不是完全正相关。一般来说，随机选取两种股票，其相关系数为 0.6 左右的最多，而在绝大多数情况下，两种股票的相关系数往往位于 0.5~0.7。在这种情况下，把两种股票组合成证券组合有可能抵减风险，但不能完全消除风险。如果股票种类较多，则能分散掉大部分风险；而当股票种类有足够多时，则几乎能把所有的非系统性风险分散掉。

2. 不可分散风险（Nondiversifiable Risk）

不可分散风险又称系统性风险或市场风险，是指由于某些因素给市场上所有的证券都带来经济损失的可能性。如宏观经济状况的变化、国家税法的变化、国家财政政策和货币政策的变化、世界能源状况的改变等，都会使股票报酬发生变动。这些风险影响到所有的证券，不可能通过证券组合分散掉。即使投资者持有的是收益水平及变动情况相当分散的证券组合，也将遭受这种风险。对投资者来说，这种风险是无法消除的。但是，这种风险对不同的企业、不同证券也有不同影响。例如，本章【例 2-24】中，南方公司在经济情况发生变化时，甲、乙两个方案的风险是不同的。乙方案的风险要大于甲方案的风险。在西方国家中，对于这种风险大小的程度，通常是用 β 系数来衡量的，其简化计算公式如下：

$$\beta = \frac{\text{某种证券的风险报酬率}}{\text{证券市场上所有证券平均的风险报酬率}}$$

上述公式是高度简化了的公式，实际计算过程非常复杂。在实际工作中，β 系数一般不由投资者自己计算，而由一些机构定期计算并公布。

作为整体的股票市场组合的 β 系数为 1。如果某种股票的风险情况与整个股票市场的风险情况一致，则其 β 系数也等于 1；如果某种股票的 β 系数大于 1，说明其风险程度大于整个市场风险；如果某种股票的 β 系数小于 1，说明其风险程度小于整个市场的风险。

以上说明了单个股票 β 系数的计算方法。至于证券组合的 β 系数，应当是单个证券 β 系数的加权平均，权数为各种股票在证券组合中所占的比重。其计算公式如下：

$$\beta_P = \sum_{t=1}^{n} X_i \beta_i$$

式中，β_P——证券组合的 β 系数；

x_i——证券组合中第 i 种股票所占的比重；

β_i——第 i 种股票的 β 系数；

n——证券组合中股票的数量。

根据上述，可归结如下。

（1）一种股票的风险由两部分组成，包括可分散风险和不可分散风险，如图 2-10 所示。

（2）可分散风险可通过证券组合来消除或减少。从图 2-10 中可以看到，可分散风险

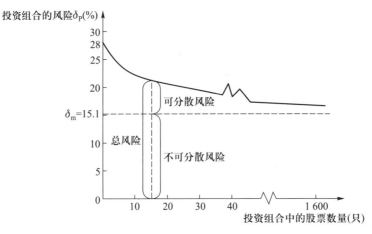

图 2-10　证券风险构成图

随证券组合中股票数量的增加而逐渐减少。国外近几年的资料显示，一种股票组成的证券组合的标准离差 δ_1 大约为 28%，而由所有股票组成的证券组合叫市场证券组合，其标准离差 δ_m 则为 15.1%。这样，一个包含有 40 种股票而又比较合理的证券组合，通常大部分可分散风险都能消除。

（3）股票的不可分散风险由市场变动而产生，对所有股票都有影响，不能通过证券组合来消除。不可分散风险是通过 β 系数来测量的，几项标准的 β 值如下：

$\beta = 0.5$ 说明该股票的风险只有整个市场股票风险的一半；

$\beta = 1.0$ 说明该股票的风险等于整个市场股票的风险；

$\beta = 2.0$ 说明该股票的风险是整个市场股票风险的两倍。

（二）证券组合的风险报酬

投资者进行证券组合投资与进行单项投资，都要求对承担的风险进行补偿。股票的风险越大，要求补偿的报酬就越高。但是，与单项投资不同，证券组合投资只要求对不可分散风险进行补偿，而不要求对可分散风险进行补偿。如果股票收益中有可分散风险的补偿存在，善于进行投资组合的投资者就会购买这种股票，并抬高其价格出售，其最后的期望报酬率只反映不能分散的风险。因此，所谓证券组合的风险报酬，是指投资者因承担不可分散风险而要求的、超过时间价值的那部分额外报酬。可用下列公式计算：

$$E(R_p) = \beta_P \times \left[E(R_m) - R_F \right]$$

式中，$E(R_p)$——证券组合的风险报酬率；

　　　　β_P——证券组合的 β 系数；

　　　　$E(R_m)$——全部股票的平均报酬率，也就是由市场上全部股票组成的证券组合的报酬率，简称市场报酬率；

　　　　R_F——无风险报酬率，一般用政府公债的利率来表示。

【例 2-25】 秋林公司持有由甲、乙、丙三种股票构成的证券组合，它们的 β 系数分别是 2.0、1.0 和 0.5，它们在证券组合中所占的比重分别为 60%、30% 和 10%，股票的市场报酬率为 14%，无风险报酬率为 10%。试确定这种证券组合的风险报酬率。

该证券组合的 β 系数为

$$\beta_{\mathrm{P}} = \sum_{i=1}^{n} x_i \beta_i = 60\% \times 2.0 + 30\% \times 1.0 + 10\% \times 0.5 = 1.55$$

该证券组合的风险报酬率为

$$\begin{aligned} E(R_{\mathrm{p}}) &= \beta_{\mathrm{P}} \times \left[E(R_{\mathrm{m}}) - R_{\mathrm{F}} \right] \\ &= 1.55 \times (14\% - 10\%) \\ &= 6.2\% \end{aligned}$$

计算出风险报酬率后，便可根据投资额和风险报酬率计算出风险报酬的数额。

从以上计算中可以看出，在其他因素不变的情况下，风险报酬取决于证券组合的 β 系数，β 系数越大，风险报酬就越大，否则越小。

【例 2-26】 例 2-25 的秋林公司为降低风险和风险报酬，售出部分甲股票，买进部分丙股票，使甲、乙、丙三种股票在证券组合中所占的比重改变为 10%、30% 和 60%。试计算此时证券组合的风险报酬率。

该证券组合的 β 系数为

$$\beta_{\mathrm{P}} = \sum_{i=1}^{n} x_i \beta_i = 10\% \times 2.0 + 30\% \times 1.0 + 60\% \times 0.5 = 0.80$$

该证券组合的风险报酬率为

$$\begin{aligned} E(R_{\mathrm{p}}) &= \beta_{\mathrm{P}} \times \left[E(R_{\mathrm{m}}) - R_{\mathrm{F}} \right] \\ &= 0.80 \times (14\% - 10\%) \\ &= 3.2\% \end{aligned}$$

由此可以看出，调整各种证券在证券组合中的比重，可以改变证券组合的风险、风险报酬率。

（三）风险和报酬率的关系

在西方金融学和财务管理学中，有许多模型论述风险和报酬率的关系，其中求必要报酬率（Required Rate Return）最重要的模型为资本资产定价模型（Capital Asset Pricing Model，缩写为 CAPM）。这一模型以公式表示如下：

$$E(R_i) = R_{\mathrm{F}} + \beta_i \times \left[E(R_{\mathrm{m}}) - R_{\mathrm{F}} \right]$$

式中，$E(R_i)$ ——第 i 种股票或第 i 种证券组合的必要报酬率；

$\quad\quad R_{\mathrm{F}}$ ——无风险报酬率；

$\quad\quad \beta_i$ ——第 i 种股票或第 i 种证券组合的 β 系数；

$E(R_{\mathrm{m}})$ ——所有股票的平均报酬率。

【例 2-27】 锦江公司股票的 β 系数为 2.0，无风险利率为 6%，市场上所有股票的平均报酬率为 10%，那么，锦江公司股票的报酬率应为

$$\begin{aligned} E(R_i) &= R_{\mathrm{F}} + \beta_i \times \left[E(R_{\mathrm{m}}) - R_{\mathrm{F}} \right] \\ &= 6\% + 2.0 \times (10\% - 6\%) \\ &= 14\% \end{aligned}$$

这就是说，锦江公司股票的报酬率达到或超过 14% 时，投资者方肯进行投资；如果低于 14%，则投资者不会购买锦江公司的股票。

资本资产定价模型通常可用图形表示，叫证券市场线（Security Market Line，缩写为SML）。它说明必要报酬率 R 与不可分散风险 β 系数之间的关系，如图 2-11 所示。

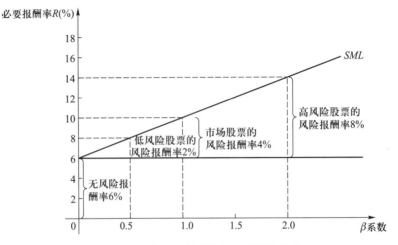

图 2-11　证券必要报酬率与 β 系数的关系

从图 2-11 中可以看到，在全部投资报酬率中，如无风险报酬率为 6%，β 系数不同的股票有不同的风险报酬率。当 $\beta = 0.5$ 时，风险报酬率为 2%；当 $\beta = 1.0$ 时，风险报酬率为4%；当 $\beta = 2.0$ 时，风险报酬率为 8%。可见，β 值越高，要求的风险报酬率也就越高，在无风险报酬率不变的情况下，其必要报酬率也就越高。

证券市场线和公司股票在线上的位置将随着一些因素的变化而变化，现分述如下。

1. 通货膨胀的影响

无风险报酬率 R_F 从投资者的角度来看，是其投资的报酬率，但从筹资者的角度来看，是其支出的无风险资金成本，或称无风险利息。市场上的无风险利息率由两部分构成：①无通货膨胀的报酬率，又叫纯利率或真实报酬率 R，这是真正的时间价值部分。②通货膨胀贴水 IP，它等于预期的通货膨胀率。这样，无风险报酬率 $R_F = R + IP$。在图 2-11中，$R_F = 6\%$，假设包括 3% 的真实报酬率和 3% 的通货膨胀贴水，则

$$R_F = R + IP = 3\% + 3\% = 6\%$$

2. 风险回避程度的变化

证券市场线反映了投资者回避风险的程度，即直线的倾斜越陡，投资者越回避风险。在图 2-11 中，如果投资者不回避风险，各种证券的报酬率为 6%，这样，证券市场线将会成为水平线。当风险回避增加时，风险报酬率也增加，SML 的斜率变大。

3. 股票 β 系数的变化

随着时间的推移，不仅证券市场线在变化，β 系数也不断变化。β 系数可能会因企业的资产组合、负债结构等因素的变化而改变，也会因为市场竞争的加剧、专利权期满等情况而改变。β 系数的变化会使公司股票的报酬率发生变化。假设锦江公司的股票从 $\beta = 2.0$降为 1.5，那么，其必要报酬率为

$$E(R_i) = R_F + \beta \times \left[E(R_m) - R_F \right]$$

$$= 6\% + 1.5 \times (10\% - 6\%)$$
$$= 12\%$$

反之，如果锦江公司股票的 β 系数从 2.0 上升到 2.5，那么，其必要报酬率则为

$$E(R_i) = R_F + \beta \times [E(R_m) - R_F]$$
$$= 6\% + 2.5 \times (10\% - 6\%)$$
$$= 16\%$$

本章小结

　　资金时间价值和资金风险价值，是财务活动中客观存在的经济现象，是现代财务管理中两个重要的计量基础。资金时间价值和资金风险价值是制定筹资决策、投资决策时必须考虑的重要因素，对于成本管理、利润管理也有重要的影响，应用甚为广泛。

　　对资金时间价值要理解和掌握一次性收付款项终值和现值的计算，年金（等额系列收付款项）终值和现值的计算，不等额系列收付款项现值的计算，计息期短于一年复利终值和现值的计算，贴现率和期数的推算。在学习资金风险价值时，要理解和掌握概率分布和预期收益，单项投资风险收益的计算，投资组合风险收益的计算。对各种计算方法，要注意从资金时间价值和资金风险价值的含义和基本原理上来把握。

即测即评

　　请扫描右侧二维码，进行即测即评。

思考题

　　1. 请从企业投资管理或筹资管理的角度举例说明资金时间价值的运用，并说明运用资金时间价值的必要性。

　　2. 资金时间价值同一般的利息率是什么关系？

　　3. 年金现值与不等额系列收付款项现值有何相同点和不同点？

　　4. 后付年金现值和年资本回收额是什么关系？试举例加以说明。

　　5. 请举例说明企业财务活动中资金风险价值的运用，并说明在企业财务决策中权衡资金风险价值的重要性。

　　6. 一个投资项目的两个方案，可能出现预期收益相同，而概率分布不同的情况，则概率分布的集中程度与投资风险的高低是什么关系？

　　7. 企业投资于 A、B 两种股票，两种股票收益率的正相关、负相关对于收益风险的防范具有什么样的影响？

计算题

1. A 企业 2022 年 7 月 1 日购买某公司 2023 年 1 月 1 日发行的面值为 10 万元，票面利率 8%，期限 5 年，每半年付息一次的债券，若此时市场利率为 10%，计算该债券价值。若该债券此时市价为 94 000 元，是否值得购买？如果按债券价格购入该债券，此时购买债券的到期收益率是多少？

2. W 企业计划利用一笔长期资金投资购买股票。现有甲公司股票和乙公司股票可供选择，已知甲公司股票现行市价为每股 10 元，上年每股股利为 0.3 元，预计以后每年以 3% 的增长率增长。乙公司股票现行市价为每股 4 元，上年每股股利为 0.4 元，股利分配政策将一贯坚持固定股利政策。W 企业所要求的投资必要报酬率为 8%。

要求：

（1）利用股票估价模型，分别计算甲、乙公司股票价值。

（2）代 W 企业做出股票投资决策。

3. 你正考虑购买两家非常相似的股票。两家公司今年财务报表大体相同，每股盈余都是 4 元，只是 A 公司发放股利 4 元，而 B 公司只发放 2 元。已知 A 公司的股价为 40 元。

请问下列结论中哪一个更合理，并说明理由。

（1）若 B 公司的成长率高于 A 公司，则 B 公司的股价应高于 40 元。

（2）B 公司目前的股利较低，因此 B 公司的股价会低于 40 元。

（3）A 公司股票的预期报酬率为 4/40＝10%，B 股票的预期成长率较高，故预期报酬率也会比 10% 高。

（4）假设两家公司股票的市盈率类似，则 B 股票成长率合理的估计值为 5%。

4. M 公司最近刚刚发放的股利为 2 元 / 股，预计 M 公司近两年股利稳定，但从第三年起估计将以 2% 的速度递减。若此时无风险报酬率为 6%，整个股票市场的平均收益率为 10%，M 公司股票的 β 系数为 2，公司目前的股价为 11 元，该股票应否购买？

第三章

企业科学理财观

进入 21 世纪后，人类社会面对知识经济与数字经济迅猛发展带来的利益相关者权益的维护问题，全球气候变暖、环境恶化与不可再生资源耗尽危机所提出的经济发展问题，经济全球化与国际资本市场一体化和我国推行"一带一路"倡议所产生的各国利益的协调，以及抵御国际金融危机等问题，要求中国企业在理财时要立足中国、放眼世界。企业除了树立传统的资本时间价值观、资本风险观等微观视角的观念外，更要树立企业社会责任理财观、经济可持续发展理财观、人力资本理财观和国际理财观等宏观视角的科学理财观念。

第一节　企业社会责任理财观

一、企业社会责任的内涵与外延

（一）企业社会责任的内涵

企业所承担的责任按其属性可以分为经济责任和社会责任。企业除了由股东提供货币资本外，还有广泛的利益相关者向企业提供生产经营所需的要素，企业不可能离开社会孤立存在。但在界定什么是企业经济责任和社会责任时，必须根据马克思关于生产二重性的理论来划分。马克思指出："资本主义生产过程，在联系中加以考察，或作为再生产过程加以考察时，不仅生产商品，不仅生产剩余价值，而且还生产和再生产资本关系本身"①。生产商品和生产剩余价值是企业存在的基础，是生产的经济属性，属于企业的经济责任；生产和再生产生产关系，即产权关系与利益分配关系的再生产，是企业生产的社会属性，正确处理利益相关者的利益关系是企业的社会责任。企业经济责任和社会责任是相互依存、互为存在前提的关系，既不可截然分割，也不可相互取代。企业社会责任，就是维护利益相关者的合法权益，实现利益相关者价值满意化。具体讲，就是维护企业所有

---

① 马克思，恩格斯. 马克思恩格斯文集：第五卷. 北京：人民出版社，2009：666-667.

者、债权人、经营者、职工、客户、社区和国家其他有关部门等利益相关者的合法权益，实现他们的价值满意化。2007 年 12 月，国务院国资委发布《关于中央企业履行社会责任的指导意见》，要求中央企业自觉遵守法律、法规、社会规范和商业道德，在追求经济利益的同时，对股东、职工、消费者、供应商、债权人等利益相关者和自然环境负责，实现企业和社会、环境的全面协调可持续发展。这一指导意见全面概括了企业社会责任的内涵。

（二）企业社会责任的外延

企业社会责任的外延是指企业社会责任包含的内容，它由社会责任的内涵所决定，并在不同历史时期随着企业履行社会责任存在的问题不同而有所侧重。学术界一般将企业社会责任的内容概括为以下方面。

1. 产品质量与消费者安全保护责任

企业的产品质量与消费者安全保护责任，包括为消费者提供优质产品，保证产品消费过程中不得发生人身安全和损害健康事故，因企业过失对消费者造成人身或者财产损失的应当按照国家有关规定予以赔偿，履行好产品售后服务、产品召回责任等。

2. 资源、环境保护责任

企业对环境保护、降低资源消耗的责任，主要是完成国家下达的排污、降耗指标，具体包括降低能源与资源消耗、减少二氧化碳排放、发展循环经济、保护生态环境等。

3. 员工利益责任

维护企业员工利益责任，包括提高员工收入水平、保障员工身体健康与生命安全、进行员工职业培训、协助有关部门做好失业员工安置与其他福利工作等。

4. 社会公益责任

企业社会公益责任，主要包括关心公共利益、支持社会福利事业、关怀弱势群体、救济困难群体以及发生严重自然灾害和传染性疾病时的社会捐助等。

5. 社会稳定责任

维护社会稳定责任，主要包括支持社区安全维护、做好预防犯罪与公共安全教育等。

6. 其他社会责任

要做好对债权人、政府和其他相关者利益维护的责任，主要包括对债权人按时还本付息、对政府财税部门及时缴纳税费、对股东及时支付股息和红利、对供应商及时足额支付货款、对经营者按业绩进行奖罚等。

二、企业社会责任存在的理论依据

（一）马克思关于企业社会属性的理论

企业一切生产经营活动，都离不开社会对它的服务与支持，企业理应为社会创造财富。马克思指出："在社会中进行生产的个人，——因而，这些个人的一定社会性质的生产，当然是出发点。被斯密和李嘉图当作出发点的单个的孤立的猎人和渔夫，属于 18 世纪的缺乏想象力的虚构。……人是最名副其实的政治动物，不仅是一种合群的动物，而且是只有在社会中才能独立的动物。"① 马克思对亚当·斯密和李嘉图把人看作简单"经济人"而不讲"社会人"的片面观点的批评，是一针见血的，今天仍具有重大意义。企业是人组成的组织，作为具有经济属性的组织，它要完成经济责任目标，即生产与经营商品，并获取利润；作为社会属性的组织，它要努力实现社会责任目标，承担维护企业利益相关者的权益和实现利益相关者价值满意化，为解决人民的教育、医疗、养老、居住等问题贡献企业的一份力量。

（二）企业利益相关者理论

按照西方的企业契约理论，企业是各种利益相关者之间的一系列多边契约，利益相关者包括所有者、经营者、员工、顾客、供应商、债权人、社区和政府有关部门等，他们为企业提供各种生产经营要素，因而有权要求企业满足他们的不同利益要求。其中，所有者和债权人为企业提供货币资本，他们要求资本保值增值，对股东支付股利，对债权人还本付息。经营者与职工为企业提供人力资本，他们要求获得薪酬，并参与部分税后剩余利润的分配。供应商为企业提供生产资料，要求及时足额收回货款。消费者为企业提供商品销售市场，要求获得优质商品。还有国家工商行政管理部门、财税管理部门和社区组织等，为企业提供社会资本，要求获得税费与资助。在企业经济收益为一定的条件下，要满足利益各方的需要，会存在各方所得此多彼少的矛盾，这要求企业妥善兼顾利益相关者各方的合理需求，处理好各方收益分配关系，不能只顾大股东与经营者的利益而侵害其他各方的利益。

三、企业社会责任理财观的基本要求

全面履行企业社会责任是企业生产、供应、营销、质检、财务等职能部门的共同职责。企业财务部门是企业资本运作与利益分配的主管部门，是企业履行社会责任的重点部门，必须牢固树立企业社会责任理财观。企业社会责任理财观是指通过企业资本运作与利益分配，全面满足企业利益相关者的不同利益要求，实现利益相关者价值满意化的社会责任目标。企业社会责任理财观的基本要求包括三个方面。

（一）贯穿于企业财务管理各个环节之中

企业财务管理通常包括筹资、投资、成本管理、收入分配等环节。筹资过程中，要着重维护所有者与债权人的权益；投资过程中，要着重环境保护与职工劳动安全和满足消费者需求项目的投资；成本管理过程中，要着重节约能源与其他资源；收入分配过程中，要全面处理好不同利益相关者的利益分配关系，形成"共赢"局面。

（二）贯穿于企业整个生命周期的财务管理过程之中

企业设立时，企业地址的选择与投资项目的选择，要着重考量环境保护与职工未来的生命安全。企业成长与发展时期，要着重降低能源和资源耗费与环境保护，全面维护利益相关者的权益。企业进入衰退期需要重组时，要着重维护职工、所有者、经营者和债权

---

① 马克思，恩格斯. 马克思恩格斯文集：第八卷. 北京：人民出版社，2009：5-6.

人的权益，对国有企业重组应防止国有资产流失。企业终止或破产时，应严格遵守国家法律、法规，着重维护职工和债权人的权益。

（三）贯穿于企业财务战略的制定与实施全过程，并落实到财务制度上

企业财务战略，是企业长期性、全面性的理财方针与规划。制定和实施财务战略时，要重视对企业具有长期和全面影响的环保设施、劳动安全保障设施和节约能源与资源设施的投资，体现对环保、职工安全与资源节约的社会责任，为企业可持续发展打下基础。财务制度，是企业组织财务活动和处理财务关系的行动规则。企业制定与执行财务制度时，应把维护利益相关者权益的原则与具体办法纳入制度之中，成为企业经营者、各级管理者以及广大职工的共同行为规范，保证企业社会责任的具体落实。

四、企业树立社会责任理财观的措施

履行社会责任，是企业经营者、各个管理部门与职工的共同职责。企业财务管理，是对企业资本的投入与获取收益的分配等经济活动的组织，及其所产生的财务关系的处理工作。所以，财务管理部门履行企业社会责任，是通过企业资本运作与财务关系的协调来实现的。企业财务部门必须全面履行社会责任，但企业发展的不同时期，在履行社会责任中所要解决的主要问题和重点内容常常有所变化，企业应针对实践中存在的主要问题，采取具体的财务措施。就我国企业目前实际情况而言，在企业生命周期的各个不同阶段，应着重考虑以下问题的解决。

（一）投资建立新企业时，企业选址要充分考虑职工生命安全与对周边环境的影响

传统的企业理财观，对项目投资进行可行性论证时只考虑项目投产后所带来的经济效益高低，通常采用投资回收期、投资报酬率、净现值、现值指数等财务指标，没有考虑社会责任指标。2008年"5·12"四川汶川大地震中，一批选址在地层断裂带的企业的职工生命与财产遭受重大损失，这使我们认识到企业选址时就要考虑企业社会责任。企业选址，要尽可能避开地震带、水灾、泥石流易发区或其他自然灾害易发地，防止未来因发生灾害而使职工生命与企业财产遭受重大损失。一些容易污染环境的企业，应尽量设立在人烟稀少地区，并采取环保措施，避免对人民群众健康造成损害。财务管理人员在进行项目投资可行性论证时，不仅要论证投资回收快慢与投资报酬高低，还应充分考虑企业未来建成后对职工生命安全与周边环境的影响，这一问题是过去长期被忽视的问题，应引起高度重视。

（二）企业投入正常生产经营后，在制定生产经营战略与财务战略时，要充分体现社会责任的要求

安排投资项目时，企业应该优先安排社会责任投资的资金需要，宁可少上一些生产经营项目，也要保证环境保护、职工福利与生态建设项目的资金需要。某些企业在制定投资战略时，常常搞"先生产，后生活"或者"先污染，后治理"，这犯了战略上的错误。因为，挤掉上述有关社会责任投资项目的资金需要，必然造成安全事故频发、职工福利很差、环境污染严重、生态遭受破坏，这不仅严重影响企业发展，甚至可能导致企业倒闭。

近几年国家为治理环境污染，保证空气质量，强制淘汰一批落后产能，关闭一批严重污染环境的企业，给广大企业敲响了警钟。

这里要特别强调产品消费安全问题，这关系着人民的身体健康与生命安全，企业应高度重视。对于食品、药品生产和其他关系人民生命安全的产品生产，企业应根据现有生产条件，量力而行，不能在条件不具备时盲目扩大规模，粗制滥造。对关系人民生命安全的产品生产，在观念上，应该纠正现在流行的所谓"以销定产"原则，要贯彻"以产定销"的原则，按照合格的原材料数量和设备生产能力，去生产质量好的产品，满足消费者需要，而不能为追逐高额利润，对市场某些供不应求的商品搞"以销定产"，用不合格的原材料和设备去盲目增加产量，用不合格产品甚至伪劣产品去欺骗消费者，危害人民生命健康。

（三）企业要优先保证安全生产设施与职工劳动保护费用支出资金需要

企业进行基建投资与重大技术改造，在安排厂房与生产设备的购置和安装时，应同时安排能保证职工进行安全生产的设备购置与安装。例如，矿山企业坑道的通风、防爆、防坑道透水的设备与设施购置安装，纺织企业的防尘、防火设施建设，机械制造企业防止工伤事故的劳动保护设施建设，等等。这些安全生产方面的财务支出，不仅有利于改善职工劳动条件，保障职工生命安全，而且关系着企业自身的生存与发展。

（四）要构建企业一般职工与企业高管人员收入共同增长的薪酬分配机制，贯彻全体人民共同富裕的原则

过去实际工作中，由于受个别新自由主义学者观点的影响，在企业薪酬分配中，片面强调提高企业高管人员的收入水平，忽视企业一般职工收入水平的提高，使收入分配差距人为扩大。我国是社会主义国家，在分配上要求贯彻全体人民共同富裕的原则，理应把企业高管人员的收入水平和企业一般职工收入水平的差距控制在一个合理的范围内。但是，我国某些企业高管年薪，加上期股、期权收入，甚至达千万元之巨，为企业职工年平均收入的 100 倍以上，这显然是不合理的。我国国有企业与国家参股企业，应明确规定高管人员最高年薪收入，把工资、奖金、期股、期权收入控制在一个合理水平。就目前情况而言，建议国家将国有企业高管人员年收入控制在一般职工收入的 10 倍之内。当然，具体到不同企业，还要根据企业经济效益高低有所区别。同时，要确定一般职工年收入与高管人员年收入成同比例增长的机制，如企业高管人员年收入增长 10%，职工年收入也应增长 10%，使一般职工也能共同享受企业发展的成果。对于民营企业，也应履行对职工的社会责任，除严格遵守国家最低工资标准外，还应实行职工收入与企业经济效益挂钩的政策，随着企业经济效益的提高，不断提高职工收入水平。民营企业职工是人力资本的投入者，也是企业的利益相关者，他们的权益应该得到维护。无论国有企业，还是民营企业的职工，都和高管人员一样享有剩余收益的索取权，有权参加一部分税后利润的分配。

（五）企业要积极参与社会捐助活动

企业社会捐助的范围非常广泛，主要包括抵抗自然灾害、困难群众救助和社区建设资助等。对于社会救济，国家应承担主要责任，但企业捐助也是重要组成部分。企业进行社会捐助，一方面是企业回报社会的重要内容，另一方面也是企业为国家分忧解难的最好行

动。企业进行社会捐助，还有利于提高企业知名度，树立良好声誉，有利于扩大企业产品销售市场，提高企业经济效益，这体现了经济效益与社会效益的统一。因此，西方新的财务理论，还把企业社会捐助看作企业一项重要的投资活动，称为社会责任投资。这方面的实例很多。例如，2008 年四川汶川大地震刚发生不久，生产"王老吉"饮料的企业，通过中央电视台的抗震救灾募捐晚会，捐赠 1 亿元，居当时中国企业捐款之首，给全国人民留下深刻印象，该企业也一跃成为全国知名企业，企业销售额从 2007 年的 50 多亿元，猛增到 2008 年的 140 多亿元，创造了中国饮料企业的奇迹。这一实例生动证明，履行社会责任是企业发展的重大举措。

（六）企业应认真履行对债权人、消费者的社会责任，遵守企业的事前承诺

债权人是企业资金的主要供给者之一。企业要从债权人那里获得稳定的资金供给，就必须严格履行和债权人签订的贷款合同与债券发行协议，按合同与协议规定，到期足额还本付息，不能逃债。如遇特殊原因暂时不能还债，也要向债权人请求延期还贷或借新债还旧债，不能使债权人利益受损。消费者是企业的根本服务对象和企业发展的源泉，企业商品没有销路则必然倒闭。因此，企业必须不折不扣地履行对消费者的承诺。当产品发生质量问题时，要积极做好消费者的退货、换货或理赔工作。要做好商品售后服务工作，应消费者要求及时进行维修与保养服务。对一些跨国公司，不仅要做好对国内消费者的售后服务工作，也要认真做好对国外消费者的售后服务工作。对一些耐用消费品，一旦发现产品质量缺陷，应主动实行产品召回制度。

（七）企业收益分配应切实履行对国家承担的社会责任

企业应当按照国家法律、法规的规定，及时足额上缴各项税金，依照国家法律、法规规定的范围和标准为职工缴纳基本养老保险费、基本医疗保险费、失业保险费、工伤保险费和住房公积金等，保证国家职能的发挥，企业才能享有国家各有关部门的良好社会服务。

（八）国有企业改制与重组时，要严格实行资产评估，防止国有资产流失

资产评估价值，是企业产权交易定价和国有股折算的基础，国有资产价值评估的真实性和合理性，直接影响国有资产定价和国有股折算的多少，对维护产权交易双方的权益具有重要意义。在国有企业改制与重组中，少数混入各级政府部门的腐败分子与相关私人老板和外商相勾结，采取各种手段故意压低国有资产评估价值，造成大量国家财富落入腐败分子、私人老板和外商手中。对这种犯罪行为，国有企业的广大管理人员、财会人员与员工，应站在维护国家利益的立场，大胆检举揭发，和腐败分子做坚决的斗争。

（九）企业终止或破产清算时，要认真进行财产清查与估价，清理债权债务，核实企业剩余财产

企业在破产清算时，应按国家有关法规进行剩余财产分配，维护职工、债权人与所有者的权益。国有企业终止或破产清算时，要严防腐败分子趁机会大肆侵吞国有资产，损害国家与职工利益。

总之，无论国有企业还是民营企业，履行社会责任都是共同应尽的责任。企业只有认

真树立社会责任理财观，才能使企业充满生机与活力，不断成长与壮大，成为可持续发展的优秀企业。

第二节　经济可持续发展理财观

一、可持续发展的内涵与外延

19世纪初，世界资本主义经济进入迅速发展的时期。随着经济的高速发展，资源浪费、环境污染、生态破坏伴随着经济高增长一同出现，严重影响经济的可持续发展。1987年，挪威前首相布伦特兰夫人主持的世界环境与发展委员会，在对世界重大经济、社会、资源和环境问题进行系统调查研究的基础上，提交了题为《我们共同的未来》的专题报告，提出可持续发展的问题。报告将可持续发展定义为："既满足当代人的需要，又不对后代人满足其需要的能力构成威胁的发展"。该定义包括两个关键性问题，一是满足人们的需要，特别是世界贫穷者生活上必需的需求；二是环境的限度，即由于技术和社会组织现状使环境满足当代和后代需求的能力受到限制的问题。总之，不能以牺牲环境和浪费资源为代价，为满足当代人的需求而使后代人失去经济发展的条件，从而降低生活水平。

可持续发展的外延从大的范围看，应包括经济可持续发展、社会可持续发展、文化可持续发展和生态可持续发展等多个方面。按照马克思关于经济基础决定上层建筑的理论，经济可持续发展是整个可持续发展问题的核心，因为只有经济可持续发展，才能使社会与文化可持续发展；社会与文化的可持续发展，又为经济可持续发展提供必不可少的保障条件。保证经济可持续发展所需的基本要素，包括资本、技术、管理、制度、人口、教育、文化、生态、环境等各个方面。因此，经济可持续发展是一个系统工程，只是不同国家、不同地区、不同单位上述要素中存在的突出问题不同，从而影响经济可持续发展的主要矛盾不同，实现可持续发展的途径有一定的差别。经济可持续发展问题受到我国党和政府的高度重视，党的十七大报告指出："科学发展观，第一要义是发展，核心是以人为本，基本要求是全面协调可持续，根本方法是统筹兼顾。"可见，经济可持续发展是科学发展观的基本内容之一。

总之，经济可持续发展不仅是一个时间的概念，也是一个空间的概念。从时间概念讲，要求前一代人的发展不影响后一代人的发展，同一代人前一时期的发展不影响后一时期的发展；同一时期，前一任领导者对经济的发展不影响继任领导者对经济的发展。从空间概念讲，某一经济区域（如我国东部地区）的发展不影响另一地区（如中部、西部地区）的发展。总之，不同代际、不同时期、不同任期领导者、不同地区都要从大局出发，从长期发展出发，瞻前顾后、积蓄后势，使整个经济不停顿地向前发展。

二、现代财务与经济可持续发展的关系

社会再生产过程既是使用价值的生产与交换过程，同时也是价值的形成和实现过程。

经济可持续发展不仅要求使用价值生产与交换活动的可持续发展（生产经营活动可持续发展），也要求价值的形成实现活动的可持续发展。现代财务是资本的投入与产出（收益）活动及其所形成的经济关系体系，是价值的形成与实现活动的核心。所以经济可持续发展，必然要求现代财务的可持续发展，现代财务的可持续发展是经济可持续发展的基本内容之一，二者有密切的关系：经济可持续发展必须依赖生产经营可持续发展和财务可持续发展来实现；生产经营可持续发展与财务可持续发展相互依存、相互促进，共同推动整个经济的可持续发展。

（一）生产经营可持续发展是财务可持续发展的基础

从国民经济宏观角度考察，只有当生产、流通、分配、消费等整个再生产过程有效、持续进行时，资本市场才能健康、快速发展，为各个企业的资本融通提供良好的市场服务，保证企业财务活动的顺畅进行和持续发展。

企业生产经营的可持续发展为财务的可持续发展提供了前提。企业只有以消费者为本，不断提供满足广大消费者的商品与服务，使企业资本在生产经营活动中不断得到增值，形成资本良性循环，才能保证财务活动的持续发展。企业搞好能源与资源消耗的节约，做好循环使用，有利于降低成本，增加利润，为企业长远发展提供内部资金积累。企业做好生态与环境保护工作，从短期看需要付出一定成本，但从长远看，使广大职工能在良好的环境下进行生产经营活动，有利于保证职工身体健康，发展企业文化，提高职工积极性，加快企业经济发展，使企业财源经久不衰。同时，还可以减少或避免环保部门的罚款损失，使企业保持良好的财务发展潜力。

（二）财务可持续发展是生产经营可持续发展的保障

现代经济是发达的商品经济，必须以资本的运作为导向。资本的筹资规模制约着企业的生产经营规模，资本的投资方向与结构制约着生产经营活动的方向与结构，目标成本制约着生产经营消耗水平。财务已成为现代经济的主导，对企业整个生产经营活动发挥着综合规划、综合平衡、综合控制、综合监督的作用。生产经营可持续发展要以财务的可持续筹资、可持续投资、可持续盈利、可持续支付为保障。从宏观角度考察，如果资本市场长期处于低迷状态，投资者信心不足，企业发行股票和债券遇到困难，企业发展的财力支持受到打击，必将影响企业经济可持续发展；从企业内部考察，如果企业财务管理混乱，资金链条断裂，或者因财务投资失败而遭受重大亏损，企业可能破产，根本谈不上可持续发展。在经济全球化条件下，跨国公司的发展，必须依靠跨国投资、跨国筹资、国际结算、国际纳税、跨国分配的财务活动来实现。

可见，财务可持续发展是经济可持续发展的基本组成部分，对整个经济可持续发展发挥着保障作用，财务应通过自身的可持续发展去保障生产经营的可持续发展，从而实现经济的可持续发展。

三、企业贯彻经济可持续发展理财观的表现

企业经济可持续发展理财观，是指企业通过资本融通与配置，保障企业生产经营活动

全面、协调、长期又好又快地发展。企业贯彻经济可持续发展理财观主要表现在以下方面。

（一）提高可持续发展筹资能力，促进经济可持续发展

经济可持续发展必然要求财务能持续性地供给资金，具有持续筹资能力。

1. 做到财务诚信，实现给投资者的回报

企业的资金首先来自出资者的出资和债权人的贷款。出资者和债权人在提供资金时，都与企业签订了合约，规定企业每年支付出资者的股息红利和对债权人还本利息等基本要求。企业如能按预先规定兑现自己的承诺，就能获得良好的信誉，不仅原来出资者与债权人愿意继续提供资金，而且还会有更多的新出资者与债权人愿意向企业投资，使企业的资金供给犹如一江活水，源源不断。反之，如果企业不守诚信，不兑现向投资者的承诺，就会使企业失去信用，无法再向社会筹资。例如，我国上市公司中的某些公司由于不守诚信而丧失继续融资能力，发生资金链断裂，由原来的盈利公司变成 ST 公司，直至走向破产的道路。

2. 按筹资方案规定的用途合理使用资金，获得预期效益，兑现对投资者的承诺

公司筹资的目的是投资并取得良好的效益。在公司融资时，要向投资者详细说明所筹资金的用途，对拟投资项目的可行性进行充分论证，向投资者证明未来能收回投资并获丰厚回报的可行性。否则，投资者是不愿意向公司投资的。因此，当社会经济环境未发生大的变化时，公司应严格遵照筹资计划中规定的投资项目进行投资，并精心加以组织实施，保证投资项目的成功完成，取得预期效益，兑现对投资者的承诺。如果社会经济环境发生预料不到的大变化，需要变更原有投资项目，改变资金用途，应及时召开投资者会议，认真听取意见。某些特殊情况下，来不及召开投资者会议形成新的决定，企业经营者可以做出变通处置，但同时应向投资者公告，取得投资者的追认。总的精神是对投资者高度负责，为投资者谋利。我国某些上市公司的经营者，他们在筹资时存在严重的"圈钱"动机，筹资计划规定的资金用途与投资项目是为"圈钱"而编织的理由。一旦圈到钱，就把投资计划抛到一边，任意挥霍浪费资金，造成经营失败，使投资者血本无归。这样的经营者是对投资者的犯罪，应当及时淘汰，严重的应追究法律责任。

（二）提高可持续发展投资能力，促进经济可持续发展

经济可持续发展，需要持续性地投资，包括物力资本的持续投资与人力资本的持续投资。物力资本的持续投资，不仅要求企业具有筹资能力，而且更重要的是具备持续投资的项目，这有赖于企业投资方向的正确选择和投资结构的科学合理。投资方向的正确选择，必须与世界经济发展的潮流相适应。当前随着知识经济的迅猛发展和经济全球化进程的加快，企业投资项目除当前急需的传统投资项目外，还应选择人工智能、生物工程、新能源与新材料工程等高新技术项目进行投资，从而形成新的生产力，使企业充满无限生机。投资结构的优化，即企业无论是进行实体投资（产业投资），还是进行证券投资，都要注意权衡收益与风险，寻求收益较佳、风险较小的投资组合，使企业在激烈的世界经济竞争中立于不败之地。从一个大企业来看，应把实体投资放在首要地位，把证券投资放在次要地位。证券投资是一种虚拟资本投资，不管派生了多少代衍生金融工具，它最终还是为实体投资服务的，离开了实体投资，虚拟资本投资就会成为无源之水、无本之木，甚至变得一

钱不值。这方面的教训在中国资本市场的发展中随处可见，由于某些上市公司的质量太差，使投资于这些公司股票的投资者蒙受了重大的损失。从一个小企业来看，应把有限的资金投资到消费者当前和今后需要的产品和服务的项目上去，而不要为利所诱盲目进行证券投资，使自己遭受灭顶之灾。

企业的可持续发展，不仅要求物力资本投资的可持续性进行，而且要求人力资本投资的可持续性进行，企业必须在人才市场不断获得经济发展所需要的技术人才和管理人才；对企业已形成的各种人才，还要进行技术培训和开展科学研究方面的投资，使企业人力资本的结构不断优化，适应科学技术发展新形势的需要。

（三）提高持续盈利能力，促进经济可持续发展

企业持续盈利能力是一个高度综合性的指标，它反映企业生产、技术、营销、管理等各方面质量的持续提高，其中，财务管理质量的持续提高，对提高持续盈利能力具有举足轻重的作用。

提高财务管理质量，除了前面所讲的提高企业持续筹资能力、持续投资能力外，还要特别重视提高持续节约费用开支、降低成本的能力。要通过加强目标成本费用控制，将产品设计成本、制造成本和期间费用都严格控制在目标成本费用指标之内，才能保证目标利润的实现，使企业盈利水平不断提高。

提高持续盈利能力，要注意立足当前，放眼未来，把企业长期盈利能力与短期盈利能力的提高统一起来。当长期盈利与短期盈利产生矛盾时，要具体问题具体分析，寻求最佳解决办法。一方面短期盈利要服从长期盈利的需要，在企业当前盈利项目中，对一些新产品与新服务项目要不断研究开发，培植企业盈利的新增长点。尽管新产品与新服务的研究开发在短期不能盈利，甚至发生亏损，也要加以扶持，树立战略管理的观念。另一方面，长期盈利项目的确定要实事求是，做到企业力所能及，切实可行，不能牺牲对企业盈利项目的投资。否则，长期盈利项目的投资缺乏现实的基础，将成为空中楼阁。

（四）提高持续支付能力，促进经济可持续发展

持续支付能力是指及时支付工资、还本付息、支付购货款、缴纳税金、支付股息红利、支付国家各种规费的能力，是一个企业生产经营活动正常运转和履行各种财务契约的基础与保障，关系企业的生存与发展，是企业最重要的财务指标。实践证明，一些生产经营正常并有盈利的企业，因现金链条一时断裂而导致所谓"黑字破产"的事例为数不少。持续支付能力的强弱通常以净现金流量的多少来表示。

为保证经济可持续发展，持续支付能力也必须保证每天、每月、每年都拥有及时支付的现金，而不是时有时无。企业要做到具有持续支付能力，并不是一件容易的事，需要财务工作者付出艰辛的劳动。为此，应做到：①正确运用商业信用政策，促使客户及时支付货款，减少坏账损失；②按照客户信用情况选择适用的结算方式；③做好长期与短期的现金调度计划，使现金收支时间与数额上衔接平衡；④严格遵守财务契约，保证各种款项的及时支付。

（五）提高持续性财务治理能力，促进经济可持续发展

财务治理能力是指公司通过制定正确的财务管理体制和各种具体财务制度，合理处理公司内部各方面的财务关系，充分调动广大员工积极性，促进公司各项工作顺利进行的能力。公司治理的核心是处理好公司与相关利益者的经济权力、经济责任和经济利益关系，而这些关系中的关键又是财务权力、财务责任和财务利益的关系。为此，应做到：① 按照公司产权结构、规模大小、经营特点制定适合公司自身需要的财务管理体制。有的公司宜采用集权型财务体制，有的公司宜采用分权型财务体制，有的公司可能更适合于集权分权结合型财务体制。对某些跨国公司或大型企业集团而言，内部可能以上三种体制形式均有。② 按照公司具体情况变化，应及时调整财务管理体制形式，做到与时俱进。当然，财务体制在一定时期内应具有相对稳定性，否则会造成财务秩序紊乱，挫伤员工积极性。③ 在财务管理体制制定之后，要制定若干与财务管理体制相配套的具体财务制度，使财务管理体制的各项要求能落到实处。具体财务制度与财务管理体制相比较，应具有更大的可操作性，根据公司实际情况加以执行。

要使公司保持持续性财务治理能力，公司高层财务主管人员应具有战略眼光，在进行财务管理体制及财务制度设计时，应高瞻远瞩，统筹全局，既要考虑财务管理体制与制度的当前适应性，又要预测公司未来的发展变化情况，为财务管理体制与制度的调整与更新做好必要准备，使未来新的财务管理体制与制度的推行尽可能减少阻力，顺利过渡。

第三节　人力资本理财观

一、人力资本与人力资本理财观的内涵

早在 1867 年，马克思在《资本论》第一卷中就指出，劳动力是价值创造的源泉。他说："劳动力能制造棉纱或皮靴的有用属性，只是一个必要条件，因为劳动必须以有用的形式耗费，才能形成价值。但是，具有决定意义的，是这个商品独特的使用价值，即它是价值的源泉，并且是大于它自身的价值的源泉。"[1] 马克思又指出，转化为劳动力的资本部分，却会在生产过程中变更它的价值。它会再生产它本身的等价物，并生产一个超过部分，一个剩余价值。这就是说，在商品生产过程中，物化劳动只能转移价值，只有活劳动（劳动者劳动力的使用）才能创造新价值，是价值创造的源泉。马克思关于劳动力是价值创造源泉的天才思想，是西方近代人力资本理论的基础。20 世纪 60 年代，美国经济学家舒尔茨在著作中，将企业资本区分为人力资本与物力资本，并指出："人力资本是一种严格的经济学概念……它之所以是一种资本，是因为它是未来收入或满足，或未来收入与满足的来源。"在实践中，随着知识经济的发展，特别是在某些高新技术企业中，技术发明者以知识产权折价的方式入股企业，与货币资本所有者共同成为企业所有者，使人力资本

---

① 马克思，恩格斯. 马克思恩格斯文集：第五卷. 北京：人民出版社，2009：225-226.

以价值形式生动地表现出来。

从马克思和舒尔茨的论述及技术入股的实践可见，人力资本可理解为劳动者以所有者身份投入生产经营中，并能给企业带来新增价值的知识和技能的货币表现。人力资本是企业各种生产要素中最重要的生产要素。对人力资本的研究，是经济学科与管理学科的重要责任。财务学作为融合经济学与管理学知识的一门边缘性学科，对人力资本的形成、使用与如何参与企业收益分配的研究，构成财务学的重要内容，形成财务学的一门重要分支学科——人力资本财务学。企业理财中，除管好、用好物力资本外，还应管好、用好人力资本，牢固树立人力资本理财观，充分调动企业职工积极性和创造性，为企业创造尽可能多的价值。

人力资本理财观，是指通过企业人力资本的合理形成、优化配置与有效使用，实现利益相关者价值满意化。

企业树立人力资本理财观，应当全面界定人力资本的范围，明确企业人力资本的类型。企业人力资本按其在再生产中的作用不同，可分为经营型人力资本（高管人员）、管理型人力资本（一般管理人员）、科技型人力资本（技术人员）、生产型人力资本（生产员工）。尽管各类型人力资本在企业价值创造中的分工不同，但都是不可或缺的重要组成部分，都应拥有"企业剩余索取权"，只有这样才能发挥人力资本的合力，实现企业经济效益与社会效益的满意化。某些新自由主义学者认为，企业经营者从事复杂劳动，承担了很大的经营风险，属稀缺人力资源，所以经营者才拥有人力资本，除获得高额工资和奖金外，还应以期权与期股的方式去参与企业税后利润分配，享有剩余索取权，而企业广大职工不拥有人力资本，不具有剩余索取权。他们这种观点不仅与马克思和舒尔茨的理论相背离，而且与事实相违背。在知识经济和数字经济发展的今天，企业职工已变成知识型工人，他们拥有劳动与管理诀窍等无形资产并掌握本岗位的大量特殊信息，按照新自由主义学者的上述理由，企业职工理应拥有人力资本，拥有"剩余索取权"。

二、贯彻人力资本理财观的措施

（一）对人力资本进行科学估价

无论是人力资本的形成、使用还是参与收益分配，都要以各类型人力资本的价值计量为前提。企业应根据生产经营特点和不同类型人力资本的贡献，采用科学的方法加以评估。目前常用的方法有人力资本重置成本法、现行市价法和收益现值法等，使用这些方法应充分听取企业员工的意见，聘请专业人员进行这项工作。

（二）注意优化人力资本结构

企业要按照生产经营活动的实际需要，合理安排各类型人力资本的投入，保持合理比例，不能有的多，有的少，出现比例失调，造成浪费与短缺并存的局面。在企业招聘和引进人才之前，要由企业人力资源部门与财务部门共同做好定岗、定员、定酬的基础工作，按需定岗、按岗定人、按岗定酬、按人签约。在引进人才时，可采取长期聘用与短期聘用相结合的方法。有些为完成某项目聘用的人才，也可采用项目聘用制，项目完成后不再聘用。

（三）重视人力资本的追加投资，促使人力资本内涵扩大再生产

对本企业的员工，要通过内部培训、外送培养、出国进修等方式，提高他们的知识和技术水平。这些方面可能增加不少资金投入，但随着人力资本内涵的扩大再生产，带来的价值增值潜力是巨大的。

（四）构建科学的激励约束机制，包括物质与精神两个方面的激励与约束制度

物质方面激励与约束机制的构建，主要是构建包括基本工资、奖励工资加期股或期权收入等多种报酬相结合的复合型劳动报酬制度；精神方面激励与约束机制的构建，主要是建立对先进员工的宣传报道、表彰、记功制度。无论是物质还是精神方面，都要做到激励与约束相结合，要严格进行业绩评价与考核，做到有奖有罚，奖罚分明。对各类员工要承认收入差别，不能搞平均主义；也要注意不要使收入差距过大，挫伤一部分员工的积极性。国有企业高管人员的收入水平，要严格控制在国家有关规定的范围内，不能侵犯国家出资人权益和企业员工利益。

（五）科学进行人力资本业绩评价

企业激励约束制度的执行，是建立在科学的业绩评价基础之上的。人力资本业绩评价，主要包括确定科学的考核指标与考核方法两个方面的内容。企业要按不同类型人力资本的特点，建立因人制宜、切实可行的考核指标体系。考核指标要先进可行，让企业员工经过努力都能完成，并在一定时期保持相对稳定，不要"鞭打快牛"；考核方法要具体，对企业职工完成考核指标的过程和结果能如实反映。

总之，企业要以员工为本，贯彻人力资本理财观，充分发挥企业员工的聪明才智，使企业发展充满活力，长盛不衰。

第四节　国际理财观

一、国际理财与国际理财观的内涵

纵观当代世界经济，知识经济与数字经济的发展和经济全球化的浪潮势不可挡，随之而来的是一批大型跨国公司成为世界经济的脊梁，资本市场一体化趋势日益明显。2008年10月，由美国房地产次贷危机引爆的全球金融危机，不仅对美国和西欧经济发达国家造成重大破坏，也对我国经济发展带来严重影响。这种新形势下，企业的理财视野应超越国内的范围而扩展到全世界。中国应尽快建立一批具有国际竞争力的大型跨国公司，力争在国际经济竞争中占据有利位置。对广大中国企业而言，应尽可能利用国际资本市场一体化的有利条件，积极而谨慎地进行跨国投资与筹资，跨国引进人力资本，加强国际金融风险监控，搞好国际税收筹划，通过国际理财为企业创造更多的价值。后金融危机时期，我国企业应积极贯彻国家有关应对国际金融危机的各项政策措施，努力减少国际金融危机给

企业可能造成的损失，保持企业平稳较快发展。

国际理财观，是指企业通过跨国筹资、投资、收益分配与资本重组，实现国内外利益相关者的满意化。

二、贯彻国际理财观的措施

（一）做好国际财务战略的选择

企业要洞察国际经济波动周期的变化情况，分析国际总的政治、经济、军事形势变化，制定正确的跨国投资战略与筹资战略。一般而言，当国际经济处于高涨时期，或世界政治与军事形势相对稳定时，企业可采用扩张型财务战略，大胆进行跨国投资与筹资活动；当国际经济普遍进入低迷时期，或世界政治、军事形势相对动荡时，企业应采用紧缩型财务战略，缩小跨国投资与筹资规模，甚至将部分资本转移回国；当国际经济处于复苏阶段，或国际动荡的政治、军事形势有所好转时，企业可采取稳定型财务战略，逐渐增加跨国投资与筹资，为推行扩张型财务战略做好准备。为了做好国际财务战略的选择与时机转换工作，企业应不断提高对国际经济、政治、军事形势发展变化的分析能力和判断能力，提高决策水平，减少决策失误。

后金融危机时期，西方国家某些大型公司濒临破产边缘，资产价格低廉，其中不乏技术先进型企业与资源型企业，在充分做好科学论证的基础上，我国有实力的企业可以抓住机遇大胆参与外国公司重组，进行收购、控股或参股。

（二）做好国际财务风险的控制与化解工作

国际理财环境的高不确定性，使国际财务风险远高于国内财务风险，这要求企业高度重视国际财务风险的控制与化解工作。一是企业要做好国际财务风险的评估，对进行跨国投资与筹资的风险大小做到心中有数。对评估为财务风险大的跨国投资与筹资项目，应在有周密的防范措施以后才能"拍板"，否则应该放弃。二是在跨国投资时要正确处理实业投资与虚拟资本投资的关系，要以实业投资为主。在进行虚拟资本投资时要处理好基本金融产品投资（外国国债、企业债券、股票等）与衍生金融产品投资（期权、期货、货币互换等）的关系，多选择风险较小的基本金融产品投资，严格控制衍生金融产品投资，并做好套期保值。三是企业要做好国际财务风险的利用。企业要通过各种合法的渠道与方式全面了解国外投资与筹资对象的详细情况，以及所在国家的政治、军事、经济形势，善于从风险中看到机遇，从而在别的企业不敢涉足或迟迟未能涉足的国家与地区进行跨国或跨地区投资与筹资，取得较高的风险收益。四是在遇到事先未完全预见的国际财务风险时，特别是面对国际金融危机时，要头脑冷静，处变不惊，敢于对抗风险，对国际财务风险尽可能加以化解。例如，果断停止跨国投资与筹资项目，主动申请股票与债券回购，或者变卖已形成的部分资产，将资本转移回国；动用预先提取的弥补损失准备金等，尽可能减少损失。五是进行风险转移，对某些无法规避的国际财务风险，企业高管人员应事先购买相关国际保险，在风险损失发生后由保险公司赔偿，防止出现企业财务危机。企业还可以与外国大企业合作投资某一项目，共同承担风险。

（三）跨国公司应加强外汇收支的监控

按照新外汇管理制度，企业经常性外汇收支权限进一步扩大，其风险责任也随之增大。特别是，人民币要逐步实现在资本项目下的自由流动，这就使外汇与人民币的兑换更加频繁，外汇风险进一步放大。企业在外汇结算币种的选择上，应正确预测汇率变动趋势，做出正确决策，避免汇率损失。在外汇风险控制方面，应采取签订外汇保值条款、进行银行远期外汇买卖和利用借贷投资等手段，规避或减少外汇损失。

（四）企业要认真做好国际税收筹划

国际税收筹划是在遵守东道国有关投资与筹资的税法和有关法律的前提下，通过财务分析和纳税计划安排，使企业国外总体税负水平最小化的一项财务管理工作。要做好货物进出口国际税收筹划，要求企业（特别是财务高管）充分了解东道国的税法和相关法律精神，了解东道国所鼓励的进出口货物、服务和知识产权，将东道国的税收导向和企业的生产、销售与服务的结构尽可能地协调好，多进出口东道国征税税种少、税率低的产品与服务，少进出口东道国征税税种多、税率高的产品与服务。尤其要重视对方有减税免税政策照顾的产品与服务的进出口。在进行跨国投资时，要充分了解东道国对投资于不同地区、不同产业的税收优惠（减、免、抵扣、税收返还）政策，选取既有税收优惠又有较高投资收益率的项目进行投资。在进行跨国筹资时，要充分了解在东道国发行债券、股票或进行银行贷款的税收政策，选择筹资成本低的渠道与方式进行筹资。在跨国投资的收益分配方面，企业还应充分了解东道国对资本利得和股息红利的税收政策与汇回中国有无限制条款等有关规定。企业要在全面了解跨国进出口、投资、筹资的税收政策与投资收益汇回我国的自由度的情况后，进行综合税收筹划，力求取得更多的节税效益，提高企业收益水平。

总之，中国企业应牢固树立社会责任理财观、经济可持续发展理财观、人力资本理财观和国际理财观等科学理财观，为祖国和人民做出更大的贡献。

本章小结

企业国内外理财环境发生了深刻变化，导致理财目标、理财时间、理财主体与理财空间发生了巨大变革。

从理财目标看，由过去单纯追求企业价值最大化，向追求企业价值最大化与社会责任最优化转变，要求企业认真贯彻社会责任理财观。从理财时间看，由过去注重短期理财，向注重长期理财甚至跨代理财转变，要求企业认真贯彻经济可持续发展理财观。从理财主体看，由过去的物质资本所有者及其代理人理财为主，向物质资本与人力资本所有者合作理财转变，要求企业认真贯彻人力资本理财观。从理财空间看，由过去国内理财为主，向国内与国际理财协调发展转变，要求企业认真贯彻国际理财观。

即测即评

请扫描右侧二维码，进行即测即评。

思考题

1. 试述企业社会责任的内涵与外延，并说明企业如何贯彻社会责任理财观。
2. 试述财务与经济可持续发展的关系，并说明企业如何贯彻经济可持续发展理财观。
3. 试述人力资本的作用，并说明企业如何贯彻人力资本理财观。
4. 试述国际理财面对的风险，并说明企业如何贯彻国际理财观。

中　篇

财务基本业务管理

本篇包括第四章至第十二章，介绍财务基本业务管理的有关内容，主要讲述筹资、项目建设投资、流动资产、无形资产、证券投资、成本费用、营业收入、利润与分配管理的内容，以及财务评价方面的理论与业务方法。

本篇属中级财务的内容，为各开课专业学生必学内容。

第四章

筹资管理

企业筹集资金是指企业向外部有关单位或个人以及从企业内部筹措和集中生产经营所需资金的财务活动。资金是企业进行生产经营活动的必要条件。企业创建，开展日常生产经营业务，购置设备、材料等生产要素，不能没有一定数量的生产经营资金；扩大生产规模，开发新产品，提高技术水平，更要追加投资。筹集资金是企业资金运动的起点，是决定资金运动规模和生产经营发展程度的重要环节。通过一定的资金渠道，采取一定的筹资方式，组织资金的供应，保证企业生产经营活动的需要，是企业财务管理的一项重要内容。

第一节　筹资管理概述

企业自主筹集资金，既是市场经济发展的客观要求，也是经济体制改革的一项重要内容。个体企业、集体企业、私营企业、外商投资企业等是由有关业主投资兴办的，要向不同的所有者和债权人筹集资金。至于国有企业，在过去主要是依靠国家财政拨款和银行贷款，由国家统筹安排，筹资渠道不多，筹资方式单一，难以适应经济发展的需要。随着商品经济的发展，资金融通活动的兴起，国有企业自主筹集资金的活动日益广泛开展。企业享有筹资的自主权，是企业自主经营的要求，是生产经营发展的需要。

一、筹资动机

企业筹资的基本目的，是自身的维持和发展。但每次具体的筹资活动，则往往受特定动机的驱使。企业筹资的具体动机是多种多样的，归纳起来有四类，即新建筹资动机、扩张筹资动机、调整筹资动机与双重筹资动机。

（一）新建筹资动机

新建筹资动机是在企业新建时为满足正常生产经营活动所需的铺底资金而产生的筹资

动机。企业新建时，要按照经营方针所确定的生产经营规模核定固定资金需要量和流动资金需要量，同时筹措相应数额的注册资本——所有者权益，注册资本不足部分需筹集短期或长期的银行借款（或发行债券）。

【例 4-1】 某新建企业经核定资金，确定需固定资产 2 000 万元，存货 1 040 万元，货币资金 660 万元，共计 3 700 万元；筹建时注册资本 2 380 万元，向银行取得长期借款 1 320 万元，共计 3 700 万元。新建筹资后的资产负债状况如表 4-1 "A 初始金额"栏所示。

表 4-1　不同动机筹资后的资产负债状况

单位：万元

资产	A 初始金额	B 扩张筹资后	C 调整筹资后	负债及所有者权益	A 初始金额	B 扩张筹资后	C 调整筹资后
货币资金	660	300	300	应付账款		620	220
应收账款		960	960	短期借款			1 000
存货	1 040	1 040	1 040	长期借款	1 320	1 500	900
固定资产净值	2 000	2 300	2 300	股东权益	2 380	2 480	2 480
合计	3 700	4 600	4 600	合计	3 700	4 600	4 600

（二）扩张筹资动机

扩张筹资动机是企业因扩大生产经营规模或追加对外投资而产生的筹资动机。具有良好发展前景、处于成长时期的企业，通常会产生扩张筹资动机。例如，企业生产经营的产品供不应求，需要购置设备增加市场供应；需要引进技术开发生产适销对路的新产品；扩大有利的对外投资规模；开拓有发展前途的对外投资领域等。扩张筹资动机所产生的直接结果，是企业的资产总额和权益总额的增加。

【例 4-2】 某企业扩张筹资前的资产负债状况如表 4-1 中的 A 栏所示。该企业根据扩大生产经营的需要，筹资 900 万元，其中长期借款 180 万元，吸收应付账款 620 万元，股东投入资本 100 万元；用以增添设备 300 万元，增加流动资产 600 万元，其他项目没有变动。扩张筹资后的资产负债状况如表 4-1 中的 B 栏所示。

将表 4-1 的 A、B 栏进行比较可以看出，该企业扩张筹资后，资产总额从筹资前的 3 700 万元扩大为 4 600 万元，负债及所有者权益总额亦同样增长。

（三）调整筹资动机

调整筹资动机是企业在不增减资本总额的条件下为了改变资本结构而形成的筹资动机。其形式有：借新债还旧债，以债转股，以股抵债。

【例 4-3】 某企业应付款项中有 400 万元到期，长期借款中有 600 万元到期，该企业决定向银行借入短期借款 1 000 万元清偿到期债务。企业调整筹资后的资产负债状况如表 4-1 中的 C 栏所示。

在此业务发生前，企业有 300 万元货币资金可用于偿还债务，但为了保持一定额度的货币资金，故决定举新债还旧债。这种偿债筹资的结果并没有扩大企业的资产总额和权益总额，只是改变了企业的资本结构。

（四）双重筹资动机

企业既需要为扩大经营而增加长期资金，又需要改变原有的资本结构，即具有双重筹资动机。这种双重动机筹资的结果是既会增大企业资本总额，又能调整企业资本结构。

二、筹资原则

企业筹集资金的基本原则，是要研究影响筹资的多种因素，讲求资金筹集的综合经济效益。具体要求有以下六点。

（一）合理确定资金需要量，努力提高筹资水平

不论通过什么渠道、采取什么方式筹集资金，都应该预先确定资金的需要量，既要确定流动资金的需要量，又要确定固定资金的需要量。筹集资金固然要广开财路，但必须有一个合理的界限。要使资金的筹集量与需要量相适应，防止筹资不足而影响生产经营或者筹资过剩而降低筹资效益。

（二）周密研究投资方向，匹配正确筹资决策

投资是决定是否筹资和筹资多少的重要因素之一。投资收益与筹资成本相权衡，决定要不要筹资，而投资规模则决定着筹资的数量。因此，只有确定有利的资金投向，才能做出筹资决策，避免不顾投资效果的盲目筹资。

（三）适时取得所筹资金，保证资金投放需要

筹集资金要按照资金投放使用的时间来合理安排，使筹资与用资在时间上相衔接，避免取得资金滞后而贻误投资的有利时机，也要防止取得资金过早而造成投放前的闲置。

（四）认真选择筹资来源，力求降低筹资成本

企业筹集资金可以采用的渠道和方式多种多样，不同筹资渠道和方式的筹资难易程度、资本成本和财务风险各不一样。因此，要综合考察各种筹资渠道和筹资方式，研究各种资金来源的构成，求得最优的筹资组合，以便降低组合的筹资成本。

（五）合理安排资本结构，保持适当偿债能力

企业的资本结构一般是由权益资本和债务资本构成的。企业负债所占的比率要与权益资本多少和偿债能力高低相适应。要合理安排资本结构，既防止负债过多，导致财务风险过大、偿债能力不足，又要有效地利用负债经营，借以提高权益资本的收益水平。

（六）遵守国家有关法规，维护各方合法权益

企业的筹资活动，影响着社会资金的流向和流量，涉及有关方面的经济权益。企业筹集资金必须接受国家宏观指导与调控，遵守国家有关法律法规，实行公开、公平、公正的原则，履行约定的责任，维护有关各方的合法权益。当前要特别注意防范非法集资，高利揽存，到期因资金周转不畅而无法偿还本息的财务风险发生。

以上各项可概括为：合理性、效益性、及时性、节约性、比例性、合法性六原则。

三、筹资渠道

筹资渠道是指筹集资金的来源和通道，体现着所筹集资金的源泉和性质。认识筹资渠道的种类及每种筹资渠道的特点，有利于企业充分开拓和正确利用筹资渠道。

当前，企业的资金来源渠道主要有以下七项。

（一）政府财政资金与国资部门资金

政府对企业的投资历来是我国全民所有制企业的主要资金来源。国有企业的资金来源大部分还是国家以各种方式所进行的投资。政府财政资金具有广阔的来源和稳固的基础，而国民经济命脉也应当由国家掌握。所以，国家投资是大中型企业的重要资金来源，在企业各种资金来源中占有重要的地位。但是，国家资金的供应方式可以多种多样，不一定都采取拨款的方式，更不宜实行无偿供应。中央与地方政府两级国有资产监督管理委员会成立后，独立的国有资本经营预算制也随之建立，国资部门资金成为国有企业的重要资金来源。

（二）银行信贷资金

银行对企业的贷款也是企业重要的资金来源。工商银行、农业银行、中国银行、建设银行等商业性银行以及国家开发银行、中国进出口银行、中国农业发展银行等政策性银行，可分别向企业提供各种短期贷款和长期贷款。银行信贷资金有个人储蓄、单位存款等经常增长的来源，财力雄厚，贷款方式能灵活适应企业的各种需要，且有利于加强宏观控制，是企业资金的主要供应渠道。

（三）非银行金融机构资金

非银行金融机构主要有信托投资公司、证券公司、融资租赁公司、保险公司、企业集团的财务公司等。非银行金融机构除了专门经营存款贷款业务、承担证券的推销或包销工作以外，还可将一部分并不立即使用的资金以各种方式向企业投资。非银行金融机构的资金力量比商业银行要小，目前只起辅助作用，但这些金融机构的资金供应比较灵活方便，且可提供其他方面的服务，今后将有广阔的发展前途。

（四）其他企业、单位资金

企业和某些事业单位在生产经营过程中，往往有部分暂时闲置的资金，甚至可较长

时期地腾出部分资金，如准备用于新兴产业的资金、已提取而未使用的折旧、未动用的企业公积金等，可在企业之间相互融通。随着横向经济联合的开展，企业同企业之间的资金联合和资金融通有了广泛发展。其他企业投入资金包括联营、入股、购买债券及各种商业信用，既有长期稳定的联合，又有短期临时的融通。其他企业单位投入资金往往同本企业的生产经营活动有密切联系，它有利于促进企业之间的经济联系，开拓本企业的经营业务。

（五）民间资金

企业职工和城乡居民的投资，都属于个人资金渠道。企业职工入股，可以更好地体现劳动者与生产资料的直接结合；向非本企业职工发行股票、债券，可以广泛地向社会集聚资金。这一资金渠道在动员闲置资金方面具有重要的作用。

（六）企业自留资金

企业内部形成的资金，主要是指企业利润所形成的公积金，此项经营积累是企业生产经营资金的重要补充来源。至于在企业内部形成的折旧准备金，它只是资金的一种转化形态，企业的资金总量并不因此而有所增多，但它能增加企业可以周转使用的营运资金，可用以满足生产经营的需要。

（七）外国和我国港澳台地区资金

我国实行改革开放以后，外国以及我国香港、澳门和台湾地区投资者持有的资本，依法可以各种形式进行投资，成为一项重要的资金渠道。

上述各种资金渠道，除各种债务以外，都体现着一定的经济成分，包括国家所有、集体所有、劳动者个人所有、私人经营者所有、外国投资者和我国港澳台地区投资者所有等。各种企业应根据生产经营活动的项目及其在国民经济中的地位，选择适当的资金供应渠道。

四、筹资方式

筹资方式是指企业筹集资金所采取的具体形式，体现着不同的经济关系（所有权关系或债权关系）。认识筹资方式的种类及每种筹资方式的特点，有利于企业选择适宜的筹资方式，有效地进行筹资组合。

企业的筹资方式一般有以下七种：①吸收投入资本；②发行股票；③企业内部积累；④银行借款；⑤发行企业债券；⑥融资租赁；⑦商业信用。

这些筹资方式将在本章第四、第五节详细说明。资金从哪里来和如何取得资金，既有联系，又有区别。一定的筹资方式可能只适用于某一特定的筹资渠道，但是同一渠道的资金往往可以采取不同的方式取得，而同一筹资方式又往往适用于不同的筹资渠道。企业进行筹资，必须实现两者的合理配合。筹资方式与筹资渠道的配合情况见表4-2。

表 4-2　筹资方式与筹资渠道的配合

筹资方式筹资渠道	吸取投入资本	发行股票	企业内部积累	银行借款	发行企业债券	融资租赁	商业信用
政府财政资金与国资部门资金	√	√					
银行信贷资金				√			
非银行金融机构资金	√	√		√	√	√	
其他企业、单位资金	√	√			√		√
民间资金	√	√			√		
企业自留资金			√				
外国和我国港澳台地区资金	√	√			√		

五、金融市场

在市场经济条件下，企业要通过各种渠道筹集资金，就需要有融通资金的场所。我国自改革开放以来，逐步建立和发展了金融市场，这是发挥市场机制，实现资金最优配置，提高资金使用效益的需要。

（一）金融市场的概念

金融市场是指资金供应者和资金需求者双方借助于信用工具进行交易而融通资金的市场，广而言之，是实现货币借贷和资金融通，办理各种票据和有价证券交易活动的市场。金融市场有两个基本特征：①金融市场是以资金为交易对象的市场。在金融市场上，资金被当作一种"特殊商品"来进行交易，资金供应者直接或者通过中介人把资金让渡给资金需求者，并取得一定的信用工具（票据或有价证券）。财政资金的上划下拨，银行资金的内部调拨，都是无偿的，没有构成交易行为，不属于金融市场的范围。②金融市场可以是有形的市场，也可以是无形的市场。前者有固定的场所和工作设备，如银行、证券交易所；后者则利用电子计算机、网络、电话等设施通过经纪人进行资金商品等的交易，而且可以跨越城市、地区和国界。

金融市场的构成要素，通常认为有三个：①资金供应者和资金需求者。可以向企业提供资金的有国家、金融机构、企业、事业单位、居民、外商等，此外，金融中介机构也是参与资金交易活动的经济单位。②信用工具。信用工具包括各种债券、股票、票据、可转让存单、借款合同、抵押契约等。信用工具就资金需求者来说是交易的手段，而就资金供应者来说也可理解为交易的对象。③调节融资活动的市场机制。资金这种特殊商品的价格通常表现为利率。供求影响价格，而价格则调节供求。资金的供应大于需求，价格就会下降；反过来，如果资金的价格长期低于社会平均的资金利润率，则又会刺激需求，抑制供给。通过这种市场机制的调节作用，可以实现社会资金的合理配置。

企业在金融市场上的融资方法有直接融通资金和间接融通资金两种。直接融通资金，是指资金供应者和资金使用者之间的直接融资活动，不需中介做媒介，如资金有余单位购入资金不足单位的股票和债券。融资双方的往来，体现了直接融通资金的市场。间接融通资金，是指各单位之间的资金转移，以金融机构作为媒介体，资金供应者把资金提供给金融机构，再由金融机构向资金使用者提供资金，如银行通过吸收存款、出售金融债券等方式从资金有余单位取得资金，再以放款、投资、购入有价证券等方式向资金不足单位供应资金。金融机构是间接融资的场所。

企业资金融通的方式如图4-1所示。

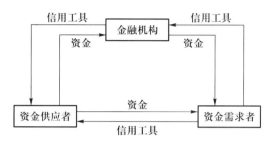

图4-1 企业资金融通的方式

（二）金融市场的类型

金融市场是由不同层次的子市场构成的市场体系。它可以从不同角度进行分类。

金融市场按融资对象，分为资金市场、外汇市场和黄金市场。

资金市场按融资期限长短，分为货币市场和资本市场。货币市场为短期资金市场，融资期限一般为一年以内；资本市场为长期资金市场，融资期限一般为一年以上。

货币市场按交易性质，分为同业拆借市场、票据承兑和贴现市场、短期证券市场和短期借贷市场。

资本市场又可分为长期证券市场和长期借贷市场。长期证券市场按证券交易过程，分为一级市场和二级市场。一级市场是股票、债券等证券的发行市场，又称初级市场。在一级市场上，企业通过发行股票、债券等信用工具，向资金供应者取得资金。在发行过程中，企业可以直接融资，但通常是委托银行和信托机构做证券经纪人代理发行。二级市场是各项证券的流通市场，又称次级市场。二级市场是证券买卖转让的地方，是证券所有权转移的场所。一级市场和二级市场有着互相促进、相辅相成的关系。没有一级市场的发行认购，就不会有二级市场的买卖转手；没有二级买卖市场，一级发行市场的活动就要受到限制，资金市场就难以发展。

金融市场的分类可用图4-2表示。

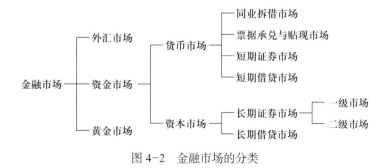

图4-2 金融市场的分类

在金融市场中，与企业财务管理关系密切的资金市场，按具体交易对象来划分，主要有如下形式。

1. 短期借贷市场

短期借贷市场即融通短期资金的市场。短期借贷期限一般在一年之内，主要是为了解决企业临时性或季节性的资金周转需要。对企业提供短期借贷的主要是商业银行和非银行金融机构，贷款的方式有信用贷款和抵押贷款，目前多为信用贷款。

在西方，企业与企业之间可以直接或通过经纪人发生借贷关系，这种脱离商品交易活动而进行的企业之间的借贷行为，在我国是不允许的。

2. 短期债券市场

短期债券是指企业为筹集短期资金而发行的期限在一年以内的债券，如短期融资券。企业的债券通常要通过银行和其他金融机构发行。

3. 票据承兑与贴现市场

目前票据承兑与贴现市场主要是商业汇票的贴现市场。商业汇票是在商品交易活动中反映债权债务的发生、转移和偿付而使用的信用工具。商业汇票持有者在票据到期日前需用资金时，可以凭票据到银行或其他金融机构申请贴现，取得货币资金。金融机构所持的票据，还可以用来向中央银行申请再贴现或者向其他金融机构办理转贴现。

4. 长期借贷市场

相对于短期借贷市场而言，长期借贷市场融通资金的期限大多在一年以上。贷款利率根据借贷期限长短和资金供求关系确定，分为固定利率和浮动利率两种。长期借贷市场既可满足企业对长期资金的需要，又可平衡短期资金供应不稳定造成的影响。

5. 长期债券市场

长期债券是企业为筹集长期资金而发行的债券。此项债券如可上市流通，则企业在资金多余时可向证券交易市场购入自身所发行的债券，清偿债务。

6. 股票市场

发行股票是股份有限公司筹集长期资金的重要手段。企业发行股票通常是委托银行和其他金融机构进行。

金融市场对于商品经济的运动，具有"媒介器""调节器"和"润滑剂"的功能。从企业财务管理来看，金融市场是企业向社会筹资、投资必不可少的条件。它主要具有以下作用：①为企业筹资、投资提供场所，使资金供需双方相互接触，通过交易实现资金的融通，促进企业在资金供需上达到平衡，保证企业生产经营活动能够顺利进行。②通过在其中进行的资金融通活动，促进社会资本合理流动，调节企业筹资和投资的方向与规模，促使企业合理使用资本，提高社会资本的效益。

第二节　企业注册资本与公积金制度

企业筹资就是要解决资金来源问题。企业的资金来源概括地说包括权益资本和债务资本。注册资本是权益资本的主要部分，一定数额的注册资本也是企业取得债务资本的必要保证。

一、企业注册资本的概念

企业注册资本是指企业设立时在市场监督管理部门登记的注册资金，是各种投资者以营利和实现社会效益为目的，用以进行企业生产经营、承担有限民事责任而投入的资金。主要有以下含义：①从性质上看，注册资本是投资者（所有者）投入的资本，是主权资金，不同于债务资金。②从目的上看，注册资本要以本求利，有营利性，不同于非营利性的事业行政单位资金。③从功能上看，企业注册资本用以进行生产经营，承担民事责任，有限责任公司和股份有限公司则以其注册资本为限对所负债务承担责任。④从法律地位来看，注册资本不同于过去国有企业的国家基金，筹集来的注册资本要在市场监督管理部门办理注册登记，已注册的注册资本如果追加或减少，必须办理变更登记。

二、企业注册资本的筹集

（一）筹集注册资本的方式

根据国家有关规定，企业筹集注册资本既可以吸收货币资金的投资，也可以吸收实物、无形资产等的投资。

《公司法》规定，股东可以用货币出资，也可以用实物、知识产权、土地使用权等可以用货币估价并可以依法转让的非货币财产作价出资；但是，法律、行政法规规定不得作为出资的财产除外。

（二）筹集注册资本的期限

关于注册资本筹集的期限问题，通常有三种办法：一是实收资本制，在企业成立时，需确定注册资本总额，一次筹足，实收资本与注册资本数额一致，否则企业不能成立。二是授权资本制，在企业成立时，虽然也要确定注册资本总额，但是否一次筹足，与企业成立无关，只要筹集了第一期资本，企业即可成立，其余部分由董事会在公司成立后进行筹集。这样，公司成立时的实收资本与注册资本就不一致。三是折中资本制，企业成立时确定注册资本总额，不一定一次筹足，类似于授权资本制，但要规定首期出资的数额或比例及最后一期缴清资本的期限。

（三）注册资本的评估和验收

吸收实物、无形资产筹集注册资本的，应按照评估确认的金额或者合同、协议约定的金额计价。企业筹集的注册资本，必须聘请注册会计师验资，出具验资报告，企业据以发给投资者出资证明书。

（四）出资者的责任及违约处罚

企业筹集注册资本的数额、方式、期限均要在投资合同、协议中约定，并在企业章程中加以规定，以确保企业能够及时、足额筹得注册资本。如果投资者未按规定出资，即为投资者违约，企业和其他投资者可以依法追究其责任，国家有关部门还应按照有关规定对违约者进行处罚。投资者在出资中的违约责任有两种情况：一是个别投资者单方违约，企业和其他投资者可以按企业章程的规定，要求违约方支付延迟出资的利息，赔偿经济损失；二是投资各方均违约或外资企业不按规定出资，则由有关部门进行处罚。

三、企业注册资本的管理原则

对注册资本的管理，主要是贯彻以下四项原则。

（一）资本确定原则

要求在公司章程中必须明确规定公司的注册资本总额。

（二）资本充实原则

对企业登记注册的注册资本，投资者应在财务制度规定的期限内缴足，以满足生产经营的需要；所投资本必须是实实在在、不折不扣的，公司不得折价发行股票。

（三）资本保全原则

公司除由股东大会做出增减注册资本决议并按法定程序办理外，不得任意增减注册资本总额。具体要求是：

第一，企业筹集的注册资本，在生产经营期间内，投资者除依法转让外，不得以任何方式抽走。

第二，为了实行注册资本保全原则，在核算上不再把应计入本期损益的收益和损失用来增减注册资本。

（四）资本增值原则

注册资本不仅要能保值而且在生产经营过程中要能不断增值，以满足投资者的收益期望并保证企业生产经营的扩大。公司必须按规定的比例提取公积金，保证所有者权益的不断扩充。

四、企业注册资本制度的作用

企业注册资本制度是国家对有关注册资本的筹集、管理以及企业所有者的责权利等所做的法律规范。它主要体现在《公司法》及其他有关法规制度中。建立企业注册资本制度具有以下重要作用：①有利于明晰产权关系，保障所有者权益；②有利于维护债权人的合法权益；③有利于保障企业生产经营活动的正常进行；④有利于正确计算企业盈亏，合理评价企业经营成果。

企业注册资本是企业资金来源的主要部分。此外，在企业资金来源中还有各种负债。随着市场经济的发展，企业不可避免地要发生相当比重的负债，这是与过去以资金纵向流动为主的模式显著不同的地方。企业的负债，一部分是在商品交易中因临时资金融通的需要而筹集的，还有相当一部分是为了满足生产经营活动较长时期的需要而筹集的。

五、企业公积金制度

企业生产经营活动所需资本，除了注册资本和各种借入资本以外，还有一个重要来源是企业内部积累。企业可按国家有关规定形成企业公积金。企业的公积金，是企业为不断扩大再生产或弥补亏损的需要，而按规定从税后利润中提取形成，或者因资本溢价、接受捐赠等形成的积累性资金。按其来源不同，公积金可分为法定公积金、任意公积金和资本公积金等内容。

法定公积金，是公司在分配当年税后利润时按规定比例（现行制度规定为10%）提取形成的公积金。我国《公司法》规定法定公积金累计额为公司注册资本的50%以上的，可以不再提取。公司从税后利润中提取法定公积金后，经股东会或股东大会决议，还可以从税后利润中提取任意公积金，这对充分利用内部积累扩大再生产规模有重要意义。

股份有限公司以超过股票票面金额的发行价格发行股票所得的溢价款、接受外部捐献款、外币折价差额和国务院财政部门规定列入资本公积金的其他收入，应列为资本公积金。

公司的公积金用于弥补公司亏损、扩大公司生产经营规模或者转为增加公司资本。但是，其中的资本公积金不得用于弥补公司的亏损。

第三节　筹资数量的预测

一、筹资数量预测应考虑的条件和因素

企业的资本需要量是筹资的数量依据，必须科学合理地进行预测。企业资本需要量的预测是财务计划的基础。

筹资数量预测的基本目的，是保证筹集的资本能满足生产经营的需要，又不会产生资金闲置，造成浪费。

企业筹资数量预测应考虑的有关条件和因素主要有以下三点。

（一）法律

如《中华人民共和国证券法》规定，公开发行公司债券，最近三年平均可分配利润足以支付公司债券一年的利息。这条规定可以保证公司的偿债能力，进而保障债权人的利益。

（二）企业经营规模

一般而言，公司经营规模越大，所需资本越多。反之，所需资本越少。

（三）其他因素

利息率的高低、对外投资数额的多寡、企业信用状况的好差等都会对筹资数量的预测产生一定的影响。

二、筹资数量预测的因素分析法

因素分析法又称分析调整法，是以有关资本项目上年度的实际平均需要量为基础，根据预测年度的生产经营任务和加速资本周转的要求，进行分析调整，来预测资本需要量的一种方法。这种方法计算简便，容易掌握，但预测结果不太精确。它通常用于品种繁多、规格复杂、用量较小、价格较低的资本占用项目，也可以用于匡算企业全部资本的需要量。采用这种方法时，应在上年度资本平均占用量的基础上，剔除其中呆滞积压不合理部分，然后根据预测期的生产经营任务和加速资本周转的要求进行测算。因素分析法的计算公式如下：

$$资本需要量 =（上年资本实际平均占用量 - 不合理平均占用量）\times$$
$$（1 \pm 预测年度销售增减率）\times$$
$$（1 \pm 预测期资本周转速度变动率）$$

【例4-4】 甲企业上年度资本实际平均占用量为 2 200 万元，其中不合理部分为 200万元，预计本年度销售增长 5%，资本周转速度加快 2%，请预测本年度资本需要量。

$$（2\ 200 - 200）\times（1 + 5\%）\times（1 - 2\%）= 2\ 058（万元）$$

三、筹资数量预测的销售百分比法

（一）销售百分比法的基本依据

销售百分比法（Percentage of Sales Method）是根据销售额（即营业收入）与上年度资产负债表及利润表有关项目之间的比例关系，预测各项目短期资本需要量的方法。例如，某企业每年销售 100 万元货物，需有 20 万元存货，存货与销售额的百分比是 20%（20÷100）。若销售额增至 200 万元，那么，该企业需有 40 万元存货（200×20%）。因此，在某项目与销售额的比率既定的前提下，便可预测未来一定销售额下该项目的资本需要量。

销售百分比法的优点，是能为财务管理提供短期预计的筹资数量，以适应外部筹资的需要，且易于使用。但在有关因素发生变动的情况下，必须相应地调整原有的销售百分比。

运用销售百分比法，一般借助于上一年度有关会计报表提供的历史数据，据以预测企业内部资本来源（未分配利润）和外部筹资增加额。

（二）编制利润预测表，预测留用利润（即未分配利润，下同）

利润预测表（Proforma Income Statement）可以计算确定基年利润以及有关各项目占销售额的百分比，在此基础上计算预测年度利润，并预测留用利润这种内部筹资的数额，也可为预测外部筹资数额提供依据。

【例 4-5】 乙企业 2022 年预计利润及有关项目与销售额的百分比如表 4-3 中的（1）栏、（2）栏所示。试预测 2023 年利润并预测留用利润（假定所得税税率为 40%）。

若该企业 2023 年预计营业收入为 18 000 万元，则 2023 年利润预测表如表 4-3 所示。

表 4-3　某企业 2023 年利润预测表

项目	2022 年预计数（万元）	占营业收入的百分比（%）	2023 年预测数（万元）
	（1）	（2）	（3）
营业收入	15 000	100.0	18 000
减：营业成本	11 400	76.0	13 680
销售费用	60	0.4	72
管理费用	3 060	20.4	3 672
财务费用	30	0.2	36
利润总额	450	3.0	540
减：所得税	180	—	216
净利润	270	—	324

若该企业税后利润的留用比例为 50%，则 2023 年预测留用利润额为 162（324×50%）万元。

（三）编制资产负债预测表，预测筹资总额与外部筹资额

根据上一年度资产负债表中与筹资额相关的项目，可计算有关资产负债项目与销售额的百分比，进而确定每增长 100 元需追加的资本净额，在销售额增长情况下需增加的资本总额，在测定留用利润有关项目的数额后，便可预测企业需要外部筹资的数额。

运用销售百分比法要选定与销售额有基本不变比率关系的项目，这种项目称为敏感项目。敏感资产项目一般包括货币资金、应收账款、存货等项目；敏感负债项目一般包括应付账款、应付利息等项目。应收票据、交易性金融资产、固定资产、长期股权投资、递延资产、短期借款、应付票据、长期负债和实收资本通常不属于短期内的敏感项目，留用利润也不宜列为敏感项目。

【例 4-6】 乙企业 2022 年预计销售收入 15 000 万元，资产负债及其敏感项目占销售额的比率如表 4-4 中的（1）栏、（2）栏所示。2023 年预测销售收入为 18 000 万元。试编制 2023 年资产负债预测表并预测外部筹资额。

根据上述资料编制该企业 2023 年资产负债预测表，如表 4-4 中的（3）栏所示。

现对表 4-4 中的有关数据的计算说明如下。

（1）表 4-4 的（2）栏的百分比表明，该企业销售额每增长 100 元，敏感资产将增加 33.9 元。每实现 100 元销售所需的资本量，可由敏感负债解决 18.3 元。这里增加的敏感

负债是自动增加的，如应付账款会因存货增加而自动增加。

每百元销售额需要敏感资本与敏感负债的差额 15.6 元（33.9 − 18.3），表示销售每增长 100 元而需追加的资本净额。它需从企业内部和外部来筹措。在本例中，销售额增长 3 000 万元（18 000 − 15 000），需净增资本来源 468 万元（3 000 × 0.156）。

（2）用 2023 年预测销售收入 18 000 万元乘以第（2）栏所列的百分比，求得表 4-4 的（3）栏所列示的敏感项目金额。（3）栏的非敏感项目按（1）栏数额填列。由此，确定了第（3）栏中除留用利润外的各个项目的数额。

（3）确定 2023 年留用利润增加额及资产负债预测表中的留用利润累计额。留用利润增加额可根据利润额、所得税税率和留用利润比例来确定。2023 年累计留用利润等于 2022 年累计留用利润加上 2023 年留用利润增加额计算确定。2023 年利润额 540 万元，所得税税率 40%，税后利润留用比例 50%，则 2023 年留用利润增加额为

$$540 \times (1 - 40\%) \times 50\% = 162（万元）$$

表 4-4　某企业 2023 年资产负债预测表

资产	2022 年预测数（万元）	2022 年销售百分比（%）	2023 年预测数（万元）
	（1）	（2）	（3）
流动资产：			
货币资金	75	0.5	90
应收账款	2 400	16.0	2 880
预付费用	10	—	10
存货	2 610	17.4	3 132
流动资产合计	5 095	（33.9）	6 112
非流动资产：			
固定资产	285	—	285
资产总计	5 380	（33.9）	6 397
负债及所有者权益			
流动负债：			
应付票据	500	—	500
应付账款	2 640	17.6	3 168
应付利息	105	0.7	126
流动负债合计	3 245	（18.3）	3 794
非流动负债：			
长期借款	55	—	55

续表

资产	2022 年预测数（万元）	2022 年销售百分比（%）	2023 年预测数（万元）
	（1）	（2）	（3）
负债合计	3 300	（18.3）	3 849
所有者权益（或股东权益）：			
实收资本	1 250	—	1 250
未分配利润（留用利润）	830	—	992
所有者权益（或股东权益）合计	2 080	—	2 242
负债及所有者权益（或股东权益）总计	5 380		6 091
预测资产与负债及所有者权益（或股东权益）差额（外部筹资额）			306

2023 年累计留用利润为

$$830 + 162 = 992（万元）$$

（4）从需要筹资总额（第一步得到的 468 万元）中减去内部筹资额 162 万元，求得需要外部筹资额 306 万元。

（5）加总资产负债预测表的两方：2023 年预测资产总额为 6 397 万元，负债及所有者权益总额为 6 091 万元，其差额 306 万元。它既是使资产负债表两方相等的平衡数，也是需要的外部筹资额。

这里需要说明，以上计算中固定资产是作为非敏感项目处理的。固定资产项目是否要随销售额的增长而增加，需视基期固定资产是否已被充分利用而定。如基期固定资产尚未充分利用，则原有固定资产基本上可满足扩大的产销量的需要，计划期提取的折旧转为营运资金后可用于当期固定资产的更新改造；如基期固定资产的利用已达饱和状态，则在产销量增长的条件下预测资金需要量时，应增加固定资产新建、扩建的资金需要量。

（四）按预测公式预测外部筹资额

以上介绍了如何运用资产负债预测表预测外部筹资额的过程。为简便起见，也可改用预测公式预测追加的外部筹资额，预测公式如下：

$$需要追加的外部筹资额 = \Delta S \cdot \sum \frac{RA}{S} - \Delta S \cdot \sum \frac{RL}{S} - \Delta RE$$

$$= \Delta S \left(\sum \frac{RA}{S} - \sum \frac{RL}{S} \right) - \Delta RE$$

式中，　ΔS——预计年度销售增加额；

$\sum (RA/S)$——基年敏感资产总额占基年销售额百分比；

$\sum（RL/S）$——基年敏感负债总额占基年销售额百分比；

ΔRE——预计年度留用利润增加额。

【例 4-7】 根据上例数据，运用上列公式预测该企业 2023 年需要追加外部筹资额为

$$0.339 \times 3\,000 - 0.183 \times 3\,000 - 162 = 306（万元）$$

（五）有关资产负债项目及其销售百分比变动条件下外部筹资额的调整

上述销售百分比法的运用，大前提是预测年度非敏感项目、敏感项目及其与销售额的百分比均与基年保持不变。在实践中，非敏感项目、敏感项目及其与销售额的百分比有可能发生变动，包括：①非敏感资产、非敏感负债的项目构成以及数量的增减变动。②敏感资产、敏感负债的项目构成以及与销售额百分比的增减变动。这些变动对预测资金需要总量和追加外部筹资额都会产生一定的影响，必须相应地予以调整。现举例说明。

【例 4-8】 根据表 4-4 的资料，若该企业 2023 年由于情况变化，敏感资产项目中的存货与销售额的百分比提高为 17.6%，预定安排新建固定资产投资为 50 万元（系非敏感资产项目）；敏感负债项目中应付账款与销售额的百分比降低为 17.5%，预计长期借款（系非敏感负债项目）增加 65 万元。针对这些变动，该企业 2023 年的资本需要量预测调整如下：

（1）资产总额：$6\,397 + 18\,000 \times（17.6\% - 17.4\%）+ 50 = 6\,483（万元）$

（2）负债总额：$3\,849 -（17.6\% - 17.5\%）\times 18\,000 + 65 = 3\,896（万元）$

（3）追加外部筹资额：$6\,483 - 3\,896 - 2\,242 = 345（万元）$

四、筹资数量预测的线性回归分析法

线性回归分析法（Linear Regression Analysis Method）是假定资本需要量与营业业务量之间存在着线性关系并据以建立数学模型，然后根据历史有关资料，用回归直线方程确定参数来预测资金需要量的方法。其预测模型为

$$y = a + bx$$

式中，y——资本需要量；

a——不变资本；

b——单位业务量所需要的变动资本；

x——业务量。

不变资本是指在一定的营业规模内，不随业务量增减的资本，主要包括为维持营业而需要的最低数额的现金、原材料的保险储备、必要的成品或商品储备以及固定资产占用的资金。变动的资本是指随营业业务量变动而同比例变动的资本，一般包括在最低储备以外的现金、存货、应收账款等所占用的资金。

运用预测模型，在利用历史资料确定 a、b 数值的条件下，即可预测一定业务量 x 所需要的资本数量是 y。

【例 4-9】 丙企业 2018—2022 年的产销数量和资本需要数量如表 4-5 所示。假定 2023 年预计产销数量为 78\,000 件。试预测 2023 年资本需要总量。

表 4-5 乙企业产销量与资本需要量表

年度	产销量（x）（万件）	资本需要量（y）（万元）
2018	6.0	500
2019	5.5	475
2020	5.0	450
2021	6.5	520
2022	7.0	550

预测过程如下：

（1）根据表 4-5 的资料计算整理出表 4-6 的数据。

表 4-6 回归直线方程数据计算表

年度	产销数量 x（万件）	资本需要量 y（万元）	xy	x^2
2018	6.0	500	3 000	36.00
2019	5.5	475	2 612.5	30.25
2020	5.0	450	2 250	25.00
2021	6.5	520	3 380	42.25
2022	7.0	550	3 850	49.00
$n=5$	$\sum x = 30$	$\sum y = 2\ 495$	$\sum xy = 15\ 092.5$	$\sum x^2 = 182.5$

（2）将表 4-6 的数据代入下列联立方程组。

$$\begin{cases} \sum y = na + b\sum x \\ \sum xy = a\sum x + b\sum x^2 \end{cases}$$

求得

$$\begin{cases} 2\ 495 = 5a + 30b \\ 15\ 092.5 = 30a + 182.5b \end{cases}$$

求得

$$\begin{cases} a = 205 \\ b = 49 \end{cases}$$

（3）将 $a = 205$，$b = 49$ 代入 $y = a + bx$，得

$$y = 205 + 49x$$

（4）将 2023 年预计产销量 7.8 万件代入上式，测得资本需要量为

$$205 + 49 \times 7.8 = 587.2（万元）$$

运用线性回归分析法必须注意以下三个问题：①资本需要量与营业业务量之间线性关系的假定应符合实际情况；②确定 a、b 数值时，应利用预测年度前连续若干年的历史

资料，一般要有三年以上的资料；③应考虑价格等因素的变动情况。

第四节 权益资本筹资

企业全部资本按其所有权的归属，分为权益资本和债务资本。权益资本一般由投入资本（或股本）和留存收益构成。权益资本的筹资方式，又称股权性筹资，主要有吸收投入资本、发行股票、企业内部积累。本节介绍前两种筹资方式。

一、吸收投入资本

（一）吸收投入资本的主体和种类

吸收投入资本（Invested Capital）是指非股份制企业以协议等形式吸收国家、其他企业、个人和外商等直接投入的资本，形成企业投入资本的一种筹资方式。吸收投入资本和发行股票都是权益资本筹集的方式，发行股票有股票这种有价证券作为中介，而吸收投入资本则不以证券为中介。吸收投入资本是非股份制企业筹集权益资本的基本方式。

吸收投入资本的主体是进行投入资本筹资的企业。现代企业主要有三种企业制度，即独资制、合伙制和公司制。在我国，公司制企业是指股份有限公司和有限责任公司（含国有独资公司）。采用投入资本筹资的主体只能是资本不分为等额股份、不发行股票的企业，包括独资企业、合伙企业和有限责任公司；从所有制角度看则有国有企业、集体企业、私营企业、合资或合营企业。

投入资本可以按所形成权益资本的构成进行分类：①国家直接投资，主要为国家财政拨款，由此形成企业的国有资本；②其他企业、事业单位等法人的直接投资，由此形成企业的法人资本；③本企业内部职工和城乡居民的直接投资，由此形成企业的个人资本；④外国投资者和我国港澳台地区投资者的直接投资，由此形成企业的外商资本。

（二）吸收投入资本的出资形式

吸收的投入资本主要有以下几种形式。

1. 现金投资

用货币资金对企业投资是直接投资中重要的出资形式。企业有了货币资金，可以购买各种生产资料，支付各种费用，有很大的灵活性。因此，企业要争取投资者尽可能采用现金方式出资。外国公司法或投资法对现金投资在资本总额中的份额一般都有规定。

2. 实物投资

实物投资是指以房屋、建筑物、设备等固定资产和材料、燃料、商品等流动资产所进行的投资。实物投资应符合以下条件：①适合企业生产、经营、科研开发等的需要；②技术性能良好；③作价公平合理。投资实物的价格，可以由出资各方协商确定，也可以聘请专业资产评估机构评估确定。

3. 工业产权和非专利技术投资

工业产权通常是指商标权、专利权、商誉。工业产权、非专利技术加上土地使用权构成我国企业主要的无形资产。企业吸收的工业产权和非专利技术应符合以下条件：①有助于企业研究、开发和生产出新的高科技产品；②有助于企业提高生产效率，改进产品质量；③有助于企业降低生产消耗。这里需要注意，吸收工业产权和非专利技术投资，实际上是把有关技术转化为资本，使技术的价值固定化。而先进的技术经过一个时期总是要陈旧老化的，其价值则不断贬低以至丧失殆尽。因此在吸收此项投资时，要进行周密的可行性研究，分析其先进性、效益性和技术更新的速度，并合理作价，以免吸收以后在短期内就发生明显的贬值。《企业财务通则》规定，企业接受投资者商标权、著作权、专利权及其他专有技术等无形资产出资的，应当符合法律、行政法规规定的比例。

4. 土地使用权投资

土地使用权是指土地经营者对依法取得的土地在一定期限内有进行建造、生产或其他活动的权利。土地使用权具有相对的独立性，在土地使用权存续期间，包括土地所有者在内的其他任何人和单位，不能任意收回土地和非法干预使用权人的经营活动。使用权人依法可用土地使用权进行投资。企业吸收土地使用权投资应符合以下条件：①适合企业科研、生产、销售等活动的需要；②地区、交通条件适宜。在我国，城市的土地属于国家所有。因此，可用以进行投资的仅是土地的使用权，而不是其所有权，企业获得土地使用权后，不能用以出售或抵押。

（三）筹集非现金投资的估价

企业筹集的非现金投资，主要指除现金以外的流动资产、固定资产和无形资产。非现金投资应按照评估确定的金额或合同协议约定的金额计价。

1. 除现金以外的流动资产的估价

企业筹集的除现金以外的流动资产投资，包括材料、燃料、在制品、自制半成品、产成品、应收账款和有价证券等。

（1）对于材料、燃料、产成品等，可采用现行市价法或重置成本法进行估价。

（2）对于在制品、自制半成品，可先按完工程度折算为相当于产成品的约当量，再按产成品的估价方法进行估价。

（3）对于应收账款和有价证券，应根据具体情况采用合理的估价方法：①能够立即收回的应收账款，可以采用其账面价值。②能够贴现的应收票据，可以采用其贴现值。③能够立即变现的有价证券（如债券、股票等），可以采用其现行市价。④能够立即变现的带息票据和有息债券，可以采用其票面金额加上持有期间的利息。⑤凡是不能立即收回的应收账款，应合理估计其坏账损失，采用其账面价值扣除坏账损失后的金额。

2. 固定资产的估价

企业吸收的固定资产投资，主要是机器设备、房屋建筑物等。

（1）对于合营或联营中吸收的机器设备，一般采用重置成本法和现行市价法估价；对于有独立生产能力的机器设备，亦可采用收益现值法估价。评估价值应包括机器设备的直接成本和间接成本。

（2）房屋建筑物价值的高低是由多方面因素决定的，主要受投资额、地理位置、质量、新旧程度等因素的影响，可采用现行市价法并结合收益现值法估价，亦可采用市场价格类比法估价。

3. 无形资产的估价

企业吸收的无形资产投资，主要有专利权、专有技术、商标权、商誉、土地使用权、特许经营权、租赁权、版权等。

（1）对于能够单独计算研发成本或外购成本的无形资产，如专利权、专有技术等，可以采用重置成本法估价。

（2）对于在现时市场上有交易参照物的无形资产，如专利权、租赁权、土地使用权等，可采用现行市价法估价。

（3）对于无法确定研发成本或外购成本，又不能在市场上找到交易参照物，但能为企业持续带来收益的无形资产，如特许经营权、商标权、商誉等，可采用收益现值法估价。

（四）吸收投入资本的优缺点

吸收投入资本是我国企业筹资中最早采用的一种方式，也曾是我国国有企业、集体企业、合资或联营企业普遍采用的筹资方式。吸收投入资本的优点主要是：①能够增强企业信誉。吸收投入资本所筹的资金属于企业的自有资本，与借入资本相比较，能提高企业的资信和借款能力。②能够早日形成生产经营能力。吸收投入资本不仅可以筹取现金，而且能够直接获得所需的先进设备和技术，与仅筹取现金的筹资方式相比较，能尽快地形成生产经营能力，迅速开拓市场，产生经济效益。③财务风险较低。吸收投入资本可以根据企业经营状况的好坏，决定向投资者支付报酬的多少，比较灵活，不像发行普通股有支付相对稳定的股利的压力。

吸收投入资本的缺点主要是：①资本成本较高。当企业经营较好，盈利较多时，税后利润分配缺乏必要的规范，投资者往往要求将大部分盈余作为红利分配。②产权清晰程度差。吸收投入资本由于没有证券为媒介，产权关系有时不够明晰，也不便于产权的交易。

二、发行股票

股票（Stocks）是股份有限公司为筹措自有资本而发行的有价证券，是持股人拥有公司股份的凭证。它代表持股人在公司中拥有的所有权。股票持有人为公司的股东。公司股东作为出资人按投入公司的资本额享有所有者的资产受益、公司重大决策和选择管理者的权利，并以其所持股份为限对公司承担责任。股票筹资是股份有限公司筹措权益资本的基本方式。

（一）股票的种类

股份有限公司根据筹资者和投资者的需要，发行各种不同的股票。股票可按不同的标准进行分类。

1. 股票按股东权利和义务，分为普通股股票和优先股股票

普通股股票（Common Stock）是公司发行的代表着股东（Stock Holders）享有平等

的权利、义务，不加特别限制，股利不固定的股票。普通股是最基本的股票。在通常情况下，股份有限公司只发行普通股。

普通股的特点有：①普通股股东对公司有经营管理权。②普通股股利分配在优先股之后进行，并依公司盈利情况而定。③公司解散清算时，普通股股东对公司剩余财产的请求权位于优先股股东之后。④公司增发新股时，普通股股东具有认购优先权，可以优先认购公司所发行的股票。

优先股股票（Preferred Stock）是较普通股有某些优先权利，但同时也有一定限制的股票。其优先权利表现在：①优先获得股利。优先股股利的分发通常在普通股之前，其股利率是固定的。②优先分配剩余财产。当公司解散、破产时，优先股股东的剩余财产求偿权虽位于债权人之后，但位于普通股股东之前。优先股股东在股东大会上无表决权，在参与公司经营管理上受到一定限制，仅对涉及优先股权利的问题有表决权。优先股属于主权资本，优先股股东的权利与普通股股东有相似之处，两者股利都是在税后利润中支付，而不能像债券利息那样在税前列支，同时优先股又具有债券的某些特征。（本书中所称的股票凡未指明是优先股股票，均为普通股股票。）

2. 股票按票面有无记名，分为记名股票和无记名股票

记名股票是在股票票面上载有股东的姓名或者名称的股票，股东姓名或名称要记入公司的股东名册。记名股票一律用股东本名，其转让、继承要办理过户手续。

无记名股票是在股票票面上不记载股东的姓名或名称的股票，股东姓名或名称也不记入公司的股东名册，公司只记载股票数量、编号及发行日期。公司对社会公众发行的股票可以为无记名股票。无记名股票的转让、继承无须办理过户手续，即实现股权的转移。

我国《公司法》规定，公司发行的股票，可以为记名股票，也可以为无记名股票。公司向发起人、法人发行的股票，应当为记名股票，并应当记载该发起人、法人的名称或者姓名，不得另立户名或者以代表人姓名记名。

3. 股票按票面是否标明金额，分为有面额股票和无面额股票

有面额股票根据每股金额在票面上标明每张股票的金额数量。这种股票可以确定每一股份在企业资金总额中所占的份额。如某企业发行股票票面价值为100万元，每股票面价值为100元，则每股对企业财产就拥有万分之一的所有权。另外，股票的面值还表明股东在股份有限责任公司中对每股股票所负责任的最高限额。

无面额股票不标明每张股票的面值，而仅将企业资金分为若干股份，在股票上载明股数。在企业经营过程中，股份的实际价值与股票发行时的价值往往不一致，只要根据股票股数即可确定股份的实际价值（但每股的发行价格仍需做出规定）。

4. 股票按投资主体的不同，分为国家股、法人股、个人股和外资股

国家股为有权代表国家投资的部门或机构以国有资产向公司投资形成的股份。国家股由国务院授权的部门或机构持有，或根据国务院的决定由地方人民政府授权的部门或机构持有，并委派股权代表。

法人股为企业法人以其依法可支配的资产向公司投资形成的股份，或具有法人资格的事业单位和社会团体以国家允许用于经营的资产向公司投资形成的股份。

个人股为社会居民或本公司职工以个人合法财产投入公司形成的股份。

外资股为外国投资者和我国香港、澳门、台湾地区投资者以购买人民币特种股票的形

式向公司投资形成的股份。

在我国，国家股和法人股目前还不能上市交易。国家股东和法人股东转让股权，可以在法律许可的范围内，经证券主管部门批准，与合格的机构投资者签订转让协议，一次性完成大宗股权的转移。

5. 股票按发行对象和上市地点，分为 A 股、B 股、H 股、N 股和 S 股

A 股即人民币普通股票。它由我国境内的公司发行，供境内机构、组织和个人以人民币认购和交易，过去规定不向外国和我国港、澳、台地区的投资者出售，2004 年起已经放开。

B 股即人民币特种股票。它以人民币标明面值，以外币认购和进行交易，在境内（上海、深圳）证券交易所上市交易。它的投资人限于：外国和我国港、澳、台地区的机构、组织和个人，定居在国外的中国公民，后来规定境内公民亦可投资于 B 股。

H 股是注册地在内地、上市地在我国香港的外资股，取香港的英文 Hong Kong 首字母。依此类推，在纽约和新加坡上市的外资股股票就分别称为 N 股和 S 股。

（二）股票的发行方法与推销方式

股票的发行方法和推销方式对于及时筹集和募足资本有着重要的意义。发行公司应根据具体情况，选择适宜的股票发行方法与推销方式。

1. 股票发行方法

股票发行的具体方法有以下几种。

（1）有偿增资。有偿增资是指投资人须按股票面额或市价，用现金或实物购买股票。有偿增资又可分为公募发行、股东优先认购、第三者分摊等具体做法。

公募发行即向社会公众公开招募认股人认购股票。它又分为直接公募和间接公募两种。

直接公募发行是发行公司通过证券商等中介机构，向社会公众发售股票，发行公司承担发行责任与风险，证券商不负担风险而只收取一定手续费。

间接公募发行是发行公司通过投资银行发行、包销，由投资银行先将股票购入再售予社会公众，投资银行承担发行风险。这种做法在西方广为流行。在美国，90% 以上的新股票是采用这种办法发行的。

股东优先认购是发行公司对现有股东按一定比例配给公司新发行股票的认购权（Warrants），准许其优先认购新股。凡发行新股时在股东名册上记载的股东，均有优先认购新股的权利。股东可以优先认购的新股股数的比例与现持旧股股数的比例相同。例如，某股东现持公司 1.5% 的旧股，他就有权认购新股的 1.5%。股东若不欲认购，则可转让其认购权。这种办法有利于维护股东在公司的原有地位，不会引起股权结构发生大的变化，但会相对降低公司的社会性。在股票市场尚不发达时期，它是股票发行的主要做法。目前，这种办法在西方各国依然较为流行。

所谓第三者分摊，是指股份公司在发行新股时，给予本公司有特殊关系的第三者（如其他公司或银行）新股摊认权。在美国，这种做法多在公司经营不景气、筹资困难时才采用。

（2）股东无偿配股。股东无偿配股是公司不向股东收取现金或实物财产，而无代价地将公司发行的股票配予股东。公司采用这种做法，其目的不在增资，而是调整资本结构，提高公司的社会地位，增强股东的信心。按照国际惯例，无偿配股通常有三种具体做法，

即无偿交付、股票派息、股票分割。

无偿交付是指股份公司用资本公积金转增股本，按股东现有股份比例无偿地交付新股票。

股票派息是股份公司以当年利润分派新股代替对股东支付现金股利。这种做法对股份公司而言，可以避免资本外流，扩大股本规模。但由于增加了股份数额，也就加重了股利分配负担。

股票分割是指将大面额股票分割为若干股小面额股票。例如，将原来的一股分为两股或两股分为三股。其结果是增加了股份总数，但股本总额并不改变。实行股票分割的目的，在于降低股票票面金额，便于个人投资者购买，以促进股票的发行和流通。

（3）有偿无偿并行增股。股份公司采用这种办法发行新股给股东的时候，股东只需交付一部分股款，其余部分由公司公积金抵充，即可获取一定量的新股。例如，新股每股面额为100元，规定其中50元为有偿部分，由股东交付现金，其余50元为无偿部分，由公司公积金抵充转入。这时，股东只需交付50元现金即可获取面额为100元的一股新股票。这种做法兼有增加资本和调整资本结构的作用，可鼓励股东缴纳股款购入新股。日本的股份公司有时就采用这种办法。

2. 股票的推销方式

股票的发行是否成功，最终取决于能否将股票全部推销出去。股份公司公开向社会发行股票，其推销方式不外乎有两种选择，即自销或承销。

（1）自销方式。自销方式是指股份公司自行直接将股票出售给投资者，而不经过证券经营机构承销。自销方式可节约股票发行成本，但发行风险完全由发行公司自行承担。这种推销方式并不普遍采用，一般仅适用于发行风险较小，手续较为简单，数额不多的股票发行。在国外主要在知名度高、有实力的公司向现有股东推销股票时采用。

（2）承销方式。承销方式是指发行公司将股票销售业务委托给证券承销机构代理。证券承销机构是指专门从事证券买卖业务的金融中介机构，在我国主要为证券公司、信托投资公司等，在美国一般是投资银行，在日本则是称为"干事公司"的证券公司。承销方式是发行股票所普遍采用的推销方式。我国《公司法》规定，发起人向社会公开募集股份，应当由依法设立的证券公司承销。

承销方式包括包销和代销两种具体办法。

① 股票发行的包销，是由发行公司与证券经营机构签订承销协议，全权委托证券承销机构代理股票的发售业务。采用这种办法，一般由证券承销机构买进股份公司公开发行的全部股票，然后将所购股票转销给社会上的投资者。在规定的募股期限内，若实际招募股份数达不到预定发行股份数，剩余部分由证券承销机构全部承购下来。

发行公司选择包销办法，可促进股票顺利出售，及时筹足资本，还可免于承担发行风险；不利之处是要将股票以略低的价格售给承销商，且实际付出的发行费用较高。

② 股票发行的代销，是由证券经营机构代理股票发售业务，若募股期满实际募股份数达不到发行股份数，承销机构不负承购剩余股份的责任，而是将未售出的股份归还给发行公司，发行风险由发行公司自己承担。

（三）股票发行价格的确定

股票的发行价格，是股份公司将股票出售给投资者所采用的价格，也就是投资者认购股票时所支付的价格。股票发行价格通常由发行公司根据股票面额、股市行情和其他有关因素决定。公司设立首次发行股票时，由发起人决定；公司增资发行新股时，由股东大会或董事会决定。

1. 股票价值的种类

股票的价值通常有票面价值、账面价值、市场价值几种（企业清算时还有反映每股股份实际价值的清算价值）。

票面价值（简称面值）是股票票面上标明的金额，以股为单位，用每股的资本数额来表示。它在公司经营过程中只表明股东投入资本在公司资本总额中所占的比例，作为确定股东所有权、表决权、收益分配权的依据，与企业资产并无直接联系。

账面价值（即净资产价值）是指股票所包含的实际资产价值。它是根据公司会计报表资料计算出来的结果，数字准确，可信度高，所以它是证券经营者分析股票价格、股票投资者进行投资评估分析的依据之一。公司的账面价值高，则股东可以享受的收益就多，这时，如股票售价较低，则对投资者有利。

市场价值（又称市价）是股票在股票市场上进行交易中具有的价值。它通常与企业的盈利能力直接有关，并受许多因素的影响，是一种经常变动的数值。它直接反映着股票市场行情，所以便成为投资者的直接参考依据。

2. 新股发行价格的计算

新股发行价格的计算方法有多种，主要有以下三种。

（1）分析法。以资产净值为基础计算，接近于上述账面价值。计算公式如下：

$$每股价格 = \frac{资产总值 - 负债总值}{投入资本总额} \times 每股面值$$

（2）综合法。以公司收益能力为基础计算，接近于上述市场价值。计算公式如下：

$$每股价格 = \frac{年平均利润 \div 行业资本利润率}{投入资本总额} \times 每股面值$$

（3）市盈率法。以市盈率为基础，乘以每股利润计算确定，能充分反映市价和盈利之间的关系。计算公式如下：

$$每股价格 = 市盈率 \times 每股利润$$

【例4-10】 东方公司投入资本总额为800万元，每股面值为10元，资产总额为1 360万元，负债总额为400万元。按分析法计算，每股价格为

$$（1 360-400）\div 800 \times 10 = 1.2 \times 10 = 12（元）$$

【例4-11】 承上例，东方公司所在行业的资本利润率为15%，该公司年平均利润为（A）120万元，（B）156万元。按综合法计算，每股价格分别为

$$A：（120 \div 15\%）\div 800 \times 10 = 800 \div 800 \times 10 = 10（元）$$
$$B：（156 \div 15\%）\div 800 \times 10 = 1 040 \div 800 \times 10 = 13（元）$$

【例4-12】 大鹏公司每股利润为1.5元，市盈率为11。按市盈率法计算，每股价格为

$$11 \times 1.5 = 16.5（元）$$

3. 股票发行价格的决策

股票发行价格可根据面值和有关计算方法求得，但具体发行时还要结合具体情况加以确定。股份公司在不同时期、不同状态下对不同种类的股票，可采用不同的方法确定其发行价格。

股票发行价格通常有等价、时价和中间价三种。

（1）等价。等价发行（Issuance of Stock at Par）就是以股票面值为发行价格发行股票，即股票的发行价格与其面值等价。等价发行股票一般比较容易推销，但发行公司不能取得溢价收入。在股票市场不发达的情况下，公司首次发行股票时，选用等价发行可确保及时足额地募集资本。

（2）时价。时价发行也称市价发行（Issuance of Stock at Market Price），即以公司原发行同种股票的现行市场价值为基准来选择增发新股的发行价格。选用时价发行股票，考虑了股票的现行市场价值，可促进股票的顺利发行。综观世界股市的现状与趋势，时价发行股票颇为流行。

（3）中间价。中间价发行（Issuance of Stock at Mean Price）是取股票市场价值与面值的中间值作为股票的发行价格。例如，某种股票的现行市价为75元，每股面值50元，如果发行公司按每股62.5元的价格增发该种新股票，就是按中间价发行。显然，中间价兼具等价和时价的特点。

选择时价或中间价发行股票，可能属于溢价发行，也可能属于折价发行。溢价发行是指按超过股票面值的价格发行股票；折价发行是指按低于股票面值的价格发行股票。如属溢价发行，则发行公司获得发行价格超过股票面值的溢价款列入资本公积金。

按照国际惯例，股票通常采取溢价发行（Issuance of Stock at a Premium）或等价发行，很少折价发行（Issuance of Stock at a Discount），即使在特殊情况下折价发行，也要施加严格的折价幅度和时间等限制。我国《公司法》规定，股票发行价格可以按票面金额（即等价），也可以超过票面金额（即溢价），但不得低于票面金额（即折价）。

（四）发行股票筹资的优缺点

发行股票是公司筹集资金的一种基本方式，其优点主要有四个。

（1）能提高公司的信誉。发行股票筹集的是主权资本。股本和留存收益构成公司借入一切债务的基础。有了较多的主权资本，就可为债权人提供较大的损失保障。因而，发行股票筹资既可以提高公司的信用程度，又可为使用更多的债务资金提供有力的支持。

（2）没有固定的到期日，不用偿还。发行股票筹集的资金是永久性资金，在公司持续经营期间可长期使用，能充分保证公司生产经营的资金需求。

（3）没有固定的股利负担。公司有盈余，并且认为适合分配股利，就可以分给股东；公司盈余少，或虽有盈余但资金短缺或者有有利的投资机会，就可以少支付或不支付股利。

（4）筹资风险小。由于股票没有固定的到期日，不用支付固定的利息，不存在不能还本付息的风险。

发行股票筹资的缺点主要有以下两个。

（1）资本成本较高。一般来说，股票筹资的成本要大于债务资本，股票投资者要求有较高的报酬。而且股利要从税后利润中支付，而债务资本的利息可在税前扣除。另外，普通股的发行费用也较高。

（2）容易分散控制权。当企业发行新股时，出售新股票，引进新股东，会导致公司控制权的分散。另外，新股东分享公司未发行新股前积累的盈余，会降低普通股的净收益，从而可能引起股价的下跌。

第五节 债务资本筹集

债务资本是指企业向银行、其他金融机构、其他企业单位等吸收的资本。企业债务资本的筹资方式，又称债权性筹资，主要有银行贷款、发行企业债券、融资租赁、商业信用等。

一、银行贷款

银行贷款是企业根据借款合同向银行（以及其他金融机构，下同）借入的需要还本付息的款项。银行机构遍布全国城乡，吸收企业、事业单位、机关、团体和个人的大量存款，资金充裕，与企业联系密切。因此，利用银行的长期和短期借款是企业筹集资金的一种重要方式。

（一）银行贷款的种类

1. 银行贷款按提供贷款的机构，可分为政策性银行贷款、商业银行贷款和其他金融机构贷款

政策性银行贷款是指执行国家政策性贷款业务的银行向企业发放的贷款，通常为长期贷款。如国家开发银行为满足企业承建国家重点建设项目的资金需要而提供的贷款；进出口银行为大型设备的进出口提供的买方信贷或卖方信贷。

商业银行贷款是指由各商业银行向工商企业提供的贷款，用以满足企业生产经营的资金需要，包括短期贷款和长期贷款。其中长期贷款一般具有以下特征：①期限长于一年；②企业与银行之间要签订借款合同，含有对借款企业的具体限制条件；③有规定的借款利率，可以固定，也可随基准利率的变动而变动；④一般采用分期偿还方式，每期偿还金额相等，也有采用到期一次偿还方式的。

其他金融机构贷款包括从信托投资公司取得实物或货币形式的信托投资贷款，从财务公司取得的各种中长期贷款，从保险公司取得的贷款等。其他金融机构的贷款一般较商业银行贷款的期限要长，要求的利率较高，对借款企业的信用要求和担保的选择比较严格。

2. 银行贷款按有无担保，可分为信用贷款和担保贷款

信用贷款是指以借款人的信誉或保证人的信用为依据而获得的贷款，企业取得这种贷款，无须以财产做抵押。对于这种贷款，由于风险较高，银行通常要收取较高的利息，往往还附加一定的限制条件。

担保贷款是以有关方面的保证责任、质押物或抵押物为担保的贷款。它包括保证贷款、质押贷款和抵押贷款。保证贷款是指按《中华人民共和国担保法》(简称《担保法》)规定的保证方式，以第三人承诺在借款人不能偿还借款时，按约定承担一定保证责任或连带责任而取得的贷款。质押贷款是指按《担保法》规定的质押方式，以借款人或第三人的动产或权利作为质押物而取得的贷款。抵押贷款是指按《担保法》规定的抵押方式，以借款人或第三人的财产作为抵押物而取得的贷款。作为贷款担保的抵押品，可以是不动产、机器设备等实物资产，也可以是股票、债券等有价证券，它们必须是能够变现的资产。如果贷款到期借款企业不能或不愿偿还贷款，银行可取消企业对抵押品的赎回权，并有权处理抵押品。抵押贷款有利于降低银行贷款的风险，提高贷款的安全性。

票据贴现也是一种抵押贷款，是指商业票据的持有人把未到期的商业票据转让给银行，贴付一定利息以取得银行资金的一种借贷行为。银行通过贴现把款项贷给销货单位，到期向购货单位收款，银行向销货单位所付的金额低于票面金额，其差额即为贴现息。

3. 银行贷款按贷款的用途，可分为基本建设贷款、专项贷款和流动资金贷款

基本建设贷款是指企业因为从事新建、改建、扩建等基本建设项目需要资金，而向银行申请借入的款项。

专项贷款是指企业因为专门用途而向银行申请借入的款项，包括更新改造贷款、大修理贷款、科研开发贷款、小型技术措施贷款、出口专项贷款、引进技术转让费周转金贷款、进口设备外汇贷款、进口设备人民币贷款及国内配套设备贷款等。

流动资金贷款是指企业为满足流动资金的需求而向银行申请借入的款项，包括流动基金贷款、生产周转贷款、临时贷款、结算贷款和卖方信贷。

(二)银行贷款信用条件和实际利率

1. 银行贷款信用条件

向银行贷款往往需要附带一些信用条件，主要包括以下四条。

(1)信贷额度(Line of Credit)。信贷额度即贷款限额，是借款企业与银行在协议中规定的借款可得到的最高限额。通常在信贷额度内，企业可以随时按需要支用借款；如企业超过规定限额继续向银行借款，银行则停止办理；此外，如果企业信誉恶化，即使银行曾经同意按信贷额度提供贷款，企业也可能得不到借款。这时，银行不承担法律责任。

(2)周转信贷协定(Revolving Credit Agreement)。周转信贷协定是银行具有法律义务地承诺提供不超过某一最高限额的贷款协定。在协定的有效期内，只要企业借款总额未超过最高限额，银行必须满足企业任何时候提出的借款要求。企业享用周转协定，通常要对贷款限额的未使用部分付给银行一笔承诺费用。承诺费用一般按未使用的信用额度的一定比率(如2%)计算。

(3)补偿性余额(Compensating Balances)。补偿性余额是银行要求借款企业在银行中保持按贷款限额或实际借用额一定百分比(通常为10%~20%)计算的最低存款余额。补偿性余额有助于银行降低贷款风险，补偿其可能遭受的风险；但对借款企业来说，补偿性余额则提高了借款的实际利率，加重了企业负担。

(4)按贴现法(Discounting Method)计息。银行借款利息的支付方式一般为利随本清法，又称收款法，即在借款到期时向银行支付利息的方法。但有时银行则规定采用贴现

法，即银行向企业发放贷款时，先从本金中扣除利息，而到期时借款企业再偿还全部本金。采用这种方法，企业可利用的贷款额只有本金扣除利息后的差额部分，因此，其实际利率高于名义利率。

除了上述信用条件外，银行往往还要规定一些限制条款，如企业定期向银行提交财务报告、保持适当的资产流动性、禁止应收账款的转让等。如企业违背做出的承诺，银行可要求企业立即偿还全部贷款。

2. 实际利率

由于不同的借款具有不同的信用条件，企业实际承担的利率（实际利率）与名义上的借款利率（名义利率）就可能并不一致。银行借款的筹资成本就是企业实际支付的利息，其相对数则是实际利率。计算公式如下：

$$实际利率 = 借款人实际支付的利息 / 借款人所得的借款$$

在实行单利计息而且无其他信用条件下，实际利率与名义利率是一致的。当信用条件发生变化时，两者就出现差异。现以 i 表示名义利率，k 表示实际利率，两者换算的方法如下。

（1）按复利计息。如复利按年计算，借款年限为 n，则实际利率的换算公式为

$$k = [(1+i)^n - 1] / n$$

【例 4-13】 名义利率为 8%，借款年限为 5 年，按复利计算，则实际单利利率为

$$[(1+8\%)^5 - 1] / 5 = 9.4\%$$

（2）一年内分次计算利息的复利。如年利率为 i，一年分 m 次计息，则实际年利率为

$$k = \left[\left(1 + \frac{i}{m}\right)^{m \cdot n} - 1\right] / n$$

【例 4-14】 名义利率为 8%，借款年限为 2 年，分季按复利计算，则实际单利利率为

$$[(1 + 8\% \div 4)^8 - 1] \div 2 = 8.6\%$$

（3）贴现利率。贴现利率是从一般贷款利率转化而来的。设贴现利率为 i，则再转化为贷款利率的计算公式为

$$k = i / (1 - i)$$

【例 4-15】 某企业从银行取得借款 200 万元，期限 1 年，名义利率 8%，利息 16 万元。按贴现法付息，企业实际可动用的贷款为 184 万元（200 - 16），该项贷款的实际利率为

$$\frac{8\%}{1 - 8\%} = 8.7\%$$

$$或 \frac{16}{200 - 16} = 8.7\%$$

（4）单利贷款，要求补偿性余额。由于要求企业在银行中保留补偿性余额，则实际可以利用的借款相应减少。设补偿性余额比例为 r，名义利率为 i，则实际利率的计算公式为

$$k = i / (1 - r)$$

【例 4-16】 某企业向银行借款 400 万元，借款名义利率为 8%，补偿性余额的比例为 10%，则实际利率为

$$8\% \div (1 - 10\%) = 8.89\%$$

$$或 \ 400 \times 8\% \div [400 \times (1 - 10\%)] = 8.89\%$$

（5）周转信贷协定。设周转信贷额度为 p，年度内已使用借款额为 q，承诺费率为 r，则应支付的承诺费 R 为

$$R = (p - q) \cdot r$$

【例4-17】 某企业与银行商定的周转信贷额度为 4 000 万元，年度内实际使用了 2 800 万元，承诺费率为 1.5%，企业应向银行支付的承诺费为

$$(4\ 000 - 2\ 800) \times 1.5\% = 18 \ （万元）$$

（三）银行贷款筹资的优缺点

1. 银行贷款的优点

银行贷款是企业经常采用的一种筹资方式，它的优点如下。

（1）筹资速度快。发行各种证券筹集资金所需时间一般较长。做好证券发行的准备，如印制证券、申请批准、证券发行等都需要一定时间。而银行借款与发行证券相比，一般所需时间较短，可以迅速地获取资金。

（2）筹资成本低。利用银行借款所支付的利息比发行债券所支付的利息要低，另外，也无须支付大量的发行费用。

（3）借款弹性好。企业与银行可以直接接触，可通过当面商谈，确定借款的时间、数额和利率。在借款期间，如果企业情况发生变化，也可与银行进行协商，修改借款的数量和条件。借款到期后，如有正当理由，还可延期归还。

2. 银行贷款的缺点

（1）财务风险较大。企业向银行贷款，必须定期还本付息，在经营不利的情况下，可能产生不能偿付的风险，甚至导致破产。

（2）限制条件较多。企业与银行签订的借款合同中，一般都有一些限制条款，如不准改变借款用途、限制企业借入其他长期资金等，这些条款可能会妨碍企业的筹资、投资活动。

（3）筹资数额有限。银行一般不愿借出巨额的长期借款，故不如股票、债券那样可以一次筹集到大笔资金。

二、发行企业债券

企业债券又称公司债券，是企业依照法定程序发行的、约定在一定期限内还本付息的有价证券。它代表持券人同公司之间的债权债务关系。持券人可按期取得固定利息，到期收回本金，但无权参与公司经营管理，也不参加分红，持券人对企业的经营盈亏不承担责任。

（一）企业债券的种类

企业发行的债券种类很多，可按不同标准进行分类。

1. 企业债券按有无抵押品担保，分为抵押债券、担保债券和信用债券

抵押债券是以发行债券企业的稳定财产为担保品，如债券到期不能偿还，持券人可以行使其抵押权，拍卖抵押品作为补偿。抵押债券按其抵押品的不同，分为不动产抵押债券、动产抵押债券和证券抵押债券。其中证券抵押债券是债券发行人以所持有的有价证券作为抵押品而发行的债券。这种债券通常由需要资金但不愿出售手中持有的证券的企业发行。例如，母公司为了保证对其子公司的控制，可将持有的子公司的股票作为抵押品发行债券。

担保债券是指由一定保证人作担保而发行的债券。当企业没有足够的资金偿还债券时，债权人可要求保证人偿还。

信用债券又称无抵押担保债券，是仅凭企业自身的信用发行的、没有抵押品作抵押或担保人作担保的债券。在公司清算时，信用债券的持有人因无特定的资产作担保品，只能作为一般债权人参与剩余财产的分配。为了保护债权人的利益，发行信用债券往往要有一些限制条件，如企业债券不能随意增加发行，未清偿债券之前股东分红不能过高，要指定受托人进行监督等，此外还有一种重要的"反抵押条款"，即规定企业不得将其财产抵押给其他债权人。通常只有历史长久、信誉良好的企业，才能发行这种信用债券。

2. 企业债券按偿还期限不同，分为短期债券和长期债券

短期债券是指偿还期限在一年以内的债券，通常分为三个月、六个月、九个月三种。长期债券是指偿还期限超过一年的债券，在实务中往往又进一步根据期限长短，分为中期债券和长期债券。

短期债券又称短期融资券，它是为了缓和企业流动资金在短时期内的供求矛盾而发行的。我国于 1987 年开始在上海发行，1989 年在全国推开。它是一种具有商业本票性质的有价证券。短期融资券的特点在于，它只能用于满足短期流动资金需要，如季节性、临时性的原材料采购和收购的资金需要，不能用于固定资产投资，也不能用于长期流动资金需要。其利率以低于一年期的定期储蓄存款利率为准，一次还本付息，逾期兑付不计逾期利息。其本息的完整性由企业保证，不受破产等的影响。短期融资券的发行比较灵活，颇受企业欢迎。

3. 企业债券按是否记名，分为记名债券和无记名债券

记名债券是在债券上记有持券人姓名的企业债券，同时企业要把债权人的姓名登记在债券名册上。偿还本金或支付利息时，企业根据债券名册付款，债券转让要办理过户手续。

无记名债券则在债券上不记载债券持有人姓名，还本付息时仅以债券为凭，企业见票即还本或付息。企业发行无记名债券不必登记债权人的姓名，只需在债券存根簿中载明债券总额、发行日期、债券编号及其他有关事项。

此外，企业债券按能否在一定时期后转换为普通股股票，分为可转换债券和不可转换债券。在我国目前还按发行对象，分为社会发行债券和企业内部债券。

（二）债券发行价格的确定

1. 债券发行价格的影响因素

债券发行价格的高低，取决于以下四项因素。

（1）债券票面价值，即债券面值。债券售价的高低，从根本上取决于面值大小，但面

值是企业将来归还的数额，而售价是企业现在收到的数额。如果不考虑利息因素，从资金时间价值来考虑，企业应按低于面值的售价出售，即按面值进行贴现收取债券价款。

（2）债券利率。债券利息是企业在债券发行期内付给债券购买者的，债券利率越高，则售价也越高。

（3）市场利率。市场利率是衡量债券利率高低的参照指标，与债券售价成反比例的关系。

（4）债券期限。债券发行的起止日期越长，则风险越大，售价越低。

2. 债券发行价格的计算

企业债券通常是按债券的面值出售的，称为等价发行，但是在实践中往往要按低于或高于债券面值的价格出售，即折价发行或溢价发行。这是因为债券利率是参照市场利率制定的，市场利率经常变动，而债券利率一经确定就不能变更。在从决定债券发行，到债券开印，一直到债券发售的一段时间里，如果市场利率较前有变化，就要依靠调整发行价格（折价或溢价）来调节债券购销双方的利益。

从资金时间价值来考虑，债券的发行价格由两部分组成：① 债券到期还本面额的现值；② 债券各期利息的年金现值。其计算公式如下：

$$债券售价 = \frac{债券面值}{(1+市场利率)^n} + \sum_{t=1}^{n} \frac{债券面值 \times 债券利率}{(1+市场利率)^t}$$

式中，n——债券期限；

　　　t——付息期数；

　　　市场利率——债券发售时的市场利率；

　　　债券利率——债券的票面利率（通常为年利率）。

现举例说明在不同条件下债券发行价格的计算方法。

【例 4-18】某企业发行面值为 1 000 元的债券，债券票面利率为 10%，每年年末付息一次，五年到期。债券发售时市场利率有以下三种情况。

（1）市场利率与债券利率一致，等价发行。该企业决定发行债券时，是根据市场利率 10% 来确定债券利率的，到债券出售时，如市场利率没有变化，即与债券利率一致，则可按票面价值出售债券。债券发行价格可计算如下：

$$\frac{1\ 000}{(1+10\%)^5} + \sum_{t=1}^{5} \frac{1\ 000 \times 10\%}{(1+10\%)^t} = 1\ 000 \times 0.621 + 100 \times 3.791 = 1\ 000（元）$$

也就是说，该企业到期还本的现值和每年支付利息的现值合计为 1 000 元，所以债券发行价格应为 1 000 元。

（2）市场利率高于债券利率，折价发行。如债券出售时，市场利率上升到 12%，而此种上升又是合理的，则按债券利率 10% 付给债权人利息，债权人就要受到损失，因此要使债券出售价格低于票面价值，给债权人以补偿。这时，债券发行价格可计算如下：

$$\frac{1\ 000}{(1+12\%)^5} + \sum_{t=1}^{5} \frac{1\ 000 \times 10\%}{(1+12\%)^t} = 1\ 000 \times 0.567 + 100 \times 3.605 = 928（元）$$

也就是说，按市场现行利率 12% 计算，该企业到期还本的现值和每年支付利息的现值合计为 928 元，所以债券发行价格应降为 928 元。

（3）市场利率低于债券利率，溢价发行。如债券出售时，市场利率下降到 8%，而此种下降又是合理的，则按债券利率10%付给债权人利息，企业就要受到损失，因此要使债券出售价格高于票面价值，给企业以补偿。这时，债券发行价格可计算如下：

$$\frac{1\ 000}{(1+8\%)^5}+\sum_{t=1}^{5}\frac{1\ 000\times10\%}{(1+8\%)^t}=1\ 000\times0.681+100\times3.993=1\ 080（元）$$

这就是说，按市场现行利率8%计算，该企业到期还本的现值和每年支付利息的现值合计为1 080元，所以债券发行价格应升为1 080元。

在确定债券发行价格时要注意有关的前提条件。前例是假定债券利息每年年末支付一次，如果债券利息是到期支付、单利计息，则计算结果将有所不同。

（三）发行债券筹资的优缺点

1. 债券筹资的优点

发行企业债券是企业筹集借入资金的重要方式。其优点主要有三个。

（1）资金成本较低。债券的利息通常比股票的股利要低，而且债券的利息按规定是在税前支付，发行公司可享受减税利益，故企业实际负担的债券成本明显低于股票成本。

（2）具有财务杠杆作用。债券成本率固定，不论企业盈利多少，债券持有人只收取固定的利息，而更多的利润可用于分配给股东，增加其财富，或留归企业用以扩大经营。

（3）可保障控制权。债券持有人无权参与公司的管理决策，企业发行债券不会像增发新股票那样分散股东对公司的控制权。

2. 债券筹资的缺点

（1）财务风险高。债券有固定的到期日，并需定期支付利息。利用债券筹资要承担还本、付息的义务。在企业经营不景气时，向债券持有人还本、付息，无异于釜底抽薪，会给企业带来更大困难，甚至导致企业破产。

（2）限制条件多。发行债券的契约书中往往规定一些限制条款。这种限制比优先股及长期借款要严得多，这可能会影响企业的正常发展和以后的筹资能力。

（3）筹资额有限。利用债券筹资在数额上有一定限度，当公司的负债超过一定程度后，债券筹资的成本会迅速上升，有时甚至难以发行出去。

三、融资租赁

（一）经营租赁和融资租赁

租赁是出租人以收取租金为条件，在契约或合同规定的期限内，将资产租让给承租人使用的一种交易行为。租赁活动由来已久，现代租赁已成为解决企业资金来源的一种筹资方式。企业资产的租赁按其性质有经营租赁和融资租赁两种。

经营租赁是由租赁公司向承租单位在短期内提供设备，并提供维修、保养、人员培训等的一种服务性业务，又称服务性租赁。承租单位支付的租赁费，除租金外还包括维修、保养等费用，经营租赁所付的租赁费可在成本中列支。经营租赁的主要目的，是解决企业短期的、临时的资产需求问题，比较适用于租用技术过时较快的生产设备。但从企业不必先付款购买设备即可享有设备使用权来看，也有短期筹资的作用。

经营租赁的特点主要是：①出租的设备一般由租赁公司根据市场需要选定，然后再寻找承租企业。②租赁期较短，短于资产的有效使用期，在合理的限制条件内承租企业可以中途解约，这在有新设备出现或租赁设备的企业不再使用时，对承租人比较有利。③设备的维修、保养由租赁公司负责。④租赁期满或合同中止以后，出租资产由租赁公司收回。

融资租赁是由租赁公司按承租单位要求出资购买设备，在较长的契约或合同期内提供给承租单位使用的信用业务。它是以融通资金为主要目的的租赁。一般借贷的对象是资金，而融资租赁的对象是实物，融资租赁是融资与融物相结合的、带有商品销售性质的借贷活动，是企业筹集资金的一种新方式。

融资租赁的主要特点是：①出租的设备由承租企业提出要求购买或者由承租企业直接从制造商或销售商那里选定。②租赁期较长，接近于资产的有效使用期，在租赁期间双方无权取消合同。③由承租企业负责设备的维修、保养和保险，承租企业无权拆卸改装。④租赁期满，按事先约定的方法处理设备，包括退还租赁公司，继续租赁，企业留购，即以很少的"名义货价"（相当于设备残值的市场售价）买下设备。通常采用企业留购办法，这样，租赁公司也可以免除处理设备的麻烦。

（二）融资租赁租金的计算

1. 决定租金的因素

融资租赁每期租金的多少，取决于以下几项因素：①设备原价，包括设备买价、运输费、安装调试费、保险费等。②预计设备残值，指设备租赁期满后，出售可得的市价。③利息，指租赁公司为承租企业购置设备垫付资金所应支付的利息。④租赁手续费，指租赁公司承办租赁设备所发生的营业费用，不包括维修、保养费用，可包括一定的盈利。⑤租赁期限。前四项是决定租金总额的基本因素，至于租赁期限的长短，则决定分期支付时每期应付的租金数额。在前四个因素既定的条件下，租金支付期数越多，则每期租金越少。

2. 租金的支付方式

租金的支付方式也影响每期租金的多少，一般而言，租金支付次数越多，每次的支付额越小。支付租金的方式通常有如下几种：①按支付间隔期长短，分为年付、半年付、季付和月付；②按在期初还是期末支付，分为先付和后付；③按每次是否等额支付，分为等额支付和不等额支付。

在实务中，承租企业与租赁公司商定的租金支付方式，大多为后付等额年金。

3. 确定租金的方法

租金的计算方法很多，我国融资租赁实务中，大多采用平均分摊法和等额年金法。

（1）平均分摊法。平均分摊法是先以商定的利息率和手续费率计算出租赁期间的利息和手续费，然后连同设备成本按支付次数平均计算。这种方法没有充分考虑资金时间价值因素。每次应付租金的计算公式如下：

$$R = \frac{(c-s)+I+F}{N}$$

式中，R——每次支付的租金；

　　　C——租赁设备购置成本；

S——租赁设备预计残值；

I——租赁期间利息；

F——租赁期间手续费；

N——租金支付次数。

【**例 4-19**】 某企业于 2022 年 1 月 1 日从租赁公司租入一套设备，价值 100 000 元，租期为 5 年，预计租赁期满时的残值为 6 000 元，设备归租赁公司，年利率按 9% 计算，租赁手续费率为设备价值的 2%。租金每年年末支付一次。租赁该套设备每次支付的租金可计算如下：

$$\frac{(100\,000-6\,000)+[100\,000\times(1+9\%)^5-100\,000]+100\,000\times2\%}{5}=29\,980（元）$$

（2）等额年金法。等额年金法是运用年金现值的计算原理计算每期应付租金的方法。在这种方法下，通常要根据利率和手续费率确定一个租费率，作为贴现率。

① 后付租金的计算。后付年金的计算方法已于第二章说明，其计算公式如下：

$$PVA_n = A \cdot PVIFA_{i,n}$$

经推导，可求得后付租金方式下每年年末支付租金数额的计算公式如下：

$$A = PVA_n / PVIFA_{i,n}$$

式中， A——年金，即每年支付的租金；

PVA_n——年金现值，即等额租金现值；

$PVIFA_{i,n}$——年金现值系数；

n——支付租金期数；

i——贴现率，即租费率。

【**例 4-20**】 根据例 4-19 资料，假定设备残值归属承租企业，租费率为 11%。则承租企业每年年末支付的租金计算如下：

$$100\,000 / PVIFA_{11\%,5} = 100\,000 / 3.696 = 27\,056（元）$$

为了便于有计划地安排租金的支付，承租企业可编制租金摊销计划表。现根据例 4-20 的有关资料编制计划表，如表 4-7 所示。

表 4-7　租金摊销计划表

单位：元

日期	支付租金 （1）	应计租费（2） =（4）×11%	本金减少（3） =（1）-（2）	应还本金 （4）
2022.01.01				100 000
2022.12.31	27 056	11 000	16 056	83 944
2023.12.31	27 056	9 234	17 822	66 122
2024.12.31	27 056	7 273	19 783	46 339
2025.12.31	27 056	5 097	21 959	24 380
2026.12.31	27 056	2 676	24 380	0
合计	135 280	35 280	100 000	—

② 先付租金的计算。根据先付年金现值的公式

$$PVA_n = A \cdot PVIFA_{i,\,n-1} + A = A \cdot (\,PVIFA_{i,\,n-1} + 1\,)$$

得出先付等额租金的计算公式为

$$A = PVA_n / (\,PVIFA_{i,\,n-1} + 1\,)$$

【例 4-21】 例 4-20 采用先付等额租金方式，则每年年初支付的租金可计算如下：

$$A = 100\,000 / (\,PVIFA_{11\%,\,4} + 1\,) = 100\,000 / (\,3.102 + 1\,) = 24\,378（元）$$

融资租赁不同于经营租赁，其租赁费不能计入成本，通常要先列为"长期应付款"，然后分期支付。企业融资租入的固定资产应同企业自有资产一样计提折旧。

当企业已决定需要某项设备，拟在融资租赁和借款购买两种筹资方式中进行选择时，可分别计算两个筹资方案的现金流出量现值，并进行比较。融资租赁方案现金流出量现值为每期应付租金的年金现值、每期设备使用费的年金现值与租赁期满留购应付"名义货价"的现值之和；借款购买方案现金流出量现值为购买设备所需借款每期还本及应付利息的年金现值、每期设备使用费的现值之和扣除设备寿命终了出售残值的收入。如不考虑投资的净收益，则两种筹资方案的现金流出量现值最低者更为有利。

（三）租赁筹资的优缺点

1. 租赁筹资的优点

（1）能使企业迅速获得所需资产。融资租赁集"融资"与"融物"于一身，一般要比先筹措现金再购置设备来得更快，可使企业尽快形成生产经营能力。

（2）受到的限制较少。企业运用股票、债券、长期借款等筹资方式，都受到相当多的资格条件的限制，相比之下，租赁筹资的限制条件很少。

（3）使企业免遭设备陈旧过时的风险。随着科学技术的不断进步，设备陈旧过时的风险很高，而多数租赁协议规定由出租人承担，承租企业可免遭这种风险。

（4）到期还本负担轻。全部租金在整个租期内分期支付，可降低不能偿付的危险。许多借款都在到期日一次偿还本金，往往给财务基础薄弱的公司造成相当大的困难，有时会形成不能偿付的风险。

（5）承担的税收负担轻。租金可在所得税前扣除，具有抵免所得税的效用。

（6）可提供一种新资金来源。有些企业由于种种原因，如负债比率过高、借款信贷额度已经全部用完、贷款协议限制企业进一步举债等，而不能向外界筹集大量资金。在此情况下，采用租赁方式可使企业在资金不足而又急需设备时，不付出大量资金就能得到所需的设备。

2. 租赁筹资的缺点

租赁筹资的主要缺点是资金成本高。其租金通常比举借银行借款或发行债券所负担的利息高得多，而且租金总额通常要高于设备价值的30%。承租企业在财务困难时期，支付固定的租金也将构成一项沉重的负担。另外，采用租赁筹资方式如不能享有设备残值，也将视为承租企业的一种机会损失。

四、商业信用

商业信用是指商品交易中以延期付款或预收货款方式进行购销活动而形成的借贷关系，是企业之间的直接信用行为。商业信用是由商品交换中货与钱在空间上和时间上的分离而产生的，其主要形式有两种：先取货后付钱，先收钱后交货。商业信用产生于银行信用之前，而银行信用出现以后，商业信用依然存在。

企业之间商业信用的形式多种多样，主要有以下四种。

（一）应付账款

应付账款是一种典型的商业信用形式。甲企业向乙企业购买商品，在收到货物后一定时期后才付款，在这段时期内，等于甲企业向乙企业借了款。这种方式可以弥补企业暂时的资金短缺，对于出售单位来说也易于推销商品。应付账款不同于应付票据，它采用"欠账"方式，买方不提供正式借据，完全依靠企业之间的信用来维系。一旦买方资金紧张，就会造成长期拖欠，甚至形成连环拖欠（即连环债）。所以采用这种方式，卖方要掌握买方的财务信誉情况。

为了促使购买单位按期付款、提前付款，销售单位往往规定一定的信用条件。如规定"2/10，n/30"，即购买单位如在 10 天内付款，可以减免货款 2%；全部货款必须在 30 天内付清。换句话说，购买单位如要延期 20 天付款，将损失 2% 的货款折扣。

应付账款这种信用方式，按其是否支付代价，分为免费信用、有代价信用和展期信用三种。

（1）免费信用，是指企业无须支付任何代价而取得的信用，一般包括法定付款期限和销售者允许的折扣期限。前者如银行结算办法规定允许有三天的付款期限，即付款人可从收到付款通知的三天内享受免费信用；后者为一定信用条件的折扣期（上例中为 10 天）内购买者可享受免费信用。这两种免费信用都是有时间限制的。目前我国"欠账"方式的应付账款则是没有时间限制的免费信用，容易引发拖欠行为。

（2）有代价信用，是指企业需要支付一定代价而取得的信用。如在有折扣销售的方式下，企业购买者如欲取得商业信用，则需放弃折扣，而所放弃的折扣就是取得此种信用的代价。如购买者为取得 20 天延期付款，需放弃 2% 的货款折扣。对于此种有代价信用，企业应认真分析其资金成本的高低，以便决定取舍。

放弃现金折扣的商业信用的资金成本可按下列公式计算。

$$商业信用资金成本率 = \frac{CD}{1-CD} \times \frac{360}{N} \times 100\%$$

式中，CD——现金折扣的百分比；

N——放弃现金折扣延期付款天数。

【例 4-22】 某企业以"2/10，n/30"信用条件购进一批原料，在现金折扣期后付款。则此笔应付账款的资金成本率为

$$\frac{2\%}{1-2\%} \times \frac{360}{20} \times 100\% = 36.73\%$$

（3）展期信用，是指企业在销售者提供的信用期限届满后以拖延付款的方式强制取得的信用。展期信用虽不付出代价，但不同于一般免费信用，它是明显违反结算制度的行为，且会影响企业信誉，是不可取的。

（二）商业汇票

商业汇票是指单位之间根据购销合同进行延期付款的商品交易时，开具的反映债权债务关系的票据，是现行的一种商业票据。商业汇票可由销货企业签发，也可由购货企业签发，到期日由销货企业要求付款。商业汇票必须经过承兑，即由有关方在汇票上签章，表示承认到期付款。根据承兑人的不同，商业汇票分为商业承兑汇票和银行承兑汇票两种。商业承兑汇票，是指由销货单位或购货单位开出，由购货单位承兑的汇票。银行承兑汇票，是指由销货单位或购货单位开出，由购货单位请求其开户银行承兑的汇票。这两种承兑汇票在同城、异地均可使用。

汇票承兑期限由交易双方商定，一般为1至6个月，最长不超过9个月，遇有特殊情况可以适当延长。如属分期付款，应一次签发若干不同期限的汇票。汇票经承兑后，承兑人即付款人有到期无条件交付票款的责任。

商业汇票是一种期票，是反映应付账款或应收账款的书面凭证，在财务上作为应付票据或应收票据处理。对于购买单位来说，它也是一种短期筹资的方式。采用商业汇票可以起到约期结算、防止拖欠的作用，由于汇票到期要通过银行转账结算，这种商业信用便纳入银行信用的轨道。

商业汇票作为一种商业票据，可分为无息票据和有息票据两种。如是无息票据，则属于免费信用。如开出的是有息票据，则所承担的票据利息就是应付票据的筹资成本。

（三）票据贴现

票据贴现是指持票人把未到期的商业票据转让给银行，贴付一定的利息以取得银行资金的一种借贷行为。它是商业信用发展的产物，实为一种银行信用（请注意，为了便于理解，把这种银行信用放在商业信用标题下叙述）。银行在贴现商业票据时，所付金额要低于票面金额，其差额为贴现息。贴现息与票面额的比率，为贴现率。银行通过贴现把款项贷给销货单位，到期向购货单位收款，所以要收利息。贴现率由银行参照流动资金贷款利率规定，计算公式如下：

$$贴现息 = 汇票金额 \times 贴现天数 \times （月贴现率 \div 30 天）$$
$$应付贴现票款 = 汇票金额 - 贴现息$$

【例4-23】　甲厂向乙厂购进材料一批，价款5 000元，商定6个月后付款，采取商业承兑汇票结算。乙厂于4月10日开出汇票，并经甲厂承兑。汇票到期日期为10月10日，后乙厂急需用款，于6月10日办理贴现。其贴现日期为120天，贴现率按月息6‰计算。则

$$贴现息 = 5\ 000 \times 120 \times 1/30 \times 6‰ = 120 （元）$$
$$应付贴现票款 = 5\ 000 - 120 = 4\ 880 （元）$$

采用票据贴现形式，企业一方面给予购买单位以临时资金融通，另一方面在本身需用资金时又可及时得到资金。这有利于企业把业务经营搞活，把资金用活。

（四）预收货款

预收货款是指销货单位按照合同和协议规定，在交付商品之前向购货单位预先收取部分或全部货物价款的信用行为。它等于向购买单位先借一笔款项，然后用商品归还，这是另一种典型的商业信用形式。通常购买单位对于紧缺商品乐意采用这种形式，以便取得期货。对于生产周期长、售价高的商品，如电梯、轮船等，生产者经常要向订货者分次预收货款，以缓和本企业资金占用过多的矛盾。但是，采取这种商业信用方式，可能发生有的单位借商品供不应求之机，乱收预收货款，不合理地占用其他企业资金，故应有所控制。

（五）商业信用筹资的优缺点

商业信用是在商品交易活动中吸收利用外部资金的一种行为，因而具有如下优点。

（1）筹资便利。利用商业信用筹措资金非常方便，因为商业信用与商品购销同时进行，不用做非常正规的安排。

（2）限制条件少。企业利用银行借款筹资，银行对贷款的使用大都要规定一些限制条件，而商业信用则限制较少。

（3）有时无筹资成本。如果在现金折扣期的后期付款，则可利用一段时间的商业信用而不发生筹资成本。

商业信用的不足之处在于：商业信用的期限较短。如果取得现金折扣，则时间更短；如果放弃现金折扣，则须付出很高的筹资成本。

此外，企业还往往有一部分由于结算原因而形成的"应付费用"，如应付水电费、应付福利费、应付税金等。这些费用的发生是受益在先，支付在后，而且支付期晚于结算期。于是在企业中形成一部经常占用的流动负债，可作为企业资金的补充来源，而且不必花费资金成本。此项"应付费用"，在西方称为"自然筹资"，我国过去将其中经常占用或最低占用的部分称为"定额负债"。这种"应付费用"并非企业主动筹资的结果，企业也无权扩大其规模，不同于一般的筹资，但它确实又可为企业提供一定数量的可经常占用的资金来源，这在筹资过程中应加以考虑。

第六节　资本成本

资本成本是衡量筹资、投资经济效益的标准。企业筹得的资本付诸使用以后，只有当投资项目的投资收益率（资金利润率）高于资本成本率时，才能表明所筹集和使用的资本取得了较好的经济效益。

一、资本成本的含义、性质和作用

（一）资本成本的含义

企业从各种来源筹集的资本不能无偿使用，而要付出代价。资本成本就是企业为取得和使用资本而支付的各种费用，又称资金成本。资本成本包括用资费用和筹资费用两部分内容。

（1）用资费用，是指企业在生产经营、投资过程中因使用资本而付出的费用，如向股东支付的股利、向债权人支付的利息等。这是资本成本的主要内容。用资费用因使用资本数量的多少和时期的长短而变动。

（2）筹资费用，是指企业在筹措资本过程中为获取资本而付出的花费，如向银行支付的借款手续费，因发行股票、债券而支付的发行费用等。筹资费用与用资费用不同，它通常是在筹措资本时一次支付的，在用资过程中不再发生。因此，可视做筹资数额的一项扣除。

资本成本可以用绝对数表示，也可以用相对数来表示，但通常用相对数表示。后者为用资费用与筹得的资金之间的比率。其一般计算公式表示如下：

$$K = \frac{D}{P-F} \quad 或 \quad K = \frac{D}{P(1-f)}$$

式中，K——资本成本率；

　　　D——用资费用；

　　　P——筹资数额；

　　　F——筹资费用；

　　　f——筹资费用率，即筹资费用与筹资数额的比率。

上式中，分母 $P-F$ 至少有三层含义：①筹资费用属一次性费用，不同于经常性的用资费用，因而不能用 $(D+F)/P$ 来代替 $D/(P-F)$；②筹资费用是在筹资时支付的，可视做筹资数额的扣除额，$P-F$ 为筹资净额；③用公式 $D/(P-F)$ 而不用 D/P，表明资金成本同利息率或股利率在含义上和在数量上都有差别。

（二）资本成本的性质

资本成本是一个重要的经济范畴。资本成本是在商品经济条件下，由于资本所有权和资本使用权分离而形成的一种财务概念。

资本成本是资本使用者向资本所有者和中介人支付的占用费和筹资费。在商品经济条件下，企业作为资本使用者通过各种方式从资本所有者那里筹集资本。资本作为一种特殊的商品也有其使用价值，既能保证生产经营活动顺利进行，又能与其他生产要素相结合而使自己增值。企业筹集资本以后，暂时地取得了这些资本的使用价值，就要为资本所有者暂时丧失其使用价值而提供补偿，因而要承担资本成本。所以，资本成本是商品经济条件下资本所有权和使用权分离的必然结果。

资本成本具有一般产品成本的基本属性，又有不同于一般产品成本的某些特性。产品成本是资金耗费，又是补偿价值。资本成本也是企业的耗费，企业是要为此付出代价、支出费用的，而这种代价最终也要作为企业收益的扣除额来得到补偿。但是资本成本又不同于账面成本，资金成本率只是一个估计的预测值，而不是精确的计算值。因为据以测定资本成本的各项因素都不是按过去实现的数字确定的，而是根据现在和未来的情况确定的，今后可能发生变动。其中一部分计入产品成本，另一部分则仅作为利润的分配额而不直接表现为生产性耗费。

资本成本同资金时间价值既有联系，又有区别。资本成本的基础是资金时间价值，但两者在数量上是不一致的。资本成本（如利率）既包括资金时间价值，又包括投资风险价值。资金时间价值，除用以确定资本成本以外，还广泛用于其他方面。

（三）资本成本的作用

资本成本可以在多方面加以应用，主要用于筹资决策和投资决策。

1. 资本成本是比较筹资方式、选择筹资方案的依据

资本成本有个别资本成本、综合资本成本、边际资本成本等形式，它们在不同情况下具有各自的作用。

（1）个别资本成本是比较各种筹资方式优劣的一个尺度。企业筹集长期资金一般有多种方式可供选择，如长期借款、发行债券、发行股票等。这些筹资方式的个别成本是不一样的，资本成本的高低可作为比较各种筹资方式优缺点的一个依据。当然，资本成本并不是选择筹资方式的唯一依据。

（2）综合资本成本是企业进行资本结构决策的基本依据。企业的全部长期资本通常是采用多种筹资方式组合构成的，这种筹资组合往往有多个方案可供选择。综合资本成本的高低是比较各个筹资组合方案后做出资本结构决策的基本依据。

（3）边际资本成本是比较、选择追加筹资方案的重要依据。企业为了扩大生产经营规模，增加经营所需资产或增加对外投资，往往需要追加筹集资本。在这种情况下，边际资本成本是比较、选择各个追加筹资方案的重要依据。

2. 资本成本是评价投资项目可行性的主要经济标准

西方有的教材把资本成本定义为"一个投资项目必须挣得的最低收益率，以证明分配给这个项目的资金是合理的"。任何投资项目，如果它的预期的投资收益率超过资本成本率，则将有利可图，这项方案在经济上就是可行的；如果它的预期的投资收益率不能达到资本成本率，则企业盈利用以支付资本成本以后将发生亏空，这项方案就应舍弃不用。因此，资本成本是企业用以确定投资项目可否采用的取舍率（Cut off Rate）。

例如，有甲、乙、丙、丁、戊五个投资项目。从图4-3中可以看出每个项目是否有利可图。凡是投资收益率超过资本成本率的项目，如甲、乙、丙项目，都是可取的；凡是投资收益率低于资本成本率的项目，如丁、戊项目，则是应该舍弃的。

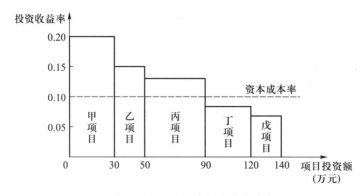

图4-3 五个项目投资收益率同资本成本率的比较

在预测分析中，有时还将资本成本作为贴现率（A Discount Rate），用以计算各投资方案的现金流量现值、净现值和现值指数，以比较不同方案的优劣。

3. 资本成本是评价企业经营成果的最低尺度

资本成本作为一种投资报酬，是企业最低限度的投资收益率。企业任何一项投资不论所需资本是怎样筹集的，必须实现这一最低的投资收益率，以补偿企业使用资本需要偿付的资本成本。因此，在实际生产经营活动中，资本成本率的高低就成为衡量企业投资收益率的最低标准。凡是实际投资收益率低于这个水平的，则应认为经营不利。它是向企业经营者发出信号，必须立即改善经营管理。

二、个别资本成本

个别资本成本（Individual Cost of Capital）是指各种长期资本的成本。企业的长期资本一般有长期借款、债券、优先股、普通股、留用利润等，其中前两者可统称债务资本或简称债务，后三者可统称权益资本或简称权益。个别资本成本相应地有长期借款成本、债券成本、优先股成本、普通股成本、留用利润成本等，前两者统称债务成本，后三者统称权益成本。

（一）债务成本

债务成本（Cost of Debt）主要有长期借款成本和债券成本。按照国际惯例和各国所得税税法的规定，债务的利息一般允许在企业所得税税前支付，因此，企业实际负担的利息为：利息 × （1 - 所得税税率）。

1. 长期借款成本

企业长期借款的成本（Cost of Long Term Loan）可按下列公式计算。

$$K_1 = \frac{I_1(1-T)}{L(1-f_1)} = \frac{R_1(1-T)}{1-f_1}$$

式中，K_1——长期借款成本；

I_1——长期借款年利息；

T——企业所得税税率；

L——长期借款筹资额，即借款本金；

f_1——长期借款筹资费用率；

R_1——长期借款年利率。

【例 4-24】 某企业取得长期借款 150 万元，年利率 10.8%，期限 3 年，每年付息一次，到期一次还本。筹措这笔借款的费用率为 0.2%，企业所得税税率为 25%。则长期借款成本率为

$$\frac{150 \times 10.8\% \times (1-25\%)}{150 \times (1-0.2\%)} = 8.12\%$$

长期借款的筹资费用主要是借款手续费，一般数额很小，有时亦可略去不计。这时，长期借款成本可按下列公式计算。

$$K_1 = R_1(1-T)$$

在长期银行借款附加补偿性余额（CB）的情况下，长期借款筹资额应扣除补偿性余额，则长期借款成本率计算公式如下。

$$K_1 = \frac{I_1(1-T)}{(L-CB)(1-f_1)}$$

2. 债券成本

债券成本（Cost of Bond）中的利息亦在所得税税前列支，但发行债券的筹资费用一般较高，应予全面考虑。债券的筹资费用即债券发行费用，包括申请发行债券的手续费、债券注册费、印刷费、上市费以及推销费用等。

债券的发行价格有等价、溢价、折价三种。债券利息按面额（即本金）和票面利率确定，但债券的筹资额应按发行价格计算。债券成本的计算公式为

$$K_b = \frac{I_b(1-T)}{B(1-f_b)}$$

式中，K_b——债券成本；

I_b——债券年利息；

T——企业所得税税率；

B——债券筹资额，按发行价格确定；

f_b——债券筹资费用率。

【例 4-25】 某公司发行总面额为 400 万元的债券 800 张，总价格为 450 万元，票面利率 12%，发行费用占发行价格的 5%，公司所得税税率为 25%，则该债券成本可计算如下：

$$400 \times 12\% \times (1-25\%)/[450 \times (1-5\%)] = 8.42\%$$

上述债券系溢价发行。如果等价发行，则债券成本为

$$400 \times 12\% \times (1-25\%)/400 \times (1-5\%) = 9.47\%$$

如果折价发行，总价为 360 万元，则债券成本为

$$400 \times 12\% \times (1-25\%)/[360 \times (1-5\%)] = 10.53\%$$

以上所述是假定债券付息方法为每年付息一次，在我国实际工作中还有单利计息、到期一次支付的付息方式，这样债券年利息 I_b 则需要进行调整（可将各年的单利利息，用企业在债券发行期内各年的预测资本利润率分别贴现，然后求其平均值）。

在实际中，由于债券利率水平通常高于长期借款利率，同时债券发行费用较高，因此，债券成本一般高于长期借款成本。

（二）权益成本

权益成本（Cost of Equity）主要有优先股成本、普通股成本、留用利润成本等。各种权益资金的红利是以所得税税后净利支付的，不会减少企业应缴的所得税。

1. 优先股成本

公司发行优先股筹资需支付发行费用，优先股股利通常是固定的。优先股筹资额应按优先股的发行价格确定。优先股成本（Cost of Preferred Stock）可按下列公式计算。

$$K_p = \frac{D_p}{P_p(1-f_p)}$$

式中，K_p——优先股成本；

　　D_p——优先股年股利；

　　P_p——优先股筹资额；

　　f_p——优先股筹资费用率。

【例 4-26】　某公司发行优先股总面额为 100 万元，总价为 125 万元，筹资费用率为 6%，规定年股利率为 14%，则优先股成本计算如下：

$$\frac{100 \times 14\%}{125 \times (1 - 6\%)} = 11.91\%$$

由于优先股股利在税后支付，而债券利息在税前支付，当公司破产清算时，优先股持有人的求偿权在债券持有人之后，故其风险大于债券。因此，优先股成本明显高于债券成本。

2. 普通股成本

普通股成本（Cost of Common Stock）的确定方法，与优先股成本基本相同。但是，普通股的股利一般不是固定的，而是逐年增长的。如果每年以固定比率 g 增长，第一年股利为 D_c，则第二年为 $D_c(1 + g)$，第三年为 $D_c(1 + g)^2$，…，第 n 年为 $D_c(1 + g)^{n-1}$。因此，普通股成本的计算公式经推导可简化如下：[①]

$$K_e = \frac{D_1}{P_e(1 - f_e)} + g$$

式中，K_e——普通股成本；

　　D_1——第 1 年普通股股利；

　　P_e——普通股筹资额；

　　f_e——普通股筹资费用率；

　　g——普通股股利年增长率。

【例 4-27】　某公司发行普通股总价格 500 万元，筹资费用率为 4%，第一年股利率为 12%，以后每年增长 5%。普通股成本为

$$\frac{500 \times 12\%}{500 \times (1 - 4\%)} + 5\% = 17.5\%$$

上述普通股成本的确定方法，通常称为股利增长模型（the Dividend Growth Model）。

但是需要指出，这种方法在较长时期内使用尚较合适，而在较短时期内使用则颇不合理。如上例中的普通股于 2022 年年初发行，当年股利率为 12%，在安排 2023 年筹资方案时该普通股的成本率即按上面计算结果 17.5% 确定，显然就过高了。一般可在上年股利率的基础上做适当调整，列为上式中的分子。

3. 留用利润成本

公司的留用利润是由公司税后净利形成的，它属于普通股股东所有。从表面上看，公司使用留用利润似乎不花费什么成本。实际上，股东将其留用于公司而不作为股利取出投资于别处，是要求得到与普通股等价的报酬。因此，留用利润也有成本，不过是一种机会成本（Opportunity Cost）。留用利润成本（Cost of Retained Earnings）的确定方法与普通

---

① 该公式的数学推导从略。

股成本基本相同，只是不考虑筹资费用。其计算公式为

$$K_r = \frac{D_1}{P_e} + g$$

式中，K_r——留用利润成本。

其他符号含义同前。

在公司全部资本中，普通股和留用利润的风险最大，要求报酬相应最高，因此，其资本成本也最高。

以上我们分析了股份公司权益成本的确定。关于非股份公司的企业，其权益资本主要是吸收投入资本和留用利润，它们的成本确定方法具有明显的特点，主要是：①吸收投入资本的协议或合同有的约定有固定的分利比率，这类似于公司优先股，但不同于普通股。②吸收投入资本及留用利润不能在证券市场上交易，无法形成公平的交易价格。③在未约定固定分利比率的情况下，吸收投入资本要求的报酬难以预计。在这种情况下，吸收投入资本和留用利润的成本确定方法还有待研究。我国有的财务学者认为，在一定条件下，吸收投入资本和留用利润成本，可按优先股成本的计算方法和行业平均的分利比率予以确定。

以上简要介绍了几种主要资本来源的资本成本计算方法，目的是说明影响有关来源的资本成本的基本因素，以及计算时应考虑的主要问题。这里需要说明，实践中资本成本的计算则要复杂得多。因为资本来源不仅限于上述几种，每一种资本成本的计算方法又可能多种多样，对未来时期的用资费用（如利息等）的计算，还应考虑资本时间价值因素，要把未来支出的终值换算成现值。

三、综合资本成本

综合资本成本（Overall Cost of Capital）是指企业全部长期资本的总成本，通常是以各种资本占全部资本的比重为权数，对个别资本成本进行加权平均确定的，故亦称加权平均资本成本（Weighted Average Cost of Capital，WACC）。综合资本成本是由个别资本成本和加权平均权数两个因素决定的，其计算公式如下：

$$K_w = \sum_{j=1}^{n} K_j W_j$$

式中，K_w——综合资本成本，即加权平均资本成本；

K_j——第 j 种个别资本成本；

W_j——第 j 种个别资本占全部资本的比重，即权数，$\sum_{j=1}^{n} W_j = 1$。

在已确定个别资本成本的情况下，取得企业各种资本占全部资本的比重后，即可计算企业的综合资本成本。

【例 4-28】 某公司共有长期资本（账面价值）1 000 万元，其中长期借款 150 万元、债券 200 万元、优先股 100 万元、普通股 300 万元、留用利润 250 万元，其成本分别为 5.64%、6.25%、10.50%、15.70%、15.00%。该公司的综合资本成本可分两步计算如下：

第一步，计算各种资本占全部资本的比重。

长期借款：$W_l = 150 \div 1\,000 = 0.15$

债券：$W_b = 200 \div 1\,000 = 0.20$

优先股：$W_p = 100 \div 1\,000 = 0.10$

普通股：$W_e = 300 \div 1\,000 = 0.30$

留用利润：$W_r = 250 \div 1\,000 = 0.25$

第二步，计算加权平均资本成本。

$$K_w = 5.64\% \times 0.15 + 6.25\% \times 0.20 + 10.50\% \times 0.10 + 15.70\% \times 0.30 + 15.00\% \times 0.25$$

$$= 0.85\% + 1.25\% + 1.05\% + 4.71\% + 3.75\%$$

$$= 11.61\%$$

上列计算过程亦可通过表 4-8 来完成。

表 4-8　综合资本成本计算表

资本种类	账面价值（万元）	所占比重	个别资本成本（%）	加权平均资本成本（%）
长期借款	150	0.15	5.64	0.85
债券	200	0.20	6.25	1.25
优先股	100	0.10	10.50	1.05
普通股	300	0.30	15.70	4.71
留用利润	250	0.25	15.00	3.75
合计	1 000	1.00	—	11.61

上述加权平均资本成本计算中的权数是按账面价值确定的。使用账面价值权数（Book Value Weights）易于从资产负债表上取得这种资料；但若债券和股票的市场价值已脱离账面价值许多，则以按市场价值确定为宜。

四、边际资本成本

边际资本成本（Marginal Cost of Capital，MCC）是企业追加筹资的成本。企业在追加筹资和追加投资的决策中必须考虑边际资本成本的高低。

前述企业的个别资本成本和综合资本成本，是企业过去筹集的或目前使用的资本的成本。然而，随着时间的推移或筹资条件的变化，个别资本成本会随之变化，综合资本成本也会发生变动。因此，企业在未来追加筹资时，不能仅仅考虑目前所使用的资本的成本，还要考虑新筹资本的成本，即边际资本成本。

企业追加筹资，有时可能只采取某一种筹资方式。但在筹资数额较大，或在目标资本结构既定的情况下，则需通过多种筹资方式的组合来实现。这时，边际资本成本需要按加权平均法来计算，其权数必须为市场价值权数，不应采用账面价值权数。

【例 4-29】某公司目标资本结构为：债务 0.2、优先股 0.05、普通股权益（包括普通股和留用利润）0.75。现拟追加筹资 300 万元，仍按此资本结构来筹资。个别资本成本预计分别为债务 7.50%，优先股 11.80%，普通股权益 14.80%。按加权平均法计算追加筹资 300 万元的边际资本成本如表 4-9 所示。

表 4-9 边际资本成本计算表

资本种类	目标资本结构	追加筹资（万元）	个别资本成本（%）	加权平均边际资本成本（%）
债务	0.20	60	7.50	1.50
优先股	0.05	15	11.80	0.59
普通股权益	0.75	225	14.80	11.10
合计	1.00	300	—	13.19

第七节 资本结构

资本结构是指在企业资本总额（资金总额）中各种资本的构成比例，又称资金结构。最基本的资本结构是债务资本和权益资本的比例，以债务股权比率或资产负债率表示，进一步还可研究每一种筹资渠道或筹资方式在资本总额中所占的比率。

不同的资本结构会给企业带来不同的后果。企业最优的资本结构应该是怎样的呢？评价企业资金结构最佳状态的标准应该是股权收益最大化或是资本成本最小化。股权收益最大化，也就是所有者权益最大化，股权收益可以普通股每股利润表示，也可以权益资本利润率表示；资本成本最小化就是综合资本成本最低，或者是在追加筹资条件下边际资本成本最低。筹资决策的目标，就是要确定最佳的资本结构，以求得股权收益最大化（即普通股每股利润最多或权益资本利润率最高），或资本成本最小化。

一、杠杆原理

杠杆原本是物理学概念。在物理学中，杠杆效应是指在存在某一固定支点时，人们可以通过杠杆作用，以较小的力量来撬动较重的物体。将杠杆效应引入财务管理，则是指由于固定性支出（如固定经营费用、固定财务费用等）的存在，使得当某一变量以较小幅度变动时，导致另一相关变量以较大幅度变动的效应。财务管理中的杠杆效应本质上是通过不同财务变量间的变化关系来说明企业的收益与风险，常见的杠杆效应有经营杠杆、财务杠杆和总杠杆。

（一）经营风险与经营杠杆

1. 经营风险

经营风险是指由于经营性因素的不确定变化导致息税前利润（Earning Before Interest and Tax，EBIT）发生不确定变化的风险。这里的经营性因素主要有市场需求、销售价格及其调整能力、生产要素价格及成本控制能力、成本结构（固定成本比重）等。

（1）市场需求。市场对产品的需求越稳定，企业的经营风险越小；反之，经营风险越大。

（2）销售价格及其调整能力。产品销售价格稳定，或者企业产品价格调整能力强，企业的经营风险小；反之，经营风险大。

（3）生产要素价格及成本控制能力。生产要素价格稳定，或者企业成本控制能力强，企业经营风险小；反正，经营风险大。

（4）固定成本比重。在企业总成本中，固定成本比重越大，单位产品分摊的固定成本额就越多，销售量变动会引起息税前利润以更大的幅度变动，企业经营风险越大；反之，经营风险越小。

2. 经营杠杆

若其他条件不变，产销量在一定范围内的变化一般不会引起固定成本总额的变化。但此时，产销量增加，会使单位产品分摊的固定成本下降，单位产品利润上升，进而会使息税前利润以更大的幅度上升；反之，产销量减少，会使单位产品分摊的固定成本上升，单位产品利润下降，进而使息税前利润以更大的幅度下降。

经营杠杆又称营业杠杆或营运杠杆，是指由于固定成本的存在，而使企业息税前利润变动率大于产销量变动率的规律。经营杠杆具有双面性，它既能放大企业的息税前利润，也可能放大企业的经营亏损，因此，它可以用于说明企业的经营风险。企业管理人员应当正确认识和合理运用经营杠杆，以期通过扩大销售量来获取更多的收益。

经营杠杆的大小可以用经营杠杆系数（Degree of Operating Leverage，DOL）来衡量。经营杠杆系数是息税前利润变动率与产销量变动率的比率，其定义公式为：

$$DOL = \frac{\Delta EBIT / EBIT}{\Delta Q / Q}$$

其中，
$$EBIT = Q(P - V) - F$$

式中，DOL——经营杠杆系数；

$EBIT$——变动前息税前利润；

$\Delta EBIT$——息税前利润变动额；

Q——变动前产销量；

ΔQ——产销量变动数；

P——单位产品销售价格；

V——产品单位变动成本；

F——总固定成本。

为便于计算，上述公式还可简化为：

$$DOL = \frac{EBIT + F}{EBIT}$$

经营杠杆系数体现了利润变动和产销量变动之间的关系。在其他因素不变的情况下，固定成本越高，经营杠杆系数越大，说明经营杠杆作用和经营风险越大。在固定成本不变的情况下，经营杠杆系数体现了销售额增长所引起的息税前利润增长的幅度，销售额越大，杠杆系数越小，经营风险也就越小；反之，经营风险越大。

企业一般可通过增加销售额，降低单位变动成本和固定成本等措施来控制经营杠杆，降低经营风险。

（二）财务杠杆作用

财务杠杆作用是指那些仅支付固定性资本成本的筹资方式（如债券、优先股、租赁等）对增加所有者（即普通股持有者）收益的作用。

财务杠杆作用是怎样产生的呢？这是因为在企业资本总额中有一部分仅支付固定性资本成本（如债券利息、优先股股利、租赁费等）的资本。当息税前利润增大时，在一般情况下，每一元利润所负担的固定性资本成本就相对减少，而使每一普通股分得的利润有所增加。有关项目之间的关系，如下式所示。

$$息税前利润 - 固定性资本成本 - 所得税 = 所有者收益$$
$$所有者收益 \div 普通股数量 = 普通股每股利润$$

从上式中可以看出，由于固定性资本成本不随息税前利润的增减而变动，因此普通股每股利润的变动率总是大于息税前利润的变动率。即当息税前利润增长时，普通股每股利润有更大的增长率；当息税前利润下降时，普通股每股利润有更大的降低率。这种作用被称为财务杠杆作用。普通股每股利润的变动率对于息税前利润的变动率的比率，能够反映这种财务杠杆作用的大小程度，称为财务杠杆系数（Degree of Financial Leverage，DFL）。其计算公式如下：

$$DFL = \frac{\Delta EPS / EPS}{\Delta EBIT / EBIT}$$

式中， DFL——财务杠杆系数；

EPS——普通股每股利润；

$\Delta EPS / EPS$——普通股每股利润变动率；

$EBIT$——息税前利润；

$\Delta EBIT / EBIT$——息税前利润变动率。

现举例说明资本结构对财务杠杆作用的影响。

【例 4-30】 东方公司 2022 年 A、B 两个资金结构方案的资料如表 4-10 所示。假设所得税税率为 40%，资本结构对财务杠杆作用的影响计算如下。

表 4-10 资本结构对普通股每股利润的影响

项目	A 方案	B 方案
① 普通股股数（10 元）	40 万股	20 万股
② 债券金额（利率 8%）		200 万元
③ 资本总额	400 万元	400 万元
④ 息税前利润	60 万元	60 万元
⑤ 债券利息②×8%		16 万元
⑥ 所得税（④－⑤）×40%	24 万元	17.6 万元

续表

项目	A 方案	B 方案
⑦ 净利润④－⑤－⑥	36 万元	26.4 万元
⑧ 每股普通股利润⑦／①	0.9 元	1.32 元
权益资本利润率	9%	13.2%

表 4-10 最后一行附列权益资本利润率指标，是为了说明权益资本利润率指标与普通股每股利润指标所说明的问题是一样的。普通股每股利润系净利润除以普通股股数的结果，权益资本利润率在这里系净利润除以普通股股利的结果。当普通股每股利润由 0.9 元增加至 1.32 元时，则普通股每元利润由 0.09 元增加至 0.132 元；两者的变动是完全一致的。此处的计算也可以利用权益资本利润率指标来进行。

若第二年该公司息税前利润增长 20%，则有关数据资料如表 4-11 所示。

表 4-11　资本结构对普通股每股利润的影响

项目	A 方案	B 方案
① 息税前利润增长率	20%	20%
② 增长后息税前利润	72 万元	72 万元
③ 债券利息（8%）		16 万元
④ 所得税（40%）	28.8 万元	22.4 万元
⑤ 净利润	43.2 万元	33.6 万元
⑥ 每股普通股利润	1.08 元	1.68 元
⑦ 每股普通股利润增长额	0.18 元	0.36 元
⑧ 普通股利润增长率	20%	27.3%
财务杠杆系数⑧／①	1.000	1.365

A、B 两方案的资本总额相等，息税前利润相等，第二年息税前利润增长率也相等，不同的只是资本结构：A 方案全部资本为普通股（债务股权比率为 0），而 B 方案资本总额中有 50% 的债券（债务股权比率为 1）。于是，A 方案普通股利润增长率等于息税前利润增长率，财务杠杆系数为 1。而 B 方案普通股利润增长率在财务杠杆作用下则大于息税前利润增长率，财务杠杆系数为 1.365，所有者因举债而获得更多的收益。当然，如果息税前利润下降，则财务杠杆的作用将导致 B 方案普通股利润以更大的幅度下降。

上述财务杠杆系数的计算公式，可简化为下式。①

---

① 该公式的数学推导从略。

$$DFL = \frac{EBIT}{EBIT - I - L - d/(1-T)}$$

式中，I——债券或借款利息；

L——租赁费；

d——优先股股利；

T——所得税税率。

如例4-30，2022年B方案财务杠杆系数可计算如下：

$$DFL = 60 \div (60 - 200 \times 8\%) = 1.364$$

有了财务杠杆系数，就可以根据息税前利润的增长率或增长额，计算出普通股每股利润的增长率和增长额。

税息前利润增长率	财务杠杆系数	普通股利润增长率
20%	1.365	27.30%
30%	1.365	40.95%
50%	1.365	68.25%
73.26%	1.365	100.00%

当息税前利润增长20%时，B方案普通股每股利润的增长额为

$$1.32 \times 27.3\% \approx 0.36（元）$$

由于财务杠杆的作用，普通股每股利润能随经营收益的增长而增长，在一定的条件下甚至可成倍地增长。

根据上述分析可以看出，财务杠杆系数是由企业资本结构决定的，即支付固定性资本成本的债券资本越多，财务杠杆系数越大；同时财务杠杆系数又反映着财务风险，即财务杠杆系数越大，财务风险也越大，由于财务杠杆的作用，普通股利润的增长比息税前利润的增长更快，同时也比息税前利润的下降更快。

因此，在进行资本结构决策时，应充分考虑财务杠杆的作用。当企业息税前利润水平较高时，则要多利用负债筹资，以提高普通股每股利润；而当企业息税前利润水平较低时，则应控制负债筹资，以免普通股每股利润下降。

资本结构决策的方法有许多种，常见的有每股利润分析法和资本成本比较法。

（三）总风险与总杠杆

企业总风险是指由于经营性因素和融资性因素共同导致普通股每股收益发生波动的风险，其中，经营性因素主要有产销量、销售价格、产品成本、所得税等，融资性因素则主要是利息费用或者优先股股息。企业总风险综合了经营风险和财务风险。

由于固定经营成本和固定融资成本的存在，使得产销量的较小变动会引起每股收益的大幅度波动，这种杠杆效应称为总杠杆效应，也称为综合杠杆效应或者复合杠杆效应。总杠杆效应的大小可以用总杠杆系数（Degree of Total Leverage，DTL）表示，其计算公式

如下：

$$DTL = DOL \times DFL = \frac{EBIT + F}{EBIT - I}$$

总杠杆系数的作用在于：①能够从中估计出销售额变动对每股收益的影响；②可以明确经营杠杆与财务杠杆之间的相互关系，实现两者的合理组合。在总杠杆一定的情况下，经营杠杆与财务杠杆是此消彼长的关系。为了将企业的总风险控制在一定的限度之内，必须协调好经营杠杆与财务杠杆的关系。具体说，当经营杠杆比较大时，说明企业的经营风险大，企业应当通过控制负债比例、降低负债成本等措施来控制财务杠杆，降低财务风险；反之，当财务杠杆比较大时，说明企业的财务风险大，企业应当通过增加销售、控制固定成本等措施来控制经营杠杆，降低经营风险。

【例 4-31】 某企业的财务杠杆系数为 2，税后利润为 360 万元，所得税税率为 40%。公司全年固定成本总额为 2 400 万元，其中公司当年年初发行了一种 5 年期每年付息、到期还本的债券，发行债券数量为 1 万张，发行价格为 1 010 元，面值为 1 000 元，发行费用占发行价格的 2%，债券年利息为当年利息总额的 20%。

要求：①计算当年税前利润；②计算当年利息总额；③计算当年息税前利润总额；④计算当年经营杠杆系数；⑤计算总杠杆系数。

该例题的目的主要是熟悉杠杆系数的概念及其计算原理，有关的计算如下：

① 税前利润 = 360/（1 - 40%）= 600（万元）
② 年利息总额：2 = 1 + I/600，I = 600（万元）
③ 息税前利润总额 = 600 + 600 = 1 200（万元）
④ 经营杠杆系数：DOL = 1 + 2 400/1 200 = 3
⑤ 总杠杆系数：$DTL = DOL \times DFL = 2 \times 3 = 6$

二、每股利润分析法

每股利润分析法（EPS Analysis Method）是利用每股利润无差别点来进行资本结构决策的方法。

每股利润无差别点（EPS Indifference Point）是指两种筹资方式下普通股每股利润相等时的息税前利润点，即息税前利润平衡点（Break-Even EBIT），国内有人称之为筹资无差别点。根据每股利润无差别点，可以分析判断在什么情况下运用债务筹资来安排和调整资本结构。现举例说明这种分析方法的运用。

【例 4-32】 某公司现有资本 400 万元，其中权益资本普通股和债务资本债券各为 200万元，普通股每股 10 元，债券利息率为 8%。现拟追加筹资 200 万元，有增发普通股和发行债券两种方案可供选择。假设所得税税率为 40%，试通过计算每股利润无差别点来判断应采用哪种筹资方案。

每股利润无差别点的计算公式如下：

$$\frac{(\overline{EBIT} - I_1)(1 - T) - D_{p1}}{N_1} = \frac{(\overline{EBIT} - I_2)(1 - T) - D_{p2}}{N_2} = EPS$$

式中，$\overline{EBIT}$——息税前利润平衡点，即每股利润无差别点；

I_1，I_2——两种增资方式下的年利息；

D_{p1}，D_{p2}——两种筹资方式下的年优先股股利；

N_1，N_2——两种筹资方式下普通股股份数；

T——所得税税率。

将例子中的资料代入上式，则增发普通股和发行债券两种增资方式下的无差别点为

$$\frac{(\overline{EBIT}-16)\times(1-40\%)}{40}=\frac{(\overline{EBIT}-32)\times(1-40\%)}{20}$$

$$\overline{EBIT}=48（万元）$$

即当息税前利润为 48 万元时，增发普通股和增加债券后的每股利润相等。如表 4-12 所示。

表 4-12　每股利润计算表

项目	增发普通股（万元）	增加债券（万元）
息税前利润	48	48
减：利息	16	32
税前利润	32	16
减：所得税（40%）	12.8	6.4
减：优先股	0	0
普通股可分配利润	19.2	9.6
普通股股份数（万股）	40	20
每股利润（元）	0.48	0.48

根据上述绘出每股利润无差别点分析图，如图 4-4 所示。

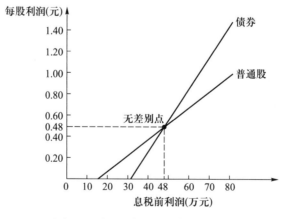

图 4-4　每股利润无差别点分析图

$\overline{EBIT}$ 为 48 万元的意义在于：当息税前利润大于 48 万元时，增加债券筹资比增发普通股有利；当息税前利润小于 48 万元时，则不再增加债务。当然，企业增加债券筹资也

不是没有止境的，当债务增加到一定程度之后，企业的信誉会下降，债务利率会上升，而且企业还本付息的风险很大，企业再增加债务就不利了。

现再举例对上述结论加以说明。

【例 4-33】 上例企业息税前利润有 40 万元和 80 万元两种情况，其他条件不变，试计算增发普通股和增加债券后的每股利润。

具体计算如表 4-13 所示。

表 4-13　每股利润计算表

项目	息税前利润 40 万元		息税前利润 80 万元	
	增发普通股（万元）	增加债券（万元）	增发普通股（万元）	增加债券（万元）
息税前利润	40	40	80	80
减：利息	16	32	16	32
税前利润	24	8	64	48
减：所得税（40%）	9.6	3.2	25.6	19.2
减：优先股股利	0	0	0	0
普通股可分配利润	14.4	4.8	38.4	28.8
普通股股份数（万股）	40	20	40	20
每股利润（元）	0.36	0.24	0.96	1.44

由表 4-13 可以看出，当该企业息税前利润高于 48 万元，达到 80 万元时，增加债券追加筹资，普通股每股利润有显著提高，达到 1.44 元；而当该企业息税前利润低于 48 万元，降为 40 万元时，增加债券追加筹资，普通股每股利润则明显下降，只有 0.24 元。因此，我们可利用每股利润无差别点（筹资无差别点）来决定筹资或追加筹资应采取何种方案。

三、资本成本比较法

资本成本比较法是计算不同资本结构（或筹资方案）的加权平均资本成本，并以此为标准相互比较进行资本结构决策的方法。

企业的资本结构决策，可分为初始资本结构决策和追加资本结构决策两种情况。

（一）初始资本结构决策

企业对拟订的筹资总额，可以采用多种筹资方式来筹集，同时每种筹资方式的筹资数额亦可有不同安排，由此形成若干个资本结构（或筹资方案）可供选择。现举例说明。

【例 4-34】 某企业初创时有如下三个筹资方案可供选择，有关资料经测算列入

表4-14。

下面分别测算三个筹资方案的加权平均资本成本，并比较其高低，从而确定最佳筹资方案，亦即最佳资本结构。

表4-14 三个初始筹资方案的有关资料

筹资方式	筹资方案 I		筹资方案 II		筹资方案 III	
	筹资额（万元）	资本成本（%）	筹资额（万元）	资本成本（%）	筹资额（万元）	资本成本（%）
长期借款	40	6	50	6.5	80	7.0
债券	100	7	150	8.0	120	7.5
优先股	60	12	100	12.0	50	12.0
普通股	300	15	200	15.0	250	15.0
合计	500	—	500	—	500	—

方案 I：

（1）计算各种筹资占筹资总额的比重。

长期借款 $40 \div 500 = 0.08$

债券 $100 \div 500 = 0.2$

优先股 $60 \div 500 = 0.12$

普通股 $300 \div 500 = 0.6$

（2）计算加权平均资本成本。

$$0.08 \times 6\% + 0.2 \times 7\% + 0.12 \times 12\% + 0.6 \times 15\% = 12.32\%$$

方案 II：

（1）计算各种筹资占筹资总额的比重。

长期借款 $50 \div 500 = 0.1$

债券 $150 \div 500 = 0.3$

优先股 $100 \div 500 = 0.2$

普通股 $200 \div 500 = 0.4$

（2）计算加权平均资本成本。

$$0.1 \times 6.5\% + 0.3 \times 8\% + 0.2 \times 12\% + 0.4 \times 15\% = 11.45\%$$

方案 III：

（1）计算各种筹资方式占筹资总额的比重。

长期借款 $80 \div 500 = 0.16$

债券 $120 \div 500 = 0.24$

优先股 $50 \div 500 = 0.1$

普通股 $250 \div 500 = 0.5$

（2）计算加权平均资本成本。

$$0.16 \times 7\% + 0.24 \times 7.5\% + 0.1 \times 12\% + 0.5 \times 15\% = 11.62\%$$

比较以上三个筹资方案的加权平均资本成本，方案 Ⅱ 的最低，在其他有关因素大体相同的条件下，方案 Ⅱ 是最好的筹资方案，其形成的资本结构可确定为该企业的最佳资本结构。企业可按此方案筹集资金，以实现其资本结构的最优化。

（二）追加资本结构决策

企业在持续的生产经营过程中，由于扩大业务或对外投资的需要，有时需要追加筹资。因追加筹资以及筹资环境的变化，企业原有的资本结构就会发生变化，从而原定的最佳资本结构未必仍是最优的。因此，企业应在资本结构不断变化中寻求其最佳值，保持资本结构的最优化。

一般而言，按照最佳资本结构的要求，选择追加筹资方案可有两种方法：一种方法是直接测算比较各备选追加筹资方案的边际资本成本，从中选择最优筹资方案；另一种方法是将备选追加筹资方案与原有最优资本结构汇总，测算各追加筹资条件下汇总资本结构的综合资本成本，比较确定最优追加筹资方案。下面举例说明。

【例 4-35】 某企业现有两个追加筹资方案可供选择，有关资料整理后如表 4-15 所示。

表 4-15　两个追加筹资方案的有关资料

筹资方式	追加筹资方案 A		追加筹资方案 B	
	追加筹资额（万元）	资本成本（%）	追加筹资额（万元）	资本成本（%）
长期借款	50	7.0	60	7.5
优先股	20	13.0	20	13.0
普通股	30	16.0	20	16.0
合计	100	—	100	—

追加筹资方案的边际资本成本也要按加权平均法计算，根据表 4-15 所列资料，两个追加筹资方案的边际资本成本计算如下。

方案 A：

$$50 \div 100 \times 7\% + 20 \div 100 \times 13\% + 30 \div 100 \times 16\% = 10.9\%$$

方案 B：

$$60 \div 100 \times 7.5\% + 20 \div 100 \times 13\% + 20 \div 100 \times 16\% = 10.3\%$$

两个追加筹资方案相比，方案 B 的边际资本成本低于方案 A，因此，追加筹资方案 B 优于方案 A。

该企业原有的资本结构为：长期借款 50 万元，债券 150 万元，优先股 100 万元，普通股（含留用利润）200 万元，资本总额 500 万元。现将其与追加筹资方案 A、B 汇总列示如表 4-16 所示。

表 4-16 初始筹资方案和追加筹资方案的有关资料

筹资方式	原资本结构		追加筹资方案 A		追加筹资方案 B		追加筹资后的资本结构	
	资本额（万元）	资本成本（%）	追加筹资额（万元）	资本成本（%）	追加筹资额（万元）	资本成本（%）	方案 A（万元）	方案 B（万元）
长期借款	50	6.5	50	7.0	60	7.5	100	110
债券	150	8	—	—	—	—	150	150
优先股	100	12	20	13.0	20	13	120	120
普通股	200	15	30	16.0	20	16	230	220
合计	500	11.45	100	10.9	100	10.3	600	600

下面我们用选择最优追加筹资方案的第二种方法，对第一种方法所选择结果做一个验证。

（1）若采用方案 A，追加筹资后的综合资本成本计算为

$$\frac{50+50}{600} \times \frac{50 \times 6.5\% + 50 \times 7\%}{100} + \frac{150}{600} \times 8\% +$$

$$\frac{100}{600} \times 12\% + \frac{20}{600} \times 13\% + \frac{200+30}{600} \times 16\% = 11.69\%$$

（2）若采用方案 B，追加筹资后的综合资本成本计算为

$$\frac{50+60}{600} \times \frac{50 \times 6.5\% + 60 \times 7.5\%}{110} + \frac{150}{600} \times 8\% +$$

$$\frac{100}{600} \times 12\% + \frac{20}{600} \times 13\% + \frac{200+20}{600} \times 16\% = 11.59\%$$

以上计算中，根据同股同利原则，原有普通股应按新普通股的资本成本计算其加权平均数。这里假定股票的成本与报酬等价。

（3）比较追加筹资后两个新资本结构下的综合资本成本，结果是方案 B 追加筹资后的综合资本成本低于方案 A 追加筹资后的综合资本成本。因此，追加筹资方案 B 优于方案 A。

由此可见，该企业追加筹资后，虽然改变了资本结构，但经过科学的测算，做出正确的筹资决策，企业仍可保持其资本结构的最优化。

本章小结

本章阐述企业筹资的基本理论和有关业务方法，在结构安排上包括三个部分。

第一部分为筹资管理概论。在筹资管理的基本概念方面，要理解企业筹资的动机和原则，掌握筹资渠道、筹资方式及两者在实际工作中的配合，研究作为筹资主要环境的金融市场。在企业注册资本与公积金制度方面，要理解企业注册资本与公积金的概念、构成，着重研究有关筹资期限、评估、责任的规定和筹资管理的五项原则。在筹资数量的预测方面，要掌握筹资预测的因素分析法、销售百分比法和线性回归分析法。

第二部分为各种资本的筹集方式。其中股权性筹资主要是吸收投入资本、发行普通股票；债权性筹资主要是银行借款、发行债券、融资租赁、商业信用。对每一种筹资方式，原则上都要研究其种类、筹资程序、有关指标的计算、规范化的要求、优缺点等。

第三部分为资本成本和资本结构。企业银行借款、债券、普通股、优先股、留用利润等资本成本的构成要素各不相同，计算方法也不一样。要掌握各种个别资本成本的计算方法，还要理解综合资本成本和边际资本成本计算的特点。资本结构主要是研究企业债务资本和权益资本的构成比例，要深入理解资本结构决策的每股利润分析法和资本成本比较法。

即测即评

请扫描右侧二维码，进行即测即评。

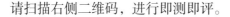

思考题

1. 企业筹资的动机通常有哪几种？

2. 对其他企业单位资金可以采用的筹资方式有哪几种？发行股票这种筹资方式可以适用于哪几种筹资渠道？

3. 债券和股票这两种筹资方式在性质上有何区别？

4. 试述融资租赁筹资的优缺点。

5. 为什么说票据贴现是一种银行信用？

6. 什么叫自然筹资？它对企业筹资活动有什么影响？

7. 试举实例说明固定性资本成本怎样在企业筹资中发挥财务杠杆作用。

8. 什么是每股利润无差别点（筹资无差别点）？它是怎样形成的？它对安排资本结构有何作用？

计算题

1. A 公司拟添置一套市场价格为 6 000 万元的设备，需筹集一笔资金。现有三个筹资方案可供选择（假定各方案均不考虑筹资费用）：

（1）发行普通股。该公司普通股的 β 系数为 2，一年期国债利率为 4%，市场平均报酬率为 10%。

（2）发行债券。该债券期限 10 年，票面利率 8%，按面值发行。公司适用的所得税税率为 25%。

（3）融资租赁。该项租赁租期 6 年，每年租金 1 400 万元，期满租赁资产残值为零。

要求：

（1）利用资本资产定价模型计算普通股资本成本。

（2）利用非折现模式（即一般模式）计算债券资本成本。

（3）利用折现模式计算融资租赁资本成本。

（4）根据以上计算结果，为 A 公司选择筹资方案。

2. B 公司是一家上市公司，2022 年年末公司总股份为 10 亿股，当年实现净利润 4 亿元，公司计划投资一条新生产线，总投资额为 8 亿元，经过论证，该项目具有可行性。为了筹集新生产线的投资资金，财务部制定了两个筹资方案供董事会选择。

方案一：发行可转换公司债券 8 亿元，每张面值 100 元，规定的转换价格为每股 10 元，债券期限为 5 年，年利率为 2.5%，可转换日为自该可转换公司债券发行结束之日起满 1 年后的第一个交易日（2024 年 1 月 25 日）。

方案二：发行一般公司债券 8 亿元，每张面值 100 元，债券期限为 5 年，年利率为 5.5%。

要求：

（1）计算方案一中自该可转换公司债券发行结束之日起至可转换日止，与方案二相比，B 公司发行可转换公司债券节约的利息。

（2）预计在转换期公司市盈率将维持在 20 倍的水平（以 2023 年的每股收益计算）。如果 B 公司希望可转换公司债券进入转换期后能够实现转股，那么 B 公司 2023 年的净利润及其增长率至少应达到多少？

（3）如果转换期内公司股价在 8~9 元波动，说明 B 公司将面临何种风险？

3. C 公司为一上市公司，适用的企业所得税税率为 25%，相关资料如下：

资料一：2022 年 12 月 31 日发行在外的普通股为 10 000 万股（每股面值 1 元），公司债券为 24 000 万元（该债券发行于 2020 年年初，期限 5 年，每年年末付息一次，利息率为 5%），该年息税前利润为 5 000 万元。假定全年没有发生其他应付息债务。

资料二：C 公司打算在 2023 年为一个新投资项目筹资 10 000 万元，该项目当年建成并投产。预计该项目投产后公司每年息税前利润会增加 1 000 万元。现有甲、乙两个方案可供选择，其中：甲方案为增发利息率 6% 的公司债券；乙方案为增发 2 000 万股普通股。假定各方案的筹资费用均为零，且均在 2023 年 1 月 1 日发行完毕。两个方案的相关资料如表 4-17 所示。

表 4-17　甲、乙方案相关资料

项目	甲方案	乙方案
增资后息税前利润（万元）	6 000	6 000
增资前利息（万元）	—	1 200
新增利息（万元）	600	—
增资后利息（万元）	（A）	—
增资后税前利润（万元）	—	4 800
增资后税后利润（万元）	—	3 600
增资后普通股股数（万股）	—	—
增资后每股收益（元）	0.315	（B）

要求：

（1）根据资料一计算 C 公司 2023 年的财务杠杆系数。

（2）确定表 4-17 中用字母表示的数值（不需要列示计算过程）。

（3）计算甲、乙两个方案的每股收益无差别点息税前利润。

（4）用 EBIT-EPS 分析法判断应采取哪个方案，并说明理由。

4. 某公司的财务杠杆系数为 2，税后利润为 360 万元，所得税税率为 25%。公司全年固定成本总额为 2 400 万元，其中公司当年初发行了一种 5 年期每年付息、到期还本的债券，发行债券数量为 1 万张，发行价格为 1 010 元，面值为 1 000 元，发行费用占发行价格的 2%，债券年利息为当年利息总额的 20%。

要求：

（1）计算当年税前利润。

（2）计算当年利息总额。

（3）计算当年息税前利润总额。

（4）计算当年已获利息倍数。

（5）计算当年经营杠杆系数。

5. 某公司采用剩余股利政策，公司的目标资本结构为权益资本与债务资本各占 50%，公司当年税后利润为 500 万元，预计公司来年的总资产要达到 1 200 万元，现有的权益资本为 350 万元（不含当年税后利润）。

要求：

（1）计算来年所需的权益资本。

（2）计算从当年的税后利润中应补增的权益资本。

（3）计算当年的股利支付率。

6. 某公司 2022 年年底的所有者权益总额为 9 000 万元，普通股 6 000 万股。目前的资本结构为所有者权益占 45%，长期负债占 55%，没有需要付息的流动负债。该公司的所得税税率为 25%。预计继续增加长期债务不会改变目前 11% 的平均利率水平。董事会在讨论 2023 年资金安排时提出：

（1）计划年度分配现金股利 0.05 元 / 股。

（2）为新的投资项目筹集 4 000 万元的资金。

（3）计划年度维持目前的资本结构，并且不增发新股，不举借短期借款。

要求：

测算实现董事会上述要求所需要的息税前利润。

7. 某公司在发放股票股利前，股东权益总额为 500 万元。其中普通股 100 万元（面额 1 元，已发行 100 万股），资本公积 300 万元，未分配利润 100 万元，当时的股票市价为 10 元 / 股，公司本年度盈利 50 万元。

要求：

（1）若公司决定发放 10% 的股票股利，此时，未分配利润项目的余额为多少？

（2）发放股票股利后，每股市价的变动百分比是多少？

（3）若甲股东持有 1 000 股该公司股票，在发放股票股利后该股东所持股票的市场价值是多少？

综合分析题

1. F 公司为上市公司，有关资料如下：

资料一：（1）2022 年度的营业收入（销售收入）为 10 000 万元，营业成本（销售成本）为 7 000 万元。2023 年的目标营业收入增长率为 100%，且销售净利率和股利支付率保持不变。适用的企业所得税税率为 25%。

（2）2022 年度相关财务指标数据如表 4-18 所示。

表 4-18　2022 年度相关财务指标数据

财务指标	应收账款周转率	存货周转率	固定资产周转率	销售净利率	资产负债率	股利支付率
实际数据	8	3.5	2.5	15%	50%	1/3

（3）2022 年 12 月 31 日的比较资产负债表（简表）如表 4-19 所示。

表 4-19　F 公司资产负债表

单位：万元

资产	2022 年年初数	2022 年年末数	负债和股东权益	2022 年年初数	2022 年年末数
现金	500	1 000	短期借款	1 100	1 500
应收账款	1 000	（A）	应付账款	1 400	（D）
存货	2 000	（B）	长期借款	2 500	1 500
长期股权投资	1 000	1 000	股本	250	250

续表

资产	2022 年年初数	2022 年年末数	负债和股东权益	2022 年年初数	2022 年年末数
固定资产	4 000	（C）	资本公积	2 750	2 750
无形资产	500	500	留存收益	1 000	（E）
合计	9 000	10 000	合计	9 000	10 000

（4）根据销售额比率法计算的 2022 年年末资产、负债各项目占销售收入的比重数据如表 4-20 所示（假定增加销售无须追加固定资产投资）。

表 4-20 2022 年年末各项目占销售收入比重

资产	占销售收入比重	负债和股东权益	占销售收入比重
现金	10%	短期借款	—
应收账款	15%	应付账款	·
存货	（P）	长期借款	—
长期股权投资	—	股本	—
固定资产（净值）	—	资本公积	—
无形资产	—	留存收益	—
合计	（G）	合计	20%

说明：表 4-20 中用 "·" 表示省略的数据。

资料二：2023 年年初该公司以 970 元/张的价格新发行每张面值 1 000 元、3 年期、票面利息率为 5%、每年年末付息的公司债券。假定发行时的市场利息率为 6%，发行费率忽略不计。

要求：

（1）根据资料一计算或确定以下指标：①计算 2022 年的净利润；②确定表 4-19 中用字母表示的数值（不需要列示计算过程）；③确定表 4-20 中用字母表示的数值（不需要列示计算过程）；④计算 2023 年预计留存收益；⑤按销售额比率法预测该公司 2023 年需要增加的资金数额（不考虑折旧的影响）；⑥计算该公司 2023 年需要增加的外部筹资数据。

（2）根据资料一及资料二计算下列指标：①发行时每张公司债券的内在价值；②新发行公司债券的资金成本。

2. 某公司的有关资料如下：

（1）税息前利润 800 万元；

（2）所得税税率 25%；

（3）预期普通股报酬率 15%；

（4）总负债 200 万元，均为长期债券，平均利息率 10%；

（5）发行股数 600 000 股（每股面值 1 元）；

（6）每股账面价值 10 元。

该公司产品市场相当稳定，预期无成长，盈余全部用于发放股利，并假定股票价格与其内在价值相等。

要求：

（1）计算该公司每股盈余及股票价格。

（2）计算该公司的加权平均资本成本。

（3）该公司可以增加 400 万元的负债，使负债总额为 600 万元，以便在现行价格下购回股票（购回股票数四舍五入取整）。假定此项举措将使负债平均利息率上升至 12%，普通股权益成本由 15% 提高到 16%，税前利润保持不变。试问该公司应否改变其资本结构？（提示：以股票价格高低判别）

（4）计算该公司资本结构改变前后的已获利息倍数。

3. 某公司年销售额 100 万元，变动成本率 70%，全部固定成本和费用 20 万元，总资产 50 万元，资产负债率 40%，负债的平均利息率 8%，假设所得税税率为 25%。该公司拟改变经营计划，追加投资 40 万元，每年固定成本增加 5 万元，可以使销售额增加 20%，并使变动成本率下降至 60%。该公司以提高权益净利率同时降低总杠杆系数作为改进经营计划的标准。

要求：

（1）所需资金以追加实收资本取得，计算权益净利率、经营杠杆、财务杠杆和总杠杆，并判断应否改变经营计划。

（2）所需资金以 10% 的利率借入，计算权益净利率、经营杠杆、财务杠杆和总杠杆，并判断应否改变经营计划。

第五章

项目投资管理

第一节　项目投资概述

项目投资一般是指对具有独立设计并在竣工后可以独立发挥效益或生产出符合设计要求产品的车间、生产线或独立工程项目等的投资。

一、项目投资的特点

1. 项目投资影响期间长

项目的建设周期及项目使用周期往往比较长，其决策一经做出，将会在相当长的时间内影响企业的经营成果和财务状况，甚至对企业的生存和发展产生重要的影响。这就要求企业进行项目投资时，必须小心谨慎，进行可行性研究。

2. 项目投资变现能力较差

项目投资形成的主体是厂房和设备等固定资产，是企业从事生产经营活动所必需的劳动手段，但这些资产不易改变其用途。因此，项目投资一旦完成，要想改变其用途或出售是十分困难的。这种投资所具有的不可逆转性（即变现能力较差），要求企业注重投资有效性，防止盲目投资。

3. 项目投资资金占用数量相对稳定

项目投资一经完成，形成生产能力，便在资金占用数量上保持相对稳定。因为业务量在一定范围内的增加时，并不需要立即增加固定资产投资，而是通过挖掘潜力，提高效率完成增加的业务量。业务量在一定范围内的减少时，为维持一定的生产能力又不能出售固定资产以调节资金占用。

4. 项目投资实物形态与价值形态可以分离

项目投入使用后，所形成的固定资产随着磨损，其价值将逐渐、部分地脱离其实物形态，转化为货币准备金，而其余部分仍存在于实物形态中。在使用年限内，保留在固定资产实物形态上的价值逐年减少，而脱离实物形态转化为货币准备金的价值却逐年增加。直到固定资产报废，其价值才得到全部补偿。当用以往年度形成的货币准备金重新购置固定资产时，其实物也得到更新。这时，固定资产的价值与其实物形态又重新统一起来。这一特点说明，由于企业各种固定资产的新旧程度不同，实物更新时间不同，企业可以在某些固定资产需要更新之前，利用脱离实物形态的货币准备金去投资其他固定资产，然后再利用新固定资产所形成的货币准备金去更新旧的固定资产，从而充分发挥资金的使用效率。

5. 项目投资次数少、金额大

与流动资产相比，项目投资并不经常发生，特别是大规模的固定资产投资，一般要隔若干年甚至十几年才发生一次。虽然投资次数少，但每次投资额却比较多。根据这一特点，在进行项目投资时，可以有较多的时间进行专门的研究和评价，并要为项目投资做专门的筹资工作。

二、项目投资的类型

按照不同的分类标准，投资项目可划分为不同类型。

1. 按所投资对象划分

（1）新产品开发或现有产品的规模扩张项目，通常需要添置新的固定资产，并增加企业的营业现金流入。

（2）设备或厂房的更新项目，通常需要更换固定资产，但不改变企业的营业现金收入。

（3）研究与开发项目，通常不直接产生现实的收入，而是得到一项是否投产新产品的选择权。

（4）勘探项目，通常使企业得到一些有价值的信息。

（5）其他项目，包括劳动保护设施建设、购置污染控制装置等。这些决策不直接产生营业现金流入，而使企业在履行社会责任方面的形象得到改善。它们有可能减少未来的现金流出。

2. 按投资项目之间的相互关系划分

（1）独立项目。独立项目是相容性投资，各投资项目之间互不关联、互不影响，可以同时并存。独立投资项目决策考虑的是方案本身是否满足某种决策标准。

（2）互斥项目。互斥项目是非相容性投资，各投资项目之间相互关联、相互替代，不能同时并存。因此互斥投资项目决策考虑的是各方案之间的互斥性，互斥决策需要从每个可行方案中选择最优方案。

三、项目投资的评价程序

项目投资的评价一般包括下列程序：

（1）提出各种项目的投资方案。新产品方案通常来自研发部门或营销部门，设备更新的建议通常来自生产部门等。

（2）估计投资方案的相关现金流量。

（3）计算投资方案的价值指标，如净现值、内含报酬率等。

（4）比较价值指标与可接受标准。

（5）对已接受的方案进行敏感分析。

第二节　项目现金流量分析 ▊▊▊

现金流量，在投资决策中是指特定投资项目的现金流出量、现金流入量和现金净流量。在项目投资决策中，决策分析所依据的基础数据不是基于权责发生制确认的收入、成本和利润，而是以收付实现制来计算的现金流入量、现金流出量和净现金流量。这是因为：① 现金流量不受会计方法选择等主观因素的影响，具有客观性；② 基于收付实现制分析确定的现金流量排除了企业信用政策等非系统因素的影响，有利于按照统一基础和标准来计算时间价值指标，也有利于在不同企业甚至不同行业之间比较项目的预期效益。

一、现金流量的内容

投资项目有不同的类型，而不同类型项目的现金流量在内容上存在着差异。

1. 单纯固定资产投资项目的现金流量

单纯固定资产投资项目是指只涉及固定资产投资，而不涉及其他长期投资和营运资金垫支的建设项目，其特点是：在投资中只包括为取得固定资产而发生的垫支资本投入而不涉及周转资本的投入。单纯固定资产投资项目的现金流入量包括该项投资新增的营业收入、回收固定资产余值等；现金流出量包括固定资产投资、新增经营成本以及增加的各项税款等。

2. 完整工业投资项目的现金流量

完整工业投资项目也称新建项目，它是以新增工业生产能力为主的投资项目，其特点是：不仅包括固定资产投资，而且还涉及营运资金垫支以及其他长期资产（如无形资产、长期待摊费用等）的投资。

完整工业投资项目的现金流入量包括：营业收入、回收固定资产余值、回收营运资金垫支和其他现金流入量；现金流出量包括：建设投资、流动资金垫支、经营成本、维持运营投资、各项税款和其他现金流出。

3. 固定资产更新改造投资项目的现金流量

固定资产更新改造投资项目可分为以恢复固定资产生产效率为目的的更新项目和以改善企业经营条件为目的的改造项目两种类型。

固定资产更新改造项目的现金流入量包括：因使用新固定资产而增加的营业收入、处置旧固定资产的变现净收入和新旧固定资产回收余值的差额等。现金流出量包括：购置新固定资产的投资、因使用新固定资产而增加的经营成本、因使用新固定资产而增加的营运资金垫支和各项税款等内容。其中，因提前报废旧固定资产所发生的清理净损失而抵减的当期所得税额用负值表示。

二、估算投资项目现金流量时应考虑的问题

为正确估算投资项目的增量现金流量，需要正确识别引起企业总现金流量变动的支出项目，对此，需要考虑以下几个方面的问题。

1. 区分相关成本和非相关成本

相关成本是指与特定决策有关的、在分析评价时必须加以考虑的成本，如，差额成本、未来成本、重置成本、机会成本等。相反，非相关成本是指与特定决策无关的、在分析评价时无须考虑的成本，如，沉没成本、账面成本等。

2. 不要忽视机会成本

在投资方案的选择中，如果选择了一个投资方案，则必须放弃投资于其他方案的机会。而其他投资机会可能取得的收益就是选择本方案的一种代价，因此被称为该投资方案的机会成本。机会成本不是我们通常意义上的"成本"，它不是一种实际发生的费用或支出，而是一项失去的潜在收益。

3. 要考虑投资方案对公司其他部门或其他产品的影响

当我们采纳一个新的投资方案后，要重视该方案可能对公司其他部门造成有利或不利的影响。例如某企业开发的新能源项目产品上市后，该企业原有其他产品的销售量可能减少，而且整个企业的销售额也许不增反减。因此在进行投资分析时，企业不能简单地将新能源项目的销售收入作为增量收入处理，而是应当扣除其他产品因此减少的销售收入。

4. 要考虑投资方案对净营运资金的影响

一方面，随着项目投资完成和销售额的不断扩大，存货和应收账款等流动资产的需求也会增加，公司必须筹措新的资金以满足这种额外需求；另一方面，公司扩充使应付账款与应付费用等流动负债同时增加，从而降低公司流动资金的实际需要。所谓净营运资金的需要，是指增加的流动资产与增加的流动负债之间的差额。

相对而言，项目投资涉及面广，其基础资料的搜集和现金流量的估算需要由企业内部的众多部门和人员共同参与，各司其职、各负其责。例如，产品售价和销量的预测一般需由销售人员负责，产品研制、设备购建等资本性支出的估算需要项目技术人员负责，财务部门的职责是根据各个相关部门和人员的预测和估算，对项目的财务效益进行综合性评价。

三、项目现金流量的构成

一个项目从准备投资到项目结束，经历了项目准备及建设期、生产经营期和项目终止期三个阶段。因此，投资项目净现金流量包括：投资净现金流量、营业净现金流量和项目终止净现金流量。但是由于缴纳所得税也是企业的一项现金流出，因此在计算有关现金流量时，还应该将所得税的影响考虑进去。

1. 投资净现金流量

投资现金流量包括投资在固定资产上的资金和投资在流动资产上的资金两部分。其中，投资在流动资产上的资金一般在项目结束时将全部收回。这部分现金流量由于在会计

上一般不涉及企业的损益，因此不受所得税的影响。

投资在固定资产上的资金有时是以企业原有的旧设备进行投资的。在计算投资现金流量时，一般是以设备的变现价值作为其现金流出量的（但是该设备的变现价值通常并不与其折余价值相等）。另外，还必须注意将这个投资项目作为一个独立的方案进行考虑，即考虑企业如果将该设备出售可能得到的收入（设备的变现价值），以及企业由此可能支付或减免的所得税，即：

$$旧设备投资净现金流量 = 投资在流动资产上的资金 + 设备的变现价值 -$$
$$（设备的变现价值 - 折余价值） \times 税率$$

2. 营业净现金流量

从净现金流量的角度考虑，缴纳所得税是企业的一项现金流出，因此这里的损益指的是税后净损益，即税前利润减所得税，或税后收入减税后成本。

折旧作为一项成本，在计算税后净损益时是包括在成本当中的，但是由于它不需要支付现金，因此需要将它当成一项现金流入看待。

综上所述，企业的营业净现金流量可用公式表示如下：

$$营业净现金流量 = 税后净损益 + 折旧$$
$$= 税前利润 \times （1 - 税率） + 折旧$$
$$= （收入 - 总成本） \times （1 - 税率） + 折旧$$
$$= （收入 - 付现成本 - 折旧） \times （1 - 税率） + 折旧$$
$$= 收入 \times （1 - 税率） - 付现成本 \times （1 - 税率） -$$
$$折旧 \times （1 - 税率） + 折旧$$
$$= 收入 \times （1 - 税率） - 付现成本 \times （1 - 税率） + 折旧 \times 税率$$

3. 项目终止净现金流量

项目终止净现金流量包括固定资产的残值收入和收回原投入的流动资金。在投资决策中，一般假设在项目终止时，将项目初期投入在流动资产上的资金全部收回。这部分收回的资金由于不涉及利润的增减，因此也不受所得税的影响。固定资产的残值收入如果与预计的固定资产残值相同，那么在会计上也同样不涉及利润的增减，所以也不受所得税的影响。但是在实际工作中，最终的残值收入往往不等于预计的固定资产残值，它们之间的差额会引起企业利润的增加或减少，因此在计算现金流量时，不能忽视这部分的影响。

$$项目终止净现金流量 = 实际固定资产残值收入 + 原投入的流动资金 -$$
$$（实际残值收入 - 预计残值） \times 税率$$

四、项目现金流量的估算

在项目投入和回收的各个阶段，都有可能发生现金流量，因此，企业应当估计每一时点上的现金流入量和现金流出量。下面以完整工业投资项目为例介绍现金流量的估算方法。

1. 现金流入量的估算

如上所述，完整工业投资项目的现金流入量包括：营业收入、回收固定资产余值、回收营运资金和其他现金流入量。其中，营业收入是运营期内最主要的现金流入量，应按项目在运营期内有关产品的各年预计单价和预测销售量进行估算；回收固定资产余值需要根据固定资产技术特征、要素市场价格预测以及财务制度规定等因素进行估算；回收营运资金等于各年垫支的营运资金的合计数。

2. 现金流出量的估算

（1）建设投资的估算。主要应当根据项目规模和投资计划所确定的各项建筑工程费用、设备购置成本、安装工程费用和其他费用的预算资料进行估算。

无形资产投资和开办费投资，应根据需要和可能，逐项按有关的资产评估方法和计价标准进行估算。

在估算构成固定资产原值的资本化利息时，可根据建设期长期借款本金、建设期和借款利息率按复利方法计算，且假定建设期资本化利息只计入固定资产的原值。

（2）营运资金垫支的估算。首先应根据与项目有关的经营期每年流动资产需用额和该年流动负债可用额的差额来确定本年营运资金需用额，然后将本年营运资金需用额减去截至上年年末的营运资金占用额（即以前年度已经投入的流动资金累计数），差额即为本年需要追加的营运资金。即：

某年营运资金追加额＝本年营运资金需用额－截至上年年末的营运资金占用额

本年营运资金需用额＝该年流动资产需用额－该年流动负债可用额

式中，流动资产需考虑存货、货币资金、应收账款和预付账款等内容；流动负债需考虑应付账款和预收账款等。

为简化分析，根据建设期投入全部资金的假设，本章假定在建设期末已将需要垫支的营运资金全部筹措到位并投入新建项目。

（3）付现成本的估算。付现成本是指在经营期内为满足正常生产经营而动用货币资金支付的成本费用。它可以按照下式估算：

某年付现成本＝该年的总成本费用（含期间费用和所得税）－该年固定资产折旧额、

无形资产和开办费的摊销额－该年计入财务费用的利息支出

某年付现成本也可以采用分项列示的方法进行估算，即：

某年付现成本＝该年外购原材料燃料和动力费＋该年工资及福利费＋

该年维修费＋该年其他费用

式中，其他费用是指从制造费用、管理费用和销售费用中扣除了折旧费、摊销费、材料费、维修费、工资及福利费以后的剩余部分。

（4）税金及附加的估算。在项目投资决策中，应按在经营期内应缴纳的消费税、土地增值税、资源税、城市维护建设税和教育费附加等估算。

第三节　项目投资评价方法

项目投资的财务评价就是借助特定的评价指标，对项目的预期收益和价值进行定量测算，判断项目的财务可行性，据以为项目投资决策提供依据。项目投资财务评价的指标主要有两大类，即非贴现类指标和贴现类指标，前者如静态投资回收期、投资收益率等，后者主要有净现值、净现值率、获利指数、内部收益率和动态投资回收期。非贴现类指标和贴现类指标的主要区别在于前者没有考虑资金时间价值，后者则考虑了资金时间价值因素。

一、静态投资回收期

静态投资回收期是指在不考虑资金时间价值的情况下，通过投资项目的经营净现金流量收回全部原始投资所需要的时间，通常以"年"表示。该指标能够反映项目投资的回收能力，回收期越短，表明资金回收越快，项目不可预见的风险也就越小。静态投资回收期又可以分为包括建设期的投资回收期（PP）和不包括建设期的投资回收期（PP'）两种形式。

静态投资回收期指标的计算方法可以分为公式法和列表法。

1. 公式法（简化方法）

如果某一项目的投资均集中发生在建设期内，投产后若干年（设为 m 年）每年经营净现金流量相等，并且存在着 m 年 × 投产后前 m 年每年相等的净现金流量（NCF）≥原始总投资的关系，则可按以下简化公式直接计算静态投资回收期：

不包括建设期的回收期（PP'）＝原始总投资合计÷投产后前若干年相等的净现金流量

包括建设期的回收期（PP）＝不包括建设期的回收期＋建设期

【例 5-1】 某企业拟建造一项生产用固定资产，需要一次性投入资金 1 000 万元，建设期为 1 年，建设期的资本化利息为 100 万元。该固定资产预计寿命为 10 年，按直线折旧法计提折旧，预计净残值 100 万元。预计投产后 2—10 年净现金流量 $NCF_{2-10}=200$ 万元。预计投产后每年可获息税前利润 100 万元。要求判断是否可利用公式法计算静态投资回收期，如果可以请计算其结果。

解答：依题意，建设期 $s=1$ 年，投产后第 2—10 年净现金流量相等，$m=9$ 年，经营期前 9 年每年净现金流量 $NCF_{2-10}=200$ 万元，原始投资 $I=1\ 000$ 万元。

由于 $m×$ 经营期前 m 年每年相等的净现金流量＝9×200 万元＝1 800 万元>原始投资 1 000 万元，故可以使用简化公式计算静态投资回收期。

不包括建设期的投资回收期 $PP'=1\ 000÷200=5$（年）

包括建设期的投资回收期 $PP=PP'+s=5+1=6$（年）

2. 列表法（一般方法）

列表法是指通过列表计算累计净现金流量的方式，来确定包括建设期的投资回收期，进而再推算出不包括建设期的投资回收期的方法。无论什么情况下，都可以用列表法来计算静态投资回收期。

该法的原理是：按照回收期的定义，包括建设期的投资回收期（PP）应满足以下关系式，即：

$$\sum_{i=0}^{PP} NCF_t = 0$$

该式表明在现金流量表的"累计净现金流量"一栏中，包括建设期的投资回收期恰好是累计净现金流量为零的年限。如果无法在"累计净现金流量"栏上找到零，必须按下式计算包括建设期的投资回收期：

包括建设期的投资回收期（PP）＝最后一项为负值的累计净现金流量对应的年数＋
（最后一项为负值的累计净现金流量绝对值÷
下年净现金流量）

或：包括建设期的投资回收期（PP）＝（累计净现金流量第一次出现正值的年份－1）＋
（该年初尚未回收的投资÷该年净现金流量）

【例5-2】 根据例5-1的资料，可编制累计净现金流量表，如表5-1所示。

表5-1　投资项目累计净现金流量表

单位：万元

项目	建设期		经营期								合计
	0	1	2	3	4	5	6	……	10	11	
……	……	……	……	……	……	……		……	……	……	……
净现金流量	-1 000	0	200	200	200	200		……	200	300	1 100
累计净现金流量	-1 000	-1 000	-800	-600	-400	-200	0	……	800	1 000	/

由表5-1可见，该项目第6年的累计净现金流量为零。

故 $PP = 6$ 年

$PP' = 6 - 1 = 5$ 年

相对而言，静态投资回收期指标的优点是：① 能够直观地反映原始总投资的返本期限；② 便于理解，计算简单；③ 可以直接利用回收期之前的净现金流量信息。

其缺点在于：① 没有考虑货币时间价值因素；② 不能正确反映投资方式的不同对项目的影响；③ 没有考虑回收期满后继续发生的净现金流量，可能导致错误的投资决策。

二、投资收益率

投资收益率，又称投资报酬率（ROI），是指达产期正常年度的年息税前利润或运营期年均息税前利润占投资总额的百分比，即：

投资收益率（ROI）＝年息税前利润或年均息税前利润÷投资总额×100%

只有投资收益率大于或等于基准投资收益率（资本成本率）的投资项目才具有财务可行性。

【例5-3】 在例5-1的资料的基础上，假设项目投产后每年可获得息税前利润100万元，则该项目的投资收益率可计算如下：

年息税前利润 $P = 100$ 万元，项目总投资 $I' = 1\ 000 + 100 = 1\ 100$ 万元，则：

投资收益率（ROI）＝100÷1 100×100%＝9.09%

投资收益率指标的优点是：简单易懂，容易计算。其缺点在于：① 没有考虑货币时间价值因素；② 没有反映建设期长短、投资方式等因素对项目的影响；③ 无法直接利用净现金流量信息；④ 分子、分母计算口径的可比性较差。

三、净现值

1. 净现值的含义及决策原则

净现值是指在项目计算期内，按行业基准收益率或其他设定折现率计算的各年净现金流量现值的代数和。通过计算、比较投资方案的净现值，据以进行投资方案决策的方法即为净现值法。

运用该方法进行决策的基本原则是：

（1）对于独立方案决策来说，只要净现值为正值，就说明投资方案的预期报酬率高于基准收益率，方案可以接受；反之，若净现值是负值，说明投资方案的预期报酬率低于基准收益率，方案应予拒绝。也就是说，只有净现值指标大于或等于零的投资方案才具有财务可行性，净现值越大，投资方案的预期效益越好。

（2）对于互斥方案决策来说，则应选择净现值相对较大的方案。所谓互斥方案决策，是指在存在多个备选方案的情况下，由于受资金规模、企业能力需求等因素的限制，企业只能选择其中之一，而不能同时选择多个方案的决策。

净现值的基本计算公式为：

$$净现值（NPV）= \sum_{t=0}^{n}（第\ t\ 年的净现金流量 × 第\ t\ 年的复利现值系数）$$

影响净现值的因素主要有：① 各年的预测现金流量；② 预计现金流量发生的时间与持续期限（项目寿命周期）；③ 折现率。折现率是投资项目或方案的机会成本，它可以根据社会或者行业平均资金收益率来确定。

2. 净现值的计算

（1）基本方法。根据净现值的定义，直接利用公式来计算净现值指标。

【例 5-4】 某企业拟购置设备以扩充生产能力。设备需投资 30 000 元，使用寿命预计为 5 年，采用直线法计提折旧，5 年后设备无残值。5 年中每年销售收入为 15 000 元，每年的付现成本为 5 000 元。假设所得税税率为 40%，资金成本率为 10%。

要求：① 计算方案的营业现金流量。

② 计算方案的净现值。

解答：① 计算方案的营业现金流量，见表 5-2。

表 5-2　投资方案的营业现金流量计算表

单位：元

年份	1~5
销售收入	15 000
付现成本	5 000
折旧	6 000
税前利润	4 000

续表

所得税	1 600
税后利润	2 400
年营业现金流量	8 400

② 计算方案的净现值。

方案的净现值 = 8 400 × (P/A，10%，5) - 30 000

$\qquad$ = 8 400 × 3.790 8 - 30 000

$\qquad$ = 1 842.72（元）

（2）不同情况下的净现值计算。

① 建设期为零，投产后的净现金流量表现为普通年金形式。在这种情况下，净现值按下式计算：

$$NPV = NCF_0 + NCF_{1-n} \times (P/A, i_c, n)$$

【例 5-5】 某企业拟购置一台不需安装的设备，预计买价 100 万元。设备预计使用寿命为 10 年，按直线法计提折旧，无残值。该设备投产后预计每年可增加企业净利润 10 万元，投资的机会成本率为 10%。计算该项投资的净现值。

解答： $NCF_0 = -100$（万元）

$$NCF_{1-10} = 10 + 100 \div 10 = 20 （万元）$$

$$NPV = -100 + 20 \times (P/A，10\%，10) = 22.891\ 4 （万元）$$

本例中，假定固定资产预计残值收入为 10 万元，则该项投资的净现值计算如下：

$NCF_0 = -100$（万元），$NCF_{1-9} = 10 + (100 - 10) \div 10 = 19$（万元），$NCF_{10} = 19 + 10 = 29$（万元）。$NPV = -100 + 19 \times (P/A，10\%，9) + 29 \times (P/F，10\%，10)$

或 $= -100 + 19 \times (P/A，10\%，10) + 10 \times (P/F，10\%，10) = 20.602\ 0 （万元）$

② 建设期不全为零，全部投资在建设期开始时一次投入，投产后每年净现金流量为递延年金形式。在这种情况下，净现值按下式计算：

$$NPV = NCF_0 + NCF_{(s+1)-n} \times [(P/A, i_c, n) - (P/A, i_c, s)]$$

或 $\qquad = NCF_0 + NCF_{(s+1)-n} \times (P/A, i_c, n-s) \times (P/F, i_c, s)$

【例 5-6】 沿用例 5-5 的资料，假定建设期为 1 年，无残值，其他条件不变。计算该项投资的净现值。

解答： $NCF_0 = -100$（万元），$NCF_1 = 0$，$NCF_{2-11} = 20$（万元）。

$$NPV = -100 + 20 \times [(P/A，10\%，11) - (P/A，10\%，1)] = 11.719\ 4 （万元）$$

或 $\qquad = -100 + 20 \times (P/A，10\%，10) \times (P/F，10\%，1) = 11.719\ 4 （万元）$

③ 建设期不为零，全部投资在建设期内分次投入，投产后每年净现金流量为递延年金形式。在这种情况下，净现值按下式计算：

$$NPV = NCF_0 + NCF_1 \times (P/F, i_c, 1) + ... + NCF_s \times (P/F, i_c, s)$$

$$+ NCF_{(s+1)-n} \times [(P/A, i_c, n) - (P/A, i_c, s)]$$

【例 5-7】 沿用例 5-5 的资料，假定建设期为 1 年，无残值，建设资金分别于年初、年末各投入 50 万元，其他条件不变。计算该项投资的净现值。

解答：$NCF_{0-1} = -50$（万元），$NCF_{2-11} = 20$（万元）；

$NPV = -50 - 50 \times (P/F, 10\%, 1) + 20 \times [(P/A, 10\%, 11) - (P/A, 10\%, 1)]$

       $= 16.264\ 8$（万元）

3. 净现值法的优缺点

净现值法的优点是：① 综合考虑了货币时间价值，不仅估算现金流量的数额，而且还考虑了现金流量的时间和投资风险；② 能够反映投资项目在其整个经济年限内的总效益；③ 能够体现企业价值最大化的财务目标。

其缺点是：① 无法从动态的角度直接反映投资项目的实际收益率水平；② 它是一个绝对量指标，不便于比较不同投资项目的获利能力；③ 不能用于期限不同的投资方案的比较；④ 折现率的选择往往具有主观性。

四、现值指数

1. 现值指数的含义与决策原则

现值指数又称现值比率，是指投产后按行业基准收益率或设定折现率折算的各年净现金流量的现值合计与原始投资的现值合计之比。净现值指数又称净现值比、净现值率，是指投资项目的净现值占全部原始投资额现值之和的比率。

       现值指数（PI）＝投产后各年净现金流量的现值合计 ÷ 原始投资的现值合计

        净现值指数（$NPVR$）＝项目的净现值 ÷ 原始投资额现值之和 × 100%

现值指数与净现值指数的关系是：现值指数＝1＋净现值指数，或净现值指数＝现值指数－1。

现值指数与净现值指数本质是一样的，决策原则是：现值指数大于或等于 1 时，投资项目具有财务可行性；反之则应当拒绝投资。净现值指数大于或等于 0，投资项目具有财务可行性。净现值指数小，单位投资的收益率就低，反之，单位投资的收益率高。

【例 5-8】 根据例 5-7 的资料，计算该项目的净现值指数的方法如下：

$$净现值 = 16.264\ 8（万元）$$

$$原始投资现值 = -[-50 - 50 \times (P/F, 10\%, 1)] = 95.454\ 5（万元）$$

$$NPVR = 16.264\ 8 \div 95.454\ 5 \approx 0.170\ 4$$

2. 现值指数的优缺点

净现值指数的优点是：① 可以从动态的角度反映项目的资金投入与净产出之间的关系，有利于在不同投资项目之间进行比较；② 计算简单、易于理解。其缺点是无法直接反映投资项目的实际收益率。

五、内部收益率

内部收益率又称内含报酬率，是指能够使未来现金流入量现值等于现金流出量现值的折现率，即项目投资期望达到的收益率。从计算角度分析，内含报酬率是使投资方案净现值为 0 时的折现率。

$$\sum_{t=0}^{n}[NCF_t \times (P/F, IRR, t)] = 0$$

一般来说，内部收益率的计算需要逐次测试，然后再用插值法原理求解。逐次测试法就是要通过逐次测试找到两个相近的折现率，一个能够使净现值大于零，另一个使净现值小于零，然后采用一定的计算方法，确定能使净现值等于零的折现率，即内部收益率。具体步骤为：

（1）先设定一个折现率 r_1，代入计算净现值的公式，得到净现值 NPV_1，再进行下面的判断：① 若净现值 $NPV_1 = 0$，则内部收益率 $IRR = r_1$，计算结束；② 若净现值 $NPV_1 > 0$，则内部收益率 $IRR > r_1$，应重新设定 $r_2 > r_1$，再将 r_2 代入有关计算净现值的公式，求出净现值 NPV_2，继续进行下一轮的判断；③ 若净现值 $NPV_1 < 0$，则内部收益率 $IRR < r_1$，应重新设定 $r_2 < r_1$，再将 r_2 代入有关计算净现值的公式，求出净现值 NPV_2，进行下一轮的判断。

（2）经过逐次测试判断，有可能找到内部收益率 IRR。每一轮判断的原则相同。若设 r_j 为第 j 次测试的折现率，NPV_j 为按 r_j 计算的净现值，则有：① 当 $NPV_j > 0$ 时，$IRR > r_j$，继续测试；② 当 $NPV_j < 0$ 时，$IRR < r_j$，继续测试；③ 当 $NPV_j = 0$ 时，$IRR = r_j$，测试完成。

（3）若经过有限次测试，仍未从时间价值系数表中找到内部收益率 IRR，则可利用最为接近零的两个净现值——正负临界值 NPV_m 和 NPV_{m+1} 及相应的贴现率 r_m 和 r_{m+1}，应用内插法计算近似的内部收益率。即，如果以下关系成立：$NPV_m > 0$，$NPV_{m+1} < 0$，$r_m < r_{m+1}$，$r_{m+1} - r_m \leqslant d$（$2\% \leqslant d < 5\%$），可按下列具体公式计算 IRR：

$$IRR = r_m + \frac{NPV_m - 0}{NPV_m - NPV_{m+1}} \times (r_{m+1} - r_m)$$

【例 5-9】　某投资项目只能用一般方法计算内部收益率。按照逐次测试法的要求，自行设定折现率并计算净现值，据此判断调整折现率。经过 5 次测试，得到如表 5-3 所示的数据。

表 5-3　内部收益率计算测试表

测试次数 j	设定贴现率 r_j	净现值 NPV_j（按 r_j 计算）
1	10%	+918.383 9
2	30%	−192.799 1
3	20%	+217.312 8
4	24%	+39.317 7
5	26%	−30.190 7

要求：计算该项目的内部收益率。

解答：因为 $NPV_4 = +39.317\ 7 > NPV_5 = -30.190\ 7$，$r_4 = 24\% < r_5 = 26\%$，故：$24\% < IRR < 26\%$。由内插法得出：

$$IRR = 24\% + \frac{39.317\ 7 - 0}{39.317\ 7 - (-30.190\ 7)} \times (26\% - 24\%) = 25.13\%$$

以上介绍了内部收益率计算的一般方法。当项目投产后的净现金流量表现为普通年金

的形式时，可以直接利用年金现值系数计算内部收益率，公式为

$$(P/A, IRR, n) = \frac{I}{NCF}$$

式中，I 为在建设期开始时一次投入的原始投资；$(P/A, IRR, n)$ 是期限为 n、折现率为 IRR 的年金现值系；NCF 为投产后 $1\sim n$ 年每年相等的净现金流量（$NCF_1 = NCF_2 = \cdots = NCF_n = NCF$，$NCF$ 为一常数，$NCF \geqslant 0$）。

运用该方法的条件是：① 项目的全部投资均于建设期开始时一次性投入，建设期为零；② 投产后每年净现金流量相等。

【例 5-10】 某投资项目在建设起点一次性投资 254 580 元，当年完工并投产，投产后每年可获净现金流量 50 000 元，经营期为 15 年。

要求：（1）判断该项目能否用内部收益率法；（2）计算该指标。

解答：（1）因为 $NCF_0 = -1$，$NCF_{1-15} = 50\,000$，所以此题可采用内部收益率法来计算该项目的内部收益率 IRR。

（2）$(P/A, IRR, 15) = \dfrac{254\,580}{50\,000} = 5.091\,6$

由查表得到 15 年的年金现值系数为：$(P/A, 18\%, 15) = 5.091\,6$，所以最终得到：

$$IRR = 18\%$$

内含报酬率法的决策原则是：对于单一方案，内含报酬率大于基准收益率时，投资项目具有财务可行性；内含报酬率小于基准收益率时，投资项目则不可行；多方案比较时，选择内含报酬率最大且大于基准收益率的投资方案。

内部收益率法的优点是：① 内部收益率反映了投资项目可能达到的报酬率，易于被高层决策人员所理解；② 对于独立投资方案的比较决策，如果各方案原始投资额现值不同，可以通过计算各方案的内部收益率，反映各独立投资方案的获利水平。

内部收益法的缺点是：① 计算复杂，不易直接考虑投资风险大小；② 在互斥投资方案决策时，如果各方案的原始投资额现值不相等，有时无法做出正确的决策。

第四节 项目投资决策

一、固定资产更新决策

在项目投资决策中，固定资产更新决策相对比较频繁，其分析评价工作也较为复杂。决策时，如涉及多个相互排斥、不能同时存在的投资方案，应在每一个入选方案已具备财务可行性的前提下，利用相应的评价指标比较各个方案的优劣，并从备选方案中选出一个最优方案。以下分期限相同和期限不同两种情况来介绍固定资产更新决策问题。

（一）期限相同的固定资产更新决策

【例 5-11】 美多公司打算以新设备替换旧设备。旧设备的账面价值为 220 万元，预计售价为 20 万元；购买新设备的成本为 130 万元。新旧设备的预计未来使用年限均为 10

年。使用新设备年营业收入可增加14万元，可节约成本（未含折旧因素）11万元。假定所得税税率为40%，资本成本率为15%。要求计算该更新方案的净现值，并进行决策。（有关现金流量的时间假设为：① 年初用现金购买新设备；② 年初销售旧设备并马上收到现金；③ 销售旧设备的所得税收益在年末实现；④ 以后10年每年的净现金流量均在年末收到。）

解答：

（1）初始现金流量的现值 = 200 000 − 1 300 000 + 800 000 × 0.869 6 = −404 320（元）

（2）年净收益增加额 = ［140 000（增加的收入）+ 110 000（节约的不含折旧的成本）+ 90 000（减少的折旧额）］× （1−40%） = 204 000（元）

年经营现金流量增加额 = 204 000 +（−90 000）= 114 000（元）

或　　　　　　　　　　　　　　　 = 140 000 + 110 000 − 136 000 = 114 000（元）

年经营现金流量增加额的现值 = 114 000 × 4.833 2 = 550 985（元）

方案现金净现值 = 550 985 − 404 320 = 146 665（元）

由于以新换旧方案的净现值大于0，故应选择以新设备替换旧设备。

（二）期限不同的固定资产更新决策

在多个互斥方案的比较中，当原始投资与项目寿命周期相同时，我们可以利用投资回收期、投资报酬率、净现值、内部报酬率及获利指数等方法做出正确的决策。但当投资项目的投资总额或寿命期不相等时，仅利用单一指标可能做出错误的决策。

【例5−12】 某企业拟投资新建一条生产线。现有 A、B、C 三个方案可供选择：A 方案的原始投资为243万元，项目寿命期为18年，净现值为1 086万元；B 方案的原始投资为145万元，项目寿命期为10年，净现值为845万元；C 方案的原始投资为364万元，项目寿命期为18年，净现值为875万元。

从所给的资料看，以净现值指标进行判断似乎 A 方案最可取，其净现值为1 086万元，远远大于 B、C 方案。但由于 A、B、C 三个方案的投资总额及寿命期都不相同，仅利用净现值进行决策可能不太合适。因为净现值适用于原始投资相同且项目寿命期相等的多方案比较决策。

当备选方案的投资总额或寿命期不相同时，决策的目的是要保证投资年收益最大。这时，可以采用共同年限法或等额年限法进行决策，后一种方法尤其适用于项目寿命期不同的多方案比较决策。

1. 共同年限法

共同年限法的计算方法是假设投资项目可以在终止时进行重置，通过重置使两个项目达到相同的年限，然后比较其净现值。该方法也被称为重置价值链法。通常选最小公倍寿命为共同年限。决策原则为选择调整后净现值最大的方案。

【例5−13】 某企业准备投资一个完整工业建设项目，其资本成本为10%，分别有甲、乙、丙三个方案可供选择。

（1）甲方案的有关资料如表5−4所示。

已知甲方案的投资于建设期起点一次投入，建设期为1年，等额年金净现值为4 073元。

表 5-4　甲方案现金流量表

单位：元

项目寿命	0	1	2	3	4	5	6	合计
净现金流量	−50 000	0	20 000	20 000	10 000	20 000	30 000	—
折现的净现金流量	−50 000	0	16 528	15 026	6 830	12 418	16 935	17 737

（2）乙方案的项目寿命期为 8 年，净现值为 40 000 元，等额年金净现值为 7 496 元。

（3）丙方案的项目寿命期为 12 年，净现值为 60 000 元。

要求：假设各项目重置概率均较高，要求按共同年限法计算甲、乙、丙三个方案调整后的净现值（计算结果保留整数）。

解答：甲、乙、丙三个项目的共同寿命期为 24 年，对于甲项目来说，项目结束后可以再重复三次，第一次重复是从第 7~12 年，其净现值是折算到第 7 年年初，折算到 0 时点要乘以 6 期的复利现值系数；第二次重复是从第 13~18 年，净现值是折算到第 13 年年初，再折算到 0 时点，要乘以 12 期的复利现值系数；第三次重复是从第 19—24 年，其净现值是折算到第 19 年年初，再折算到 0 时点要乘以 18 期的复利现值系数。同理可得乙和丙方案调整后的净现值。

甲方案调整后的净现值

$= 17\ 737 \times [\ 1 + (P/F,\ 10\%,\ 6) + (P/F,\ 10\%,\ 12) + (P/F,\ 10\%,\ 18)\ ] = 36\ 591（元）$

乙方案调整后的净现值 $= 40\ 000 \times [\ 1 + (P/F, 10\%, 8) + (P/F, 10\%, 16)\ ] = 67\ 364（元）$

丙方案调整后的净现值 $= 60\ 000 \times [\ 1 + (P/F,\ 10\%,\ 12)\ ] = 79\ 116（元）$

丙方案调整后的净现值最大，应选择丙方案。

2. 等额年金法

等额年金法是指根据所有投资方案的等额年金大小来选择最优方案的决策方法。某一方案等额年金等于该方案净现值与相关的资本回收系数（即年金现值系数的倒数）的乘积。

若某方案净现值为 NPV，设定折现率或基准报酬率为 i，项目寿命期为 n，则等额年金法可按下式计算。

$$A = \frac{NPV}{PVIFA_{i,n}}$$

式中，　　A——方案的等额年金；

$PVIFA_{i,n}$——n 年、贴现率为 i 的年金现值系数。

采用该种方法时，所有方案中等额年金最大的方案即为最优方案。

【例 5-14】某企业现有一台旧设备，准备更新，折现率为 15%，假设所得税税率为 40%，有关资料如表 5-5 所示。

表 5-5　新旧设备对照表

有关指标	旧设备	新设备
原价（元）	35 000	36 000

续表

有关指标	旧设备	新设备
预计使用年限（年）	10	10
已使用年限（年）	4	0
残值（元）	5 000	4 000
残值变价收入（元）	3 500	4 200
目前变现价值（元）	10 000	36 000
年折旧费（元）	3 000	3 200
年营运成本（元）	10 500	8 000

要求：运用年金成本法进行决策。

解答：

新设备：

（1）所得税后营运成本 = 8 000 × (1 − 40%) − 3 200 × 40% = 3 520（元）

（2）税后残值收入 = 4 200 − (4 200 − 4 000) × 40% = 4 120（元）

（3）新设备年金成本 = [36 000 − 4 120 × (P/S, 15%, 10)]/(P/A, 15%, 10) + 3 520 = 10 489.86（元）

旧设备：

（1）所得税后营运成本 = 10 500 × (1 − 40%) − 3 000 × 40% = 5 100（元）

（2）旧设备投资额 = 10 000 + (23 000 − 10 000) × 40% = 15 200（元）

　　旧设备税后残值收入 = 3 500 + (5 000 − 3 500) × 40% = 4 100（元）

（3）旧设备年金成本 = [15 200 − 4 100 × (P/S, 15%, 6)]/(P/A, 15%, 6) + 5 100 = 8 648.4（元）

计算结果表明，新设备的年金成本高于旧设备的年金成本，故应选择继续使用旧设备。

二、租赁决策

租赁决策，是运用长期投资决策的基本技术进行租赁的可行性分析，在此基础上决定融资方案，确定项目合同的内容，并采取措施保证合同实现，保护当事人自己的合法权益。租赁决策的作用就在于，就某一特定项目而言，确定应否添置设备，采用何种方式融资；在不同条件下，分析不同方式的优劣，经过综合、周密经济效益分析，做出最佳方案的选择。

（一）租赁决策的影响因素

租赁决策的影响因素很多，对这些因素加以分析归纳，大体有六种：租赁费用、现金流转时间和数量、机会成本、税收因素、法律因素和风险因素等。以下介绍前三种。

1. 租赁费用

租赁费用指企业为租赁设备而发生的所有现金流出量，包括租金、设备安装调试费、利息、手续费、维修费、保险费、担保费、名义购买费等。

2. 现金流转时间和数量

一种筹资方式的好坏，除了要考虑现金流出量的大小外，还应考虑现金流转期的问题。这包括现金流转期限和现金流量在流转期限内的分布问题。这两个问题同时决定着现金流出量现值的大小。

（1）现金流转期限问题。一个项目的经济效益究竟应考虑今后何时为止？也就是确定现金流转的时间和数量应以多少年为限，这就是现金流转期限的确定问题。其目的是要将不同筹资方式下的现金流转期限制于一个相同的长度上，使之具有可比性。在租赁决策中，现金流转的期限决定于租赁期的长短、期满资产的处理方式和租赁资产本身的经济寿命三个因素。

（2）现金流量的分布问题。由于货币是有时间价值的，因此，即使一定时期内各种筹资方式下的现金流出量之和相同，但如果分布期不同，各种方案的现金流出量的现值可能不同，从而决策的结果也可能不同。

3. 机会成本

所谓机会成本就是实施某一决策方案而放弃另一决策方案，另一决策方案的收益。机会成本有的可用货币数量表示，有的只能做定性分析。

在进行租赁决策时有两个方面的机会成本需考虑。第一，不同投资方案的机会成本比较；第二，同一投资方案下不同筹资方式的机会成本比较。

财务管理主要从承租人的融资角度研究租赁（出租人是从投资角度研究租赁），将租赁视为一种融资方式。

（二）租赁分析模型

租赁决策中使用的分析模型见下式：

租赁净现值 = 租赁的现金流量总现值 − 借款购买的现金流量总现值

计算现值使用的折现率，实务中大多采用简单的解决办法，即采用有担保债券的税后利率作为折现率，它比无风险利率稍微高一点。

（1）期末不转移资产所有权，承租人各期现金流量如图 5-1 所示。

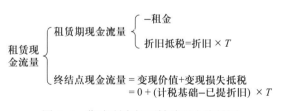

图 5-1　期末所有权不转移现金流量图

（2）期末转移资产所有权，承租人各期现金流量如图 5-2 所示。

【例 5-15】　G 公司是一家生产和销售软饮料的企业。该公司产销的甲饮料持续盈利，目前供不应求，公司正在研究是否扩充其生产能力。有关资料如下：

（1）该种饮料批发价格为每瓶 5 元，变动成本为每瓶 4.1 元。本年销售 400 万瓶，已

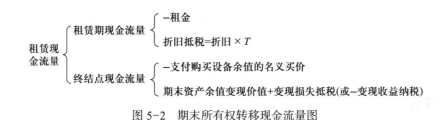

图 5-2 期末所有权转移现金流量图

经达到现有设备的最大生产能力。

（2）市场预测显示明年销量可以达到 500 万瓶，后年将达到 600 万瓶，然后以每年 700 万瓶的水平持续 3 年。5 年后的销售前景难以预测。

（3）投资预测：为了增加一条年产 400 万瓶的生产线，需要设备投资 600 万元；预计第 5 年年末设备的变现价值为 100 万元；生产部门估计需要增加的营运资本为新增销售额的 16%，在年初投入，在项目结束时收回；该设备能够很快安装并运行，可以假设没有建设期。

（4）设备开始使用前需要支出培训费 8 万元；该设备每年需要运行维护费 8 万元。

（5）该设备也可以通过租赁方式取得。租赁公司要求每年租金 123 万元，租期 5 年，租金在每年年初支付，租赁期内不得退租，租赁期满设备所有权不转移。设备运行维护费由 G 公司承担。租赁设备开始使用前所需的培训费 8 万元由 G 公司承担。

（6）公司所得税税率 25%；税法规定该类设备使用年限 6 年，直线法折旧，残值率 5%；假设与该项目等风险投资要求的最低报酬率为 15%；银行借款（有担保）利息率 12%。

要求：

（1）计算自行购置方案的净现值，并判断其是否可行。

（2）编制租赁的还本付息表，并且计算租赁相对于自购的净现值；判断该方案是否可行，并说明理由。

已知：$(P/A, 1\%, 4) = 3.9020$，$(P/A, 2\%, 4) = 3.8077$，$(P/F, 15\%, 1) = 0.8696$，$(P/F, 15\%, 2) = 0.7561$，$(P/F, 15\%, 3) = 0.6575$，$(P/F, 15\%, 4) = 0.5718$，$(P/F, 15\%, 5) = 0.4972$，$(P/F, 9\%, 1) = 0.9174$，$(P/F, 9\%, 2) = 0.8417$，$(P/F, 9\%, 3) = 0.7722$，$(P/F, 9\%, 4) = 0.7084$。

解答：（1）自行购置的净现值计算如表 5-6 所示。

表 5-6 自购现金流量及现值表

单位：万元

时间（年末）	0	1	2	3	4	5
营业收入		500	1 000	1 500	1 500	1 500
税后收入		375	750	1 125	1 125	1 125
税后付现成本		$4.1 \times 100 \times (1 - 25\%) = 307.5$	615	922.5	922.5	922.5
折旧抵税		$95 \times 25\% = 23.75$	23.75	23.75	23.75	23.75

续表

税后维护费		8×（1−25%）=6	6	6	6	6
税后培训费	8×（1−25%）=6				
税后营业现金流量	−6	85.25	152.75	220.25	220.25	220.25
设备投资	−600				
营运资本投资	500×16%=80	80	80		
回收残值流量						106.25
回收营运资本						240
项目增量现金流量	−686	5.25	72.75	220.25	220.25	566.5
折现系数	1	0.869 6	0.756 1	0.657 5	0.571 8	0.497 2
现值	−686	4.57	55.01	144.81	125.94	281.66
净现值	−74.01				

$$年折旧 = 600 \times (1-5\%)/6 = 95（万元）$$
$$终结点账面净值 = 600 - 5 \times 95 = 125（万元）$$
$$变现损失 = 125 - 100 = 25（万元）$$
$$回收残值流量 = 100 + 25 \times 25\% = 106.25（万元）$$

（2）编制租赁的还本付息表（如表5-7所示），并且计算租赁相对于自购的净现值（如表5-8所示）。

设内含利息率为 i，则：
$$600 = 123 + 123 \times (P/A, i, 4)$$
即：$(P/A, i, 4) = 3.878\ 0$
由于：$(P/A, 1\%, 4) = 3.902\ 0$，$(P/A, 2\%, 4) = 3.807\ 7$
所以：$(i-1\%) \div (2\%-1\%) = (3.878\ 0 - 3.902\ 0) \div (3.807\ 7 - 3.902\ 0)$
解得：$i = 1.25\%$

表5-7 租赁的还本付息表

单位：万元

时间（年末）	0	1	2	3	4
支付租金	123	123	123	123	123
内含利息率	1.25%	1.25%	1.25%	1.25%	1.25%
支付利息	0	5.963	4.5	3.018	1.519
归还本金	123	117.037	118.5	118.982	121.481
未还本金	600−123=477	359.963	241.463	121.481	0

提示：第五年年初（第四年年末）支付的利息是倒挤出来的，123−121.481=1.519（万元）。

表 5-8 租赁相对于自购的净现值

单位：万元

时间（年末）	0	1	2	3	4	5
避免设备成本支出	600	0	0	0	0	0
租金支付	−123	−123	−123	−123	−123	0
利息抵税	0	1.491	1.125	0.755	0.38	0
租赁期差额现金流量	477	−121.509	−121.875	−122.245	−122.62	
折现系数（9%）	1	0.917 4	0.841 7	0.772 2	0.708 4	
租赁期差额现金流量现值	477	−111.472	−102.582	−94.398	−86.864	
丧失的回收残值流量	0	0	0	0	0	−106.25
折现系数（15%）	—	—	—	—	—	0.497 2
丧失的回收残值流量现值	—	—	—	—	—	−52.828
租赁相对自购的净现值	28.86					

提示：12% ×（1 − 25%）= 9%。

由于租赁方案的净现值 = −74.01 + 28.86 = −45.15（万元）小于零，所以，租赁方案也不可行。

三、资本限量投资决策

资本限量投资决策是指在企业投资资金已定的情况下所进行的投资决策，也就是说，尽管企业存在很多有利可图的投资项目，但由于无法筹集到足够的资金，只能在已有资金的限制下进行决策。在资金有限的情况下，决策的原则是使企业获得最大的利益，即将有限的资金投放于一组能使净现值最大的项目组合。这样的项目组合可以通过以下两种方法获取。

1. 获利指数法

获利指数法是以各投资项目获利指数的大小对项目进行排队，以已获投资资金为最高限额，并以加权平均获利指数为判断标准的最优化决策方法。该方法的应用步骤是：

第一步，计算所有投资项目的获利指数，并列出每一个项目的初始投资。

第二步，接受所有获利指数≥1 的项目，并按获利指数的大小进行排序。如果所有可接受的项目都有足够的资金，则说明资本没有限量，这一过程即可完成。

第三步，在已获投资资金不能满足所有获利指数≥1 的项目需求的情况下，应对所有项目在资本限量内进行各种可能的组合，然后计算出各种组合的加权平均获利指数。

第四步，接受加权平均获利指数最大的一组项目。

2. 净现值法

净现值法是以已获投资资金为最高限额，并以净现值总额最大为判断标准的最优化决策方法。该方法的应用步骤是：

第一步，计算所有项目的净现值，并列出每一项目的初始投资。

第二步，接受所有净现值≥0 的项目，如果所有可接受的项目都有足够的资金，则说明资本没有限量，这一过程即可完成。

第三步，在已获投资资金不能满足所有净现值≥0 的投资项目需求的情况下，应将所有的项目在已获投资资金限量内进行各种可能的组合，并计算出各种组合的净现值总额。

第四步，接受净现值总额最大的投资组合。

【例 5-16】 M 公司有五个可供选择的投资项目：A、B、C、D、E，其中 B 和 C、D 和 E 是互斥项目，M 公司已获投资资金的最大限量是 880 000 元，详细情况见表 5-9。

表 5-9　各类投资项目的详细情况

投资项目	初始投资（元）	获利指数 PI（元）	净现值 NPV（元）
A	240 000	1.35	84 000
B	180 000	1.42	75 600
C	250 000	1.61	152 500
D	425 000	1.40	170 000
E	23 000	1.14	32 200

如果 M 公司想选取获利指数最大的项目，那么它将选用 C 项目（获利指数为 1.61）；如果 M 公司按每一项目的净现值的大小来选取，那么它将首先选用 D 项目（净现值为 170 000 元）。然而，以上两种选择方法都是错误的，因为它们选择的都是获利指数最大或净现值最大的单一项目，而不是能使企业获利指数或净现值最大的项目组合。

为了选出最优的项目组合，必须列出在资本限量内所有可能的项目组合。为此，我们通过表 5-10 来计算所有可能的项目组合的加权平均获利指数和净现值合计数。

在表 5-10 中，ABD 的组合有 35 000 元资金没有用完，假设这 35 000 元可投资于有价证券，获利指数为 1（以下其他组合也如此），则 ABD 组合的加权平均获利指数可按下列方法计算。

表 5-10　所有可能的项目组合的加权平均获利指数和净现值合计数

项目组合	初始投资（元）	加权平均获利指数（元）	净现值合计（元）
ABD	845 000	1.374 5	329 560
ACD	915 000	1.50	406 500
ABE	650 000	1.218	191 800
ACE	720 000	1.305	268 700
AB	420 000	1.18	159 600
AC	490 000	1.269	236 500

项目组合	初始投资（元）	加权平均获利指数（元）	净现值合计（元）
AD	665 000	1.288 6	254 000
AE	470 000	1.132	116 200
BE	410 000	1.122 5	107 800
CE	480 000	1.21	184 700

ABD 组合的加权平均获利指数 =（ 240 000/880 000 ）× 1.35 +（ 180 000/880 000 ）× 1.42 +（ 425 000/880 000 ）× 1.40 +（ 35 000/880 000 ）× 1.00 = 1.374 5

从表 5-10 中可以看出，M 公司应选用 A、B 和 D 三个项目组成的投资组合，其净现值为 329 560 元。在进行方案选择时应注意两点：一是组合投资总额不得超过已获投资资金的限额（本例中为 880 000 元），否则即为无效投资组合（如本例中的 A、C、D 三个项目的组合）；二是有效投资组合应当是最大投资组合，凡包容在其他组合中的组合均不会成为最优投资组合（如本例中 A、B 项目的组合，A、C 项目的组合，A、D 项目的组合，A、E 项目的组合，B、E 项目的组合，C、E 项目的组合）。

第五节　项目投资风险分析

由于项目投资涉及的时间比较长，面临的不确定性因素多，风险程度相对较大。因此，我们需要运用一定的方法，对这些不确定性或者风险进行估量和评价。考虑了影响投资项目的不确定性因素的投资决策叫作风险投资决策。风险投资决策方法主要有风险调整贴现率法、风险调整现金流量法、决策树法、敏感性分析法、场景概况分析法及蒙特卡罗模型分析法等。本章主要对风险调整贴现率法、风险调整现金流量法、决策树法和敏感性分析法进行介绍。

一、风险调整贴现率法

我们知道，贴现率是投资者进行项目投资所要求的最低报酬率，它与项目的风险程度息息相关，即：项目投资风险大，贴现率越高，反之则贴现率低。风险调整贴现率法就是根据这一理论，首先根据项目的风险程度调整贴现率，再根据调整后的贴现率计算投资项目的净现值，进而再根据该净现值进行投资决策。

根据风险程度调整贴现率的方法主要有以下几种：

1. 运用资本资产定价模型进行调整

按照这种方法，特定投资项目的风险调整贴现率按下式计算：

$$k_j = r_f + \beta_j \times (k_m - r_f)$$

式中，K_j——项目 j 的风险调整贴现率；

r_f——无风险利率；

β_j——项目 j 的 β 系数；

k_m——所有项目的平均投资报酬率。

2. 根据投资项目的风险等级进行调整

这种方法是对影响项目投资风险的各种因素进行评分，根据评分来确定风险等级，再根据风险等级来调整贴现率。表 5-11、表 5-12 可以说明该方法的具体运用。

表 5-11　投资项目风险状况及评分表

因素	A		B		C		D		E	
	状况	得分	状况	得分	状况	得分	状况	得分	状况	得分
市场竞争	无	1	较弱	2	一般	5	较强	8	很强	11
战略协调性	很好	1	较好	2	一般	5	较差	8	很差	11
投资回收期	1.5 年	5	1 年	1	2.5 年	8	3 年	9	4 年	13
资源供应	一般	7	很好	1	较好	4	很差	15	较差	11
总分	—	14	—	6	—	22	—	40	—	46
折现率		9%		7%		12%		17%		≥25%

表 5-12　得分对应贴现率表

总分	风险等级	调整后的贴现率
0~8	很低	7%
8~16	较低	9%
16~24	一般	12%
24~32	较高	15%
32~40	很高	17%
40 分以上	最高	25% 以上

表 5-12 中的分数、风险等级、贴现率的确定都是根据以往的经验来设定的，具体评分工作可由销售、生产、技术、财务等部门组成专家小组来进行。

3. 按投资项目的类别调整贴现率

为满足项目投资决策的需要，对于经常发生的项目投资，企业可以根据经验或者历史资料预先按风险大小规定高低不等的贴现率。表 5-13 是某公司对不同类型项目投资预先规定的贴现率。

表 5-13　项目投资类别对应贴现率表

投资项目类别	风险调整贴现率（边际资本成本 + 风险补偿率）
重置型项目	10% + 2% = 12%
改造、扩充现有产品生产项目	10% + 5% = 15%
增加新生产线项目	10% + 8% = 18%
研发开发项目	10% + 15% = 25%

风险调整贴现率法的优点主要有：① 容易理解；② 企业可以根据自己对风险的偏好来确定风险调整贴现率，有利于实际运用。其缺点主要有：① 贴现过程的计算较为复杂；② 把风险因素和时间因素混为一谈，人为地假定风险随时间的延长而增大，这不一定符合实际情况。

二、肯定当量法

由于项目的未来现金流量具有不确定性，使得项目投资存在投资风险。对此，除采用风险调整贴现率法外，还可以运用肯定当量法。肯定当量法的运用程序是：首先根据投资项目的风险程度将不确定的现金流量调整为确定的现金流量，然后将确定的现金流量按无风险报酬率进行贴现，计算投资项目的净现值，最后根据该净现值来进行项目投资决策。肯定当量法计算公式如下：

$$风险调整后的净现值 = \sum_{t=0}^{n} \frac{a_t \times 现金流量期望值}{(1 + 无风险报酬率)^t}$$

式中，a_t——t 年现金流量的肯定当量系数，取值范围为 1~0。

肯定当量系数是指不确定的 1 元现金流量期望值相当于确定的现金流量的系数。运用该系数，可以将各年不确定的现金流量换算成确定的现金流量。

$$a_t = 肯定的现金流量 \div 不肯定的现金流量期望值$$

确定的 1 元钱比不确定的 1 元钱更受欢迎。不确定的 1 元钱，其价值要低于确定的 1 元钱的价值，两者的差额与不确定性程度的高低有关。一般依据标准离差率来确定肯定当量系数，因为标准离差率能够较好地反映现金流量的不确定性程度。表 5-14 列示了变化系数（既标准离差率）与肯定当量系数之间的经验关系。

表 5-14　变化系数（标准离差率）与肯定当量系数的经验关系表

变化系数	肯定当量系数
0.00 ~ 0.07	1
0.08 ~ 0.15	0.9
0.16 ~ 0.23	0.8
0.24 ~ 0.32	0.7

续表

变化系数	肯定当量系数
0.33~0.42	0.6
0.43~0.54	0.5
0.55~0.70	0.4

【例5-17】　某企业准备进行一项投资，其各年的现金流量和分析人员确定的肯定当量系数如表5-15所示，无风险贴现率为10%，试判断此项目是否可行。

表5-15　现金净流量与肯定当量系数表

时间	0	1	2	3	4
现金净流量	−20 000	7 000	9 000	8 000	8 000
肯定当量系数 a_t	1.0	0.95	0.9	0.85	0.8

解答：根据以上资料，计算项目净现值如下：

$$净现值 = \sum_{t=0}^{n} \frac{a_t \times 现金流量期望值}{(1+无风险报酬率)^t}$$

$$= 0.95 \times 7\,000 \times 0.909\,1 + 0.9 \times 9\,000 \times 0.826\,4 + 0.85 \times 8\,000 \times 0.751\,3 + 0.8 \times$$
$$8\,000 \times 0.683 - 20\,000$$
$$= 2\,219.40（元）$$

由于净现值为正，故项目可以投资。

肯定当量法的优点主要有：① 计算比较简单；② 克服了风险调整贴现率法夸大远期风险的缺点。其局限性在于：如何准确合理地确定肯定当量系数仍是个十分困难的问题，因为即便有变化系数与肯定当量系数的对照关系，由于没有公认的客观准则，仍不能准确确定。

三、决策树法

决策树法又称网络分析法，是通过分析投资项目未来各年各种可能净现金流量及其发生概率，并计算投资项目的期望净现值来评价风险投资的一种决策方法。决策树法考虑了投资项目未来各年现金流量之间的相互依存关系，涉及条件概率和联合概率问题。为了便于考察项目未来各年可能的净现金流量及其发生的概率，往往使用简单树枝图形，以明确地说明投资项目各方案的情况。

应用决策树法的主要步骤是：

（1）画出决策树图形。决策树图形用于反映某个决策问题的分析和计量过程。主要分为以下几个部分：

① 决策点，即几种可能方案选择的结果，即最后选择的决策方案，一般用"□"表示。

② 方案枝，即决策点从左到右的若干条直线，代表一种备选方案。

③ 机会点，即代表备选方案的经济效果，是方案直线末端的一个圆"○"。

④ 概率枝，即代表各备选方案不同自然状态的概率，是机会点向右的若干条直线。

（2）预计各种状态可能发生的概率。

（3）计算期望收益值。

（4）选择最佳方案。分别将各方案期望总和与投资总额之差标在机会点上方，并对各机会点的备选方案进行比较权衡，收益最大的方案即为最佳方案。

【例5-18】 M公司拟开发一种新产品，预计市场情况为：畅销的概率 $p_1 = 0.6$，滞销的概率 $p_2 = 0.4$。备选方案有：A方案，建造一个新车间，使用期为10年；B方案，对现有资产进行技术改造，既维持原来生产，又组成新产品的生产线，使用期为10年；C方案，前期与B方案相同，如果市场情况好，3年后进行扩建，扩建项目使用期7年。该公司要求的最低报酬率为10%，其他有关数据如表5-16所示。

表5-16 不同投资方案数据预测表

单位：万元

方案	投资额		年收益			
	当前	三年后	前三年		后七年	
			畅销	滞销	畅销	滞销
A	240	0	80	−20	80	−20
B	120	0	30	20	30	20
C	120	180	30	20	90	20

解答： 首先绘制决策树，如图5-3所示。

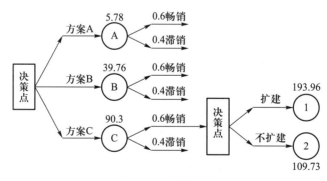

图5-3 决策树图

计算各机会点的期望收益值：

机会点A的期望收益值 $= 80 \times (P/A, 10\%, 10) \times 0.6 + (-20) \times (P/A, 10\%, 10) \times 0.4 - 240$

$= 80 \times 6.144\,6 \times 0.6 + (-20) \times 6.144\,6 \times 0.4 - 240$

$= 5.78$（万元）

机会点 B 的期望收益值 $= 30 \times (P/A, 10\%, 10) \times 0.6 + 20 \times (P/A, 10\%, 10) \times 0.4 - 120$

$\qquad = 30 \times 6.144\ 6 \times 0.6 + 20 \times 6.144\ 6 \times 0.4 - 120$

$\qquad = 39.76$（万元）

机会点 C 的期望收益值：

点①期望收益值 $= 90 \times (P/A, 10\%, 7) \times (P/F, 10\%, 3) - 180 \times (P/F, 10\%, 3)$

$\qquad = 90 \times 4.868\ 4 \times 0.751\ 3 - 180 \times 0.751\ 3 = 193.96$（万元）

点②期望收益值 $= 30 \times (P/A, 10\%, 7) \times (P/F, 10\%, 3) - 0$

$\qquad = 30 \times 4.868\ 4 \times 0.751\ 3 - 0 = 109.73$（万元）

比较①和②的期望收益值，除去②。

机会点 C 的期望收益值 $= [193.96 + 30 \times (P/A, 10\%, 3)] \times 0.6 + 20 \times$

$\qquad (P/A, 10\%, 10) \times 0.4 - 120$

$\qquad = 90.3$（万元）

因为各个方案经营期一致，故可直接比较各方案期望收益值的大小，比较结果是放弃期望收益值较小的方案 A 和 B，选择期望收益值大的方案 C。

决策树法的优点是：① 考虑了投资项目未来各年现金流量之间的相互依存关系；② 为决策人员提供了投资项目未来各年所有可能的现金流量及其概率分布；③ 全面反映了投资项目的风险特征。其缺陷是当项目的经济年限较长以及现金流量的可能性较多时，计算相对复杂，并且决策树图绘制的工作量较大。

四、敏感性分析

敏感性分析是研究制约投资项目评价指标（如 NPV、IRR 等）的内外部环境因素发生变动对评价指标所产生的影响的一种定量分析方法。进行敏感性分析的基本步骤如下：

（1）确定影响项目评价的内外部环境因素，这些环境因素主要有市场需求、市场价格、成本水平等，它们构成了项目财务评价的各种环境变量。

（2）在保持其他条件不变的情况下，调整某个环境变量的取值，并计算环境变量调整后的项目评价指标。不断重复这一步骤，分别对各个变量进行分析，由此可以得到每一个环境变量的变动对 NPV 或 IRR 的影响。

（3）将项目评价指标的变动与对应的环境变量的变动联系起来，计算项目评价指标对环境变量的敏感系数，再根据敏感系数的大小判断项目的风险。

表 5-17 列举的是某投资项目的五个主要环境变量增长 1% 时对 NPV 的影响。

表 5-17　主要变量对净现值的相互影响（基本状态下 $NPV = 200\ 000$ 元）

主要环境变量增长 1%	NPV 增长量（元）	增长百分比（%）
销售增长率	2 328	1.16
营业利润率	3 644	1.82
资本投资	-1 284	-0.64
营运资金投资	-1 412	-0.71
贴现率	-4 929	-2.46

由表 5-17 可见，该项目对贴现率的变化最为敏感，其次是营业利润率，第三是销售增长率。也就是说，该项目的最大风险来自于贴现率，即资本成本的变化，其次是营业成本水平。对此，企业应当有针对性地采取成本控制措施，努力降低成本，控制项目风险。

敏感性分析法是项目风险评价的最常用的方法，它能够帮助我们找到导致项目风险的各主要因素，以便能够在事前制定风险防范和控制措施。但该方法仍存在着以下局限性：① 该分析法提供了针对一组数值的分析结果，无法给出每一个数值发生的可能性。② 该方法是假设其他环境变量保持不变的情况下，分别考察某一个环境变量发生变动对评价指标的影响。但在现实生活中这些环境变量通常是相互联系的，一个环境变量发生变动常常会导致其他变量同时发生变动。③ 对于同一个敏感性分析结果，一些决策者可能会拒绝该项目而其他决策者却可能接受这一项目，这往往取决于决策者对项目风险的厌恶程度。

本章小结

本章主要包括项目投资概述、项目投资现金流量的公式及预测、项目投资评价的方法、项目投资方案的决策、项目投资中的风险评价五个方面的内容。

项目投资对企业的盈利能力和未来发展有着重要的影响。了解项目投资的特点及管理的基本程序，对掌握项目投资的内容体系和方法十分重要。

在解决什么是现金流量及其分类的基础上，应着重掌握现金流量内容及其计算问题。现金流量分布在不同阶段，在现金流量计算时应确认项目投资的现金流量的发生时点。

在掌握各种非贴现现金流量指标和贴现现金流量指标的计算方法、优缺点及其适用范围的同时，应强调的是，没有一个指标适用于所有的投资决策问题，应具体问题具体分析。这些指标中，净现值最为直观与准确地度量了项目投资的资本所增加的价值，内含收益率反映了投资项目的经济保本点，是投资项目本身所达到的最高预期投资回报率。

在结合若干实例对贴现现金流量指标的运用进行说明的基础上，强调投资决策的复杂性及在不同决策问题中相应指标的应用。在互斥项目评价中，如果各投资项目的寿命期相同，一般直接计算比较各项目的净现值大小，也可先计算其中两个项目的差额现金流量，再计算差额现金流量的净现值或用差额现金流量的内含报酬率与资本成本做比较。如果各投资项目寿命周期不同，可以采用共同年限法或等额年金法进行判断。固定资产更新决策、租赁决策、资本限额决策等决策的运用均以现值、年限等作为基础进行分析判断。

项目投资决策多在不确定因素的影响下做出，因而必须充分考虑风险因素的影响，采用适当的方法计量风险影响，以做出正确的决策。项目投资的风险评估主要有风险调整贴现率法、风险调整现金流量法、决策树法和敏感性分析法等多种。

即测即评

请扫描右侧二维码，进行即测即评。

思考题

1. 财务管理中的现金与财务会计中的现金有何异同点？
2. 现金流量是如何分类的？各种分类各有什么作用？
3. 为什么投资决策要用现金流量取代利润进行计算？
4. 非贴现现金流量指标的优缺点是什么？
5. 正确运用净现值法的条件是什么？当投资额不同或项目计算期不等时，如何才能正确决策？
6. 组合投资的决策要点是什么？
7. 如何进行固定资产修理和更新的决策？
8. 在不确定因素的影响下，应如何对项目投资进行有效的决策？

计算题

1. 某工业项目需要原始投资 130 万元，其中固定资产投资 100 万元（全部为贷款，年利率 10%，贷款期限为 6 年），开办费投资 10 万元，流动资金投资 20 万元。建设期为 2 年，建设期资本化利息 20 万元。固定资产投资和开办费投资在建设期内均匀投入，流动资金于第 2 年年末投入。该项目寿命期 10 年，固定资产按直线法计提折旧，期满有 10 万元净残值；开办费自投产年份起分 5 年摊销完毕。预计投产后第一年获 10 万元利润，以后每年递增 5 万元；流动资金于终结点一次收回。

要求：

（1）计算项目的投资总额；

（2）计算项目寿命期各年的净现金流量；

（3）计算项目包括建设期的静态投资回收期。

2. 甲企业拟建造一项生产设备，预计建设期为 1 年，所需原始投资 100 万元于建设起点一次投入。该设备预计使用寿命为 4 年，使用期满报废清理时残值 5 万元。该设备折旧方法采用双倍余额递减法。该设备投产后每年增加净利润 30 万元。假定适用的行业基准折现率为 10%。

要求：

（1）计算项目建设期和使用期内各年的净现金流量；

（2）计算该项目的净现值、净现值率、获利指数；

（3）利用净现值指标评价该投资项目的财务可行性。

3. 某公司原有设备一台，账面剩余价值为 11.561 万元，目前出售可获得收入 7.5 万元，预计可使用 10 年，已使用 5 年，预计净残值为 0.75 万元。现在该公司拟购买新设备替换原设备，建设期为零，新设备购置成本为 40 万元，使用年限为 5 年，预计净残值与使用旧设备的净残值一致，新、旧设备均采用直线法计提折旧。该公司第 1 年销售额从 150 万元上升到 160 万元，经营成本从 110 万元上升到 112 万元；第 2 年起至第 5 年，销售额从 150 万元上升到 165 万元，经营成本从 110 万元上升到 115 万元。该企业的所得税税率为 25%，资金成本为 10%。已知 $(P/A，11%，5)＝3.696，(P/A，12%，5)＝3.605$。

要求：

（1）计算更新改造增加的年折旧；

（2）计算更新改造增加的各年净利润（保留小数点后 3 位）；

（3）计算旧设备变价净损失的抵税金额；

（4）计算更新改造增加的各年净现金流量；

（5）利用内插法计算更新改造方案的差额内部收益率，并做出是否进行更新改造的决策（保留小数点后 3 位）。

4. 某公司有 A、B、C、D 四个投资项目可供选择，其中 A 与 D 是互斥方案，有关资料如下：

投资项目	原始投资	净现值	净现值率
A	120 000	67 000	56%
B	150 000	79 500	53%
C	300 000	111 000	37%
D	160 000	80 000	50%

要求：

（1）确定投资总额不受限制时的投资组合；

（2）如果投资总额限定为 50 万元，做出投资组合决策。

5. 甲企业打算在 2022 年年末购置一套不需要安装的新设备，以替换一套尚可使用 5 年、剩余价值为 50 000 元、变价净收入为 20 000 元的旧设备。取得新设备的投资额为 175 000 元。到 2027 年年末，新设备的预计净残值超过继续使用旧设备的预计净残值 5 000 元。使用新设备可使企业第 1 年增加息税前利润 14 000 元，第 2—4 年每年增加息前税后利润 18 000 元，第 5 年增加息前税后利润 13 000 元。新旧设备均采用直线法计提折旧。企业适用的企业所得税税率为 25%，折旧方法和预计净残值的估计均与税法的规定相同，投资人要求的最低报酬率为 12%。

要求：

（1）计算更新设备比继续使用旧设备增加的投资额；

（2）计算运营期因更新设备而每年增加的折旧；

（3）计算因旧设备提前报废发生的处理固定资产净损失；

（4）计算运营期第 1 年因旧设备提前报废发生净损失而抵减的所得税额；

（5）计算建设期起点的差量净现金流量；

（6）计算运营期第 1 年的差量净现金流量；

（7）计算运营期第 2—4 年每年的差量净现金流量；

（8）计算运营期第 5 年的差量净现金流量；

（9）计算差额投资内部收益率，并决定是否应该替换旧设备。

6. 甲公司计划投资一个固定资产项目，原始投资额为 110 万元（其中预备费 0.2 万元），全部资金在建设期起点一次投入，建设期 1 年，建设期资本化利息为 2 万元。投产后每年增加销售收入 90 万元，增加总成本费用 62 万元（其中含利息费用 2 万元）。该固定资产预计使用 5 年，按照直线法计提折旧，预计净残值为 4 万元（与税法规定相同）。该企业由于享受国家优惠政策，项目运营期第 1—2 年所得税税率为 0，运营期第 3—5 年的所得税税率为 25%。已知项目的折现率为 10%，基准投资收益率为 20%。忽略税金及附加对决策的影响。

要求计算该项目的下列指标并判断该项目的财务可行性：

（1）固定资产的入账价值；

（2）运营期内每年的折旧额；

（3）运营期内每年的息税前利润；

（4）计算期内各年的税后现金净流量（按照调整所得税计算）；

（5）净现值、包括建设期的静态投资回收期、不包括建设期的静态投资回收期、总投资收益率。

综合分析题

1. 东大公司于 2022 年 1 月 1 日购入设备一台，设备价款 1 500 万元，预计期末无残值，采用直线法按 3 年计提折旧（均符合税法规定）。该设备于购入当日投入使用。预计能使公司未来三年的销售收入分别增长 1 200 万元、2 000 万元和 1 500 万元，经营成本分别增加 400 万元、1 000 万元和 600 万元。购置设备所需资金通过发行债券方式予以筹措，债券面值总额为 1 400 万元，期限 3 年，票面年利率为 8%，每年年末付息，债券发行价格为 1 500 万元。该公司适用的所得税税率为 25%，要求的投资收益率为 10%。

要求：

（1）计算债券资金成本率；

（2）计算设备每年折旧额；

（3）预测公司未来三年增加的净利润；

（4）预测该公司项目各年经营净现金流量；

（5）计算该项目的净现值。

2. 某企业计划进行某项投资活动，有甲、乙两个备选的互斥投资方案，资料如下：

（1）甲方案原始投资 150 万元，其中固定资产投资 100 万元，流动资金投资 50 万元，全部资金于建设起点一次投入，建设期为 0，经营期为 5 年，到期净残值收入 5 万元，预计投产后年营业收入 90 万元，年总成本 60 万元。

（2）乙方案原始投资额 200 万元，其中固定资产投资 120 万元，流动资金投资 80 万元。建设期 2 年，经营期 5 年，建设期资本化利息 10 万元，固定资产投资于建设期起点投入，流动资金投资于建设期结束时投入，固定资产净残值收入 10 万元，项目投产后，年营业收入 170 万元，年经营成本 80 万元，经营期每年归还利息 5 万元。固定资产按直线法折旧，全部流动资金于终结点收回。企业所得税税率为 25%。

要求：

（1）计算甲、乙两方案各年的净现金流量；

（2）计算甲、乙两方案包括建设期的静态投资回期；

（3）该企业所在行业的基准折现率为10%，计算甲、乙两方案的净现值；

（4）计算甲、乙两方案的年等额净回收额，并比较两方案的优劣；

（5）利用方案重复法比较两方案的优劣；

（6）利用最短计算期法比较两方案的优劣。

3. F公司是一个跨行业经营的大型集团公司，为开发一种新型机械产品，拟投资设立一个独立的子公司，该项目的可行性报告草案已起草完成。你作为一名有一定投资决策的专业人员，被F公司聘请参与复核并计算该项目的部分数据。

（1）经过复核，确认该投资项目预计运营期各年的成本费用均准确无误。其中，运营期第1年成本费用估算数据如表5-18所示：

表 5-18　运营期第 1 年成本费用表

单位：万元

项目	直接材料	直接人工	制造费用	管理费用	销售费用	合计
外购原材料	4 000		1 000	50	150	5 200
外购燃料动力	800		200	10	90	1 100
外购其他材料			10	2	8	20
职工薪酬		1 600	150	200	50	2 000
折旧额			300	60	40	400
无形资产和其他资产摊销额				5		5
修理费			15	3	2	20
其他			35	5	5	45
合计	4 800	1 600	1 710	335	345	8 790

注：假定本期所有要素费用均转化为本期成本费用。

（2）尚未复核完成的该投资项目流动资金投资估算表如表5-19所示。其中，有确定数额的栏目均已通过复核，被省略的数据用"*"表示，需要复核并填写的数据用带括号的字母表示。一年按360天计算。

（3）预计运营期第2年的存货需用额（即平均存货）为3 000万元，全年销售成本为9 000万元；应收账款周转期（按营业收入计算）为60天；应付账款需用额（即平均应付账款）为1 760万元，日均购货成本为22万元。上述数据均已得到确认。

（4）经过复核，该投资项目的计算期为16年，包括建设期的静态投资回收期为9年，所得税前净现值为8 800万元。

（5）假定该项目所有与经营有关的购销业务均采用赊账方式。

表 5-19　流动资金投资计算表

金额单位：万元

项目		第1年				第2年需用额	第3年及以后各年需用额
		全年周转额	最低周转天数	1年内最多周转次数	需用额		
存货	外购原材料	5 200	36	10	520	*	*
	外购燃料动力	（A）	*	20	55	*	*
	外购其他材料	20	*	40	（B）	*	*
	在产品	*	*	*	696.25	*	*
	产成品	*	60	（C）	*	*	*
	小计	—	—	—	2 600	*	*
应收账款（按经营成本计算）		（D）	*	*	1 397.50	*	*
预付账款		*	*	*	*	*	*
现金		*	*	*	*	*	*
流动资产需用额					4 397.50	5 000	
应付账款		（E）	*	*	*	*	*
预付账款		*	（F）	4	*	*	*
流动负债需用额					2 000	2 400	*
流动资金需用额					*	（H）	2 600
流动资金投资额					（G）	（I）	（J）

要求：

（1）计算运营期第一年不包括财务费用的总成本费用和经营成本（付现成本）。

（2）确定表 5-19 中用字母表示的数据（不需要列计算过程）。

（3）计算运营期第二年日均销货成本、存货周转期、应付账款周转期和现金周转期。

（4）计算终结点发生的流动资金回收额。

（5）运用相关指标评价该投资项目的财务可行性并说明理由。

4. B 公司是一家生产电子产品的制造类企业，采用直线法计提折旧，适用的企业所得税税率为 25%。在公司最近一次经营战略分析会上，多数管理人员认为，现有设备效率不高，影响了企业市场竞争力。公司准备配置新设备扩大生产规模，推动结构转型，生产新一代电子产品。

（1）公司配置新设备后，预计每年营业收入扣除税金及附加后的差额为 5 100 万元，预计每年的相关费用如下：外购原材料、燃料和动力费为 1 800 万元，工资及福利费为 1 600 万元，其他费用为 200 万元，财务费用为零。市场上该设备的购买价（即非含税价格，按现行增值税法规定，增值税进项税额不计入固定资产原值，可以全部抵扣）为 4 000 万元，折旧年限为 5 年，预计净残值为零。新设备当年投产时需要追加流动资金投资 2 000 万元。

（2）公司为筹集项目投资所需资金，拟定向增发普通股 300 万股，每股发行价 12 元，筹资 3 600 万元，公司最近一年发放的股利为每股 0.8 元，固定股利增长率为 5%；拟从银行贷款 2 400 万元，年利率为 6%，期限为 5 年。假定不考虑筹资费用率的影响。

（3）假设基准折现率为 9%，部分时间价值系数如表 5-20 所示。

表 5-20　部分时间价值系数

n	1	2	3	4	5
$(P/F, 9\%, n)$	0.917 4	0.841 7	0.772 2	0.708 4	0.649 9
$(P/A, 9\%, n)$	0.917 4	1.759 1	2.531 3	3.239 7	3.889 7

要求：

（1）根据上述资料，计算下列指标：

① 使用新设备每年折旧额和 1—5 年每年的经营成本；

② 运营期 1—5 年每年息税前利润和总投资收益率；

③ 普通股资本成本、银行借款资本成本和新增筹资的边际资本成本；

④ 建设期净现金流量，运营期所得税后净现金流量及该项目净现值。

（2）运用净现值法进行项目投资决策并说明理由。

5. E 公司拟投资建设一条生产线，行业基准折现率为 10%，现有 6 个方案可供选择，相关的净现金流量数据如表 5-21 所示：

表 5-21　净现金流量表

价值单位：万元

方案	0	1	2	3	4	5	…	9	10	11	合计
A	−1 050	−50	500	450	400	350	…	150	100	50	1 650
B	−1 100	0	50	100	150	200	…	400	450	500	1 650
C	−1 100	0	275	275	275	275	…	275	275	275	1 650
D	−1 100	275	275	275	275	275	…	275	275	—	1 650
E	−550	−550	275	275	275	275	…	275	275	275	1 650
F	—	−1 100	275	275	275	275	…	275	275	275	1 650

相关的时间价值系数如下：

第六章

流动资产管理

第一节 流动资产管理概述

一、流动资产的概念、组成和分类

（一）流动资产的概念与组成

流动资产是指在一年内或超过一年的一个营业周期内变现或者运用的资产，具有占用时间短、周转快、变动大、易变现等特点，是企业资产的重要组成部分。流动资产的货币表现即为流动资金。

流动资产在企业的再生产过程中以各种不同的形态同时存在，这些不同的存在形态就是流动资产的组成内容，具体项目包括以下四项。

（1）货币资金，是指企业在再生产过程中由于种种原因而暂时持有、停留在货币形态的资金，包括库存现金和存入银行的各种存款。

（2）应收及预付款项，是指企业在商业信用条件下延期收回和预先支付的款项，如应收票据、应收账款、其他应收款等。

（3）存货，是指企业在再生产过程中为耗用或者销售而储备的物资，包括原材料、燃料、包装物、低值易耗品、修理用备件、在产品、自制半成品、产成品、外购商品等。

（4）交易性金融资产，是指各种能够随时变现、持有时间不超过一年的有价证券以及不超过一年的其他投资，如各种短期债券、股票等。

现以工业企业为例，流动资产的组成项目如图 6-1 所示。

（二）流动资产与流动负债的分类

流动资产与流动负债合理匹配的前提，是根据流动资产与流动负债的营运性质，对流动资产和流动负债进行恰当分类。

1. 流动资产的类别与性质

在企业财务中，根据流动资产与流动负债的匹配管理要求，流动资产一般按时间分类，包括永久性流动资产和临时性流动资产。永久性流动资产，是指满足企业生产经营必

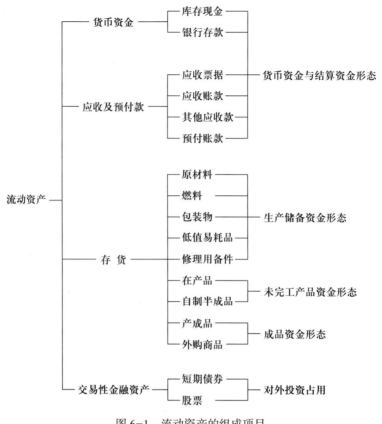

图 6-1　流动资产的组成项目

备和最低需要的，并随经营规模的正常扩大而增长的那部分流动资产；临时性流动资产，是指随经营季节性需要而波动的那部分流动资产。永久性流动资产与固定资产类似：第一，永久性流动资产需要长期垫支，是一种流动资产投资；第二，随着企业经营规模的发展扩大，所需的永久性流动资产水平也会随时间而增长。正因如此，永久性流动资产和长期资产均可称为永久资产。

2. 流动负债的类别与性质

在企业财务中，流动负债一般按其自然属性进行分类，包括自发性流动负债和临时性流动负债两个部分。那些在企业日常经营交易中自然发生的，随流动资产和经营活动而存在的，没有名义上的融资成本的流动负债，称为自发性流动负债。自发性流动负债也称为经营性流动负债，是永久性融资来源，包括应付票据、应付账款、预收账款、其他应付款以及预提费用等。相反，为特定经营活动而专门借入的，需要签订正式的融资协议，存在法定的融资成本的流动负债，称为临时性流动负债。临时性流动负债也称为筹资性流动负债，是企业主动性的临时融资来源，包括短期借款和应付短期债券等。

二、流动资产的特点

流动资产在一个生产周期中就能完成一次循环，并随着再生产过程周而复始地进行周转。从循环周转情况看，流动资产具有以下特点。

（一）流动资产的资金占用形态具有变动性

流动资产在企业再生产过程中是不断地循环着的，流动资产的循环是流动资产各种资金占用形态的统一。企业的流动资产必须同时分别占用在生产储备资金、未完工产品资金、成品资金和货币资金与结算资金等各种资金形态上，并且不断地由货币资金转为生产储备资金，由生产储备资金转化为未完工产品资金，由未完工产品资金转化为成品资金，再由成品资金转化为货币资金或结算资金。流动资产资金占用形态的不断变动，形成流动资金运动的周而复始，为资金的保值和增值创造了有利条件。

研究流动资产资金占用形态的变动性，一方面是为了合理配置各种资源，另一方面是为了加速流动资产周转，提高资金的使用效率。

（二）流动资产的占用数量具有波动性

随着企业再生产过程的变化，流动资产占用的数量时高时低，占用的时间时长时短，具有波动性。季节性企业如此，非季节性企业也是如此。

研究流动资产占用数量的波动性，要求管理者在考虑流动资金的来源和供应方式时，既要注意有稳定、可靠的资金来源，又要具有一定的机动性和灵活性，以便合理安排资金的供需平衡。

（三）流动资产循环与生产经营周期具有一致性

企业的生产经营过程，同时也是劳动对象等物质要素的消耗过程。完成一次生产经营周期，流动资产也完成一次循环，即流动资产完成一次循环的时间与生产经营周期具有一致性。生产经营周期决定着流动资产的循环时间，而流动资产周转又综合反映企业供、产、销全过程。

研究流动资产的循环与生产经营周期的一致性，有助于通过合理组织供、产、销活动，来实现加速流动资产周转，充分发挥流动资产促进生产经营活动的积极作用。

（四）流动资产的资金来源具有灵活多样性

由于流动资产占用数量具有波动性，因而企业筹集流动资金的方式比筹集长期资金的方式更具灵活性与多样性。例如，可使用短期借款、商业信用、应交款项、票据贴现等方式。

研究流动资产资金来源的多样性，一方面，有利于企业合理使用因商业信用形成的直接产生于企业持续经营中的自发性负债；另一方面，也便于企业事先安排由于特定经营活动而需要借入的临时性短期借款。

三、流动资产管理的要求

根据流动资产的性质和社会经济发展的要求，管好、用好流动资产必须认真贯彻以下几项要求。

（一）既要保证生产经营需要，又要节约、合理使用资产

流动资产管理，必须首先保证企业完成生产经营任务的合理需要。凡是企业供应、生产、销售各职能部门的合理需要，应该千方百计地予以满足，促进生产经营的发展。

增产与节约是辩证统一的关系。在流动资产管理中，既要保证生产经营发展的需要，又要节约合理使用资产，提高资产使用效果，这两方面要统一起来。必须正确处理保证生产经营需要和节约合理使用资产二者之间的关系。要在保证生产经营需要的前提下，遵守勤俭节约的原则，挖掘资产潜力，精打细算地使用流动资产。

（二）流动资金管理和流动资产管理相结合

流动资产是流动资金赖以存在的物资形态。财务部门要管好流动资金，必须深入生产、深入群众，关心流动资产的管理。只有各项流动资产安全完整，使用合理，流动资金才能完整无缺，占用减少，效益提高。另外，财务部门还必须促使管理流动资产、使用流动资产的部门树立经济核算思想，提高经济效益观念，关心流动资金管理。所以，要管理好流动资金，必须做到管理流动资金的部门和人参与管理流动资产，同时，管理流动资产的部门和人也应参与管理流动资金，把流动资金管理和流动资产管理结合起来。为此，流动资金的管理，必须在实行财务管理部门集中统一管理的同时，实行分口分级的管理，建立有关部门管理的责任制度。

（三）资金使用和物资运用相结合

资金是物资的货币表现，资金使用同物资运用有密切的联系。在流动资金管理工作中，必须把资金使用同物资运用结合起来，做到钱出去、货进来，货出去、钱进来，坚持钱货两清的原则。企业必须严格遵守结算纪律，不得无故拖欠。企业之间的商业信用必须按时清理，因为长期发生商业信用而不及时清理，会使得企业的资金被对方占用，不能保证生产经营需要；企业长期互相占用资金，不仅会削弱经济核算，而且会影响国民经济的顺利发展。只有坚持钱货两清，遵守结算纪律，才能保证每个企业的经营能够顺利进行。

第二节　现金管理

一、现金的持有动机与成本

（一）现金的持有动机

企业持有一定数量的现金，主要基于以下三个方面的动机。

1. 支付动机

支付动机即企业为正常生产经营而需要保持的现金支付能力。企业为了组织日常生产经营活动，必须保持一定数额的现金余额，用于购买原材料、支付工资、缴纳税款、偿付到期债务、派发现金股利等。企业每天的现金流入量与现金流出量在时间上、数额上通常

存在一定程度的差异，为满足日常支付的需要，企业持有一定数量的现金余额是十分必要的。一般说来，企业为满足支付动机所持有的现金余额主要取决于企业销售水平。企业销售额增加，有关支付业务所需现金余额也随之增加。

2. 预防动机

预防动机即企业为应付意外情况而需要保持必要的现金支付能力。由于财务环境的复杂性，企业通常难以对未来现金流入量与流出量做出准确的估计和预期。一旦企业对未来现金流量的预期与实际情况发生较大偏离，必然对企业的正常经营产生不利的影响。因此，在正常现金需要量的基础上，追加一定数量的现金余额以应付未来现金流量的波动，是企业现金管理的一项重要要求。企业为应付意外情况所必需的现金数额主要取决于以下三个因素：一是企业愿意承担风险的程度，二是企业临时举债能力的强弱，三是企业预测现金流量的可靠程度。

3. 投资动机

投资动机即企业为了抓住稍纵即逝的投资机会，以获取较大的利益而需要保持适当的现金支付能力。如利用证券市价大幅度跌落购入有价证券，以期在价格反弹时卖出证券获取高额资本利得（价差收入）等。投资动机只是企业确定现金余额时所需考虑的次要因素之一，并且以不影响正常生产经营需要为前提，证券持有量的大小往往与企业在金融市场上的投资机会及企业对待风险的态度有关。

企业除了以上原因持有现金外，也会基于满足将来某一特定要求（如为在银行维持补偿性余额）而持有现金。企业在确定现金余额时，一般应综合考虑各方面的持有动机。由于各种动机所需的现金可以相互调节，因此，企业持有的现金总额并不等于各种动机所需现金的简单相加。另外，上述各种动机所需持有的现金，既可以是货币资金，也可以是能够随时变现的有价证券或随时能够在资本市场上筹得现金的各种机会（如可随时借入的银行信贷资金）。

（二）现金持有成本

任何资产的占有和使用都要消耗一定的资源并形成成本，持有现金也不例外。现金的成本通常由以下四个部分组成。

1. 管理成本

管理成本是指企业因持有一定数量的现金而发生的各项管理费用，如出纳人员的工资及必要的安全措施费，这部分费用在一定范围内与现金持有量的多少关系不大，一般属于固定成本。

2. 机会成本

机会成本是指企业因持有一定数量的现金而丧失的再投资收益。由于现金属于非营利性资产，保留现金必然丧失再投资的机会及相应的投资收益，从而形成持有现金的机会成本。比如，企业欲持有5万元现金，在企业平均收益率为10%的情况下，放弃的投资收益为5 000元。可见，放弃的再投资收益属于机会成本，它与现金持有量的多少密切相关，即现金持有量越大，机会成本越高，反之就越小。

3. 转换成本

转换成本是指企业用现金购入有价证券以及转让有价证券换取现金时付出的交易费

用，如委托买卖佣金、委托手续费、证券过户费、交割手续费等。转换成本与证券变现次数呈线性关系，即转换成本总额＝证券变现次数 × 每次的转换成本。证券转换成本与现金持有量的关系是：在现金需要量既定的前提下，现金持有量越少，进行证券变现的次数越多，相应的转换成本就越大；反之，现金持有量越多，证券变现的次数就越少，需要的转换成本也就越小。因此，现金持有量的不同必然通过证券变现次数多少而对转换成本产生影响。

4. 短缺成本

短缺成本是指因现金持有量不足又无法及时通过有价证券变现加以补充而给企业造成的损失，包括直接损失与间接损失。现金的短缺成本随现金持有量的增加而下降，随现金持有量的减少而上升，即与现金持有量成负相关关系。

二、最佳现金持有量的确定

基于支付、预防、投机等动机的需要，企业必须保持一定数量的现金余额。现金作为盈利能力差的资产，其数额太多会导致企业收益下降，数额太少，又可能出现现金短缺的风险，从而影响生产经营。因此，最佳现金持有量的确定，必须权衡收益和风险。

确定最佳现金持有量的方法很多，这里只介绍常见的成本分析模式、存货模式、现金周转模式、因素分析模式和随机模式。

（一）成本分析模式

成本分析模式是根据现金持有的相关成本，分析、预测其总成本最低时现金持有量的一种方法。在影响现金持有量的相关成本因素中，成本分析模式只考虑持有一定数量的现金而发生的管理成本、机会成本和短缺成本，而不考虑转换成本。其中，管理成本具有固定成本的性质，与现金持有量不存在明显的线性关系。机会成本（因持有现金而丧失的再投资收益）与现金持有量成正比例变动，机会成本＝现金持有量 × 有价证券利率（或报酬率）。短缺成本同现金持有量负相关，现金持有量愈大，现金短缺成本愈小；反之，现金持有量愈小，现金短缺成本愈大。这些成本同现金持有量的关系如图 6-2 所示。

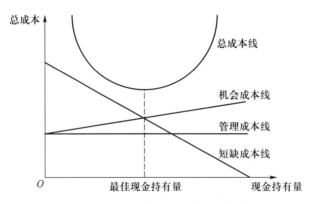

图 6-2　各种现金成本与现金持有量的关系

从图 6-2 可以看出，各项成本同现金持有量的变动关系不同，使得现金持有总成本呈抛物线形，抛物线的最低点即为成本最低点，该点所对应的现金持有量便是最佳现金持有量，此时总成本最低。

在实际工作中，运用该模式确定最佳现金持有量的具体步骤如下。

（1）根据不同现金持有量测算并确定有关成本数值；

（2）按照不同现金持有量及其有关成本资料编制最佳现金持有量测算表；

（3）在测算表中找出总成本最低时的现金持有量，即最佳现金持有量。

【例 6-1】 某企业现有 A、B、C、D 四种现金持有方案，有关成本资料如表 6-1 所示。

表 6-1　现金持有方案表

单位：元

方案	现金持有量	机会成本率	管理成本	短缺成本
A	10 000	10%	1 800	4 300
B	20 000	10%	1 800	3 200
C	30 000	10%	1 800	900
D	40 000	10%	1 800	0

根据表 6-1 编制最佳现金持有量测算表，如表 6-2 所示。

表 6-2　最佳现金持有量测算表

单位：元

方案	现金持有量	机会成本	管理成本	短缺成本	总成本
A	10 000	1 000	1 800	4 300	7 100
B	20 000	2 000	1 800	3 200	7 000
C	30 000	3 000	1 800	900	5 700
D	40 000	4 000	1 800	0	5 800

通过分析比较上表中各方案的总成本可知，C 方案的总成本最低，因此企业持有 30 000 元的现金时各方面的总代价最低，30 000 元为最佳现金持有量。

（二）存货模式

存货模式来源于存货的经济批量模型，它认为公司现金持有量在许多方面与存货相似，存货经济批量模型可用于确定目标现金持有量。存货模式的着眼点也是现金的有关成本最低。在现金持有成本中，管理成本因其相对稳定并同现金持有量的多少关系不大，因此，存货模式将其视为无关成本而不予考虑。由于现金是否会发生短缺、短缺多少、各种短缺情形发生时可能的损失如何等都存在很大的不确定性并且不易计量，因而，存货模式对短缺成本也不予考虑。在存货模式中，只考虑机会成本和转换成本。由于机会成本和转换成本随着现金持有量的变动而呈现出相反的变动趋向，这就要求企业必须对现金与有价证券的分割比例进行合理安排，从而使机会成本与转换成本保持最佳组合。也就是说，凡是能够使现金管理的机会成本与转换成本之和保持最低的现金持有量，即为最佳现金持有量。

假设，T 为一定期间内现金总需求量；F 为每次转换有价证券的固定成本（即转换成本）；Q 为最佳现金持有量（每次证券变现的数量）；K 为有价证券利息率（机会成本）；TC 为现金管理总成本，则

$$现金管理总成本 = 机会成本 + 转换成本$$
$$即\ TC = (Q/2) \times K + (T/Q) \times F \tag{1}$$

现金管理总成本与机会成本、转换成本的关系如图 6-3 所示。

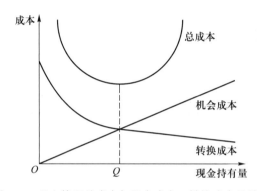

图 6-3　现金管理总成本与机会成本、转换成本的关系

从图 6-3 可以看出，现金管理总成本与现金持有量呈凹形曲线关系。持有现金的机会成本与证券变现的交易成本相等时，现金管理的总成本最低，此时的现金持有量为最佳现金持有量。

$$Q = \sqrt{2T \cdot F / K} \tag{2}$$

将公式（2）代入公式（1），得

$$TC = \sqrt{2T \cdot F \cdot K} \tag{3}$$

【例 6-2】　某企业预计全年（按 360 天计算）需要现金 400 000 元，现金与有价证券的转换成本为每次 50 元，有价证券的年利率为 10%，则

$$最佳现金持有量（Q）= \sqrt{2 \times 400\,000 \times 50 \div 10\%}$$
$$= 20\,000（元）$$
$$最低现金管理总成本（TC）= \sqrt{2 \times 400\,000 \times 50 \times 10\%}$$
$$= 2\,000（元）$$

（三）现金周转模式

现金周转模式是从现金周转的角度出发，根据现金的周转速度来确定最佳现金持有量的一种方法。利用这一模式确定最佳现金持有量，包括以下三个步骤。

第一，计算现金周转期。现金周转期是指企业从购买材料支付现金到销售商品收回现金的时间。

$$现金周转期 = 应收账款周转期 - 应付账款周转期 + 存货周转期$$

（1）应收账款周转期是指从应收账款形成到收回现金所需要的时间。

（2）应付账款周转期是指从购买材料形成应付账款开始到以现金偿还应付账款为止所需要的时间。

（3）存货周转期是指从购买材料开始直到销售产品为止所需要的时间。

第二，计算现金周转率。现金周转率是指一年中现金的周转次数，其计算公式为

$$现金周转率 = \frac{日历天数（360）}{现金周转天数}$$

第三，计算最佳现金持有量。其计算公式为

$$最佳现金持有量 = 年现金需求额 \div 现金周转率$$

【例 6-3】　某公司计划年度预计存货周转期为 90 天，应收账款周转期为 40 天，应付账款周转期为 30 天，每年现金需求额为 720 万元，则最佳现金持有量可计算如下：

$$现金周转期 = 90 + 40 - 30 = 100（天）$$
$$现金周转率 = 360 \div 100 = 3.6（次）$$
$$最佳现金持有量 = 720 \div 3.6 = 200（万元）$$

也就是说，如果年初企业持有 200 万元现金，它将有足够的现金满足其各种支出的需要。

（四）因素分析模式

因素分析模式是根据上年现金占用额和有关因素的变动情况，来确定最佳现金持有量的一种方法。其计算公式如下：

$$最佳现金持有量 =（上年现金平均占用额 - 不合理占用额）\times$$
$$（1 \pm 预计销售收入变化的百分比）$$

【例 6-4】　某企业 2022 年平均占用现金为 100 万元，经分析其中有 8 万元的不合理占用额，2023 年销售收入预计较 2022 年增长 10%，则 2023 年最佳现金持有量为

$$（100 - 8）\times（1 + 10\%）= 101.2（万元）$$

（五）随机模式

随机模式是在企业未来的现金流量呈不规则波动、无法准确预测的情况下采用的确定最佳现金持有量的一种方法。这种方法的基本原理是制定一个现金控制区域，定出上限和下限。上限代表现金持有量的最高点，下限代表最低点。当现金持有量达到上限时，将现金转换成有价证券；当现金持有量下降到下限时，则将有价证券转换成现金，从而使现金持有量经常性地处在两个极限之间，如图 6-4 所示。

在图 6-4 中，H 为上限，L 为下限，Z 为目标控制线。当现金持有量升至 H 时，则购进（$H-Z$）金额的有价证券，使现金持有量回落到 Z 线上；当现金持有量降至 L 时，就需出售（$Z-L$）金额的有价证券，使现金持有量恢复到 Z 的最佳水平上。目标现金持有量 Z 线的确定，仍可按现金持有总成本最低，即持有现金的机会成本和转换有价证券的固

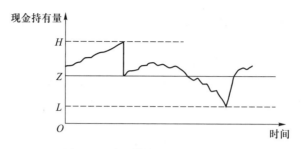

图 6-4 随机模式下现金控制原理

定成本之和最低的原理来确定，并把现金持有量可能波动的幅度同时考虑在内。其计算公式如下：

$$Z = \sqrt[3]{(3FQ^2/4K)} + L$$
$$H = 3Z - 2L$$

式中，F——转换有价证券的固定成本；

Q^2——日现金净流量的方差；

K——持有现金的日机会成本（证券日利率）。

【例 6-5】 某企业每次转换有价证券的固定成本为 100 元，有价证券的年利率为 9%，日现金净流量的标准差为 900 元，现金持有量下限为 2 000 元。若一年以 360 天计算，则该企业的最佳现金持有量和上限值分别为

$$Z = \sqrt[3]{[(3 \times 100 \times 900^2) \div (4 \times 0.09/360)]} + 2\,000 = 8\,240 （元）$$
$$H = 3 \times 8\,240 - 2 \times 2\,000 = 20\,720 （元）$$

因此，该企业现金最佳持有量为 8 240 元，当现金持有量升到 20 720 元时，则可购进 12 480 元（20 720 - 8 240）的有价证券；而当现金持有量下降到 2 000 元时，则可售出 6 240 元（8 240 - 2 000）的有价证券。

三、现金收支计划的编制

现金收支计划是预计未来一定时期企业现金的收支状况并进行现金平衡的计划，是企业财务管理的一个重要工具。

现金收支计划的编制方法很多，现以现金全额收支法为例，说明现金收支计划的编制。在现金全额收支法下，现金收支计划包括以下四个部分。

（一）现金收入

现金收入包括营业现金收入和其他现金收入两部分。

1. 营业现金收入

营业现金收入的主体部分是产品销售收入，其金额可从销售计划中取得。财务人员根据销售计划资料编制现金收支计划时，应注意以下两点：①必须把现销和赊销分开，并单独分析赊销的收款时间和金额。②必须考虑企业收账中可能出现的有关因素，如现金折扣、销货退回、坏账损失等。

2. 其他现金收入

其他现金收入通常有设备租赁收入、证券投资的利息收入、股利收入等。

（二）现金支出

现金支出主要包括营业现金支出和其他现金支出。

1. 营业现金支出

营业现金支出主要有材料采购支出、工资支出和其他支出。在确定材料采购支出时，必须注意以下几点。

（1）要确定材料采购付款的金额和时间与销售收入的关系。材料采购的现金支出与销售量存在一定联系，但在不同企业、不同条件下这种关系并不相同，财务人员必须认真分析两者关系的规律性，以合理确定采购资金支出的数量和时间。

（2）要分清现购和赊购，并单独分析赊购的付款时间和金额。

（3）设法预测外界的影响，如价格变动、材料供应紧张程度等。

（4）估计采购商品物资中可能发生的退货、可能享受的折扣等，以合理确定现金的支出数额。

直接人工的工资有可能随销售量和生产量的增长而增长。在计时工资制下，工资的变动相对稳定，当生产稍有上升时，可能并不马上增加人员，只有当产销量大幅度变动或工资调整时，才会引起工资数额的大幅度变动。如果采用计件工资制，工资的数量将随生产同比例变化。

另外，对销售费用和管理费用也必须做合理的预测和估计。

2. 其他现金支出

其他现金支出主要包括固定资产投资支出、偿还债务的本金和利息支出、所得税支出、股利支出或上缴利润等。固定资产投资支出一般都要事先规划，可从有关规划中获得这方面的数据。债务的本金和利息的支付情况可从有关筹资计划中获得。所得税税额应以当年预计的利润为基础进行估算。股利支出或上缴利润数额可根据企业利润分配政策进行测算。

（三）净现金流量

净现金流量是指现金收入与现金支出的差额，可按下式计算：

$$净现金流量 = 现金收入 - 现金支出$$
$$= （营业现金收入 + 其他现金收入）-$$
$$（营业现金支出 + 其他现金支出）$$

（四）现金余缺

现金余缺是指计划期期末现金余额与最佳现金余额（又称理想现金余额）之间的差额。现金余缺额的计算公式如下：

$$现金余缺额 = 期末现金余额 - 最佳现金余额$$
$$= （期初现金余额 + 现金收入 - 现金支出）- 最佳现金余额$$
$$= 期初现金余额 \pm 净现金流量 - 最佳现金余额$$

现金余缺调整的方式有两种：一是利用借款调整现金余缺，二是利用有价证券调整现金余缺。如果期末现金余额大于最佳现金余额，说明现金有多余，应设法进行投资或归还债务；如果期末现金余额小于最佳现金余额，则说明现金短缺，应进行筹资予以补足。现金收支计划的基本格式如表6-3所示。

表6-3　现金收支计划

序号	现金收支项目	本月计划（万元）
1	（一）期初现金余额	50
2	（二）现金收入	
3	（1）营业现金收入	
4	现销和当月应收账款的收回	150
5	以前月份应收账款的收回	70
6	营业现金收入合计	220
7	（2）其他现金收入	
8	固定资产变价收入	8
9	利息收入	25
10	租金收入	15
11	股利收入	55
12	其他现金收入合计	103
13	（三）本期可用现金 =（1）+（6）+（12）	373
14	（四）现金支出	
15	（3）营业现金支出	
16	材料采购支出	96
17	当月支付的采购材料支出	60
18	本月付款的以前月份采购材料支出	36
19	工资支出	40
20	管理费用支出	30
21	销售费用支出	15
22	财务费用支出	28
23	营业现金支出合计	209
24	（4）其他现金支出	
25	厂房、设备投资支出	85
26	税款支出	24

续表

序号	现金收支项目	本月计划（万元）
27	利息支出	15
28	归还债务	58
29	股利支出	52
30	证券投资	90
31	其他现金支出合计	324
32	（5）现金支出合计 =（23）+（31）	533
33	（五）净现金流量	
34	（6）现金收入减现金支出 =（13）-（32）	-160
35	（六）余缺调整	-190
36	取得借款	190
37	归还借款	
38	出售证券	
39	购买证券	
40	（七）期末现金余额 =（34）-（35）	30

从表 6-3 可以看出，该公司最佳现金余额为 30 万元。该企业期末现金短缺 190 万元，可以通过取得借款进行筹资予以补足。

四、现金日常控制的组织方式

为了加强现金的日常控制，实现财务资源的一体化协同整合效应，大公司（尤其是企业集团）可以根据自身规模和管理需要，在内部设置统一的财务融通机构，如结算中心、财务公司等，以提高资金的使用效益。

（一）财务结算中心

财务结算中心是大公司或企业集团设置的，在母公司与分公司、子公司及其他成员企业之间进行现金收付及往来业务款项结算的财务职能机构。在兼有公司内部信贷职能的情况下，财务结算中心也可以叫作内部银行。财务结算中心是隶属于母公司及其财务部的职能机构，本身不具法人地位。在有的企业集团里，母公司财务部直接就是集团的财务结算中心。

如何强化现金或资金的控制并实现其运转的高效率，是大公司或企业集团财务管理的核心工作。例如，中国海运（集团）总公司以前存在着资金利用效率低、财务管理风险大等问题，2004 年成立了中国海运（集团）总公司结算中心，是负责管理和监控集团内部资金划拨和外部资金收付的部门，下设一个结算中心总部和七个区域分部，能够有效对成员单位实现集中统一管理。结算中心实行统一银行授信、对外贷款和还贷，统一调度、有偿使用内部资金的原则。

设置财务结算中心的目的在于强化总部对集团现金或资金的控制，并通过有效的控制谋求财务资源的聚合协同效应。财务结算中心能够达成这种目的，是依靠其独特的运作机理。

（1）财务结算中心通过引入银行的结算、信贷、调控职能，对集团内部各单位的现金或资金实施中介服务、运营监控、效果考核与信息反馈。对于独立核算的子公司或其他成员企业，财务结算中心是集团的内部银行；而对于外部商业银行，它又是集团母公司的一个财务职能部门。

（2）财务结算中心集商业银行金融管理与企业集团财务管理功能于一身，主要通过"结算管理"和"信贷管理"来做好集团内部现金或资金的收付及融通调剂工作，并及时将集团总部（母公司董事会及其经营者）的经营管理意图通过内部存贷款利率、额度等政策的调整贯彻于各子公司及其他成员企业，从而规范与调控内部各单位的资金行为，推动集团整体目标的实现。

（3）财务结算中心在集团内部发挥着资金信贷中心、资金监控中心、资金结算中心和资金信息中心的多项职能。这些职能对于强化母公司对集团的控制，协调并提高现金或资金配置与使用效率，克服现金或资金闲置与不足的矛盾，发挥集团财务资源的整体优势，正确处理经营管理与财务管理的关系，减小风险损失，完善集团经营管理机制，发挥了不可低估的作用。

（二）财务公司

同样作为大公司或企业集团内部设置的财务职能部门，财务公司较之财务结算中心，有以下三个特点。

（1）财务公司具有独立的法人实体地位，在母公司控股的情况下，财务公司相当于一个子公司。因而总部在处理彼此间的权责利关系时需要遵循民法典。

（2）财务公司除了具有财务结算中心的基本职能外，还具有对外融、投资的职能（在法律没有特别限制的前提下）。

（3）在集权财务体制下，财务公司在行政与业务上接受母公司财务部的领导，但二者不是一种隶属关系。在分权财务体制下，母公司财务部对财务公司主要发挥制度规范与业务指导的作用。

五、现金日常控制的应用方法

（一）加速现金收款

为了提高现金的使用效率，加速现金周转，企业应尽量加速账款的收回。一般来说，企业账款的收回包括四个阶段：客户开出支票、企业收到支票、银行清算支票、企业收回现金；企业账款收回的时间包括支票邮寄时间、支票停留时间以及支票结算时间。账款收回各阶段如图6-5所示。

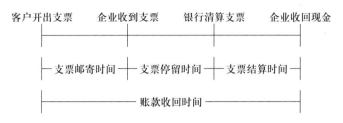

图 6-5　企业账款收回各阶段示意图

前两个阶段所需时间的长短不但与客户、企业、银行之间的距离有关，而且与收款的效率有关。企业应在不影响未来销售的情况下，尽可能地加快现金的收回。企业加速收款的任务不仅是要尽量使顾客早付款，而且要尽快地使这些付款转化为可用现金。为此，必须满足如下要求：减少顾客付款的邮寄时间；减少企业收到顾客开来支票与支票兑现之间的时间；加速资金存入自己往来银行的过程。为达到以上要求，可采用以下措施。

1. 集中银行法

集中银行法是指通过设立多个收款中心来代替通常在公司总部设立的单一收款中心，以加速账款回收的一种方法。其目的是缩短从顾客寄出账款到现金收入企业账户这一过程的时间。具体做法如下。

（1）企业以服务地区和销售地区的账单数量为判断依据，在收款额比较集中的地区设立若干收款中心，并指定一个收款中心（通常是设在公司总部所在地的收账中心）的银行为集中银行。

（2）公司通知客户将货款送到最近的收款中心，客户收到账单后直接汇款给当地收款中心，而不必送到公司总部所在地的收款中心。

（3）收款中心将每天收到的货款存到当地银行，然后再把多余的现金从地区银行汇入集中银行——公司开立的主要存款账户的商业银行。

集中银行法主要有以下优点。

（1）账单和货款邮寄时间可大大缩短。账单由收款中心寄发该地区顾客，与由总部寄发相比，顾客能较早收到。顾客付款时，货款邮寄到最近的收款中心，通常也较直接邮往总公司所需时间短。

（2）支票兑现的时间可缩短。收款中心收到顾客汇来的支票存入该地区的地方银行，而支票的付款银行通常也在该地区内，因而支票兑现较方便。

但集中银行法也有如下缺点。

（1）每个收款中心的地区银行都要求有一定的补偿余额，而补偿余额是一种闲置的不能使用的资金。开设的收款中心越多，补偿余额及闲置的资金也就越多。

（2）设立收款中心需要一定的人力和物力，花费较多。

所以，财务主管应在权衡利弊得失的基础上，通过计算分散收账收益净额做出是否采用银行集中法的决策。分散收账收益净额的计算方法如下：

$$分散收账收益净额 = \left[\left(\frac{分散收账前}{应收账款余额} - \frac{分散收账后}{应收账款余额}\right) - \frac{各收款中心}{补偿余额之和}\right] \times$$

企业综合资金成本率 - 因增设收账中心每年增加的费用额

当分散收账收益净额为正时，应分设收账中心；相反，则不应分设收账中心。

2. 锁箱系统法

锁箱系统法是通过在各主要城市租用专门的邮政信箱，以缩短从收到顾客付款到存入当地银行的时间的一种现金管理办法。

采用锁箱系统法的具体做法如下。

（1）在业务比较集中的地区租用当地加锁的专用邮政信箱，并开立分行存款户。

（2）通知顾客把付款邮寄到指定的邮政信箱。

（3）授权公司邮政信箱所在地的开户行，每天收取邮政信箱的汇款并存入公司账户，然后将扣除补偿余额以后的现金及一切附带资料定期送往公司总部。这样就免除了公司办理收账、货款存入银行的一切手续。

锁箱系统法大大地缩短了公司办理收款、存储手续的时间，即公司从收到支票到这些支票完全存入银行之间的时间差距消除了。但这种方法需要支付额外的费用并保持一定数额的补偿性余额。因而是否采用锁箱系统法要看节约资金带来的收益与额外支出的费用孰大孰小。如果增加的费用支出比收益小，则可采用该系统；反之，就不宜采用。此时，可以采用类似集中银行法的判断方法予以决策。

3. 其他程序

除以上两种方法外，还有一些加速收现的方法。例如，对于金额较大的货款可采用电汇、直接派人前往收取支票并送存银行的方法，以加速收款；公司对于各银行之间以及公司内部各单位之间的现金往来也要严加控制，以防有过多的现金闲置在各部门之间；减少不必要的银行账户等。

（二）控制支出

企业在收款时，应尽量加快收款的速度，而在管理支出时，应尽量延缓现金支出时间。现金支出管理的主要任务是尽可能延缓现金的支出时间，当然这种延缓必须是合理合法的，否则企业延期支付账款所得到的收益将远远低于由此而遭受的损失。控制现金支出的方法有以下四种。

1. 运用"浮游量"

所谓现金浮游量是指企业账户上存款余额与银行账户上所示的存款余额之间的差额。有时，公司账簿上的现金余额已为零或负数，而银行账户上该公司的现金余额还有不少。这是因为有些支票公司虽已开出，但客户还没有到银行兑现。如果能正确预测浮游量并加以利用，可节约大量资金。

当一个公司在同一国家有多个银行存款户时，则可选用一个能使支票流通在外的时间最长的银行来支付货款，以扩大浮游量。

利用现金的浮游量，公司可适当减少现金数量，达到现金的节约。但是，不适当地利用浮游量往往对供应商不利，有可能破坏公司和供应商之间的正常信用关系，这一因素应加以考虑。

2. 推迟支付应付款

为了最大限度地利用现金，在不影响企业信誉的情况下，应尽可能推迟应付款的支付期。例如，企业在采购材料时，如果付款条件是"2/10，$n/45$"，应安排在发票开出日期后的第 10 天付款，这样企业可以最大限度地利用现金而又不丧失现金折扣。

3. 采用汇票结算方式付款

在使用支票付款时，只要受票人将支票存进银行，付款人就要无条件地付款。但汇票不是"见票即付"的付款方式，在受票人将汇票存进银行后，银行要将汇票送交付款人承兑，并由付款人将一笔相当于汇票金额的资金存入银行，银行才会付款给受票人。这样就有可能合法地延期付款。

4. 工资支出模式

许多公司都为支付工资而设立一个存款账户。这种存款账户余额的多少，当然也会影响公司现金总额。为了减少这一存款数额，公司应当合理预测开出支付工资的支票到银行兑现的具体时间。假设某企业在 1 月 3 日支付工资 10 万元，根据历史资料，3 日、4 日、5 日、6 日、7 日及 7 日以后的兑现比率分别为 20%、40%、20%、10%、5% 和 5%。这样，公司就不必在 3 日一次存够 10 万元，而可以根据上述情况并结合其他因素，适当安排各日存入银行的应付工资款金额。

企业应尽量使现金流入与现金流出发生的时间趋于一致，使其所持有的交易性现金余额降到较低水平，这就是所谓的现金流量同步。基于这种认识，企业可以随时调整付出现金的时间，尽量使现金流入与现金流出趋于同步。

第三节　应收账款管理

应收账款是企业因对外销售商品、提供劳务等而应向购买货物或接受劳务的单位收取的款项。应收账款形成企业之间的商业信用，是商品销售及劳务提供过程中的货与钱在时间上分离的结果。商品赊销和劳务赊供，一方面增加销售收入，另一方面又因形成应收账款而增加经营风险。因此，应收账款管理的基本目标是，在发挥应收账款强化竞争、扩大销售功能的同时，尽可能地降低应收账款投资的机会成本、坏账损失与管理成本，最大限度地发挥应收账款投资的效益。

一、应收账款的功能和成本

（一）应收账款的功能

应收账款的功能是指它在企业生产经营中所具有的作用，主要有以下两项。

1. 增加销售

企业销售产品可以采取现销方式或赊销方式。现销方式最大的优点是应计现金流入量与实际现金流入量完全吻合，既能避免呆坏账损失，又能及时地将收回的款项投入再增值过程，是企业最期望的一种销售结算方式。然而，在激烈的市场竞争条件下，单纯地依赖现销方式往往使企业处于不利境地。而采用赊销方式，意味着企业在销售产品的同时，向买方提供了可以在一定期限内无偿使用资金的优惠条件（即商业信用），这对于购买方而言具有极大的吸引力。因此，赊销是一种重要的促销手段，对于企业扩大产品销售、开拓市场、增强企业竞争力都具有重要意义。

2. 减少存货

赊销可以加速产品销售的实现，加快产成品向销售收入的转化速度，从而对降低存货中的产成品数额有着积极的影响。这有利于缩短产成品的库存时间，降低产成品存货的管理费用、仓储费用和保险费用等各方面的支出。因此，当产成品存货较多时，企业可以采用较为优惠的信用条件进行赊销，尽快实现产成品存货向销售收入的转化，变持有产成品存货为持有应收账款，以节约各项存货支出。

（二）应收账款的成本

企业在采取赊销方式促进销售的同时，会因持有应收账款而付出一定的代价，即应收账款的成本。其内容包括以下三种成本。

1. 机会成本

机会成本是指资金由于投放在应收账款上而不能用于其他投资所丧失的收益，如投资于有价证券所能获得的利息收入。应收账款机会成本的大小通常与企业维持赊销业务所需要的资金数量、资金成本率或有价证券利息率有关。其数额可按下列步骤计算。

（1）计算应收账款周转率。

$$应收账款周转率 = 日历天数 ÷ 应收账款周转期$$

（2）计算应收账款平均余额。

$$应收账款平均余额 = 赊销收入净额 ÷ 应收账款周转率$$

（3）计算维持赊销业务所需要的资金。

$$维持赊销业务所需要的资金 = 应收账款平均余额 ×（变动成本 ÷ 销售收入）$$
$$= 应收账款平均余额 × 变动成本率$$

（4）计算应收账款的机会成本。

$$应收账款的机会成本 = 维持赊销业务所需要的资金数额 × 资金成本率$$

上式中资金成本率一般可按有价证券利息率计算。

【例 6-6】 某企业预测的年度赊销收入净额为 4 800 000 元，应收账款周转期（或收账天数）为 60 天，变动成本率为 70%，资金成本率为 10%，则应收账款机会成本可计算如下：

$$应收账款周转率 = 360 ÷ 60 = 6（次）$$
$$应收账款平均余额 = 4\ 800\ 000 ÷ 6 = 800\ 000（元）$$
$$维持赊销业务所需要的资金 = 800\ 000 × 70\% = 560\ 000（元）$$
$$应收账款机会成本 = 560\ 000 × 10\% = 56\ 000（元）$$

上述计算表明，企业投放 560 000 元的资金可维持 4 800 000 元的赊销业务，相当于垫支资金的 8 倍多。这一较高的倍数在很大程度上取决于应收账款的周转速度。在正常情况下，应收账款周转率越高，维持一定赊销额所需的资金就越少；应收账款周转率越低，维持相同赊销额所需要的资金也就越大。而应收账款机会成本的高低在很大程度上取决于企业维持赊销业务所需要资金的多少。

2. 管理成本

管理成本是指企业对应收账款进行管理而耗费的开支，是应收账款成本的重要组成部分，主要包括对客户的资信调查费用、应收账款账簿记录费用、收账费用以及其他费用。

3. 坏账成本

坏账成本是指应收账款因某些原因无法收回而给应收账款持有企业带来的损失。应收账款的坏账成本一般同应收账款数额成正比，即应收账款越多，坏账成本也越多。因此，为规避坏账给企业生产经营活动的稳定性带来不利影响，企业应按应收账款余额的一定比例提取坏账准备。

二、应收账款的信用政策

制定合理的信用政策，是加强应收账款管理，提高应收账款投资效益的重要前提。应收账款的信用政策即应收账款的管理政策，是指企业对应收账款投资进行规划与控制而确立的基本原则与行为规范，包括信用标准、信用条件和收账政策三部分内容。

（一）信用标准

信用标准是客户获得企业商业信用所应具备的最低条件，通常以预期的坏账损失率表示。如果企业的信用标准过高，将使许多客户因信用品质达不到所设的标准而被企业拒之门外，其结果尽管有利于降低应收账款机会成本、管理成本及坏账成本，但却会影响企业市场竞争能力的提高和销售收入的扩大。相反，如果企业采取较低的信用标准，虽然有利于企业扩大销售，提高市场竞争力和占有率，但同时也会导致应收账款机会成本、管理成本和坏账成本的增加。

（二）信用条件

信用标准是企业评价客户等级，决定给予或拒绝客户信用的依据。一旦企业决定给予客户信用优惠时，就需要考虑具体的信用条件。所谓信用条件就是指企业接受客户信用时所提出的付款要求，主要包括信用期限、折扣期限及现金折扣等。信用条件的基本表现方式为"2/10，$n/45$"，意思是：若客户能够在发票开出后的 10 日内付款，可以享受 2% 的现金折扣；如果放弃折扣优惠，则全部款项必须在 45 日内付清。在此，45 天为信用期限，10 天为折扣期限，2% 为现金折扣率。

1. 信用期限

信用期限是指企业为客户规定的最长付款时间。产品销售量与信用期限之间存在着一定的依存关系。通常延长信用期限，可以在一定程度上扩大销售从而增加毛利。但不适当地延长信用期限，会给企业带来不良后果：一是使平均收账期延长，占用在应收账款上的资金相应增加，导致机会成本增加；二是导致管理成本及坏账成本的增加。因此，企业应否给客户延长信用期限，应视延长信用期限增加的边际收入是否大于增加的边际成本而定。

2. 现金折扣和折扣期限

延长信用期限会增加应收账款占用的时间和金额。许多企业为了加速资金周转，及时收回货款，减少坏账损失，往往在延长信用期限的同时，采用一定的优惠措施。即在规定的时间内提前偿付货款的客户可按销售收入的一定比率享受折扣。所谓折扣期限是指为顾客规定的可享受现金折扣的付款时间；所谓现金折扣是指在顾客提前付款时所给予的价格优惠。如上例，"2/10，n/45"表示信用期限为 45 天，若客户在 10 天内付款，则可享受 2% 的折扣。现金折扣实际上是产品售价的扣减，企业决定是否提供以及提供多大程度的现金折扣，应着重考虑提供折扣后所得的收益是否大于现金折扣的成本。

企业究竟应当核定多长的现金折扣期限，以及给予客户多大程度的现金折扣优惠，必须将信用期限、加速收款所得到的收益与付出的现金折扣成本结合起来考察。同延长信用期限一样，采取现金折扣方式在有利于刺激销售的同时，也需要付出一定的成本代价，即给予现金折扣造成的损失。如果加速收款带来的机会收益大于应收账款机会成本、管理成本及坏账成本的增加数与现金折扣成本之和，企业就可以采取现金折扣或进一步改进当前的折扣方针；如果加速收款的机会收益不能大于应收账款机会成本、管理成本及坏账成本的增加数与现金折扣成本之和的话，有关优惠条件便认为是不恰当的。

3. 信用条件备选方案的评价

虽然企业在信用管理政策中已对可接受的信用风险水平做了规定，但当企业的生产经营环境发生变化时，就需要对信用管理政策中的某些规定进行修改和调整，并对改变条件的各种备选方案进行认真的评价。

【例 6-7】 某企业预测年度赊销收入净额为 1 800 万元，其信用条件是：n/30，变动成本率为 60%，资金成本率（或有价证券利息率）为 12%。假设企业收账政策不变，固定成本总额不变。该企业准备了三个信用条件的备选方案：A. 维持 n/30 的信用条件；B. 将信用条件放宽到 n/60；C. 将信用条件放宽到 n/90。

为各种备选方案估计的赊销水平、坏账百分比和收账费用等有关数据，如表 6-4 所示。

表 6-4　信用条件备选方案表

项目	A 方案（n/30）	B 方案（n/60）	C 方案（n/90）
年赊销额（万元）	1 800	1 980	2 160
应收账款周转率（次）	12	6	4
应收账款平均余额（万元）	1 800 ÷ 12 = 150	1 980 ÷ 6 = 330	2 160 ÷ 4 = 540
维持赊销业务所需资金（万元）	150 × 60% = 90	330 × 60% = 198	540 × 60% = 324
坏账损失 / 年赊销额（万元）	2%	3%	5%
坏账损失（万元）	1 800 × 2% = 36	1 980 × 3% = 59.4	2 160 × 5% = 108
收账费用（万元）	20	38	52

根据以上资料，可计算如下指标，如表 6-5 所示。

表 6-5　信用条件分析评价表

单位：元

项目	A 方案（n/30）	B 方案（n/60）	C 方案（n/90）
年赊销额	1 800	1 980	2 160
变动成本	1 080	1 188	1 296

续表

项目	A 方案（$n/30$）	B 方案（$n/60$）	C 方案（$n/90$）
扣除信用成本前收益	720	792	864
信用成本：			
应收账款机会成本	$90 \times 12\% = 10.8$	$198 \times 12\% = 23.76$	$324 \times 12\% = 38.88$
坏账损失	36	59.4	108
收账费用	20	38	52
小计	66.8	121.16	198.88
扣除信用成本后收益	653.2	670.84	665.12

根据表 6-5 中的资料可知，在这三种方案中，B 方案（$n/60$）的获利最大，它比 A 方案（$n/30$）增加收益 17.64 万元（$670.84 - 653.2$）；比 C 方案（$n/90$）增加收益 5.72 万元（$670.84 - 665.12$）。因此，在其他不变的情况下，应以 B 方案为最佳方案。

【例 6-8】 仍按例 6-7 条件，如果企业选择了 B 方案，但为了加速应收账款的回收，决定将赊销条件改为"2/10，1/20，$n/60$"（D 方案），估计约有 60% 的客户（按赊销额计算）会利用 2% 的折扣，15% 的客户将利用 1% 的折扣，坏账损失降为 2%，收账费用降为 30 万元。根据上述资料有关指标可计算如下：

应收账款周转期 $= 60\% \times 10 + 15\% \times 20 + 25\% \times 60 = 24$（天）

应收账款周转率 $= 360 \div 24 = 15$（次）

应收账款平均余额 $= 1\,980 \div 15 = 132$（万元）

维持赊销业务所需要的资金 $= 132 \times 60\% = 79.2$（万元）

应收账款机会成本 $= 79.2 \times 12\% = 9.504$（万元）

坏账损失 $= 1\,980 \times 2\% = 39.6$（万元）

现金折扣 $= 1\,980 \times (2\% \times 60\% + 1\% \times 15\%) = 26.73$（万元）

根据以上资料可编制表 6-6。

表 6-6　信用条件分析评价表

单位：万元

项目	B 方案（$n/60$）	D 方案（2/10，1/20，$n/60$）
年赊销额	1 980	1 980
减：现金折扣	——	26.73
年赊销净额	1 980	1 953.27
减：变动成本	1 188	1 188
信用成本前收益	792	765.27
减：信用成本		
应收账款机会成本	23.76	9.504
坏账损失	59.40	39.60

续表

项目	B 方案（$n/60$）	D 方案（2/10, 1/20, $n/60$）
收账费用	38.00	30.00
小计	121.16	79.104
信用成本后收益	670.84	686.166

计算结果表明，实行现金折扣以后，企业的收益增加 15.326 万元（686.166 - 670.84），因此，企业最终应选择 D 方案（2/10, 1/20, $n/60$）作为最佳方案。

（三）收账政策

收账政策，是指当客户违反信用条件、拖欠甚至拒付账款时企业所采取的收账策略与措施。在企业向客户提供商业信用时，必须考虑三个问题：第一，客户是否会拖欠或拒付账款，程度如何；第二，怎样最大限度地防止客户拖欠账款；第三，一旦账款遭到拖欠甚至拒付，企业应采取怎样的对策。前两个问题的解决主要靠信用调查和严格信用审批制度。第三个问题则必须通过制定完善的收账政策，采取有效的收账措施予以解决。

企业对拖欠的应收账款进行催收，需要付出一定的收账费用，如收款所花的邮电通信费、派专人收款的差旅费和不得已时的法律诉讼费等。通常，企业为了扩大销售、增强竞争能力，往往对客户的逾期未付款项规定一个允许的拖欠期限，超过规定的期限，企业就应采取各种形式进行催收。如果企业的收款政策过宽，将会导致拖欠款项的客户增多并且拖延款项的时间延长，从而增加应收账款的投资和坏账损失，但却会减少收账费用；收账政策过严，将导致拖欠款项的客户减少及拖延款项的时间缩短，从而减少应收账款的投资和坏账损失，但却会增加收账费用。因此，企业在制定收账政策时，要权衡利弊得失，掌握好宽严界限。

制定合理的收账政策就是要在增加的收账费用与减少的坏账损失及应收账款机会成本之间进行权衡，若前者小于后者，则说明制定的收账政策是可取的。

【例 6-9】　某企业应收账款原有的收账政策和拟改变的收账政策如表 6-7 所示。

表 6-7　收账政策方案表

项目	现行收账政策	拟改变的收账政策
年收账费用（万元）	8	12
平均收账期（天）	90	60
坏账损失占赊销额（%）	3	2
赊销额（万元）	520	520
变动成本率（%）	60	60

假设资金成本率为 12%，根据表 6-7 中的资料，两种方案的收账总成本的计算如表 6-8 所示。

表 6-8 收账政策分析评价表

项目	现行收账政策	拟改变的收账政策
赊销额（万元）	520	520
应收账款周转次数（次）	$360 \div 90 = 4$	$360 \div 60 = 6$
应收账款平均余额（万元）	$520 \div 4 = 130$	$520 \div 6 = 86.67$
应收账款占用的资金（万元）	$130 \times 60\% = 78$	$86.67 \times 60\% = 52$
收账成本（万元）		
应收账款机会成本（万元）	$78 \times 12\% = 9.36$	$52 \times 12\% = 6.24$
坏账损失（万元）	$520 \times 3\% = 15.60$	$520 \times 2\% = 10.40$
年收账费用（万元）	8	12
收账总成本（万元）	32.96	28.64

从表 6-8 可以看出，由于采用积极的收账政策，虽然收账费用增加了 4 万元，但却加速了资金周转、减少了应收账款的机会成本和坏账损失（8.32 万元），从而使总收益增加了 4.32 万元。可见，在当前条件下采用积极的收账政策是有利的。

三、综合信用管理

（一）综合信用管理部门及其基本功能

1. 综合信用管理部门

企业应当建立一个在总经理或董事会直接领导下的独立的综合信用管理部门（或设置信用监理），以有效地协调企业的销售目标和财务目标，同时在企业内部形成一个科学的风险制约机制，防止任何部门或各层管理人员盲目决策所可能产生的信用风险。

因此，必须将信用管理的各项职责在各业务部门之间重新进行合理的分工，综合信用部门、销售部门、财务部门、采购部门等各业务部门各自承担不同的信用管理工作，必须按照不同的管理目标和特点进行科学的设计。例如，传统的销售人员垄断客户信息的问题，必须通过各部门在信息收集上的密切合作以及信用部门集中统一的管理加以解决。

综合信用管理部门与企业其他业务部门之间的关系如图 6-6 所示。

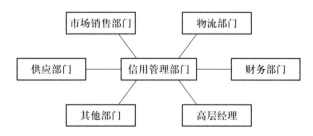

图 6-6 综合信用管理部门与企业其他业务部门之间的关系

企业设置专业信用管理部门，并不是所有信用管理工作全部由该部门独立承担，许多工作由财务、销售部门等部门配合完成。因此，需要处理好与各部门之间的关系。

（1）与销售部门的关系。销售部门的目标常被认为与信用管理部门的目标有冲突。销售部门为完成销售任务，对平均收款期和销售变现等因素考虑不多，并可能认为信用管理部门的工作对销售业绩有所限制。其实，信用管理部门的工作是在剔除风险过大的客户和限制对一些客户的授信额度。信用经理应设立一套部门间协调工作的操作指南，并对员工进行培训，解释信用政策，使员工认识信用的价值，理解何为成功的销售。同时，信用部门可以利用其对全行业的了解和使用征信数据库等优势，协助销售部门挖掘老客户的潜力，开拓市场。

（2）与财务部门的关系。信用管理部门的任务和追求的目标与财务部门的总目标一致，但分期目标并不相同。信用部门追求扩大成功的信用销售，使企业的销售利润最大，同时考虑企业的现金流量情况。在注销顽固性逾期应收账款时，易与财务部门发生冲突，信用部门主张将被诊断为不可收回或收款成本过大的逾期应收账款作为坏账注销，但财务部门不愿意接受，因为报表上的资产被注销，会造成企业账面资不抵债或引起税务部门检查的麻烦。上市公司的财务部门尤其不愿接受这种做法。

2. 综合信用管理部门的基本功能

综合信用管理部门应在信用政策允许的范围内做好赊销工作，其基本功能是：客户资信管理、客户信用分析、应收账款管理、商账处理。其中，客户资信管理主要是收集储存客户信息；客户信用分析的主要作用在于进行信用评估、确定客户信用等级；应收账款管理的主要作用在于防范拖欠账款的发生；商账处理的主要任务是国内外追账、事后处理转让债权、坏账的申报注销。

信用管理部门工作的主要目的是增加有效销售、加速资金周转率、减少企业应收账款和坏账损失、改进客户关系，从而增强企业整体运作的稳定性、实效性。

（二）综合信用管理流程

传统的企业信用管理主要包括客户档案管理、客户授信、应收账款管理和商账追收三大功能。

1. 客户档案管理

客户档案管理主要包括客户信息的收集、客户档案的建立和维护、与客户交易有关的风险指数定量化分析、动态客户档案的企业内部服务、客户授信等，属于应收账款的事前控制。

2. 客户授信

客户授信主要包括信用政策的制定及合理运用、信用额度审核，并通过上述方法控制企业应收账款发生的总体规模和个体规模，属于应收账款的事中控制。

3. 应收账款管理和商账追收

对应收账款的管理，包括进行账龄分析和对客户的动态跟踪，实现对每一笔应收账款的监控，以保证企业的现金流量；商账追收即对逾期应收账款进行处理，包括对每笔逾期应收账款的诊断、标准催收程序的设立和执行、委托专业追账公司进行国内外追账、对恶劣客户诉诸法律等，属于应收账款的事后控制。

一个有效的综合信用管理流程，包括控制环节的设计、管理制度的制定和规范措施的采用三大内容（见图6-7）。该管理流程的主要作用是：强化客户资信管理，防范销售中的信用风险；控制应收账款，加快资金周转，提高企业财务管理质量；加强欠款追收，减少呆账、坏账损失，提高企业经营利润；规范赊销管理，提高企业市场竞争力；建立企业

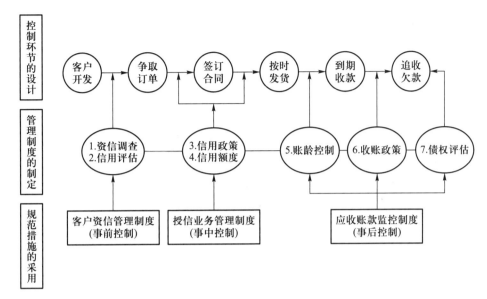

图 6-7　综合信用管理流程图

内部信用风险管理制度，全面提高企业管理素质。

当采用新的信用管理流程时，必须依照综合信用管理的工作流程设计符合企业实情的信用组织结构，以有效地实现该流程的功能。

（三）信用风险管理制度的构成

按照流程化管理和内部控制的原理，信用风险管理制度可以分为企业从事前、事中和事后三个方面进行的信用管理制度。

1. 事前控制——客户资信管理制度

事前控制的目标是实现对信用风险的预测和监督。强化信用管理，企业必须首先做好客户的资信管理工作，尤其是在交易前完成对客户信用信息的收集调查和风险评估，而这些都要在规范的管理制度下进行。在这项制度中，企业应当关注如下五个管理任务：客户信用信息的收集；客户资信档案的建立和管理；客户资信调查工作；客户资信评级管理；客户群的经常性监督和检查。

（1）对客户的信用进行调查。只有正确地评价客户的信用状况，才能合理地执行企业的信用政策。要想合理地评价客户的信用，必须对客户信用进行调查，收集有关的信息资料。信用调查包括如下两类。

直接调查，是指调查人员直接与被调查单位接触，通过当面采访、询问、观看、记录等方式获取信用资料的一种方法。直接调查能保证收集资料的准确性和及时性，但若不能得到被调查单位的配合，则会使调查资料不完整。

间接调查，是以被调查单位以及其他单位保存的有关原始记录和核算资料为基础，通过加工整理获得被调查单位信用资料的一种方法。这些资料主要来自四个方面。

① 财务报表。有关单位的财务报表，是信用资料的重要来源。通过财务报表分析，基本上能掌握一个企业的财务状况和盈利状况。

② 信用评估机构。许多国家都有信用评估的专门机构，定期发布有关企业的信用等级报告。

③ 银行。银行是信用资料的一个重要来源，因为许多银行都设有信用部，为其客户提供服务。但银行的资料一般仅愿意在同业之间交流，而不愿向其他单位提供。因此，如在外地有一笔较大的买卖，需要了解客户的信用状况，最好通过当地开户银行征询该客户的有关信用资料。

④ 其他。如财税部门、消费者协会、市场监督管理部门、企业的上级主管部门、证券交易部门等。另外，书籍、报纸、杂志等也可提供有关客户的信用情况。

（2）对客户的信用进行评估。收集好信用资料后，要对这些资料进行分析，并对客户信用状况进行评估。信用评估的方法很多，这里介绍两种常见的方法：5C 评估法和信用评分法。

① 5C 评估法。5C 评估法是指重点分析影响信用的五个方面的一种方法。这五个方面英文的第一字母都是 C，故称之为 5C 评估法。这五个方面是：品德、能力、资本、抵押品和情况。

品德指客户愿意履行其付款义务的可能性。客户是否愿意尽自己最大努力来归还货款，直接决定着账款的回收速度和数量。品德因素在信用评估中是最重要的因素。

能力指客户偿还货款的能力。主要根据客户的经营规模和经营状况对其进行判断。

资本指一个企业的财务状况。主要根据有关的财务比率对其进行判断。

抵押品指客户能否为获取商业信用提供担保资产。如果客户有担保资产，则对顺利收回货款比较有利。

情况指一般的经济情况对企业的影响，或某一地区的一些特殊情况对客户偿还能力的影响。

通过以上五个方面的分析，便基本上可以判断客户的信用状况，为最后决定是否向客户提供商业信用做好准备。

② 信用评分法。信用评分法是先对一系列财务比率和信用情况指标进行评分，然后进行加权平均，得出客户综合的信用分数，并以此进行信用评估的一种方法。信用评分法旨在解决两个问题：一是确定客户拒付账款的风险，即坏账损失率；二是具体确定客户的信用等级，以作为给予或拒绝信用的依据。

信用评分法主要通过以下三个步骤来完成：

第一，设定信用等级的评价标准。即根据对客户信用资料的调查分析，确定评价信用优劣的数量标准，以一组具有代表性、能够说明付款能力和财务状况的若干比率（如流动比率、速动比率、应收账款平均收账天数、存货周转、产权比率或资产负债率、赊购付款履约情况等）作为信用风险指标，根据数年内最坏年景的情况，分别找出信用好和信用差两类顾客的上述比率的平均值，以此作为比较其他顾客的信用标准。按照上述方法确定的信用标准如表 6-9 所示。

第二，利用既有或潜在客户的财务报表数据，计算各自的指标值，并与上述标准比较。比较的方法是：若某客户的某项指标值等于或低于差的信用标准，则该客户的拒付风险系数（即坏账损失率）增加 10 个百分点；若客户的某项指标值介于好与差的信用标准之间，则该客户的拒付风险系数增加 5 个百分点；当客户的某项指标值等于或高于好的信用标准时，则视该客户的这一指标无拒付风险。最后，将客户的各项指标的拒付风险系数累加，作为该客户发生坏账损失的总比率。

表 6-9 信用标准一览表

指标	信用标准	
	信用好	信用差
流动比率	2.5：1	1.6：1
速动比率	1.1：1	0.8：1
现金比率	0.4：1	0.2：1
产权比率	1.8：1	4：1
已获利息倍数	3.2：1	1.6：1
有形净值负债率	1.5：1	2.9：1
应收账款平均收账天数	26	40
存货周转率（次）	6	4
总资产报酬率（%）	35	20
赊购付款履约情况	及时	拖欠

【例6-10】 某客户的各项指标值及累计风险系数如表6-10所示。该客户的流动比率、速动比率、产权比率、已获利息倍数、存货周转率、总资产报酬率、赊购付款履约情况等指标均等于或高于好的信用标准值，因此，这些指标产生拒付风险的系数为0；而现金比率、有形净值负债率、应收账款平均收账天数三项指标值介于信用好与信用差标准值之间，各自发生拒付风险的系数为5%，累计15%。这样即可认为该客户预期可能发生的坏账损失率为15%。

表 6-10 客户信用状况评价表

指标	指标值	拒付风险系数（%）
流动比率	2.6：1	0
速动比率	1.2：1	0
现金比率	0.3：1	5
产权比率	1.7：1	0
已获利息倍数	3.2：1	0
有形净值负债率	2.3：1	5
应收账款平均收账天数	36	5
存货周转率	7次	0

续表

指标	指标值	拒付风险系数（%）
总资产报酬率（%）	35	0
赊购付款履约情况	及时	0
累计拒付风险系数		15

当然，企业为了能够对客户的拒付风险作出准确的判断，也可以设置并分析更多的指标数值，如增为 20 项，各项最高的坏账损失率为 5%，介于信用好与信用差之间的，每项增加 2.5% 的风险系数。

第三，进行风险排队，并确定各有关客户的信用等级。依据上述风险系数的分析数据，按照客户累计风险系数由小到大进行排序。然后，结合企业承受违约风险的能力及市场竞争的需要，具体划分客户的信用等级，如累计拒付风险系数在 5% 以内的为 A 级客户，在 5%~10% 的为 B 级客户等。对于不同信用等级的客户，分别采取不同的信用对策，包括拒绝或接受客户信用订单，以及给予不同的信用优惠条件或附加某些限制条款等。

对信用标准进行定量分析，有利于企业提高应收账款投资决策的效果。但由于实际情况错综复杂，不同企业的同一指标往往存在着很大差异，难以按照统一的标准进行衡量。因此，要求企业财务决策者必须在更加深刻地考察各指标内在质量的基础上，结合以往的经验，对各项指标进行具体的分析、判断。

2. 事中控制——授信业务管理制度

企业在交易过程中产生的信用风险，主要是由于销售部门和相关部门在销售业务管理上缺少规范和控制造成的，其中较为突出的问题是对客户的赊销额度和期限的控制。一些企业在给予客户的赊销额度上随意性很大，销售人员或个别管理者说了算，结果往往被客户牵着鼻子走。实践证明，企业必须建立与客户直接的信用关系，实施直接管理，改变单纯依赖于销售人员的间接管理状况。因此，必须实行严格的内部授信制度。在这项管理制度中，企业应当关注的事项有：①信用政策的制定及合理运用；②信用额度的审核程序；③发货控制。

企业在销售管理中实行科学的授信业务流程和制度化的管理，至少有如下几方面的好处：①合理授权，有效地利用信用工具开拓市场；②定量化地控制信用销售风险；③将销售系统的内部管理与外部风险控制结合起来，建立科学的营销管理机制；④遏制不良账款产生的源头，提高应收账款的回收率。

3. 事后控制——应收账款监控制度

关于应收账款管理，许多企业已经制定了一些相应的管理制度，但是这些管理制度缺乏系统性和科学性。应收账款的事后控制主要包括：①账龄控制；②货款追收与债权管理。

在应收账款的管理上实行流程化与制度化的管理方式，至少有如下几点好处：①对应收账款实行完整、系统的控制，有利于公司的总体利润指标；②有利于将管理的重点前移，减少前清后欠的现象；③注重应收账款管理的延续性，有利于提高货款回收率；④各相关职能的收款职责清晰，任务明确，有利于协调合作。

第四节　存货管理

一、存货的功能和成本

（一）存货的功能

存货是指企业为销售或耗用而储存的各种资产。在制造企业，存货通常包括：原材料、委托加工材料、包装物、低值易耗品、在产品、产成品等。

存货对制造企业等绝大部分企业来说是必需的。首先，为了保证企业不间断生产，原材料等应有一定的存储量。其次，为满足产品销售批量化、经常化的需要，应有足够的半成品、产成品存储量。再次，为了保证企业均衡生产并降低生产成本，应有一定的存储量。最后，为避免和减少经营中可能出现的失误和意外事故对企业造成的损失，也应有一定的存储量。

存货管理的任务在于恰当地控制存货水平，在保证销售和耗用正常进行的情况下，尽可能地节约资金，降低存货成本。

（二）存货的成本

在存货决策中，通常需要考虑以下成本。

1. 采购成本

采购成本是指由购买存货而发生的买价（购买价格）和运杂费（运输费用和装卸费用）构成的成本。其总额取决于采购数量和单位采购成本。由于单位采购成本一般不随采购数量的变动而变动，因此，在采购批量决策中，存货的采购成本通常属于无关成本；但当供应商为扩大销售而采用数量折扣等优惠方法时，采购成本就成为与决策相关的成本了。

2. 订货成本

订货成本是指为订购货物而发生的各种成本。这主要包括采购人员的工资、采购部门的一般性费用（如办公费、水电费、折旧费、取暖费等）和采购业务费（如差旅费、邮电费、检验费等）。订货成本可以分为两部分：一是固定订货成本，即为维持一定的采购能力而发生的、各期金额比较稳定的成本（如折旧费、水电费、办公费等）。二是变动订货成本，即随订货次数的变动而正比例变动的成本（如差旅费、检验费等）。

3. 储存成本

储存成本是指为储存存货而发生的各种费用。通常包括两类：一是付现成本，包括支付给储运公司的仓储费、按存货价值计算的保险费、报废设备损失、年度检查费用以及企业自设仓库发生的所有费用（如仓库保管人员的工资、折旧费、维修费、办公费、水电费、空调费等）。二是资本成本，即由于投资于存货而不投资于其他可盈利方面所形成的机会成本。

储存成本也可分为两个部分：一是固定储存成本，即总额稳定，与储存存货数量的多少及储存时间长短无关的成本；二是变动储存成本，即总额大小取决于存货数量的多少及储存时间长短的成本。

订货成本、储存成本中的固定部分和变动部分，可依据历史成本资料，采用高低点法、散布图法或最小二乘法等方法进行分解。分解确定的固定订货成本和固定储存成本，属于存货决策中的无关成本，可不予以考虑。

4. 缺货成本

缺货成本是指由于存货数量不能及时满足生产和销售的需要而给企业带来的损失，例如，因停工待料而发生的损失（如无法按期交货而支付的罚款、停工期间的固定成本等），因商品存货不足而失去的营业额，因采取应急措施补足存货而发生的超额费用等。缺货成本大多属于机会成本。单位缺货成本往往大于单位储存成本，因此，尽管其计算比较困难，也应采用一定的方法估算单位缺货成本（短缺一个单位存货一次给企业带来的平均损失），以供决策之用。

二、经济订购批量的确定

（一）经济订购批量确定的基本模型

所谓订购批量，是指每次订购存货的数量。在某种存货全年需求量已定的情况下，降低订购批量，必然增加订货批次。一方面，使存货的储存成本（变动储存成本）随平均储存量的下降而下降；另一方面，使订货成本（变动订货成本）随订购批次的增加而增加。反之，减少订购批次必然要增加订购批量，在减少订货成本的同时储存成本将会增加。可见，存货决策的目的就是确定使这两种成本合计数最低时的订购批量，即经济订购批量，如图 6-8 所示。

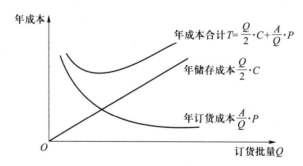

图 6-8 储存成本、订货成本、总成本的关系

在图 6-8 中，有关定义如下：

A——某种存货全年需要量；

Q——订购批量；

A/Q——订购批次；

P——每批订货成本；

C——单位存货年储存成本；

T——年成本合计（年订货成本和年储存成本的合计）。

由于年成本合计（T）等于年订货成本与年储存成本之和，加之，它是一条凹形曲线，因此，当一阶导数为零时，年成本合计最低。经推导（推导过程略），有关公式如下：

经济订购批量 $Q^* = \sqrt{2AP/C}$

最优订购批数 $A/Q^* = \sqrt{AC/2P}$

最低成本合计 $T^* = \sqrt{2APC}$

【例 6-11】 某公司每年使用某材料的数量为 7 200 个单位，该型材料储存成本中的付现成本每单位为 4 元，每单位该材料的采购成本为 60 元，资本成本为 20%，每次订购该材料的成本为 1 600 元，每单位储存成本 C 为 16 元（$4 + 60 \times 20\%$），则经济订购批量为

经济订购批量 $Q^* = \sqrt{(2 \times 7\,200 \times 1\,600) \div 16} = 1\,200$（单位）

经济订购批数 $A/Q^* = \sqrt{(7\,200 \times 16) \div (2 \times 1\,600)} = 6$（次）

或 $A/Q^* = 7\,200 \div 1\,200 = 6$（次）

年最低成本合计 $T^* = \sqrt{2 \times 7\,200 \times 1\,600 \times 16} = 19\,200$（元）

在经济批量决策中，关键是选择并确定与决策相关的成本。在为存货模型编制数据时，应观察所掌握的每一项成本是否随下列项目的数量变化而变化：①存货的数量；②购入的数量；③一年内发出的订单数。

【例 6-12】 某公司的会计资料如下。

购买价格	每单位	8 元
运入运费	每单位	0.6 元
电话订货费		20 元
装卸费	每单位	30 + 0.25 元
存货税	每单位每年	0.4 元
材料运到公司的成本		240 元
接货人员的月工资		800 元
库存保险费	每单位每年	0.10 元
仓库租金	每月	1 200 元
平均损失	每单位每年	1.20 元
资本成本	每年	18%
每月处理的订单数		500 份

上述数据中，有的与决策相关，有的则与决策无关，首先应加以区分。在此基础上，按前述三个方面区分项目。

接货人员的工资及仓库租金并不随购入量、储存量或订单数的变动而变动，属于固定订货成本或固定储存成本，与决策无关，可不予以考虑。

随存货数量变动的成本项目有：

存货税	0.4 元
库存保险费	0.1 元
平均损失	1.2 元
合　计	1.7 元

随购入数量变动的成本项目有：

购买价格	8 元
运入运费	0.6 元

装卸费 0.25 元

合　计 8.85 元

发出一次订单而发生的成本：

电话订货费 20 元

装卸费 30 元

材料运到公司的成本 240 元

合　计 290 元

上述三类成本，按每次订货成本、每单位材料年储存成本计算如下：

$$每次订货成本 P = 20 + 30 + 240 = 290（元）$$

$$单位材料年储存成本 C = 0.4 + 0.1 + 1.2 + (8.85 \times 18\%)$$

$$= 3.293（元）$$

如果该材料年需求总量为 6 000 个单位，则

$$经济订购批量 Q^* = \sqrt{2 \times 6\,000 \times 290 / 3.293} = 1\,028（单位）$$

$$年最低成本合计 T^* = \sqrt{2 \times 6\,000 \times 290 \times 3.293} = 3\,385.21（元）$$

（二）存货模型的扩展应用

在实际工作中，由于各种因素的影响，需要对前述基本数学模型进行扩展，以确定不同状况下的经济订购批量，降低成本。

为了鼓励购买者多购，供应商对大量商品购买者常常实行数量折扣价，即规定每次订购量达到某一数量界限时，给予价格优惠。于是，购买者就可以利用数量折扣价，取得较低商品价、较低运输费和较低年订购费用的机会，并使从大批量采购中得到的节约可能抵偿或超过增支的储存成本。在有数量折扣的决策中，订货成本、储存成本以及采购成本都是订购批量决策中的相关成本。上述三种成本的年成本合计最低的方案，才是最优方案。

【例 6-13】 某企业全年需用 A 零件 1 500 个，每件每年储存成本 0.5 元，每次订货费用 81.67 元。供应商规定，每次订货量达到 750 个时，可获 2% 的价格优惠，不足 750 个时单价为 50 元。

决策分三步进行。

（1）计算没有数量折扣时的经济订购批量。因为按一般原则，当有可能获取数量折扣时，最低订购量可由经济订购批量 Q^* 的计算来确定。

$$Q^* = \sqrt{2 \times 1\,500 \times 81.67 \div 0.5} = 700（个）$$

于是，最佳订购量必然是 700 个或 750 个，没有其他订购数量比这两个数量中的一个更经济。

（2）计算不考虑数量折扣时的年成本合计。

$$采购成本 = 1\,500 \times 50 = 75\,000（元）$$

$$订购成本 = (1\,500 \div 700) \times 81.67 = 175（元）$$

$$储存成本 = (700 \div 2) \times 0.5 = 175（元）$$

$$年成本合计 = 75\,000 + 175 + 175 = 75\,350（元）$$

（3）计算考虑数量折扣时的年成本合计。

$$采购成本 = 1\,500 \times 50 \times (1 - 2\%) = 73\,500（元）$$

$$订购成本 =（1\ 500÷750）×81.67 = 163.34（元）$$
$$储存成本 =（750÷2）×0.5 = 187.5（元）$$
$$年成本合计 = 73\ 500 + 163.34 + 187.5 = 73\ 850.84（元）$$

比较 700 个与 750 个时的年成本合计可知，接受数量折扣可使存货成本降低 1 499.16 元（75 350 – 73 850.84），因此应该选择接受数量折扣的方案。

在实际工作中，需要考虑的因素较多，这时可采用的方法也较多，应灵活加以运用。

【例 6-14】 某公司全年需用 B 零件 12 500 件，每次订购费用为 1 296 元，每件零件全年储存成本为 5 元，零售价每件为 70 元，资本成本率为 25%。供应商为扩大销售，规定折扣条件如表 6-11 所示。

在考虑资本成本率的情况下，如果把数量折扣看作是机会成本（放弃可获得的最大订购量折扣而形成的机会成本，等于该最大订购量折扣与该公司拟选订购政策的折扣之间的差额），则应采用以下方法。

表 6-11　折扣条件一览表

订购单位数	每件的折扣金额（元）
0~999	无折扣
1 000~1 999	1.00
2 000~4 999	1.50
5 000~9 999	1.80
10 000 及以上	2.00

（1）计算没有数量折扣时的经济订购批量。
$$Q^* =\sqrt{（2×12\ 500×1\ 296）÷（5+70×25\%）} = 1\ 200（件）$$
该公司的最佳订购量应是 1 200 件，或是 2 000 件、5 000 件、10 000 件。

（2）计算 1 200 件时的成本总额（69 元为该水平的折扣后单价）。
$$储存成本 =（1\ 200÷2）×（5 + 69×25\%）= 13\ 350（元）$$
$$订购成本 =（12\ 500÷1\ 200）×1\ 296 = 13\ 500（元）$$
$$放弃折扣 = 12\ 500×（2 - 1）= 12\ 500（元）$$
$$成本总额 = 13\ 350 + 13\ 500 + 12\ 500 = 39\ 350（元）$$

（3）计算 2 000 件时的成本总额（68.5 元为该水平的折扣后单价）。
$$储存成本 =（2\ 000÷2）×（5 + 68.5×25\%）= 22\ 125（元）$$
$$订购成本 =（12\ 500÷2\ 000）×1\ 296 = 8\ 100（元）$$
$$放弃折扣 = 12\ 500×（2 - 1.5）= 6\ 250（元）$$
$$成本总额 = 22\ 125 + 8\ 100 + 6\ 250 = 36\ 475（元）$$

（4）计算 5 000 件时的成本总额（68.2 元为该水平的折扣后单价）。
$$储存成本 =（5\ 000÷2）×（5 + 68.2×25\%）= 55\ 125（元）$$
$$订购成本 =（12\ 500÷5\ 000）×1\ 296 = 3\ 240（元）$$
$$放弃折扣 = 12\ 500×（2 - 1.8）= 2\ 500（元）$$
$$成本总额 = 55\ 125 + 3\ 240 + 2\ 500 = 60\ 865（元）$$

（5）计算 10 000 件时的成本总额（68 元为该水平的折扣后单价）。

$$储存成本 =（10\ 000 \div 2）\times（5 + 68 \times 25\%）= 110\ 000（元）$$

$$订购成本 =（12\ 500 \div 10\ 000）\times 1\ 296 = 1\ 620（元）$$

$$放弃折扣 = 0$$

$$成本总额 = 110\ 000 + 1\ 620 = 111\ 620（元）$$

从上述计算可知，最佳订购量就是成本总额最低的那一项，即 2 000 件。当然，本例也可以以年成本合计最低的原理进行决策，其选择结果是一样的。

三、存货资金定额的核定

（一）储备资金定额的核定

储备资金是占用在原材料、辅助材料、燃料、修理用备件、低值易耗品等方面的资金。由于原材料占用资金在储备资金中占有绝大比重，因而储备资金定额的核定主要是指原材料资金定额的核定。

原材料资金是指企业用货币资金购买各种原材料开始，直到把它们投入生产为止的整个过程中所占用的资金。原材料资金定额，在一般情况下按照原材料品种核定；对于量大、价高的主要原材料应按照规格核定；而对数量少、品种多的原材料，则可按照类别加以核定。

原材料资金定额取决于三个因素：计划期原材料每日平均耗用量、原材料计划价格、原材料资金定额日数。计算公式如下：

$$原材料资金定额 = 原材料每日平均耗用量 \times$$
$$原材料计划价格 \times 原材料资金定额日数$$

1. 原材料每日平均耗用量

原材料每日平均耗用量是根据计划期原材料耗用量与计划期日数确定的，计算公式如下：

$$计划期原材料每日平均耗用量 = 计划期原材料耗用量 \div 计划期日数$$

计划期日数，即计划期的日历天数，一般采用整数，年度为 360 天，季度为 90 天，月度为 30 天。

计划期原材料耗用量，可根据产品产量和原材料消耗定额计算确定。有关资料可以从物资技术供应计划中取得。

原材料每日平均耗用量一般可按计划年度原材料耗用量除以 360 计算。

2. 原材料计划价格

原材料计划价格包括买价、运输费、装卸费、保险费、运输途中的合理损耗、入库前的加工整理及挑选费用等。

3. 原材料资金定额日数

原材料资金定额日数是指从企业支付原材料价款起，直到将原材料投入生产为止这一过程中资金占用的日数，包括在途日数、验收日数、应计供应间隔日数、整理准备日数和保险日数。

（1）在途日数，指企业采购原材料时，由于结算方式的关系，使货款支付在先，收到原材料在后，从而形成的资金占用天数。企业采用托收承付结算方式购买原材料时，在途日数的计算方法如下：

在途日数 = 原材料运输日数 −

$$\left(\begin{array}{c}销货单位取得运输凭证\\后办理结算的间隔日数\end{array}+\begin{array}{c}双方开户银行办\\理凭证手续日数\end{array}+\begin{array}{c}结算凭证\\邮寄日数\end{array}+\begin{array}{c}货款承\\付日数\end{array}\right)$$

例如，某企业采购特种钢，采用托收承付结算方式进行货款结算。由火车运输，运输天数为 15 天，销货单位取得运输凭证后办理托收的间隔天数为 1 天，双方开户银行办理凭证手续天数为 2 天，凭证邮寄天数为 4 天，货款承付天数为 3 天。则在途日数为

$$15-(1+2+4+3)=5（天）$$

采用非托收承付结算方式支付货款的，在途日数应是从支付价款起到原材料到达为止的间隔日数。

在实际工作中，有些原材料是由几个单位供应的。各个供应单位距离远近不同，运输方式不同，货款结算方式不同，所需在途日数也不相同。在这种情况下，可先计算出各个供应单位原材料的在途日数，然后以各个供应单位供应的季度数量作权数，采用加权平均的方法计算这种原材料的在途日数。

【例 6-15】 某企业采购特种钢，由甲、乙、丙三个供应单位供应。有关资料如表 6-12 所示。

表 6-12 特种钢供应情况表

供应单位	季度供应次数（次）	每次供应量（千克）	季度供应量（千克）	在途日数（天）
甲	3	10 000	30 000	5
乙	5	8 000	40 000	6
丙	2	10 000	20 000	3
合计		28 000	90 000	

特种钢的加权平均在途日数 $= \dfrac{30\,000 \times 5 + 40\,000 \times 6 + 20\,000 \times 3}{90\,000} = 5（天）$

（2）验收日数，指原材料运到企业后进行计量点收、拆包开箱、检查化验直到入库为止这一过程中资金占用的日数。

（3）应计供应间隔日数，等于供应间隔日数乘供应间隔系数。

供应间隔日数是指前后两次供应原材料的间隔日数。供应间隔日数的长短，取决于供应单位的供应周期或用料单位的采购周期。例如，某种原材料一个月供应一次，或者是一个月采购一次，那么，这种原材料的供应间隔日数就是 30 天。在一定期限内，供应或采购次数越多，每次批量越小，则供应间隔日数越短，库存周转储备也越低。但是，缩短供应间隔日数，必须以保证生产为前提，并且要考虑供应单位的生产组织情况和发货条件、运输单位货运定额以及用料单位的生产方式和下料方式等方面的情况。所以，原材料的供应间隔日数，应根据企业内外各方面条件合理地加以确定。在实际工作中，供应间隔日数通常是按订货合同规定的供应日期计算的。

在两次供应间隔期内，每一批原材料的库存额，都随生产领用而逐渐减少，一直减少

到最低限度（保险储备除外），然后随另一批原材料的购进，恢复到最高库存额。原材料的库存周转储备，不断地投入生产，又定期地得到补充，其数量反复由最高库存周转储备额递减为最低库存周转储备额。

【例 6-16】甲材料每隔 15 天供应一次，每次进料 2 400 元，每日消耗 160 元，则甲材料资金在全月的占用情况，如表 6-13 所示。

表 6-13　甲材料资金占用情况

日期	5	6	7	8	9	10	11	12	
占用资金（元）	2 400	2 240	2 080	1 920	1 760	1 600	1 440	1 280	
剩余资金（元）	0	160	320	480	640	800	960	1 120	
日期	13	14	15	16	17	18	19	累计	平均
占用资金（元）	1 120	960	800	640	480	320	160	19 200	1 280
剩余资金（元）	1 280	1 440	1 600	1 760	1 920	2 080	2 240	16 800	1 120

根据表 6-13 可以看出，流动资金的使用情况是有规律的。流动资金的实际占用额，在原材料到库的那天为最高库存周转储备额，以后逐日减少，以致逐日有一部分资金从储备过程中退出来，以剩余资金的形态存在，逐日积存，直到后一批原材料到库，再恢复到最高库存周转储备额，如此循环不已。由此可见，如果甲材料资金按最高库存周转储备额 2 400 元核定，则几乎每天都有暂时闲置不用的剩余资金。其中占用资金的累计数和平均数可分别计算如下：

$$资金占用累计数 =（2\ 400 + 160）\div 2 \times 15 = 19\ 200（元）$$
$$资金占用平均数 = 19\ 200 \div 15 = 1\ 280（元）$$

资金占用平均数（例 6-16 中为 1 280 元）只占最高库存周转储备额（例 6-16 中为 2 400 元）的一部分。

企业使用的原材料往往多达千百种，各种原材料往往是由几个供应单位供应的，它们供应的数量与供应间隔又不相一致，并且是交叉供应的。当一种原材料刚刚到货、库存周转储备额最高的时候，另一种原材料则可能处于下次到货的前夕、库存周转储备额最低的时候。这样，投入各种原材料库存周转储备上的资金，就可以互相调剂使用。在确定资金定额日数时，就不能直接按照各种原材料的供应间隔日数确定，而应该根据各种原材料的供应和使用情况，考虑资金相互调剂使用的可能性，将供应间隔日数打个折扣。这个折扣就是每日平均库存周转储备额占最高库存周转储备额的比率，叫作供应间隔系数。

【例 6-17】某企业生产耗用甲、乙两种原材料。计划甲材料每隔 15 天供应一次，每次进料 2 400 元，每天消耗 160 元；乙材料每隔 30 天供应一次，每次进料 1 200 元，每天消耗 40 元。每日计划库存周转储备额如表 6-14 所示。

从表 6-14 可见，甲、乙两种原材料的最高库存周转储备额合计是 3 600 元，而企业原材料每日平均库存周转储备额只有 1 900 元（57 000 ÷ 30）。根据原材料每日平均库存周转储备额与原材料最高库存周转储备额，可以求得供应间隔系数，计算公式如下：

表 6-14　每日计划库存周转储备额

日期	1	2	3	4	5	6	7	8	9	10	11
甲（元）	640	480	320	160	2 400	2 240	2 080	1 920	1 760	1 600	1 440
乙（元）	360	320	280	240	200	160	120	80	40	1 200	1 160
合计	1 000	800	600	400	2 600	2 400	2 200	2 000	1 800	2 800	2 600

日期	12	13	14	15	16	17	18	19	20	21	22
甲（元）	1 280	1 120	960	800	640	480	320	160	2 400	2 240	2 080
乙（元）	1 120	1 080	1 040	100	960	920	880	840	800	760	720
合计	2 400	2 200	2 000	1 800	1 600	1 400	1 200	1 000	3 200	3 000	2 800

日期	23	24	25	26	27	28	29	30	合计	最高储备
甲（元）	1 920	1 760	1 600	1 440	1 280	1 120	960	800	38 400	2 400
乙（元）	680	640	600	560	520	480	440	400	18 600	1 200
合计	2 600	2 400	2 200	2 000	1 800	1 600	1 400	1 200	57 000	3 600

$$每日平均库存周转储备额 = 各种原材料每日库存周转储备额合计 ÷ 计划期日数$$
$$= 57\ 000 ÷ 30 = 1\ 900（元）$$
$$供应间隔系数 = 每日平均库存周转储备额 ÷ 最高库存周转储备额 × 100\%$$
$$= 1\ 900 ÷ 3\ 600 × 100\% = 53\%$$

根据已确定的加权平均供应间隔日数和供应间隔系数，就可计算出应计供应间隔日数，计算公式如下：

$$应计供应间隔日数 = 加权平均供应间隔日数 × 供应间隔系数$$

（4）整理准备日数，指原材料在投入生产以前进行技术处理和生产准备所占用资金的日数。如木材、皮革的干燥，废钢、废铁的压碎，金属棒材、板材的截锯等。整理准备日数的长短，应根据对整理准备的要求和整理准备的组织方式等因素予以确定。

（5）保险日数，指为了防止特殊原因原材料供应偶然中断而建立的保险储备所占用资金的日数。保险日数的长短，应根据供应单位执行合同的情况、合同规定供应原材料的日期是否有伸缩性、能否以其他原材料代用、有无运输延误的可能性等因素予以确定。

上述定额日数的各组成部分，并不是每种原材料都同时具备，应根据各种原材料供应和使用情况分别予以确定。

【例 6-18】　某企业计划生产甲产品 1 800 件，每件需要 A 材料 5 千克，每千克计划单价为 100 元。预计 A 材料在途日数为 4 天，验收日数为 2 天，供应间隔日数为 15 天，供应间隔系数为 60%，整理准备日数为 2 天，保险日数为 5 天。则 A 材料资金定额为

$$（1\ 800 ÷ 360）× 5 × 100 × （4 + 2 + 15 × 60\% + 2 + 5）= 55\ 000（元）$$

（二）生产资金定额的核定

在产品资金是指从原材料投入生产开始，直到产品制成入库为止的整个过程中所占用

的资金（这里在产品资金就广义而言，其中包括自制半成品资金）。在产品资金定额，应当按照各种产品分别核定。

在产品资金定额取决于四个因素：计划期某种产品的每日平均产量、某种产品的单位计划工厂成本、在产品成本系数、生产周期，计算公式如下：

$$在产品资金定额 = 产品每日平均产量 \times 产品单位计划工厂成本 \times$$
$$在产品成本系数 \times 生产周期$$

计划期某种产品的每日平均产量，一般可以直接根据生产计划的计划产量求得，与核定原材料资金定额一样。

某种产品的单位计划工厂成本，可从成本计划中求得。

在产品生产过程中，生产费用并不是一次发生，而是逐渐发生的。生产开始时发生一定的费用，然后其余费用陆续增加，直到最终制成产品时，生产费用才递增到产品的工厂成本数。因此，在核定在产品资金定额时，不能按产品的单位计划工厂成本全额计算，而应按一定的比率予以压缩，这个比率就是在产品成本系数，它是在产品在生产过程中的平均生产费用占工厂成本的比率。在产品成本系数，可以根据生产费用的递增情况查定。查定的主要方法有以下几种。

（1）生产周期较短，生产费用（主要是原材料等费用）的发生不规则，但可以确定每日生产费用发生额的产品，可以根据在产品费用逐日递增情况，按照下列计算公式查定。

$$在产品成本系数 = \frac{生产周期中每天费用累计数的合计数}{产品单位计划工厂成本 \times 生产周期} \times 100\%$$

【例 6-19】　某种产品生产周期为 5 天，单位计划工厂成本为 20 000 元，生产费用的发生情况如表 6-15 所示。

表 6-15　生产费用发生情况表

生产周期日数	1	2	3	4	5	合计
生产费用发生数（元）	4 000	2 000	6 000	4 000	4 000	20 000
生产费用累计数（元）	4 000	6 000	12 000	16 000	20 000	58 000

在产品成本系数 = 58 000 ÷（20 000 × 5）× 100% = 58%

在这种情况下，在产品资金占用情况如图 6-9 所示。

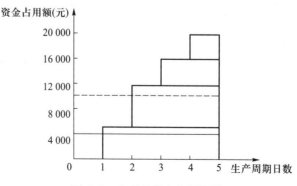

图 6-9　在产品资金占用情况

（2）生产一开始就投入大量的费用，随后陆续均衡地投入其余费用的产品，可采用下列计算公式查定：

$$在产品成本系数 = \frac{\dfrac{生产过程一开始}{投入的费用} \times 100\% + \dfrac{随后陆续}{投入的费用} \times 50\%}{产品单位计划工厂成本} \times 100\%$$

【例6-20】　某种产品单位计划工厂成本为20 000元，开始生产时投入全部费用的60%，其余40%随后陆续均衡地投入。则

在产品成本系数 = [（12 000×100% + 8 000×50%）÷20 000]×100% = 80%

在这种情况下，在产品资金占用情况如图6-10所示。

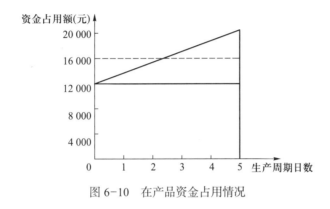

图6-10　在产品资金占用情况

（3）生产过程比较复杂、原材料分次投入生产的产品，对于这种产品应先按生产阶段分别计算在产品成本系数，然后计算各阶段的资金定额或者计算综合的在产品成本系数，最后求得在产品资金定额。

① 多阶段生产的在产品资金定额，按生产阶段分别核定。为了便于把资金定额下达车间和仓库，实行归口管理，在产品资金可以分生产阶段来核定。首先要计算各生产阶段的在产品成本系数，可根据该生产阶段的具体情况采用适当的方法确定；其次计算各阶段在产品的资金定额；最后汇总各生产阶段的资金定额，就是该产品的在产品资金定额。

【例6-21】　T机床计划年度第四季度的计划产量为180台，各生产阶段的产品累计单位成本、在产品成本系数（为事先已查定的数字）与生产周期的资料如表6-16所示。

表6-16　生产周期内生产成本情况表

生产阶段	本阶段累计单位成本（元）	在产品成本系数（%）	本阶段生产周期（日）
铸造车间	11 210	68	5
毛坯库	11 210	100	3
机械加工车间	25 000	75	10
零件库	25 000	100	2
装配车间	33 630	85	5
合计			25

T机床在整个生产周期中资金占用情况，如图6-11所示。

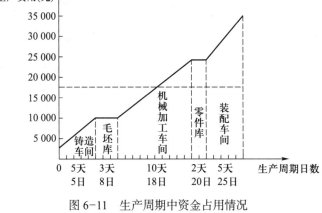

图6-11 生产周期中资金占用情况

T机床各生产阶段的资金定额的计算如表6-17所示。

表6-17 生产周期各阶段费用发生情况表

生产阶段	平均日产量（台）	本阶段累计单位成本（元）	在产品成本系数（%）	生产周期（天）	在产品资金定额（元）
铸造车间	2	11 210	68	5	76 228
毛坯库	2	11 210	100	3	67 260
机械加工车间	2	25 000	75	10	375 000
零件库	2	25 000	100	2	100 000
装配车间	2	33 630	85	5	285 855
合计				25	904 343

② 多阶段生产的产品资金定额，按综合的在产品成本系数计算。为了综合确定企业某项产品的在产品资金定额，可以先计算该产品的综合的在产品成本系数，然后计算该产品的在产品资金定额。这里需要注意，在把各生产阶段在产品系数汇总时，不能简单地相加，而必须考虑产品在各生产阶段上的成本占单位计划工厂成本的比率及各生产阶段的生产周期占整个生产周期的比率。综合在产品成本系数的计算公式如下：

$$综合在产品成本系数 = \frac{\left(\begin{array}{c}各生产阶段 \\ 在产品单位成本\end{array} \times \begin{array}{c}各生产阶段 \\ 在产品成本系数\end{array} \times \begin{array}{c}各生产阶段 \\ 生产周期\end{array}\right)}{\begin{array}{c}单位计划 \\ 工厂成本\end{array} \times \begin{array}{c}各生产阶段 \\ 生产周期之和\end{array}} \times 100\%$$

在例6-21中，

$$T机床的在产品成本系数 = \frac{(11\ 210 \times 68\% \times 5) + (11\ 210 \times 100\% \times 3)}{33\ 630 \times 25} +$$

$$\frac{(25\,000\times75\%\times10)+(25\,000\times100\%\times2)}{33\,630\times25}+$$

$$\frac{(33\,630\times85\%\times5)}{33\,630\times25}\times100\%$$

$$=53.8\%$$

在产品资金定额日数，是指某项产品从原材料投入生产开始，直到产品制成入库为止占用资金的日数，即产品的生产周期。产品的生产周期应由企业生产、计划、技术等有关部门制定。

用计划期某种产品的每日平均产量乘产品的单位计划工厂成本再乘在产品成本系数和在产品资金定额日数，就得出某种产品的在产品每日平均资金占用额。

【例 6-22】 以上例资料为依据，T 机床在产品资金定额为

$$2\times33\,630\times53.8\%\times25=904\,647（元）$$

（三）产成品资金定额的核定

产成品资金是指产品制成入库，直到销售、取得货款或结算货款为止的整个过程中所占用的资金。产成品资金定额，应当按照各种产品分别核定。

产成品资金定额取决于三个因素：计划期某种产品的每日平均产量、某种产品的单位计划工厂成本、产成品资金定额日数，计算公式如下：

产成品资金定额 = 产品每日平均产量 × 产品单位计划工厂成本 ×
产成品资金定额日数

【例 6-23】 计划期某种机床的每日平均产量为 2 台，单位计划工厂成本为 33 630元，产成品资金定额日数为 7 天。则该种机床的产成品资金定额为

$$2\times33\,630\times7=470\,820（元）$$

（1）计划期某种产品的每日平均产量，可根据生产计划的计划产量确定，也要根据生产逐季增长的企业、季节性生产的企业以及生产均衡的企业分别确定。

（2）计划期某种产品的单位计划工厂成本，可以根据成本计划取得。

（3）产成品资金定额日数，指产品自制成入库，直到销售，取得货款或结算货款为止所占用资金的日数，包括产成品储存日数、发运日数和结算日数。

① 产成品储存日数，包括组织成批发运日数、选配日数和包装日数。组织成批发运日数，指按合同规定积存起一批可供向购买单位发运所需产品数量的日数。它取决于产成品的每日平均产量与按合同所规定每批产品的发运数量，计算公式如下：

组织成批发运日数 = 某种产品每批发运数量 ÷ 某种产品每日平均产量

选配日数，指按合同规定把不同品种、规格的产品选配成套所需要的时间。它取决于产品品种、规格的要求，选配的复杂程度和选配力量的强弱。

包装日数，指为了保护产品安全和满足运输要求，对产品进行装箱、捆扎、打包等所需的日数。它取决于包装的要求和包装力量的强弱。

在确定产成品储存日数时，不应当把上述三部分时间简单地相加，而应当考虑各项工作同时进行的可能。例如，在组织成批发运过程中，可同时进行选配、包装工作，这样选配和包装日数就可不单独计算，或者不全部单独计算。

②发运日数，指产品经过选配、包装以后，脱离储存阶段，运往车站或码头，并取得运输凭证这一过程所需日数。发运日数的长短，取决于企业距车站、码头的远近，运输能力的大小以及运输力量的组织情况。

③结算日数，指从取得运输凭证开始，直到取得货款或结算货款为止的日数。结算日数的长短，取决于产品销售的结算方式。

在采用非托收承付结算方式下，如在办理发货当天收到对方支票，则无结算日数。

四、存货的日常控制

（一）ABC 控制法

ABC 控制法是意大利经济学家巴雷特于 19 世纪首创的，经不断发展和完善，现已广泛用于存货管理、成本管理和生产管理。对于一个大型企业来说，常有成千上万种存货项目。在这些项目中，有的价格昂贵，有的不值几文；有的数量庞大，有的寥寥无几。如果不分主次，面面俱到，对每一种存货都进行周密的规划、严格的控制，就会抓不住重点，不能有效地控制主要存货资金。ABC 控制法正是针对这一问题而提出来的重点管理方法。运用 ABC 法控制存货资金，一般分如下四个步骤。

（1）计算每一种存货在一定时间内（一般为一年）的资金占用额。

（2）计算每一种存货资金占用额占全部资金占用额的百分比，并按大小顺序排列，编成表格。

（3）根据事先测定好的标准，把最重要的存货划为 A 类，把一般存货划为 B 类，把不重要的存货划为 C 类，并画图表示出来。

（4）对 A 类存货进行重点规划和控制，对 B 类存货进行次重点管理，对 C 类存货只进行一般管理。

【例6-24】　大华公司共有 20 种材料，共占用资金 100 000 元，按占用资金多少的顺序排列后，根据上述原则划分成 A、B、C 三类，如表6-18 所示。

表6-18　材料资金的分类情况

材料品种（用编号代替）	类别	各类存货所占的		各类存货占用资金的	
		种数（种）	比重（%）	数量（元）	比重（%）
1 2	A	2	10	75 000	75
3 4 5 6 7	B	5	25	20 000	20

续表

材料品种（用编号代替）	类别	各类存货所占的		各类存货占用资金的	
		种数（种）	比重（%）	数量（元）	比重（%）
8					
9					
10					
11					
12					
13					
14					
15					
16					
17					
18					
19					
20	C	13	65	5 000	5
合计		20	100	100 000	100

把存货划分成 A、B、C 三大类，目的是对存货占用资金进行有效的管理。A 类存货种类虽少，但占用的资金多，应集中主要力量管理，对其经济批量要认真规划，对收入、发出要严格控制。C 类存货虽然种类繁多，但占用的资金不多，不必耗费大量人力、物力、财力去管，这类存货的经济批量可凭经验确定，不必花费大量时间和精力去规划和控制。B 类存货介于 A 类和 C 类之间，也应给予相当的重视，但不必像 A 类那样非常严格的控制。

（二）零库存管理

1. 存货对企业经营的负面影响

传统存货管理方法提倡持有一定水平的存货，以达到成本最低的目的。但是存货的存在对企业经营存在负面影响。

（1）企业持有存货，必然占用流动资金，从而发生机会成本。

（2）企业持有存货，必然会发生仓储成本。

（3）企业持有存货，可能掩盖生产质量问题，掩盖生产中的低效率现象。

2. 零库存管理的基本思想

零库存管理认为，按需要组织生产和销售同样能使生产准备成本和储存成本最小化。传统方法是在接受了生产准备成本或订货成本的存在合理性的前提下，得出企业成本最低的条件，即变动订货成本与变动储存成本相等，生产准备成本与变动储存成本相等。而零库存管理的前提是不接受生产准备成本或是订货成本，试图使这些成本趋于零。其措施是缩减生产准备的时间和与供货商签订长期合同。通过和少数指定的供货商签订外供材料的长期合同，随时在需要时要求指定供货商将生产材料直接运送至生产场所，定期结算，显然可以减少订货的数量及相应的订货成本。缩减生产准备时间，要求公司为生产准备寻找更新、更有效率的方法。经验已经证明，生产准备时间是可以被大幅度缩减的。生产准备时间的下降必然导致生产准备成本大大降低。如果生产准备成本和订货成本能够降低至一个不重要的水平，那么唯一需要最小化的成本就是储存成本，而该成本随着存货的下降也会下降到不重要的水平。显然，零库存管理系统下的企业成本会大大低于传统库存管理系统下的企业成本。

3. 零库存管理的实施

要想顺利实施零库存管理，达到理想的管理效果，必须先解决两个问题：一是如何能够实现很低的存货水平，甚至是零存货。二是在存货水平很低，甚至是零存货的情况下，如何能保持生产的连续性。如果在生产需要时不能保证供应足够的原材料、在制品，或不能按销售合同规定的时间交付合格的产成品，将使企业处于很不利的境地，企业实施零库存管理就会得不偿失了。

因此，既能降低存货水平，又不影响企业生产的均衡进行，是零库存管理实施的关键。为此，可以采取以下措施。

（1）在产品市场状况表现为供过于求（或供求相等）时，采用拉动式的生产系统，以销定产；而如果产品市场状况表现为供小于求时，则可采用推动式的生产系统，以产促销。

（2）改变材料采购策略。在适时制下，既要求企业持有尽可能少的存货，只在需要的时间购进需要的材料，又不允许企业因原材料供应的中断影响到生产正常进行，这就对企业的采购部门提出了很高的要求：一是材料供应的及时性。这是指必须能够在生产部门产生原材料需求时，将所需原材料迅速、准时地采购并运至企业，否则就会引起停工待料现象的发生。二是采购的原材料在质量上必须有保证。为了解决这一问题，适时制为企业和供货商之间建立了一种全新的"利益伙伴"关系。建立这种关系的原则如下。

① 在原材料采购上，只与有限数量的比较了解的供应商发展长期合作关系。这样，采购部门就不必为寻找和选择供货商浪费时间，从而缩短材料订货时间，节约订货成本。

② 在选择供货商时既要考虑其供货的价格，同时也应考虑其服务质量（如供货的及时性）和材料质量。

③ 建立生产员工直接向经批准的供货商订购生产所需原材料的流程。

④ 将供货商的供货直接送至生产场所。

⑤ 制造企业和供货商必须建立相互信任，供需双方必须要有团队精神。供货商的经济利益是与购货商的经济利益密切相关的，供需双方的紧密的长期合作关系对两方都是有利的。

（3）建立无库存生产的制造单元。为了减少库存，提高工作效率，需要对车间进行重新布置，建立制造单元（制造单元是按产品对象布置的）。一个制造单位配备有各种不同的机床，可以完成一组相似零件的加工。

制造单元有两个明显的特征：一是在该制造单元内，工人随着零件走，从零件进入单元到加工完毕离开单元，均由一个工人操作。二是无库存生产的制造单元具有很大的柔性，它可以通过调整制造单元内的工人数量使单元的生产率与整个系统保持一致。

（4）减少不附加价值成本，缩短生产周期。企业的经营活动从总体上可分为两种：一种在生产过程中使物料实体发生改变，增加了产品价值，如制造加工和包装，与这种经营活动相对应的成本即为增加价值成本。另一种不改变物料的实体，只是使物料的地理位置等发生改变，不增加产品的价值，如检验和仓储，与这种经营活动相对应的成本是不增加价值成本，因而是一种浪费，企业应致力于不断减少和消除这种成本所对应的经营活动的发生。适时制肯定增加价值成本，因为它增加产品价值。因此，它所对应的经营活动的进行是合理的。

（5）快速满足客户需求。快速满足客户需求依赖于适时制的生产效率。当企业在材料采购、生产上采用了一系列措施，有效地缩短了订购原材料时间、等候时间、检验时间、搬运时间等，进而有效地缩短了周期时间，即从接到订货到交货的时间，企业就可以保证在接到客户订单之后很短的时间内生产出所需要的产成品。

（6）保证生产顺利进行，实施全面质量管理。质量是实行适时制的基本保证。全面质量管理强调事前预防不合格品的产生，要从操作者、机器、工具、材料和工艺过程等方面保证不出现不合格品。其原则是：开始就把必要的工作做正确，强调从根源上保证质量。

4. 运用适时制加强存货管理应注意的问题

适时制在其本质上可以说是一种思想，而非数量模型。我们应学习的是适时制下努力降低存货、提高质量、不断改进的精髓，将这种先进的管理思想与企业的实际情况结合起来，达到提高经济效益的目的。不顾企业管理水平和企业外部环境，生搬硬套"零存货"是很危险的。在实际中究竟应将企业的存货保持在多少为最优，需要视企业经营外部环境和企业的内部管理水平而定。

从理论上讲，存货的存在是一种资源的浪费；从现实来看，存货的存在又是不可避免的，甚至是有利于生产经营活动正常进行的。因此，一方面人们应该不断改善经营管理，争取实现零存货，另一方面又应该面对现实，使库存维持在某一特定水平，做到让浪费最少而又能保证生产经营正常进行，这应是企业存货管理的较高境界。

第五节　营运资本管理政策

营运资本管理政策包括流动资产投资策略和营运资金筹集政策，它们分别研究如何确定流动资产持有量和如何筹集流动资产两个方面的问题，对提高流动资产使用效益和降低流动资产风险有重要意义。

一、流动资产投资策略

1. 流动资产投资规模安排

流动资产的持有量高，能够及时保证生产经营所需要的劳动对象，保证生产经营平稳而不间断地顺利进行，经营风险较小。但将企业的大部分资金量投放在流动资产上，又会侵占固定资产等长期资产的投资规模，影响企业生产条件和生产能力的发展，降低企业总资产的收益水平。在决定流动资产投资的数量水平时，可以根据企业的风险承受能力，分别采用保守型、稳健型与进取型的流动资产投资策略。

假定一家企业最大年生产能力为 10 万件产品，在企业的实际生产量逐渐向 10 万件产出量递增时，所需要的流动资产投资也会逐渐增加。但随企业生产规模增长所追加投入的流动资产数额，在不同的流动资产投资策略支持下，会呈现出不同的结果，如图 6-12 所示。从图 6-12 中可以看到，总的来说，产出量越大，为支持这一产出量所需进行的流动资产投资水平也越高。但它们之间并非线性关系，流动资产投资水平以递减的幅度随产出量而增加，出现这一非线性关系的原因主要是规模经济效应的作用。

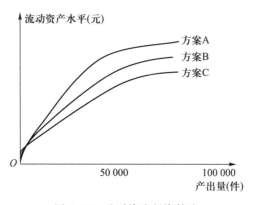

图 6-12 流动资产投资策略

方案 A 的流动资产投资水平要高于其他两个方案。在利润总额一定的情况下，由于方案 A 的流动资产额最高，经营风险最小；但其资产总额较大，总资产报酬率最低，是一种保守型的流动资产投资策略。相反，方案 C 是三种方案中最激进的，其流动资产投资额最低，经营风险最高；其资产占用额最小，总资产报酬率最高，它属于进取型的流动资产投资策略。相比之下，方案 B 是一种稳健型的流动资产投资策略，其流动性、获利能力和风险性均介于方案 A 和方案 C 之间。上述分析的结论如下：

（1）获利能力与流动性成反向变动关系。按流动性从高到低排序，依次是方案 A、方案 B 和方案 C；按获利能力从大到小排序，依次是方案 C、方案 B 和方案 A。由此可见，流动性的提高通常要以获利能力的降低为代价，同样，获利能力的提高也要以流动性的降低为代价。

（2）获利能力与财务风险成同向变动关系。为追求更高的获利能力，必须承受更大的经营风险。在前面讨论的流动资产投资方案中，获利能力与经营风险的排序是一致的。方案 C 的获利能力最高，其经营风险也最高；方案 A 的获利能力最差，其经营风险也最小；无论是获利能力还是经营风险，方案 B 均介于方案 A 和方案 C 之间。

（3）流动性与财务风险成反向变动关系。在其他条件一定的情况下，流动资产投资水平越高，其资产的流动性越好，其变现能力越强，其财务风险越小；反之则财务风险越大。在前述流动资产投资方案中，按流动性从高到低依次是方案 A、方案 B 和方案 C，按财务风险从大到小排序则依次是方案 C、方案 B 和方案 A。由此可见，流动性的提高通常可以降低企业的财务风险，同样，财务风险的降低也必须以提高资产的流动性为代价。

2. 流动资产内部结构安排

企业在流动资产内部结构安排上，应当遵循时间上依次继起和空间上同时并存的原则，才能保证企业正常生产经营活动得以继续。

在流动资产的内部构成内容中，应收账款是企业生产经营活动的必然结果。此外，应收账款的数额大小还取决于企业所采用的信用政策，信用政策的调整在相当大的程度上影响着企业产品销售的市场份额。因此，现金、有价证券和存货是流动资产结构调整的主体内容。保守型流动资产投资策略指导下，往往预留较多的现金储备或有价证券，也可能预留较多存货安全储备；激进型流动资产投资策略指导下，流动资产的各项目往往保持最低的储备量，以便将节省的资金投入收益能力更高的长期资产方面。

短期有价证券的存在主要是为了转换为现金，事实上，短期有价证券的投资收益很难超过企业正常的生产经营收益，也很难超过企业的资本成本。因此，过多地持有短期有价证券，如同过多地持有现金一样，从效益上讲是不经济的。如果能够对企业的未来现金流量进行准确的预计，并且未来的经营现金流入能够满足经营现金支出和偿债需要，企业就不应该持有短期有价证券。只有在企业需要建立一定规模的现金储备以预防财务危机时，才会将暂时多余的现金购买有价证券，获取一定量的投资收益以抵减资金闲置损失。

存货是流动资产中弹性较强的资产项目。保守型流动资产投资策略可能会较多地储备存货，以避免生产经营活动中出现存货短缺；而激进型流动资产投资策略则会将存货限制在一个较低的水平，以防止形成较大的资金占用。极端的做法是采取适时生产模式（Just In Time），这种生产模式认为存货是企业无效成本的万恶之源，存货余额应接近于零。

二、营运资金筹集政策

营运资金筹集政策，是营运资金的研究重点。营运资金筹集政策，主要是就如何安排临时性流动资产和永久性流动资产的资金来源而言的，一般可以区分为三种，即配合型筹资政策、激进型筹资政策和稳健型筹资政策。

1. 配合型筹资政策

配合型筹资政策的特点是：对于临时性流动资产，运用临时性负债筹集资金满足其资金需要；对于永久性流动资产和固定资产（统称为永久性资产，下同），运用长期负债、自发性负债和权益资本筹集资金满足其资金需要。配合型筹资政策如图 6-13 所示。

配合型筹资政策要求企业临时负债筹资计划严密，实现现金流动与预期安排相一致。在季节性低谷时，企业应当除了自发性负债外没有其他流动负债；只有在临时性流动资产的需求高峰期，企业才举借各种临时性债务。

例如，某企业在生产经营的淡季，需占用 400 万元的流动资产和 600 万元的固定资产；在生产经营的高峰期，会额外增加 300 万元的季节性存货需求。配合型筹资政策的做法是：企业只在生产经营的高峰期才借入 300 万元的短期借款；不论何时，1 000 万元的永久性资产（即 400 万元永久性流动资产和 600 万元固定资产之和）均由长期负债、自发

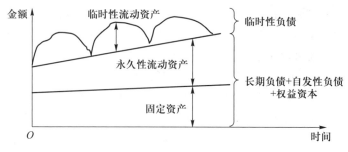

图 6-13　配合型筹资政策

性负债和权益资本解决其资金需要。

这种筹资政策的基本思想是将资产与负债的期间相配合，以降低企业不能偿还到期债务的风险和尽可能降低债务的资本成本。但是，事实上由于资产使用寿命的不确定性，往往达不到资产与负债的完全配合。如本例，一旦企业生产经营高峰期内的销售不理想，未能取得销售现金收入，便会发生偿还临时性负债的困难。因此，配合型筹资政策是一种理想的、对企业有着较高资金使用要求的营运资金筹集政策。

2. 激进型筹资政策

激进型筹资政策的特点是：临时性负债不但融通临时性流动资产的资金需要，还解决部分永久性资产的资金需要。该筹资政策如图 6-14 所示。

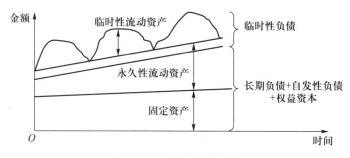

图 6-14　激进型筹资政策

从图 6-14 可以看到，激进型筹资政策下临时性负债在企业全部资金来源中所占比重大于配合型筹资政策。沿用例 6-24，企业在生产经营的淡季，需占用 400 万元的流动资产和 600 万元的固定资产，在生产经营的高峰期，额外增加 300 万元的季节性存货需求。如果企业的权益资本、长期负债和自发性负债的筹资额低于 1 000 万元（即低于正常经营期的流动资产占用与固定资产占用之和），比如只有 900 万元甚至更少，那么就会有 100万元或者更多的永久性资产和 300 万元的临时性流动资产（在经营高峰期内）由临时性负债筹资解决。这种情况，表明企业实行的是激进型筹资政策。由于临时性负债（如短期银行借款）的资本成本一般低于长期负债和权益资本的资本成本，而激进型筹资政策下临时性负债所占比重较大，所以该政策下企业的资本成本较低。另外，为了满足永久性资产的长期资金需要，企业必然要在临时性负债到期后重新举债或申请债务展期，这样企业便会更为经常地举债和还债，从而加大筹资困难和风险；还可能面临由于短期负债利率的变动而增加企业资本成本的风险。所以激进型筹资政策是一种收益性和风险性均较高的营运资金政策。

3. 稳健型筹资政策

稳健型筹资政策的特点是：临时性负债只融通部分临时性流动资产的资金需要，另一部分临时性流动资产和永久性资产，则由长期负债、自发性负债和权益资本作为资金来源，如图6-15所示。

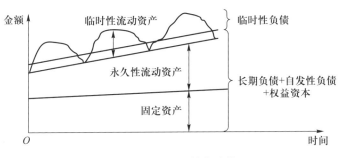

图 6-15　稳健型筹资政策

可见，与配合型筹资政策相比，稳健型筹资政策下临时性负债占企业全部资金来源的比例较小。沿用例6-24，如果企业只是在生产经营的旺季借入资金低于300万元，比如200万元的短期借款，而无论何时的长期负债、自发性负债和权益资本之和总是高于1 000万元，比如达到1 100万元，那么旺季季节性存货的资金需要只有一部分（200万元）靠当时的短期借款解决，其余部分的季节性存货和全部永久性资金需要则由长期负债、自发性负债和权益资本提供。而在生产经营的淡季，企业则可将闲置的资金（100万元）投资于短期有价证券。在这种做法下，由于临时性负债所占比重较小，所以企业无法偿还到期债务的风险较低，同时蒙受短期利率变动损失的风险也较低。然而，企业却会因长期负债资本成本高于临时性负债的资本成本，以及经营淡季时仍需负担长期负债利息，从而降低企业的收益。所以，稳健型筹资政策是一种风险性和收益性均较低的营运资金筹集政策。

一般说来，如果企业能够驾驭资金的使用，采用收益和风险配合得较为适中的配合型筹资政策是有利的。

本章小结

流动资产是企业资产的重要组成部分，具有占用时间短、周转快、易变现等特点，流动资产的使用效果对企业业绩有重要的影响。

流动资产是企业在一年内或超过一年的一个营业周期内变现或者运用的资产，其构成及运行特点影响着流动资产管理原则的确立。

现金是企业在生产过程中暂时停留在货币形态的资金，作为非营利性资产，其数额确定和日常控制是非常重要的。应在了解企业持有现金动机和成本的基础上，掌握最佳现金持有量确定的方法和现金日常控制的具体内容。

加强应收账款的管理，旨在发挥应收账款强化竞争、扩大销售功能的同时，尽可能降低投资的机会成本、坏账损失与管理成本，最大限度地发挥应收账款投资的效益。因而，要熟练掌握应收账款政策的制定，并进行有效的综合信用管理。

存货是企业在生产经营过程中为销售或耗用而储存的各种资产，在防止停工待料、适应市场变化、降低进货成本、维持均衡生产等方面具有重要的作用。了解存货的功能和成本，掌握最优经济订购批量的计算和存货资金定额的核定，熟悉存货日常控制的相关问题，是本章的重要内容之一。

营运资本管理政策包括流动资产投资策略和营运资金筹集政策。根据流动资产的投资规模，流动资产投资包括保守型、稳健型与进取型三种流动资产投资策略；营运资金筹集政策则包括配合型、激进型和稳健型三种筹资政策。

即测即评

请扫描右侧二维码，进行即测即评。

思考题

1. 流动资产周转的特点是什么？理解这些特点对财务管理有何意义？
2. 现金持有成本的构成内容是什么？
3. 在使用存货模式确定最佳现金持有量时，是如何考虑相关成本的？
4. 如何有效地进行现金收支综合管理？
5. 现金收支计划包括哪些内容？如何编制现金收支计划？
6. 应收账款的成本由哪些内容构成？
7. 在有现金折扣和折扣期限的情况下，如何才能做出正确的信用政策决策？
8. 在有数量折扣时，存货模型扩展应用的基本程序是什么？
9. 建立最佳安全库存量政策必须考虑的成本是什么？
10. 影响资金定额核定的基本因素有哪些？
11. 如何核定在产品资金定额？核定时应考虑哪些重要问题？
12. 如何正确采用流动资产投资策略与筹集政策？
13. 企业营运资金投资策略与筹资政策有哪些？在选择营运资金投资策略和筹资政策时需要考虑哪些因素？

计算题

1. 某企业每月平均现金需要量为 100 000 元，有价证券的月利率为 10%，假定企业现金管理相关总成本控制目标为 600 元。

要求：

（1）计算有价证券的转换成本的限额。

（2）计算最佳现金余额。

（3）计算最佳有价证券交易间隔期。（假设一个月按 30 天计算）

2. 某公司预计的年度赊销收入为 6 000 万元，信用条件是（2/10，1/20，n/60），其变动成本率为 65%，资金成本率为 8%，收账费用为 70 万元，坏账损失率为 4%。预计占赊销额 70% 的客户会利用 2% 的现金折扣，占赊销额 10% 的客户利用 1% 的现金折扣。一年按 360 天计算。

要求：

（1）计算信用成本前收益。

（2）计算平均收账期。

（3）计算应收账款机会成本。

（4）计算现金折扣成本。

（5）计算信用成本后收益。

3. 某企业每年需要耗用甲材料 20 000 千克，该材料的单位采购成本为 7.5 元，单位储存成本为 1.5 元，平均每次订货成本 600 元。

要求：

（1）计算经济订货批量。

（2）计算最佳订货次数。

（3）计算最佳订货周期。

（4）计算经济订货批量的相关总成本。

（5）计算经济订货批量平均占用的资金。

4. 某企业每年耗用某种材料 7 200 千克，该材料单位成本 20 元，单位存储成本为 2 元，一次订货成本 50 元。

要求：

（1）按照经济订货批量基本模型计算经济订货批量、与经济订货批量相关的总成本、最佳订货次数、最佳订货周期、经济订货批量占用资金。

（2）如果每次进货 1 200 千克可以享受 2% 的价格折扣，确定经济订货批量。

（3）如果允许缺货，单位缺货成本为 5 元，计算经济进货批量和平均缺货量。（四舍五入取整）

（4）如果订货日至到货期的时间为 10 天，保险储备为 100 千克，再订货点为多少？

（5）如果每日送货量为 50 千克，每日耗用量 20 千克，不设保险储备，计算经济订货量（四舍五入取整）、送货期、最高库存量、平均库存量、与经济订货量相关的总成本。

5. 某公司甲材料的年需要量为 3 600 千克。销售企业规定：客户每批购买量不足 900 千克的，按照单价为 8 元／千克计算；每批购买量 900 千克以上，1 800 千克以下的，价格优惠 3%；每批购买量 1 800 千克以上的，价格优惠 5%。已知每批进货费用 25 元，单位材料的年储存成本 2 元。

要求：

计算实行数量折扣时的最佳经济订货批量。

综合分析题

1. 某企业的资金成本率为 10%，上年销售收入为 4 000 万元，总成本为 3 000 万元，其中固定成本为 600 万元。本年该企业有两种信用政策可供选用：

甲方案给予客户 60 天信用期限，预计销售收入为 5 000 万元，信用成本为 140 万元。预计不会增加固定成本，不会改变变动成本率。

乙方案的信用条件为（2/10，1/20，$n/60$），预计销售收入为 5 400 万元，将有 40% 的货款于第 10 天收到，10% 的货款于第 20 天收到，由于考虑可能会有部分客户拖欠付款，因此，预计平均收现期为 60 天，收账费用为 25 万元，坏账损失为 50 万元。预计将会增加 20 万元固定成本，变动成本率比上年提高 2 个百分点。

要求：

（1）计算该企业上年的下列指标：

① 变动成本总额；

② 以销售收入为基础计算的变动成本率。

（2）计算乙方案的下列指标：

① 应收账款平均余额（全年按 360 天计算）；

② 维持应收账款所需资金；

③ 应收账款机会成本。

（3）计算甲、乙两方案信用成本后收益。

（4）为该企业选择采取何种信用政策，并说明理由。

2. 东方公司购进电脑 1 818 台，单位进价 4 000 元（不含增值税），为此贷款 500 万元，银行贷款年利率为 7.2%。单位售价 5 000 元（不含增值税），企业月存货保管费用 72 000 元，存货购销的固定储存费 20 万元，税金及附加为 59.8 万元。

要求：

（1）计算该批存货的每日变动储存费。

（2）在批进批出的前提下，如果该批电脑实际亏损了 17 000 元，实际储存了多长时间？

（3）在批进批出的前提下，若该批电脑实际储存了 200 天，能否实现 10% 的目标投资利润率？

（4）在批进零出的前提下，日均销量为 6 台，经销该批电脑可获利多少？

3. A 公司是一个商业企业。由于目前的收账政策过于严厉，不利于扩大销售，且收账费用较高，该公司正在研究修改现行的收账政策。现有甲和乙两个放宽收账政策的备选方案，有关数据如下：

项目	现行收账政策	甲方案	乙方案
年销售额（万元／年）	2 400	2 600	2 700
收账费用（万元／年）	40	20	10
所有账户的平均收账期	2 个月	3 个月	4 个月
所有账户的坏账损失率	2%	2.5%	3%

已知 A 公司的变动成本率为 80%，资金成本率为 10%。坏账损失率是指预计年度坏账损失和销售额的百分比。假设不考虑所得税的影响。

要求：

通过计算分析回答应否改变现行的收账政策。如果要改变，应选择甲方案还是乙方案？

第七章

无形资产管理

第一节　无形资产管理概述

一、无形资产的内容和分类

（一）无形资产的内容

无形资产是指不具有物质实体，能给企业提供某种特殊的经济权利，有助于企业在较长时期内获取利润的财产。

无形资产包括专利权、商标权、著作权、土地使用权、非专利技术、商誉等。

1. 专利权

专利权是指国家专利机关依照有关法律规定批准的发明人或其权利受让人对其发明创造成果，在一定期限内享有的专有权或独占权；他人如果要利用该项专利进行产品生产或出售使用该项专利生产的产品，必须事先征得专利权所有人的同意，并付给报酬。专利权所有人可以转让所有权和使用权。专利权作为技术成果是既有价值，又有使用价值的商品。

2. 商标权

商标是企业在其生产经营的商品上所使用的一种注册标志。法律上为保护生产经营者的正当权益，严禁出现仿用、假冒商标等侵犯他人权利的行为。商标受国家商标法保护。商标权是以企业申请注册的时间先后为审批依据，而不以是否使用为审批依据。商标权同其他商品一样，具有使用价值和价值，既可以作价转让，也可以有偿地许可他人使用。

3. 著作权

著作权是对著述或出版的某一专门著作或者创作的某一艺术品所提供的专属权利。著作权是一种知识产权，是国家通过法律规定，赋予书籍作者、艺术品的创造者以及出版者对其作品拥有的独占权。

4. 土地使用权

在我国，土地所有权属于国家，任何企业对土地仅有使用权而无所有权。对于中外合营企业在合营期间所占用的土地，政府有权按照占用面积、占用时间和地理位置收取一定的费用。如果这项土地的使用费是按期交给中国政府的，合营企业财务会计上要作为企业的期间成本处理；如果合营企业所占用的土地是中方合营者以股权形式投入的，土地使用权则作为无形资产处理。

5. 非专利技术

非专利技术又称技术秘密和技术诀窍。它是指企业在用的、未公开的和未申请专利的知识和技巧，包括各种设计图纸、数据资料、技术范围、工艺流程和化学配方等。非专利技术不是工业产权，法律上没有保护规定，但具有保密性，应在技术贸易的合同中做出相应的规定予以保护。

非专利技术之所以采取保密手段，就在于这项技术能使其产品在竞争中处于有利地位，给企业带来效益，从创造效益的角度看，它与专利权是相同的。当社会上都掌握了这一专门技术时，企业的这种无形资产就不存在了。

6. 商誉

商誉是指企业在有形资产规模一定的情况下，能够获得高于正常投资报酬率的价值。这是由于企业历史悠久、技术先进、管理有方、经营效率高、所处地理位置优越等原因，与同行业相比，可获得超额利润。商誉一般具有以下特性。

（1）商誉是企业长期积累起来的一项价值。商誉受多项因素的影响，但影响商誉的个别因素，不能以任何方法单独计价。

（2）商誉不能与企业分开而独立存在，不能与企业可确认的资产分开销售。

（3）商誉本身不是一项单独的、能产生收益的无形资产，而只是超过企业可确指的各单项资产价值之和的价值。

（二）无形资产的分类

为了加强对无形资产的管理，应根据以下标准对无形资产进行科学的分类。

（1）按形成来源，可以分为自创无形资产和购入无形资产。前者是指企业自己创造、形成的无形资产，如商标、商誉等；后者是指企业从外单位购入的无形资产，如购入的专利权。

（2）按能否确认，可以分为可确认无形资产和不可确认无形资产。前者是指具有专门名称，可以个别取得的无形资产，如专利权、商标等；后者是指无法具体确认，不能单独取得，也不能离开企业而单独存在的无形资产，如商誉。

（3）按有无期限，可以分为有期限无形资产和无期限无形资产。前者是指有法律规定期限的无形资产，如专利权、商标等，其价值应在规定期限内分摊；后者是指法律未规定期限的无形资产，如商誉，其价值在正常经营过程中是不需要确认和分摊的。

二、无形资产的作用和特点

（一）无形资产的作用

在现代科学技术高度发达的今天，专利权、非专利技术、商誉、商标权等无形资产已逐步取代有形资产而成为企业最重要的资源。无形资产与企业的研究与开发、企业管理模式、竞争战略等紧密联系，成为企业经营与发展不可缺少的一个重要部分。企业之间竞争的焦点不再是有形资产，无形资产才是增加企业创新能力，保持扩大市场份额，提高企业素质的关键所在。

1. 创新作用

无形资产的创新性往往成为差异化战略的基础，从而为企业获得巨大的竞争优势，这一点在高新技术企业中表现得特别明显。高新技术企业无形资产的创新性与研究开发有着天然的、内在的联系，研究开发是创新性的来源与体现。

2. 杠杆倍增作用

相对有形资产而言，无形资产的丰富程度和质量高低关系到企业在激烈竞争中是否能够获胜，而且无形资产不仅是微观上一个企业经济、技术、法律一体化的资产，宏观方面更是民族资源和国家实力的象征。在发达国家，无形资产已成为企业的核心竞争力所在，其价值往往数倍于有形资产。因此，我们在衡量一个企业的价值时，必须注意无形资产。

国际权威资产评估机构统计表明，对价值增值方面的作用，无形资产超过有形资产的4~5倍。如第二次世界大战后，日本从国外购买了 26 000 项专利技术，然后通过消化、吸收和创新，增加利润 5 000 多亿美元，等于技术引进成本的 50 倍。无形资产巨大的价值杠杆倍增作用不容低估。

3. 持续发展作用

无形资产虽然不像土地、建筑物、机器设备那样以具体的实物形态出现在人们面前，但在知识经济时代它确实对于企业的持续发展起着不容忽视的作用。

例如，闻名世界的耐克公司本身没有一家生产工厂，只是凭借许可证方式进行生产，它就可以称霸于全世界的运动鞋市场。这家公司的全部资产就是"耐克"商标、设计开发能力和市场销售能力。随着知识经济的发展，无形资产的价值呈现出越来越高的趋势。

（二）无形资产的特点

无形资产属于资产，具有资产的一般特征。此外，它还具有不同于一般有形资产的以下特点。

（1）没有物质形态。它是不具有物质实体、不依存于某一部分或特定的物件并能为企业所长期拥有的资产。

（2）不具有流动性，变现能力差。它能在较长时期内（至少超过一年）使企业受益。无形资产属于长期资产。

（3）作为企业拥有的一种权利，能够使企业在较长时期内取得超过同行业一般收益水平的盈利能力，但这种收益具有很大程度的不确定性。

（4）不能直接用来增加社会财富，必须与企业或企业的有形资产相结合。

（5）具有排他性，只与特定的主体相关，受到法律的保护，禁止非所有者无偿取得。

第二节　无形资产形成和使用的管理 ■■■

一、无形资产形成方式及其管理

无形资产的形成有两种方式：一种是通过购买的方式形成，另一种是通过企业自身创造出来。其中，通过购买进行研究开发是无形资产形成的一个重要的途径。

（一）无形资产投资的特点

无形资产投资与其他投资相比，具有如下特点。

1. 风险性大

由于技术更新换代速度加快，企业对无形资产的投资，包括对专有技术、技术诀窍、专利、人力资源的投资，都具有非常大的风险性。企业投资形成的无形资产（如技术创新所得到的技术诀窍及专有技术等），当市场尚无相同或相似技术时，能够获得对该项技术的垄断权，使企业可以在定价及销售方面占有有利地位，获得超额利润。但是，一旦这项技术有更先进的技术或替代物出现，企业投资所获得的无形资产可能变得一文不值。可见，企业对无形资产的投资与对其他资产投资相比，具有较大的风险性。

2. 不确定性强

企业投资于新技术，需要经过研究开发阶段、产品或技术初试阶段、产品商业化或技术实际应用阶段等，以上每个阶段都具有较大的不确定性。如在技术或产品的研究开发阶段，研究项目能否成功，研究与开发的成果能否被市场认可，在研究与开发成果市场化阶段，市场化转化能否成功等都是不确定的。有资料表明，高新技术从研究开发到得到市场认可，在每一个阶段的成功率都是非常低的。此外，企业对于人力资产的投资，由于人的流动性也给企业带来一定的不确定性。对于企业投资购买的无形资产所能产生的收益也很难估算，因为没有可以借鉴的同类项目，同样具有极大的不确定性。

3. 投资回报高

企业对于无形资产投资一旦成功，由于能够保持其技术或其他方面的创新，在市场竞争中能立于不败之地。所以，企业对所投资的无形资产具有相对的垄断性，这就使得企业可以在市场定价及销售时处于非常有利的地位，获取的利润会较大，从而使得投资回报较高。

4. 企业周期性明显

目前，企业赖以发展的先进技术更新速度非常快，拥有科技创新能力的高新技术企业成长速度也非常快。与传统产业的发展过程相比，高新技术企业要么能够在相对较短的时间成长，要么在相对较短的时间内破产。所以，与传统的产业相比，高新技术产业成长更快，周期性更加明显。

（二）研究与开发费用处理的国际比较

研究与开发费用同企业的无形资产关系密切，但研究与开发费用是作为资产还是作为当期费用处理，一直是一个争议较大的问题。国际上流行的做法有如下四种。

1. 全部费用化

将某一会计期间发生的研究与开发费用全部直接列为当期费用并计入损益，不作为无形资产看待。

2. 全部资本化

将某一会计期间发生的研究与开发费用归集起来，列为资产，等到开发成功、取得收益时开始摊销。这部分费用根据权责发生制没有计入当期损益，而是当作一种长期拥有的、能够带来经济效益的经济资源，作为无形资产处理。

3. 有条件地资本化

将研究与开发费用区别对待，对于研究费用要求在发生的会计期间即作为费用处理，在随后也不再将其作为资产；而对于开发费用只要满足其特殊条件，具有成功的可能，就确认为资产。这种做法是将研究与开发分成两个不同的阶段，研究阶段的风险比较大，研究费用就不作为资产处理；开发阶段风险较小，成功的可能性较大，所以确认为资产。

4. 根据研究开发的最终结果决定

将研究与开发费用在发生期间归集于一个专门的账户中，然后根据研究与开发的最终结果来决定采用哪一种处理方法。如果研究开发取得成功，可以将全部费用资本化，并且在其收益期内进行摊销，否则就作为费用计入当期损益。

（三）研究与开发费用处理的合理选择

《国际会计准则》第9号规定，将研究、开发费用分开，研究费用应在其发生的期间确认为费用，并且不应在其后的期间确认为资产。开发费用可以资本化，但是规定要证实研究开发的可行性，其费用能够与其他费用划分。开发费用的资本化条件是：① 产品或工艺非常明确，其费用能与其他费用划分开；② 产品或工艺在技术上可行，已经证实；③ 企业管理部门已表示要生产和销售或使用这种产品或工艺；④ 这种产品或工艺有明显迹象有未来的市场，如果是为了内部使用而不是出售，其用途要能被证实；⑤ 项目开发完成后能形成足够的资源，或有理由预期能够获取这种资源，或者对该产品或工艺可以进行使用。在采用资本化确认为一项资产时，大项目开发费用，不应超过可能从有关的未来经济利益中收到的金额，在扣除进一步的开发费用、有关的生产费用和在销售该产品时直接发生的销售费用及管理费用之后的净额。

二、无形资产的计价与摊销

（一）无形资产的计价

无形资产的受益期长，购置无形资产的支出是资本性支出。无形资产应按照取得时的实际成本计价。

投资者作为注册资本或者合作条件投入的，按照评估确认或者合同、协议约定的金额计价；购入的，按照实际支付的价款计价。

自行开发并且依法申请取得的，按照开发过程中的实际支出计价；接受捐赠的，按照发票账单所列金额或者同类无形资产市价计价。除企业合并外，商誉不得作价入账。

非专利技术和商誉的计价应当经法定评估机构评估确认。

（二）无形资产的摊销

无形资产从开始使用之日起，在有效使用期限内平均摊入管理费用。无形资产的有效使用期限按照下列原则确定。

法律和合同或者企业申请书分别规定有法定有效期限和受益年限的，按照法定有效期限与合同或者企业申请书规定的受益年限孰短的原则确定。如我国《专利法》规定：发明专利权的期限为 20 年，实用新型专利权的期限为 10 年，外观设计专利权的期限为 15 年。

法律没有规定有效期限，企业合同或者企业申请书中规定有受益年限的，按照合同或者企业申请书规定的受益年限确定。

法律和合同或者企业申请书均未规定法定有效期限或者受益年限的，按照不少于 10 年的期限确定。

三、无形资产转让和投资

（一）无形资产的转让

无形资产的转让包括所有权转让和使用权转让两种类型。无论哪种转让取得的收入，均计入企业其他销售收入。转让成本的计算，因转让类型的不同而不同。转让无形资产所有权时，转让成本按无形资产的摊余价值计算；转让使用权时，按为履行转让合同规定的义务所发生的费用（如派出的技术服务人员的费用等）作为转让成本。

土地使用权的转让，与其他无形资产有所不同。根据国家有关规定，国有企业的建设用地，现仍采取划拨方式，政府不对企业收取地价费，企业通过划拨方式取得的土地使用权也不得转让、出租或抵押。如确有需要对土地使用权进行转让时，其转让收入，包括土地出让金和土地收益金（或土地增值税），企业不能作为其他销售收入处理，需全部上缴国家。国有企业改制中发生无形资产转让，一定要按国家规定的无形资产评价范围、评价标准与方法进行评价，严禁低估国有无形资产价值，造成国有资产流失。

（二）无形资产的投资

无形资产的投资，是指企业用无形资产的所有权或使用权对其他企业所进行的长期投资。投资时按评估确认或合同、协议约定的价值作为投资额。这一数额与无形资产账面净值的差额，作为资本公积处理。

第三节 无形资产的创新管理

一、无形资产创新与可持续发展

在工业经济时代，经济增长主要依赖于厂房、设备、资本，而在当今知识经济时代，专利权、专用技术、商标、商誉、信息、计算机软件等无形资产，对经济增长起着决定性的作用。

二、无形资产技术创新的管理

企业对技术创新的投资，应结合企业发展的阶段进行。

（一）创新构思阶段

企业在该阶段主要解决的问题是，要对哪一种技术投资？所要投资的技术项目是否能成功？以该技术为基础的产品能否得到市场的认可？替代技术何时出现？因此，企业要对所要投资的技术项目做充分的市场调研，对于所要投资的环境进行详细的调查，特别是对投资对象的市场供求预测、与投资有关的相关资源供应情况、相关的科学技术水平及工艺等，进行细致的调查，做好可行性研究。

（二）研究与开发阶段

技术创新构思经过评价认可后，即要进行新技术及新产品的研究与开发工作。这个阶段也是将前一阶段技术创新构思中形成的投资计划实施的时候，在实施过程中可以根据实际情况对原来的方案进行修正，使其更加合理。

企业进入该阶段，投入的资金更大。一个国家经济发展如何与其所投入技术或产品的研究与开发的力度有关。发达国家非常重视该项投入，许多世界知名的高新技术企业用于技术创新的研究与开发费用已经占到销售收入的 10% 以上。

在该阶段，企业的投资仍具有较大的不确定和风险性。企业所进行的研究与开发能否顺利成功，既要考虑技术方面因素，还要考虑时效方面因素。任何一项创新，若不能做到在市场上保持领先，则不具有竞争力。有资料表明，高新技术在研究开发阶段的失败率往往高达 30%~40%，那么其所造成的投资风险是非常大的。

（三）研究与开发成果市场化阶段

研究与开发成功的成果，若要取得更好的经济效益，必须将其引入市场。这也是非常关键的一步。研究与开发的成果能否得到市场的认可，其市场前景如何，如何加强销售管理，如何进一步开拓市场或拓展其生产能力和服务能力等，这些都是企业所必须考虑的。高新技术产业在经过了成功率极低的技术创新构思及技术创新实践后，将研究与开发成果市场化的成功率也并不高，成功率一般仅为 30%。

（四）技术创新成果获利阶段

企业技术创新成功并实现了市场化，进入获利阶段，企业投资就有了回报，技术创新的投资回报率比传统投资的投资回报率要高。

在技术创新方面，海尔集团堪称成功的典范。海尔最早只是一家濒临倒闭的集体所有制小厂，无形资产几乎为零。为了绝地求生，海尔确立了"专利战略"，一旦发现一项具有市场前景的技术，便迅速组织开发，并全方位申请注册保护，然后推向市场。在市场上立足后，借此滚动壮大，进一步建立技术与专利开发，驰名品牌产品生产、销售与保护的密集网络。10 多年后，海尔平均每两天就有一项专利申请成功，推向市场的每一品牌的产品都包含了一项乃至数项相关的保护性注册专利。海尔的专利及其严密的保护网络不仅使海尔集团成为世界级的高品质的企业集团，更为其积累了巨大的品牌价值。

三、无形资产文化创新的管理

从一定意义上讲，企业文化是由人的群体所构成的一种区别于其他群体的特有的氛围。它可以形成无形资产的重要组成内容。

企业的技术创新能力是企业的灵魂，而创新能力必须由人来进行。因此，人力资产在拓展后的无形资产中占有非常重要的位置，越来越多的企业都认为员工是他们最重要的资产，是企业价值增长的源泉。因此，无形资产文化创新的管理应具体落实对人力资本的管理。

广义来说，不论多么完备的市场，都不可能彻底避免垄断性的存在，因市场中的许多要素（例如人所拥有的优秀素质和技能）都是独一无二或极为稀缺的，这种独一无二或极为稀缺的生产要素一旦为企业所占有即形成垄断。企业的超额盈利能力都可以归于垄断，如企业对购买或销售市场的垄断可以使企业制定有利于自己的垄断价格，对人力资源的垄断则可以为企业带来成本、价格、市场等多方面的优势。因此，今天的企业为了生存、竞争，都不断加大对人力资本的投入。

人力资产是指企业所拥有的，能够给企业未来带来经济利益的一项资产。企业对于人力资产的投资所涉及的方方面面较多，一般来说会包括如下几方面：

（1）要根据企业所制定的企业发展战略规划来制定企业的人力资源计划。企业的人力资源计划要和企业发展战略规划相匹配。在企业的人力资源计划中，企业要研究确定人力资源的需求模型，分析企业现有的人力资源结构和可能的流动趋势，例如，企业还需要引入哪些人才，在未来的规划期中哪些人才有可能流失，流失人才能否被新招聘人才所补充，现有员工还需要哪些培训，需要在什么时候引入什么人才以符合企业发展的需求。

（2）企业对于人力资产的投资，并不是将企业发展所需要人才简单引进就可以解决问题。因为人力资产具有很大的主观能动性，企业在引入人才后，还需要建立健全用人制度，创造一种宽松的企业文化，最大限度地激发人才的创造力。

（3）建立一种适当的激励机制。要使人们确定这样的行为准则，每一个成员只有依靠组织才能有所作为，脱离组织则一事无成，从而在组织与成员之间形成一种同舟共济、患难与共的关系。每一个成员只有在组织整体目标实现的基础上，才能最大限度地实现个人目标。整个组织的各个方面均应以组织整体目标与成员个人目标的协调一致为出发点。只有这样才能充分发挥各方面的积极性和创造性，才能不断增强企业的活力和凝聚力，才能为企业长期健康发展提供有力的组织保障。

对人力资本价值形态的管理，即为人力资本管理，本书第十五章讲述。

四、无形资产品牌创新的管理

任何商品都有自己的品牌。品牌是一种区别于其他商品的质量与形象的标志，是特定企业科学技术、管理理念、实践经验、企业文化、价值观念、战略思想、运筹策略以及服务质量等诸方面要素的集中体现。如美国的"可口可乐"，初始阶段仅仅是产品的品牌名称，随后演进为名牌商标直至世界驰名的企业名称。可口可乐公司的一位经理人员甚至宣称：即便可口可乐公司所有的有形资产一夜间全部化为灰烬，只要剩下 Coca Cola 几个英文字母就能值数百亿美元。

围绕品牌形象存在一个全方位、多角度、宽领域、综合实力的竞争，是企业人力资源、生产资料资源、财务资源、技术信息资源、管理资源的竞争。简单讲，是一个企业商誉的形成和积累过程。

企业的核心竞争力是商誉形成的源泉。当企业的核心竞争力超越一般企业而形成竞争优势时，企业就可以获得超额收益，进而形成商誉。商誉不同于固定资产、存货等一般资产，它不具备实物形态，因而是无形的。但商誉又不同于商标权、专利权等一般的无形资产，它的不可确指性使其成为更无形的资产。

因此，企业应围绕核心竞争力强化上述管理，以形成并增加自己的品牌形象。

本章小结

无形资产作为企业重要的经济资源，能给企业提供特殊的经济权利，有助于企业在较长时期内获取利润。因此，了解无形资产的内容、分类、功能和特点，有助于无形资产的创新和使用。

如何加强无形资产的管理涉及许多方面的内容，但无形资产的估价与摊销、无形资产转让和投资管理等是其中十分重要的内容。

无形资产的创新关系到企业发展的速度及质量，并与可持续发展密切相关。

无形资产创新包括技术创新、文化创新、品牌创新等内容。

即测即评

请扫描右侧二维码，进行即测即评。

思考题

1. 什么是无形资产？它与企业的有形资产有何联系与区别？
2. 无形资产的功能发挥对企业有哪些影响？
3. 研究开发是形成无形资产的一种重要途径，请问在这一过程中应注意什么问题？
4. 如何进行无形资产的创新管理？应注意什么问题？

第八章

证券投资管理

一、证券投资的种类

证券是指发行人为筹集资金而发行的、表示其持有人对发行人直接或间接享有股权或债权并可转让的书面凭证，包括债券、股票、新股认购权利证书、投资基金证券及其他各种衍生的金融工具。证券投资可以按不同标准进行分类。

（一）按照投资时间长短，分为短期投资与长期投资

（1）短期投资，是指能够随时变现、持有时间不超过一年的有价证券及不超过一年的其他投资。短期投资主要利用债券和股票等有价证券进行投资，具有投资风险较小、变现能力较强、收益率低等特点。

（2）长期投资，是指不准备随时变现、持有时间超过一年的有价证券及超过一年的其他投资。长期投资可以利用现金、实物、无形资产、有价证券等形式进行，具有投资风险大、变现能力差、收益率高等特点。

短期投资与长期投资的界限主要有两个：能够随时变现、准备随时变现。只有同时符合这两个条件，才列入短期投资，否则列为长期投资。

对短期投资与长期投资的划分并不完全取决于投资期限的长短，主要取决于投资的目的。在一年内不能随时变现的证券和其他资产通常用于长期投资，但其中可以随时变现的有价证券则可根据需要用于短期投资。

在实践中，长期投资有向短期投资转化的情形，具体有两种情况：①时间性转化。随着时间的推移，长期投资到期日逐步临近，如在一年内到期的长期投资，实际上已是短期投资。②管理性转化。在长期投资期间，因企业急需资金，或发现接受投资单位财务状况恶化，继续执行长期投资将招致很大的损失，企业改变投资目的，可将长期投资迅速变现。

（二）按照投资的方式，分为直接投资和间接投资

（1）直接投资，是指投资者可以在一系列不同证券中选择直接购买其中的任何一种或几种，并通过投资组合等方式直接对自己的投资进行管理。直接投资可以分为三类：货币市场投资（包括商业票据、可转让定期存单等）、资本市场投资（包括债券、股票等）以及衍生金融产品投资（包括期权、期货等）。

（2）间接投资，是指投资者投资于金融中介机构（如各种基金产品，包括投资信托、封闭式基金、开放式基金、指数基金等）的投资。中介机构将一系列证券产品按照不同的比重打包，以新的产品形式出售给投资者。投资者可以通过购买中介机构的产品间接地持有不同的投资组合，但需向中介机构缴纳相应的手续费和管理费。这些费用将从投资收益中予以扣除。

（三）按照投资的风险程度，分为确定性投资与风险性投资

（1）确定性投资，是指在对未来影响投资决策的各种因素的影响方向及程度都明确掌握的情况下进行的投资。例如，企业购买债券与银行存款，由于还本、付息日期以及还本、付息金额事先都已确知，因而属于确定性投资。确定性投资的风险比较小，投资收益可以比较准确地预测，进行这种投资一般可不考虑风险问题。

（2）风险性投资，是指在对未来影响投资决策的各种因素的影响方向或程度不能明确掌握的情况下进行的投资。例如，企业购买股票与衍生金融产品，由于损益及其数额往往事先不能确知，甚至连损益的方向都不能确知，在上述情况下进行的投资属于风险性投资。风险性投资的风险比较大、对未来的因素很难准确地把握，因而投资收益也很难准确地预测。进行这种投资时必须考虑投资风险，计算风险收益，以便做出科学决策，避免盲目冒险。否则，将给企业带来不利影响，甚至会发生重大的经济损失。

二、证券投资的目的

从总体上讲，对外投资的目的是企业在保证生产经营活动资金需要的前提下，对外进行证券投资，以增加收益。这里必须注意要处理好实体投资与虚拟投资的关系，风险控制与增加收益的关系。证券投资的目的具体表现为以下三点。

（一）资金保值与增值

资金是企业资产价值的货币表现，有效地利用企业拥有或控制的经济资源，不仅会使企业取得收益，而且也必然使资金在运动中保存价值和不断增值。但是，在企业的生产经营过程中，由于市场的变化或者企业管理的原因，有时会出现资金闲置，或者报酬率下降甚至亏损的情况。在这种情况下，企业可以考虑利用现有的资金对外进行证券投资，以增加企业的收益。

（二）企业扩张与控制

为了生存和发展，企业必然要不断地扩张经营规模，必要时控制其他的企业。企业扩

张经营规模的方式有两种：一是通过对内投资（包括固定资产投资、流动资产投资、无形资产投资和其他投资）扩张企业的经营规模，但一般来讲该种形式的扩张速度较慢。二是通过证券投资（包括股票投资、债券投资和其他直接投资）扩张企业的经营规模，该种形式的扩张速度较快，往往在较短的时间内就能迅速扩张企业的规模，从而使企业在激烈的市场竞争中处于较为有利的地位。例如，在股份比较分散的情况下，一般认为当拥有发行公司 25% 以上的股份时，便可以控制该公司的经营活动，稳定本企业的原材料供应、巩固原有的销售网点、占有新的市场，从而增强企业的市场竞争能力。即使持股不足 25% 也能建立某种较为稳定的联系，如在原材料供应、零部件的加工、产品的销售等方面提供方便。当然，企业扩张规模并不局限于本经营领域的扩张（这种扩张将提高本企业的市场占有率），而且也包括向其他经营领域的扩张（这种扩张将实现企业的多元化经营）。

（三）转移与分散风险

由于市场竞争的日趋激烈，企业在经营过程中面临着各种不同程度的风险。企业为了提高偿债能力，增强抵御风险的能力，需要保持资产良好的流动性。在企业的资产中，长期资产的流动性较差，一般不能直接用于偿还债务，流动资产中的现金可以直接用于偿还债务，但储备现金过多，又会降低企业资产的收益率。如果通过购买或出售有价证券来调剂资金，不仅保持了资产的良好流动性，降低了风险，而且也将增加企业的收益。另外，通过证券投资进入或退出被投资企业，将一部分资产投放于企业外部，也可以优化资产组合、实现多元化经营。

三、证券投资的影响因素

证券的投资价格受多方面因素的影响，并随着这些因素的变化而发生相应的变化。例如，债券的价格受市场利率水平的影响，并随着市场利率的变化而变化；影响股票价格的因素更为复杂，宏观经济、行业形势和公司经营管理等多方面均会对其产生影响。因此，在进行投资决策时，需要充分考虑以下企业内外因素。

（一）企业内部因素

1. 企业财务状况

企业证券投资首先要考虑本企业当前的财务状况，如企业资产的利用情况、偿还债务的能力、未来几年的现金流动状况以及企业的筹资能力等。企业当前的财务状况是制约企业证券投资的一项重要因素，如果企业的资产利用情况较好，而且正面临着资金紧张、偿债能力不足、筹资渠道较少的情况，即使有较好的投资机会，也没有投资的能力。反之，如果企业的资产没有得到充分的利用，有大量闲置的资金，就可以考虑对外进行证券投资。

2. 企业经营目标

企业的证券投资必须服从企业整体的经营目标，证券投资的目标应与企业的整体经营目标相一致，或者有利于实现企业的整体经营目标。企业的证券投资必须根据企业经营的需要来选择投资时机和投资方式，根据不同的投资目的做出相应的投资决策。

3. 投资对象的收益与风险

证券投资虽然目的不同，但都希望获得更好的投资收益。企业进行证券投资时，要认真考虑投资对象的收益和风险，在保证实现投资目的的前提下，要尽可能选择投资收益较高、风险较小的投资项目。

（二）企业外部因素

一般来说，影响证券市场价格的因素主要有经济环境、货币和财政政策、政治因素和文化因素等几个方面。

1. 经济环境

经济运行呈现出周期性的扩张与衰退，证券市场也存在着周期。国内经济环境是行业业绩的重要决定性因素。因为对于一个企业来说，在经济紧缩的环境下要比在经济扩张的环境下更难获得成功，从而直接影响到其在证券市场上的表现。

2. 货币和国家经济财政政策

货币和国家经济财政政策对于一国证券市场的影响是迅速而持久的。以货币政策为例，中央银行提高利率会减少未来现金流的现值，因而会减少投资机会的吸引力，从而抑制证券价格；以财政政策为例，政府可以通过税收和政府开支来影响证券市场。如上调印花税会减少投资者收入，降低投资者的交易需求，从而抑制证券价格中的泡沫。反之，调低印花税则可以增加投资者的交易需求，为证券市场注入活力。企业证券投资必须严格遵守《证券法》和其他各项经济政策与法规，严格遵守国家规定的证券投资范围，既要发挥资本作为生产要素对国民经济发展的积极作用，又要防止资本的野蛮生长和无序扩张，防止产生垄断，破坏社会主义市场经济秩序。

3. 政治因素

政治因素即影响证券市场价格的政治事件。一国政局是否稳定对证券市场会产生直接的影响。在经济全球化的大背景下，金融市场的扩展速度比国际贸易、商品流通、劳动力流动要更加迅速。因而国际的政治环境，如局部经济危机、政治首脑更迭对于别国的证券市场也会有重大的影响。

4. 文化因素

一个国家的文化因素决定着该国投资者的储蓄、投资偏好，因而也就对证券市场价格产生了一定影响。此外，投资者平均受教育的程度，也会对证券市场价格的波动范围带来一些影响。受教育程度越高，投资者就越有可能运用类似的方法和观点对证券市场进行观察、分析，证券价格相对稳定，市场的波动也就越小。

第二节 债券投资

一、债券投资的特点

债券投资是指企业通过证券市场购买各种债券（如国库债、金融债券、公司债券及短期融资券等）进行的投资。相对于股票投资而言，债券投资一般具有以下五个特点：

第一，债券投资属于债权性投资。虽然债券投资与股票投资都属于证券投资，但投资的性质不同：债券投资属于债权性投资，债券持有人作为发行公司的债权人，定期获取利息并到期收回本金，但无权参与公司的经营管理；股票投资属于权益性投资，股票持有人作为发行公司的股东，有权参与公司的经营管理。因此，债券体现债权、债务关系，股票体现所有权关系。

第二，债券投资的风险小。由于债券具有规定的还本付息日，并且其求偿权也位于股东之前，因此债券投资到期能够收回本金（或部分本金），其风险较股票投资小。特别是政府发行的债券，由于有国家财力作后盾，其本金的安全性非常高，通常视为无风险证券。

第三，债券投资的收益稳定。债券投资的收益是按票面金额和票面利率计算的利息收入及债券转让的价差，受发行公司的经营状况影响较小，因而其投资的收益比较稳定。

第四，债券价格的波动性较小。债券的市场价格尽管有一定的波动性，但由于前述原因，债券的价格不会偏离其价值太多，因此，其波动性相对较小。

第五，市场流动性好。许多债券具有较好的流动性，政府及大企业发行的债券一般都可在金融市场上迅速出售，流动性很好。

二、债券价格的确定

投资者进行债券投资，是为了在未来获取增值收入，即未来期间的利息收入及转让价差。于是，债券的价值应该是按投资者要求的必要收益率对未来的上述增值收入及到期收回（或中间转让）的本金的折现值。投资者如果按照等于债券价值的价格购买债券，他将获得预期的投资报酬（即达到了投资者所要求的投资收益率）；如果按照小于债券价值的价格购买债券，他将获得高于预期的投资报酬（即超过了投资者所要求的投资收益率）；如果按照大于债券价值的价格购买债券，他将不能获得预期的投资报酬（即达不到投资者所要求的投资收益率）。可见，债券价值主要由两个因素决定：债券的预期总收入（即利息收入、转让价差与本金之和）和投资者要求的投资收益率。

由于债券利息的计算方法不同，债券价值的计算也就不同，目前主要有以下几种基本计算方法。

（一）债券价格确定的基本公式

债券价格确定的基本公式是指在复利方式下，通过计算债券各期利息的现值及债券到期收回面值的现值来确定债券价格的估价方式。其一般计算公式为

$$P = \sum_{t=1}^{n} \frac{F \cdot i}{(1+K)^t} + \frac{F}{(1+K)^n}$$

$$= \sum_{t=1}^{n} \frac{1}{(1+K)^t} + \frac{F}{(1+K)^n}$$

$$= I \cdot PVIFA_{k,n} + F \cdot PVIF_{k,n}$$

式中，P——债券价格；

　　　i——债券票面利息率；

F——债券面值；

I——每年利息；

K——市场利率或投资人要求的投资收益率；

n——付息总期数。

【例 8-1】　某债券面值为 1 000 元，票面利率为 8%，期限为 6 年，某企业要对这种债券进行投资，当前的市场利率为 10%，问债券价格为多少时才能进行投资？

根据上述公式得

$$P = 1\ 000 \times 8\% \times PVIFA_{10\%,\,6} + 1\ 000 \times PVIF_{10\%,\,6}$$
$$= 80 \times 4.355 + 1\ 000 \times 0.564$$
$$= 912.40\ （元）$$

即这种债券的价格必须低于 912.40 元时，该企业才能购买。

（二）期末一次还本付息且不计复利时债券价格确定的公式

我国目前发行的债券大多属于一次还本付息且不计复利的债券，其估价计算公式为

$$P = \frac{F + F \cdot i \cdot n}{(1 + K)^n}$$
$$= (F + F \cdot i \cdot n) \cdot PVIF_{k,\,n}$$

公式中符号含义同前式。

【例 8-2】　某企业拟购买一种利随本清的企业债券，该债券面值为 800 元，期限为 6 年，票面利率为 8%，不计复利，当前市场利率为 10%，该债券发行价格为多少时，企业才能购买？

由上述公式可知

$$P = \frac{800 + 800 \times 8\% \times 6}{(1 + 10\%)^6}$$
$$= (800 + 800 \times 8\% \times 6) \times 0.564$$
$$= 667.78\ （元）$$

即债券价格必须低于 667.78 元时，企业才能购买。

（三）折现发行时债券价格确定的公式

有些债券以折现方式发行，没有票面利率，到期按面值偿还。这些债券的估价计算公式为

$$P = \frac{F}{(1 + K)^n} = F \times PVIF_{k,\,n}$$

公式中的符号含义同前式。

【例 8-3】　某债券面值为 1 000 元，期限为 6 年，以折现方式发行，期内不计利息，到期按面值偿还，当前市场利率为 6%，其价格为多少时，企业才能购买？

由上述公式得

$$P = 1\ 000 \times PVIF_{6\%,\,6}$$
$$= 1\ 000 \times 0.705 = 705\ （元）$$

该债券的价格只有低于 705 元时，企业才能购买。

三、债券投资收益

债券投资收益包括两个部分：一部分为转让价差（即债券到期按债券面额收回的金额或到期前出售债券的价款与购买债券时投资金额之差，转让价差为正时为收益，相反则为损失），另一部分为利息收入。通常我们用债券投资收益率来衡量债券投资收益的高低。债券投资收益率是一定时期内债券投资收益与投资额的比率，是衡量债券投资是否可行的重要指标。

由于债券投资收益的主要部分是利息，因此，计息方式的不同必然影响投资收益率的计算。下面就按不同的计息方式分别介绍附息债券和贴现债券的投资收益率的计算。

（一）附息债券投资收益率的计算

附息债券是指在债券券面上附有各种息票的债券。息票上标明应付利息额和支付利息的期限。息票到期时，只要将息票从债券上剪下来就可以据以领取本期利息。附息债券投资收益率的计算又可以分为两种情况。

1. 单利计息的附息债券投资收益率

附息债券一般采用单利计息方法，每期利息额都是相等的。在用单利计息方法计算债券投资收益率时，如果不考虑债券利息的再投资收益，则债券投资收益率的计算公式为

$$R = \frac{P + \dfrac{S_n - S_0}{n}}{S_0} \times 100\%$$

式中，R——债券的年投资收益率；

S_n——债券到期时的偿还金额或到期前出售的价款；

S_0——债券投资时购买债券的金额；

P——债券年利息额；

n——债券的持有期限（以年为单位）。

附息债券投资收益率也可以用下列公式计算。

$$R = \frac{M - S_0}{n \times S_0} \times 100\%$$

式中：M——债券持有期间所取得的本利之和。

其他符号含义同前。

【例 8-4】　某企业于 2021 年 10 月 1 日购入面额为 500 元的附息债券 50 张，票面利率为年利率 6%，以发行价格每张 510 元买入，到期日为 2023 年 10 月 1 日。要求计算该债券到期时的投资收益率。

$$R = \frac{500 \times 50 \times 6\% + (500 \times 50 - 510 \times 50) \div 2}{510 \times 50} \times 100\% = 4.9\%$$

2. 复利计息的附息债券投资收益率

当投资决策采用复利计息，并且考虑债券的利息收入和转让价差及再投资收益时，债

券投资收益率的计算公式为

$$R = \sqrt[n]{\frac{S_n + P\sum_{t=1}^{n}(1+i)^{t-1}}{S_0}} - 1$$

式中，i——债券利息的再投资收益率，一般可用市场利率；

$\sum_{t=1}^{n}(1+i)^{t-1}$——年金终值系数；

$P\sum_{t=1}^{n}(1+i)^{t-1}$——债券利息的年金终值；

其他符号的含义同前。

【例8-5】 某企业于2022年10月1日购入面额为1 000元的附息债券100张，票面利率为年利率10%，以发行价格每张1 020元买入，到期日为2024年10月1日。如果市场利率为年利率9%，要求用复利计息方法计算该债券的投资收益率。

$$R = \sqrt[n]{\frac{S_n + P\sum_{t=1}^{n}(1+i)^{t-1}}{S_0}} - 1$$

$$= \sqrt{\left[1\,000 \times 100 + 1\,000 \times 100 \times 10\% \times \sum_{t=1}^{2}(1+9\%)^{t-1}\right] \div (1\,020 \times 100)} - 1$$

$$= 8.87\%$$

从上述两个例题可知，采用单利与复利两种计息方法，计算出来的债券投资收益率是有差异的，但两年的差异并不大，期限越长，其差异越大。一般在进行债券投资决策时，最好采用复利计息方法计算债券投资收益率，因为这种方法考虑到了货币时间价值，特别当债券的投资期限较长时，债券利息的再投资收益就不能不加以考虑。

（二）贴现债券投资收益率的计算

贴现债券是指券面上不附息票，发行时按规定的折扣率，以低于票面面值的价格折价发行，到期时按票面面值偿还本金的债券。这种债券无票面利率。发行价格与票面面值的差价就是债券的利息。贴现债券投资收益率也可以按单利和复利两种方法计算。

1. 单利计息的贴现债券投资收益率

贴现债券在债券持有期间无利息，只有在债券到期时或转让债券时能取得价差收益。在按单利计息时，贴现债券投资收益率的计算公式为

$$R = \frac{S_n - S_0}{n \times S_0} \times 100\%$$

公式中的符号与前面公式的符号含义相同。

【例8-6】 某一投资者在债券发行时购买一张面值为1 000元，期限为2年的贴现债券，其发行价格为860元。要求按单利计息方法计算该债券的投资收益率。

根据上面的计算公式，该债券的投资收益率为

$$R = \frac{1\,000 - 860}{2 \times 860} \times 100\%$$

$$= 8.14\%$$

2. 复利计息的贴现债券投资收益率

在投资决策中，也可以按复利计息方法计算贴现债券投资收益率，尤其对于期限较长的贴现债券，一般都应采用这种方法。其计算公式为

$$R = (\sqrt[n]{S_n \div S_0} - 1) \times 100\%$$

公式中符号含义同前。

【例 8-7】 如果上例中的债券采用复利计息方法，则其投资收益率可计算如下：

$$R = (\sqrt[n]{S_n \div S_0} - 1) \times 100\%$$
$$= (\sqrt{1\,000 \div 860} - 1) \times 100\%$$
$$= 7.83\%$$

可见，采用复利计息方法计算的贴现债券投资收益率要比单利计息方法计算的投资收益率低一些。

四、债券投资的风险

进行债券投资与进行其他投资一样，在获得未来投资收益的同时，也要承担一定的风险。风险与报酬是对应的：高风险意味着高报酬，低报酬则意味着低风险。因此，风险与报酬的分析是债券投资（乃至所有投资）决策必须考虑的重要因素。债券投资要承担的风险主要有违约风险、利率风险、流动性风险、通货膨胀风险和汇率风险等。

（一）违约风险

违约风险是指债券的发行人不能履行合约规定的义务，无法按期支付利息和偿还本金而产生的风险。不同种类的债券违约风险是不同的。一般来讲，政府债券以国家财政为担保，一般不会违约，可以看作是无违约风险的债券；由于金融机构的规模较大并且信誉较好，其发行的债券的违约风险较政府债券高但又低于企业债券；工商企业的规模及信誉一般较金融机构差，因而其发行的债券的违约风险较大。形成违约风险的原因大致有以下五个：①政治、经济形势发生重大变化。②自然灾害或其他非常事故，如水灾、火灾、风灾等。③企业在竞争中失败，丧失生存和发展的机会。④企业经营不善，发生重大亏损。⑤企业资金调度失灵，缺乏足够的现金清偿到期债务。违约风险的大小，通常通过对债券的信用评级表现出来，高信用等级的债券违约风险要比低信用等级的债券小。由于在未来较长的期间内，企业的经营状况可能会发生变化，其债券的信用等级也会有所改变，因此投资者应密切关注债券信用等级变化情况。

（二）利率风险

利率风险是指由于市场利率上升而引起的债券价格下跌，从而使投资者遭受损失的风险。债券的价格随着市场利率的变动而变动。一般来说，市场利率与债券价格成反比变动，市场利率上升，会引起债券市场价格下跌；市场利率下降，会引起债券市场价格上升。当金融市场上资金供大于求时，市场利率就会下降，当其下跌到低于债券利率时，将会导致债券价格上升；相反，当市场利率上升到高于债券利率时，投资者将转向更有利可

图的投资机会，从而导致债券价格下跌。此外，债券利率风险与债券持有期限的长短密切相关，期限越长，利率风险越大。因此，即使债券的利息收入是固定不变的，但因市场利率的变化，其投资收益也是不确定的。

（三）流动性风险

流动性风险是指债券持有人打算出售债券获取现金时，其所持债券不能按目前合理的市场价格在短期内出售而形成的风险，又称变现风险。如果一种债券能在较短的时间内按市价大量出售，则说明这种债券的流动性较强，投资于这种债券所承担的流动性风险较小；反之，如果一种债券按市价卖出很困难，则说明其流动性较差，投资者会因此而遭受损失。一般来说，政府债券以及一些著名的大公司债券的流动性较高，而不为人们所了解的小公司债券的流动性就较差。

（四）通货膨胀风险

通货膨胀风险又称购买力风险，是指由于通货膨胀而使债券到期或出售时所获得的现金的购买力减少的风险。在通货膨胀比较严重时期，通货膨胀风险对债券投资者的影响比较大，因为投资于债券只能得到一笔固定的利息收益，而由于货币贬值，这笔现金收入的购买力会下降。一般而言，在通货膨胀情况下，固定收益证券要比变动收益证券承受更大的通货膨胀风险，因此普通股票被认为比公司债券和其他有固定收益的证券能更好地避免通货膨胀风险。

（五）汇率风险

汇率风险是指由于外汇汇率的变动而给外币债券的投资者带来的风险。当投资者购买了某种外币债券时，本国货币与该外币的汇率变动会使投资者不能确定未来的本币收入。如果在债券到期时，该外币贬值，就会使投资者遭受损失。

五、债券投资决策

债券投资的决策是一个非常复杂的问题，但是对于投资者来说又是十分重要的。一般来说，债券投资的决策应在上述分析的基础上，进行进一步的深入分析后做出。这时，应主要进行以下分析。

（一）基本分析

基本分析是指对影响债券价格的各种基本因素（如经济增长、利率水平、通货膨胀、企业财务状况等）进行的分析，因为一个公司未来的发展前景实际上是由这些基本因素所决定的。基本分析既包括对宏观经济形势（如经济增长、经济周期、利率水平、通货膨胀、货币金融政策、财政政策、产业政策等）进行的分析，也包括对公司财务状况（如资产结构、偿债能力、盈利能力等）进行的分析。宏观经济形势对整个证券市场都会产生影响。它主要是影响证券市场的基本走势，因此对宏观经济形势的基本面进行分析，有利于从战略上把握债券投资的方向。在宏观经济形势已经确定的情况下，对公司状况的分析就更加重要，主要应对公司的财务状况和公司的经营状况进行分析。对公司财务状况的分析主要是通过公司定期公布的财务报告进行，对公司经营状况的分析主要了解公司的内部管理是否有效率、公司的商品和劳务的销售情况、市场占有率、产品的寿命周期、公司的投资计划、公司未来新的利润增长点、公司的发展前景等。

（二）技术分析

技术分析是指运用数学和逻辑上的方法，通过对证券市场过去和现在的市场行为进行分析，从而预测证券市场上债券价格的未来变化趋势。技术分析是在证券市场上广泛使用的一种分析方法，是长期以来证券投资者进行证券投资的经验总结。技术分析对证券投资是大有裨益的，作为一个证券投资者，有必要熟练掌握技术分析的基本方法。

在上述综合分析的基础上，投资者就能做出是否进行某种债券投资的决策。

第三节　股票投资

股票是股份公司为了筹集自有资金而发行的代表所有权的有价证券，购买股票是企业投资的一种重要形式。股票投资的目的主要有两种：一是获利，即作为一般的证券投资，获取股利收入及股票买卖差价；二是控股，即利用购买某一企业的大量股票达到控制该企业的目的。这种投资相对于债券投资风险更大。

一、股票投资的特点

股票投资和债券投资都属于证券投资。证券投资与其他投资相比，总的说来都具有高风险、高收益、易于变现的特点。但股票投资相对于债券投资而言，又具有以下特点：

第一，股票投资是权益性投资。股票投资与债券投资虽然都是证券投资，但投资的性质不同：股票投资属于权益性投资，股票是代表所有权的凭证，持有人作为发行公司的股东，有权参与公司的经营决策；而债券投资属于债权性投资，债券是代表债权债务的凭证，持有人作为发行公司的债权人，可以定期获取利息，但无权参与公司经营决策。

第二，股票投资的风险大。投资者购买股票之后，不能要求股份公司偿还本金，只能在证券市场上转让。因此，股票投资者至少面临两方面的风险：一是股票发行公司经营不善所形成的风险。如果公司经营状况较好，盈利能力强，则股票投资者的收益就多；如果公司的经营状况不佳，发生了亏损，就可能没有收益；如果公司破产，由于股东的求偿权位于债权人之后，因此，股东可能部分甚至全部不能收回投资。二是股票市场价格变动所形成的价差损失风险。股票价格的高低，除了取决于公司经营状况外，还受政治、经济、社会等多种因素的影响，因而股票价格经常处于变动之中，其变动幅度往往高于债券价格的变动幅度。股票价格的变动既能为股东带来价格上升的收益，也会带来价格下跌的损失。

第三，股票投资的收益高。由于投资的高风险性，股票作为一种收益不固定的证券，其收益一般高于债券。股票投资收益的高低，取决于公司的盈利水平和整体经济环境的好坏。当公司经营状况好、盈利水平高而社会经济发展繁荣稳定时，股东既可以从发行公司领取高额股利，又可因股票升值获取转让收益。

第四，股票投资的收益不稳定。股票投资的收益主要是公司发放的股利和股票转让的价差收益，相对债券而言，其稳定性较差。股票股利直接与公司的经营状况相关，公司的盈利多，就可能多发放股利，公司的盈利少，就可能少发或不发股利；股票转让的价差收益主要取决于股票市场的行情，股市行情好，出售股票就可以得到较大的价差收益，股市低迷时，出售股票将会遭受损失。

第五，股票价格的波动性大。股票价格既受发行公司经营状况的影响，又受股市投机等因素的影响，波动性极大。这就决定了不宜冒险的资金最好不要用于股票投资，而应选择风险较小的债券投资。

二、股票价格的确定

股票价格的确定实际是对股票投资价值进行的评估。股票价格受多种因素的影响，其中公司的内在品质，如公司的财务状况、盈利能力、成长性等，对股票价格有举足轻重的作用。实务中形成了以下常用的股票估价方法。

（一）长期持有股票、股利稳定不变的股票估价模型

股票价格的高低，同债券价格一样，取决于股票持有期间的现金流量的现值。对于长期持有某种股票的股东来说，它从发行公司取得的现金流量，就是无休止的股利。因此，股票的价格就是永续股利年金的现值之和。

于是，股票价格的估价模型可表述为

$$V = \frac{d}{k}$$

式中，V——股票现在价格；

d——每年固定股利；

k——投资人要求的收益率。

【例 8-8】 某企业购入一种股票准备长期持有，预计每年股利 4 元，预期收益率为 10%，则该种股票的价格为

$$V = 4 \div 10\% = 40（元）$$

（二）长期持有股票、股利固定增长的股票估价模型

发行公司如果经营状况很好，其股利分派一般呈现逐年增长的态势。这种股票的估价就比较困难，只能计算近似数。

假设某公司最近一年支付的股利为 d_0，预期股利增长率为 g，则

$$V = \frac{d_0(1+g)}{k-g} = \frac{d_1}{k-g}$$

将上述公式进行转换，可计算出预期收益率。

$$k = \frac{d_1}{V} + g$$

式中，d_1——第 1 年的股利。

【例 8-9】　A 公司准备投资购买 H 股份有限公司的股票，该股票上年每股股利为 4.8 元，预计以后每年以 5% 的增长率增长，A 公司经分析后，认为必须得到 10% 的报酬率才能购买 H 股份有限公司的股票，则该种股票的价格应为

$$V = \frac{4.8 \times (1 + 5\%)}{10\% - 5\%} = 100.8 （元）$$

即 H 公司的股票价格在 100.8 元以下时 A 公司才能购买。

【例 8-10】　如果 A 公司以 80 元的价格购买 H 公司的股票，预期股利为每股 4.8 元，股利每年以 5% 的速度递增。则预期收益率为

$$k = (4.8 \div 80) + 5\% = 11\%$$

（三）短期持有股票、未来准备出售的股票估价模型

在现实生活中，大部分投资者并不准备永久持有某种股票，而是准备在持有一段时期后再转让出售，他们不仅希望得到股利收入，还希望在未来出售股票时从股票价格的上涨中获得好处。于是，投资者获得的未来现金流量就包括两个部分：股利和股票转让收入。这时，股票价格的计算公式为

$$V = \sum_{t=1}^{n} \frac{d_t}{(1+k)^n} + \frac{V_n}{(1+k)^n}$$

式中，V——股票现在的价格；

V_n——未来出售时预计的股票价格；

k——投资人要求的必要收益率；

d_t——第 t 期的预期股利；

n——预计持有股票的期数。

【例 8-11】　某公司拟购买 Z 公司发行的股票，预计 4 年后出售可得收入 2 500 元，该批股票在 4 年中每年可得股利收入 150 元，该股票预期收益率为 16%。则其价格为

$$V = \sum_{t=1}^{4} \frac{150}{(1+16\%)^4} + \frac{2\,500}{(1+16\%)^4}$$
$$= 150 \times 2.798 + 2\,500 \times 0.552$$
$$= 1\,799.70 （元）$$

从以上的计算可以看出，股票估价的关键在于确定一个能把风险因素考虑在内的、合适的收益率。为此，必须对股票投资的风险有足够的估量。

三、股票投资的收益

投资者进行股票投资的最终目的是取得投资收益。投资收益又因发行公司的未来获利状况和股价变动情况而变动，因此，投资收益的计算必须考虑上述因素的影响。

（一）不考虑时间价值因素时的长期股票投资收益率

计算股票投资收益必须将股价与收益结合起来进行衡量，如果不考虑时间价值因素，长期股票投资收益率可以采用下面的公式进行计算。

$$R = \frac{A + S_1 + S_2 + S_3}{P} \times 100\%$$

式中，R——股票投资收益率；

    P——股票购买价格；

    A——每年收到的股利；

    S_1——股价上涨的收益；

    S_2——新股认购收益；

    S_3——公司无偿增资收益。

【例 8-12】 某公司于 2020 年年初以每股 1.5 元的价格购入 10 000 股面值 1 元的 B 公司股票，该股票每年每股分派股利 0.25 元。由于 B 公司经营效益好，该公司股票价格每年上涨 8%。则截至 2023 年年底，该批股票的投资收益率为

$$R = \frac{10\,000 \times 0.25 + 10\,000 \times 1.5 \times \left[(1+8\%)^4 - 1 \right]}{10\,000 \times 1.5} \times 100\%$$

$$= \frac{2\,500 + 10\,000 \times 1.5 \times (1.36 - 1)}{15\,000} \times 100\% = 52.67\%$$

这个指标表明了投资某一种股票所取得的综合收益，很显然，该指标越高，说明股票投资的收益越好。

（二）考虑时间价值因素时的长期股票投资收益率

如果考虑时间价值因素，长期股票投资收益率应为该股票投资净现值为零时的折现率（即内部收益率）。在各年股利不等的情况下，其基本计算公式为

$$V = \sum_{j=1}^{n} \frac{D_j}{(1+i)^j} + \frac{F}{(1+i)^n}$$

式中，V——股票的购买价格；

    F——股票的出售价格；

    D_j——第 j 年股利；

    n——投资期限；

    i——股票投资收益率。

【例 8-13】 中盛公司于 2019 年 2 月 1 日以每股 3.2 元的价格购入 H 公司股票 500 万股，2020 年、2021 年、2022 年分别收到分派的现金股利每股 0.25 元、0.32 元、0.45 元，并于 2022 年 4 月 2 日以每股 3.5 元的价格售出，要求计算该项投资的收益率。

首先，采用测试法进行测试，如表 8-1 所示。

表 8-1　测　试　表

单位：万元

年度	股利及出售股票的现金流量	测试		测试		测试	
		系数 10%	现值	系数 12%	现值	系数 14%	现值
2019	-1 600	1	-1 600	1	-1 600	1	-1 600
2020	125	0.909	113.625	0.893	111.625	0.877	109.625
2021	160	0.826	132.16	0.797	127.52	0.769	123.04
2022	1 975	0.751	1 483.225	0.712	1 406.2	0.675	1 333.125
	—		129.01		45.345		-34.21

然后，采用插值法计算投资收益率。由于折现率为 12% 时净现值为 45.345 万元，折现率为 14% 时净现值为 -34.21 万元，因此，该股票投资收益率必然介于 12% 与 14% 之间。这时，可以采用插值法计算投资收益率。

$$R = \frac{45.345 - 0}{45.345 - (-34.21)} \times (14\% - 12\%) + 12\%$$
$$= 13.14\%$$

（三）短期股票投资收益率

短期股票投资一般持有期间比较短，因而其收益率的计算通常不考虑时间价值因素，其基本计算公式为

$$R = \frac{S_1 - S_0 + P}{S_0} \times 100\%$$

式中，R——股票投资收益率；

S_1——股票出售价格；

S_0——股票购买价格；

P——股票股利。

【例 8-14】　某公司于 2021 年 10 月 1 日以每股 85 元的价格购买 A 公司股票共计 85 000 元，2022 年 2 月该公司每股获现金股利 5.4 元；2022 年 3 月 5 日，该公司以每股 98 元的价格将 A 公司股票全部售出，则该批股票的投资收益率为

$$R = \frac{98 \times 1\,000 - 85\,000 + 5.4 \times 1\,000}{85\,000} \times 100\% = 21.65\%$$

四、证券投资组合

人们进行证券投资的直接动机就是获得投资收益，所以投资决策的目标就是使投资收益最大化。由于投资收益受许多不确定性因素影响，投资者在确定投资决策时，只能根据经验和所掌握的资料对未来的收益进行估计。因为不确定性因素的存在，有可能使将来得

到的投资收益偏离原来的预期，甚至可能发生亏损，这就是证券投资的风险。因此，人们在进行证券投资时，总是希望尽可能减少风险，增加收益。

（一）证券投资组合的风险

证券投资组合理论旨在探索如何通过有效的方法来消除投资风险。证券投资组合的风险可以分为两种性质完全不同的风险，即非系统性风险和系统性风险。

1. 非系统性风险

非系统性风险又叫可分散风险或公司特别风险，是指某些因素对单个证券造成经济损失的可能性，如公司在市场竞争中的失败等。这种风险，可通过证券持有的多样化来抵消。即多买几家公司的股票，其中某些公司的股票收益上升，另一些股票的收益下降，从而将风险抵消。因而，这种风险称为可分散风险。

当然，并不是任何股票的组合都能降低非系统性风险。一般讲，只有成负相关关系的股票（即一种股票的报酬上升时，另一种股票的报酬下降，则这两种股票成负相关关系）进行组合才能降低非系统性风险，而成正相关关系的股票（即一种股票的报酬与另一种股票的报酬同升同降，则这两种股票成正相关关系）进行组合不能降低非系统性风险。因此，股票投资的风险应通过多种股票的合理组合予以降低。

2. 系统性风险

系统性风险又称不可分散风险或市场风险，是指由于某些因素给市场上所有的证券都带来经济损失的可能性。如宏观经济状况的变化、国家税法的变化、国家财政政策和货币政策的变化、世界能源状况的改变和全球性金融危机等都会使股票收益发生变动。这些风险影响到所有的证券，因此，不能通过证券组合分散掉。对投资者来说，这种风险是无法消除的，故称不可分散风险。不可分散风险的程度，通常用 β 系数来计量。

投资者进行证券的组合投资，正是为了分散非系统性风险。实践证明，只要科学地选择足够多的证券进行组合投资，就能基本分散掉大部分非系统性风险。简而言之，就是不要把全部资金都投资于一种证券，而应根据各种证券的具体情况和投资者本人对收益与风险的偏好，来选择若干种最理想的证券作为投资对象，形成一个投资组合。

（二）证券投资组合的风险收益

证券组合的风险收益是投资者因承担不可分散风险而要求的，超过时间价值的那部分额外收益。

$$R_\mathrm{p} = \beta_\mathrm{p} \cdot (K_\mathrm{m} - R_\mathrm{F})$$

式中，R_p——证券组合的风险收益率；

β_p——证券组合的 β 系数；

K_m——所有股票的平均收益率，简称市场收益率；

R_F——无风险收益率。

（三）风险和收益率的关系

在西方金融学和财务管理中，有许多模型论述风险和收益率的关系，其中一个最重要的模型为资本资产定价模型（CAPM），这一模型为

$$K_i = R_F + \beta_i \ (K_m - R_F)$$

式中，K_i——第 i 种股票或第 i 种证券组合的必要收益率；

R_F——无风险收益率；

β_i——第 i 种股票或第 i 种证券组合的 β 系数；

K_m——所有股票或所有证券的平均收益率。

【例 8-15】 某公司购买甲、乙、丙三种股票进行投资组合，它们的 β 系数分别为 1.5、1.2 和 0.5，三种股票在投资组合中的比重分别为 40%、30% 和 30%，股票的市场收益率为 15%，无风险收益率为 8%。要求：计算该投资组合的风险收益率和投资收益率。

首先，计算出该投资组合的 β 系数。

$$\beta = 40\% \times 1.5 + 30\% \times 1.2 + 30\% \times 0.5 = 1.11$$

其次，计算该投资组合的风险收益率。

$$R_p = 1.11 \times (15\% - 8\%) = 7.77\%$$

最后，计算该投资组合的投资收益率。

$$K = R_F + R_p = 8\% + 7.77\% = 15.77\%$$

证券投资组合的风险收益率计算的关键，在于组合中各种证券 β 系数和所占比重的确定，同时，要掌握投资组合的投资收益率与风险收益率的关系。

（四）证券投资组合的策略

证券投资组合策略是投资者根据市场上各种证券的具体情况以及投资者对风险的偏好与承担能力，选择相应证券进行组合时所采用的方针。常见的证券投资组合策略有以下三种。

1. 保守型的投资组合策略

该组合策略要求尽量模拟证券市场现状（无论是证券种类还是各证券的比重），将尽可能多的证券包括进来，以便分散掉全部可分散风险，从而得到与市场平均报酬率相同的投资报酬率。这种投资组合是一种比较典型的保守型投资组合策略，其所承担的风险与市场风险相近。保守型的投资组合策略基本上能分散掉可分散风险，但所得到的收益也不会高于证券市场的平均收益。

2. 冒险的投资组合策略

该组合策略要求尽可能多地选择一些成长性较好的股票，而尽可能少地选择低风险、低报酬的股票，这样就可以使投资组合的收益高于证券市场的平均收益。这种组合的收益高，风险也高于证券市场的平均风险。采用这种投资组合，如果做得好，可以取得远远超过市场平均报酬的投资收益，但如果失败，会发生较大的损失。

3. 适中的投资组合策略

该组合策略认为，股票的价格主要由企业的经营业绩决定，只要企业的经济效益好，股票的价格终究会体现其优良的业绩。所以在进行股票投资时，要全面深入地进行证券投资分析，选择一些品质优良的股票组成投资组合，如果做得好，就可以获得较高的投资收益，而又不会承担太大的投资风险。

（五）证券投资组合的具体方法

证券投资是一个充满风险的投资领域，由于风险的复杂性和多样性，投资者进行投资时必须防范风险，没有风险的证券投资是不存在的。而防范风险的最有效方法就是进行证券投资组合，以分散全部可分散风险。常用的证券投资组合方法主要有以下四种。

1. 投资组合的三分法

比较流行的投资组合三分法是：1/3 的资金存入银行以备不时之需，1/3 的资金投资于债券、股票等有价证券，1/3 的资金投资于房地产等不动产。同样，投资于有价证券的资金也要进行三分，即 1/3 投资于风险较大的有发展前景的成长性股票，1/3 投资于安全性较高的债券或优先股等有价证券，1/3 投资于中等风险的有价证券。

2. 按风险等级和报酬高低进行投资组合

证券的风险大小可以分为不同的等级，收益也有高低之分。投资者可以测定出自己期望的投资收益率和所能承担的风险程度，然后，在市场中选择相应风险和收益的证券形成投资组合。一般来说，在选择证券进行投资组合时，同等风险的证券，应尽可能选择报酬高的；同等报酬的证券，应尽可能选择风险低的；并且要选择一些风险成负相关关系的证券进行投资组合。

3. 选择不同行业、区域和市场的证券作为投资组合

这种投资组合的做法如下。

（1）尽可能选择足够数量的证券进行投资组合，这样可以分散掉大部分可分散风险。根据投资专家们的估算，在美国纽约证券市场上随机地购买 40 种股票，就可以分散掉大部分可分散风险。

（2）选择证券的行业也应分散，不可集中投资于同一个行业的证券。这是为了避免行业不景气，而使投资遭受重大损失。

（3）选择证券的区域也应尽可能分散，这是为了避免因地区市场衰退而使投资遭受重大损失。

（4）将资金分散投资于不同的证券市场，这样可以防范同一证券市场的可分散风险。因为不同证券市场具有较大的独立性，即便在同一个国家，有时也可能一个市场强、一个市场弱。如在我国，深圳证券市场和上海证券市场有时就表现为一强一弱，同时在这两个证券市场上进行证券投资可以降低投资风险。

4. 选择不同期限的证券进行投资组合

这种投资组合要求投资者根据未来的现金流量来安排各种不同投资期限的证券，进行长、中、短期相结合的投资组合。同时，投资者可以根据可用资金的期限来安排投资，长期不用的资金可以进行长期投资，以获取较大的投资收益，近期就可能要使用的资金，最好投资于风险较小、易于变现的有价证券。

第四节　期权投资

期权，又称为选择权，是指一种能在未来某一特定时间以特定价格买入或卖出一定数量的某种特定商品的权利。期权合约的签订给予买方（或持有者）购买或出售标的资产的权利。期权的持有者可以在该项期权规定的时间内选择买或不买、卖或不卖的权利，他可

以实施该权利，也可以放弃该权利，而期权的出售者则只负有期权合约规定的义务。

一、期权投资的特点

金融衍生产品交易有助于实现市场的完备性，并为投资者创造更多的投资机会。期权作为金融衍生产品的一种，产生于风险管理创新，在投资中具有与股票和债券等基本金融工具截然不同的一些特征。

（1）期权投资属于金融衍生产品投资，它的收益依赖于其他证券的价值。股票和债券都属于资本市场工具，投资者基于股票或债券本身的价格变动在证券市场上伺机交易。而期权作为衍生金融工具，其收益实现有赖于该期权的标的资产（如股票、债券、外汇等）的价格波动。

（2）期权投资的风险取决于投资者的风险偏好。厌恶风险的投资者可以将期权作为套期保值的工具，为投资组合提供管理风险的空间。而偏好风险的投资者可以利用期权的杠杆作用，充分利用市场上所有的投资机会，以比投资于证券本身所需要的更少的资金实现更高的收益。

（3）期权投资交易双方的收益和风险不对等。期权的持有者通过向期权的出售者支付期权费确定了自己的风险底线，将其损失控制在期权费的范围以内，而收益无上限。期权出售者从期权持有者手中收取期权费从而承担潜在的支付义务，将收益确定在期权费范围以内。在价格发生不利变动时，期权费只能够抵销期权卖方的部分损失，如果价格进一步上涨或下跌，出售者的亏损额将没有上限。

（4）期权市场具有较好的流动性。在交易所内交易的期权合约条款都是标准化的。标准化的期权合约可以方便地在交易所里转让给第三人，从而加大了交易的简便性，同时也为期权交易的买方和卖方提供了一个流动性较强的二级市场。

二、期权的基本交易特征

（一）期权的要素

一个标准的期权合约（看涨或看跌）都是由卖方创造的，这些卖方是个人或机构投资者，依靠其对标的资产价格的预期来获取利润。他们创造出一个特定的看涨或看跌期权，并以一定的期权费出售给买方。买方通过支付一定的期权费获得在将来某一时点按照一定价格买入或出售标的资产的选择权。而卖方则需要在未来承担潜在的义务。期权的要素包括合约到期日、执行价格和期权费。

（1）合约到期日，是指期权合约的最后有效日，此后，此期权合约便不复存在。所有的看跌期权和看涨期权都是以月为到期时间单位。尽管期权合约的到期日根据标的资产的不同而不同，但一般不超过9个月。

（2）执行价格（或者履约价格、协议价格、敲定价格），是指期权合约规定的、期权购买者在执行期权时所实际执行的价格，即期权购买者向期权出售者买进或卖出一定数量某种资产时的价格。

（3）期权费，是指期权购买者为获得期权合约所赋予的权利而向期权出售者支付的费用。无论期权购买者是否执行期权，期权费均不退还。例如，由于标准的合约是以 100 股为单位，因此 5 元的期权费代表投资者为一份合约需要支出 500 元的期权费。

（二）期权的分类

按照期权交易形式、合约权利、交割时间、标的物等方面的不同，可以对期权进行多种分类。

1. 按照合约权利的不同分为看涨期权和看跌期权

看涨期权是指在合约规定的到期日或到期日之前，期权持有者按规定的价格和数量购进标的资产的权利。看跌期权是指期权持有者在合约规定的到期日或到期日之前按规定的价格和数量出售标的资产的权利。看涨期权和看跌期权是期权合约最基本的划分。

2. 按照期权交割时间不同分为美式期权、欧式期权和百慕大式期权

美式期权允许期权持有者在到期日或到期日前执行购买或出售标的资产的权利。欧式期权只允许在到期日执行期权。由于美式期权比欧式期权具有更大的自由度，所以相同条件下通常美式期权的价值更高。百慕大式期权是指可以在到期日前所规定的一系列时间行权的期权。比如，期权可以有 3 年的到期时间，但只有在 3 年中每一年的最后一个月才能被执行，它的应用常常与固定收益市场有关。美式期权、欧式期权和百慕大式期权的主要区别在于行权时间不同，百慕大式期权可以被视为美式期权与欧式期权的混合体。

3. 按照交易形式不同分为场外交易合约和场内交易合约

在场外交易的期权合约的条款（执行价格、到期日以及交割数量等）都可以根据交易者的需要来定制，但是签订一份场外合约的交易成本也相对较高。现在，大部分期权交易都在交易所内进行。场内交易是指期权合约经过标准化的设计后，在交易所内挂牌上市。例如在美国，由芝加哥期权交易所、美国期权交易所、费城期权交易所、太平洋期权交易所以及在纽约的国际期权交易所这五个交易所构成了二级市场。场内交易促成了交易的集中化，降低了交易的风险和费用。

4. 其他种类的期权

按照标的资产的不同，除了以上讨论的股票期权之外，还可分为利率期权、外汇期权和股指期权等。

利率期权是指以各种利率相关证券（如国库券、中期国债、长期国债、大额可转让存单等）的收益率为标的资产的期权。利率期权是一项关于利率变化的权利。利率期权买方支付一定金额的期权费后，就可以获得这项权利：在到期日按预先约定的利率，按一定的期限借入或贷出一定金额的货币。当标的资产利率向有利方向变化时，买方可获得利率变化的好处；反之，如果标的资产的利率向不利方向变化，卖方将获利。利率期权的卖方向买方收取期权费，同时承担相应的责任。

外汇期权（又称货币期权）是近年来兴起的一种期权产品。它是指以某种外币汇率作为标的资产的期权。持有人即期权买方享有在到期日或到期日之前以规定的价格购买或销售一定数额某种外汇资产的权利，而期权卖方收取期权费，则有义务在买方要求执行卖出（或买进）期权时买进（或卖出）该种外汇资产。

股指期权是指以某种股票市场指数（如上证 180 指数、香港恒生指数）为标的资产的期权。对于不同的合约或不同的交易所，指数的构造各不相同。到期日时股指期权不要求

合约的出售者出售指数成分股或是合约的持有者购买指数成分股，按照到期时计算执行期权的收益或损失使用现金交割即可。

（三）期权的基本交易特征

看涨期权和看跌期权是两种最基本也是交易最广泛的期权类别。大多数期权都可以被看成是这两种期权的组合。通过了解这两种期权的交易状况可以大致掌握期权基本的交易特征。

1. 看涨期权

看涨期权赋予持有者在将来某一时间或某一时间之前以特定价格购买特定数量股票的权利。在到期日或到期日之前，投资者可以根据到期日标的资产的价格选择执行或不执行这项权利。以股票期权为例，图 8-1 描绘出看涨期权持有者的净收益。例如，一个到期日为 2 月 1 日、执行价格为 50 元的 A 公司的看涨期权，这份期权赋予持有者在 2 月 1 日或该日之前以每股 50 元的价格购买 A 公司 100 股股票，期权费为 5 元。如果到期日股票价格低于 50 元，持有者不会执行该项期权，因为他可以从股市当中以低于 50 元的价格购得股票。假设 A 公司股票在 2 月 1 日涨到每股 55 元，期权持有者会选择在到期日交割期权，因为按照合约他可以以 50 元的价格购买到 55 元的股票，从而获得股票市场价格与期权执行价格之间的差价收益。但是如果该投资者想获得净收益，则股票市场价格与期权执行价格之间的差价还应高于合约签订时投资者所支付的期权费。

图 8-2 显示的是看涨期权出售者的净收益。看涨期权出售者的收益与期权持有者的收益正好相反。到期日之前，当股票价格低于 50 元时，看涨期权持有者不会执行期权，则看涨期权出售者将获得 500 元的收益。当股票价格在 50~55 元时，看涨期权出售者将损失一部分期权费收益，因为他要以低于市场的价格向期权持有者出售股票。而当股票价格超过 55 元时，看涨期权出售者在合约签订时所获得的期权费收入将不足以弥补股票价格上涨所带来的损失。

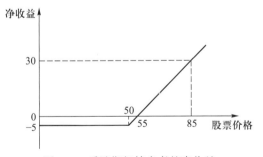

图 8-1　看涨期权持有者的净收益

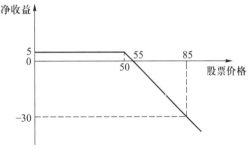

图 8-2　看涨期权出售者的净收益

看涨期权持有者和看涨期权出售者的净收益图形象地说明了期权交易的特点：假设不考虑经纪人费用，期权交易是零和博弈。期权买方（或卖方）赚取多少，期权卖方（或买方）将损失多少。

2. 看跌期权

看跌期权赋予其持有者在将来某一时间或某一时间之前以特定价格出售特定数量股票

的权利。看跌期权持有者期望从股价下跌中获得利润。例如，一个到期日为 2 月 1 日、执行价格为 50 元的 B 公司股票的看跌期权，该项期权的持有者有权在 2 月 1 日或 2 月 1 日之前以每股 50 元的价格出售 100 股 B 公司的股票。如果在到期日，B 公司的股票价格超过 50 元，看跌期权持有者不会选择执行该项期权。而当该股票的价格低于每股 50 元时，每下跌 1 元看跌期权的到期日价值就上升 1 元，当该股票的价格低于 50 元时，看跌期权持有者的初始期权费得到补偿，开始获得期权投资的净收益。图 8-3 描绘出看跌期权持有者（或多头买权）的净收益。

图 8-4 描绘出了一个执行价格是 50 元、期权费为 5 元的看跌期权出售者的净收益。看跌期权出售者与看跌期权持有者的收益正好相反，在不考虑经纪人费用时，股票价格超过每股 55 元他将获利，而当价格低于每股 50 元时，他将承担价格下跌带来的净损失。

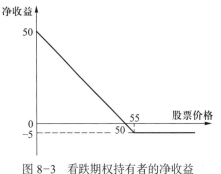

图 8-3 看跌期权持有者的净收益

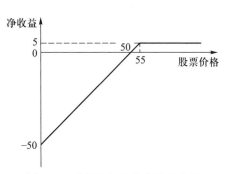

图 8-4 看跌期权出售者的净收益

三、期权价值的确定

（一）期权的内在价值和时间价值

为了更深入地了解期权（看跌或看涨）的价值是如何确定的，我们引入期权的三个状态来描述期权的执行价格和当前标的资产价格之间的关系。实值期权是指如果期权被执行，期权持有者将获得正的净收益；虚值期权是指如果选择执行期权合约，期权的持有者将遭受净亏损。也就说，当期权处于虚值状态时，没有人会选择执行期权。当执行价格等于标的资产价值时，期权处于平值状态，如表 8-2 所示。

表 8-2 期权的三种状态

状态	看涨期权	看跌期权
实值状态	执行价格 < 标的资产价格	标的资产价格 < 执行价格
虚值状态	执行价格 > 标的资产价格	标的资产价格 > 执行价格
平值状态	执行价格 = 标的资产价格	

期权的内在价值是指在某一时间标的资产价格水平上，期权合约持有者（买方）执行期权可以得到的收益，或者说是期权合约出售者（卖方）所遭受的损失。虚值期权和平值

期权的内在价值等于零。

期权的时间价值是指在到期交割日之前期权价值（价格）超过其内在价值的部分，即期权价值减去内在价值的部分。两者之间的差值反映了期权随时间潜在升值的价值。值得注意的是，期权的时间价值与货币的时间价值并不相同。一般来说，在其他条件一定的情况下，离到期时间越长，标的资产的价格朝着有利于期权持有者方向波动的可能性越大，期权的时间价值就越大。反之，离到期时间越短，期权的时间价值就越小。在到期日，期权的时间价值为零。图 8-5 和图 8-6 分别描绘了看涨期权价值和看跌期权价值。

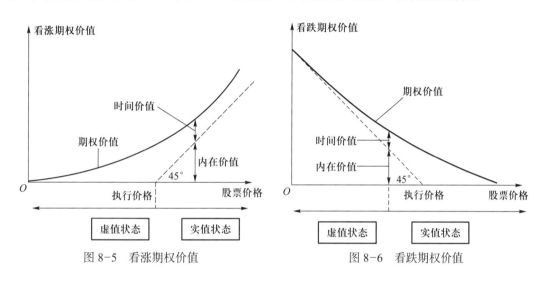

图 8-5　看涨期权价值　　　　　图 8-6　看跌期权价值

（二）影响期权价值的因素

一般来说，期权价值的影响因素包括标的资产价格、执行价格、标的资产价格的波动性、股利政策、到期时间以及无风险利率。以看涨期权持有者的收益为例，标的资产的到期日价格越大，期权的价值也越大，扣除期权费后的净收益也越大。相应的，对于看涨期权来说，执行价格越高，期权的价值会越低。期权离到期时间越长，在剩余有效期间标的资产价格波动的不确定性就越大，从而期权时间价值越大；随着期权到期时间缩短，期权时间价值的增幅是递减的。标的资产的价格波动性越大，期权的价值也越大。

另外，由于合约签订日与交割日有一定的时间间隔，因此随着无风险利率的上升，看涨期权的执行价格将减少，从而增加期权的价值。公司的股利支付也会影响期权的价值。相对较高的股利支付率可能意味着较低的资本利得率，股票价格增长率的降低会减少期权的价值。

（三）期权定价模型

美国学者罗伯特·默顿和迈伦·斯科尔斯创立和发展的布莱克-斯科尔斯期权定价模型为包括股票、债券、货币、商品在内的新兴衍生金融市场的各种衍生金融工具的合理定价奠定了基础。

布莱克-斯科尔斯期权定价模型是利用股票价格、无风险利率、到期日和股票收益的标准差来对欧式期权定价的方法。该定价模型的运用需要满足五个假设：股票收益率服从对数正态分布；在期权有效期内，无风险利率和股票收益变量是恒定的，标的资产价格的波动性为一已知常数；市场无摩擦，即不存在税收和交易成本；股票在期权有效期内不会发放股利及其他所得；该期权是欧式期权，即在期权到期前不可执行。假设每个投资者都是风险中性的，则欧式期权的定价模型为

$$C = e^{-r(T-t)} E \left[\max(S_T - K, 0) \right]$$

假设标的物的价格服从对数正态分布，股票的收益率服从正态分布，即

$$\ln S_T \tilde{~} \Phi \left[\ln S + \left(r - \frac{\sigma^2}{2} \right)(T-t), \sigma \sqrt{T-t} \right]$$

我们得到布莱克－斯科尔斯定价公式。

$$C = SN(d_1) - Ke^{-r(T-t)} N(d_2)$$

其中，

$$d_1 = \frac{\ln\left(\dfrac{S}{K}\right) + r(T-t)}{\sigma\sqrt{T-t}} + \frac{1}{2}\sigma\sqrt{T-t}$$

$$d_2 = d_1 - \sigma\sqrt{T-t}$$

式中，　　C——当前看涨期权的价值；

S——当前股票价格；

K——期权的执行价格；

T——期权到期前的时间；

r——连续复利下无风险利率；

e——自然对数；

σ——股票连续复利年收益率的标准差；

$N(d)$——正态分布变量的累积概率分布函数。

布莱克－斯科尔斯定价公式看起来比较烦琐，但是如果将具体某一只股票的相关值代入，应用起来还是非常直观和便捷的。随着计算机技术的发展和应用，这一定价公式更被期权交易商、投资银行、金融管理者、保险人等广泛使用。公式中涉及五个变量：标的股票的价格、期权的执行价格、期权的到期期限、无风险利率以及标的股票的波动率。前面四个变量都是可获得的，标的股票的波动率却不能直接得到，而必须通过对历史数据的估计或情景模拟以及其他方式得到。

换个角度来看，实务中的投资者在做决策时往往并不是将某只股票的相关值代入计算得到期权的估值与实际值比较，来判断该项期权是否具有投资价值。他们常常假设期权的实际值和定价模型的估计值相一致，从而计算出股票价格的波动性来与实际状况相比较。如果股票价格实际的标准差大于估计值，则该期权具有投资价值。

四、期权风险度量与投资策略

（一）期权的风险度量指标

期权的风险度量指标通常用希腊字母来表示，包括：Delta 值、Gamma 值、Theta 值、Vega 值、Rho 值等。这些指标被用作期权的敏感性分析，即在假定其他影响因素不变的

情况下，量化单一因素对期权价格的动态影响，从而有助于投资者对风险程度的衡量和判断。

1. Delta（δ）值

$$\delta = 期权价格变化 \div 期货价格变化$$

该指标衡量的是标的资产价格变动时，期权价格的变化相对于标的资产的市场价格变化的反应程度。δ 值介于 -1 到 1 之间。对于看涨期权，δ 值的变动范围为 0 到 1；对于看跌期权，δ 变动范围为 -1 到 0。以股票期权为例，如果某一看涨期权的 δ 值为 0.5，表示股价每上升 1 元，期权的市场价格约上升 0.5 元。不过在现实中，随着标的资产价格的变化，期权的 δ 值也在发生变化。由于期权价格的变动和其标的资产的价格存在紧密的联系，通过合理地利用期权和标的资产的这种关系，可以有效降低发行人所面临的风险。另外，δ 值具有可加性，投资者也可以用其衡量含有多项资产的投资组合的整体风险状况。

2. Gamma（γ）值

$$\gamma = \delta 值的变化 \div 期货价格的变化$$

该指标衡量的是标的资产价格变动对 δ 值的影响程度。如果某一项期权目前的 δ 值为 0.5，γ 值为 0.05，则表示期货价格上升 1 元，所引起 δ 值增加 0.05，也即 δ 值将从 0.5 增加到 0.55。无论看涨期权或是看跌期权的 γ 值均为正值。γ 值越高表示 δ 值越不稳定，越低表示 δ 值越稳定。

3. Theta（θ）值

$$\theta = 期权价格变化 \div 到期时间变化$$

该指标衡量的是时间变化对期权理论价值的影响程度。在其他因素不变的情况下，不论是看涨期权还是看跌期权，到期时间越长，期权的价值越高；随着时间的经过，期权价值则不断下降。因此 θ 值表示时间每经过一天，期权价值会损失多少。对于期权持有者，θ 为负值；相反，对于期权出售者 θ 为正值。

4. Vega（ν）值

$$\nu = 期权价格变化 \div 波动率的变化$$

该指标衡量的是标的资产价格波动率变动对期权价值的影响。如果某一项期权的 ν 值为 0.1，当价格波动率上升或下降 1%，期权的价格将上升或下降 0.1%。ν 值越大说明期权价值对于标的资产的价格波动率越敏感。期权持有者的 ν 都是正值，期权出售者的 ν 都是负值。

5. Rho（ρ）值

$$\rho = 期权价格的变化 \div 无风险利率的变化$$

该指标衡量的是利率变动对期权价值的影响程度。一般来说，期权持有方的 ρ 是正值。随着无风险利率的增大，执行价格的现值会下降，期权价值则相应增大。在其他因素不变的前提下，距离到期日的时间越长，期权的 ρ 值就越大。但相对于影响期权价值的其他因素来说，期权价值对无风险利率变化的敏感程度比较小。在实际操作中，经常会忽略无风险利率变化对期权价值的影响。

（二）期权交易策略

期权的投资与其他金融工具的投资一样，都需要投资者在风险和收益当中做出权衡。

在了解期权的基本交易特征之后，投资者可以根据不同的风险偏好，选择恰当的方式进行投资。

1. 投机交易

投资期权就像购买股票一样，如果投资者预期股票价格在未来一段时间会上涨，可以通过购买看涨期权来获得投资收益。反之，如果预期股票价格在未来一段时间会下跌，则可以通过购买看跌期权将股价下跌转化为投资收益。而期权区别于其他投资产品的最大优势就在于期权可以通过杠杆功能扩大收益的机会，而同时可以确定最大的损失。因为如果期权到期没有执行，投资者最大的损失就是期权本身的期权费。

2. 套期保值交易

厌恶风险的投资者还可以通过将期权和相应的标的股票进行组合来降低风险。常用的两种投资策略包括保护性看跌期权和保护性看涨期权。

保护性看跌期权是指如果投资者想购买一定数量的股票，而又不愿承担超过某个水平的潜在损失，就可以采用这样的投资方式：首先以 50 元每股的价格购买 100 股 A 股票，同时选择执行价格接近于股票现有价格的期权，例如购买一份执行价格为 50 元、期权费为 5 元的平值期权。这样，即使当初购买的股票价格下降为 0，该投资者只需承担期权费，而如果股票价格上涨，投资者还可以获得额外的收益。也就是说，保护性看跌期权策略对于股价下跌的情况提供了一定的保护，因为它限制了潜在的损失。

保护性看涨期权是指已经拥有一定数量股票的投资者可以通过出售该股票的看涨期权，避免股价下跌导致潜在的损失。例如，某个投资者在去年以每股 50 元购买 B 公司股票 100 股，今年该股票上涨到每股 55 元。如果投资者想要确保既得的投资收益，可以在期权市场上出售一份执行价格为 60 元、期权费为 5 元的看涨期权。如果该股票在到期日上涨超过 60 元，那么该项期权将被执行，投资者将获得每股 15 元（60−50＋5）的净收益，但同时也失去了获得更大的潜在收益的机会。因为投资者通过出售看涨期权将收益限定在确定的范围内。

正是由于期权投资的灵活性，投资者可以将具有各种执行价格的看跌期权和看涨期权加以结合，从而修正自己的投资组合策略；也可以将期权与标的资产进行组合来防范股票的损失或利用股票方法防范期权的损失。

本章小结

证券投资是企业财务管理的一项重要内容，对企业发展和资金的有效利用有重要的影响。了解证券投资的种类、目的和相关影响因素，对完整理解和把握财务管理学以及提高证券投资效果有重要帮助。

债券投资应在了解其特点的基础上，掌握债券价格确定、债券投资收益的计算、债券风险管理等决策内容。

股票投资相对债券投资风险更大，应在了解股票投资特点的基础上，掌握股票价格的确定、股票投资收益的计算、证券投资组合与风险控制等重要决策内容和方法。

期权投资作为一种金融衍生产品，在证券投资中将占有越来越重要的作用，应在了解其特点的基础上，熟悉其基本交易特征，掌握期权价值的确定及期权风险度量与投资策略运用等重要决策内容和方法。

即测即评

请扫描右侧二维码，进行即测即评。

思考题

1. 企业进行证券投资，应当考虑哪些因素？
2. 债券投资与股票投资相比有何特点？
3. 债券价格的确定应当考虑哪些因素？
4. 如何计算债券投资收益？
5. 证券投资组合的具体方法是什么？
6. 期权包含哪些基本要素？
7. 期权的基本交易特征是什么？

计算题

1. 公司分配给现有股东的新发行股票与原有股票的比例为 1∶4，每股认购价格为 20 元。

要求：

（1）若股权登记日前股票的每股市价为 30 元，计算股权登记日前附权优先认股权的价值；

（2）若股权登记日后股票的每股市价为 28 元，计算股权登记日后除权优先认股权的价值。

2. 某投资人准备投资于 A、B 两种股票并长期持有。已知 A、B 股票最后一次支付的股利分别为 2 元和 2.8 元。A 股票成长率为 10%，B 股票预期 2 年内成长率为 18%，以后为 12%。现行 A 股票市价为 25 元，当时国库券利率为 8%，证券市场平均收益率为 16%，A 股票的 β 值为 1.2，B 股票的 β 值为 1。

要求：

（1）该股票投资人是否应以当时市价购入 A 股票？如果购买，其预期报酬率为多少？

（2）如果该投资人投资 B 股票，其购入的最高价是多少？

3. 某公司发行公司债券，面值为 1 000 元，票面利率为 10%，期限为 5 年。已知市场利率为 8%。

要求：

（1）债券为按年付息、到期还本，发行价格为 1 020 元，投资者是否愿意购买？

（2）债券为单利计息、到期一次还本付息，发行价格为 1 010 元，投资者是否愿意购买？

（3）债券为贴现债券，到期归还本金，发行价为 700 元，投资者是否愿意购买？

4. 某公司年初发行债券，面值为 1 000 元，10 年期，票面利率为 8%，每年年末付息一次，到期还本。若预计发行时市场利率为 9%，债券发行费用为发行额的 0.5%，该公司适用的所得税税率为 25%，则该债券的资金成本为多少？

综合分析题

1. 甲公司以 1 020 元的价格购入债券 A，债券 A 是 2018 年 9 月 1 日发行的，5 年期债券，其面值为 1 000 元，票面利率为 8%。

要求：

（1）如果该债券每年 8 月 31 日付息，计算该债券的到期收益率；

（2）如果该债券到期一次还本付息，甲公司于 2022 年 5 月 1 日购入债券，于 2022 年 11 月 1 日以 1 060 元的价格卖掉，计算该债券的持有期收益率；

（3）如果该债券每年 8 月 31 日付息，甲公司于 2022 年 11 月 1 日购入该债券并持有至到期，计算该债券的到期收益率；

（4）如果该债券每年 8 月 31 日付息，甲公司于 2021 年 9 月 1 日购入该债券并持有至到期，计算该债券的到期收益率。

2. ABC 企业计划长期进行股票投资，企业管理层从股票市场上选择了两种股票：甲公司股票和乙公司股票，ABC 企业只准备投资一家公司股票。已知甲公司股票现行市价为每股 6 元，上年每股股利为 0.2 元，预计以后每年以 5% 的增长率增长。乙公司股票现行市价为每股 8 元，每年发放的固定股利为每股 0.6 元。ABC 企业所要求的投资必要报酬率为 8%。

要求：

（1）利用股票估价模型，分别计算甲、乙公司股票价值并为 ABC 企业做出股票投资决策。

（2）计算如果该企业按照当前的市价购入（1）中选择的股票的持有期收益率。

第九章
成本费用管理

第一节 成本费用概述

一、成本费用的概念和作用

（一）成本费用的概念

成本费用是商品经济的一个价值范畴，与商品的价值运动紧密联系，主要体现为企业的资源消耗行为或者价值牺牲行为。不同的经济学流派对成本概念的界定存在差异。新古典经济学基于资源稀缺性这一人类社会所面临的基本矛盾指出，凡是选择必然有代价，进而提出机会成本概念。机会成本主要是指人们因选择某个方案而放弃的次优方案的潜在收益。马克思主义流派基于劳动价值理论认为，商品经济中，商品价值（w）的构成包括三部分：①已耗费生产资料转移的价值（c），包括已消耗的原材料、辅助材料等劳动对象转移的价值和房屋建筑物、机器设备、生产工具等劳动资料因损耗而转移的价值。②劳动者必要劳动创造的价值（v），即补偿活劳动耗费以工资形式支付给劳动者的部分。③劳动者的剩余劳动创造的新增价值（m），这是利润的来源。商品价值的组成用公式表示为：$w=c+v+m$，其中：$c+v$ 构成企业的成本费用，是企业维持简单再生产的补偿尺度，从商品实现的价值中获得补偿。可见，成本费用的经济实质是企业与各种经济组织为进行生产经营活动而发生的价值消耗或价值牺牲，并需从商品销售中获得补偿的部分。西方国家财务学界通常将成本费用定义为达到某一目的而发生或应发生的价值牺牲，它可以用货币单位加以衡量。这一定义是对马克思成本理论的具体化。

在实际工作中，成本和费用是两个不同的概念。费用是指一定期间内企业为获取经济利益而发生的经济资源的耗费，成本则通常被定义为对象化的费用，即为达到特定目的所失去或耗费的资源。需要予以说明的是，财务学的费用概念与财务会计中的费用概念存在显著差别。财务学中的费用概念，主要是指一定时期内的企业资源消耗行为，至于所消耗的资源是形成财务会计中的资产抑或费用，不予以探讨。而财务会计中的费用概念，特指企业消耗的资源，并且所消耗的资源在未来期间不能够再带来经济利益，会减少所有者权益。出于教学惯例，在财务学中，我们一般以费用表征企业的资源消耗行为。同时，成本和费用概念，既有联系又有区别。二者的联系表现在：费用的发生是成本形成的基础，没有费用的发生，也谈不上任何对象的成本问题，二者从本质上讲都是企业资源的一种耗费或减少。二者的区别是：① 计算范围不同，从企业经济活动过程看，费用发生在先，成本计算在后，费用是按整个企业计算的，按照费用的性质和发生情况，可以分别核算生产费用、管理费用、营业费用等；而成本指企业为特定种类、数量的产品所发生的耗费，是对象化的费用，根据不同情况和管理需要，可以分别计算所含内容不同的成本，如产品的车间成本、工厂成本和销售成本等。② 计算期间不同。费用是按会计期间划分的，是指一定时期内在生产经营活动中发生的耗费；成本是按一定对象的生产经营过程是否完成划分的，当期的生产费用与当期完工产品的成本并不完全一致。

（二）成本费用的作用

企业的成本费用是反映企业生产经营管理质量的综合价值指标，对加强微观经济管理和宏观经济管理都具有重要作用，主要表现在以下几个方面。

1. 成本费用是反映和监督企业资源耗费的工具

解决人类社会所面临的稀缺性矛盾，主要有两种途径：① 资源被配置到最能够发挥其效能的领域；② 在资源被配置到特定领域后，通过各种激励机制的构建，使得该资源的投入产出系数达到最优。这两者在企业内部，都体现在成本或者费用指标上。企业内部资源配置越成功，企业内部的管理水平越高，那么，在给定产出的情形下，企业的资源消耗水平越低，即成本或费用越低。所以，成本费用指标能够有效考察企业内部的资源配置效率和管理效率，是企业内部反映和监督资源耗费最为有力的工具或者指标。

2. 成本费用是补偿生产耗费的尺度

为了保证企业再生产的不断进行，必须对生产耗费进行补偿，成本费用是衡量这一补偿份额大小的尺度。企业成本费用的高低，反映了生产经营活动耗费的数量，从而决定了价值补偿份额的大小。企业销售产品、提供劳务、让渡资产使用权取得收入后补偿生产经营中的价值耗费，才能至少保证企业资金以原有数量规模实现周转，保证再生产的顺利进行。生产耗费的补偿，体现着再生产过程中的物质资料的补偿，包括对生活资料和生产资料的补偿。这种补偿表现为实物形式和价值形式两方面。成本费用反映现行生产经营耗费的物质资料的价值，其中材料费用、折旧费用反映企业消费的生产资料价值，工资福利费等人工费用反映生产者所消费的生活资料价值。所以，成本费用是从价值方面补偿生产耗费的尺度。需要注意的是，现行财务会计中的成本费用概念主要以历史成本为主，并未考虑通货膨胀的影响。所以，在通货膨胀环境下，基于历史成本所计算出来的成本或费用，可能导致价值补偿不完全、侵蚀资本投入，进而影响企业再生产的顺利进行。

3. 成本费用是制定产品价格的基础

商品的价格是其价值的货币表现，商品的价格由其价值决定并受市场供求影响，应大体上符合它的价值。在现阶段，人们尚不能直接计算商品的价值，只能计算成本费用，通过成本费用间接地、相对地表现商品的价值。商品出售价格的最低界限，是由商品的成本价格规定的。[①] 所以，制定商品价格时，要以成本费用为基础，一般情况下，商品价格大于

---

① 马克思. 资本论：第三卷. 北京：人民出版社，1975：45.

成本费用，使劳动者为社会创造的价值得以实现。在确定不同产品之间的比价时，也应考虑它们成本费用水平的差别，以便在一定程度上相对地反映这些产品价值的比例关系。

4. 成本费用是综合反映企业工作质量，提高企业经营管理水平的重要手段

成本费用是综合性的价值指标，在很大程度上反映着企业各方面工作的成效。产品设计的好坏、生产工艺的合理程度、材料物资的消耗数量、生产设备的利用情况、劳动生产率的高低、费用开支的大小、财务政策的适当与否，都能在成本费用中反映出来。因此，成本费用指标对加强成本费用管理，提高企业生产经营管理水平有重要作用。

二、成本费用的分类

成本费用的分类即是按照不同标准对生产经营费用所做的不同划分。

（一）生产经营费用按照经济内容分类

生产经营费用按照经济内容进行分类，称为费用要素，可概括为劳动对象费用、主要劳动手段费用、活劳动费用和其他费用等几个方面，具体可分为以下几项。

（1）外购材料，指企业为进行生产经营而耗用的一切从外部购入的主要材料、辅助材料、原料、半成品、包装物、修理用备件和低值易耗品等。

（2）外购燃料，指企业为进行生产经营而耗用的从外部购入的各种固态、液态和气态燃料。

（3）外购动力，指企业为进行生产经营而耗用的从外部购入的各种动力。

（4）工资和福利费等职工薪酬，包括企业支付给职工的应计入生产经营费用的劳动报酬及实际发生额计提的职工福利费。

（5）固定资产折旧，指按规定的范围和方法计提的固定资产折旧费。

（6）利息支出等，指企业计入财务费用的负债融资的利息支出减银行存款利息收入后的净额，以及相关融资费用。

（7）相关税费，指应计入企业税金及附加的各种税收和非税收性财政支出，如印花税、房产税、土地使用税、车船使用税等。

（8）其他支出，指不属于以上各要素费用的支出，如保险费、差旅费、通信费、租赁费等。

上述项目中，外购材料、外购燃料和外购动力主要体现为对劳动对象的耗费；职工薪酬主要体现为活劳动的耗费与补偿；固定资产折旧主要体现为对生产资料的耗费。

（二）生产经营费用按照费用的经济用途分类

生产经营费用按照费用的经济用途分类，可分为生产费用和经营费用。生产费用如直接材料、直接工资和制造费用，构成产品的生产成本；经营费用如管理费用、财务费用和销售费用，构成企业的期间费用。

企业按经济内容对费用进行归类，便于区分生产经营费用中物化劳动和活劳动的消耗，可以为企业合理确定流动资金需要量、计算工业净产值和国民收入提供资料。企业按经济用途对费用进行分类，便于计算产品的生产成本和期间费用，分析成本费用差异，从

而达到成本控制、费用节约的管理目标。

（三）生产经营费用的其他分类方法

（1）按照费用计入产品的方法，分为直接费用和间接费用。直接费用指能够根据原始凭证直接计入某一成本对象的生产费用，如直接材料和直接工资；间接费用指与多种产品有关，需要按合理的方法分摊计入各种产品成本的费用，如制造费用。

（2）按照成本费用与数量之间的依存关系即成本性态，可分为变动成本费用、固定成本费用和混合成本费用。在一定业务量范围内，变动成本费用的总额随产销业务量的变化呈正比例变动，如直接材料、直接工资等；固定成本费用在一定期间和一定产销业务量水平下保持相对固定，如管理人员工资、福利费、不按工作量计提的折旧费等；混合成本费用则随产销业务量的增减而增减，但并不是按正比例变化，也称半变动成本费用，如运输费、设备维修费等，混合成本费用可以根据其特征分解为变动成本费用和固定成本费用。

（3）按照成本费用能否为某一特定责任中心所控制，分为可控成本费用和不可控成本费用。可控成本费用在某一责任主体权责范围内，能够直接控制；不可控成本费用在某一责任主体权责范围内，不能直接控制，也无法施加实质性影响从而影响其发生额。比如，生产车间单位产品消耗的资源数量对于车间而言是可控成本费用，材料价格差异却属于不可控成本费用。这种分类，目的在于明确责权利，贯彻经济责任制，加强成本费用管理。

（4）按照成本费用归集对象可分为产品成本和作业成本。传统的成本概念只局限于产品的生产过程，产品成本是指其制造成本，就其经济内容来看，只包括与产品生产直接有关的费用，包括直接材料、直接人工和制造费用，而用于管理和组织生产的支出则作为期间费用处理，包括管理费用、销售费用和财务费用。作业成本法关注成本发生的前因后果，延伸了成本概念。

作业成本的基本原理是产品消耗作业、作业消耗资源。它认为产品的价值实现比成本形成更重要，注重成本的全过程管理，将成本的视野向前延伸到产品设计阶段，向后延伸到产品销售阶段，并特别注重产品设计阶段的成本管理。作业成本法将企业的生产过程描述为一个为满足顾客需要而设计的一系列作业的集合。企业的最终产品凝聚了各个作业上形成而转移给顾客的价值。作业链也表现为价值链、作业的推移，同时也表现为价值在企业内部的逐步积累与转移，最终形成转移给企业外部顾客的价值，从而形成企业的产品成本。

作业成本法以多重的成本动因作为分配制造费用的标准，大大地提高了制造费用的可归属性，从而改变了产品成本和期间费用的划分，改变了期间费用的内涵，完善了成本概念。在传统成本概念下，产品成本是指企业在一定时期内生产所耗费的资源价值，是选择产品作为成本计算对象归集和分配费用而产生的。期间费用是企业为了管理和组织生产所发生的支出。而在作业成本法下，由于以作业作为成本计算对象，以成本动因作为制造费用的分配标准，强调费用支出的合理有效性，而不是与产出的相关性。作业成本法下的产品成本是指完全成本，对一个制造中心而言，该制造中心的费用只要是合理有效的，都是对最终产出有益的支出，都计入产品成本。而期间费用是指所有无效的、不合理的支出，并力图通过作业以消除这些费用。

作业成本法下的成本概念有助于激励管理者提高经营管理水平，抑制管理者的过度消费行为。传统的成本概念将期间费用定义为与生产经营无关的费用，可能导致企业的管理者将一些个人消费也计入管理费用，从而形成庞大的期间费用，导致一些企业明盈实亏或销售收入多、而净利润为负，不利于企业经营管理水平的提高。作业成本法下的产品成本的可归属性较强，产品成本的信息较为准确，管理者为了在激烈的竞争中取胜，要不断地降低产品成本，从而最大限度地减少浪费，增加企业价值。

（5）按照在成本管理中的地位可分为战略成本与战术成本。战略成本是企业为取得竞争优势地位而发生的成本。战略成本发生的原因是为了建立和维持竞争优势，所以从竞争地位考虑，只要成本的发生从长期来看有利于企业竞争优势的取得和保持，尽管从短期来看成本可能大于效益，也不能不恰当地削减。譬如，企业的研究与开发成本、社会责任成本和环境保护与生态建设成本等，是实现企业可持续发展所必需的耗费，企业必须保证其支出。强调以战略的眼光来看待成本，是企业在成本管理中具体贯彻落实科学发展观的重要要求，有利于克服企业的短期行为。战略成本主要包括：①时间与先机成本；②市场成本；③信息化成本；④学习成本；⑤创新成本；⑥智力成本；⑦环境成本；⑧社会责任成本。

战术成本是企业日常生产经营活动所发生的成本，战术成本的发生是为了完成年度财务预算，所以可以从年度研发支出、生产制造、市场营销、行政管理、融资税负等几个方面着手规划、控制。战术成本管理效果是实现战略成本管理的基础，战术成本相关内容已如上述。

现代企业的经营活动是产品设计、生产、销售以及售后服务为中心的一个完整的系统，产品成本已由产品生产过程为主，转向产品设计、销售以及售后服务和环境保护与生态建设等各个阶段发生的成本的统一体，生产成本所占的比重越来越小，非生产成本所占的比重越来越大。再以传统的以产品成本为主而忽视战略成本的成本观念，显然会导致成本管理的错误决策。广义的成本已包括产品成本、作业成本和战略成本等内容。

三、成本费用管理的意义和要求

（一）成本费用管理的意义

成本费用管理，习惯上统称成本管理，是对企业生产经营过程中各项费用的发生和产品成本的形成进行预测、计划、反映、核算、分析、控制等一系列的管理工作。成本预测和计划是成本管理的设计阶段，为成本管理提出奋斗目标和行动纲领；成本反映和核算是成本管理的执行阶段，在这一阶段实施特定成本项目开支，核算成本费用发生过程的价值和耗费；成本分析和控制是成本管理的总结阶段，结合成本实施和目标计划，分析成本差异，揭示差异原因，提出控制措施，实施激励和监督。在实践中，成本分析和控制贯穿成本计划、实施和考核的全过程，并非仅局限于事后的分析和控制。成本管理的目的，就是在成本管理的整个过程和循环中，明确成本目标，分解成本项目，核算成本耗费，分析成本差异，进行成本控制，不断降低生产耗费和产品成本。

加强成本管理具有重要意义：从微观上讲，加强成本管理，降低生产和经营耗费，既是企业扩大生产经营的条件，也有利于促进企业改善经营，提高经济效益；从宏观上讲，企业成本管理绩效最终体现为企业盈利，企业盈利是社会资本积累的来源，加强成本管理，降低生产经营耗费，能为企业和社会积累资金奠定坚实的基础。目前，国家开展的供给侧结构性改革的基本内容是"去产能、去库存、去杠杆、降成本、补短板"，可见降低成本，是供给侧结构性改革的重要内容，对国家经济发展有重大意义。

（二）成本费用管理的要求

根据成本费用的经济性质和社会经济发展的客观需要，结合企业实践经验，成本管理的基本要求主要有以下几点。

1. 严格遵守成本与费用开支范围和开支标准

企业在生产经营活动中要发生各种各样的费用与支出，其性质和用途各不相同，资金来源各不一样，它们并不是都可以计入产品成本与费用，由成本与费用负担的，其原因已在前面说明。国家根据企业各项费用的性质、用途和资金来源，明文规定了企业成本与费用的开支范围。这是一项重要的财经制度，企业必须严格遵守，决不能把不属于产品成本与费用的开支任意计入成本与费用。如果把不属于产品成本与费用开支范围的开支计入成本与费用，就人为地造成成本费用信息失真，提高了补偿水平，侵占了应当上缴国家的税金，同时也起不到促进企业改善经营管理的作用。

在成本与费用开支范围内的某些开支，如各种职工薪酬、业务招待费等，国家财务制度还规定了一定的开支标准，企业也必须认真遵守，否则就会削弱成本与费用指标的作用，并影响社会保障制度的执行。严格遵守成本与费用的开支范围和开支标准，是一项财经纪律。

2. 讲求全面经济效益

在社会主义市场经济体制下，降低成本的目的是更多、更好、更快地发展生产与经营活动，提高经济效益。因而，在成本管理中不能片面地追求节约，必须正确处理降低产品成本和费用与增加产量、提高质量、安全生产与环境保护之间的辩证关系。

产量和成本费用是密切联系的。一般来说，成本费用降低，为增加生产创造了条件；产量增加可以降低单位产品中固定费用的比例，从而可降低成本费用。但要把这种可能性变为现实，有赖于加强成本费用管理。如果只抓生产经营，忽视成本费用管理，成本费用不但不会降低，反而会上升。因此，必须本着"生产和节约并重"的原则，既抓增产，又抓节约，以增产求节约，以节约促增产。

产品质量与成本费用也是密切联系的。产品质量提高，废品损失减少，产品的返修费用下降，单位产品成本就会下降；同时产品质量提高，产品的寿命延长，有利于维护消费者权益，给国民经济带来很大的节约。但是为提高产品质量，也有可能暂时使企业的成本费用上升。这就要把产品质量和成本费用统一起来，从宏观经济效益来考虑问题，不能不顾质量，片面追求节约，也不能为了提高产品质量就不计成本费用。

要正确认识降低产品成本与安全生产的关系。坚持安全生产，可以避免人力、物力和财力的损失，降低成本费用。要实现安全生产，就必须添置一些安全设施和劳动保护用品，加强设备的日常维护和修理，这势必增加一些费用。因此，要把降低成本费用与安全生产统一起来考虑。不能片面地为降低成本费用而忽视安全生产，如采取延长劳动时间，提高劳动强度，拼体力、拼设备的办法，而应采取实现安全生产的办法来降低成本费用。

要正确认识降低成本与环境保护的关系。改善环境，为保证产品质量、保护工人健康创造条件，有利于降低成本。但为了保护环境，也会增加一些费用支出。在环境成本管理中，企业不能片面强调成本降低，而压缩环保费用支出，造成严重污染，最终使企业遭受更大损失。企业在生产经营中加强环境保护是贯彻落实科学发展观的重要要求，加强环境成本管理意义重大。

3. 实行全面成本费用管理

全面成本费用管理应是全员性和全过程的管理。降低成本费用，不仅使国家财政收入、企业留利增加，而且职工经济利益也增加，降低成本费用具有广泛的群众基础。所以在成本费用管理中必须把全体员工的积极性动员起来和组织起来，做到人人关心成本费用，人人参加成本费用管理。为此，必须在企业经营者统一领导下，根据企业的组织规模和机构设置，建立适当的成本费用归口分级管理责任制，正确处理公司、厂部、车间、班组等各级之间、各部门之间在成本费用管理中的责权利关系，公司、厂部要对各级、各部门下达成本指标和费用指标，并组织动员全体员工为降低成本费用、提高经济效益献计献策。全过程的成本管理是指从产品设计、物资供应和储存、制造、产品销售以及用户使用过程到设备更新改造等各个阶段都要进行成本费用管理，使成本费用管理和企业生产经营活动密切结合起来，使成本费用管理成为提高经营管理水平的有力杠杆。

第二节　成本费用预测

一、成本费用预测概述

（一）成本费用预测的意义

成本费用预测是根据企业生产经营目标，结合成本费用的构成和特性，利用各种数据和资料，对一定时期，一定产品或某个项目、方案的成本费用水平进行预计和测算。搞好成本费用预测，对于加强成本费用管理，改善企业生产经营决策，实现企业财务管理目标具有重要意义。

（1）成本费用预测是全面加强企业成本管理的首要环节。成本费用预测的结果是进行成本费用决策的基础和依据，也是正确编制成本费用计划的前提条件。

（2）成本费用预测为企业加强成本费用控制，提高经济效益指明了方向。通过成本预测，可以分析比较本企业成本费用水平与同行业先进企业的差距，分析研究各种主观、客观原因对成本的影响，从而发现不足和潜力，找出降低成本费用的对策。

（3）成本费用预测是企业正确进行生产经营决策的依据。企业生产经营决策以科学的预测为依据，成本费用是影响企业生产经营和价值运动的重要因素，成本费用水平直接影响企业的竞争能力。通过成本费用预测，有助于提高企业生产经营决策的科学性和可行性。

（二）成本费用预测的内容

成本费用预测涉及企业的生产技术、生产组织和经营管理的各个方面，主要内容包括以下几点。

1. 中长期的经营规划成本预测

一个持续经营的企业必须对其未来做出长远规划，以便为确定企业的经营方向和经营策略提供依据。成本预测中，与企业经营规划对应的成本预测主要包括以下两个方面：

（1）企业投资项目的成本预测。企业的投资项目，主要指企业的新建、扩建、改建和其他重大投资项目。这类项目投资额大、回收期长、不确定性强、风险性大，往往要结合宏观产业结构、市场趋向、货币时间价值等方面进行成本预测。同时还要对投产后成本水平进行预计，对方案的可行性进行技术经济论证，以便为日后项目实施时的成本管理奠定基础。

（2）产品设计与改造的成本预测。新产品的开发与老产品的改造，其目的在于通过优化品种结构、改善产品质量和性能，提高市场竞争能力，进而提高企业的经济效益。要提高竞争能力，提高经济效益，不仅在于优化结构，改善功能，还在于控制成本，实现产品价值最大化。这就有赖于在产品设计与改造活动实施之前，做好价值分析和评估，而产品价值分析的基础又在于做好成本预测。

2. 短期经营活动的成本预测

中期和长期成本预测主要解决与生产方向、生产工艺的调整与改革相关的费用预测问题，而短期成本预测主要解决在日常生产经营过程中如何有效地控制劳动耗费问题。因此，短期成本及费用预测的内容比较单一，主要是测定成本水平高低，以便为事中成本控制提供可靠的数据。

具体而言，成本费用预测的内容主要有：①新建和扩建企业的成本预测，即预测完工投产后的成本费用水平；②确定技术方案的成本预测，即企业在组织生产经营活动中可以采用多个备选方案，为选择最佳方案而进行的成本费用预测；③新产品的成本预测，即预测企业新产品试制投产后应该达到和可能达到的成本费用水平；④在新的环境条件下对既有产品的成本预测，即根据计划年度的产销情况和计划采用的增产节约措施，预测原有产品成本可能降低的程度和应达到的水平。

（三）成本费用预测的种类

成本费用预测可按不同的标准划分为不同的种类。

1. 按预测时间的长短划分为长期预测和短期预测

长期预测一般指对企业一年以上的成本费用变动趋势的测算，特点是某些影响因素不确定性大、时间长、偏差大；短期预测指对企业一年内的成本费用水平进行测算，特点是影响因素基本确定、时间短、偏差小。

2. 按产品的可比性划分为可比产品成本预测和不可比产品成本预测

可比产品是企业过去的会计期间正常生产过，而在本会计期间和以后会计期间继续生产的产品；不可比产品是企业过去未正常生产过而在以后年度组织生产的产品。可比产品成本预测非确定性因素少，数据偏差小；不可比产品成本预测没有相关历史资料，预测值偏差大。

3. 按成本费用的内容可分为制造成本预测和期间费用预测

制造成本预测是对企业未来某个时期内直接材料、直接人工和制造费用消耗水平的测算，特点是发生环节多，数据收集困难，影响因素具有一些不确定性；期间费用预测是对今后某个时期管理费用、营业费用和财务费用等耗费的测算，特点是费用发生分散，对市场预测和过去的基础数据要求高。

（四）成本费用预测的程序

成本费用预测必须与企业各部门、各单位密切协作，综合平衡。科学的预测，首先要对预测对象进行充分的调查研究，收集和利用尽可能全面的信息资料；然后，使用科学的方法和手段，去寻求预测对象演变的逻辑和发展规律，并利用这种规律去推断正确的结论。成本费用预测的基本程序一般分为如下步骤。

1. 确定预测目标

确定预测目标这一步骤，首先要确定预测对象，即要对什么事物进行预测。比如，是对总成本还是单位成本进行预测，是要求预测社会总体成本的变动趋势还是本企业成本水平等。其次，要确定对预测有哪些要求。比如，是要求定性化的趋向预测还是定量化的数据预测？对预测结果的精确程度有什么要求等。

2. 收集处理信息资料

要得到比较准确的预测结果，必须要有能揭示本质的足够的信息资料。根据预测的需要，应该收集成本预测对象本身的历史资料以及进行预测所需的其他资料，主要是对预测对象起影响作用的各种因素的历史资料以及在计划期内这些因素可能发生变化的资料。如历年成本水平、产品的材料和工时消耗定额、产品市场占有率、国内外竞争价格、目标利润等资料。在收集资料时，除了应注意与预测对象直接相关的因素外，还必须注意可能对预测对象的未来造成较大影响的间接因素。在收集资料的过程中，应随时分析资料的完整性和可靠性，补充必要的资料，剔除虚假因素和偶然因素，保证预测结果的精确度和可靠性。

3. 建立预测模型

影响成本的因素是多方面的，为了准确地进行预测，应当建立预测模型，使预测规范化和科学化。对于定性预测应设定一些逻辑思维和推理程序，对于定量预测则建立数学模型，然后根据这些推导和模型进行成本预测。预测模型是对被预测事物过去和现在的发展规律的模拟，它是否与实际相符将直接关系到预测结果的准确程度。

4. 利用模型预测

建立了成本预测模型后，就可以将有关成本的历史资料或变动因素置于预测模型中进行成本测算。不过，预测模型是在一定条件下建立起来的，它的应用也需要一定条件。因此，必须对预测期内的具体条件加以分析，在确认该时期具备模型的应用条件之后，才能将模型用于预测。同时，也需要假设和判断过去和现在的发展规律性能够延续到需要预测的时期，即认为预测对象的发展规律性在这期间内依然在起作用。

5. 分析预测结果

运用预测模型测算的结果，并不能直接使用，而需要进行分析并修正，这是因为制定的模型和利用的资料是过去和现状的反映，所预测的未来只是近似于该模型反映的情况。而且，在计算和推测过程中又会产生一些误差，再加上模型本身又是在许多假定条件下建立起来的，因而预测的结果假定程度较高。这样，每次得到预测结果后，都应对预测的结果加以分析和评价。分析评价的内容主要有两个方面，一是根据经验和常识去检查与判断预测结果是否合理，是否可能与实际存在较大的误差，并判断未来的条件变化会对预测结果产生多大的影响。二是在预测方案实施后，及时与实际结果相比较，以检验预测结果是否正确。如果误差较大，则应建立新的预测模型，或采用多种预测方法对同一对象进行预测，比较并修正预测结果。

在上述基本程序中，关键在于处理与分析环节：一是对收集的信息资料进行筛选和处理，二是对模型的预测结果进行分析和修正。前者直接决定后面建立的模型是否符合事物发展的客观规律，而后者则限定了提供给成本决策和成本计划使用的预测结果的质量。这两个步骤所涉及的大多是复杂的不确定因素，不像其他步骤那样有章可循。预测是一种技巧与艺术，预测方法只是工具。使用效果的好坏取决于使用者的运用情况，而灵活运用预测方法使预测结果有效的关键在于处理与分析环节。

二、影响成本费用预测的因素

企业的成本费用预测，在一定的环境和条件下，取决于企业的产品产量、管理水平、工艺技术、折旧方法和劳动生产率，以及市场价格、市场利率和国家不同时期的财经政策与制度等因素的变动情况。

（一）产品产量对成本费用的影响

产品产量对成本费用的影响，主要表现在两个方面。

（1）产品产量的增减直接影响企业制造成本总额的高低。当产量增大时，制造成本总额就会相应增大；当产量减少时，制造成本总额就会减少。

（2）产品产量在一定范围内的增减虽不直接影响企业的期间费用总额，但会影响企业单位产品期间费用的高低。当产量增大时，单位产品期间费用就会减少，当产量减少时，单位产品期间费用就会增大。尽管企业的期间费用不分摊计入单位产品成本，而是在企业当期利润中做一次性的全额扣除，但它实际上与企业产品成本一样，共同影响企业当期的盈利水平。

研究产量与企业期间费用和制造成本的关系，有利于我们确定合理的产量以降低期间费用的相对水平，从而提高企业的盈利总水平；同时从降低单位产品的制造成本着手，来降低企业成本费用的总水平。

（二）管理水平对成本费用的影响

企业管理水平的高低，对成本费用水平有着重要的影响，直接影响着企业的制造费用和全部期间费用。当企业管理水平提高时，会降低制造费用支出以及期间费用支出；反之，则会增加相应费用支出。研究管理水平对成本费用的影响，有利于促进企业改善和加强经营管理，提高管理的现代化水平。

（三）工艺技术对成本费用的影响

工艺技术是指企业在生产过程中，对产品加工制造的工艺与技术。工艺技术水平直接影响企业的制造成本水平，特别是制造成本中直接材料的消耗水平。提高工艺技术水平就会相应地提高企业材料的有效利用水平，从而降低单位产品中直接材料的消耗量。研究工艺技术对成本费用的影响，有利于促进企业提高产品的生产工艺水平，提高材料的有效利用率，降低直接材料的消耗，有效地节约社会资源。

（四）折旧方法对成本费用的影响

固定资产折旧是企业生产费用的一个重要构成要素，是主要劳动资料消耗的转移价值。折旧额的大小影响成本和费用中折旧的含量，一定时期折旧额增大，成本费用总额也会上升；折旧额减少，成本费用总额就会相对下降。而影响折旧额大小的主要因素有四个，即固定资产总价值水平、固定资产的利用程度、固定资产的使用年限以及折旧计提率。这四个因素的综合运用，形成不同的折旧方法。折旧方法分为平均折旧法和加速折旧法两种。在平均折旧法下，固定资产在其使用年限内的年折旧额变动幅度不明显，不同时期转移到成本费用中的量基本相等，对成本费用变动的影响力也较弱；相反，在加速折旧法下，固定资产在使用年限内的年折旧额变动幅度很明显，不同时期转移到成本和费用中的量变动较大，一般说来，在固定资产投入使用的初期，其价值转移量大，随后逐步递减，呈下降趋势，对成本费用变动的影响力较强。研究折旧方法的采用对成本费用的影响，有利于促进企业选择适当的折旧方法，认识折旧方法对成本费用影响的不同作用力，更好地加强成本和费用管理。

（五）劳动生产率对成本费用的影响

企业员工在单位时间内生产某种产品的数量或生产一个单位的产品所耗用的劳动时间，就是企业的劳动生产率。劳动生产率的高低，对企业的成本费用水平也有着重要的影响。当劳动生产率提高时，单位时间内生产的产品数量就会增大，反映出单位产品劳动时间消耗的降低，这不仅会降低单位产品成本中的工资含量，同时由于产量的增大也会降低单位制造费用和企业的期间费用，从而实现企业成本费用的降低；反之，劳动生产率下降，会相应地促使企业成本费用上升。研究劳动生产率对企业成本费用的影响，有利于促使企业改善生产经营条件，进一步地解放生产力，发展生产力。

（六）市场价格对成本费用的影响

对一个企业而言，市场价格有两层含义，即本企业产品的市场销售价格和本企业所需材料等物资的市场购买价格。市场价格对企业成本的影响，是指市场价格对企业材料等物资采购成本的影响。生产资料市场价格上扬，会导致企业物资的采购成本上升，从而使企业总成本水平上升；反之，生产资料市场价格下跌，会导致企业材料物资的采购成本下降。研究市场价格对企业材料物资采购成本的影响，有利于促进企业加强供应过程的管理，降低企业的制造成本。

（七）市场利率和汇率对成本费用的影响

市场利率的变动和市场汇率的变动，对企业的财务费用水平有直接的影响。市场利率上升，会增加企业的借款利息支出，从而增大企业的财务费用；反之，就会减少企业的借款利息支出，降低财务费用。外汇汇率的上升和下降，会影响企业当期汇兑净损失的程度。研究市场利率和汇率对成本的影响，有利于增强企业的金融观念，促进企业密切注意市场利率和市场汇率走向，充分利用国家利率政策和汇率政策，改善企业的财务状况。

（八）财经政策和制度对成本费用的影响

国家的财经政策和制度的颁布，是适应一定时期国家国民经济管理要求的。基于理论成本费用与现实成本费用的不一致性，为了适应国家对经济管理的需要，在实际成本费用构成项目以及不应列入企业成本和费用的某些费用项目等方面，经常做出一些必要的调整和限定，从某种意义上讲，这也会对企业成本费用的变动产生一定的影响力。研究财经政策和制度对成本费用的影响，有利于促进企业遵纪守法，严格执行国家的各项经济政策，采用合理、合法的手段降低成本费用，提高企业的经济效益。

三、成本费用预测的方法

成本费用预测的基础工作准备就绪以后，应根据预测的目标和要求，选择适当的预测方法。成本费用预测方法一般有以下五种：

（一）比例法

比例法是根据成本费用占相关指标的比例来测算未来某相关指标达到一定程度时的成本费用水平的方法。企业的生产经营活动与成本费用的发生有着密切的联系，生产经营规模的大小直接影响着成本费用的高低。反映企业生产经营规模大小的指标主要是总产值和销售收入，因此，成本费用与企业产值和销售收入有着同向变动趋势，可以根据企业过去产值（或销售收入）、成本（费用）率的要求，结合预测期对成本（费用）降低的要求来测算未来的成本（费用）水平。其预测模型如下：

$$成本（费用）率预测值 = 基期实际产值或销售收入成本（费用）率$$
$$× （1 - 成本或费用预计降低率）$$

此式计算简便，数据要求不高，适用于测算各项成本（费用）。但预测值的偏差较大。

【例 9-1】　某企业在基期的实际销售收入期间费用率为 12%，计划年度预计实现销售收入为 845 000 元，费用降低率为 10%，则：

$$计划销售收入期间费用率 = 12% × （1 - 10%） = 10.8%$$

企业计划期预计的销售收入期间费用率为 10.8%，则：

$$计划期的期间费用预测值 = 845 000 × 10.8% = 91 260 （元）$$

（二）技术测定法

技术测定法是在技术人员的配合下，根据产品的设计和生产工艺方法，对构成产品的实体材料进行分项测算，并结合人工消耗、动力消耗、折旧转移以及其他消耗进行测算，从而确定产品成本的一种方法。其特点是工作量大，对物资消耗定额、人工消耗定额数据要求较高，适用于对新产品或部分老产品的成本预测，但对制造费用、期间费用等的预测作用不大。

（三）目标成本法

目标成本法就是以价格理论为基础，根据适用流转税税率和期望目标利润，以及市场预测的产品销售价格来确定单位产品成本的方法。所以，目标成本实际上是在价格、利润既定的情况下倒计出来的。其预测模型为

产品单位制造成本 = 产品单位销售价格 - 产品单位销售税金
- 产品单位目标销售利润 - 产品单位销售费用

制造成本总额 = ∑（某种产品单位制造成本 × 该种产品计划产量）

此方法需要有广泛而准确的市场价格预测和合理的利润期望值，可作为确定企业目标成本和费用的预测法。如果所确定的目标成本水平和目标费用水平在实际工作中通过有效的控制得以实现，则企业可以获得预期的目标利润。

【例 9-2】 某企业计划期将生产 A、B 两种产品。计划生产 A 产品 7 400 件，B 产品 9 200 件；计划销售（按订货合同）A 产品 7 400 件，B 产品 9 100 件；计划单位产品销售费用为 10 元 / 件。两种产品都缴纳消费税，适用税率 A 产品为 5%，B 产品为 6%。两种产品的单位目标销售利润预定为 A 产品 1 200 元，B 产品 1 000 元；单位目标营业利润为 A 产品 1 100 元，B 产品 950 元。通过市场调查，企业计划期内两种产品的最低销售价格 A 产品为 4 100 元 / 件，B 产品为 3 500 元 / 件。则：

（1）计算计划期预计单位制造成本。

① A 产品单位制造成本 = 4 100 × （1 - 5%）- 1 200 - 10
= 2 685（元）

② B 产品单位制造成本 = 3 500 × （1 - 6%）- 1 000 - 10
= 2 280（元）

（2）计划期预计制造成本总额 = 2 685 × 7 400 + 2 280 × 9 200
= 40 845 000（元）

（四）因素分析法

因素分析法就是根据影响成本费用升降的主要因素，结合在基础工作中通过成本费用对比分析所拟订的增产节约措施计划，以及各成本费用要素的比重，逐项分析各因素对企业成本费用水平影响程度的方法。因素分析法适用于可比产品成本降低率和降低额的测算，计算的基本公式如下：

成本降低率 = 某项费用变动率 × 某项费用占成本的比重

各项费用变动对成本变动影响的基本预测程序和模型如下。

1. 直接材料消耗对成本的影响

直接材料费用的大小，主要受消耗定额和材料价格等因素的影响。消耗定额的升降，直接影响单位材料费用的升降。测算其影响程度可用下式：

直接材料消耗定额降低对成本的影响 = 直接材料占成本的比重 × 消耗定额降低率

$$\frac{材料价格变动}{对成本的影响} = \frac{价格变动材料}{占成本的比重} × （1 - 消耗定额降低率）× 材料价格升降率$$

企业提高原材料的利用率也会对成本变动产生影响，相应地节约原材料的消耗。

$$原材料利用率提高\atop对成本的影响 = \left(1 - \frac{当前原材料利用率}{未来原材料利用率}\right) \times 原材料占成本的比重$$

2. 直接人工费用消耗对成本的影响

成本降低从措施上来讲不能直接减少劳动者的劳动收入，相反，为了实现社会主义生产目的，还应逐步提高劳动者的收入水平。但是劳动者的平均工资增长幅度，必须小于劳动生产率的增长幅度，这就会形成直接人工费用的相对下降，最终对成本产生影响，直接人工费用对成本影响程度的计算公式为

$$直接人工费用变动\atop对成本的影响 = {直接人工费用\atop占成本的比重} \times \left(1 - \frac{1 + 平均工资增长率}{1 + 劳动生产率增长率}\right)$$

3. 制造费用和期间费用的变动对成本的影响

制造费用和期间费用的变动，在幅度上是不相同的。一般情况下，期间费用变动幅度不大，而制造费用的变动幅度相对较大。但由于都是为组织产品生产经营而发生的费用，其变动与产量的增减有相关性，必须结合生产增减变动情况分析。

$$制造费用变动\atop对成本的影响 = {制造费用占\atop成本的费用} \times \left(1 - \frac{1 + 制造费用增长率}{1 + 生产增长率}\right)$$

$$某项费用变动对\atop期间费用的影响 = {某项费用占期间\atop费用的比重} \times \left(1 - \frac{1 + 某项费用增长率}{1 + 生产增长率}\right)$$

这种方法计算较复杂，对成本预测基础工作的质量要求较高，适合于单项确定主要因素对成本或费用的影响程度（即降低率）。

【例 9-3】 某企业基年生产 B 产品，实际产量为 12 000 件，有关制造成本资料如表 9-1 所示，期间费用资料如表 9-2 所示。

表 9-1　制造成本资料

项目	结构（%）	单位制造成本（元）	制造成本总额（元）
一、直接材料	55	1 540	18 480 000
其中：原材料	25	700	8 400 000
辅助材料	12	336	4 032 000
燃料	10	280	3 360 000
动力	3	84	1 008 000
其他	5	140	1 680 000
二、直接人工	24	672	8 064 000
其中：工人工资	18	504	6 048 000
其他	6	168	2 016 000
三、制造费用	21	588	7 056 000
制造成本	100	2 800	33 600 000

表 9-2 期间费用资料

项目	结构（%）	期间费用总额（元）
管理费用	41	574 000
销售费用	35	490 000
财务费用	24	336 000
合　计	100	1 400 000

计划年度企业计划生产 B 产品 15 000 件，比上年增长 25%。根据企业发展规划及市场调查，计划年度企业如果不提高 B 产品销售价格，制造成本必须降低 10%，同时期间费用必须降低 20%，企业才有竞争能力。通过企业各部门挖潜，初步确定企业计划年度的增产节约措施计划是：

（1）劳动生产率提高 18%；

（2）平均工资提高 4%；

（3）原材料中甲材料消耗定额降低 10%（甲材料占原材料比重为 30%），购买价格下降 6%，其余材料消耗定额平均降低 8%；

（4）辅助材料消耗定额降低 7%；

（5）燃料消耗降低 2%；

（6）动力消耗降低 3%；

（7）制造费用降低 3%；

（8）管理费用降低 1%；

（9）销售费用增加 2%；

（10）财务费用增加 4%。

根据以上资料，企业可以做如下成本预测：

（1）计算原材料消耗定额降低对成本的影响：

① 甲材料消耗定额降低对成本的影响：

$$成本降低率 = 25\% \times 30\% \times 10\% = 0.75\%$$

② 甲材料价格下降对成本的影响：

$$成本降低率 = 25\% \times 30\% \times (1 - 10\%) \times 6\%$$
$$= 0.405\%$$

③ 其他原材料消耗定额降低对成本的影响：

$$成本降低率 = 25\% \times 70\% \times 8\% = 1.4\%$$

④ 原材料消耗定额降低对成本的总影响：

$$成本降低率 = 0.75\% + 0.405\% + 1.4\% = 2.555\%$$

（2）计算辅助材料消耗定额降低对成本的影响：

$$成本降低率 = 12\% \times 7\% = 0.84\%$$

（3）计算燃料消耗定额降低对成本的影响：

$$成本降低率 = 10\% \times 2\% = 0.2\%$$

（4）计算动力消耗定额降低对成本的影响：

$$成本降低率 = 3\% \times 3\% = 0.09\%$$

（5）计算工资费用相对降低对成本的影响：

$$成本降低率 = 18\% \times \left(1 - \frac{1 + 4\%}{1 + 18\%} \right)$$

$$\approx 2.136\%$$

（6）计算制造费用降低对成本的影响：

$$成本降低率 = 21\% \times \left(1 - \frac{1 - 3\%}{1 + 25\%} \right)$$

$$= 4.704\%$$

（7）计算制造成本预计降低率：

$$制造成本预计降低率 = 2.555\% + 0.84\% + 0.2\% + 0.09\% + 2.136\% + 4.704\%$$

$$= 10.525\%$$

由此可见，制造成本预计降低率为 10.525%，实现了制造成本降低的最低要求。预计制造成本降低总额为：

$$制造成本降低额 = 2\,800 \times 15\,000 \times 10.525\%$$

$$= 4\,420\,500（元）$$

下面再来预测期间费用，根据前面的资料可得：

（1）由于管理费用降低对期间费用的影响：

$$期间费用降低率 = 41\% \times \left(1 - \frac{1 - 1\%}{1 + 25\%} \right) = 8.528\%$$

（2）由于销售费用相对降低对期间费用的影响：

$$期间费用降低率 = 35\% \times \left(1 - \frac{1 + 2\%}{1 + 25\%} \right) = 6.44\%$$

（3）由于财务费用相对降低对期间费用的影响：

$$期间费用降低率 = 24\% \times \left(1 - \frac{1 + 4\%}{1 + 25\%} \right) = 4.032\%$$

（4）期间费用预计降低率：

$$期间费用降低率 = 8.528\% + 6.44\% + 4.032\% = 19\%$$

由此可见，初步测算的期间费用降低率只有 19%，与最低任务的 20% 相比较还差 1%，需要对期间费用的消耗进一步挖潜。假定企业从销售费用着手挖潜，那么，销售费用在计划年度不仅不能增加 2%，反而应降低 1.57%。销售费用在计划年度如果能降低 1.57%，就能完成期间费用降低 20% 的任务。

（五）回归预测法

回归预测法是根据两组以上的因素变量与成本总量之间的内在联系进行近期成本预测的一种方法。此方法预测成本未来值时，考虑的因素越多，预测值就越准确。设 y_c 为因变量，表示成本预测值；x_n 为自变量，表示第 n 个影响因素的量；a 为常数项；b_1，b_2，…，b_n 为回归系数。其基本模型为

$$y_c = a + b_1 x_1 + b_2 x_2 + \cdots + b_n x_n$$

将各影响变量代入上式即可得一联立方程组（假定有三个因素变量 x_1、x_2、x_3）：

$$\begin{cases} b_1 (x_1')^2 + b_2 x_1' x_2' + b_3 x_1' x_3' = x_1' y' \\ b_1 x_1' x_2' + b_2 (x_2')^2 + b_3 x_2' x_3' = x_2' y' \\ b_1 x_1' x_3' + b_2 x_2' x_3' + b_3 (x_3')^2 = x_3' y' \\ a + b_1 \bar{x}_1 + b_2 \bar{x}_2 + b_3 \bar{x}_3 = \bar{y} \end{cases}$$

其中，$\bar{x}$ 为 x 的平均值，$x' = x - \bar{x}$；$\bar{y}$，y' 的含义同。

此种预测方法的测算结果，首先是确定 a 和 b_1，b_2，$\cdots$，b_n 的值，然后代入基本模型中得到实用预测模型，最后根据因素的变动情况代入预测的因变量，从而得出成本的预测值。其特点是，资料来源容易取得，预测值较接近实际，但对基础数据的真实性和准确性要求较高，计算复杂。由于其计算复杂，在计算机用于财务管理后，此种预测法运用较普遍。

这里我们使用 SPSS 软件并利用回归预测法进行财务案例分析。

【例9-4】 某企业 M 产品在 2018—2022 年实际的单位制造成本呈规则变化趋势，这种趋势受原材料中的主要材料、生产工人工资和制造费用等三个因素的影响，具体情况如表9-3所示。为了运用回归预测法进行预测，我们将表9-3整理为表9-4。

表9-3　M产品的信息

单位：元

年度	单位制造成本	主要材料	生产工人工资	制造费用
2018	100	19	5	11
2019	105	22	9	15
2020	107	23	9	18
2021	108	25	13	20
2022	110	26	14	21

1. 数据准备

打开 SPSS 主程序，激活数据管理窗口，定义变量名：单位制造成本为 Y，原材料、生产工人工资、制造费用分别为 X_1、X_2、X_3。输入原始数据，结果如表9-4所示。

表9-4　M产品的信息转化为原始数据

单位：元

年度	Y	X_1	X_2	X_3
2018	100.00	19.00	5.00	11.00
2019	105.00	22.00	9.00	15.00
2020	107.00	23.00	9.00	18.00
2021	108.00	25.00	13.00	20.00
2022	110.00	26.00	14.00	21.00

2. 回归分析操作

进入菜单"Analyze"→"Regression"→"Linear"，打开 Linear 线性回归主对话框。在左边的源变量栏中选择 Y 作为因变量进入 Dependent 栏中，选择 X_1 到 X_3 作为自变量进入 Independent（s）栏中。在 Method 栏中选择 Enter（强迫引入法，默认选择项：定义的全部自变量均引入方程），点"OK"进行分析。

3. 输出结果

输出结果如表9-5至表9-8所示。

表9-5　Variables Entered（b）（引入的变量）

Model	Variables Entered	Variables Removed	Method
1	X_1, X_2, X_3（a）		Enter

a：All requested variables entered.

b：Dependent Variable：Y.

表9-6　Model Summary（模型摘要）

Model	R	R Square	Adjusted R Square	Std. Error of the Estimate
1	0.997（a）	0.994	0.975	0.597 61

a：Predictors：（Constant），X_1, X_2, X_3.

表9-7　ANOVA（b）（方差分析）

Model		Sum of Squares	df	Mean Square	F	Sig.
	Regression	57.643	3	19.214	53.800	0.100（a）
1	Residual	0.357	1	0.357		
	Total	58.000	4			

a：Predictors：（Constant），X_1, X_2, X_3.

b：Dependent Variable：Y.

表9-8　Coefficients（a）（回归系数）

Model		Unstandardized Coefficients		Standardized Coefficients	t	Sig.
		B	Std.Error	Beta		
	Constant	22.071	36.621		0.603	0.655
1	X_1	5.143	2.748	3.699	1.872	0.312
	X_2	−1.857	1.059	−1.758	−1.753	0.330
	X_3	−0.929	0.997	−0.991	−0.931	0.523

a：Dependent Variable：Y.

4. 结果分析

表 9-5 为引入的变量（Variable Entered）。用强迫引入法（Enter）引入变量 X_1、X_2、X_3。

表 9-6 为模型摘要（Model Summary）。相关系数（R）= 0.997，判定系数（R Square，R^2）= 0.994，调整判定系数（Adjusted R Square）= 0.975，估计值的标准误差（Std.Error of the Estimate）= 0.597 61。

表 9-7 为方差分析（ANOVA）。回归的均方（Regression Mean Square）= 19.214，剩余的均方（Residual Mean Square）= 0.357，F = 53.800，P = 0.100。可认为变量 X_1、X_2、X_3 和 Y 只见有直线关系。

表 9-8 为回归系数（Coefficients）。常数项（Constant）= 22.071，回归系数（X_1）= 5.143，回归系数（X_2）= −1.857，回归系数（X_3）= −0.929，回归系数的标准误差 X_1（Std.Error）= 2.748，回归系数的标准误差 X_2（Std.Error）= 1.059，回归系数的标准误差 X_3（Std.Error）= 0.997。标准化回归系数 X_1（Beta）= 3.699，标准化回归系数 X_2（Beta）= −1.758，标准化回归系数 X_3（Beta）= −0.991。回归系数 t 检验的 t 值、p 值为：X_1：t = 1.872，p = 0.312；X_2：t = −1.753，p = 0.330；X_3：t = −0.931，p = 0.523。

因此，回归方程为

$$Y = 22.071 + 5.143X_1 - 1.857X_2 - 0.929X_3$$

将自变量 X 的数值代入上式即可得到单位制造成本预测值。如本企业计划年度主要材料、生产工人工资、制造费用分别为 26 元、16 元、23 元，则 M 产品预测单位制造成本为 104.71 元。

除上面几种预测法外，成本和费用预测的方法还很多，如何正确地选择适当的方法，又成为成本和费用预测中的一个重要问题。总的说来，在选择方法时，应根据资料准备情况、节约措施计划拟订的情况和成本费用的特性，结合成本和费用预测目标的要求，有针对性地选用。在实际的预测工作中，为了完成对未来成本和费用水平的总体测算，通常是几种方法并用或交替使用。

第三节　成本费用决策和计划

一、成本费用决策

（一）成本费用决策的作用

决策的核心在于进行最优化选择，其基础是预测。成本费用决策是指在成本费用预测的基础上，从可达到同一目标利润的不同预测方案中评价选择一个最优方案的科学方法。成本费用决策的最优化，即是实现同一目标利润的成本和费用消耗最低化。最优化成本费用决策，在企业生产经营管理中具有重要作用。

1. 最优成本费用决策是目标利润实现的保证

企业的利润水平在一定条件下受企业成本水平和费用水平高低的制约。在其他因素不变的前提下，成本和费用升高，利润就会相应降低；成本与费用降低，利润就会相应增加。成本费用与利润成反向变动。因此，企业要实现未来的目标利润，就必须使未来的成本和费用达到一个最优水平，没有最优成本费用作为保证，目标利润水平就不能实现。

2. 最优成本费用决策是成本和费用计划工作的前提条件

只有进行成本费用决策并选择出一个最可行的方案，才能在此基础上编制成本和费用的执行计划，并使所编制的成本费用计划能切实保证目标利润的实现。不通过成本费用决策而编制的成本和费用计划，具有相当程度的盲目性，计划的盲目性会影响计划执行的非控制性，不利于有效地控制成本支出，最终使目标利润难以实现。

3. 最优成本费用决策是其他经营决策的重要依据

企业的其他经营决策，是指除成本和费用决策之外的生产经营决策，包括：筹资决策、投资决策、生产技术决策、利润决策等。成本费用决策的直接结果，反映未来成本和费用的最低耗费水平。在进行其他经营决策时，必须遵循低消耗、高收入的原则，根据决策的最低成本和费用水平，来修订或重订企业的生产经营方案，使企业真正实现以最低的成本费用支出取得最大的收益。

4. 最优成本费用决策是企业提高其管理水平的一个促进手段

企业的经营管理水平低，主要的表现是成本和费用支出大且难以控制，从而导致企业的盈利水平低。进行最优成本费用决策，可以为企业计划期的生产经营确定最低耗费目标，通过计划的编制确定各阶段、各工序、各项目、各部门的成本和费用支出限额，从而更好地加强控制，提高企业的经营管理水平。

（二）成本费用决策的种类

成本费用决策按其采用方法的不同性质可分为硬性技术决策和软性技术决策。硬性技术决策是指在成本费用决策过程中运用数学模型进行的最优化决策。其特点是能提供科学的数据资料，直观、明确。软性技术决策是指在成本费用决策中进行主观估计、分析和判断，具有主观随意性。科学的成本费用决策在于硬性技术决策和软性技术决策相配合，实现硬性技术软化和软性技术硬化，使成本费用决策正确、有效。

成本费用决策按其内容和范围，可分为单项成本费用决策和组合成本费用决策。单项成本费用决策是指对费用构成的某部分或某一种产品成本的决策。它的范围小，工作量小，目标明确，简便易行。组合成本费用决策是指对多项费用和全部成本所进行的集合决策，工作量大，涉及范围较广。

成本费用决策按其实现目标不同，可分为保本成本费用决策和实现最大利润成本费用决策。保本成本费用决策是指在企业盈利为零时的成本与费用水平决策，又称最大成本和费用决策。这种决策下所选定的成本及费用水平，是企业可以达到的最高成本费用水平。如果实际成本或费用支出突破这一水平，企业就会发生亏损；低于这一水平，企业就会实现盈利。实现最大利润成本费用决策，是指在其他条件不变的情况下，成本和费用水平达到该点时企业所获取的利润最大，通常又称为最小成本和费用决策。如果实际成本或费用支出水平高于决策的水平，就会使企业的利润递减。成本与费用决策按这种标准分类，有利于加强成本及费用控制，明确成本费用的最高限和最低限。

（三）成本费用决策的方法

1. 保本点法

运用保本点法进行成本和费用决策的基本原理是：在盈亏相等（即损益为零）的销售量上，假定销售收入与生产经营总费用相等的成本和费用水平。如前所述，企业成本费用包括制造成本和期间费用两部分。基本模型如下：

$$成本费用总额 = \sum [某产品销售量 \times 售价 \times (1 - 单位销售税金)]$$

如果企业上缴增值税，在价外税法下应用下列模型：

$$成本费用总额 = \sum (某产品销量 \times 售价)$$

成本费用预测数应小于这一数值，其方案才可行。

2. 差量分析法

差量是反映不同预测方案之间损益或成本费用的差异值。差量分析法是指在充分分析不同预测方案的差异成本（费用）和差异损益的基础上，从中选择最优方案的一种决策方法。

【例 9-5】　某企业通过成本费用预测得到甲、乙、丙三个方案，其相关值如表 9-9 所示。

表 9-9　预测值汇总表

单位：元

项目	甲方案	乙方案	丙方案
销售收入	3 062 500	2 950 000	3 025 000
成本费用总额			
其中：制造成本	1 377 250	1 323 750	1 363 920
期间费用	590 250	590 250	589 080
税金及附加（税率8%）	245 000	236 000	242 000
营业利润	850 000	800 000	830 000

运用差量分析法，可得表 9-10 的差量值。由表 9-10 可见，甲方案比乙方案可多获得 50 000 元利润，丙方案只比乙方案多获 30 000 元利润，甲方案比丙方案可多获得 20 000 元利润，因此在甲、乙、丙三个方案中，甲方案最优。

表 9-10　差量分析表

单位：元

项目	甲与乙	甲与丙	丙与乙
销售收入	112 500	37 500	75 000
制造成本	53 500	13 330	40 170
税金及附加	9 000	3 000	6 000

续表

项目	甲与乙	甲与丙	丙与乙
销售利润	50 000	21 170	28 830
期间费用	0	1 170	−1 170
营业利润	50 000	20 000	30 000

3. 成本费用利润分析法

在企业成本费用决策中，什么样的成本和费用水平可使利润最大化，是成本费用决策的核心问题。解决这一问题必须从成本费用与利润之间的关系着手，成本费用最小、利润最大的数量判定，可用下式表示：

$$成本费用利润率 = \frac{营业利润额}{成本费用额} \times 100\%$$

$$制造成本利润率 = \frac{营业利润额}{制造成本总额} \times 100\%$$

$$期间费用利润率 = \frac{营业利润额}{期间费用总额} \times 100\%$$

上式中，当分子最大，分母最小时，其值最大，方案也就最可取。这就是获取最大利润的成本费用决策模型。

【例 9-6】 根据前例"差量分析法"中表 9-9 的资料，用成本费用利润率进行分析，可得表 9-11 数据。

表 9-11　成本费用利润率表

单位：%

项目	甲方案	乙方案	丙方案
成本费用利润率	43.2	41.8	42.5
制造成本利润率	61.7	60.4	60.9
期间费用利润率	144.0	135.5	140.9

从表中可见，丙方案的三项利润率都大于乙方案，而甲方案的三项利润率又都大于丙方案，根据择优原则，甲方案是三种方案中的最优者。

4. 非确定型决策法

影响企业成本和费用变动的因素十分复杂，有的因素影响程度可以定量测算，从而进行定量决策。而有的因素变动对成本和费用的影响无法定量测算，只有凭决策者的主观经验和分析能力来进行估计、评价和优选。这种根据决策者的主观分析和判断所进行的决策称为非确定型决策。非确定型决策的优劣，取决于很多因素，其中最主要的有：对影响成本（费用）变动的潜在因素的估计程度，非确定性因素未来变化趋势，决策者的分析能力、判断能力和风险意识力等。总之，非确定型决策质量的优劣与企业决策者的素质有关系。

二、成本费用计划

（一）成本费用计划及其意义

成本费用计划是根据成本与费用决策方案，以货币量预先对企业计划期内的生产耗费水平和成本降低任务进行的规划。成本（费用）计划是企业生产经营计划的重要组成部分，具有重要的意义。

1. 成本费用计划是企业实现目标成本费用的基础工作

企业通过一定时期成本和费用的预测及决策，从而确定了企业在一定的生产技术水平下的目标成本费用。为了保证目标成本费用水平的实现，就要根据目标成本费用的要求结合计划期的生产技术水平，将企业的目标成本费用进行指标分解，并做出相应的目标规划。这既有利于保证目标成本费用的实现，又有利于促进企业合理配置和有效利用各种资源，进一步降低成本和费用。

2. 成本费用计划是企业进行成本费用控制的依据

企业成本费用计划的完成，需要建立健全企业内部的成本费用管理责任制度，实行归口分级管理，正确确定各部门、各生产环节、各加工工序的成本费用水平，有利于全面进行成本费用控制，检查和分析计划的完成情况。根据计划进行控制，并通过全面控制促进计划的实现。

3. 成本费用计划是编制企业其他生产经营计划的依据

企业生产技术财务计划是企业生产计划、技术计划、财务计划等的总括性计划，企业成本与费用计划的编制必须以生产技术计划为依据，同时又从降低成本和费用的角度对生产技术财务计划提出了调整的要求，通过各计划间的综合平衡，促进了生产技术财务计划总体水平的提高。

（二）成本费用计划的内容

成本费用计划是企业一定时期内生产费用耗费的一个规划体系，一般包括以下几个计划。

1. 主要产品单位制造成本计划

单位制造成本计划是对企业的主要产品编制的一个成本计划。其目的在于促进对主要产品成本的管理，加强单位产品成本的控制。一般是一种产品编制一张计划表，表中主要反映直接材料、直接人工、其他直接支出及制造费用等项目，同时，还应反映单位消耗定额，以利于实行定额管理。

2. 商品产品制造成本计划

商品产品制造成本计划主要反映的是企业在一定时期内，为了完成一定的产销任务而预计发生的全部制造成本水平。这包括：制造成本总额及其降低额和降低率，可比产品的单位制造成本和制造成本总额，可比产品的成本降低额和降低率，不可比产品制造成本总额及单位制造成本等内容。它为企业计划期控制制造成本支出，改善经营管理水平指明了方向。

3. 期间费用计划

期间费用计划反映企业在计划期内发生的各项费用的控制数额。一般包括三个部分：①管理费用部分，主要规划企业在计划期各项管理费用预计的开支标准和发生额，以便企业在计划期内有效地控制管理费用支出。②销售费用部分，主要反映企业在计划期内为组织产品销售而预计发生的费用总额，以便于企业更好地组织销售活动，节约费用开支。③财务费用部分，主要反映企业计划期内为了筹集资金而预计发生的费用支出，以利于促进企业加强资金成本的管理和测算，充分了解和运用国家当期的金融政策，尽可能地减少汇兑净损失，从而为完成企业计划期的总目标做出努力。

4. 生产费用预算

生产费用预算是指对企业在一定时期内，发生在生产过程中各项费用的测算和计划。它是企业成本与费用计划的重要组成部分。生产费用预算的编制，一般是按生产费用要素来编制的。

此外，企业在编制成本费用的计划与预算的同时，还应在计划体系中提出相应的控制措施，以确保计划与预算的实现。原则上，可先由各个部门根据计划要求，提出各自的措施方案，然后由企业财务部门加以汇总编制。

（三）成本费用计划的编制程序和要求

1. 成本费用计划的编制程序

成本费用计划的编制程序，因企业规模、生产特点和管理要求的不同而有所区别。一般小型企业或产品品种不多的企业，采取集中编制法，即由企业财务部门直接编制企业的成本费用计划，内部单位则不编制各自的计划。大中型企业为落实分级归口责任制管理，应采取分级编制法，即先由各生产单位、各部门编制各自的成本、费用计划，然后再由企业财务部门汇总平衡，编制整个企业的成本费用计划。成本费用计划编制的一般程序为：

（1）收集整理资料。为使成本费用计划先进合理，企业应尽量收集有关成本费用的历史资料、同行业先进资料、市场调查资料和其他资料等相关信息，并结合管理当局对成本费用的降低要求进行综合整理。

（2）确定目标成本和费用控制限额。在初步确定了成本费用降低的要求后，应在成本预测的基础上，考虑各项消耗定额降低和物价上涨因素，进行成本试算平衡，以确定可行的目标成本水平和费用控制额度。

（3）各部门分编成本计划及费用预算。在实行分级归口责任制管理的企业，厂部应将成本费用目标下达给相关职能部门和生产单位，由各部门和生产单位结合本部门和本单位具体情况加以修正，连同各项成本降低措施上报企业财务部门。采取集中编制法编制成本费用计划的小型企业，也应组织相关部门和人员对成本费用目标进行调整、修正。

（4）厂部综合平衡，正式确定计划。在各职能部门、各生产单位反馈的成本费用计划和预算的基础上，企业财务部门应从全局出发对计划数和预算数进行综合平衡，并尽量考虑局部的要求，动员企业员工深入挖掘降低成本费用的潜力，使成本计划与费用预算既不激进又不保守，从而有利于贯彻成本费用管理责任制。

2. 成本费用的编制要求

在编制成本与费用计划时，一般应贯彻以下要求。

（1）以先进的技术经济定额作为成本与费用计划编制的数据基础。先进的技术经济定额包括各种材料物资的消耗定额、工时定额和费用开支标准等。先进的技术经济定额有利于对计划期的成本费用实行定额控制，使计划的编制和实行都具有可行性和先进性。

（2）成本费用计划指标与其他计划指标应紧密衔接。成本费用计划是企业生产技术财务计划的一个重要组成部分，在编制成本费用计划时一般涉及产量指标、销量指标、消耗定额、单位制造成本、制造成本总额、期间费用总额等指标。这些指标在企业其他计划中都具有十分重要的作用，因此，应与其他计划指标实行衔接，以便提高企业生产技术财务计划的总体有效性。

（3）成本费用计划的编制要有利于对成本费用实行归口分级管理。这就要求在成本费用计划编制的时候，既要注重成本费用构成的内容，又要注重成本费用发生的环节与地点，有利于成本费用的归口和分级管理，从而实现全面的成本费用控制。

（四）成本费用计划的编制方法

1. 制造费用预算的编制方法

制造费用是综合性间接费用，其预算的编制应考虑费用的性态，对于消耗性间接材料、动力水电费等与产销量有一定依存关系的费用，应采用弹性预算法编制，而对于折旧费等与产销量无直接依存关系的费用，可采用固定预算法编制。此外，可供选择的费用预算编制方法还有概率预算法、滚动预算法等。

2. 产品成本计划的编制方法

编制产品成本计划是成本计划的主要工作内容和最终结果，具体方法较多，主要有：

（1）预测决策基础法。预测决策基础法是要求编制成本计划时，必须建立在成本预测和成本决策的基础上。这种方法主要适用于企业各项消耗定额及费用预算资料不够齐全的情况，特别适用于新产品成本计划的编制。该法的最大特点是成本计划是以预测和决策为基础的，定性成分少，定量成分多，具有一定的科学性，而且有效地考虑了未来状态变化的随机性和不确定性。

（2）试算平衡基础法。试算平衡基础法又称因素测算法、概算法。它要求在正式编制成本计划之前，根据现实情况和以往经验，测算影响成本的主要因素，提出降低成本的主要措施，再在上年实际成本基础上按各项降低措施调整，提出本期的成本计划数据。此法的定性成分较多，与预测决策基础法比较，试算平衡基础法着眼于过去和现有情况，而预测决策基础法着眼于未来随机变动的状态。

（3）直接计算法。直接计算法又称成本计算法、细算法。它根据现实的各项消耗定额和费用预算资料，在考虑成本降低要求的基础上，按产品成本核算的程序和方法详细计算各产品和各成本项目的计划成本，然后再汇总编制全部产品成本计划。该法的特点是在开工之前按成本发生程序测算成本费用支出，因成本核算方法的不同而不同，适应性强，计算过程详细，计算结果比较准确，但工作量较大。

3. 期间费用预算的编制方法

它与制造费用预算编制方法基本相同，即按费用性态分别编制。一般而言，购销环节的销售费用，大多属于变动费用，其预算须结合购销业务量计划，采用弹性预算法编制；管理费用则大多属于固定费用，其预算可采用固定预算法编制。

第四节　成本费用分析、控制与考核 ▊▊▊

一、成本费用分析

成本费用分析是指一定期间结束后，将成本费用的本期实际数与计划数（预算数）、上期数以及行业水平进行比较，揭示成本费用的计划（预算）完成情况、变动趋势和行业差异，并结合因素分析进一步揭示差异的形成因素以及各因素对差异的影响程度，以期为本期绩效评价和下一期间的成本费用计划提供依据的管理行为。要做好成本费用分析，重点要把握好以下三点：

（一）明确成本费用分析的内容

成本费用分析内容可划分为销售成本分析和营业费用分析两大部分。

销售成本分析包括总成本分析和单位成本分析两个方面。总成本分析具体包括产品总成本计划完成情况分析、影响产品总成本升降因素的分析以及可比产品成本分析等；单位产品成本分析具体包括单位成本计划完成情况分析，产品单位成本项目分析以及技术经济指标对单位成本影响分析等。

营业费用分析则可分为购销费用分析和管理费用分析两个方面，其中每一个方面又可具体按费用项目或费用要素进行分析。

（二）合理运用成本费用分析的程序

成本费用分析主要有以下程序。

（1）确定目标，明确要求。企业在日常成本费用管理中发现的问题，或者根据企业经营管理需要而确定的成本费用分析对象，往往是成本费用分析所要解决的问题。成本分析必须根据这些问题，确定分析的目标，明确分析所要达到的要求，并拟订分析工作的实施计划。只有这样，才能使分析工作有步骤地进行。

（2）收集信息，掌握情况。进行成本费用分析所需要的资料必须是丰富的、真实的和准确的。由于成本费用分析涉及的因素比较复杂，因而分析所需要的资料是多方面的。这些资料，从时间看，包括反映历史、现状和前景的动态资料；从空间上看，包括企业内部的成本、费用信息和国内国际同行业先进企业的成本费用信息；从性质看，包括有关成本费用核算的实际资料和有关的计划定额资料；从形态看，有数据资料和有关制度、规定、合同、会议记录、报告等的文字资料。总之，及时、准确、真实、可靠的信息是成本费用分析的基础。

（3）揭露矛盾，分析产生矛盾的原因。揭露矛盾，是在已核实资料的基础上，对有关成本费用指标的实际数进行多种形式、多个角度的比较。通过比较，确定差异，揭露矛盾，从而指出深入分析的重点，明确进一步分析的方向。但是，揭露矛盾只能看出数量上和现象上的差异，不能反映产生差异的根源。因此，还必须相互联系地分析各项成本费用指标产生差异的原因。分析原因主要是将影响成本费用指标的各个因素加以分类，衡量各因素变动对成本费用指标差异的影响程度和方向，在相互联系中，找出起决定作用的主要因素。揭露矛盾，分析原因是分析程序中最关键的一步，在这一步骤中，要运用较多的定量分析技术。

（4）综合评价，解决矛盾。在揭露矛盾、分析原因之后，要根据分析的结果对成本费用指标和成本费用管理做出综合评价。综合评价不仅仅是要给出分析评价的结论，更重要的是要提出解决成本、费用管理中存在问题的措施。因此，必须认真总结成本费用管理中的经验和教训，特别是针对成本费用管理中的关键问题和薄弱环节，提出挖掘潜力、改进工作的有效措施。成本、费用分析的这一步骤一般要以书面分析报告的形式表达出来，呈报给企业领导和有关部门。

（三）成本费用分析的方法

成本费用分析的方法主要有比较分析法、比率分析法和因素分析法等。

1. 比较分析法

它是将成本费用的本期实际数与计划数（预算数）、上期数（历史最高水平）及其他企业数比较，据以揭露差异，鉴别优劣的分析方法。

2. 比率分析法

它是利用两个经济指标的相关性，通过计算比率，据以考察和评价企业成本费用管理绩效的分析方法，具体又可分为相关比率分析法、结构比率分析法和趋势比率分析法等。其中，相关比率分析法是指将两个性质不同又相互关联的指标加以比较，计算比率，据以进行考察和评价的方法。成本分析中常用的相关比率有产值成本率、销售成本率以及成本利润率等。结构比率分析法是指将同质指标中的总体单位值与总体值比较，计算比率，据以进行考察和评价的方法。成本费用分析中常用的结构比率有各种商品成本占总成本的百分比，各项目成本占总成本的百分比以及各项目成本占单位成本的百分比等。趋势比率分析法是指将不同期间的同质指标值加以比较，计算比率，据以考察指标变动趋势的分析方法。

3. 因素分析法

它是比较分析法的深化。它是在指标比较、确定差异的基础上，找出致使差异产生的具体因素，并计算各因素变动对差异影响程度的一种分析方法。其具体方法又有连环替代法、差额分析法等，这些方法的具体运用请参见有关财务分析教材。

二、成本费用控制

成本费用控制就是运用科学的方法对企业生产经营过程中实际所发生的各种费用进行严格的审查和限制，以降低企业成本费用的一项管理工作。

（一）成本费用控制的前提条件

开展成本费用控制工作必须具备以下几项前提条件。

1. 必须要有成本费用计划资料

成本费用控制的主要目的是尽可能地降低实际成本费用开支，以实现成本费用计划，完成各项计划指标。没有成本费用计划，成本费用控制就失去了目标。

2. 必须要在计划执行过程中进行

成本费用控制的对象是各环节、各部门的实际费用支出。因此，必须在计划执行过程开始以后才能开展成本费用控制工作。

3. 必须要以成本费用分析为基础

成本费用分析就是根据成本费用计划或历史资料与成本费用的实际耗费水平进行比较分析，揭示出计划与实际之间的差异，分析引起差异的原因。通过成本费用分析，才能为进行成本费用控制找到工作目标，从而有效地开展控制。

（二）成本费用控制的内容

企业成本费用控制可按不同标准予以划分，如按成本费用的形成过程划分，营业成本控制包括设计成本控制、采购成本控制、生产成本控制、销售成本控制和售后服务成本控制等；按营业成本的组成要素划分，营业成本控制包括材料成本控制、工资成本控制、制造费用控制以及废品损失控制等。营业费用控制则包括购销费用控制和管理费用控制两个方面。

（三）成本费用的控制程序

成本费用控制的基本程序包括制定标准、执行标准和检查考评三个步骤。

制定标准属于事前控制，即确定生产经营过程各阶段各部门、各经营环节的成本费用标准、目标、预算或定额，对各种资源消耗和各项费用开支规定数量界限，作为衡量实际消耗和支出是否合理的依据。成本控制标准包括目标成本、费用预算、材料定额、工时定额、工序成本、零件成本、责任成本等。

执行标准属于过程控制或事中控制，即在生产经营过程中根据预定的标准控制各项消耗与支出，随时发现节约还是超支，并预测其发展趋势，采取措施，把差异控制在允许的范围内。执行过程控制，主要依靠成本费用信息的及时反馈和数据的统计分析，建立严格的责任制，实现全员控制和全过程控制。

检查考评属于事后控制，即阶段性地集中查找和分析产生成本差异的原因，判明责任归属，对成本目标和标准的执行情况做出考核评价，奖优罚劣，并采取措施，防止不利因素重复产生，总结和推广经验，为修订标准提供可靠的参数，把成本控制的科学方法标准化。

以上三个步骤相互联系，循环往复，构成成本控制循环。每一次循环，成本控制标准都应有所改变，成本控制手段也变得更加科学。

（四）成本费用的控制方法

成本费用控制的方法多种多样，并可按不同标准予以分类。从成本控制依据的标准看，有目标成本控制法、定额成本控制法、责任成本控制法等。目标成本控制法是以目标成本作为成本控制的依据，定额成本控制法是以定额成本作为控制成本的依据，责任成本控制法是以责任成本作为控制成本的依据。

从成本费用控制的技术方法来看，有对比法、差异因素分析控制法、本量利分析控制法、回归分析控制法、ABC分析控制法、功能成本分析控制法等。

成本费用控制方法主要根据成本控制的不同对象、不同要求和不同目的来选择。为此，除上述方法外，还可采用预算（固定预算、弹性预算）控制法，绝对成本控制法，相对成本控制法，限额领料控制法，以及采用预算、流通券、内部支票、本票等形式控制费用和实行成本归口分级管理等方法。为了保证成本费用控制的有效性，还应把定量分析和定性分析结合起来，并注意各种方法的选择运用和结合运用。

三、成本费用考核

成本费用考核是指企业内部对成本费用管理工作和成本水平的鉴定和评价。正确进行成本费用考核，有利于总结成本费用管理工作的成绩与不足，促使企业加强成本费用核算，寻求降低成本费用的途径，为后期经营中加强成本费用管理工作提供依据。

企业内部成本费用考核的指标体系由主要商品产品单位成本降低率、全部商品产品成本降低额、期间费用降低率和商品产品综合成本费用率等主要指标构成。

（一）主要商品产品单位成本降低率

主要商品产品单位成本降低率是企业成本考核的重要指标。它通过企业主要商品产品计划成本与实际成本之间的对比分析，确立企业当期成本计划工作的完成情况，使企业之间的成本在考核中能突出重点，为后期成本计划的编制提供依据。其计算公式如下：

$$主要商品产品单位成本降低率 = 1 - \frac{实际单位商品产品制造成本}{计划单位商品产品制造成本} \times 100\%$$

（二）全部商品产品成本降低额

在突出重点的基础上，企业还应对总体资金耗费水平进行考核，以综合反映企业全部商品产品成本计划的执行完成情况。其计算公式如下：

$$\begin{pmatrix} 全部商品产品 \\ 成本降低额 \end{pmatrix} = \begin{pmatrix} 本期各种产 \\ 品的实际产量 \end{pmatrix} \times \begin{pmatrix} 本期各种产品的 \\ 计划单位制造成本 \end{pmatrix} - \begin{pmatrix} 本期全部产品的 \\ 实际制造成本总额 \end{pmatrix}$$

（三）期间费用降低率

对费用考核主要是考核期间费用降低率，以评价企业管理部门在经营管理过程中费用控制和计划执行情况。其计算公式如下：

$$期间费用降低率 = 1 - \frac{实际期间费用总额}{计划期间费用总额} \times 100\%$$

（四）商品产品综合成本费用率

通过对商品产品综合成本费用率的考核，可以反映企业在一定期间内因取得一定的销售收入所发生的成本费用水平，以及企业一定时期的投入产出水平。其计算公式如下：

$$商品产品综合成本费用率 = \frac{实际成本费用总额}{实际销售收入总额} \times 100\%$$

成本费用总额包括了当期的已销产品制造成本和当期的管理费用、销售费用及财务费用。

本章小结

　　成本费用是商品价值中所耗费的生产资料的价值和劳动者活劳动消耗之和，在数量上表现为企业资金的耗费。西方财务通常将成本费用定义为达到某一目的而发生的价值牺牲，这是对马克思成本理论的具体化。因此，成本管理属于财务管理的重要组成部分。成本费用的作用包括：它是反映和监督资源耗费的工具；它是补偿生产耗费的尺度；它是制定产品价格的基础；它是提高企业经营管理水平的重要手段。成本费用可按经济内容、经济用途、费用计入方法、成本性态和可控性进行分类，不同分类有不同的作用。掌握成本管理的基本要求。

　　成本费用预测是成本费用决策的依据，对加强成本费用管理，改善企业生产经营决策，实现财务管理目标有重要意义。成本预测包括中长期经营规划成本预测和近短期经营活动的成本预测。掌握进行成本费用预测的基本方法。

　　成本费用决策是成本费用管理的核心环节，是成本计划和控制的前提。成本费用决策的主要方法有保本点法、差量分析法、成本费用利润率分析法和非确定型决策法。成本费用计划是实行目标成本控制与考核的依据。掌握成本费用计划的内容与编制方法。

　　成本费用分析、控制与考核是成本管理的最后环节。成本费用分析的方法主要有比较分析法、比率分析法和因素分析法等。

即测即评

　　请扫描右侧二维码，进行即测即评。

思考题

　　1. 为什么说成本费用管理是企业财务管理的重要组成部分？

　　2. 成本费用有何重要经济作用？

　　3. 简述成本费用的分类及其不同分类的作用。

　　4. 成本费用管理中如何正确处理降低成本费用与产量、质量、安全、环境保护之间的关系？

　　5. 简述成本预测、决策、计划、分析、控制、考核各环节的相互关系。

　　6. 成本预测有哪些主要方法？不同方法的适用范围如何？

　　7. 成本决策在成本管理各环节中处于什么地位？有哪些主要方法？

　　8. 成本计划方法与成本核算方法有何联系与区别？

　　9. 成本分析与控制的主要方法有哪些？成本考核的主要指标有哪些？

　　10. 什么是作业成本？作业成本的原理和特征是什么？

第十章
营业收入管理

第一节　营业收入概述

一、营业收入及其意义

营业收入是指企业在销售商品、提供劳务及让渡资产使用权等日常活动中形成的经济收入，包括销售商品收入、劳务收入、使用费收入、租金收入等。营业收入是在企业的日常经营活动中形成的，而不是从偶发性交易或事项中产生的。日常活动是指企业为完成其经营目标而从事的所有活动，以及与之相关的其他活动。如制造业企业销售商品、商品流通企业销售商品、出租固定资产，商业银行提供贷款服务，软件公司为客户开发软件，建筑企业提供建造服务等，均属于企业的日常经济活动。营业收入的取得会导致企业所有者权益的增加。收入可能表现为企业资产的增加，如增加银行存款、应收账款等；也可能表现为企业负债的减少，如以商品或劳务抵偿债务等；或二者兼而有之。因此，营业收入是反映企业日常经营活动、影响利润的重要财务指标，营业收入管理是企业财务管理的重要内容，加强营业收入管理有重要的经济意义。

第一，营业收入的取得是企业继续经营的基本条件。企业的经营活动要想不断进行，就必须用取得的营业收入来补偿经营支出，才能重新购买原材料，支付工资和其他费用。如果一个企业的商品滞销，营业收入不能及时取得或根本无法取得，就不能补偿经营支出，企业资金周转难以进行，就会威胁到企业的生存。因此，营业收入的取得关系到企业再生产活动的正常进行。加强营业收入管理，保证营业收入的及时实现，能使企业的各种耗费得到补偿，从而为企业继续经营提供基本条件。

第二，营业收入的取得是企业实现盈利、上缴税费的前提。企业只有通过销售，并及时取得营业收入，生产经营活动中创造的盈利才能实现，从而按规定计算缴纳税费。企业取得的营业收入，除了补偿生产经营支出外，在正常经营条件下，还应有经营积累，从而为企业提高技术水平、扩大经营规模创造条件。因此，加强营业收入管理，是企业实现盈利和上缴税费的前提。

第三，营业收入的取得是加速资金周转的重要环节。营业收入是企业流动资金周转额的表现，企业取得营业收入，说明流动资金完成一次周转。在流动资金占用额不变的条件下，流动资金周转速度取决于营业收入的大小。企业及时取得或增加营业收入，就会加速流动资金周转，减少资金占用，节约使用资金。此外，及时取得营业收入，对企业增加现金流入量、及时偿还债务、加速社会资金周转也有重要作用。因此，企业应加强营业收入管理，扩大销售量，及时取得营业收入，从而加速资金周转，提高资金使用效率。

第四，加强营业收入管理，能提高企业素质和市场竞争力。企业营业收入主要是通过市场来实现的。企业应根据市场需求变化来调整自己的经营活动，使自己形成具有特色的外单位不易仿效的竞争力。加强营业收入管理，能促使企业研究市场变化，做出正确经营决策，避免盲目经营，经营适销对路的商品，从而提高企业素质和市场竞争力。

二、营业收入的内容

企业的经营活动，是指企业通过各种方式将商品或劳务提供给购买单位，并按规定的销售价格收回货款的经济活动。经营业务包括主营业务和其他业务两个部分。不同行业的经营业务所包括的内容不同，如工业企业的经营业务包括产品销售和其他销售。产品销售是指产成品、自制半成品、代制代修品以及工业性作业与劳务等的销售。其他销售是指外购商品、材料、废料、非工业性作业与劳务等的销售、转让无形资产使用权和包装物的出租等。在工业企业的销售活动中，产品销售是最主要的组成部分。

企业的营业收入与经营活动的组成相适应，分为主营业务收入和其他业务收入，不包括营业外收入。

1. 主营业务收入

它与企业经营活动直接相关，具有经常性、稳定性、在企业营业收入中所占比重大等特点。它直接影响着企业的经济效益，是企业营业收入管理的重点。如工业企业的产品销售收入，主要包括对外销售产成品、自制半成品和工业性劳务等取得的收入。另外，对内部建设工程、福利事业等非生产部门使用企业的商品，对外来料加工装配业务所节省材料留归企业所有部分，"以旧换新"销售所取得的价差收入都要视同产品销售收入。这些营业收入对企业的经济效益有举足轻重的影响。

2. 其他业务收入

它是指除主营业务收入以外所取得的各种收入。其他业务收入与企业经营活动没有直接联系，在企业营业收入中有所占比重小等特点。如工业企业的其他销售收入，具体包括材料销售、固定资产和包装物出租、无形资产使用权转让和运输等非工业性劳务所取得的收入。

主营业务收入与其他业务收入有时因季节变化和企业经营方向的改变而变换位置。

三、营业收入的确认

（一）营业收入确认的基本原则

营业收入确认的基本原则是企业应当在履行了合同中的履约义务，即在客户取得相关商品控制权时确认收入。取得相关商品控制权是指能够主导该商品的使用并从中获得几乎全部的经济利益，也包括有能力阻止其他方主导该商品的使用并从中获得经济利益。企业在判断商品的控制权是否发生转移时，应当从客户的角度进行分析，即客户是否取得了相关商品的控制权以及何时取得该控制权。

（二）营业收入确认的前提条件

企业应当在客户取得相关商品控制权时确认营业收入，并且企业与客户之间的合同应该同时满足下列条件：第一，合同各方已批准该合同并承诺将履行各自的义务。第二，该合同明确了合同各方与所转让的商品或提供的服务相关的权利和义务。第三，该合同有明确的与所转让商品相关的支付条款。第四，该合同具有商业实质，即履行该合同将改变企业未来现金流量的风险、时间分布或金额。第五，企业因向客户转让商品而有权取得的对价很可能收回。

（三）营业收入确认的步骤

营业收入确认主要有三个步骤：首先，识别与客户订立的合同是否是收入合同；其次，如果是收入合同，识别合同中的单项履约义务及其类型；最后，在履行各单项履约义务时确认收入。

1. 识别与客户订立的合同

合同是指双方或多方之间订立有法律约束力的权利与义务的协议。合同有书面形式、口头形式以及其他可验证的形式（如隐含于商业惯例或企业以往的习惯做法中等）。客户是指与企业订立合同以向该企业购买其日常活动产出的商品或服务并支付对价的一方。这里的合同识别注意两个方面：① 企业与客户之间有无合同。比如，若没有与客户签订合同，即使已经开始施工的建造义务是不可以确认收入的。② 有合同且必须是与客户订立的与企业日常活动产出的商品或服务相关的合同，在满足前述条件的情形下才可以确认收入。

2. 识别合同中的单项履约义务及其类型

履约义务是指合同中企业向客户转让可明确区分商品的承诺，既包括合同中明确的承诺，也包括因企业已公开宣布的政策、特定声明或以往习惯做法等而导致合同订立时客户合理预期企业将履行的承诺。由于收入确认的前提条件之一是判断单项履约义务是否完成，而并非判断合同是否完成，因此，在合同开始日识别合同后，企业还要识别合同中有多少项履约义务。对于每一项履约义务，我们称之为单项履约义务。单项履约义务分为在某一时段内履行完成和在某一时点上履行完成两种类型。

（1）在某一时段内履行的履约义务。满足下列条件之一的，属于在某一时段内履行的履约义务，相关收入应当在该履约义务履行的期间内按履约进度加以确认，无须在整个服务或商品提供完成后才确认收入。第一，客户在企业履约的同时即取得并消耗企业履约所带来的经济利益。第二，客户能够控制企业履约过程中在建的商品。第三，企业履约过程中所产出的商品具有不可替代用途，且该企业在整个合同期间内有权就累计至今已完成的履约部分收取款项。

（2）在某一时点上履行的履约义务。当一项履约义务不属于在某一时段内履行的履约义务时，应当属于在某一时点上履行的履约义务。在工业企业，绝大多数商品销售属于在某一时点履行上的履约义务。

3. 在履行各单项履约义务时确认收入

对于在某一时段内履行的履约义务,企业应当在该段时间内按照履约进度确认收入,履约进度不能合理确定的除外。

对于在某一时点上履行的履约义务,企业应当在客户取得相关商品控制权的时点确认收入。在判断客户是否已取得商品控制权时,企业应当考虑下列六个迹象:第一,企业就该商品享有现时收款权利,即客户就该商品负有现时付款义务。第二,企业已将该商品的法定所有权转移给客户,即客户已拥有该商品的法定所有权。第三,企业已将该商品实物转移给客户,即客户已实际占有该商品。第四,企业已将该商品所有权上的主要风险和报酬转移给客户,即客户已取得该商品所有权上的主要风险和报酬。第五,客户已接受该商品。第六,其他表明客户已取得商品控制权的迹象。

四、营业收入的计量

营业收入计量的基础是合同价款,具体涉及两个步骤:一是确定交易价格;二是将交易价格分摊至各单项履约义务。当合同中包含两项或多项履约义务时,企业应当在合同开始日,按照各单项履约义务所承诺商品单独售价的相对比例,将交易价格分摊至各单项履约义务。

交易价格是指企业因向客户转让商品而预期有权收取的对价金额。交易价格是指未来会转化成收入的这部分款项,对于企业代第三方收取的款项(例如增值税)以及企业预期将退还给客户的款项,应当作为负债进行会计处理,不计入交易价格。预期有权收取的金额,意味着合同标价并不一定代表交易价格,企业应当根据合同条款,并结合以往的习惯做法(比如采用估值技术予以估计的金额)等确定交易价格,即在确定交易价格时,企业应当考虑可变对价、合同中存在的重大融资成分、非现金对价、应付客户对价等因素的影响。

(一)可变对价

可变对价是指对价金额可能因未来事项(比如因现金折扣、退货权、绩效奖励等)的发生或不发生而改变的价格。常见的可变对价形式有:现金折扣、价格折让、退款、奖励积分、业绩奖金、索赔等。比如,现金折扣是企业将商品控制权转移给客户后,为了鼓励客户提前支付货款而给予客户的一种销售额的减让,实质是一种债务的扣除。对于销售企业来说,现金折扣是销货折扣,对于购货企业来说,则是一种购货折扣。企业将商品按合同约定转移给客户,客户取得商品控制权后,企业能收回的货款是不确定的,因为这取决于客户是否在折扣期内付款、是否享受现金折扣,所以,对销售方企业来讲,附有现金折扣的销售最终收到的交易对价是变化的,所以叫可变对价。

(二)重大融资成分

合同中存在的重大融资成分是指合同各方在合同(或者以隐含的方式)约定的付款时间内(通常超过1年)为客户或企业就转让商品的交易提供了重大融资利益的情形。该情形包括:① 合同中存在客户为企业提供重大融资利益的情形,比如,对一些紧俏的商品采用一年以上预收款的方式销售。② 合同中存在企业为客户提供重大融资利益的情形,比如,对于一些价值较大的商品,如商品房、汽车、大型设备等采取一年以上分期收款的方式销售。由于企业将商品的控制权转移给客户的时间与客户实际付款的时间不一致，考虑货币的时间价值，这就可能存在融资成分。

（三）非现金对价

非现金对价是指企业因转让商品而有权向客户收取的对价是非现金形式，如实物资产、无形资产、股权、客户提供的广告服务等。通常情况下，企业应当按照非现金对价在合同开始日的公允价值确定交易价格。非现金对价的公允价值不能合理估计的，企业应当参照其承诺向客户转让商品的单独售价间接确定交易价格。

营业收入的确认和计量是企业进行营业收入管理的前提，与企业通过收入获取的流动资金金额密切相关。

五、营业收入管理的基本要求

（一）真实合法

在我国，企业的营业收入要根据真实的经济业务和公允的价格确认，不得虚构销售业务和变相提高或有意低估销售价格。同时，营业收入的取得必须符合国家产业规定、工商管理规定和会计法规，如《中华人民共和国公司法》《中华人民共和国证券法》《中华人民共和国税收征收管理法》《中华人民共和国产品质量法》《中华人民共和国食品药品安全法》《中华人民共和国环境保护法》《中华人民共和国广告法》《中华人民共和国民法典》《中华人民共和国价格法》《中华人民共和国会计法》《企业会计准则》《企业财务通则》等，确保营业收入的真实合法。

（二）完整相关

企业销售收入以及对方给予的折让、回扣、佣金、手续费、提成、返利、进场费、业务奖励等都应当全部完整地纳入企业营业收入，防止收入流失。同时，应把握好资源消耗补偿与营业收入的相关性，不得转移、隐瞒和虚报企业营业收入。

第二节　商品价格管理

商品价格是企业在市场营销中一个敏感和难以控制的重要因素，企业应明确商品的定价和售价调整的责任与权限、程序与方法，建立销售价格管理制度。同时，定价策略是企业争夺市场份额的关键武器，应根据市场环境、产品特点、消费者心理和法律规范等因素，采取相应的定价策略，防范销售风险，提高市场营销水平。

一、商品价格的组成内容和形式

在含税价格下，商品价格由产品销售成本、销售税金、销售利润构成。产品销售成本是生产销售产品所发生的全部耗费，包括产品的制造成本、管理费用和销售费用。目前商品价格的形式按确定价格的主导者分为市场调剂价和国家指导价，以市场调剂价为主；按构成内容分为出厂价格、批发价格、零售价格，各种价格的关系如图 10-1 所示。

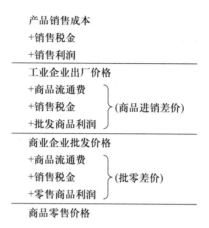

图 10-1　出厂价格、批发价格与零售价格之间的关系

二、影响商品价格的因素

产品价格一旦确定并非就固定不变，受价值规律的作用，产品价格要不断地上下波动。在市场经济环境中，引起商品价格变动的因素很多，这里仅指出几个主要因素。

（一）商品价值因素

商品价格是商品价值的货币表现。价值的大小决定着价格的高低，而价值量的大小又是由生产产品的社会必要劳动时间决定的。因此，提高社会劳动生产率，缩短生产产品的社会必要劳动时间，可以相对地降低产品价格。另外，提高产品质量，在一般情况下会增加劳动耗费，使商品价值提高，可相对地提高商品价格。

（二）市场供求因素

市场供求变动对价格变动将产生重大影响。当市场供给大于市场需求时，商品价格就会相应降低；当市场供给小于市场需求时，产品价格就会相应升高。市场供给与市场需求是一对矛盾，因此，产品价格也会不断地发生波动。

（三）国家经济政策因素

在发挥市场对资源配置起决定作用的同时，也要更好地发挥国家的宏观调控作用。国家价格政策、产业政策、投资政策等对资源配置起着重要的导向作用，这必将影响企业产品未来的市场环境，对产品价格变动产生影响。

（四）社会货币流通量因素

当商品总供应量为一定时，社会货币流通量增加，会相应地使货币贬值，要取得一定数量的商品就需付出更多的货币，也就是要承受更高的商品价格。反之，则价格更低。

既然市场商品价格不断地上下波动，在进行日常销售活动时，就必须灵活地运用定价方法，综合考虑诸因素的影响，采用适当的定价策略。

三、商品定价原则、目标和策略

（一）商品定价原则和目标

由于商品价格是价值的货币表现，受价值规律的支配，价格要受到商品价值、供求关系等因素的影响，涉及买卖双方的决策问题。制定商品价格时，应遵守以商品价值为基础，考虑商品的市场供求变化，保持商品之间的合理比价，符合国家价格政策等原则。

为了保证企业经营目标的实现，商品定价应根据不同条件采用不同的定价目标。商品定价目标是指企业通过确定商品价格水平，利用价格产生的经济效用所能达到的预期目的。它是企业经营目标体系中的具体目标之一。定价目标一般有以下几个。

1. 实现利润最大化

该目标通常是通过为商品指定一个较高的价格，从而提高产品单位利润率，最终实现企业利润最大化。企业要在一定时期内获得最高利润，并不等于制定最高的商品销售价，而主要取决于制定出合理的价格，该价格带来的销售规模的扩大可以实现盈利最大化。这一目标适用于在市场中处于领先或垄断地位的企业，或者在行业竞争中具有较强竞争优势，并能长时间保持优势的企业。

2. 保持或提高市场占有率

市场占有率反映了本企业商品在整个市场的同种商品中的经营比重状况。它是企业商品竞争能力的综合反映。企业可以用物美价廉的商品打入市场，拓开销路，逐步提高市场占有率，扩大企业商品的市场份额。其产品价格往往需要低于同类产品价格，以较低的价格吸引客户，逐步扩大市场份额，但在短期内可能要牺牲一定的利润空间。这一目标适用于能够薄利多销的企业。

3. 树立企业形象及品牌

以树立企业形象及商品品牌价值为目标的定价策略，一般包含两种情况：一种是树立优质高价的形象，另一种是树立大众消费价格的形象。优质高价能吸引某一客户群，而大众消费价格能吸引大量的普通消费者。企业在制定商品价格时，要考虑价格水平是否与客户的需求相符，是否照顾到协作单位和中间商的利益，是否符合国家的有关规定，从而全面维护企业商誉，不断拓展市场，以获得更大利润。

4. 稳定价格

通常做法是由行业中的领导企业制定一个价格，其他企业的价格则与之保持一定的比例关系，无论是大企业还是中小企业，都不会随意降低价格，这种定价目标通常适用于商品标准化的行业，例如钢铁制造业等。

5. 避免竞争

企业参照对市场有决定性影响的竞争对手的商品价格变动情况，随时调整本企业商品价格，但企业不会主动调整价格。这种定价目标主要适用于中小企业。

6. 保证继续经营

当企业受到原材料价格上涨、产品更新换代等影响时，商品就无法按正常价格出售。为了减少亏损或避免倒闭，企业只能以保本价格或亏本价格出售商品，以求收回全部或部分资金，维持经营。当企业经营出现转机时，这种定价目标很快被其他定价目标所代替。因此，它是一种过渡性定价目标。

商品定价目标是企业在对其生产或经营的产品制定价格时，有意识地要求达到的目的和标准，它是指导企业进行价格决策的主要因素。定价目标取决于企业的总体目标，不同行业的企业，同一行业的不同企业，以及同一企业在不同的时期、不同的市场条件下，都可能有不同的定价目标。

（二）商品定价策略

为了提高企业商品对市场的应变能力，争取更多用户，扩大商品销售，企业应根据市场行情变化、商品寿命周期所处的阶段、企业的声誉和顾客心理等因素，灵活运用一些定价策略，充分展示商品定价的艺术性和科学性，以保证定价目标的实现。常用的定价策略有：浮动定价策略、心理定价策略和折让定价策略。

1. 浮动定价策略

浮动定价策略是根据企业商品的新老程度和市场的供求变化，在不同时期将商品价格上下浮动，从而扩大销售、增加盈利的一种价格策略。产品价格上下浮动的幅度一般分为三级，即高价、中价和低价。高、中、低三个价位的决策，主要根据企业当时该种产品的市场需求弹性来确定。需求弹性大的产品，可以采用低价格来刺激消费，增加产品的市场销售量，扩大市场占有率，实现对市场的短期渗透。需求弹性小的产品，意味着高一点的价格在一定程度上对销售量的影响不大，因此，可以提高定价。但此种定价将可能导致大批竞争者加入，对于企业的长期开拓市场不利。除此两种情况之外，企业无论需求弹性大小，都可以采用中间价格促销，市场风险相对较小，但其盈利水平不及高价位销售，市场开拓不如低价位销售。

2. 心理定价策略

心理定价策略是根据客户购买商品的心理状态进行定价的一种策略。有的客户追求经济实惠，有的客户追求名贵大方。针对不同消费者的心理状态定价，既可满足客户的购买欲望，扩大销售，又可增加企业的盈利。比如，针对客户求廉心理，采取尾数定价策略，把商品价格定为 9.80 元，而不是 10 元，给客户心理上的满足，以诱发客户的购买欲望。

3. 折让定价策略

折让定价策略是对商品的原价格有条件地打折扣，以鼓励客户购买或多购买企业商品，主要有数量折扣、季节折扣、现款折扣等。数量折扣是当客户购买企业商品达到一定数量时，给予的折扣优惠。购买数量越多，给予折扣越大。它鼓励客户长期购买本企业商品或增大每次购买本企业商品的数量。季节折扣是在销售淡季鼓励客户提前购买或多购买企业商品以减少仓储费用，保证均衡生产而给予客户的折扣优惠。现款折扣是客户用现金或预付款购买商品时给予一定折扣优惠。

四、商品定价方法

企业为保证商品定价目标的实现所采用的具体方法主要有成本加成定价法和边际成本定价法。

（一）成本加成定价法

成本加成定价法是根据商品单位销售成本、成本利润率和流转税税率来确定销售价格的方法。其计算公式如下：

$$商品价格 = \frac{单位销售成本 \times (1 + 销售成本利润率)}{1 - 适用税税率}$$

【例10-1】　某企业的新产品F，商品计划单位销售成本为730.5元，适用税率为16%，通过各种测算确定销售成本利润率为15%，请按成品加成定价法计算商品价格。

$$商品价格 = \frac{730.5 \times (1 + 15\%)}{1 - 16\%}$$
$$= 1\,000（元）$$

成本加成定价法简便易行，以商品销售成本为基础，在一般情况下，能保证企业生产耗费得到补偿和企业获得预期盈利，但不注意商品的市场供求变化。为此，在实际工作中，可采用浮动销售成本利润率，即根据市场供求变化，一般在5%~30%的幅度内，具体确定销售成本利润率。按事先确定的销售成本利润率确定的价格，也就是达到目标利润水平的销售价格。若销售成本利润率确定为零，即企业的盈利为零，这时的销售价格为保本点价格，其计算公式如下：

$$保本点销售价格 = \frac{单位销售成本}{1 - 适用税税率}$$

根据【例10-1】的数据，若销售成本利润率为零，则：

$$保本点销售价格 = \frac{730.5}{1 - 16\%} = 869.64（元）$$

（二）边际成本定价法

边际成本定价法是根据产品变动成本、销售税金和必要的边际利润定价的一种方法。其计算公式如下：

$$边际销售价格 = \frac{单位变动成本 + 单位边际利润}{1 - 适用税税率}$$

边际成本定价法适用于市场竞争中处于供过于求，又一时难以转产的滞销产品定价；也适用于企业生产能力有剩余，企业追加生产的廉价产品的定价。虽然这种价格低于全部成本，但只要能提供一部分边际利润，就能抵销一部分企业固定成本，从而增加一部分企业盈利。

【例10-2】　企业的滞销产品B，单位变动成本为90元，全部固定成本为69 600元，适用税率为16%，按保本点190元无客户购买，短期内又无法转产，若按单位边际利润

40.2 元定价能售出 10 000 件，请按边际成本定价法计算边际销售价格。

$$单位边际价格 = \frac{90 + 40.2}{1 - 16\%} = 155（元）$$

可见，B 产品的销售价格虽然低于全部成本，但每件产品能提供 40.2 元边际利润，售出 10 000 件 B 产品能获 40.2 万元边际利润，以抵销相应的固定成本。

第三节　营业收入的预测、计划和组织

企业营业收入的主要来源是商品销售收入，下面讲述企业销售收入的预测、计划和组织。

一、销售收入预测

销售收入预测是企业经过充分的市场调查研究，收集有关信息数据，运用一定方法分析影响企业销售的各种因素，测算在未来一定时期内销售收入及其变动趋势。销售收入预测是编制销售收入计划，组织销售收入的前提，对于企业掌握市场动态，改进销售工作，避免经营决策的盲目性，调整和确定经营目标有积极作用。

影响企业销售收入的因素包括内部因素和外部因素。内部因素主要有商品质量、商誉、价格、生产能力、推销策略、售后服务质量等；外部因素有市场环境、社会政治经济形势等。企业必须在充分调查、研究各种影响销售收入的因素的基础上，运用科学的方法进行销售收入预测。销售收入预测的主要方法有：因果分析法、趋势分析法、本量利分析法、经验分析判断法。

（一）因果分析法

在企业销售活动中，影响销售收入的各种因素相互联系，相互影响，彼此间有一定的因果关系。因此，销售收入预测可以从影响销售收入的相关因素中，找出它们与销售量之间的函数关系，建立数学模型进行销售预测。常用的有简单回归分析法和多元回归分析法。

1. 简单回归分析法

根据过去若干期间销售量的实际资料，找出某一主要影响因素，确定反映销售量变动与该因素关系的线性函数，并以此线性函数加以延伸来确定销售量预测值的一种方法。在实际工作中，常按时间因素进行预测，公式如下：

$$y = a + bx$$

式中，y——销售量预测值；

　　　x——销售量观察时间（年、月）；

　　　a——直线在 y 轴上的截距；

　　　b——直线斜率。

根据 n 个期间的历史数据，用最小二乘法，得

$$\begin{cases} \sum y = na + b\sum x \\ \sum xy = a\sum x + b\sum x^2 \end{cases}$$

即

$$\begin{cases} a = \dfrac{\sum y - b\sum x}{n} \\ b = \dfrac{n\sum xy - (\sum x)\cdot(\sum y)}{n\sum x^2 - (\sum x)^2} \end{cases}$$

由于预测销售量时，x 是一个时间序列，以 1 递增，为简化计算，令 $\sum x = 0$，则上述联立方程式变为

$$\begin{cases} \sum y = na \\ \sum xy = b\sum x^2 \end{cases}$$

即

$$\begin{cases} a = \dfrac{\sum y}{n} \\ b = \dfrac{\sum xy}{\sum x^2} \end{cases}$$

【例 10-3】 某企业 2018—2022 年 A 产品销售量如表 10-1 所示，请预测 2023 年 A 产品的销售量。

表 10-1　某企业 A 产品销售量

年度	2018	2019	2020	2021	2022
销售量（万件）	30	32	40	46	50

取 2020 年为 $x = 0$

① $a = \dfrac{30 + 32 + 40 + 46 + 50}{5} = \dfrac{198}{5} = 39.6$

② $b = \dfrac{(-2\times30) + (-1\times32) + 0 + 1\times46 + 2\times50}{(-2)^2 + (-1)^2 + 1^2 + 2^2} = \dfrac{54}{10} = 5.4$

③ 由于 $x = 3$，所以，2023 年销售量为

$$y = 39.6 + 5.4 \times 3 = 55.8（万件）$$

简单回归分析法适用于销售量受某一重要因素影响的商品销售量预测。

2. 多元回归分析法

在企业销售活动中，销售量同时受到多个因素的影响，若销售量 y 与多个主要因素 x_1，x_2，$\cdots$，x_n 相关，则可用多元回归方程式来预测销售量，即

$$y = a + b_1x_1 + b_2x_2 + \cdots + b_nx_n$$

采用多元回归分析法预测销售量，计算复杂，在实际工作中，一般用计算机进行计算。它主要适用于销售量变化与多个因素的相关商品销售量预测。

（二）趋势分析法

企业商品销售有的比较稳定，具有一定的变化规律。趋势分析法就是根据企业销售的历史资料，用一定的计算方法测算未来销售的变化趋势的一种预测方法。它具体有简单平均法、加权移动平均法。

1. 简单平均法

它是根据企业过去若干经营时期实际销售量求出算术平均值作为未来销售量预测值的一种方法。其计算公式如下：

$$y = \frac{x_1 + x_2 + \cdots + x_n}{n}$$

式中，y——过去 n 期的算术平均值，即未来预测值；

$\quad\quad x$——过去某期的销售量；

$\quad\quad n$——期数。

【例 10-4】　某企业 2023 年 1—5 月份 B 产品的销售额分别为 24 万元、25 万元、24 万元、22 万元、23 万元，预测其 6 月份的销售额。

$$6 月份销售额预测值 y = \frac{24 + 25 + 24 + 22 + 23}{5} = 23.6（万元）$$

简单平均法简便易行，但未考虑销售变化趋势，使各期销售差异平均化，只适用于市场需求基本稳定的商品，如日常用品、不受季节变化影响的食品等。

2. 加权移动平均法

它是根据企业不同时期实际销售额对销售额预测值的影响程度（权数）不同，计算其移动平均值作为销售预测值的一种方法。一般是近期的数据比远期的数据影响程度（权数）要大些。其计算公式如下：

$$y = x_1 i_1 + x_2 i_2 + \cdots + x_n i_n$$

式中，i 为各期权数，$\sum i = 1$。

【例 10-5】　某企业 2023 年 1—4 月份 C 产品的销售额为 20 万元、25 万元、30 万元、28 万元，其权数分别为 0.1、0.2、0.3、0.4。请预测 2023 年 5 月的销售收入。

5 月份的销售额预测值

$$y = 20 \times 0.1 + 25 \times 0.2 + 30 \times 0.3 + 28 \times 0.4 = 27.2（万元）$$

加权移动平均法考虑了销售变化趋势，消除了各期销售差异的平均化，适用于市场需求有明显变化的商品。

（三）本量利分析法

本量利分析法是通过分析销售量（或销售收入）、销售成本和保本点或目标利润之间的变化关系，建立数学模型，进行各种预测的方法。其基本原理是：首先将销售成本按其成本习性分为变动成本和固定成本；其次根据销售量、销售税金、销售单价、销售单位变动成本、销售固定成本总额和目标利润或保本点之间的内在联系，假定已知其中几个因素，从而推算出另一个因素。运用本量利分析法测算保本点或达到目标利润销售量的数学模型为：

$$\text{销售数量} \times \left(\text{销售单价} - \frac{\text{销售单位}}{\text{变动成本}} - \frac{\text{销售单位}}{\text{税金}} \right) - \frac{\text{销售固定}}{\text{成本总额}} = \begin{cases} 0 \text{（保本点）} \\ \text{目标利润} \end{cases}$$

即

$$\text{保本点销售量} = \frac{\text{销售固定成本总额}}{\text{销售单价} - \text{销售单位税金} - \text{销售单位变动成本}}$$

$$\text{目标利润销售量} = \frac{\text{销售固定成本总额} + \text{目标利润}}{\text{销售单价} - \text{销售单位税金} - \text{销售单位变动成本}}$$

【例 10-6】 某企业 2023 年度预计 D 产品销售单价为 1 000 元，销售单位变动成本为 600 元，销售单位税金为 160 元，固定成本总额为 240 000 元，目标利润 288 000 元。用本量利分析法分别测算企业保本点销售量、实现目标利润销售量。

$$\text{保本点销售量} = \frac{240\ 000}{1\ 000 - 600 - 160} = 1\ 000 \text{（件）}$$

$$\text{目标利润销售量} = \frac{240\ 000 + 288\ 000}{1\ 000 - 600 - 160} = 2\ 200 \text{（件）}$$

（四）经验分析判断法

经验分析判断法是企业管理人员或有关专家根据企业商品销售收入、消费者心理变化、购买力变化、行业竞争、科技发展等资料对未来市场变化进行分析，以判断销售趋势的方法。常用的包括专家调查法、意见汇集法、调查分析法。

专家调查法又叫德尔菲法，是由美国兰德公司于 19 世纪 40 年代末首先使用的。其操作过程是：挑选彼此无任何联系的专家 20 人左右，只通过书信往来与预测操作人员直接发生联系；提出预测问题，要求专家书面答复；收集整理专家意见，再发给各专家进行第二轮征询；预测操作人员修改原先的预测；最后做出预测。这种方法广泛收集各专家意见，有助于克服主观臆断，比较快速、省力，具有较高的可靠性。

意见汇集法是召集企业熟悉销售情况的人员开会讨论，根据企业过去的销售情况、市场变动趋势，分析研究企业某些商品未来销售情况。这种方法操作简便易行，集思广益，在市场变化时，能及时对销售预测进行修正。

调查分析法是对商品用户、经济发展趋势、行业产品、技术发展等情况进行调查，确定某商品在市场上的寿命周期以及本企业商品所处的阶段。商品在市场上的寿命周期一般分为试销、成长、饱和、衰退四个阶段（见图 10-2）。不同阶段的销售量是不相同的。随

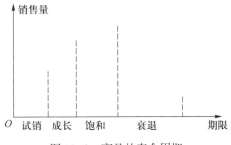

图 10-2 商品的寿命周期

着科学技术的发展，商品更新换代越来越快，市场寿命周期越来越短。企业应随时调查市场需求情况，调整企业经营方针，生产销售适销对路的商品，提高经济效益。

以上销售量预测方法中，因果分析法、趋势预测法、本量利分析法属定量分析法，经验分析判断法属定性分析法。在实际工作中要综合应用，才能准确地做出销售量预测。

在了解销售量预测方法的基础上，结合前述商品定价方法，就可预测企业销售收入。

二、销售收入计划

销售收入计划是在各商品销售收入预测的基础上，以货币计量反映企业在一定时期内总的销售收入的计划。在市场经济条件下，以销定产决定了企业的其他经营计划都要以销售计划为起点来编制。因此，编制好销售收入计划，对于组织企业的经营活动、保证企业经营目标的实现有重要意义。销售收入计划包括商品销售收入计划和其他销售收入计划。

三、销售收入的组织和风险控制

在市场经济条件下，做好销售收入的组织工作，是保证销售收入实现和有效控制销售风险的关键环节。从商品到货币被喻为"市场经济中惊险的一跃"，企业必须重视销售收入的组织工作。其内容包括：

（一）认真签订和履行销售合同

企业在销售商品时应按有关规定签订销售合同，建立合同的审核制度。销售部门应根据销售合同汇总、编制、发出商品计划，并同生产作业计划与运输计划在时间、数量上互相衔接平衡，保证按质、按量、按时组织发货，履行经济责任。这样既可以提高企业的信誉，又为及时取得销售收入提供了前提条件。

（二）及时办理结算，加快应收账款收回

应收账款是指企业销售产品、材料、外购商品等而应向购货单位或个人收取的款项，即应收回的销售收入。此种业务活动一旦发生，债权即宣告形成，企业就有权向购货单位或个人收取此项款项。

应收账款的发生，在范围上具有广泛性，在时间和数量上具有随机性和稳定性。同时，应收账款在收取上亦具有较大的风险性。此种款项一旦发生，企业就可能需要经过较长的一段时间才能收回。企业在这较长的等待期间可能损失相当数量的隐性收益（如时间价值和投资机会）。除此之外的另一种可能是，此项货款最终无法收回，形成坏账损失。因此，加强应收账款的管理就成了一个迫切需要解决的问题。企业要想减少应收账款形成坏账损失的风险，就应尽快收回款项，除了加强合同的订立和履行外，还必须加强应收账款的事前和事中管理。

（三）重视应收账款的风险控制

1. 应收账款的事前管理

应收账款事前管理是指在发生应收账款之前甚至在合同订立之前，对购买方的资信状况、信用风险等所进行的调查和分析，以此来决定合同是否订立、采用什么结算方式及应变对策，防患于未然。应收账款的事前管理包括如下几个方面的工作。

（1）企业各职能机构间的有效配合。在应收账款的发生和收回过程中，与此有关的部门主要是产品销售部门和财务部门。这两个部门必须有效地配合，相互协调，才能搞好此项工作。销售部门是企业的对外业务部门，其特点是：了解市场，了解客户，信息来源渠道广，获取信息的方式灵活。其缺陷是：对财务核算与分析方面的问题不够了解。而财务部门是进行财务核算与分析的部门，对各项财务指标的意义及相互联系有较深的了解，但其局限方面是：对市场及客户的信息获取速度慢、信息面窄。如果财务部门与销售部门密切配合，应收账款的有效回收就有了组织保证，通过对各自获取的信息进行分析处理，就能有效地组织应收账款的回收工作。

（2）调查分析对方的短期偿债能力。短期偿债能力是指企业在短时期内为了进行偿债或清算，将各种存款、存货、应收及预付款转变为现金（包括企业已有的现金）以清偿债务的能力。考察企业在一定时期内的偿债能力的财务指标一般是流动比率和速动比率。根据在实践中总结的经验，流动比率一般应以 2：1 为宜，速动比率一般应以 1：1 为宜，否则，企业的债务清偿能力就不足。因此，在订立销售合同之前，应深入调查分析购买方的短期偿债能力。如果发现对方一定时期内的流动比率和速动比率都低于一般比例，就应当稳重行事。如果一定要销售产品给对方，也应该考虑结算方式，最好以现金结算，或以银行承兑汇票结算，避免在货款回收上可能产生的风险。

（3）调查分析对方的生产经营状况及前景。有些企业虽然在一定时期内还有足够的偿债能力，但是在生产经营过程中已经存在着严重的问题，致使企业生产经营前景暗淡，甚至正在走向破产（短期内未明显地表现出有破产迹象）。在此种情况下的企业一般都不太注重信誉，赖账或拖欠款项的可能性很大。一旦与该种企业发生赊销业务，货款将会如泥牛入海，一去不复返。与此种企业发生业务，只能采取现付或银行承兑汇票的结算方式。

（4）调查分析对方信用等级。信用等级是考查一个企业以前债务清偿能力以及当前资信程度的一个重要指标。企业在日常销售活动中，应该给每一个客户确立一个信用等级。某些企业偿债能力、经营状况及前景都比较好，但却常常拖欠货款，这种企业行为就是不守商业信誉。因此，为了保障应收账款的安全性，企业在销售产品时，应根据购方企业的信用等级确立赊销限额。赊销限额的确定必须以企业所确定的最长赊账天数来进行。其基本公式为

$$对某企业在计划期内的赊销限额 = \frac{预计货款总额 \times 计划期日数}{最长赊账天数} \times 信用指数$$

上式中的信用指数是指按信用等级所确定的系数。信用等级越高，系数越大。系数最大为 1，最小为零。企业的最长赊账天数，是根据企业的市场销售状况与财务收支平衡的要求等各方面因素确定的。市场畅销商品，最长赊账天数可短一些；市场销售不畅的商品，最长赊账天数可长一些；企业财务收支状况良好时，最长赊账天数可长一些，反之，

则应短一些。

【**例 10-7**】 某企业的最长赊账天数为 15 天，假定在本月份将销给甲企业一批产品，预计的货款总额为 72 000 元，甲企业的信用等级较高，信用指数为 0.8，请问甲企业的赊销限额为多少？

$$赊销限额 = \frac{72\,000 \times 30}{15} \times 0.8 = 115\,200（元）$$

如果甲企业在本月以前已从本企业赊销了 86 500 元的产品，则本月这批产品的 72 000 元货款，其中最多只能赊销 28 700 元（115 200 − 86 500），最长赊销期为 15 天，另外 43 300 元的货款必须立即收取，否则，应收账款的风险就会增大。

企业在赊销过程中，账赊比越大，风险越大，赊销限额就越小；反之，则风险越小，赊销限额越大。

（5）分散应收账款的发生地点。企业应收账款的发生，本身就具有较大的风险性。根据风险分散理论，企业要减少应收账款的风险，必须分散应收账款的发生地点。俗话说，不能将所有的鸡蛋放在一个篮子里。企业应收账款的发生不能过度集中在少数几个客户手中，因为一旦如此，企业的命运也就被其握于掌中。

（6）折让与加收方法。企业在销售产品时，对于那些经常拖欠货款的客户，应根据事前确定的合理赊账期限，进行折让与加收并用的方法。所谓折让，是指客户在规定的赊账期限之内付清货款，就给予一定比率的折让，即给付款方一定的鼓励；如果对方超过规定赊账期限仍未付款，则加收一定的占用费。这种方法必须在销售合同签订时或应收账款发生前，由双方协商，并以协议形式确定方为有效。例如，某企业的规定赊账期限为 10 天，经与购方协议，双方采用折让与加收方法：若购方在 10 天之内付清全部货款，可获 5% 的折让优惠；如果超过 10 天未付货款，则按发生的货款总额的 2‰，每日加收资金占用费。

（7）建立坏账准备制度。根据费用与收益相配比原则和稳健原则，为了避免应收账款的坏账损失，企业可以提取一定的坏账准备。坏账是指企业在一定时期内无法收回的应收款项。坏账损失是指企业因债务人破产或者死亡，以其破产财产或遗产清偿后仍然不能收回的应收账款，或因债务人逾期未履行偿债义务超过三年仍然不能收回的应收账款。根据有关财务制度规定，企业可以在年度结束时，按照年末应收账款账面余额的 3‰~5‰ 计提坏账准备，并在下一年度中使用。坏账准备的建立，为减少应收账款的风险损失创造了条件，在一定程度上缓减了企业应收账款损失给企业造成的危害。但这并不是说企业建立了坏账准备后就可以不加强应收账款的组织管理。建立坏账准备只是一种治表的手段。要在真正意义上减少应收账款的损失，还必须严格进行应收账款的事中管理。

2. 应收账款的事中管理

应收账款的事中管理是指应收账款发生以后到收回账款之前这一阶段的管理。其基本工作包括：

（1）严密注视对方经营情况，主要是及时了解购买方的业务经营活动、偿债能力的变化、信用程度的变化，以保证应收账款的安全性。

（2）寻机收回账款。催收账款是一门艺术。在应收账款发生之后，企业既不能消极等候对方付款，贻误收款时机，致使应收账款收回时间延长，甚至产生坏账损失；也不能催收过急，影响今后的业务往来。这就要求企业一方面要密切注视对方的财务状况变动情况，另一方面把握好时机，寻机收款。

（四）做好销售服务和市场信息反馈工作

销售服务包括售前服务、售后服务。售前服务是指企业在商品销售前，宣传介绍商品的性能、特点、使用方法和对客户进行技术咨询服务。售后服务是指企业帮助用户进行安装、维修和技术培训服务。它让用户放心购买，满意使用。销售服务是提高企业竞争力，打开产品销路的重要手段，直接影响到企业的形象。企业必须高度重视销售服务工作，并从人力、财力上保证做好这项工作。

社会主义市场经济决定了市场是企业产品生产的起点和归宿，企业的一次生产经营过程是从材料物资的采购开始，并以所生产的产品在市场上售出而结束。产品销售部门，必须在售出产品的同时，广泛地收集市场反馈信息，为企业再生产活动服务。

市场反馈的信息一般有：产品在市场上的适应性、价格的适应性、市场的显现需求和潜在需求、消费者的购买能力及购物心理趋向、产品的市场占有率、新产品导向和国家对市场调控情况等。销售部门收集这些信息后，应及时反馈到生产技术部门和财务部门，以便于企业有效运用这些信息。譬如，研制适应市场需要的新产品，努力降低成本以求取得价格优势，开展销售攻势扩大市场占有率等。市场信息的反馈和运用可以促进企业生产活动的进一步开展，生产出数量更多、质量更好、价格更低、适应性更强、消费者更喜欢的产品，从而也就可以扩大企业的销售收入，增加企业的活力。

第四节 营业收入的考核和分析

一、营业收入的考核

由于营业收入计划的执行主要由企业的销售部门负责，因此在营业收入考核时，主要考核销售部门对合同的履行情况、发出商品中的拒付情况、发出商品计划完成情况以及营业收入的计划执行情况等内容。

（一）销货合同履行情况考核

考核销货合同的履行情况，是将按时、按质、按量履行的合同与计划应履行的合同进行比较，以确定企业的销货合同履行率。其计算公式如下：

$$销货合同履行率 = \frac{已实现销货合同份数（或金额）}{计划应履行销售合同份数（或金额）} \times 100\%$$

销货合同履行率越高，说明企业履行合同的工作越出色。长期实现较高的销货合同履行率，有利于提高企业信用等级。

（二）拒付商品情况的考核

拒付商品情况的考核是通过考核在一定时期内所发生的拒付商品总额与所发生的发出

商品总额之间的比例关系来进行的，这个比例称为拒付商品率。其计算公式如下：

$$拒付商品率 = \frac{拒付商品总额}{发出商品总额} \times 100\%$$

拒付商品率越大，说明企业营销工作绩效越差；反之，拒付商品率越小，说明企业营销工作绩效越好。

（三）发出商品计划完成情况的考核

该指标是与拒付商品率直接相关的指标。如果实际存在拒付商品，则发出商品完成率就等于发出商品率扣除拒付商品率后的余数。在没有发生拒付商品时，发出商品完成率的计算公式如下：

$$发出商品计划完成率 = \frac{实际发出商品总额}{计划发出商品总额} \times 100\%$$

发出商品计划完成率越高，表明商品发运工作绩效越好。

（四）销售收入计划完成情况的考核

销售收入计划是企业重要财务计划之一。销售收入计划的最终实现，既有利于加速企业资金周转，为实现企业利润计划创造条件，同时也有利于实现国家财政收入计划。销售收入计划完成率是销售收入考核的基本指标。考核销售收入计划完成情况的公式如下：

$$销售收入计划完成率 = \frac{实际销售收入总额}{计划销售收入总额} \times 100\%$$

二、营业收入的分析

营业收入分析是对营业收入的计划完成情况及其影响因素进行分析，以便采取措施，开拓市场，寻找扩大销售的途径。营业收入分析包括商品销售收入计划完成情况分析、商品市场分析、商品价格分析等内容。

（一）商品销售收入计划完成情况分析

1. 销售收入计划完成情况的总括分析

商品销售收入是企业营业收入的基本组成部分。商品销售收入计划完成情况就是用商品实际销售收入与计划销售收入进行对比，以检查计划完成情况，但由于商品销售单价变动会影响销售收入，若计划期内销售单价发生了变动，在分析时应先排除销售单价变动的影响。以计划销售单价为基础，其计算公式如下：

$$商品销售收入计划完成情况 = \frac{（实际销售数量 \times 计划销售单价）}{计划销售收入} \times 100\%$$

【例10-8】 某企业商品销售收入计划完成情况如表10-2所示。请针对该企业的商品销售收入计划完成情况进行分析。

表 10-2　商品销售收入计划完成情况表

商品名称	销售量（件）		销售单价（元）		销售收入（元）			计划完成情况	
	计划	实际	计划	实际	计划	实际		增减金额（元）	完成率（%）
						按实际售价	按计划售价		
A	1 500	1 200	200	240	300 000	288 000	240 000	−12 000	80
B	400	450	1 000	1 000	400 000	450 000	450 000	50 000	112.5
C	200	220	500	480	100 000	105 600	110 000	5 600	110
合计					800 000	843 600	800 000	43 600	100

解析： 该企业计划销售收入 800 000 元，实际销售收入 843 600 元，实际销售收入较计划超额 43 600 元，排除销售价格变动后，刚好完成销售收入计划。分商品看，商品 A 未完成销售计划，使销售收入减少 12 000 元；商品 B、C 超额完成销售计划，使销售收入增加 55 600 元，应进一步分析。

2. 商品销售收入计划完成情况的因素分析

影响销售收入计划完成情况的因素有销售数量和销售单价。

（1）销售数量的影响。影响销售数量变动的具体原因很多，如产销是否平衡、商品质量规格是否符合要求、销售工作的好坏以及客户和市场变化等。根据连环替代法原理，销售量变动对销售收入影响的数学公式如下：

$$销售数量变动对销售收入的影响 = \sum \left[（实际销售数量 - 计划销售数量） \times 计划单价 \right]$$

根据表 10-2 中的资料分析：

商品 A 销售数量变动的影响 =（1 200 - 1 500）×200 = -60 000（元）

商品 B 销售数量变动的影响 =（450 - 400）×1 000 = 50 000（元）

商品 C 销售数量变动的影响 =（220 - 200）×500 = 10 000（元）

从全部商品销售数量看，对销售收入没有影响。分商品看，商品 A 销售数量减少 300 件，使销售收入减少 60 000 元；商品 B、C 销售数量分别增加 50 件、20 件，使销售收入增加 60 000 元。

（2）销售单价的影响。销售价格的变动主要受市场供求关系、商品质量的影响。根据连环替代法，销售单价变动对销售收入影响的数学公式如下：

$$销售单价变动对销售收入的影响 = \sum \left[实际销售数量 \times （实际售价 - 计划售价） \right]$$

根据表 10-2 中的资料分析：

商品 A 销售单价变动的影响 = 1 200×（240 - 200）　 = 48 000（元）

商品 B 销售单价变动的影响 = 450×（1 000 - 1 000）= 0

商品 C 销售单价变动的影响 = 220×（480 - 500）　 = -4 400（元）

= 43 600（元）

商品销售单价变动，使销售收入增加 43 600 元。分商品看，商品 A 提价 40 元，使销售收入增加 48 000 元；商品 B 售价没有变动，因而对销售收入无影响；商品 C 降价 20元，使销售收入减少 4 400 元。

（二）商品市场分析

商品市场是商品交换的场所和领域。每个企业必须做好商品市场分析，清楚地意识到本企业产品在市场中的地位和作用，树立现代市场观念。市场需求随着科学技术的迅速发展而千变万化，这迫使经营者的重点从产品生产和推销转到客户的需求上来，因此形成了以客户需求为中心的现代市场观念。实践证明，只要企业牢固树立现代市场观念，客户需要什么，就生产经营什么，企业才能扩张市场，增加营业收入，取得更多的盈利。

商品市场分析就是以现代市场观念为指导分析企业商品在市场中的地位、作用和市场需求变化情况，从而寻求扩张市场的途径。它包括市场占有率分析和市场需求分析。

1. 市场占有率分析

市场占有率是指本企业商品在整个市场同种商品中的经营比重。其公式如下：

$$企业某商品市场占有率 = \frac{本企业某商品销售额}{市场上该种商品销售总额} \times 100\%$$

分析企业商品市场占有率，可以反映企业现有人、财、物条件的利用情况和潜在力量，衡量企业商品的质量和经营管理水平。

【例 10-9】 某企业经营 B 产品，去年实际销售额为 200 万元，而该商品的市场总销售额为 1 000 万元，今年企业 B 产品的计划销售额为 240 万元，而该种商品的市场销售总额预测将达 1 500 万元。请计算该企业 B 产品市场占有率。

$$去年 B 产品市场占有率 = \frac{200 \text{ 万元}}{1\ 000 \text{ 万元}} = 20\%$$

$$今年 B 产品市场占有率 = \frac{240 \text{ 万元}}{1\ 500 \text{ 万元}} = 16\%$$

可见，该企业 B 产品今年市场占有率比去年预计下降 4%，应查找原因，采取措施（提高产品的质量、加强促销工作等），力争扩张市场，保持或超过去年市场占有率，为增加营业收入创造条件。

2. 市场需求分析

市场需求是在同一时期内，客户购买某种商品量的总和，市场需求有两个条件：一是客户愿意购买；二是客户有货币支付能力。客户愿意购买只是一个期望，只有具备支付能力时才能转化为购买能力。因此，影响市场需求的因素主要有客户购买期望、商品价格、客户支付能力、促销手段等。企业只有根据影响市场需求各种因素的变化不断分析客户的购买动机和购买行为，从而采取适合客户需求的营销策略，才能扩张市场。

市场需求情况一般通过需求弹性反映，市场需求弹性是指因商品价格、客户支付能力等因素变动而引起市场需求相应的变动率，公式如下：

$$需求弹性 = \frac{商品需求量变动百分比}{影响需求的某因素变动百分比}$$

有的商品影响需求因素的微小变化就会导致需求量明显变化，这叫需求弹性大；反之，叫需求弹性小。

【例 10-10】 某商品销售价格下降 5%，可使市场需求量增加 10%，请计算某商品的需求弹性。

$$需求弹性 = \frac{10\%}{5\%} = 2$$

【例 10-11】 壁挂式家用空调因居民收入变动而引起的需求弹性在 0.6~0.8，预计下一年城市居民年收入递增 10%，请计算下一年城市居民对壁挂式家用空调的年需求量。

当需求弹性为 0.6 时：

$$需求量增加 = 0.6 \times 10\% = 6\%$$

当需求弹性为 0.8 时：

$$需求量增加 = 0.8 \times 10\% = 8\%$$

因此，预计下一年壁挂式家用空调的需求量可增加 6%~8%。

（三）商品价格分析

商品价格是经济调节杠杆中最重要的调节杠杆。企业经营成功与否，经营效果如何，在很大程度上取决于商品价格的制定。因此应明确影响价格的因素，分析这些因素变化对商品价格的影响。

1. 成本费用

成本费用是商品价格的主要组成部分，是影响商品价格主要的内在因素。它包括平均变动成本费用和平均固定成本费用。制定商品价格时，应以成本费用为主要依据和最低经济界限。

2. 销售数量

一般讲，商品价格提高，就会增加营业收入和企业盈利。但由于商品价格对需求存在反向作用，价格过高可能会导致需求的剧减；销售数量的扩大也可能会导致商品价格的下降，从而减少营业收入和企业盈利。因此，企业只有寻求商品价格与销售数量的最佳组合，才能实现最大盈利。

3. 营运资金周转

合理定价，能促进销售，从而加速营运资金周转，增加盈利。但在实际操作时，提高价格会提高盈利水平，但会减少销售额，从而延缓营运资本周转速度；降低价格，促进销售，是加快营运资金周转的有效手段，但要减少一部分盈利。

4. 需求的价格弹性

需求的价格弹性是指需求量变动对价格变化反应的敏感性。弹性越大的商品，其价格稍有变化，需求量就发生较大变动。价格弹性公式如下：

$$需求的价格弹性 = \frac{商品需求量的变动率}{价格的变动率}$$

当需求的价格弹性大于 1 时，说明需求量变动大于价格变动。对于这类商品（如高档奢侈品、替代性大的商品）提价要慎重，以防提价导致需求量大幅度下降。可以通过薄利多销，增加营业收入。

当需求的价格弹性小于1时，说明需求量变动小于价格变动。对于这类商品（如生活必需品、替代性小的商品）薄利并不能多销，可以通过适当提价增加营业收入。

当需求的价格弹性等于1时，说明需求量与价格同比例变动，价格弹性单一。对于这类商品一般根据市场情况定价，不能用提价或降价的方式来增加营业收入。

因此，企业做提价或降价的决策前，要认真分析商品的特点及需求的价格弹性。

5. 供求关系

供求关系对商品价格的影响表现为：一是供给增加可引起价格降低，反之，供给减少可引起价格提高。二是需求增加可引起价格提高，反之，需求减少可引起价格降低。三是供过于求时，价格下降，反之，价格提高。

6. 市场竞争程度

市场竞争是商品经营者之间，为各自有更高的市场占有率而进行的争夺和较量，市场竞争必然影响商品供求关系，从而约束商品价格。

7. 商品寿命周期

商品处在不同寿命周期阶段，其市场需求和竞争状况都不相同，从而使商品价格不同。在商品试销期，为了提高市场占有率，商品定价较低；在商品成长期，商品竞争力较强，可按目标盈利水平定价；在商品衰退期，为尽快收回占压的资金，可按保本点定价或边际成本定价。

8. 政府管制

政府的价格政策对商品价格也有重要影响，政府为了达到某种政治、经济目的而制定的一系列价格政策会直接影响到商品价格的高低。

本章小结

营业收入是企业在日常经营活动中，由于销售产品、提供劳务和让渡资产使用权等所形成的货币收入。企业营业收入可分为主营业务收入和其他业务收入。确认营业收入必须符合与营业收入事项有关的经济利益能够流入企业和能够可靠地计量两个基本条件。在实际工作中，存在销售退回、销售折让、销售折扣事项，应冲减营业收入形成企业营业净收入。

商品价格是商品价值的货币表现。在含税价格下，商品价格由销售成本、销售税金、销售利润组成，商品价格要受到价值和供求关系等因素的影响。因此，在明确定价目标后要采取科学的定价策略和方法确定销售价格，防范销售风险。

营业收入的管理环节包括营业收入的预测、计划、组织、考核和分析。企业营业收入主要是销售收入，销售收入预测应在充分调研企业内外影响因素的基础上，综合应用定量分析法和定性分析法进行科学的预测，从而编制出销售收入计划。在激烈的市场竞争中，使用商业信用是不可避免的，因此，营业收入的组织是营业收入管理最重要的内容。企业一方面要扩大销售，另一方面必须做好应收账款的管理工作，加快应收账款的收回，尽量减少应收账款的管理成本和坏账损失。考核销售计划的完成情况，分析其影响因素，以便采取措施，开拓市场，寻找扩大销售的途径。

即测即评

请扫描右侧二维码，进行即测即评。

思考题

1. 试述营业收入的意义和构成。
2. 企业的应收账款有哪些风险？
3. 商品价格的确定有哪些策略和方法？
4. 举例说明本量利分析法在营业收入预测中的应用。
5. 怎样做好企业营业收入的组织工作？
6. 试述营业收入考核分析的内容和方法。

第十一章

利润与分配管理

第一节　利润与分配管理概述

一、利润及其经济意义

（一）利润的概念

利润是销售收入扣除成本费用后的余额。由于成本费用包括的内容与表现的形式不同，因此，利润所包含的内容与形式也不同。如果成本费用不包括利息和所得税，则利润表现为息税前利润；如果成本费用包含了利息而不包括所得税，则利润表现为利润总额；如果成本费用包含了所得税，则利润表现为净利润；如果成本费用中甚至包含了权益资本的成本，则利润表现为经济增加值。当然，上述关于利润的不同内容与表现形式，只是从一般意义而言，在不同时期的财务制度与会计制度中，为了经济管理的需要，成本费用的内容、形式与利润的内容、形式均略有差别，经济增加值也有许多调整因素。尽管如此，我们对利润的内容与形式的一般理解仍有其重要意义，它为我们构建利润指标体系、充分发挥利润指标的作用指明了方向。

（二）利润的经济意义

1. 利润是反映企业经营绩效的核心指标

在市场经济条件下，企业生产经营的目的是追求投入资本的增值。资本增值越多，反映的经营成果越多。资本的增值多少，是用投入资本循环周转后收回的收入扣除资本的耗费后的余额来衡量的。在这里，资本收入表现为销售收入，资本耗费表现为成本费用，收入扣除成本费用后的余额即是利润。不同企业、同一企业不同时期，生产经营的绩效就是以同量资本的投入（例如 100 元）所获得利润的多少来反映的。每百元资本投入所获利润即为资本利润率。企业资本利润率越高，反映企业绩效越好，虽然评价企业经营绩效的指标体系有十几个或者几十个，但核心指标却是利润。经济学家孙冶方将利润形象地比作企业的"牛鼻子"，这充分说明利润的重要性。

通过实际利润指标与计划利润指标的对比分析，或者不同企业、不同时期实际利润指标的对比分析，可以反映企业生产经营活动中影响销售收入和成本费用各因素的变化情况，从而发现生产经营管理中存在的问题，为加强与改善企业的生产经营管理工作指明途径。

2. 利润是企业利益相关者进行利益分配的基础

按照现代企业理论，企业不仅是不同工序与服务的分工合作体系，而且是利益相关者之间的契约关系体系。如何正确处理利益相关者之间的经济关系，是有关企业生死存亡的大事。利益相关者之间的经济关系，包括经济上的责、权、利关系。三者之中利益是基础和目的，行使权力与履行责任，都是为了获得相应利益。处理相关者的利益关系，核心是对利润的分配。做好利润分配工作的前提是要有不断增长的利润可分。具体讲，企业利益相关者主要有所有者、债权人、经营者、员工和国家。所有者要获得股利，债权人要获得利息与债息，经营者要获得奖励与期权，员工参股要获得收益，国家要获得所得税。这些都依赖于利润的获取与不断增长。对债权人而言，即使将利息列入成本费用，先行补偿，但如果企业无利润，甚至亏损，企业还本付息将发生困难，损害债权人利益。反之，如果企业经营良好，利润不断增长，企业不仅能使其简单再生产顺畅进行，还有财力支持扩大再生产，企业就能按时还本付息，使债权人权益得到保障。对经营者而言，现代企业的重要制度之一，是对经营者的激励与约束，充分调动经营者的积极性，很好地履行所有者对他的委托责任。由于所有者的目标是追求资本利润率的满意化，获取更多的利润是经营者最根本的受托责任，是建立企业激励约束机制的基本依据。

3. 利润是企业可持续发展的基本源泉

国民经济可持续发展从宏观看要统筹城乡发展，统筹区域发展，统筹经济社会发展，统筹人与自然和谐发展，统筹国内外发展和对外开放，推进改革和发展；从微观看，必须使企业可持续发展。企业可持续发展除了生产技术的可持续发展外，还包括财务的可持续发展。财务可持续发展，首先是可持续筹资，使企业经济发展有可靠的资金来源。企业的资金来源包括所有者投资、债权人借款和内部积累等各个方面。这些来源中可持续获得且风险较小的当数内部积累，即从不断增长的利润中提取公积金和留下未分配利润继续参加周转。即使分给股东的利润，如果企业发展需要，也可发放股票股利，让这部分利润转化为股东增加的资本投入。因此，企业利润的获得和不断增长，是企业内部积累的源泉，是企业可持续发展的财力基础。

二、利润分配的意义、原则与程序

（一）利润分配的意义

利润分配是利用价值形式对企业劳动者所创造的社会剩余产品所进行的分配。生产决定分配，而分配对生产又起着积极的促进作用。通过利润分配能正确处理企业与各方面的经济关系，调动各方面的积极性，促进生产经营的发展。因此，利润分配具有重要的意义。

首先，通过利润分配，国家财政能集中动员一部分利润，由国家有计划地分配使用，实现国家政治职能和经济宏观调控职能，发展高新技术、能源交通和原材料基础工业，为社会经济的发展创造良好条件。

其次，通过利润分配，企业由此而形成一部分自行安排使用的积累性资金，增强企业生产经营的财力，有利于企业适应市场需要发展生产，改善职工生活福利。

最后，通过利润分配，投资者能实现预期的收益，从而提高企业的信誉程度，有利于增强企业继续融通资金的能力，有利于生产经营发展的需要。

（二）企业利润分配原则

为充分发挥利润分配的重要作用，在利润分配中必须遵循正确的原则。

1. 兼顾各方面利益，体现全体人民共同富裕原则

在利润分配中，必须兼顾国家、企业经营者、职工和投资者几方面的利益。为保证国家职能的实现，各个企业应将其实现利润的一部分，以税金形式上交给国家形成统一的财政资金，用于保障国家上层建筑建设和政治建设的需要，国家重点建设，发展科学、文教、卫生事业和巩固国防，为国民经济的持续发展创造一个良好的经济环境和安定团结的政治环境。企业作为生产经营活动的主体，为进一步发展生产和改善职工生活，应从利润中分得相当一部分，用以建立公积金和公益金。经营者是搞好企业经营的关键要素。为发挥激励与约束机制的作用，应以奖金或股票、期权的形式分给经营者一部分利润。企业职工是人力资本的投入者，应设立企业内部职工股参与企业利润分配，合理确定经营者股份与一般职工股份的比例关系，差距不宜过大，以防止收入分配两极分化，体现全体人民共同富裕的原则。投资者作为企业资产的所有者，有权按规定分享部分利润。根据这一原则，企业的利润必须按税法规定的所得税税率计算缴纳所得税，税后利润再在企业与经营者和投资者之间进行分配，贯彻维护各利益主体利益的财务管理基本原则。

2. 积累和消费相结合的原则

企业税后利润的分配要体现把积累和消费正确地结合起来的要求，既要扩充企业扩大再生产的财力基础，保证扩大再生产的进行，又要为不断提高职工工资和福利待遇创造条件。要防止片面强调积累，不顾消费的行为，也要纠正片面强调消费，挤占积累的行为。

3. 生产要素按贡献参与分配做到效率与公平相统一原则

在税后利润分配中，要确立劳动、资本、技术和管理等生产要素按贡献参与分配的原则，完善按劳分配为主体、多种分配方式并存的分配制度。企业经营者和其他职工以管理、技术等要素参与企业利润分配的，应当按照国家有关规定在企业章程或者有关合同中对分配办法作出规定。凡按贡献取得企业股权的，与其他投资者一同进行企业利润分配；没有取得企业股权的，如采取奖金等形式，在相关业务实现的利润限额和分配标准内，从当期费用中列支。但无论以何种方式参与利润分配，都应按章程或合同规定对经营者与其他职工的业绩进行严格考核，不符合要求的经营者与职工不能参与利润分配。要严格按国家规定控制经营者与职工参与分配的比例，防止收入差距过大，违反效率与公平相统一的原则。

（三）企业利润分配程序

1. 弥补企业亏损

《企业财务通则》规定，企业发生的年度亏损，可以用下一年度的税前利润弥补；下一年度利润不足弥补的，可以在五年内用所得税税前利润延续弥补；延续五年未弥补完的亏损，用缴纳所得税之后的利润弥补。由于现阶段，我国境内的所有企业都是面向市场从事商品生产和经营的实体，法律地位平等，都是商品生产经营者，应享受同等的权利和义务。而市场是千变万化的，任何企业都有获得盈利的机遇，也都有面临风险而出现亏损的

可能。当企业经营有盈利时，任何企业都应按税法规定履行向国家上交所得税的义务；当企业经营发生亏损时，国家也应予以扶持，帮助企业解决财务困难。因此，国家财政部门对企业亏损的弥补做了上述统一规定。企业财务部门应建立和完善会计账册簿籍，如实核算企业生产经营活动及其成果。当发生亏损时应及时申请，经财政部门审查属实，按规定实行以盈抵亏。

采用以后特定时期的利润弥补某年亏损的办法叫作后延弥补。后延弥补具有以下基本优点。

（1）较之于前抵弥补（即用前几年的盈利弥补，具体做法是由企业申请退税来弥补）而言，可以免除税务部门退税的困难。

（2）一切企业发生亏损均按统一政策进行补亏，有利于企业平等竞争。

（3）采取这种补亏办法可以使那些利润变动不均衡的企业避免发生税负过重的情况。

（4）采用这种补亏办法，既体现了国家对亏损企业的扶持，为企业扭亏创造了必要条件，又体现了对企业的鞭策。企业必须完善内部经营机制，通过加强内部管理，尽快扭亏为盈。否则，五年补亏期满，企业未抵补完的亏损额就转由企业税后利润抵补了。

2. 缴纳所得税

所得税是国家凭借政治权力参与企业收益分配的一种税种。它按年计征，分期预缴。企业应从全局利益出发，正确计算和缴纳所得税数额。其计算公式如下：

$$企业应纳所得税的数额 = 企业的应税所得额 \times 所得税税率$$

式中，所得税税率是由国家税法规定的，企业必须严格执行，不得随意改变。

正确计算应纳所得税数额的关键是正确计算应税所得额。应税所得额是根据国家税法规定，在企业实现利润总额的基础上增加或扣减有关收支项目得到的，其计算公式如下：

$$\frac{企业应税}{所得额} = 实现利润总额 + \frac{经批准增加}{的收入项目} - \frac{经批准减少的项目（如}{弥补以往年度亏损等）}$$

3. 分配税后利润

企业缴纳所得税后的利润一般应按下列顺序进行分配。

（1）支付被没收财物的损失和违反税法规定而支付的滞纳金和罚款。把这项支出作为税后利润分配的首要项目，是为了维护国家的法律权威，促使企业遵纪守法。企业在生产经营活动中要与各方面发生广泛的经济联系，对于这些经济关系，国家要运用法律手段进行组织管理。纳税由税法进行规范；企业与银行、其他企业、单位和个人的经济往来，应根据合同法的准则签订贷款合同、购销合同、投资协议书加以规范。税法和经济合同都有法律效力，具有强制性，任何企业都必须遵守，不得违反。如果违反税法，该缴纳的税款不缴纳，甚至偷税、漏税，除按税法规定补缴税款外，还要从滞纳之日起按照规定征收滞纳金。违反经济合同也是违法，如缔约的任何一方未履行合同或未完全履行合同，给对方造成经济损失，违约者应向对方支付违约金。如果因违约给对方造成的经济损失超过违约金时，违约方应向对方支付罚款，补偿违约金的不足部分。另外，行政、公安、司法、海关等部门为贯彻执行各种法律而制定的各种条例和制度也应认真遵守，企业在生产经营活动中违反了这些条例和制度，情节严重的要罚款或没收财物。

违约金、罚款和没收财物等具有赔偿性和惩罚性，是企业经营管理不善而形成的支出，不是生产经营活动中应该发生的费用，因而不能计入成本冲减当期损益。如果计入成本冲减当期损益，结果就使得企业因违法而罚没的惩罚性支出的一部分转嫁给国家负担。为了维护国家法纪，这种惩罚性支出必须由税后利润开支，以增强企业的法制观念。

（2）弥补以前年度亏损。如果企业的亏损额较大，用税前利润在五年的限制期内抵补不完，就转由企业的税后利润弥补，以保证企业简单再生产的正常进行，为扩大再生产创造条件。所以把弥补以前年度亏损作为税后利润分配的第二顺序。

（3）提取公积金。一般工商企业均应提取法定盈余公积金。现行制度规定，根据税后利润扣除前述两项分配数额后的余额的 10% 提取公积金，主要用于弥补企业亏损，补充投资者分得红利的不足，以及按规定转增资本金（在办理转增手续后，按投资者原投资比例增加原投资者的投资额）。但在补充投资者红利或转增资本金后，企业留存的法定盈余公积金不得低于企业注册资本的 25%。企业的法定盈余公积金达到注册资本的 50% 时可不再提取。

股份有限公司除提取建立法定盈余公积金外，还要在向普通股股东分利前按公司章程或董事会决议提取建立任意盈余公积金，并按董事会决定的用途分配使用，满足企业生产经营的需要。

（4）向投资者分配利润。向投资者分配利润是税后利润分配的最后一项，但这并不意味着向投资者分配利润不重要。投资者总是关心其投资收益率的高低，取得较高收益率是其投资的目的。投资者总是把每年年底能从企业税后利润中分得的份额作为衡量企业经营绩效的指标。如果一个企业过去税后利润的分配率一直较为稳定，而现在却有较大幅度的下降，这必然影响企业继续融通资金。所以当企业发生亏损、无利分配时，经企业管理当局决议，在保证法定盈余公积金的余额不低于企业注册资本的 25% 的条件下，可将法定盈余公积金的一部分分配给投资者，以维护企业的声誉。可见，向投资者分配税后利润是十分重要的。之所以把它放在分配顺序的最后，乃是因为生产是继续取得投资报酬的前提，如果不先保证简单再生产和扩大再生产的顺利进行，就不能继续取得或提高投资报酬。同时，也是为了使投资者的权益与责任相结合，在未弥补亏损和提取公积金之前，不得向投资者分配利润。

必须指出，在与经营者签订提取奖金或向经营者发放股票等协议的情况下，在向投资者分配利润之前，应按协议向经营者分配。

任何企业都必须正确处理向投资者分配利润的问题。就股份制企业而论，其税后利润在扣除滞纳金和罚款、弥补亏损、提取法定盈余公积金、提取公益金后的余额，应首先支付优先股股利。其次，按公司的章程或董事会决议，提取任意盈余公积金。最后向企业普通股股东支付股利。某些上市公司，每年有较多盈余仍不向股民分配股利，变着法子"圈钱"，这些公司最后将因失去诚信而被股民所抛弃。

第二节 利润预测与决策

一、利润指标体系

按现行制度规定，利润是企业销售收入扣除产品销售成本、期间费用与销售税金后的余额。它是企业一定时期的经营成果，是劳动者所创造的剩余产品价值的一部分。

企业利润指标包括绝对额指标和相对数指标两大类。

（一）绝对额指标

绝对额指标是指企业计划期实现的利润总额。企业利润总额包括营业利润、投资净收益以及营业外收支净额三部分。其中营业利润又是由商品销售利润加其他销售利润，再扣除管理费用和财务费用确定的。

商品销售利润为营业净收入扣除销售费用，再扣除销售税金和教育费附加后的余额。企业的投资净收益是企业取得的投资收益扣除投资损失后的数额。投资收益包括对外投资分得的利润、股利和债券利息、投资到期收回或者中途转让所取得的款项高于账面价值的差额，以及按照权益法核算的股权投资在被投资单位增加的净资产中所拥有的数额等。投资损失包括投资到期收回或者中途转让取得的款项低于账面价值的差额，以及按照权益法核算的股权投资在被投资单位减少的净资产中所分担的数额等。营业外收支净额，是指与企业生产经营无直接联系的各项收入与支出相抵的余额。收入大于支出时，企业利润增加，反之，支出大于收入时，企业利润减少。营业外收入包括固定资产盘盈和出售的净收益，罚款收入，因债权人原因确实无法支付的应付款项，教育费附加返还款等。营业外支出包括固定资产盘亏、报废、毁损和出售的净损失，非季节性和非修理期的停工损失，尚未与企业分离的职工子弟学校经费和技工学校经费，非常损失，公益救济性捐赠，赔偿金，违约金等。

除利润总额外，经济增加值是当前运用较多的利润绝对额指标，它是企业税后净营业利润减去资本成本后的余额，其计算公式见本书第十四章。

企业利润绝对额指标是企业一定时期生产经营活动的最终财务成果指标，是企业进行利润分配的依据。通过绝对额指标的分析，可以综合了解企业计划期利润总额指标完成情况，对于总结经验、改进工作、提高企业管理水平、完成利润计划、合理分配利润都是十分重要的。但是由于绝对额指标的大小，受企业的生产经营规模、设备技术装备的先进程度等生产条件的影响，因此，不同类型企业的利润额不能比较。就是相同行业，设备技术装备先进的大型企业与装备较差的中、小型企业的利润数额也不能比较。即使在同一企业，由于生产条件的客观变化，不同时期的利润总额也缺乏可比性。所以，除绝对额指标外，还必须采用相对数指标。

（二）相对数指标

相对数指标就是利润率指标。它是企业一定时期的利润额与营业（或销售）收入、成本费用、权益资本的数额等的比率，形成了企业的营业（或销售）利润率、成本费用利润率和权益资本利润率等指标。利润率指标是反映企业利润水平的指标，能准确地反映企业经济效益和经营管理工作的质量。不同时期和不同地区企业的利润率也可以进行比较。利润率高，说明企业经济效益好，经营管理水平高；利润率低，说明经济效益差，管理水平低。因此，使用利润率可以弥补绝对额指标的不足。

企业利润率多种多样，经常运用的有以下三种。

1. 销售利润率

销售利润率反映企业销售利润与销售净额之比，其计算公式如下：

$$销售利润率 = \frac{销售利润}{销售净额} \times 100\%$$

式中，销售净额是指企业销售收入或营业收入中扣除当期的扣除项目金额后的余额。扣除项目主要是指当期的销售折扣、销售折让、销货退回等。

一般说来，销售利润率越高越好。该指标越高，说明企业的获利能力越强。在排除价格因素后，销售利润率高，说明企业管理水平高，销售成本率低。

2. 成本费用利润率

它是企业的利润总额和成本费用总额之比，即

$$成本费用利润率 = \frac{利润总额}{成本费用总额} \times 100\%$$

成本费用利润率，反映企业每百元成本费用的获利比例。它表明企业生产经营过程中资金耗费的经济效益。成本费用和利润之间具有内在联系，成本费用越低，利润就越高，成本费用利润率就高；反之，成本费用利润率就低。成本费用利润率广泛用于工业企业综合性的利润预测和产品价格预测。

3. 权益资本利润率

权益资本利润率，表明每百元权益资本所实现的利润，反映企业权益资本运用的经济效益。权益资本利润率越高，企业经济效益越好；权益资本利润率越低，企业经济效益就越差。

在产品品种和价格一定的条件下，权益资本利润率的高低，既取决于产品的产量和销售量的多少，又取决于单位成本的高低和资金占用量的大小，以及权益资本周转速度的快慢。权益资本利润率与销售利润率和权益资本周转率之间关系如下列公式所示。

$$权益资本利润率 = 销售利润率 \times 权益资本周转率$$

销售利润率又与销售成本率成反比例关系。即销售额中成本所占的比重越高，则销售利润率就越低；反之，销售成本率越低，销售利润率就越高。

可见，权益资本利润率是综合反映能力很强的指标。通过该指标的计划和考核，可以促使企业采取各种措施，努力提高权益资本利润率，力求以较少的或同样的权益资本占用，提供更多的盈利，加速企业的成长。

此外，股份有限公司还可以采用以下一些指标：①净值报酬率，即利润总额与平均股东权益的比率。②市盈率，即股票价格与每股盈余的比率。③每股股利率，即股利总额与流通股股数的比值。这些指标将在本书第十二章讲述。

二、利润预测

利润预测是依据企业生产经营活动中有关因素变化情况，运用科学的方法进行研究和分析，对未来一定时期内的利润数额进行预计和测算，并寻求实现预计利润的各种措施方案。利润预测是确定目标利润、编制利润计划的基本依据。利润预测的重点是对企业利润总额的预测，其中的关键又是销售利润的预测。因为有了这两个指标，利润率预测也就迎刃而解。现按企业利润总额的组成内容，分述如下。

（一）销售利润的预测方法

销售利润的预测方法有以下几种。

1. 比例预测法

比例预测法就是根据历史上企业利润与有关经济指标（如销售收入、权益资本等）的比例关系来预测未来一定时期利润数额的一种方法。其计算公式如下：

$$产品销售利润预测值 = \frac{产品销售}{收入预计值} \times \frac{上年（或最近几年}{平均）的销售利润率}$$

在采用权益资本利润率时，其计算公式为

$$企业利润总额预测值 = 企业权益资本预计值 \times \frac{上年（或最近几年平均）}{的权益资本利润率}$$

式中，利润率随企业经营状况而定。如果未来时期企业的生产经营情况比较稳定，则可根据预期的销售收入或权益资本预测值、上年的销售利润率或上年的权益资本利润率计算未来时期的利润数额；如果企业生产经营状况不够稳定，致使各年利润率有高有低时，则应以前几期利润率的平均值作为预测的比率进行测算。

利润率平均值可按简单算术平均法或移动平均法求得。在用简单算术平均法计算平均利润率时可按下列公式计算：

$$预测的销售利润率 = \frac{以前各期的销售利润率}{期数} \times 100\%$$

或

$$预测的销售利润率 = \frac{以前各期的销售利润}{以前各期的销售收入} \times 100\%$$

还可以用移动平均法求得综合的平均利润率。

【例 11-1】 某企业 A、B、C 三种可比产品最近 6 年的销售利润率如表 11-1 所示。

表 11-1　某企业 A、B、C 三种可比产品最近 6 年的销售利润率表

项目	第 1 年	第 2 年	第 3 年	第 4 年	第 5 年	第 6 年
销售利润率（%）	16.5	19.85	19.65	21.96	22.43	23.5

该企业三种可比产品计划生产量合计为 1 600 台，应销比例为 95%，三种产品平均销售单价为 21 000 元，则该企业计划年度的销售利润预测值的测算程序如下。

（1）综合平均利润率的测算。由于上述统计资料呈阶梯形，宜按较短的间隔期求移动平均值。如按三年分段，则最近一段的算术平均值为

$$\frac{21.96\% + 22.43\% + 23.5\%}{3} = 22.63\%$$

根据阶梯条件下移动平均值的计算公式，即

$$\frac{预测的销售}{利润率} = \frac{最近一段算术}{平均销售利润率} + \frac{最后一期销售利润率 - 最初一期销售利润率}{期数}$$

则该企业计划年度综合平均销售利润率为

$$M_t = 22.63\% + \frac{23.5\% - 16.5\%}{6} \approx 23.8\%$$

（2）计划年度三种可比产品预计销售收入。企业计划年度可比产品销售收入预计数为

$$1\ 600 \times 95\% \times 21\ 000 = 31\ 920\ 000\ （元）$$

（3）计划年度可比产品销售利润的预测值为

$$31\ 920\ 000 \times 23.8\% = 7\ 596\ 960\ （元）$$

比例预测法不仅适用于可比产品利润预测，也可用于不可比产品的利润预测。但预测不可比产品利润时，利润率指标一般是用成本利润率，不用销售利润率。而且，该指标不是根据历史形成的比例关系确定的，而是根据不同的情况加以确定的：凡是不可比产品的生产技术、劳动生产率、原材料消耗与可比产品近似的，可按可比产品的成本利润率进行计算；凡是上述条件与可比产品相差很大时，则可按上年不可比产品的成本利润率进行计算；如果不可比产品是与用户协商定价出售的，则可按照协商确定的成本利润率进行计算。

承前例，企业生产的 D 种产品为不可比产品，产品生产计划成本为 715 790 元，应销比例为 95%，与客户协商定价时确定的成本利润率为 32.96%。则企业计划年度不可比产品预计利润为

$$715\ 790 \times 95\% \times 32.96\% = 224\ 128\ （元）$$

2. 本量利分析预测法

生产单一产品的企业，可用下列公式测算其利润数额：

$$\text{计划年度利润数额} = \text{计划销售量} \times [\text{单价} \times (1 - \text{销售税税率}) - \text{单位变动成本}] - \text{固定成本}$$

式中，销售税税率是按国家税法确定的。

[单价 × （1 - 销售税税率）- 单位变动成本]就是单位产品的创利额。当创利总额等于固定成本时，企业经营就处于盈亏平衡状态；当创利总额大于固定成本时，企业经营就获得利润；当创利总额小于固定成本时，企业经营就发生亏损。如前所述，固定成本由期间费用确定。

在企业生产多种产品时，首先应编好固定费用预算，并按销售额分摊到各种产品的成本中去；其次应依据消耗定额计算出各种产品的变动成本；最后按产品的成熟程度排列，依次计算出各种产品的创利额和盈亏情况。

【例 11-2】　某企业计划年度生产 A、B、C、D 四种产品，固定成本总额为 4 000 000 元，四种产品均属于缴纳销售税的范围，税率为 5%，四种产品的销售额和变动成本如表 11-2 所示。

表 11-2　产品销售额与变动成本表

单位：元

产品名称	销售额	变动成本	产品名称	销售额	变动成本
A	12 300 000	6 000 000	C	3 600 000	2 000 000
B	7 100 000	4 000 000	D	1 000 000	590 000

根据上述资料计算企业四种产品的利润预测值，如表 11-3 所示。

表 11-3 产品利润预测值表

单位：元

产品名称	销售额	税金	变动成本	创利额	固定成本	利润额
A	12 300 000	615 000	6 000 000	5 685 000	2 050 000	3 635 000
B	7 100 000	355 000	4 000 000	2 745 000	1 183 300	1 561 700
C	3 600 000	180 000	2 000 000	1 420 000	600 000	820 000
D	1 000 000	50 000	590 000	360 000	166 700	193 300
合计	24 000 000	1 200 000	12 590 000	10 210 000	4 000 000	6 210 000

3. 回归分析预测法

回归分析预测法是一种处理两个变量之间的线性关系的方法。它广泛运用于测算有内在联系的经济指标在未来一段时期的发展趋势和可能达到的水平。

【例 11-3】 某企业最近 11 年实现的销售利润如表 11-4 所示。

表 11-4 企业销售利润表

单位：元

年份（x）	实际销售利润（y）	年份（x）	实际销售利润（y）
10	1 600 000	4	3 900 000
9	2 000 000	3	3 800 000
8	2 300 000	2	4 800 000
7	2 500 000	1	5 400 000
6	2 800 000	0	5 700 000
5	3 500 000		

根据上述统计数据，编制企业各年度销售利润的回归计算表，如表 11-5 所示。

表 11-5 企业销售利润回归计算表

年份	样本顺序	x	y	$x \cdot y$	x^2
10	1	−5	1 600 000	−8 000 000	25
9	2	−4	2 000 000	−8 000 000	16
8	3	−3	2 300 000	−6 900 000	9
7	4	−2	2 500 000	−5 000 000	4
6	5	−1	2 800 000	−2 800 000	1
5	6	0	3 500 000	0	0

续表

年份	样本顺序	x	y	$x \cdot y$	x^2
4	7	1	3 900 000	3 900 000	1
3	8	2	3 800 000	7 600 000	4
2	9	3	4 800 000	14 400 000	9
1	10	4	5 400 000	21 600 000	16
0	11	5	5 700 000	28 500 000	25
合计		0	38 300 000	45 300 000	110

在表 11-5 中，为简化计算，x 的确定是以年份的中间数（本例中是第 5 年）为 0，以 1 为级差，5 年以上的年份取负数，5 年以下的年份取正数，如第 4 年为 1，第 6 年为 -1，依次排列。

由于 x 的合计数为 0，则

$$a = \frac{\sum y}{n} = \frac{38\ 300\ 000}{11} = 3\ 481\ 818.1$$

$$b = \frac{\sum x \cdot y}{\sum x^2} = \frac{45\ 300\ 000}{110} = 411\ 818.2$$

根据 a、b 的值，可得回归直线方程如下：

$$y = a + bx = 3\ 481\ 818.1 + 411\ 818.2x$$

据此方程可以计算出各年度利润的回归值。根据表 11-5 中的资料，x 为 6，如其他各项因素变化不大，则计划年度企业销售利润为

$$y = 3\ 481\ 818.2 + 411\ 818.2 \times 6 = 5\ 952\ 727.4（元）$$

4. 因素分析预测法

在企业产品品种较多或计划资料不齐全的条件下，就不可能用直接法计算企业计划期利润总额指标，而应根据影响利润的有关因素分析计算销售利润总额，再结合其他有关指标，最后计算企业利润总额。因素分析预测法的适用范围是可比产品和期初结存产品销售利润的测算。

影响计划年度可比产品销售利润增减变动的因素主要有以下几项：产品销售数量的变化；产品销售结构的变化；可比产品成本的变化；可比产品销售价格的变化；产品销售税税率的变化；产品质量等级的变化。

根据这些因素的变化情况，可以测算出计划年度可比产品销售利润，其测算的公式如下：

计划年度可　　基期可比　　产量变动　　成本变动　　销售产品结构　　产品价格变动
比产品销售 ＝ 产品销售 ± 对利润的 ± 对利润的 ± 变动对利润的 ± 对利润的影响
利润预测值　　利润　　影响数额　　影响数额　　影响数额　　数额

　　　　　　　销售税税率　　产品质量等级
　　　　　± 变动对利润 ± 变动对利润的
　　　　　　的影响数额　　影响数额

下面以某企业 A、B、C 三种可比产品为例，说明因素分析预测法的基本步骤。

（1）预计基年企业可比产品销售利润和利润率。预计基年企业可比产品销售利润和利润率是运用因素分析预测法预测可比产品销售利润的第一步，是预计计划年度可比产品销售利润和利润率的基础。在预计计划年度可比产品销售利润和利润率时，必须注意计算范围和各项因素的可比性。这就必须把计划年度不再生产的产品销售利润从基年企业全部利润中剔除出去，同时，如果基年曾经调整过产品的价格和税率，就应将该种产品的全部销售利润按调整后的价格和税率重新进行测算。基年可比产品销售利润的测算公式如下：

$$\begin{matrix} \text{基年可比产品} \\ \text{销售利润预计} \\ \text{数额} \end{matrix} = \begin{matrix} \text{基年 1—3 季度} \\ \text{实际销售利润} \end{matrix} + \begin{matrix} \text{基年第 4 季度} \\ \text{预计销售利润} \end{matrix} - \begin{matrix} \text{计划年度不再} \\ \text{生产的产品} \\ \text{销售利润} \end{matrix} \pm \begin{matrix} \text{价格和税率变动} \\ \text{对可比产品销售} \\ \text{利润的调整数} \end{matrix}$$

【例 11-4】　某企业计划年度继续生产 A、B、C 三种可比产品。根据核算资料查明基年 1—3 季度实际销售利润 4 000 000 元，第 4 季度预计销售利润为 1 600 000 元。计划年度不再生产的产品销售利润为 400 000 元。据此资料计算，企业基年 A、B、C 三种产品的预计销售利润数额为 5 200 000 元（4 000 000 + 1 600 000-400 000）。

在运用因素分析预测法预测计划年度可比产品销售利润时，一般是采用成本费用利润率。基年可比产品综合成本费用利润率的测算公式如下：

$$\begin{matrix} \text{基年可比产品综合} \\ \text{成本费用利润率} \end{matrix} = \frac{\begin{matrix} \text{基年 1—3 季度可比} \\ \text{产品实际销售利润} \end{matrix} + \begin{matrix} \text{基年第 4 季度} \\ \text{可比产品预计销售利润} \end{matrix}}{\begin{matrix} \text{基年 1—3 季度可比} \\ \text{产品实际成本费用} \end{matrix} + \begin{matrix} \text{基年第 4 季度可比} \\ \text{产品预计成本费用} \end{matrix}}$$

承前例，某企业 A、B、C 三种可比产品基年 1—3 季度实际成本费用 18 000 000 元，第 4 季度三种产品预计成本费用为 2 000 000 元。据此资料计算，该企业基年综合成本费用利润率为

$$\frac{5 200 000}{18 000 000 + 2 000 000} \times 100\% = 26\%$$

（2）测算计划年度可比产品生产和销售量变动对利润的影响数额。在其他因素不变时，产品销售数量的变化必然引起企业利润的变化。销售量增加，利润就增加；反之，销售量减少，利润就下降。因此，产品产量和销售量变化对可比产品销售利润的影响可按下列公式测算：

$$\begin{matrix} \text{计划年度可比产品} \\ \text{销售量变动对利润} \\ \text{的影响数额} \end{matrix} = \left(\begin{matrix} \text{按基年成本计算的计划年度} \\ \text{应销可比产品成本额} \end{matrix} - \begin{matrix} \text{基年可比产品} \\ \text{预计销售成本额} \end{matrix} \right) \times \begin{matrix} \text{基年可比产品} \\ \text{综合成本费用} \\ \text{利润率} \end{matrix}$$

$$\begin{matrix} \text{按基年成本计算的计划} \\ \text{年度应销可比产品成本额} \end{matrix} = \begin{matrix} \text{按基年成本计算的计划年} \\ \text{度生产的可比产品成本额} \end{matrix} \times \begin{matrix} \text{计划年度可比} \\ \text{产品应销比例} \end{matrix}$$

计划年度可比产品应销比例的计算公式如下：

$$\text{计划年度可比产品应销比例} = \frac{\sum (\text{可比产品销售数量} \times \text{单位产品计划成本费用})}{\sum (\text{可比产品生产数量} \times \text{单位产品计划成本费用})}$$

承前例，某企业 A、B、C 三种可比产品按基年成本计算的计划年度生产的可比产品成本总额为 23 156 430 元，三种可比产品销售量的成本总额为 21 998 600 元。则该企业

计划年度可比产品的应销比例为

$$\frac{21\ 998\ 600}{23\ 156\ 430} \times 100\% = 95\%$$

根据上面计算结果，就可测定企业计划年度由于产品销售量增大而增加的利润数额为

$$(23\ 156\ 430 \times 95\% - 20\ 000\ 000) \times 26\% = 519\ 638（元）$$

（3）预测计划年度可比产品销售品种结构变化对利润的影响数额。所谓可比产品销售品种结构，是指各种可比产品销售量在全部可比产品销售量中所占的百分比。上面在测算可比产品销售量增减变动对利润的影响数额时，是以基年各种可比产品综合成本费用利润率为依据，并假定两个年度各种产品销售比重完全相同。如果计划年度可比产品结构发生变化，如利润率高的产品的销售比重增大了，利润率低的产品销售比重降低了，则势必引起可比产品综合成本费用利润率提高，利润增大；反之，利润率低的产品多销售了，利润率高的产品少销售了，则必然会引起可比产品综合成本费用利润率下降，企业利润相应下降。

测算由于可比产品销售结构变动而对利润的影响数额时，首先，应计算计划年度销售产品结构变动后的可比产品综合平均成本费用利润率。其次，要计算出计划年度可比产品综合平均成本费用利润率与基年可比产品综合平均成本费用利润率之差。最后，再结合计划年度应销售可比产品成本总额，计算出由于可比产品销售品种结构变动而增加或减少的利润数额。其计算公式如下：

$$\begin{array}{l}\text{可比产品销售品种}\\\text{结构变动对利润的}\\\text{影响数额}\end{array} = \begin{array}{l}\text{计划年度应销}\\\text{可比产品的}\\\text{成本总额}\end{array} \times \left(\begin{array}{l}\text{计划年度可比产品}\\\text{综合平均成本费用率}\end{array} - \begin{array}{l}\text{基年可比产品综合}\\\text{平均成本费用率}\end{array}\right)$$

式中，计划年度可比产品综合平均成本费用率，是以各种可比产品成本费用率和各种产品在全部销售量中所占的比重为权数求加权平均值来计算的。其计算公式如下：

$$\begin{array}{l}\text{计划年度可比产品}\\\text{平均成本费用利润率}\end{array} = \Sigma\left(\begin{array}{l}\text{各种可比产品上年}\\\text{的成本费用利润率}\end{array} \times \begin{array}{l}\text{各种产品计划}\\\text{年度销售比重}\end{array}\right)$$

承例 11-4，某企业 A、B、C 三种可比产品基年的成本费用利润率、基年和计划年度的销售比重如表 11-6 所示。

表 11-6 产品结构与成本利润率变动表

单位：%

产品名称	基年成本利润率	基年平均成本费用利润率		计划年度平均成本费用利润率	
		销售比重	系数	销售比重	系数
	1	2	3 = 1×2	4	5 = 1×4
A	27	60	16.2	75	20.25
B	25	20	5	15	3.75
C	24	20	4.8	10	2.40
合计		100	26	100	26.40

根据表 11-6 测算，计划年度由于利润率较高的 A 产品销售比重提高，而利润率较低的 B、C 两种产品销售比重下降，因此，计划年度可比产品成本费用利润率比基年提高，因而增加的利润数额为

$$23\ 156\ 430 \times 95\% \times (26.4\% - 26\%) = 87\ 994.43 （元）$$

（4）测算由于计划年度可比产品成本费用变动对利润的影响数额。在产品价格和税率一定的情况下，产品成本费用和产品利润成反比例变化，成本费用增高，利润降低；反之，成本费用下降，利润随之增高。成本费用的升降额就是利润的减增数额。因此，可比产品成本费用变动对利润的影响数额可按下列公式测算：

$$\text{可比产品成本费用变动对利润的影响额} = \text{按基年成本费用计算的计划年度应销可比产品成本费用额} \times \text{计划年度可比产品成本费用变动率}$$

承前例，某企业可比产品成本费用较基年提高 4%。则该企业计划年度可比产品因成本费用上升而减少的利润数额为

$$23\ 156\ 430 \times 95\% \times 4\% = 879\ 944.34 （元）$$

（5）测算由于产品销售价格变动对利润的影响额。在产品成本一定的条件下，产品销售价格变动直接影响销售收入变动，并引起利润的变动。因此，测算价格变动对利润的影响数额公式如下：

$$\text{产品价格变动对利润的影响额} = \text{产品销售数量} \times \text{产品上年销售单位价格} \times \text{产品价格的变动率} \times \left(1 - \text{上年销售税税率}\right)$$

承前例，某企业 B 种可比产品计划年度预计销售量为 458 台，计划年度销售价格预计在原价格 21 000 元一台的基础上调高 3%，销售税税率为 5%。

据此资料计算，企业因产品价格调高而增加的利润数额为

$$458 \times 21\ 000 \times 3\% \times (1 - 5\%) = 274\ 113 （元）$$

（6）测算由于销售税税率变动对利润的影响数额。在其他因素不变时，销售税税率提高，利润减少；销售税税率降低，利润增加。销售税税率变动对利润影响额的测算公式如下：

$$\text{销售税税率变动对企业利润的影响额} = \text{变动的产品按计划单价计算的销售收入额} \times \left(\text{基年销售税税率} - \text{计划年度销售税税率}\right)$$

承例 11-4，某企业 A 产品计划单台价格为 22 500 元，计划销售量为 652 台，上年税率为 7%，计划年度下调到 5%。

据此资料计算，该企业因销售税税率降低而增加的利润数额为

$$652 \times 22\ 500 \times (7\% - 5\%) = 293\ 400 （元）$$

（7）测算产品质量等级变动对利润的影响数额。企业生产经营的产品按质量高低分为不同等级，不同等级的产品价格不同。一级品价格高于二级品，二级品价格又高于三级品。当产品质量等级与上年相比发生变动时，则该种产品的平均销售单价也将发生变化。在其他条件既定的情况下，企业生产销售利润也必将随之而发生增减变动。

测算产品质量变动对利润的影响数额的基本公式如下：

$$可比产品质量 \atop 等级变动对利润 \atop 的影响数额 = \sum \left[\left({计划期某种等级产品按基 \atop 期销售价格计算的平均售价} - {该产品基期各等 \atop 级品平均销售价格} \right) \times {计划期产品 \atop 销售数量} \right.$$

$$\left. \times \left(1 - {基期销 \atop 售税税率} \right) \right]$$

式中，等级品平均价格是以等级率为权数进行加权平均计算的，即

$${计划期某等级产品按基期销售 \atop 价格计算的平均销售价格} = \sum \left({各等级基期 \atop 销售价格} \times {计划期各 \atop 等级的比重} \right)$$

$${基期各等级品平均价格} = \sum \left({基期等级品各 \atop 等级的销售价格} \times {基期等级品 \atop 各等级的比重} \right)$$

假定前述某企业各种产品的质量等级没有变化，对利润数额没有影响。

综合以上各因素的测算结果就是企业计划期生产并销售可比产品的销售利润总额。

前述某企业计划期可比产品销售利润总额为

$$5\ 200\ 000 + 519\ 638 + 87\ 994.43 + 274\ 113 + 293\ 400 - 879\ 944.34$$
$$= 5\ 495\ 201.09（元）$$

由于企业一般是连续生产经营，因而必然存在上期期末未销售的商品转到计划期，成为期初结存商品。对于期初结存商品的销售利润也应予以正确预测。

期初结存商品在计划期全部销售，因而不受销售品种结构的影响；期初结存商品的单位成本是既定数，产品质量也是既定的。因此，期初结存商品的销售利润不受成本、产品质量和销售品种结构的影响。期初库存商品的销售利润只受价格和税率的影响，所以测算期初结存商品销售利润比较简单。首先，根据期初结存商品销售总成本与上年综合成本利润率，计算出期初结存商品的基础利润额；其次，计算出价格和税率变动对利润的影响额；最后，计算出期初结存商品销售利润额。这三个步骤可概括为下列公式：

$${期初结存商品 \atop 销售利润} = {期初结存商品 \atop 成本总额} \times {上年综合 \atop 成本利润率} \pm {因价格变动而 \atop 增减的利润} \pm {因税率变动而 \atop 增减的利润}$$

承例 11-4，某企业计划期期初各种结存商品的销售成本总额为 1 850 000 元。A 种产品期初结存量为 30 台，单价为 18 000 元；B 种产品期初结存量为 24 台，上年单价为 21 000 元，从计划年度开始时上调 3%；A 产品销售税税率由上年的 7% 下降为 5%，B 产品销售税税率为 5%。

据此资料计算，该企业期初结存商品的销售利润为

$$1\ 850\ 000 \times 26\% + 24 \times 21\ 000 \times 3\% \times (1 - 5\%) + 30 \times 18\ 000 \times (7\% - 5\%)$$
$$= 481\ 000 + 14\ 364 + 10\ 800 = 506\ 164（元）$$

如前所述，不可比产品利润的测算方法，一般是运用比例预测计算法进行计算，前面比例预测法已计算出 D 种产品销售利润为 224 128 元。

汇总上述可比产品、期初结存产品、不可比产品利润的测算结果，计划期企业销售利润总额为

$$5\ 495\ 201.09 + 506\ 164 + 224\ 128 = 6\ 225\ 493.09（元）$$

在计算出各种产品销售利润的基础上，再加减其他有关指标，就可以算出计划期企业利润总额，编好预计利润表。

运用因素分析法计算企业利润总额、编制预计利润表的最大优点是比较灵活。如果收集的信息资料齐全和准确，则计算结果就与直接计算法的计算结果基本相近。

5. 经验预测法

经验预测法是依靠企业有经验的领导人员凭经验直接进行预测的方法。这种预测方法不受数学模型的限制，根据企业经营及其变化趋势进行预测，预测结果有一定参考价值，又比较简便。所以在实际工作中，常常是把前述各种定量预测值让有经验的领导人员凭经验再测算一次，使预测值更加准确。

（二）对外投资收益预测

投资净收益是企业利润的重要组成内容。它是投资收益和投资损失相抵后的余额。作为预测来说，关键是预测对外投资收益，因为对外投资的目的就是取得收益。如果经预测，一项投资的收入不足以抵偿支出而发生损失，企业必然放弃这项投资。但实际投资结果是，有些投资项目由于各种原因可能要发生损失。对于损失的预测，只能以历史数据为依据，结合被投资单位的经营状况。所以这里主要对投资收益的预测方法加以说明。

1. 对外投资利润的预测

对外投资利润是指企业以现金、实物、无形资产向其他企业单位投资并进行紧密型的联营而从联合企业分得的利润。对于这部分可分得利润的预测，主要应按联营协议规定，由主体企业和各成员企业分别运用前述各种方法测算出各自的预计实现利润数。在此基础上，测算出联合体预计的可分配利润，其计算公式如下：

$$联合体预计可分配利润总额 = 联合体预计实现利润总额 + 各成员企业上缴利润总额 - 弥补以前年度亏损额 - 经批准的单项留利额 - 预计提取的共同发展基金$$

紧密型联合企业的可分配利润应在各成员企业之间按一定的方法进行分配，一般是按投资比例或按协议比例分配。

（1）按投资比例分配。按投资比例分配要先获得期初投资额、期末投资额或平均投资额数据，再进行计算。其计算公式如下：

$$某成员企业分得利润 = （期末或平均）的投资额 \times \frac{联合企业可分配利润额}{联合企业期初（期末或平均）的投资额总和}$$

如果联合企业先缴税后分利，则某成员企业的投资收益的计算公式如下：

$$某成员企业的投资收益 = 某成员企业应分得利润 \times （1 - 所得税税率）$$

【例 11-5】 某企业向联合企业投资 2 000 000 元，该联合企业共有四个成员企业，总投资额为 10 000 000 元，预计可分配利润为 2 500 000 元，假定所得税税率为 35%。则某企业预计投资收益额即税后利润为：

$$2\,000\,000 \times \frac{2\,500\,000}{10\,000\,000} \times （1 - 35\%） = 325\,000 （元）$$

（2）按协议比例分配。它是以各成员企业所提供的技术、人才、资源、商标、商誉等要素为依据，按联合协议规定比例分配联合企业可分配利润的一种方法。

在实际工作中，往往考虑各种生产要素在联合企业中的不同比例，采取几种方法结合，用以分配联合企业的可分配利润。

2. 有价证券投资收益的预测

有价证券主要包括债券和股票等。

（1）债券投资收益的预测。对于债券投资收益的预测取决于各债券的票面利率、市场利率和到期日等因素。其中票面利率一经确定，就不能改变，成为计算债券利息的依据。但票面利率与市场利率不是经常一致的，票面利率往往大于或小于市场利率，因而使债券市场价格高于或低于票面价值。债券市场价格与市场利率成反比例变动。当市场利率高于票面利率时，投资者愿把资金投放于更为有利的方面，而不愿购买债券，为了吸引投资者，发行者必须打折出售债券，以弥补债券持有人损失的利息收入；反之，当票面利率高于市场利率时，则应溢价发行，由债券发行企业预先扣回利息差额，否则，发行企业宁愿以较低的市场利率从其他渠道取得资金，不会以较高的票面利率发行债券。只有当票面利率与市场利率相同时，才按票面价值出售债券。可见，债券收益预测的核心是正确预计市场利率。

市场利率包括无风险的报酬率和风险补偿两部分，即：

$$k = i + \theta$$

式中，k——市场利率；

　　　i——无风险报酬率；

　　　θ——风险补偿。

无风险报酬率一般用国库券的利率来表示。因为国库券无收不回本金和利息的风险，而企业发行的债券却存在收不回本金和利息的风险，必须有风险补偿，才能吸引投资者。风险补偿的大小，视发行企业的不同而异。我们可以运用证券市场线求出其近似值。证券市场线就是表示风险和预期报酬之间一定关系的曲线，证券预期风险愈高，投资者要求的报酬率也必然高，其原理已在本书第二章讲述。

在测得债券市场利率的基础上，就可依下列公式计算债券的市场价格和债券利息收入了。

$$P = \frac{C}{1+k} + \frac{C}{(1+k)^2} + \frac{C}{(1+k)^3} + \cdots + \frac{C}{(1+k)^n} + \frac{x_0}{(1+k)^n}$$

式中，P——债券市场价格；

　　　C——每期支付的利息；

　　　x_0——票面价值；

　　　n——到期年数；

　　　k——必要报酬率，即到期的实际市场利率。

【例11-6】　某企业购买票面价值为 1 000 元，票面利率为 8%，到期日为 10 年的一张债券，该债券预期的市场利率为 9%，该债券的市场价格为

$$P = \frac{80}{1+9\%} + \frac{80}{(1+9\%)^2} + \cdots + \frac{80}{(1+9\%)^{10}} + \frac{1\,000}{(1+9\%)^{10}} = 935.44 \text{（元）}$$

该债券每年年底可取得的收入为

$$1\ 000 \times 8\% + \frac{1\ 000 - 935.44}{10} = 86.46\ (\text{元})$$

如果市场利率低于票面利率，则应溢价出售。如本例，如果市场利率为 7%，而不是 9%，这时债券的价格为

$$P = \frac{80}{1+7\%} + \frac{80}{(1+7\%)^2} + \frac{80}{(1+7\%)^3} + \cdots + \frac{80}{(1+7\%)^{10}} + \frac{1\ 000}{(1+7\%)^{10}} = 1\ 069.92\ (\text{元})$$

每年年底可获得的收入为

$$1\ 000 \times 8\% - \frac{1\ 069.92 - 1\ 000}{10} = 86.99\ (\text{元})$$

债券利息收入依法纳所得税后的余额，计入企业税后利润。

（2）股票投资收益预测。股票投资的收益主要来自两个方面：一是参加股份制企业税后利润的分配，取得分红收入；二是股票市价上扬而取得的价差收入。股票投资是一种风险性很大的投资，为确保股票投资能获得成功，取得投资效益，必须深入了解市场供需信息、上市公司的营运绩效信息、整个社会经济发展的信息资料，据此做出买进或卖出的决策，把握契机，确保获利。

反映股票收益率高低的指标，一般有以下两个。

① 本期股利收益率。它是反映以现行价格购买股票的预期收益的指标，其计算公式如下：

$$\text{本期股利收益率} = \frac{\text{年现金股利}}{\text{本期股票价格}} \times 100\%$$

② 持有期收益率。股票没有到期日，但投资者持有股票的时期有长有短。持有期收益率就是反映投资者在持有期内收益大小的指标。其计算公式如下：

$$\text{持有期收益率} = \frac{\text{出售价格} - \text{购买价格} + \text{股利}}{\text{购买价格}} \times 100\%$$

【例 11-7】 某企业在某年 6 月 30 日以每股 620 元的价格购买某公司的股票一张，当年 12 月 30 日以 680 元的价格卖出，在半年期内获得发行公司 30 元现金股利，则其持有期收益率为

$$\frac{680 - 620 + 30}{620} \times 100\% = 14.52\%$$

如果发行公司对股票实行拆股，则会出现股份增加或股价下跌情况，因此，拆股后的股票价格必须进行调整。拆股后每股持有期收益率可按下列公式计算：

$$\text{拆股后持有期收益率} = \frac{\text{调整后资本所得或损失} + \text{调整后的现金股利}}{\text{调整后的购买价格}} \times 100\%$$

【例 11-8】 某股份公司把每股市价为 2 000 元的普通股以 1∶2 拆股，某投资者原始投资为 2 000 元，即 1 股，拆股后，他拥有的股份由 1 股变为 2 股，这时每股价格就由 2 000 元变为 1 000 元。如拆股前股份公司派发的股利每股为 50 元，则拆股后每股持有期收益率可计算如下：

$$\frac{0+25}{1\ 000} \times 100\% = 2.5\%$$

在测定收益率的基础上，就可根据企业的投资额预测出企业股票投资的收益额，作为企业利润总额的构成内容。

（三）营业外收支净额的预测

企业的营业外收支是与企业生产经营无直接联系的各项收支。营业外收支项目多，又无固定规律。因此，只能以上年实际数为基础，结合计划年度的有关因素变动情况加以预测。

三、利润决策

利润决策是以利润预测为依据的。其目的是对预测的利润指标进行全面的审查和评价，以判定企业预测的利润指标是否先进、可靠，对预测的利润指标和实现利润的措施做必要的调整和补充，最后制定出企业的目标利润和实现目标利润的措施方案，为编制企业预计的利润表提供可靠的依据。

（一）利润决策的程序

1. 收集整理信息资料

利润决策和其他经营决策一样，离不开对企业面临的形势和环境的分析，因此，在决策前应广泛地收集各种信息资料，为有效决策提供条件。利润决策所需的基本信息资料包括企业对外签订的经济合同，近期和远期的发展规划，近期的利润表、资产负债表和现金流量表，市场供需情况的趋势，以及财政、税收、信贷政策的变动等方面的信息。只有全面掌握这些信息资料，才能全面深入地分析、研究企业经营的有利因素和不利因素，正确进行决策。

2. 审定决策目标和拟订可行性方案

审定决策目标是利润决策的核心。在审定目标时，要解决为什么要确定这一利润水平、这一目标水平与远期目标有何联系以及这一目标利润实现的可能性如何等问题。为此，必须反复研究利润预测过程中拟订的各种措施方案在技术上是否先进和可行，在经济上是否合理和有效，进一步探索和补充实现目标利润的措施方案。

3. 目标利润的实施和反馈

目标利润确定后，并不是决策过程的结束，还需把目标利润加以具体化，分解、落实到各部门、各单位，并不定期地对实施情况进行检查，分析研究决策的正确程度，如发现决策不够准确，应及时予以调整。

（二）目标利润的决策方法

1. 比较决策法

比较决策法，就是在初步预测的利润总额的基础上，计算出几种主要的利润率指标，将这些利润率与同行业的中位水平或平均先进水平进行比较，判明企业利润总额指标的先进程度的决策方法。如果企业的生产技术水平在同行业中处于中间水平，则企业的利润率指标应不低于同行业平均利润率；如果企业预测的利润率指标接近于同行业利润率的中位数，可视为先进和可靠，可不再对利润预测数进行调整。如果与同行业中位水平相距甚远，则必须做调整。如果企业的生产技术水平在同行业中处于先进水平，则应与同行业平均先进利润率或国外同类型企业的利润水平相比较，确定目标利润。

【例 11-9】　某企业利润总额为 6 800 000 元，其中销售利润为 6 225 493.11 元，营业利润为 6 085 493.11 元，投资净收益为 325 000 元，营业外收入大于支出的净额为 389 506.89 元，企业资本总额为 27 080 000 元。根据上述资料计算，企业资本利润率为 25.11% $\left(\dfrac{6\ 800\ 000}{27\ 080\ 000}\times 100\%\right)$，高于同行业平均资本利润率 24%，但与同行业平均水平十分接近。因此，可以按预测指标作为决策目标。

2. 综合平衡决策法

综合平衡决策法，就是根据企业营业收入、营业成本和利润之间的相互关系进行决策的一种决策方法。在实行目标管理的条件下，企业的营业利润、营业收入和营业成本均有预计数额，财务部门应会同供、产、销各部门共同研究企业的营业收入和营业成本能否保证预计利润的实现。如果发现三者之间不平衡，就应采取新的措施，调整企业的生产经营活动，进一步挖掘增产增销、降低成本的潜力。预计的利润数是根据企业经营目标确定的，可作为目标利润数额，而预计的营业收入和营业成本可作为保证目标利润实现的条件。预计的营业收入和营业成本一旦能保证实现目标利润，就成为企业的目标营业收入和目标营业成本，这时原预计的目标利润即可决定下来。如预计的营业收入与营业成本不能保证实现目标利润，则应寻求增加收入或降低成本的新途径，如无潜力可挖，则应适当调低原预计的目标利润，以求切实可行。

（三）实现目标利润措施方案的决策

在进行利润预测的过程中，已经拟订了各项增产节约措施。在决策过程中，企业的决策层在分析原定措施的基础上，可进一步提出实现目标利润的方案：增产增销，实现目标利润；实行技术革新，降低变动费用，实现目标利润；降低固定成本，实现目标利润；调整产品结构，实现目标利润等。

四、企业预计利润表的编制

企业预计利润表是反映计划年度企业利润（亏损）预计数额的计划表，即利润计划，是企业财务计划的重要组成内容。为了财务分析和考核方便，预计利润表的格式和指标体系应与企业利润表保持一致。

企业预计利润表中企业利润（亏损）总额可根据不同情况采用不同方法确定。

（一）在销售收入和利润预测与决策的基础上编制

求得用前述方法预计的销售收入、成本费用、销售税金、投资收益、营业外收入与支出的预测数并经过决策后，即可填制预计利润表。

（二）用直接计算法编制

对某些产品单一、各种计划资料齐全的企业，可用直接计算法编制预计利润表。直接计算法就是在编制企业销售计划的基础上，按各种产品的单价、税率、成本和费用水平分别把各种产品的销售利润计算出来加总，加上企业其他业务利润，减去管理费用、财务费用，就得出营业利润。企业营业利润再加投资收益和营业外收入，减营业外支出，其差额就是企业利润总额。

计划期销售的产品包括期初结存产品和本期生产本期销售的产品，而不包括期末结存产品，因此，本期销售产品的销售成本可按先进先出法计算。其计算公式如下：

$$销售成本总额 = \sum \left[\begin{matrix} 各种产品期初结 \\ 存产品销售成本 \end{matrix} + \left(\begin{matrix} 各种产品 \\ 计划产量 \end{matrix} - \begin{matrix} 各种产品 \\ 期末结存 \end{matrix} \right) \times \begin{matrix} 各种产品计划 \\ 单位销售成本 \end{matrix} \right]$$

为简化计算工作量，也可以用加权平均法先计算各种产品的平均单位销售成本，再结合各种产品的销量计算出各种产品的销售成本，各种产品的销售成本之和就是各种产品销售成本总额。其计算公式如下：

$$企业销售成本总额 = \sum （各种产品计划销售数量 \times 各种产品平均单位销售成本）$$

式中，各种产品平均单位销售成本可按下列公式计算：

$$各种产品平均单位销售成本 = \frac{期初结存产品成本 + 本期生产产品的成本}{期初结存产品数量 + 本期产品的生产量}$$

采用加权平均法计算销售产品的销售成本时，期初结存产品成本与计划年度产品销售成本差别较大，不能完全反映计划销售产品应负担的成本数额。因此，按先进先出法计算销售成本更好。

关于销售费用，应根据销售部门编制的销售费用预算进行计算。但为了计算各种产品应负担的销售费用，则应把直接由某种产品负担的销售费用和分摊计入某种产品的销售费用相加。分摊计入的销售费用主要是指共同发生的运输费、宣传广告费、专设销售机构经费等。分摊共同发生的销售费用时，计算公式如下：

$$分配率 = \frac{计划期销售费用总额 - 直接计入部分}{计划期各种产品销售收入总额}$$

$$某种产品的销售费用 = 某种产品销售收入 \times 分配率 + 直接计入的销售费用$$

税金及附加、管理费用、财务费用、投资收益等项目，可按计划数填列。

其他业务利润，是企业从事其他业务活动而获得的利润。由于其他业务活动比较零星，因而只能以上年其他业务销售利润率为基础，结合计划年度其他业务销售利润率的升降情况和计划年度其他销售收入计划数加以测算。其计算公式如下：

$$其他业务利润 = 其他销售收入计划数 \times \left(\begin{matrix} 上年其他业 \\ 务的利润率 \end{matrix} \pm \begin{matrix} 其他业务利润 \\ 率计划升降率 \end{matrix} \right)$$

营业外收支项目的计划，应严格按国家的有关规定行事，不得任意增列项目和更改开支标准。

上述直接计算法的适用条件是企业生产经营的品种较少、各种计划资料齐全。在这种条件下，可按产品品种逐项测算汇总，计算结果比较准确。

企业预计利润表的基本格式如表 11-7 所示。

表 11-7　预测利润表

编制单位：　　　　　　　　　　　　　　年　月　　　　　　　　　　　　　单位：元

项目	本期金额	上期金额
一、营业收入		
减：营业成本		
税金及附加		
销售费用		
管理费用		
财务费用		
研发费用		
资产减值损失		
加：其他收益		
投资收益（损失以"－"号填列）		
其中：对联营企业和合营企业的投资收益		
公允价值变动收益（损失以"－"号填列）		
二、营业利润（亏损以"－"号填列）		
加：营业外收入		
减：营业外支出		
三、利润总额（亏损总额以"－"号填列）		
减：所得税费用		
四、净利润（净亏损以"－"号填列）		
五、其他综合收益的税后净额		
六、综合收益总额		
七、每股收益：		
（一）基本每股收益		
（二）稀释每股收益		

第三节　利润实现与增长途径

一、利润目标管理责任制

企业利润是企业生产经营活动的最终成果，利润的实现与不断增长取决于企业经营者、各职能部门管理者与广大职工的共同努力。因此，财务部门应在集中管理的同时，在企业内部建立科学的利润分级管理责任制，依靠各部门和广大职工进行管理。

利润分级管理责任制，就是依据管理会计关于在企业内部划分投资中心、利润中心和成本中心的理论，按三大中心对利润目标的影响大小和可控程度，确定其应完成的利润分解指标，明确该中心责任大小，并按责任的大小赋予相应的财权，按履行责任的业绩给予相应的物质激励的一种制度。对未完成分解指标的责任单位，则进行必要的物质处罚。利润目标的分解，可参照杜邦分析指标体系进行分解。[①] 一般说来，对投资中心的责任单位，

① 郭复初. 财务调节与控制. 成都：西南财经大学出版社，1988：283.

应以该单位的投资利润率作为责任指标；对利润中心的责任单位，应按该单位的内部利润（按内部价格计算）作为责任指标；对成本中心的责任单位，应按该单位应控制的成本目标作为责任指标。各中心责任单位还应将所负责的指标按影响因素与责任人进一步分解落实到下属更小的责任单位与个人，形成层层分解落实和负责完成指标的责任制度。利润分级管理责任制建立后，应层层签订内部合约，以合约形式强化指标约束，维护合约各方的权益，保证利润总目标的实现。

二、实现利润目标的基本途径

从前面关于利润因素分析的论述可知，影响企业计划年度利润增减变动的主要因素有产品销售数量变化、产品销售结构变化、产品成本变化、产品销售价格变化、产品销售税税率变化和产品质量变化等几个主要方面。因此，实现利润目标的基本途径有：

（一）增加产品销售数量

当单价、单位成本、质量、结构和销售税税率为一定时，产品销售量增加必然带来利润总额的增加。产品销售量的增长要求销售部门准确预测市场需求，采取正确的市场营销策略；要求生产部门充分挖掘设备与人力的潜力；要求采购部门保证增产所需的原材料供应；要求其他有关部门紧密配合。

采取增加产品销售量的措施时，要注意国际国内市场变化与国家宏观调控的要求，不要盲目扩大生产规模，以免遭受不必要的损失。

（二）优化产品生产与销售结构

当单价、单位成本、产品销售税税率、质量为一定时，企业改变产品生产与销售结构，多生产价格较高或销售税税率较低的产品，少生产销售价格较低或税率较高的产品，会使利润总额增加。这就要求企业经营者与发展规划部门及时了解市场价格变化情况与预测价格变化趋势，要求财务部门做好税收筹划工作，要求有关部门密切配合，才能使产品结构调整及时、有效。

（三）控制产品成本

当单价、产品销售税税率、质量为一定时，成本是利润增长的决定性因素。对可比产品而言，降低产品成本能增加可比产品销售利润；对不可比产品而言，降低计划单位成本，能增加不可比产品销售利润。降低成本需要采购、生产、营销部门的通力合作，需要财务、人才资源管理部门和研究设计部门的通力配合和其他相关部门与广大职工一致努力。

（四）提高产品质量

优质优价是市场经济的重要法则之一，是增加利润的重要途径。提高产品质量关键是第一线的生产工人要有高度的责任心，同时质量管理人员要尽职尽责，在企业建立严格的质量管理责任制。

（五）实行销售税税率控制

目前虽然不少产品已实行价外税，但仍有部分产品征收销售税。销售税税率是由国家规定的，企业不可控。但是，税率在较长时间内相对稳定，不同产品销售税税率又有所差别，企业可通过税收筹划，使综合税负控制在较低水平，有利于利润增长。税收筹划是财务部门与相关部门的重要职责，下文将进一步介绍。

（六）加强新产品研究开发

按照产品生命周期理论，企业的主导产品走向衰退时，必须要有新的主导产品取代，才能保持企业利润的可持续增长。而新的主导产品的形成，有一个从研究开发到新品上市，逐渐为消费者接受和进入成熟期的过程。企业应预先进行研究开发，有多种新品储备，才能适应产品更新换代的需要。企业经营者要有远见卓识，不惜人力、物力与财力投入，搞好新产品的研究开发。

（七）增加对外投资收益

企业要通过产权市场与资本市场，增加对外实业投资与证券投资收益，但要注意风险防范。

上述实现利润目标的途径虽然是以工业企业为例论述，但对商业、金融业等提供服务的产业而言，仍具有普遍意义。因为服务也可视为产品，影响利润的因素和利润增长的途径仍具共性，只不过有其特点而已。

三、利润目标的考核

按照责权利相结合的原则与利润目标分级管理责任制的要求，必须对企业内部利润分管责任单位与个人进行利润目标考核。

利润目标考核，是考查责任单位与个人完成利润目标的情况。前已论及，利润目标的分解是参照杜邦分析指标体系，按投资中心、利润中心、成本中心分别确定的，所以利润考核指标与各责任单位及个人分管的责任指标是一致的。这里必须指出，利润目标考核要与物质惩罚挂钩，要明确规定考核的主体指标与辅助指标。主体指标完成应可得基本奖励，主体指标超额完成应规定获得超额奖励。超额奖励的幅度应按主体指标超额的多少事先加以确定，事后不可变动。辅助考核指标是完成主体指标后获得奖励的约束条件，可在主体指标完成后的得分基础上，视辅助指标完成情况适当加分或减分。主体指标可以是单一指标，也可以是多项指标。当主体指标为多项指标时，应为各指标的重要性确定相应权数与基本分数，然后按实际指标加权后计算实际得分，综合确定总分超额数，进行物质奖罚。

四、税收筹划

企业税收筹划是纳税人通过对涉及税收的事项进行合理安排，以达到绝对或相对降低税负，增加企业利润的行为。随着经济全球化和跨国公司的兴起，税收筹划（国际与国内）愈来愈成为增加企业利润的重要渠道，不少公司在内部专门设置进行税收筹划的机构或由专人负责。

（一）税收筹划的依据

在市场经济迅速发展和经济全球化的条件下，各国之间和一国内部各地区之间都存在着经济竞争。国家与地方政府为了加快经济发展，总是从税收上采取各种优惠政策，允许企业对某些财务与会计政策进行选择，鼓励资本、技术、产品和人才的流入，使自己在竞争中增强综合实力，不断取得胜利。国家与地方政府税收优惠政策的存在，为企业税收筹划提供了可能性。从企业方面看，为了保持利润的不断增长，会高度关注不同国家与不同地方政府的税收政策，研究税收优惠政策对本企业利润的影响，充分考虑享受税收优惠政策的可能性，不断调动企业的产品结构与技术结构，达到节税的要求，这是税收筹划的必要性。在税收筹划上，由于企业主观上有迫切要求，客观上又有现实可能，开展税收筹划具有必然性。

（二）税收筹划的主要内容

税收筹划必须落实到企业财务管理的各主要方面。在企业筹资中，由于不同筹资方案的税负轻重程度存在着差异，为筹资中的税收筹划提供了可能。这里主要是债务资本与权益资本的选择问题。按照税法规定，负债利息可进入财务费用而在计算营业利润之前扣除，从而享有抵税利益，但作为权益资本的股息支付，则只能在税后利润中分配，不享有抵税利益。企业在确定权益资本筹资与债务资本筹资时，必须对风险与节税做统筹考虑。权益资本筹资风险较小，但不能节税。负债资本筹资风险大，但有节税效益。正确的做法是筹资时确定二者的恰当比例，选择一种综合风险较小而节税利益较大的筹资方案。在企业投资中，主要考虑投资项目成功后生产的产品所负担税收有何差异，是否能享受税收减免、抵扣、返还等优惠政策。对外国政府或本国地方政府有税收优惠的投资项目，则应全面权衡投资风险与节税效益，选择最优的投资项目与投资地区。在企业日常营运中，主要考虑财务与会计政策选择对税收的影响，尽可能选择有利节税的财务与会计政策。例如加速折旧与直线折旧政策的选择，存货计价方式的选择等。在企业分配中，主要考虑股息与资本利得的税负差异和股利分配方式的税负差异，尽可能选择有利股东和企业、具有节税利益的分配方案。例如，现金股利要支付个人所得税，股票股利则暂不征税，企业股利分配应合理确定这两者之间的比例。

必须指出，税收筹划具有两面性，即有利有弊。采用节税方案可能增加财务风险，收益与风险并存。因此，在税收筹划工作中应权衡风险与收益，应采用节税方案，也应采用相应的风险防范措施，减小风险。

（三）税收筹划的主要环节

税收筹划作为财务管理的一项重要内容，包括税收筹划预测、决策、计划、控制、分析与评价等主要环节。

税收筹划预测，主要包括税收筹划项目的提出，项目节税效益的测算，项目财务风险的测算等内容。税收筹划决策，主要内容包括税收筹划项目节约效益与财务风险的比较研究与综合评价，项目的选择与措施的制定。税收筹划的计划，是将预测与决策的内容，以规划的形式加以反映，明确税收筹划项目，项目实施的责任单位与个人，项目实施的时间安排、步骤与程序、具体措施等。税收筹划的控制，包括项目负责单位与个人的节税目标、分阶段完成进度、实际差距与改进措施等。税收筹划的分析与评价，是在项目完成后对节税效益与风险控制进行分析，研究影响计划完成的因素，为下一步的税收筹划提供经验与教训。总之，应把税收筹划作为一个系统工程来进行科学管理。

第四节　股利理论与政策

股利分配作为企业收益分配的一个重要方面，无疑应服从收益分配目标，即体现企业价值最大化的要求，然而，有关股利分配是否影响企业价值问题，理论界存在着不同观点。一种观点认为股利分配政策的选择不影响企业价值，即股利无关论；另一种观点则是股利分配政策的选择会影响企业价值，即股利相关论。

一、股利无关论

股利无关论认为股利分配不影响企业价值，即股利政策与企业价值无关。该理论也称MM 理论，其主要代表人物是莫迪格利安尼和米勒。该理论首先提出若干基本假设，包括：①不存在任何发行费用和交易费用；②不存在任何个人和公司所得税；③股利政策对公司的资本成本没有影响；④公司资本投资决策独立于其股利政策；⑤投资者对股利收益和资本利得具有同样的偏好；⑥关于公司未来的投资机会，投资者与公司管理当局能获得相同的信息。在这些基本假设的基础上，无关论者证明了股利政策的选择不影响企业价值。即公司股票价值完全由其投资的获利能力和风险组合所决定，与股利政策无关，并且由于股东能够通过自制股利方式调整现金流量，因而他们对公司股利分配毫不在乎。

二、股利相关理论

MM 理论是基于一种简单而又完全的市场假设，如果现实环境符合上述假设，那么上述无关论的观点无疑是令人信服的。然而，在现实环境中，上述假设几乎均不成立，使得现实中的股利分配与企业价值具有相关性。有关股利相关论的理论观点很多，在此我们将其归为三大类：其一是高股利将增加企业价值；其二是低股利将增加企业价值；其三是股利分配对企业价值的影响具有不确定性。

（一）高股利将增加企业价值

持该类观点的人认为股利的高低决定着股票价值的高低。股利愈高，其股票价格也就愈高，表明企业价值愈大，反之则企业价值愈小。西方经济学者格雷厄姆和多德在 1951年出版的《证券分析：原理与技术》中认为："投资者所考虑的一贯思想，大多是希望支付大量的股利，而非支付少量的股利。股票投资者在对股票进行估价以期做出购买决策时，必然会对这种判断加以考虑。股票投资者在对普通股进行估价时，标准的做法是对利润中用以支付股利的那一部分利润乘以一个乘数，而对未分配的那部分利润乘以另一个较小的乘数。"支持这一观点的另一代表人物是高登，他在 1959 年发表的《股利、收益与股票价值》一文中认为，当前的股利收益是确定的，而留给公司形成的未来资本利得则具有不确定性。每位股东都是风险规避者，偏好于取得现金股利收入，所以股利支付比率高的股票价格常高于股利支付率低的股票价格。因此，股利比率与股价收益比率是正相关的。股利是投资者能及时把握的近期取得的收入，好比手中之鸟；未来的资本利得需要出售股票后才能实现，然而股票价格总是起伏不定的，如果股价下跌，资本利得就会受到损失，甚至一文不值，好比林中之鸟。此外，属于这类观点的还有信息传送理论。该理论认为，公司股东和管理人员对有关企业未来投资机会和经营状况等方面的信息掌握是不对称的，在这种情况下，股利的高低就成了股东及潜在投资者获取公司信息的一个途径。当公司提高股利支付率，意味着向股东和潜在投资者传递着公司稳定发展，前景良好的信息，从而会导致股价上升，反之，若公司降低股利支付率，表明公司在向市场传递着收益可能下降或前景不佳的信息，从而引起股利下跌。

（二）低股利将增加企业价值

该类观点多是从资本成本和现实税收差异两个方面来考虑的。从资本成本方面考虑，认为低股利意味着公司留存收益增加，对外筹资的规模将会减少。由于对外筹资费用高于留存收益成本，因此，当公司有资金需求时，减少股利分配和扩大收益留存能够降低资金的综合成本，而当其他因素确定时，资本成本降低，必然会使企业价值增加。从现实税收差异方面考虑，认为由于股利收益税与资本利得税在缴纳的数额或时间上存在着差异，具体说，由于现实的股利收益税一般高于资本利得税，且股利收益税在纳税时间上要先于资本利得税，因而低股利分配能够给股东带来税收好处，从而能增加股票价值。①

（三）股利分配对企业价值的影响具有不确定性

属于该类观点的主要有两种：一是股利分配对企业价值的影响取决于资本成本率与投资利润率的差异；二是股利分配对企业价值的影响取决于税收差异，包括公司所得税与个人所得税的差异以及股利收益税与资本利得税的差异两个方面。

值得一提的是，1970 年，西方财务学者艾尔腾和格兰伯克在放松了 MM 理论之税收假设和交易费用假设的基础上，根据不同税收等级和边际税率分析了股利分配对股东价值的影响。他们认为，股东的资本增值和股利收入是股东投资收益的两种完全不同的收入来源，前者作为资本利得被课征利得税，后者作为股利所得被课征所得税，通常后者的税率往往高于前者。由此可见，处于不同税收等级的股东在即期收益和远期收益之间将

---

① 在美国，1987 年以前，资本收益的实际税率只有红利收入税率的 40%。1987 年 1 月起，联邦税法废除了对资本收益的特殊待遇，使其与红利收入的税率相等。在我国，目前只对股利收入征税，而对资本所得暂不征税。但无论股利收益税与资本所得税在纳税水平上是否存在差异，在纳税时间上是有区别的，即股利收入是在股利支付时纳税，而资本利得可延迟到股票买卖时纳税。

会表现出偏好上的差异。对于边际税率较高的股东而言，他们希望支付较少的股利，以便能够降低纳税额和减少交易费用，并通过资本利得的实现来取得远期的投资收益；对于边际税率较低的股东而言，他们一般不会注重资本利得所带来的好处，并且大都持有偏好股利增长的态度，以期更多地获取即期的投资收益。因此，税收差异理论认为，公司应当根据股东的偏好和自己的投资政策来制定股利政策，而不必强求去寻找所谓的"统一规律"。

三、股利政策

（一）股利政策模式

在现行股利分配实务中，常用的股利政策模式主要有以下四种。

1. 剩余股利政策

剩余股利政策是为维护公司最佳资本结构而采用的政策模式。其基本要点是，当公司有着良好投资机会时，根据一定的目标资本结构（最佳资本结构），测算出投资所需权益资本，并将其先从盈余中留用，然后将剩余的盈余作为股利予以分配。按照这种股利政策进行操作时，主要有以下四个步骤：①确定目标资本结构，在此资本结构下，加权平均资本成本将达最低水平。②确立目标资本结构下投资所需的权益资本数额。③将投资所需的权益资本数额从盈余中扣除。④将扣除投资所需盈余后的剩余盈余作为股利向股东分配。

该种股利政策的优点在于，能使公司维持最佳资本结构，使综合资本成本最低。缺点在于，不利于股利的稳定支付，特别是在公司的投资需求在各个期间不稳定的情况下，可能导致股利的大幅度波动。

2. 固定股利或稳定增长股利政策

该种政策模式是为了维持稳定的股利支付而采用的一种政策模式。其基本要点是，将每年发放的股利固定在某一水平上，并在较长时期内保持不变，只有当公司认为未来的盈余会显著地、不可逆转地增长时，才提高年度的股利发放额。采用该政策模式的主要理由有以下三点：①稳定的股利向市场传递着公司正常发展的信息，有利于树立公司的良好形象，增强投资者对公司的信任，稳定股票价格。②稳定的股利政策有利于投资者安排股利的收入和支出，特别是那些对股利有着很强依赖性的股东尤为如此。③股利稳定的股票有利于机构投资者购买。因为，许多国家的政府机构为控制和防范机构投资风险，对属于社会保障、保险等方面的机构投资者的证券投资做了法律上的限制，在这种情况下，对于采用固定或稳定增长股利政策的企业，其股票无疑会首先受到机构投资者的青睐。

该种股利政策尽管有利于股利的稳定支付，但也存在着以下缺陷：①股利支付与企业盈余相脱节，使股利分配水平不能反映企业的绩效水平。②当企业盈余较低时仍要支付固定股利，这可能导致企业资金短缺，甚至陷入财务困境。

3. 固定股利支付率政策

该股利政策的基本要点是确定一个股利占盈余的比例，长期按该比例支付股利。在该股利政策下，各年股利额将随企业经营的好坏而上下波动，获利较多的年份，支付的股利额较多；反之，在获利较少的年份，则股利支付额较少。

主张该股利政策的主要理由是，它能体现股利与盈余的关系，即多盈多分、少盈少分、不盈不分，这就有利于公平地对待每一位股东。该股利政策的缺陷在于，当企业盈余在各个期间波动不定时，其支付的股利也将随之波动，这就不利于树立公司形象。

4. 低正常股利加额外股利政策

该股利政策的基本要点是，在一般情况下，企业每年只支付某一固定的、数额较低的股利，在盈余多的年份，再根据情况向股东发放额外股利。

主张该股利政策的主要理由在于：①能使企业具有较大的财务灵活性，即当公司盈余较少或因有较好的投资机会而需大量投资时，可维持较低的正常股利，股东不会因此而失望。而当公司盈余较多或无投资需求时，可适度增发股利，以增强投资者的持股或投资信心，提升股票价格。②能使那些对股利依赖性较强的股东有稳定的固定收入，从而吸引住这部分股东。

（二）选择股利政策应考虑的重要因素

影响企业股利政策选择的因素很多，概括起来主要有四个方面，即法律因素、企业因素、股东因素和其他因素。

1. 法律因素

法律因素也就是有关法律法规对股利分配的限制，综观国内外的相关法规，对股利分配的限制，主要有以下五个方面。

（1）资本保全限制。即规定企业不能用资本（包括股本和资本公积）发放股利。

（2）企业积累限制。即规定企业必须按净利润的一定比例提取盈余公积金。

（3）净利润限制。即规定企业年度累计净利润必须为正数时才能发放股利，以前年度亏损必须足额弥补。

（4）无偿债能力限制。即规定禁止缺乏偿债能力的企业支付现金股利。该项规定目前主要见于美国一些州的法律规范中，我国尚未将此纳入法律规范，而仅在借贷契约或协议的相关条款中有所涉及。这里的"无偿债能力"包括两种含义：一是企业负债总额超过了资产的公允价值总额；二是企业不能向债权人支付到期债务。

（5）超额累积利润限制。即规定当股利收益税高于资本利得税时，企业不得因税收考虑而超额累积利润。一旦企业的保留盈余超过法律许可的水平，将被加征额外税额。我国法律对公司累积利润尚未做出限制性规定。

2. 企业因素

企业因素也就是企业在经营及财务方面对股利分配的限制，体现在以下六个方面：

（1）盈余的稳定性。一般而言，盈余相对稳定的企业可支付相对较高的股利，而盈余不稳定的企业则宜采用低股利政策。因为对于盈余不稳定的企业来说，低股利政策不仅可以减少因盈余下降而造成的股利无法支付以及股价急剧下降的风险，而且还可将更多的盈余用于再投资，以提高企业的权益资产比重，减少财务风险。

（2）资产的流动性。企业资产的流动性决定着企业现金支付能力的强弱，因而是股利分配应考虑的重要因素。一般而言，若企业的资产流动性好，则其现金支付能力相对较强，现金股利的分配率也可相对较高；反之，若资产流动性差，则企业应控制现金股利的分配。

（3）举债能力。企业现金支付能力的强弱不仅取决于资产的流动性，还取决于企业的举债能力。对于具有较强举债能力的企业来说，由于能够及时地筹措所需资金，因而可采取相对宽松的股利政策；反之，若企业的举债能力弱，则为保持必要的支付能力，宜采用较紧的股利政策。

（4）投资机会。对于有着良好投资机会的企业来说，通常需要有强大的资金支持，因而应控制现金股利，将大部分盈余留成下来进行再投资；反之，对于缺乏良好投资机会的企业来说，为避免资金闲置，可支付较高的现金股利。一般而言，处于成长中的企业多采取低股利政策，而处于经营收缩中的企业多采取高股利政策。

（5）资本成本。与增发普通股相比，保留盈余不需花费筹资费用，其资本成本较低，是一种比较经济的筹资渠道。因此，从资本成本考虑，如果企业欲扩大规模，需要增加权益资本，不妨采取低股利政策。

（6）偿债需要。具有较高债务偿还需要的企业，可以通过举借新债、发行新股筹集偿债需要的资金，也可以用保留盈余以偿还债务。当企业举借新债的资本成本高或受其他限制而难以进入资本市场时，也应当减少现金股利的支付。

3. 股东因素

企业进行股利分配时应考虑的股东因素主要有以下几个。

（1）股东的税负。税负是影响股东财富的一项重要因素，因而也是企业在选择股利政策时应考虑的主要因素。这里的税负因素主要指股利收益税与资本利得税的差异，从理论上说，若股利收益税高于资本利得税，应控制股利分配；反之，则可扩大股利分配。此外，也还应考虑纳税方式对股东收益可能产生的影响。在我国，由于现金股利收入的税率是20%，而股票交易尚未征收资本利得税，因此，多留少派的股利政策可以给股东带来更多的资本利得收入，从而达到少纳所得税的目的。在国外，现金股利收入已纳入股东的个人收入范围，按累进递增的比率缴纳个人所得税。在这种情况下，如果一个企业拥有很大比例的富有股东，一般倾向于多留少派。反之，如果一个企业绝大部分股东属于低收入阶层，其所适用的个人所得税税率较低，甚至未达到征收个人所得税的起征点，这些股东就会更注重当期的现金股利收入，宁愿获得没有风险的当期股利，而不愿冒风险去获得以后的资本利得。这种情况在我国也存在。

（2）股东的投资机会。企业应本着股东财富最大化的原则。如果企业将留成盈利用于再投资所得报酬低于股东利用股利收入投资于其他机会所得的报酬，则企业应控制盈余留成，而适度扩大现金股利。在实际进行分配时，尽管企业难以对每位股东的投资机会及其投资报酬率进行评估，但至少应对风险相同的企业外部投资机会或获得的投资报酬率加以评估。如果评估显示，股东在企业外部有更好的投资机会，则企业应选择多支付现金股利、少留成盈利的股利政策。相反，如果企业的投资机会可以获得比其他外部投资机会更高的投资报酬率，则企业应选择低股利支付率的股利政策。

（3）股东的股权稀释。企业支付较高的现金股利，会导致留成盈余的减少，这又意味着将来发行新股的可能性增大。在股东拿不出更多的资金购买新股时，其所持股权必然受到稀释。如果股东对现有股利政策不满意，他们就会出售其所持股份，外部集团掌握企业控制权的可能性也就增大。

（4）股东的稳定收入。如果一个企业拥有很大比例的富有股东，这些股东多半不会依赖企业发放的现金股利维持生活，他们对定期支付现金股利的要求不会显得十分迫切。相反，如果一个企业绝大部分股东属于低收入阶层，他们生活来源的一部分甚至全部将来自现金股利收入，这部分股东将特别关注现金股利，特别是稳定的现金股利的发放。

4. 其他因素

影响股利政策的其他因素主要包括债务合同约束、政府对机构投资者的投资限制以及因通货膨胀带来的企业对重置实物资产的特殊考虑等。

（1）债务合同约束。企业的债务合同，特别是长期债务合同，往往有限制企业现金股利支付的条款，这使得企业只能采取低股利政策。

（2）政府对机构投资者的投资限制。机构投资者包括养老基金、储蓄银行、信托基金、保险企业和其他一些机构。政府对机构投资者所能进行的投资限制往往与股利，特别是稳定股利的支付有关。如果某一企业想更多地吸引机构投资者，一般应采用较高并且稳定的股利支付政策。

（3）企业对重置实物资产的考虑。在通货膨胀的情况下，企业固定资产折旧的购买力水平下降，会导致没有足够的资金重置固定资产。这时较多的留成盈余就会当作弥补固定资产折旧购买力水平下降的资金来源。因此，在通货膨胀时期，企业股利政策往往偏紧。

四、股票股利与股票分割

股票股利与股票分割的经济意义几乎完全一样，都是给公司现有股东增发额外的股票，唯一区别是它们在会计上的处理方式不同。为此，纽约股票交易所规定，当派发的股票数量不超过现在外部股份数量的 25% 时称为股票股利，超过 25% 则称为股票分割。

（一）股票股利

1. 股票股利的概念及特点

股票股利是企业以发放的股票作为股利的支付方式。相对于其他股利支付方式，股票股利具有以下特点。

（1）股票股利的发放只改变所有者权益各项目的结构，而不影响所有者权益总额。

【例 11-10】　M 公司在发放股票股利前的股东权益情况如表 11-8 所示。

表 11-8　发放股票股利前的股东权益情况表

单位：元

普通股（每股面值 1 元，1 000 000 股）	1 000 000
资本公积	1 000 000
留存收益	3 000 000
股东权益合计	5 000 000

假定该企业宣布发放 10%，即 100 000 股的股票股利，股票当前市价为每股 10 元，则股票股利发放后的股东权益情况如表 11-9 所示。

表 11-9　发放股票股利后的股东权益情况表

单位：元

普通股（每股面值1元，1 000 000 股）	1 100 000
资本公积	1 900 000
留存收益	2 000 000
股东权益合计	5 000 000

可见，企业发放股票股利的实质是股东权益各项目数额的重新分配，即将股票股利按股票市值从留存收益账户转移到普通股股本和资本公积账户中，实际上也就是将股票股利按市场价值予以资本化。

（2）从理论上讲，当企业的盈余总额以及股东的持股比例不变时，每位股东所持股票的市场总值保持不变。

【例 11-11】　上例中，假定 M 公司当年盈余为 880 000 元，某股东持有 50 000 股普通股，则发放股票股利对该股东的影响如表 11-10 所示。

表 11-10　发放股票股利对该股东股票价值影响情况表

单位：元

项目	发放股票股利前	发放股票股利后
每股收益（EPS）	$880\ 000 \div 1\ 000\ 000 = 0.88$	$880\ 000 \div 1\ 100\ 000 = 0.8$
每股市价	10	$10 \div (1 + 10\%) = 9.09$
持股比例	$50\ 000 \div 1\ 000\ 000 \times 100\% = 5\%$	$55\ 000 \div 1\ 100\ 000 \times 100\% = 5\%$
所持股总市值	$50\ 000 \times 10 = 500\ 000$	$55\ 000 \times 9.09 = 500\ 000$

可见，在企业盈余总额及股东持股比例一定的情况下，发放股票股利导致每股盈余（EPS）和每股市价下跌，但企业的股票总市值以及每位股东所持股票市值保持不变。

2. 对股票股利的评价

从企业分配的现实情况看，不仅现金股利与股票股利并存，而且相当多的企业和股东更青睐于股票股利政策或股票股利政策与现金股利政策的联合使用，原因是：股票股利无论是对股东还是对企业，均有诸多相对有利的方面。

（1）股票股利对股东的意义。

① 可以使股东获得股票价格相对上涨的收益。尽管从理论上分析，公司分发股票股利会导致股价等比例下跌，但事实上，由于分发股票股利通常意味着公司有良好的获利潜力和发展前景，因而其股价下跌的幅度相对有限，即股价下跌比例通常低于分发股票股利的比例，特别是在公司分发少量股票股利（如比例为 2%～3%）的情况下，股价变动无论在数额上还是在时间上均不会十分明显。这样，对股东来说就无疑能够享受价格相对上涨所带来的收益。例如，某投资者持有 M 公司股票 1 000 股，目前市价为每股 10 元，公司

按 10% 的比例分发股票股利，分发股票股利后股票市价下跌 5%，即每股 9.5 元，则该投资者所持股票每股价格相对上涨了 0.45 元（1 100×9.5÷1 000－10），因价格相对上涨所带来的收益为 450 元（0.45×1 000）。

② 可以使股东获得节税收益。在公司分发股票股利的情况下，若股东需要现金，则可将其分得的股票出售。一些国家（如我国）税法规定，对出售股票所获得的资本利得征收所得税的税率低于现金股利收益的税率。因此，股东通过出售股票取得现金流入相对于获得现金股利收入而言，能够节约所得税支付。

（2）股票股利对企业的意义。

① 有利于企业保留现金。股票股利作为一种分配方式，一方面具有与现金股利类似的市场效应，如向市场传递着公司发展良好的信息，从而稳定或提升股票价格，另一方面又能使企业保留现金用于再投资所需，从而有利于长期发展。

② 有利于增强企业股票的流动性。发放股票股利能够在一定程度上降低股票价格，从而有利于吸引更多的中小投资者，活跃企业股票的市场交易，增强股票的流动性和可变现性。

（3）股票股利的缺陷。分配股票股利有许多相对优势，但也有着不可忽视的缺陷。

① 由于发放股票股利的手续和程序相对复杂，因而其费用负担也相对较大。

② 分发股票股利尽管能够减少企业当前的现金支付，但可能加重企业以后的经营压力和财务负担。因为一方面，随着股票股利的发放，企业的股本总额不断扩大，企业的收益水平若没有相对提高，将会导致每股盈余下降，这无疑会损害企业的市场形象，引发股价下跌。另一方面，随着股本规模的扩大，当企业在某一时间需要分配现金股利时，其现金支付压力将会随之加大，甚至可能导致企业陷入财务困境。

（二）股票分割

股票分割是指将高面额股票拆换为低面额股票的行为，例如将 1 股面值为 2 元的股票拆换为 2 股面值为 1 元的股票。股票分割与股票股利的经济意义基本相同，不同之处主要在于会计处理方法。具体来说，股票股利需通过账务系统调减留存收益和调增股本与资本公积，股票分割则只需在报告系统中增加股份数量。由于会计处理方法不同，其对资产负债表的影响也就不同，股票股利没有改变所有者权益总额，但权益内部各项目的结构将会发生变化，股票分割则是既不改变权益总额，也不改变权益结构。

企业进行股票分割的意义在于：①通过股票分割，可以降低股票的每股价格，从而吸引更多的中小投资者，活跃企业股票的市场交易，增强企业股票的流动性。②由于股票分割也常见于成长中的企业，因此，企业进行股票分割往往被视为一种利好消息而影响其股票价格。这样，企业股东就能从股份数量和股票价格的双重变动中获得相对收益。

最后尚需强调，无论是股票股利还是股票分割，其对企业和股东的利益效应是建立在企业持续发展的基础之上的，如果发放股票股利或进行股票分割后并没有伴随着利润和现金股利的相应增长，那么，不仅因此产生的股价上涨是短暂的，甚至可能给企业带来无尽的后患。因此，要稳定发展中国资本市场，关键是不断提高上市公司的质量，保持公司利润的可持续增长，给股民以良好的回报。

本章小结

从财务学意义讲，利润是销售收入扣除成本费用后的余额；从经济学意义讲，利润是劳动者为社会所创造的剩余产品价值的货币表现。因此，利润是反映企业经营绩效的核心指标，是企业利益相关者进行利益分配的基础，是企业可持续发展的基本源泉。加强利润管理，搞好利润分配有重要政治与经济意义。利润分配必须遵循正确的原则，按国家制度规定的程序进行分配。

利润指标可分为绝对额指标与相对数指标，它们在利润管理中的作用各有不同。利润预测是加强利润管理的首要环节，必须用正确的方法去进行。对销售利润的预测方法主要有比例预测法、本量利分析预测法、回归分析预测法和因素分析预测法等。利润决策是利润管理的关键环节，目标利润的确定与增加利润措施的制定，为建立归口分管责任制、编制利润计划奠定了基础。

利润的实现有赖于建立责权利相结合的利润归口分级管理责任制。实现利润目标的基本途径主要有增加销量，优化结构，降低成本费用，提高质量，加强研究开发，搞好税收筹划等。

利润分配要以正确的股利分配理论为指导，制定和执行好企业股利分配政策。股利分配理论主要有股利无关论和股利相关论。股利政策主要有剩余股利政策、固定股利或稳定增长股利政策、固定股利支付率政策、低正常股利加额外股利政策等。进行股利政策的选择时应考虑多方面因素。

即测即评

请扫描右侧二维码，进行即测即评。

思考题

1. 试述利润的经济实质及其重要意义。

2. 利润分配应正确处理好哪些方面的关系？如何贯彻各种生产要素按贡献参与分配做到效率与公平相统一的原则？

3. 试述利润指标体系的构成内容及其在管理中的作用。

4. 试述正确确定利润目标的步骤与方法。

5. 企业应当如何正确建立利润管理责任制？

6. 试述企业实现利润目标的主要途径。

7. 试述股利分配理论的主要内容及其指导意义。

8. 试述股利政策的主要形式及其选择标准。

计算题

1. A 公司目前发行在外的普通股共 100 万股，净资产 200 万元，今年每股支付 1 元股利。预计未来 3 年的税后利润和需要追加的投资额如下：

年份	1	2	3
税后利润（万元）	200	250	200
追加投资额（万元）	100	500	200

假设公司目前没有借款并希望逐步增加负债的比重，但是资产负债率不能超过 30%。筹资时优先使用留存收益，其次是长期借款，必要时增发普通股。假设上表给出的税后利润可以涵盖增加借款的利息，并且不考虑所得税的影响。增发股份时，每股面值 1 元，预计发行价格每股 2 元，假设增发当年不需要支付股利，下一年开始发放股利。

假设维持目前的每股股利，计算各年需要增加的借款和股权资金。

2. 某公司年终利润分配前的股东权益项目资料如下：

股本——普通股（每股面值 2 元，200 万股）　　　400 万元

资本公积　　　　　　　　　　　　　　　　　　160 万元

未分配利润　　　　　　　　　　　　　　　　　840 万元

所有者权益合计　　　　　　　　　　　　　　1 400 万元

公司股票的每股现行市价为 35 元。

要求：

（1）计划按每 10 股送 1 股的方案发放股票股利并按发放股票股利后的股数派发每股现金股利 0.2 元，股票股利的金额按现行市价计算。计算完成这一方案后的股东权益各项目数额。

（2）如若按 1 股拆为 2 股的比例进行股票分割，计算股东权益各项目数额、普通股股数。

（3）假设利润分配不改变市净率（每股市价与每股净资产的比值），公司按每 10 股送 1 股的方案发放股票股利，股票股利按现行市价计算，并按新股数发放现金股利，且希望普通股市价达到每股 30 元，计算每股现金股利。

3. 公司准备发放 15% 的股票股利。股票股利发放前的权益构成情况如下：普通股 2 000 万元（1 000 万股 × 每股 2 元），资本公积 8 000 万元，留存收益 15 000 万元，股东权益合计 25 000 万元。公司股票的目前市价为 14 元。试计算发放股票股利后的权益构成。

4. A 公司本年实现税后净利润 2 000 万元，年初未分配利润为 250 万元，下年需增加投资资本 1 000 万元。目标资本结构为权益与负债之比为 5:5，公司发行在外的普通股为 1 000 万股。

要求：

（1）计算可供分配利润以及提取法定公积金的数额；

（2）计算本年应发股利，每股股利，每股收益和年末未分配利润；

（3）假设发放股票股利后盈利总额不变，市盈率不变，欲通过发放股票股利将股价维持在 16~18 元 / 股的理想范围之内，则股票股利发放率应为多少？

综合分析题

1. 某公司 2021 年度的税后利润为 1 000 万元，该年分配股利 500 万元，2023 年拟投资 1 000 万元引进一条生产线以扩大生产能力，该公司目标资本结构为自有资金占 80%，借入资金占 20%。该公司 2022 年度的税后利润为 1 200 万元。

要求：

（1）如果该公司执行的是固定股利政策，并保持资金结构不变，则 2023 年度该公司为引进生产线需要从外部筹集多少自有资金？

（2）如果该公司执行的是固定股利支付率政策，并保持资金结构不变，则 2023 年度该公司为引进生产线需要从外部筹集多少自有资金？

（3）如果该公司执行的是剩余股利政策，则 2022 年度公司可以发放多少现金股利？

2. 正保公司年终进行利润分配前的股东权益情况如下所示：（单位：万元）

股本（面值 3 元已发行 100 万股）	300
资本公积	300
未分配利润	600
股东权益合计	1 200

要求：

（1）如果公司宣布发放 10% 的股票股利，若当时该股票市价为 5 元，股票股利的金额按照当时的市价计算，并按发放股票股利后的股数发放现金股利每股 0.1 元。计算发放股利后的股东权益各项目的数额。

（2）如果按照 1 股换 3 股的比例进行股票分割，计算进行股票分割后股东权益各项目的数额。

3. 某公司 2022 年年终利润分配前的股东权益项目资料如下：股本——普通股（每股面值 2 元）1 000 万元，资本公积 4 000 万元，未分配利润 2 000 万元，所有者权益合计 7 000 万元，公司股票的每股现行市价为 14 元。

要求：

（1）如若按 1 股换 4 股的比例进行股票分割，计算股东权益各项目数额，普通股股数。

（2）假设利润分配不改变市净率，公司按每 10 股送 1 股的方案发放股票股利，并按新股数发放现金股利，且希望普通股市价达到每股 12 元，计算每股现金股利。

（3）假设 2022 年净利润为 500 万元，期初未分配利润为 1 500 万元，按规定，本年应该提取 10% 的公积金，计算最高可分配的每股股利额。

（4）假设 2022 年净利润为 500 万元，期初未分配利润为 1 500 万元，按规定，本年应该提取 10% 的公积金，2023 年预计需要增加投资资本 600 万元，目标资本结构为权益资本占 60%，债务资本占 40%，公司采用剩余股利政策，计算每股股利。

4. ABC 公司 2022 年全年实现净利润为 1 200 万元，经营现金流量净额为 600 万元，没有优先股，普通股股数没有变动，年末股东权益账户余额如下：股本（每股面值 2 元）1 000 万元；资本公积 2 000 万元；盈余公积 500 万元；未分配利润 1 500 万元；合计 5 000 万元。

要求：

（1）若公司决定发放 20% 的股票股利（按照市价折算），股票目前市价为 5 元 / 股，并按发放股票股利后的股数支付现金股利每股 0.1 元：

① 计算股利支付率，股利保障倍数，现金股利保障倍数；

② 计算发放股利后的股本，资本公积和留存收益；

③ 假设发放股票股利后净利润不变，市盈率不变，计算发放股票股利后每股收益；发放股票股利前，A 股东持有 1 200 股，计算发放股票股利前后的持股比例及其股票的市场价值。

（2）假设按照 2 股换成 1 股的比例进行股票合并，股票合并后净利润不变，市净率不变，计算合并后的每股面额，普通股股数，每股账面价值，每股收益和每股市价。

第十二章

财务评价

第一节 财务评价概述 ▮▮▮▮

财务评价是财务管理的重要环节，是企业价值管理的基础。通过财务评价，有助于信息使用者在对企业财务状况进行评价的基础上，对企业价值管理的主要影响因素及其变化趋势做出判断。企业在生产经营过程中，应依据会计准则等会计规范的要求编制财务报告，但财务报告主要通过分类的方法提供各种财务信息，缺乏一定的综合性，无法深入地揭示企业各方面的财务能力和一定时期内的发展变化趋势。因而，需要对主要财务信息做进一步的加工和处理，通过财务能力评价和财务综合评价，提高财务信息的可利用程度，从而更全面地反映企业的各种财务能力和发展趋势。

一、财务评价的基本含义

财务评价是以财务报告资料及其他相关资料为依据，采用一系列专门的分析技术和方法，对企业财务状况、经营成果和发展趋势进行分析与评价，以了解企业过去、评价企业现状、预测企业未来，为相关决策提供依据的财务管理工作。

（一）财务评价的主体是企业的各类利益相关者

企业的各类利益相关者大致可划分为现实利益主体、潜在利益主体和决策服务主体三类。其中，现实利益主体是指目前与企业存在经济利益关系的经济组织或个人，主要是企业股东、债权人及经营者等；潜在利益主体是指即将对企业实施投资行为的资本持有人；决策服务主体是指需利用对企业的财务评价，为企业各利益主体的投资决策提供决策信息支持的有关组织或个人，如投资研究与咨询机构等。需要说明的是，这里的决策服务主体不能排除在企业的利益主体范围之外。它们本身既可能是企业的现实利益主体，也可能是潜在利益主体，也就是说，决策服务主体与企业现实利益主体及潜在利益主体之间存在着交叉或重叠的关系。

（二）财务评价的依据是企业财务报告及相关信息

财务报告信息和财务相关信息，是财务评价的主要依据。其中，财务报告包括财务报表和报表附注两个部分。相关信息则是指非财务性质的，或受某些条件限制而在财务报告上无法披露的，对企业财务状况与经营业绩的现状及其变化趋势存在或将产生影响的各种信息。它具体又可分为企业内部信息和外部信息两个方面。需加说明的是，财务报告信息与相关信息并无明确的区分界限。事实上，财务报告信息中的许多内容反映的也是有关企业财务的因素，例如，报表附注中有关基本会计假设的说明，关联方关系及其交易的说明，企业规模及其变化的说明，以及会计政策及其变更的说明等均属于财务相关信息。财务报表的内容与格式由财政部门规定，不同时期内容与格式均有一定变化，本章只对财务报表分析所涉及的基本指标与方法原理进行讲述。

（三）财务评价的视角是多元的

从性质上看，财务评价的视角包括财务状况、经营业绩及各项财务能力（主要是偿债能力、盈利能力、营运能力和发展能力等）；从时间上看，财务评价的视角包括财务现状、财务趋势及财务前景；从与投资决策的相关性看，财务评价的视角则包括投资的预期收益与风险等。上述各项财务评价视角的内容之间也是相互交叉、相互重叠的。例如，无论是财务现状与前景的评价，还是预期收益与风险的评价，均需从财务状况、经营业绩及财务能力等方面分析，而财务状况、经营业绩及财务能力的每一个方面均需从现状、趋势、前景以及对预期收益与风险的影响等方面进行考察和评价。

（四）财务评价的目的在于为特定决策提供理性的财务信息支持

所谓理性的财务信息，是指能够反映企业财务各构成内容之间相互依存、相互制约的内在联系，能够揭示企业财务变化趋势和特征的财务分析与评判信息。财务报告所提供的财务信息与决策所需的财务信息之间存在一定的距离。作为对企业一定期间会计核算数据的分类汇总，财务报告能够说明企业在既定时点的财务状况和既定期间的经营业绩，也能通过报表附注部分说明这些财务状况和经营业绩的构成与成因。但财务报告的财务信息只是对企业财务现象的一种客观描述，具有外在性的特征，其给予财务信息使用者的也相应只能是一种有关企业财务现象的感性认识，是一种财务陈述性信息。在市场经济条件下，企业各利益主体的"特定决策"是一种以预期收益与风险为依据的理性决策。这种理性决策的前提在于获得对企业经营状况和财务状况的理性认识，即获得有关企业财务内在联系上的、规律性的认识，是一种财务评判性信息。这表明，作为决策所需要的财务信息应当是能够揭示企业财务的内在联系及其变化规律的、具有预测价值的"理性"信息。要使企业各利益主体能够正确决策，首先必须实现财务信息从"感性"到"理性"的转化，实现这种转化的主要手段就是财务评价。

二、财务评价的目的

财务评价的总目标是评价和判断企业的财务能力，而企业的财务能力主要是企业在经营过程中的营运能力、偿债能力、盈利能力和发展能力，所以，企业财务评价是以偿债能力、营运能力、盈利能力、发展能力四大能力评价为重心的。当然，不同的财务评价主体，由于特定决策目标不同，其审视财务信息的角度也不尽相同，因此财务评价的目的因财务评价主体的不同而有所差异。

（一）投资者

投资者拥有收益权与企业最终资产的剩余要求权，是企业最终风险的承担者。出于对自身经济利益的关心，投资者需要随时了解企业总体的经营状况，使资本得以保全与增值。因此，投资者进行财务评价侧重于分析企业的盈利能力和风险状况，以便据此评估企业价值或股票价值，从而进行有效的投资决策。企业价值是企业未来的预期收益以适当的折现率进行折现的现值。企业未来的预期收益取决于盈利能力，而折现率受风险大小的影响，风险越大，折现率应当越高。由此可见，投资者的财务评价内容更加全面，包括对企业的盈利能力、资产管理水平、财务风险、竞争能力、发展前景等方面的分析与评价。总体而言，投资者进行财务评价的目的是：通过了解企业的投资报酬率，正确判断企业在资本市场上的投资价值；了解企业未来的发展趋势，评价企业在激烈的市场竞争中可能具备的竞争优势或隐含的弊端，防范经营者或其他相关人员可能存在的会计舞弊和欺诈行为；合理评价公司经营与盈利的风险，评估公司的潜在成长性，以便最终决定自己的投资与进退策略等。

（二）债权人

债权人是提供资金给企业的团体或个人。债权人包括贷款银行、融资租赁出租人、企业债券持有人等，企业与债权人之间是债权资金的取得和本金及利息的偿还关系。一般来说，债权人不仅要求本金及时收回，而且要得到相应的报酬或收益，而收益的大小又与其承担的风险程度相适应，通常偿还期越长，风险越大。

由于债务期限长短不同，债权人进行财务评价所关注的重点也有所不同。对于短期信用而言，债权人主要关心企业当前的财务状况、短期资产的流动性以及资金周转状况。而长期信用的债权人侧重于分析企业未来的现金流量和评价企业未来的盈利能力。从持续经营的角度看，企业未来的盈利能力是确保企业在各种情况下有能力履行债务合同的基本保障。因此，盈利能力分析对于长期债权人来说非常重要。此外，无论是短期信用还是长期信用，债权人都重视对企业资本结构的分析。资本结构决定了企业的财务风险，从而影响债权人的债权安全性。因此，债权人进行财务评价的主要目的是：① 研究企业偿债能力的大小，分析对企业的借款或其他债权是否能及时、足额收回；② 将偿债能力分析与盈利能力分析相结合，评判债务人的收益状况与风险程度是否相适应。

（三）企业经营管理者

企业经营管理者是企业日常生产经营活动的决策者、组织者和管理者。财务评价是对企业自身财务经营状况的判断和评估，财务评价所需的资料大部分也是从企业内部取得的，因此，财务评价是具有企业经营权的企业各级管理人员的主要工作内容和任务。企业经营管理者通过财务评价，可达到如下基本目的：① 对企业财务能力做出综合评价，对企业经营管理各环节的工作业绩及协调程度做出正确考核，以落实经营管理责任，提高经营实力。② 通过对外部报表分析和内部报表分析的结合，对各项主要财务经营指标变动情况进行控制和检查，寻找影响指标变动的原因、成绩和问题。③ 通过财务评价，科学地规划未来，预测财务经营状况的变动趋势，提出合理的建议和措施，引导企业经营处于良性的循环状态。此外，通过对竞争对手的分析，掌握企业目前所处的外部环境及具备的竞争优势，有利于管理者审时度势，及时调整生产经营战略，进一步抓住机遇，进行科学合理的资本经营、规模扩张等决策。

（四）政府部门

政府部门主要包括工商管理部门、税收征管部门和业务指导与监管部门。政府部门一般要求全面地了解企业的财务状况和经营能力，便于掌握经济动态、社会就业和职工收入情况，考察企业遵守政府法规情况，维护市场秩序，保证国家税收。因此，政府部门进行财务评价的目的主要是：监督检查党和国家的各项经济政策、法规、制度在企业的执行情况；保证企业财务会计信息和财务评价报告的真实性、准确性，为宏观政策提供可靠依据。

三、财务评价的内容

资金是企业财产物资的货币表现，经营资金的循环与周转贯穿于企业生产经营过程的各个环节。因此，通过对资金在企业生产经营中的运行状况及结果的全面分析，基本上能达到财务评价的目标。企业经营资金的运行状态、运行结果和所表现出来的财务能力，主要是通过经营资金的增值性、流动性、安全性、成长性等多种特性体现出来的。

经营资金的增值性通过利润及经营成果表现，反映了企业的盈利能力。通过盈利能力评价，可以考察投入资金的获利程度。经营资金的流动性通过资产变现速度的快慢表现，反映企业的偿债能力。通过偿债能力评价，可以了解企业支付能力的大小，判断企业信用状况的好坏。经营资金的安全性通过资金的来源、分析、回收等过程表现，反映企业的营运能力。通过营运能力评价，可以判断企业生产经营的可靠程度，反映资金运转的稳定性。通过发展能力评价，可以研判企业的发展潜力，预测企业的经营前景。在财务评价中，经营资金的增值性、流动性、安全性、成长性等多种特性及所属指标，再加上外部投资者对企业的评价判断，形成了财务评价的基本体系。

（一）偿债能力评价

即使是盈利能力高的企业，如果只考虑发展速度而忽视企业偿债能力，一旦出现经济波动或突发事件，企业的应变能力就会削弱，甚至出现"盈利破产"的情况。即使利润表上有较高的利润，但如果企业将大部分盈利分配给投资者或沉淀于长期资产，也会出现利润大而现金不足的状况。所以，在评价盈利能力的同时还要兼顾偿债能力的评价。反之，保证足够的偿债能力，树立良好的信用形象，是企业借入资金的前提。只有借入资金的周转速度快，借款利率低于资金利润率，借入资金才是获取盈利的有效保证。

（二）盈利能力评价

从企业生存角度出发，财务评价的出发点应放在经营业绩基础上，盈利能力是企业经营业绩的直接体现。因此，企业财务评价的中心应当是盈利能力评价。通过盈利能力评价，一方面，可以根据利润等盈利指标的实现情况，从生产经营过程的各个环节寻找提高盈利能力的潜力。事实上，企业事前的损益平衡等利润规划分析、事中的成本差异处理等成本控制分析，都是为了预测和保证取得更高的盈利能力。另一方面，盈利能力的提高，会大大改善企业财务状况，促使偿债能力的改善。把提高盈利能力作为企业经营总体目标后，企业会从筹资、投资、周转等各方面开展有效工作，利润的增长在一定程度上会引起企业可用于偿债的资产增加，从而提高企业的偿债能力。另外，从投资者角度考察，企业盈利能力增强，会提高企业在市场中的竞争地位，使股票交易活跃。所以，盈利能力反映了企业的综合财务实力，是财务评价的中心。

（三）营运能力评价

利润产生于生产过程，实现于销售过程，生产是销售的基础。企业只有在生产中不断优化资产结构，加快资金周转，在经营中不断优化资本结构，提高资本利用效率，才能保证通过产品销售过程实现盈利。从偿债能力角度来看，也只有加快资产和资本的营运速度，才能保证收回所投入的现金，满足支付的需要。所以，营运能力是具体生产经营过程是否顺利的表现，是创造经营成果的基础，也是保证债务偿付的前提。

（四）发展能力评价

无论是企业的管理者还是投资者、债权人，都十分关注企业的发展能力，因为这关系到各利益相关者的长期利益。发展能力评价往往通过分析企业连续若干期的会计信息和财务指标来进行。通过对企业发展能力进行评价，可以判断企业的发展潜力，预测企业的经营前景，从而为企业管理者和投资者进行经营决策和投资决策提供重要依据。

（五）财务综合评价

财务综合评价是指全面分析和评价企业各方面的财务状况，运用财务综合评价方法将反映企业营运能力、偿债能力、盈利能力和发展能力等各方面的财务指标纳入一个有机的整体之中，对企业风险、收益、成本和现金流量等进行分析和判断，为提高企业财务管理水平、改善经营业绩提供信息。

四、财务评价的基本原则

财务评价的基本原则应由信息质量标准和信息处理基本规则两大方面组成。信息质量标准体现了财务评价的信息使用者对财务评价信息的质量要求。作为衡量评价信息有用程度的标准，它主要解决"什么是有用的财务评价信息"的问题，是财务评价目标的表现形式；信息处理基本规则是为保证财务评价目标实现，在生成财务评价信息时应遵循的一般规范，主要应解决"如何提供有用的财务评价信息"的问题，对财务评价人员选择财务评价方法具有普遍指导意义。

（一）财务评价的信息质量标准

1. 相关性

相关性原则指财务评价信息必须与经济决策相关，以避免信息使用者的决策失误。它具体指：① 可预测性。财务评价信息必须能起到预测未来的作用。② 反馈性。财务评价信息必须能反映企业整体及各部门、各环节的经营绩效。③ 及时性。不及时的信息可能错误影响经济决策。

2. 可靠性

可靠性原则指财务评价信息能被信赖。它具体包括两层含义：① 客观性。财务评价信息应能与已经发生或正在发生的经济事实保持一致，能如实反映企业的财务状况与经营成果。② 精确性。这是指财务评价人员所测算数据的允许误差程度。如果真实性不强、精确程度低，可靠性就不容易达到。

3. 可比性

可比性原则包括两个方面：① 行业可比性，即评价结果应能在同行业不同企业之间进行比较。这种可比性要求对企业进行财务评价时，应尽可能采用行业通用的评价指标和评价方法；对于行业财务制度或有关法规已做规定的指标和计算方法，评价人员应共同遵守；对于财务制度或有关法规未做规定的，应遵循行业惯例，没有行业惯例的，应在评价报告中注明评价办法。② 期间可比性，即评价结果应能在同一企业的不同期间进行比较。这就要求对企业财务进行评价时，应保持评价指标与评价方法在不同期间的稳定性与一致性，对于因财务会计政策变更所产生的差异，应在评价中进行必要的调整；不能调整的，应在评价报告中予以说明。

4. 可理解性

可理解性原则主要指财务评价主体出具的评价报告应能为信息使用者所理解。实现这一原则有赖于：① 评价指标选择的常规性，即评价时应尽可能选用所熟悉的常规指标，避免指标设置上的"标新立异"。对于必须使用的非常规指标，则应在评价报告中对该指标的意义、计算方法等予以说明，以免各决策主体费解或误解。② 报告陈述的通俗性，即评价报告的陈述语言尽可能大众化，评价结论应尽量简明易懂，尽量为众多非专业人士所接受，对于必须使用的专业术语，也应在评价报告中就该术语的内涵与外延做出合理解释。

（二）财务评价的信息处理基本规则

1. 一致性

一致性原则指对同一企业不同时期要尽量依据相同的概念、采用相同的指标、使用相同的方法和程序来处理信息，在对不同企业进行比较分析时也应尽量保持一致性。强调一致性，能尽量避免分析技术本身变动对分析结果的影响，使评价结果更客观、可靠和可接受。

2. 适应性

适应性原则指所提供的财务评价信息对使用者决策过程的满足程度和协调程度。该原则要求财务评价具有灵活性，财务评价人员应可以同时加工出几种不同类型的而不仅仅是单一类型的财务评价信息。同时，还需使用与决策过程相协调的数据处理程序，使财务评价信息能适应各方面决策层次的不同要求。适应性原则是相关性原则的具体要求，但它与一致性原则存在一定矛盾。

3. 系统性

系统性原则要求财务评价方法、程序、指标能相互配合，形成一个较完整的体系。它具体指：① 综合性，即应把评价对象看成一个有机整体，全面评价与重点评价相结合，在重点评价时力求全面性；② 经济性，即应尽量减少数据的数量和重复处理过程，降低信息加工成本。

4. 稳健性

由于财务评价信息应保持与决策的相关性，而决策大多与不确定的未来有关，为避免决策者决策失误，在财务评价提供信息时，应尽量保持谨慎、稳健的态度，不高估经营业绩，不低估风险和可能的损失，以增强信息的可靠性。

五、财务评价的基本方法

财务评价方法是完成财务评价目标的手段和方式，财务评价应当全面评价与重点评价相结合，定量分析与定性分析相结合，以达到系统、全面、客观地反映并评断企业财务状况和经营业绩的目的。在整个财务评价方法体系中，比较分析法、趋势分析法、因素分析法和比率分析法是最常用的评价方法。

（一）比较分析法

比较分析法是指通过比较主要项目或指标数值，找出差异，以分析和判断企业经营及财务状况的一种方法。比较分析法的主要作用在于揭示客观存在的差异，通过比较分析，可以发现差距，找出产生差距的原因，进一步判定企业的财务状况和经营成果；通过比较分析，可以确定企业生产经营活动的收益性和企业资金投向的安全性，分析企业是否健康发展。比较分析法有绝对比较分析和相对比较分析两种形式。

1. 绝对比较分析

绝对比较分析方法是将各报表项目的绝对数额与比较对象的绝对数额进行比较，以揭示其数量差异。绝对比较分析一般是通过编制比较财务报表来完成的，包括编制比较资产负债表、比较利润表和比较现金流量表等。在比较分析中，用以比较的数值叫基数，它是比较的依据和标准；被比较的数值叫比较数。将指标数值进行绝对数比较，主要揭示指标数值的变化数量，直观地判断指标变动规模的大小。假定某一经济指标为 K，其基数为 K_0，比较数为 K_1，则绝对差异也就是指标的增减额为：

$$绝对差异 = 比较数 - 基准数 = K_1 - K_0$$

2. 相对比较分析

相对比较分析法是利用财务报表中有相关关系的数据的相对数进行比较，如将绝对数换算成百分比、结构比重、比率等进行对比。因此，相对差异也就是指标的增减率。

$$相对差异 = \frac{绝对差异}{基准数} \times 100\%$$

$$= \frac{K_1 - K_0}{K_0} \times 100\%$$

一般来说，绝对比较只通过差异数说明差异金额，但没有表明变动程度，而相对比较则可以进一步说明变动程度。在实际工作中，绝对比较和相对比较可以同时使用，以便通过比较做出更充分的判断和更准确的评价。

（二）趋势分析法

把反映某种经济现象发展变化的一系列指标数值，按时间先后顺序排列而成的数列叫时间动态数列。趋势分析法是将不同时期同一指标的数值进行对比，以确定时间动态数列增减变动趋势的分析方法。由于企业的生产经营活动始终处于不断运动发展变化之中，利用趋势分析能从动态上考察指标的发展特征和变化规律，得出上升、下降或稳定不变等结论，从而考察企业管理水平，据以对企业未来变动方向做出预测。

在进行趋势分析时，确定好基期是首要问题。分析实务中一般有两种选择：一种是以某一选定时期为基期，即固定基期，以后各期数值均以该期数值作为共同基期数值进行比较，这种比较说明了各期累积变化情况，称为定比；另一种是以相邻上期为基期，即移动基期，各期数值分别与前期数值比较，基期不固定而且顺次移动，这种比较说明了各期逐期变化情况，称为环比。趋势分析的具体比较指标包括增长量指标和发展速度指标两大类。

1. 增长量指标

增长量指标反映某项经济指标在一定时期增长或减少的绝对数额。它主要是比较期数值与基期数值的绝对差异。由于作为比较标准的时期不同，增长量指标分为逐期增长量（即以相邻上期作为移动基期）和累积增长量（即以第一期作为固定基期）。设 K_1，K_2，$\cdots$，K_n 为指标 K 在各个时期的数值，下标 1，2，$\cdots$，n 为各期期数，则

$$逐期增长量 = K_n - K_{n-1}$$
$$累积增长量 = K_n - K_1$$

2. 发展速度指标

发展速度指标表明某种经济指标在一定时间内的发展速度。它是全部时间动态数列中各个比较期数值与基期数值的相对比率或相对差异。同样，由于作为比较标准的时期不同，发展速度指标分为定基发展速度和环比发展速度两种。定基发展速度是各比较期数值与固定基期数值之比，一般用以分析发展情况；环比发展速度是连续地用比较期数值与相邻上期数值比较得出的相对比率，用以分析各期之间的发展变动情况。计算公式为：

$$定基发展速度 = \frac{K_n}{K_1} \times 100\%$$

$$环比发展速度 = \frac{K_n}{K_{n-1}} \times 100\%$$

定基发展速度与环比发展速度的主要区别是两者选定的基期不同，但从长期来看，两者是相互联系的，即最后一期的定基发展速度（即全时间动态数列中的总定基发展速度）等于各环比发展速度的连乘积。

另外，由于各个时期经济活动的发展变化不是绝对平衡的，在各个时期中总量有快有慢，为了反映总时期内发展变化的一般水平，需要计算平均发展速度。平均发展速度是环比发展速度的平均值，也就是最后一期定基发展速度的平均值，这种平均值一般用几何平均数表达，即

$$平均发展速度=\sqrt[n-1]{\frac{K_2}{K_1}\times\frac{K_3}{K_2}\times\frac{K_4}{K_3}\times\cdots\times\frac{K_n}{K_{n-1}}}$$

在实际评价中，有时用增长速度（增长率）来反映，增长速度与发展速度的关系是：

$$增长速度=发展速度-1$$

【例 12-1】 已知 A 公司 20×1 年内各季度所实现的利润额，则可计算出各季度利润的增长量、发展速度、增长速度，如表 12-1 所示。

表 12-1　A 公司 20×1 年各季度利润变化趋势分析

指标	第一季度	第二季度	第三季度	第四季度
利润额（万元）	45	88	67	115
1. 增长量（万元） 累积增长量 逐期增长量	— —	+43 +43	+22 −21	+70 +48
2. 发展速度（%） 定基 环比	100 100	195.56 195.56	148.89 76.14	255.56 171.64
3. 增长速度（%） 定基 环比	— —	+95.56 +95.56	+48.89 −23.86	+155.56 +71.64

从表 12-1 的分析数据可知，A 公司 20×1 年各季度的利润无论从变动规模还是发展速度来看都是增长的，总的发展趋势在上升。但逐季环比分析表明，第三季度有所下降，影响了全年上升趋势的幅度。全年平均发展趋势为：

$$平均发展速度=\sqrt[3]{195.56\%\times76.14\%\times171.64\%}$$
$$=\sqrt[3]{255.56\%}=136.72\%$$
$$平均增长速度=136.72\%-1=36.72\%$$

（三）因素分析法

因素分析法是指为深入分析某一指标，而将该指标按构成因素进行分解，分别测定各因素变动对该项指标影响程度的一种分析方法。采用比较分析法对不同时间和空间的财务指标进行比较，可以找出指标数值的差异，描述财务经营的状况，提出所应分析的问题。但比较分析法不能测定指标数值变动的原因，这就需要采用因素分析法。因素分析法是用以分析测算指标受哪些因素的影响，各因素对总体指标的影响程度和方向的分析方法。其作用在于揭示指标差异的成因，以便更深入、全面地理解和认识企业的财务状况及经营情况。因素分析法主要包括因素替代法和因素分摊法两大类型，较常使用的是因素替代法，

本节着重介绍因素替代法。

因素替代法也称连锁替代法。其基本原理是：总体指标受各种有相互依存关系的连锁因素的相互影响。首先，把总指标分解为各项有次序性的连锁因素；然后，顺次地把其中一个因素视为可变，其他因素暂时视为不变，依次逐项进行替代，每一次替代在上一次基础上进行；最后，将每一次替代后的结果反向两两相减，测算出各项因素变动对总体指标的影响程度和影响方向。

假定某个指标 K 受三个连锁因素 a、b、c 的影响，三个连锁因素的依次关系为 $K = a \times b \times c$，则

$$基期指标：K_0 = a_0 \times b_0 \times c_0$$
$$实际指标：K_1 = a_1 \times b_1 \times c_1$$

第一步，确定分析对象。对总体指标的因素分析，一般是分析该指标用比较分析法所计算出的绝对差异，即分析对象为

$$\Delta K = K_1 - K_0$$

第二步，进行因素替代。假定影响指标的因素是依次变动的，当某个因素由基期数值变为实际数值时，就会引起指标数值的变动，则

$$基期数值：a_0 \times b_0 \times c_0 = K_0$$
$$替代 a 因素：a_1 \times b_0 \times c_0 = K_a$$
$$替代 b 因素：a_1 \times b_1 \times c_0 = K_b$$
$$替代 c 因素：a_1 \times b_1 \times c_1 = K_c$$

第三步，测算各因素的影响。各因素变化后总体指标的数值与因素变化前总体指标的数值的差额，就是该因素变动对总指标的影响。则：

$$a 因素的影响 = K_a - K_0 = (a_1 - a_0) \times b_0 \times c_0$$
$$b 因素的影响 = K_b - K_a = a_1 \times (b_1 - b_0) \times c_0$$
$$c 因素的影响 = K_c - K_b = a_1 \times b_1 \times (c_1 - c_0)$$
$$因素影响的汇总 = K_c - K_0 = K_1 - K_0 = \Delta K$$

【例 12-2】 B 公司生产某产品耗用材料的金额 20×1 年为 80 000 元，20×2 年为 102 000 元，具体资料如表 12-2 所示。

表 12-2 B公司生产资料指标

项目	20×1 年	20×2 年	差异
产品产量（件）	1 000	1 200	200
材料单耗（千克／件）	20	17	−3
材料单价（元／千克）	4	5	1
材料费用（元）	80 000	102 000	22 000

本例中评价指标为材料费用，材料费用受产量、单耗、单价三个因素的影响，评价关系式为：

$$材料费用 = 产品产量 \times 材料单耗 \times 材料单价$$

（1）评价对象：

$$材料费用差异 = 102\,000 - 80\,000 = 22\,000（元）$$

（2）因素替代：

$$基期材料费用：1\,000 \times 20 \times 4 = 80\,000（元）$$
$$替代产量因素：1\,200 \times 20 \times 4 = 96\,000（元）$$
$$替代单耗因素：1\,200 \times 17 \times 4 = 81\,600（元）$$
$$替代单价因素：1\,200 \times 17 \times 5 = 102\,000（元）$$

（3）因素测算：

$$产量因素影响 = 96\,000 - 80\,000 = 16\,000（元）$$
$$单耗因素影响 = 81\,600 - 96\,000 = -14\,400（元）$$
$$单价因素影响 = 102\,000 - 81\,600 = 20\,400（元）$$

$$因素影响汇总：\qquad 22\,000（元）$$

通过上述测算可知，20×2 年材料费用上升 22 000 元的原因是：产量扩大 200 件使材料费用客观上升 16 000 元，这是正常的；材料耗用水平降低 3 千克 / 件，使材料费用节约 14 400 元，这是生产中的成效；材料单价上升 1 元 / 千克，使材料费用上升 20 400 元，这是材料采购供应部门的不足，也是造成材料费用上升的主要因素。

（四）比率分析法

比率就是用倍数或比例所表现的分数式。如假设甲项目数值为 250，乙项目数值为 200，若以甲项目为比较基数时，其比率为乙是甲的 80%；若以乙项目为比较基数时，其比率为甲是乙的 1.25 倍。比率分析法是通过计算互为相关的经济指标之间的相对数值，从而考察和衡量企业经营绩效的评价方法。

比率分析法与比较分析法虽然都是将两个数据进行对比，但比较分析法主要是对同质的指标进行比较，而比率分析法主要是将不同质但相关的不同指标进行比较。而且比较分析法的分析结果主要强调绝对差异的大小，相对差异只是绝对差异的辅助说明；比率分析法的分析结果则纯粹以相对数值表示，以说明指标数值之间的相互关系。

比率的形式很多，按它们在分析中所起的作用不同，主要分为动态比率、相关比率、结构比率和效率比率。动态比率也称为趋势比率，它是将不同时期同类指标的数值比率进行对比，求出动态相对数，以反映企业某项经济活动的发展方向和发展趋势。事实上，定基发展速度、环比发展速度等动态趋势比率已构成趋势分析法的一部分内容，因此，下面在比率分析法中着重介绍相关比率、结构比率和效率比率。

1. 相关比率

相关比率是把企业经济活动中两个性质不同但又相互联系的指标，以其中某项指标数值为基数而求得的两个指标数值之比，用以反映企业的经营状况和经营绩效。例如，如果将甲、乙两个性质不同但又相关的指标进行比率化，以乙指标数值为比较基数，则相关比率的计算公式如下：

$$相关比率 = \frac{甲指标}{乙指标} = \frac{A}{B}$$

相关比率的特征是强调指标间的相关性，而不是对指标本身变动做直接比较。如对企业利润指数的分析，除可以用绝对额进行直接对比外，还可以通过对形成利润的有关指标与利润进行相关比较来分析。如甲、乙两企业的年利润额均为 100 万元，但甲企业权益资本为 500 万元，乙企业权益资本只有 400 万元，则甲企业权益资本利润率为 20%，乙企业权益资本利润率为 25%，乙企业的效益高于甲企业。

两个相关的指标一旦形成相关比率，就能反映各项财务指标间的比例关系是否合理，便于加强管理控制，对财务经营活动各环节进行协调平衡。相关比率的形成比较灵活，可根据分析需要进行组合。

2. 结构比率

结构比率通过计算某项经济指标各个组成部分占指标总体的比重，分析其构成内容的特征和构成合理性，以进一步掌握事物变化的规律性。结构比率的计算公式如下：

$$结构比率 = \frac{指标部分数}{指标总体数} \times 100\% = \frac{A_i}{\sum A_i} \times 100\%$$

在财务评价中，如果仅仅列示某指标及其组成各项目的绝对数值，远不如列示其结构比率更简便、直观。结构比率可以显示总指标的内部构架，表现各项目间的联系以及在总指标中所占地位的重要程度，便于分清主次因素，突出分析工作的重点。

在比率分析中，动态趋势比率要求计算的是同一指标不同时期数的比值，是一种同质关系。结构比率要求分子指标是分母指标的组成部分，是一种部分与整体的包含关系。比如，在对财务报表分析时，趋势比率是对财务报表中某一财务指标进行横向分析，而报表的结构比率可以显示出报表中各指标项目相互间垂直关系，是对财务指标进行的纵向分析。趋势分析与结构分析可以相互配合、相互补充，以更深入地揭示经营成效和不足。

3. 效率比率

效率比率是反映某项经济活动投入与产出之间关系的财务比率，如成本费用与销售收入之间的比率，资金占用量与销售收入之间的比率，资金占用与净收益之间的比率，净收益与所有者权益之间的比率等。利用效率比率可以考察经济活动的经济效益，揭示企业的盈利能力等。

六、财务评价的一般程序

财务评价的程序，是指进行财务评价应遵循的一般过程，它是进行财务评价的基础与关键，为开展财务评价工作、掌握财务评价技术指明了方向。财务评价的一般程序包括以下几个步骤：确立评价目的与评价范围、收集评价资料、鉴别评价资料、选择和计算相关财务比率、进行比较分析和因素分析、形成综合评价结论。

（一）确立评价目的与评价范围

在进行财务评价时，首先是确立评价目的。进行财务评价的一般目的是解读财务信息，并作为某项决策的依据。因为不同的财务评价主体与企业的利益关系不同，他们所需要做出的决策不同，评价目的不同，所需评价的范围也不同。大多数财务评价并不需要对企业的财务状况和经营成果进行全面评价，更多的情况是仅对其中的某一个方面进行评价，或是重点对某一方面进行评价，其他方面的评价仅起着参考的作用。这就要求在确立评价目的的基础上，应明确评价的范围，做到有的放矢，将精力集中在评价重点上，以节约收集评价资料、选择评价方法等环节的成本。因而，明确了评价目的后才知道应该收集哪些资料，选用什么评价方法。所以，明确评价目的是进行财务评价的首要步骤。

（二）收集评价资料

确定评价范围之后，需要根据评价目的，收集评价所需的数据资料。由于企业财务评价涉及的因素比较复杂，因而评价所需要的资料是多方面的：从时间看，既要有反映历史及现状的资料，又要有反映未来趋势和前景的资料；从空间看，既要有被评价企业的财务资料，又要有国内外同行业其他企业的相关财务资料；从性质看，既要有财务核算资料，又要有相关的财务预算资料；从形态上看，既要有定量方面的资料，又要有定性方面的资料。但评价资料的收集并非多多益善，而是应在相关性的前提下体现系统性，也就是说，应当从特定视角的评价需要出发，充分收集与该评价目的相关的评价资料。

（三）鉴别评价资料

财务评价结论的客观性有赖于评价依据的真实性与可靠性。因此，在对评价资料进行分析利用之前，必须对所收集资料的真实性与可靠性进行分析和鉴别。这种分析鉴别主要是评价人员凭借其专业知识和经验，通过对财务报表各项目数据构成及其在不同期间变化情况的考察，查明有无异常情况，若发现异常情况，则应深入分析研究，以辨真伪，去伪存真。对于经过注册会计师审计的会计报表，评价人员应对该注册会计师及其所在会计师事务所的独立性、职业道德及社会声誉等情况予以充分了解，以便合理地确认审计结论的可靠性。

（四）选择和计算相关财务比率

在对评价资料的真实性与可靠性进行分析与鉴别的基础上，选择并计算能从特定方面说明企业财务及经营情况的财务比率。财务比率的选择和计算应注意以下两个方面的问题：① 符合可比性原则要求，并与评价目的相配合。② 合理界定指标的内涵与外延，所界定指标的内涵及外延要与构成同一财务比率的其他指标具有内在关联性。用于计算财务比率的某些指标具有多种不同的内涵与外延。例如，用于评价盈利能力的利润指标，有营业利润、利润总额、净利润等，指标的内涵及外延不同，据以计算的财务比率值也就不同。因此，在计算有关财务比率时应合理地界定指标的内涵及外延。

（五）进行比较分析和因素分析

孤立地考察某一企业在某一期间的财务比率，只能了解到企业在该期间内的财务情况。股东需要借助财务评价信息来预测各企业的股权投资价值及其变动趋势，以便在不同企业之间选择投资对象；债权人则需要借助财务评价信息来评估各企业的信贷风险，以便合理做出信贷决策。因此，在计算出各项财务比率之后，应将这些比率值在不同企业以及同一企业的不同期间进行比较，以揭示横向差异和纵向趋势。在此基础上，对差异的性质及形成原因进行深入分析，找出致使差异形成的各项因素，并确定是主观因素还是客观因素，是内部因素还是外部因素，以及这些因素对差异的影响程度。需指出的是，企业财务比率的高低与其经营性质尤为相关，企业经营性质不同，客观上存在着经营特点、经营风险及收益水平的差异，从而使财务比率值的高低有别。例如，房地产经营相对于其他性质的经营具有生产周期长、资金周转慢、产品增值潜力大、经营风险高等特点，反映在财务比率上，大多是资产周转率相对较低，而利润率相对较高。因此，在进行上述比较分析时，应注意不同企业以及同一企业在不同时期的经营性质的差异。

（六）形成综合评价结论

企业财务评价的最后一步就是根据上述比率分析、比较分析和因素分析的结果，做出综合性的评价结论，包括对企业过去期间经营绩效的评判与企业未来财务前景的评估两个方面。对于各决策服务主体的财务评价来说，还需将这种评价结论以书面形式出具评价报告，以供各决策主体使用。

第二节 财务能力评价

财务能力是企业施加于财务可控资源的作用力，作为企业能力系统的一个有机组成部分，它是由各种与财务有关的能力所构成的一个企业能力子系统，是企业综合实力的反映和企业活力的价值体现。比率分析法是财务能力评价中最基本、最重要的分析方法。在财务评价中，需要计算和分析相关的财务比率来评价企业的偿债能力、营运能力、盈利能力和发展能力等。

经审计并对外公布的企业财务报表，具有客观、全面、综合的特征，提供了财务能力评价的基础数据。企业主要财务报表包括资产负债表、利润表和现金流量表，其中：资产负债表反映了企业某一时点（通常是年末、半年末、季末、月末等）的财务状况，反映了企业在该时点的资产、负债和所有者权益的数量和结构。利润表反映了企业在一定时期内（通常是一年、半年、一季、一月等）的经营成果，反映了企业在本期内营业收入、营业成本、营业利润、利润总额、净利润的实现情况。现金流量表是以现金为基础编制的财务状况变动表，反映了企业在一定时期内（通常是一年、半年、一季、一月等）由于经营活动、投资活动和筹资活动而产生的现金及现金等价物流入流出情况。

本节以某上市公司 XM 股份有限公司（以下简称 XM 公司）20×3 年经审计的财务报表数据为例，来说明财务比率的计算分析方法，并据此评价 XM 公司的各项财务能力。XM 公司 20×3 年资产负债表、利润表以及现金流量表，如表 12-3、表 12-4 和表 12-5所示。

表 12-3 XM公司资产负债表

20×3 年 12 月 31 日 单位：万元

资产	期末余额	期初余额	负债和股东权益	期末余额	期初余额
流动资产：			流动负债：		
货币资金	500	350	短期借款	450	410
交易性金融资产	90	50	交易性金融负债		
衍生金融资产			衍生金融负债		
应收票据	10	20	应付票据	70	50
应收账款	690	640	应付账款	350	260
应收款项融资			预收款项	10	20
预付款项	20	20	合同负债		
其他应收款		10	应付职工薪酬	10	10
存货	720	600	应交税费	50	40
合同资产			其他应付款	30	20
持有待售资产			持有待售负债		
一年内到期的非流动资产		40	一年内到期的非流动负债	70	80
其他流动资产	10	30	其他流动负债	20	10
流动资产合计	2 040	1 760	流动负债合计	1 060	900
非流动资产：			非流动负债：		
债权投资	20	20	长期借款	400	500
其他债权投资	30	30	应付债券	450	330
长期应收款	10	10	其中：优先股		
长期股权投资	100	40	永续债		
其他权益工具投资			租赁负债		
其他非流动金融资产			长期应付款	180	120
投资性房地产	40	30	预计负债	50	
固定资产	2 200	1 800	递延收益		
在建工程	90	100	递延所得税负债		
生产性生物资产	20	10	其他非流动负债		
油气资产			非流动负债合计	1 080	950
使用权资产			负债合计	2 140	1 850
无形资产	20	20	股东权益：		
开发支出			股本	1 500	1 500
商誉			其他权益工具		
长期待摊费用	10	20	其中：优先股		

续表

资产	期末余额	期初余额	负债和股东权益	期末余额	期初余额
递延所得税资产			永续债		
其他非流动资产			资本公积	220	120
			减：库存股		
			其他综合收益	20	10
			专项储备		
			盈余公积	460	220
			未分配利润	240	140
			归属于母公司股东权益合计		
			少数股东权益		
非流动资产合计	2 540	2 080	股东权益合计	2 440	1 990
资产总计	4 580	3 840	负债和股东权益总计	4 580	3 840

表 12-4 XM 公司利润表

20×3 年度 单位：万元

项目	本年金额	上年金额
一、营业总收入	8 610	7 730
其中：营业收入	8 610	7 730
二、营业总成本	7 800	6 980
其中：营业成本	4 200	3 800
税金及附加	700	520
销售费用	1 320	1 250
管理费用	1 100	900
研发费用	300	350
财务费用	180	160
其中：利息费用	180	160
利息收入		
加：其他收益		
投资收益（损失以"-"号填列）	60	70
其中：对联营企业和合营企业投资收益		
以摊余成本计量的金融资产终止确认收益		
净敞口套期收益（损失以"-"号填列）		
公允价值变动收益（损失以"-"号填列）		
信用减值损失（损失以"-"号填列）		

续表

项目	本年金额	上年金额
资产减值损失（损失以"-"号填列）	-10	-10
资产处置收益（损失以"-"号填列）		
三、营业利润（亏损以"-"号填列）	860	810
加：营业外收入	5	10
减：营业外支出	15	10
四、利润总额（亏损总额以"-"号填列）	850	810
减：所得税费用	255	240
五、净利润（净亏损以"-"号填列）	595	570
（一）按经营持续性分类		
1. 持续经营净利润（净亏损以"-"号填列）		
2. 终止经营净利润（净亏损以"-"号填列）		
（二）按所有权归属分类		
1. 归属于母公司股东的净利润（净亏损以"-"号填列）		
2. 少数股东损益（净亏损以"-"号填列）		
六、其他综合收益的税后净额	20	10
（一）归属于母公司所有者的其他综合收益的税后净额		
1. 不能重分类进损益的其他综合收益		
（1）重新计量设定受益计划变动额		
（2）权益法下不能转损益的其他综合收益		
（3）其他权益工具投资公允价值变动		
（4）企业自身信用风险公允价值变动		
……		
2. 将重分类进损益的其他综合收益		
（1）权益法下可转损益的其他综合收益		
（2）其他债权投资公允价值变动		
（3）金融资产重分类计入其他综合收益的金额		
（4）其他债权投资信用减值准备		
（5）现金流量套期储备		
（6）外币财务报表折算差额		
……		
（二）归属于少数股东的其他综合收益的税后净额		
七、综合收益总额	615	580
（一）归属于母公司所有者的综合收益总额		

续表

项目	本年金额	上年金额
（二）归属于少数股东的综合收益总额		
八、每股收益		
（一）基本每股收益（元）	0.40	0.38
（二）稀释每股收益（元）	0.40	0.38

表 12-5　XM 公司现金流量表

20×3 年度　　　　　　　　　　　　　　　　　　　　　　　　　　　单位：万元

项目	本年金额	上年金额
一、经营活动产生的现金流量		
销售商品、提供劳务收到的现金	11 000	8 000
收到的税费返还	450	330
收到其他与经营活动有关的现金	300	250
经营活动现金流入小计	11 750	8 580
购买商品、接受劳务支付的现金	6 700	5 000
支付给职工及为职工支付的现金	260	200
支付的各项税费	2 500	1 850
支付其他与经营活动有关的现金	470	410
经营活动现金流出小计	9 930	7 460
经营活动产生的现金流量净额	1 820	1 120
二、投资活动产生的现金流量		
收回投资收到的现金	110	100
取得投资收益收到的现金	60	50
处置固定资产、无形资产和其他长期资产收回的现金净额	20	5
处置子公司及其他营业单位收到的现金净额	10	5
收到其他与投资活动有关的现金	10	10
投资活动现金流入小计	210	170
购建固定资产、无形资产和其他长期资产支付的现金	860	770
投资支付的现金	70	60
取得子公司及其他营业单位支付的现金净额	10	5
支付其他与投资活动有关的现金	10	5
投资活动现金流出小计	950	840
投资活动产生的现金流量净额	−740	−670
三、筹资活动产生的现金流量		

续表

项目	本年金额	上年金额
吸收投资收到的现金		
其中：子公司吸收少数股东投资收到的现金		
取得借款收到的现金	350	300
收到其他与筹资活动有关的现金		
筹资活动现金流入小计	350	300
偿还债务支付的现金	300	270
分配股利、利润或偿付利息支付的现金	350	300
其中：子公司支付给少数股东的股利、利润		
支付其他与筹资活动有关的现金	30	20
筹资活动现金流出小计	680	590
筹资活动产生的现金流量净额	−330	−290
四、汇率变动对现金及现金等价物的影响		
五、现金及现金等价物净增加额	200	180
加：期初现金及现金等价物余额	320	140
六、期末现金及现金等价物余额	520	320

一、偿债能力评价

偿债能力是指企业偿还各种到期债务的能力，负债按照偿还期限的长短，可以划分为短期（流动）负债和长期（非流动）负债两种类型。在资产负债表中，短期负债项目主要有短期借款、应付账款、应付票据、预收款项、应付职工薪酬、应交税费、应付股利、其他应付款等项目。长期负债主要包括长期借款、应付债券、长期应付款和其他长期负债等项目。因此，企业的偿债能力评价也相应地分为短期偿债能力评价和长期偿债能力评价。

（一）短期偿债能力评价

短期偿债能力是指企业对一年内或超过一年的一个营业周期内到期债务的清偿能力。企业到期债务一般均应以现金清偿，因此，短期偿债能力本质上是一种资产变现能力，是企业短期内及时偿付债务的信用程度，主要考察企业对日常经营债务的支付能力。反映短期偿债能力的指标主要有流动比率、速动比率、现金比率、现金流量比率等。

1. 流动比率

流动比率是企业流动资产与流动负债的比值。流动资产是短期内可以予以变现的资产，流动负债是企业将在一年内或超过一年的一个营业周期内偿还的债务。因此，一般首先通过流动资产与流动负债的对比来考察企业短期偿债能力。流动比率的计算公式为：

$$流动比率 = \frac{流动资产}{流动负债}$$

根据 XM 公司的财务报表数据：

$$流动比率 = \frac{2\,040}{1\,060} = 1.92$$

这里，流动负债是企业一年内需支付的日常经营债务，如应付账款、短期借款等。用于担保支付短期债务的来源，只能是现金及短期内能变成现金的流动资产。流动比率越高，日常偿债能力越大，企业信用状态越好。

该项比率从流动资产对流动负债的保障程度的角度，来说明企业的短期偿债能力。其比率值越高，表明企业流动资产对流动负债的保障程度越高，企业的短期偿债能力越强。但从优化资本结构和提高资金使用效率方面考虑，该比率值并非越高越好。因为比率值过高，可能表明企业的负债较少，没有充分发挥负债的财务杠杆效应，也可能是资产存量过大，资产利用效率不高。

流动比率一般在 2 左右比较恰当，在分析流动比率时应注意两个问题：

（1）不同行业对流动比率的要求并不一致。一般来说，食品加工等生产周期短的行业，无须大量存货，应收账款周转期也较短，流动比率可以较低。相反，钢铁等生产周期长的企业，流动比率要求较高。

（2）流动比率的高低有时也不能完全准确地反映企业短期偿债能力。因为流动资产中除货币资金、应收账款外，还包括存货、待摊费用等变现速度较慢或不能再变现的项目，有时流动比率虽高，但主要是由于大量存货和待摊销费用造成的，实际的支付能力并不是很充足，因此还需要考察速动比率大小。

2. 速动比率

速动比率又称酸性试验比率或清偿比率，是指企业速动资产与流动负债的比率。它假设速动资产是可以用于偿债的资产，表明每 1 元流动负债由多少速动资产作为偿还保障。速动比率可以衡量企业在不依赖出售存货的条件下迅速偿还债务的能力，因此速动比率也称快速流动比率，它反映了企业的即时支付能力。其计算公式为：

$$速动比率 = \frac{速动资产}{流动负债}$$

其中：速动资产 = 流动资产 − 存货 − 预付账款 − 待摊费用等

或 = 货币资金 + 交易性金融资产 + 各种应收款项等

所谓速动资产，是指流动资产减去变现能力较弱且不稳定的存货、待摊费用、待处理流动资产损失等后，可以在较短时间内变现的资产，包括货币资金、交易性金融资产和各种应收款项等。除此之外的流动资产，如上述的存货、待摊费用、待处理流动资产损失等，称为非速动资产。

根据 XM 公司的财务报表数据：

$$速动比率 = \frac{500+90+10+690}{1\,060} = 1.22$$

速动比率是从速动资产对流动负债的保障程度的角度说明企业的短期偿债能力，其比值越高，表明企业速动资产对流动负债的保障程度越高，企业的短期偿债能力越强。一般来说，速动比率保持在 1 左右比较合适。当然，也要视行业性质而定，如日杂商店一般只作现金销售，没有应收账款，因此保持一个远低于 1 的速动比率，也不会对正常营业产生不良影响。另外，应收账款的回收在很大程度上决定了流动比率和速动比率的大小，因此，在考察这两个比率指标数值时，要用扣除坏账准备后的应收账款净额计算，并结合应收账款周转期指标进行综合分析评价。

3. 现金比率

现金比率是一定时期内企业现金类资产与流动负债的比值，用以衡量企业实时偿还债务的能力，是最严格、最稳健的短期偿债能力衡量指标。现金类资产包括库存现金、银行存款及短期有价证券（交易性金融资产）等。其计算公式为：

$$现金比率 = \frac{现金及现金等价物}{流动负债}$$

$$= \frac{库存现金+银行存款+短期有价证券}{流动负债}$$

根据 XM 公司的财务报表数据：

$$现金比率 = \frac{500+90}{1\,060} = 0.56$$

现金比率假设现金资产是可偿债资产，表明 1 元流动负债由多少现金资产作为偿还保障。一般而言，现金比率越高，企业的短期偿债能力就越强；反之越弱。但是与流动比率和速动比率类似，现金比率过高，也可能说明企业现金及等价物闲置过多，资产的营运效率低，经营者过于保守。通常情况下，现金比率一般只要求维持在 0.2 左右。

在某些行业中，现金比率是相当重要的。例如，企业的存货和应收账款周转时期很长，而且经营活动又具有高度的投机性和风险性，对于这类企业来说，应重视分析其现金比率指标。不过，现金比率只把货币资金、短期有价证券和一年内到期的长期投资与流动负债对比，在评价企业短期偿债能力中，这个比率重要程度不大。这是因为，在大多数情况下，不可能要求企业只用货币资金和有价证券来偿付流动负债，企业也没有必要保持这些流动资产的数额。一般来说，只有在企业财务发生困难时，才能用现金比率衡量企业最坏情况下的短期偿债能力。所以，现金比率只是速动比率指标的辅助比率。

流动比率与速动比率是衡量和反映短期偿债能力最主要的指标，需加指出的是，上述所给出的流动比率与速动比率的一般标准（即分别为 2 和 1），仅仅是人们所普遍公认的理想值，并没有获得理论上的充分证明。事实上，由于各种环境因素的影响，企业实际的流动比率和速动比率值普遍低于这一公认标准。

4. 现金流量比率

现金流量比率是企业经营活动产生的现金流量净额与流动负债的比值。流动比率、速动比率和现金比率都是反映企业短期偿债能力的静态指标，揭示了企业的现存资源对偿还到期债务的保障程度。现金流量比率则是从动态角度反映本期经营活动产生的现金流量净额偿付流动负债的能力。其计算公式为：

$$现金流量比率 = \frac{经营活动产生的现金流量净额}{流动负债}$$

根据 XM 公司的财务报表数据：

$$现金流量比率 = \frac{1\,820}{1\,060} = 1.72$$

需要说明的是，经营活动产生的现金流量是过去一个会计年度的经营结果，流动负债则是未来一个会计年度需要偿还的债务，二者的会计期间不同。因此，这个指标是建立在以过去一年的现金流量来估计未来一年的现金流量的假设基础之上的。使用现金流量比率时，还需要考虑未来一个会计年度企业经营活动现金流量变动的影响因素。

（二）长期偿债能力评价

长期偿债能力是企业清偿长期债务（期限在一年或一个营业周期以上的债务）的能力。企业的自有资金和投资收益是偿还长期负债的主要资金来源，因此，企业长期偿债能力的评价可以从资本结构和收益两方面进行。在对资本结构进行分析时，可以通过以下比率来衡量：资产负债率、股东权益比率与权益乘数、产权比率、偿债保障比率等；对收益情况进行分析可以使用利息保障倍数等。

1. 资产负债率

资产负债率是指企业在一定时点（通常为期末）的负债总额对资产总额的比率，或者说负债总额占资产总额的百分比，其计算公式为：

$$资产负债率 = \frac{负债总额}{资产总额} \times 100\%$$

根据 XM 公司的财务报表数据：

$$资产负债率 = \frac{2\,140}{4\,580} \times 100\% = 46.72\%$$

资产负债率是从总资产对总负债的保障程度的角度来说明企业的长期偿债能力，相对而言，该比率越低，表明企业资产对负债的保障程度越高，企业的长期偿债能力越强。不同利益相关者看待该项指标的立场也不尽相同。

从债权人的立场看，他们所关心的是贷款的安全程度，即能否按期足额地收回贷款本金和利息，至于其贷款能给企业股东带来多少利益，在他们看来则是无关紧要的。由于资产负债率与贷款安全程度具有反向线性关系，即资产负债率高，其贷款的安全程度低；反之，资产负债率低，则贷款的安全程度高。因此，作为企业债权人，他们总是希望企业的资产负债率越低越好。

从股东的立场看，他们所关心的主要是举债的财务杠杆效益，即总资本报酬率是否高于借入资本的利息率。若全部资本的报酬率高于借入资本利息率，则举债越多，企业收益也就越多，股东可望获得的利益相应也就越大。反之，若全部资本的报酬率低于借入资本利息率，则举债越多，企业损失就会越大，股东因此遭受的损失也相应越大。可见，从股东方面看，当总资本报酬率高于借款利率时，资产负债率越大越好。

从经营者的立场看，他们所关心的通常是如何实现收益与风险的最佳组合，即以适度的风险获取最大的收益。在他们看来，若负债规模过大，资产负债率过高，将会给人以财务状况不佳、融资空间和发展潜力有限的评价；反之，若负债规模过小，资产负债率过低，又会给人以经营者缺乏风险意识、对企业发展前途信心不足的感觉。因此，他们在利用资产负债率进行借入资本决策时，将会全面考虑和充分预计负债经营的收益和风险，并在二者之间权衡利弊得失，以求实现收益和风险的最佳组合。

在对资产负债率进行分析和评价时，应当注意如下问题：

（1）结合营业周期评价。营业周期是指从付款购买存货开始到销售存货并收回现金为止的这段时间，它包括存货周转天数和应收账款周转天数两个部分。相对而言，营业周期短的企业（如商业企业等），其资金周转快、变现能力强。此外，营业周期短使得特定数量的资产在一定期间的获利机会多，当其他条件确定时，企业一定期间的利润总额必然增加，进而使企业流动资产和股东权益额相应增加。因此，这类企业可适当扩大负债规模，维持较高的资产负债率。相反，对于营业周期长的企业（如房地产企业等），其存货周转慢，变现能力差，获利机会少，因此，资产负债率不宜过高，否则将会影响到期债务的清偿。

（2）结合资产构成评价。这里的资产构成是指在企业资产总额中流动资产与固定资产及长期资产各自所占的比例。相对而言，资产总额中流动资产所占比重大的企业，其短期偿债能力较强，不能支付到期债务的风险较小，因此，这类企业的资产负债率可适当高些。相反，资产总额中固定资产及长期资产所占比重大的企业，其流动比率低，短期偿债能力较差，不能支付到期债务的风险较大，从而决定了这类企业的资产负债率不宜过高。结合各主要行业分析，商业企业的总资产中存货所占比重相对较大，而且其存货的周转一般也快于其他行业，因此，其资产负债率可适当高过其他行业；工业企业相对于其他行业而言，资产总额中固定资产及长期资产所占比重较大（特别是技术密集型企业），因而其资产负债率不宜过高；虽然房地产行业的资产总额中存货所占比重较大，但因其生产周期长，存货周转慢，资产负债率也不宜过高。

（3）结合企业经营状况评价。当企业经营处于兴旺时期，其资本报酬率不仅高于市场利率，而且也往往高于同行业的平均利润率水平。在这种情况下，债务本息的按期清偿一般不会发生困难，债权投资的风险较小，对于企业来说，也有必要借助负债经营的杠杆作用增加企业盈利。因此，处于兴旺时期的企业可适当扩大举债规模，维持较高的资产负债率。相反，若企业的经营状况不佳，资本报酬率低于同行业平均利润率水平，特别是当负债经营的收益不足以抵偿负债成本时，债务本息的清偿将会发生困难，债权投资的风险较大，对企业来说，此时举债越多，损失就会越大。因此，对于经营状况不佳的企业，应控制负债规模，降低资产负债率。

（4）结合客观经济环境评价。首先，应结合市场利率分析。一般而言，当市场贷款利率较低或预计贷款利率将上升时，企业可适当扩大负债规模。具体说，目前贷款利率低意味着举债成本低，企业除维持正常经营所必需的负债规模外，还可以举借新债来偿还旧债，以减少过去负债的利息；而在预计贷款利率上升的情况下扩大举债规模，则可以减少未来负债的利息开支。当市场利率较高或预计贷款利率将下降时，企业不仅不宜扩大举债规模，相反应缩减负债规模，以降低未来的负债成本。其次，应结合通货膨胀率分析。在持续通货膨胀或预计物价上涨的情况下，可适当扩大负债规模，因为此时举债能为企业带来购买力利得；相反，在通货紧缩或预计物价下跌的情况下，应控制甚至缩减负债规模，因为此时负债会给企业造成购买力损失。

（5）结合企业的会计政策、资产质量等进行评价。与短期偿债能力分析一样，长期偿债能力分析同样应考虑企业采用的会计政策和资产的质量状况，只不过相对于短期偿债能力而言，除需要考虑有关流动资产的会计政策和质量状况外，更主要的是应考虑各项长期资产（如固定资产、长期资产、无形资产等）的会计政策选择和质量状况。

2. 股东权益比率与权益乘数

股东权益比率是股东权益总额与资产总额的比率，该比率反映资产总额中有多大比例是所有者投入的。其计算公式为：

$$股东权益比率 = \frac{股东权益总额}{资产总额} \times 100\%$$

根据 XM 公司的财务报表数据：

$$股东权益比率 = \frac{2\,440}{4\,580} \times 100\% = 53.28\%$$

由该计算结果可知，股东权益比率与资产负债率之和等于 1。因此，这两个比率是从不同的角度反映企业长期财务状况，股东权益比率越大，资产负债率就越小，企业的财务风险也越小，偿还长期债务的能力就越强。

股东权益比率的倒数称为权益乘数，即资产总额是股东权益总额的多少倍。权益乘数反映了企业财务杠杆的大小，权益乘数越大，说明股东投入的资本在资产中所占比重越小，财务杠杆越大。其计算公式为：

$$权益乘数 = \frac{资产总额}{股东权益总额}$$

根据 XM 公司的财务报表数据：

$$权益乘数 = \frac{4\,580}{2\,440} = 1.88$$

3. 产权比率

产权比率，也称负债股权比率，是负债总额与股东权益总额的比值，它反映了债权人所提供资金与股东所提供资金的对比关系，因此可以揭示企业的财务风险以及股东权益对债务的保障程度。其计算公式为：

$$产权比率 = \frac{负债总额}{股东权益总额}$$

根据 XM 公司的财务报表数据：

$$产权比率 = \frac{2\,140}{2\,440} = 0.88$$

不管企业的盈利情况如何，企业必须履行支付利息和偿还本金的义务和责任。产权比率越高，企业所存在的风险也越大，长期偿债能力也就越弱；产权比率越低，说明企业长期财务状况越好，债权人贷款的安全性越有保障，企业财务风险越小。

4. 偿债保障比率

偿债保障比率也称债务偿还期，是负债总额与经营活动产生的现金流量净额的比值，反映了用企业经营活动产生的现金流量净额偿还全部债务所需的时间，所以该比率也被称为债务偿还期。其计算公式为：

$$偿债保障比率 = \frac{负债总额}{经营活动产生的现金流量净额}$$

根据 XM 公司的财务报表数据：

$$偿债保障比率 = \frac{2\,140}{1\,820} = 1.18$$

一般认为，经营活动产生的现金流量是企业长期资金的最主要来源，而投资活动和筹资活动所获得的现金流量虽然在必要时也可用于偿还债务，但不能将其视为经常性的现金流量。因此，用偿债保障比率可以衡量企业通过经营活动所获得的现金偿还债务的能力，偿债保障比率越低，说明企业偿还债务的能力越强。

5. 利息保障倍数

利息保障倍数是企业息税前利润与利息费用的比率。利息保障倍数越大，企业偿还债务利息的能力就越强，也就越有能力偿还到期的债务本金。利息保障倍数可以用来衡量企业所获得的收益承担应支付的利息费用的能力，用以分析企业的长期偿债能力。利息保障倍数取决于两个基本因素：一是企业税前利润，二是企业的利息费用。其计算公式为：

$$利息保障倍数 = \frac{息税前利润}{利息费用}$$

其中，息税前利润 = 税前利润总额 + 利息费用

根据 XM 公司的财务报表数据：

$$利息保障倍数 = \frac{850+180}{180} = 5.72$$

息税前利润是没有扣除利息费用的税前利润，包括税前净利润与利息费用。在计算中之所以采用息税前利润，是因为企业的利息费用是在所得税之前列支的，而所得税是在扣除利息费用以后的利润中支付的，所得税的多少对利息费用的支付不会产生影响。此外，必须包括利息费用还因为利息费用也是经营资本所获得的收益，只是这部分收益付给了债权人。

利息保障倍数反映企业的经营所得能够偿付利息的倍数，是衡量长期偿债能力的一个重要指标。利息保障倍数越高，说明息税前利润相对于利息越多，则债权人的利息收入就越有保障。相反，利息保障倍数越低，说明企业负债太多或盈利能力不强，对债务人权益的保障越小，从而影响长期偿债能力和重新借债能力。

从长期来看，企业的利息保障倍数至少要大于1，否则企业就不能举债经营。利息保障倍数大于1，表明可供支付利息费用的收益大于需要支付的利息费用；如果该指标小于1，则表明可供支付利息费用的收益不足以支付利息费用，也就是没有能力支付所发生的利息费用。从短期来看，企业的利息保障倍数有可能低于1，但企业支付利息费用不存在问题，这是因为一些费用项目在当期是不需要支付现金的，例如企业的折旧费用、低值易耗品摊销等。由于这些不需要支付现金的费用存在，企业在短期内尽管利息保障倍数低于1，但是仍然可以支付利息。

（三）XM 公司偿债能力总体评价

将 XM 公司偿债能力指标的计算结果汇总，如表 12-6 所示，结合该公司各指标的历史数据及同行业指标数据情况，可以对 XM 公司的偿债能力情况做一个总体评价。

表 12-6　XM 公司偿债能力评价 [①]

比率名称		XM 公司（20×3 年）	XM 公司（20×2 年）	行业平均水平（20×3 年）
短期偿债能力	流动比率	1.92	1.96	1.90
	速动比率	1.22	1.27	0.90

---

① XM 公司 20×2 年的偿债能力各项指标计算过程略；20×3 年行业平均指标计算过程略。

续表

比率名称		XM 公司（20×3 年）	XM 公司（20×2 年）	行业平均水平（20×3 年）
短期偿债能力	现金比率	0.56	0.44	0.52
	现金流量比率	1.72	1.24	1.20
长期偿债能力	资产负债率	46.72%	48.18%	44.37%
	股东权益比率	53.28%	51.82%	55.63%
	权益乘数	1.88	1.93	1.78
	产权比率	0.88	0.93	0.80
	偿债保障比率	1.18	1.65	1.15
	利息保障倍数	5.72	6.06	5.89

（1）XM 公司流动比率为 1.92，速动比率为 1.22，处于正常范围内。两比率数值存在一定差距，说明该公司存货份额较高。除此之外，XM 公司流动比率和速动比率都高于行业平均值，说明 XM 公司短期偿债能力在同行业中较好。

（2）根据资产负债表数据并结合 0.56 的现金比率水平进一步分析，该公司较高的应收账款（690 万元）保证了相对较高的速动比率。需要说明的是，如果应收账款中有较大部分不易收回，可能会形成坏账，那么速动比率就不能真实反映企业的偿债能力。因此，在使用速动比率分析企业偿债能力时，还应结合应收账款账龄结构进行分析。

（3）就现金流量比率来看，20×3 年为 1.72，相比 20×2 年增长了 39%，说明企业用现金流量净额偿付流动负债的能力有较大幅度的提升。

（4）资产负债率为 46.72%，股东权益比率为 53.28%，表明 20×3 年 XM 公司的资产有 46.72% 来源于举债，53.28% 来源于股权融资；或者说，XM 公司每 46.72 元的债务，就有 100 元的资产作为偿还债务的保障，与同行业平均水平比较，该公司的资产负债率水平偏高。

（5）权益乘数为 1.88，产权比率为 0.88，均高于同行业水平，说明 XM 企业的财务杠杆较高，财务风险在同行业中较高。

（6）偿债保障比率为 1.18，相比 20×2 年有较大幅度降低，表明用企业经营活动产生的现金流量净额偿还全部债务所需的时间下降，偿债能力相比去年有所上升。

（7）利息保障倍数为 5.72，利润总额水平是利息费用的 5.72 倍，属于正常情况。

总体而言，XM 公司的短期偿债能力不低，主要是源于应收账款对速动比率的保障；资产负债率、权益乘数、产权比率相比同行业平均水平偏高；长期偿债能力在同行业中不强。但是，相比 20×2 年，大多数长期偿债能力指标都有所提升，说明企业长期偿债能力得到了提高。

二、营运能力评价

营运能力是衡量企业组织、管理和营运特定资产的能力，一般用资产的周转速度来衡量。企业的固定资产和流动资产如果能尽快地周转回收，在单位时期内能被使用的资产就越多，资产的利用程度或利用效率就得到了提高。资产是资金运用的具体化，加快资产运转速度，能减少资产结存量；加快资产回收，企业的经营状况也就越安全稳定。评价企业营运能力的指标主要有应收账款周转率、存货周转率、流动资产周转率、固定资产周转率和总资产周转率等，它们通常是以资产在一定时期（如一年）的周转次数或周转一次所需要的天数表示。

资产周转期是指各项资产从投入到收回经历一次循环所需的时间，也称为周转天数。资产周转期的原始含义是资产周转率，资产周转率表示各项资产在一定期间内循环周转的次数，也称为周转次数，它表明资产的利用程度。由于资产是按"资产—费用—收益—资产"的顺序周转运动的，因而一般以资产的投入额与其完成的周转工作量进行比较来计算资产周转率。周转工作量可以是费用额、销售额等，视不同资产性质而定，如对于原材料而言，投入生产中被耗用而形成产品成本的那部分完成了周转，因此其周转工作量是投入生产的材料费用。资产周转率与周转期的通用计算公式如下：

$$资产周转率(次数) = \frac{周转工作量}{资产平均余额}$$

$$资产周转期(天数) = \frac{分析期天数}{周转次数}$$

$$= \frac{分析期天数 \times 资产平均余额}{周转工作量}$$

其中，资产平均余额是指分析期资产负债表上期初余额与期末余额的平均值。分析期一般以一年为准，按 360 天计算，在短期分析中，按一季 90 天，一月 30 天计算。实务中一般采用资产周转期指标，因为它直观易懂，便于不同行业及不同时期进行对比。

资产周转率或周转期反映了现有资产的利用程度即资产利用效率。具体来说，资产周转期既可以指资产回收周期，也可以指资产保存周期。资产回收周转短，意味着占用在资产上的资金停留在企业生产经营过程中的时间短，可以尽早地回收投入的资金；资产的保存周期短，资产的库存数量相应减少，可以节约存货费用。

（一）应收账款周转率

应收账款周转率是企业一定时期内（通常为一年）赊销收入净额与应收账款平均余额的比率，反映的是一定时期内应收账款回收的次数。应收账款周转天数又称应收账款收现期，指企业从产品销售出去至应收账款收回为止的天数。其计算公式分别为：

$$应收账款周转率 = \frac{赊销收入净额}{应收账款平均余额}$$

$$应收账款周转天数 = \frac{360}{应收账款周转率}$$

其中，应收账款平均余额 =（期初应收账款 + 期末应收账款）÷ 2

根据 XM 公司的财务报表数据：

$$应收账款周转率 = \frac{8\ 610}{(690 + 640) \div 2} = 12.95(次)$$

$$应收账款周转天数 = \frac{360}{12.95} = 27.80(天)$$

应收账款周转率是用于衡量企业应收账款管理效率的财务比率，应收账款周转率高，周转天数少，表明企业应收账款的管理效率高，变现能力强。反之，企业营运资金将会过多地呆滞在应收账款上，影响企业的正常资金周转。

分析应收账款周转率时应注意：

（1）用营业收入净额代替赊销收入。计算应收账款周转率从理论上说应用赊销收入计算，不包括现销收入，但赊销收入不要求在报表中披露，外部报表使用者很难取得企业赊销收入的数额，因此，计算时一般用营业收入净额来代替。

（2）应收账款周转率指标并非越高越好。该指标越高表明企业收回应收账款的速度越快，应收账款发生坏账损失的可能性越小，但同时也表明该企业的信用政策过于严苛，不利于企业扩大销售。因此，在分析企业应收账款周转率时还应结合企业的信用政策。

（3）应收账款是一个时点指标，容易受到季节性、偶然性和人为因素影响，为保证所计算的数值最接近真实值，可按月或按季度计算应收账款平均余额。

（二）存货周转率

存货周转率又称存货周转次数，指企业一定时期内（通常为一年）销售成本与存货平均余额的比率，反映的是企业存货周转的次数。存货周转天数指企业从取得存货、投入生产到实现销售所需要的天数。其公式分别为：

$$存货周转率 = \frac{销售成本}{存货平均余额}$$

$$存货周转天数 = \frac{360}{存货周转率}$$

$$= \frac{360 \times 存货平均余额}{销售成本}$$

其中，存货平均余额 =（期初存货 + 期末存货）÷2

根据 XM 公司的财务报表数据：

$$存货周转率 = \frac{4\,200}{(720+600) \div 2} = 6.36(次)$$

$$存货周转天数 = \frac{360}{6.36} = 56.60(天)$$

存货周转率能够反映企业管理和营运存货的综合状况，但却不能说明企业经营各环节的存货营运能力和管理效率。因此，财务评价主体（尤其是企业管理者）除利用该项比率进行综合分析和评价外，有必要按经营环节进行具体分析，以便全面了解和评价企业的存货管理绩效。各环节存货周转率的计算公式如下：

$$原材料周转率 = \frac{本期耗用原材料成本}{原材料平均余额}$$

$$在产品周转率 = \frac{完工产品制造成本}{在产品平均余额}$$

$$产成品周转率 = \frac{产品销售成本}{产成品平均余额}$$

通常，存货周转次数越多越好。周转次数越多，表明存货的流动性越强，转换为现金或应收账款的速度就越快；反之，则表明存货的利用效率越差。分析存货周转率时应注意以下两点：

（1）由于存货发出计价方法不同，存货营业成本和期末存货也不同，因此在与其他企业比较时，应考虑因会计处理方法的不同而产生的影响。

（2）存货周转率的分析还应综合考虑存货进货批量、生产销售的季节性以及存货结构等因素。若企业期末进货批量剧减，则会虚减存货平均值，导致存货周转率的增大；销售旺季企业的存货相对较少，会使存货周转率加快，在分析时应考虑销售周期对存货量的影响；企业的存货分为原材料、在产品和产成品，原材料过多是采购部门的责任，产成品过多是销售部门的责任，分析评价企业存货营运效率时还应考虑存货的结构。

（三）流动资产周转率

流动资产周转率又称流动资产周转次数，是指企业一定时期内（通常为一年）的营业收入净额与流动资产平均余额的比率，反映了一定时期内流动资产从投入到产出的次数，是评价企业资产利用率的重要指标。流动资产周转天数又称流动资产周转期，反映了一定时期内流动资产从投入到产出所需要的天数。其计算公式分别为：

$$流动资产周转率=\frac{营业收入净额}{流动资产平均余额}$$

$$流动资产周转天数=\frac{360}{流动资产周转率}$$

其中，流动资产平均余额 =（期初流动资产 + 期末流动资产）÷2

根据 XM 公司的财务报表数据：

$$流动资产周转率=\frac{8\,610}{(2\,040+1\,760)÷2}=4.53(次)$$

$$流动资产周转天数=\frac{360}{4.53}=79.47(天)$$

流动资产周转率是用于衡量企业流动资产综合营运效率和变现能力的财务比率。通常，该指标越高，流动资产经营效益越好，同样的流动资产所带来的收入就越多。在运用流动资产周转率时，可以将本期指标与上期对比，也可以将本企业指标同行业平均水平进行对比，还可分析连续几年流动资产周转率的变动差异，考察流动资产营运效率的变动趋势。

（四）固定资产周转率

固定资产周转率也称固定资产利用率，是企业一定时期内（通常为一年）的营业收入净额与固定资产平均净值的比率，反映一定时期内固定资产周转的次数。固定资产周转天数表示固定资产周转一次所需要的天数。其计算公式分别为：

$$固定资产周转率=\frac{营业收入净额}{固定资产平均净值}$$

$$固定资产周转天数=\frac{360}{固定资产周转率}$$

其中，固定资产平均净值 =（期初固定资产净值 + 期末固定资产净值）÷2

根据 XM 公司的财务报表数据：

$$固定资产周转率 = \frac{8\,610}{(2\,200+1\,800)\div2} = 4.31(次)$$

$$固定资产周转天数 = \frac{360}{4.31} = 83.53(天)$$

固定资产周转率主要用于分析企业对厂房、设备等固定资产的利用效率，该比率越高，说明固定资产的利用率越高，管理水平越好。如果固定资产周转率与同行业平均水平相比偏低，说明企业的生产效率较低，可能会影响企业的盈利能力。此外，固定资产净值亦会受到企业折旧方法和折旧年限的影响。

（五）总资产周转率

总资产周转率又称总资产利用率，是企业在一定时期内（通常为一年）的营业收入净额同资产平均余额的比率。它表明企业总资产在一定时期周转的次数，是综合评价企业全部资产管理质量和利用效率的重要指标。总资产周转天数表示企业资产周转一次所需要的天数。其计算公式分别为：

$$总资产周转率 = \frac{营业收入净额}{资产平均余额}$$

$$总资产周转天数 = \frac{360}{总资产周转率}$$

式中，资产平均余额 =（期初资产余额 + 期末资产余额）÷2

根据 XM 公司的财务报表数据：

$$总资产周转率 = \frac{8\,610}{(3\,840+4\,580)\div2} = 2.05(次)$$

$$总资产周转天数 = \frac{360}{2.05} = 175.61(天)$$

总资产周转率是用于衡量企业资产综合营运效率和变现能力的比率。一般来说，该指标值越大，表明总资产周转速度越快，营运能力越强，资产利用效率越高。具体分析时，可以将该指标与上期值、本行业平均数对比，以评价资产管理水平的高低，也可观察连续几年的变化，分析其变动趋势。总资产周转率越高，表明企业资产的综合营运能力越强，效率越高。

（六）XM 公司营运能力总体评价

将 XM 公司营运能力指标计算结果汇总，如表 12-7 所示，结合该公司各指标的历史数据，以及同行业指标数据情况，可以对 XM 公司的营运能力情况做一个总体评价。

（1）20×3 年 XM 公司存货周转 6.36 次，约 2 个月周转 1 次，销货速度比较正常。20×3 年存货周转水平均超过本公司去年水平和行业平均水平，存货周转加快。同行业存货周转 73.62 天，XM 公司周转 56.60 天，节约近 20 天，存货周转较快。

表 12-7 XM 公司营运能力评价 [1]

比率名称		XM 公司（20×3 年）	XM 公司（20×2 年）	行业平均（20×3 年）
存货周转水平	周转次数	6.36	5.31	4.89
	周转天数	56.60	67.80	73.62
应收账款周转水平	周转次数	12.95	10.39	11.05
	周转天数	27.80	34.65	28.51
应收账款与票据周转水平	周转次数	12.66	14.68	15.82
	周转天数	28.44	24.52	13.86
流动资产周转水平	周转次数	4.53	4.55	4.60
	周转天数	79.47	73.45	80.50
固定资产周转水平	周转次数	4.31	4.23	3.96
	周转天数	83.53	85.11	89.81
总资产周转水平	周转次数	2.05	2.02	1.80
	周转天数	175.61	178.22	198.35

（2）从应收账款周转情况来看，XM 公司 20×2 年周转天数相较同行业平均水平来说较差，周转天数接近 35 天，但同行业水平只有 28.5 天。20×3 年应收账款周转次数相比 20×2 年则有了显著提升，并赶超同行业平均水平。

（3）20×3 年 XM 公司应收账款与票据的综合周转情况低于 20×2 年水平，也低于行业平均水平。应收账款与票据的周转率均高于该公司 20×2 年水平和同行业平均水平。这说明 XM 公司 20×3 年持有较高的应收票据，影响了该公司应收款项的周转。

（4）20×3 年 XM 公司流动资产周转情况与去年情况基本持平，与同行业流动资产周转情况相比也差距不大。整个流动资产 1 年基本上能够周转 5 次，针对同行业来说，这种周转速度比较正常。

（5）固定资产周转次数为 4.31，约 84 天周转 1 次，而同行业接近 90 天周转一次，明显高于行业平均水平，说明 XM 公司固定资产的利用率较高。

（6）总资产周转率为 2.05，与去年情况基本持平，并优于同行业水平，可见 XM 公司综合营运能力在同行业中较强，效率较高。

总体而言，XM 公司的流动资产周转情况处于正常水平，存货与固定资产周转较快，综合营运能力较强，有较好的销售实现，但需要加强应收票据的收回。

三、盈利能力评价

盈利能力是企业获取利润的能力，获利是企业经营的直接目的。由于利润是衡量企业经营成果的重要尺度，企业经营业绩的好坏最终可以通过企业的盈利能力来反映，无论是

---

[1] XM 公司 20×2 年的营运能力各项指标计算过程略；20×3 年行业平均指标计算过程略。

投资者、债权人、企业管理者，还是企业职工、政府等利益相关者都十分关心企业的盈利能力，非常重视对盈利能力变化的分析和判断，因而盈利能力评价是企业财务评价的核心内容。反映企业盈利能力的基本财务比率主要有销售利润率、总资产报酬率、净资产报酬率、成本费用净利率等；对于上市公司而言，还应对反映股票投资价值的特定财务比率进行评价，这些比率主要包括每股收益、股利支付率、市盈率与市净率等。

（一）销售利润率

销售利润率是反映销售收入转化为利润的一类指标，用于衡量企业生产经营方面的盈利能力。由于对分子、分母内涵的不同认识和对分子分母配比的考虑，该指标有多种不同的具体指标表现，如销售净利率、销售利润率、营业收入利润率等。由于这些指标具有反映企业生产经营盈利能力的共性，本节只选取最具代表性和实践意义的销售毛利率和销售净利率进行分析。

1. 销售毛利率

销售毛利率是销售毛利与营业收入净额之比，其中销售毛利是营业收入净额与营业成本的差额；营业收入净额是营业收入减去销售退回、销售折扣、折让之后的差额。销售毛利率的计算公式为：

$$销售毛利率 = \frac{销售毛利}{营业收入净额} \times 100\%$$

$$= \frac{营业收入净额 - 营业成本}{营业收入净额} \times 100\%$$

根据 XM 公司的财务报表数据：

$$销售毛利率 = \frac{8\,610 - 4\,200}{8\,610} \times 100\% = 51.22\%$$

销售毛利率反映了企业商品销售的初始盈利能力，将销售毛利率的分析与销售毛利额分析相结合，可以评价企业对管理费用、销售费用、财务费用等期间费用的承受能力。即销售毛利率高的企业可以开支的期间费用相对就较多，反之，则较少。

一般而言，销售毛利率随行业的不同而高低各异，但同一行业的毛利率一般相差不大。与同期同行业的平均毛利率比较，可以揭示企业在定价政策、产品商品销售或生产成本控制方面存在的问题。

2. 销售净利率

销售净利率是企业一定时期净利润同营业收入净额的比率。销售净利率说明了企业净利润占营业收入的比例，用以评价企业通过销售赚取利润的能力。销售净利率表明企业每100 元营业收入可以实现的净利润是多少，该比例越高，说明企业通过扩大销售获取报酬的能力越强。其计算公式为：

$$销售净利率 = \frac{净利润}{营业收入净额} \times 100\%$$

根据 XM 公司的财务报表数据：

$$销售净利率 = \frac{595}{8\,610} \times 100\% = 6.91\%$$

销售净利率是从企业经营业务的盈利能力和盈利水平方面对资本和资产盈利能力的补充，体现了企业营业利润对净利润的贡献；该指标受行业特点影响较大。通常说来，越是资本密集型的企业，其销售净利率就越高；反之，资本密集程度相对较低的行业，其销售净利率也较低。

（二）总资产报酬率

总资产报酬率是企业一定时期的息税前利润与总资产平均余额的比率。该指标表示企业包括净资产和负债在内的全部资产的总体盈利能力，是评价企业资产营运效率的重要指标。其计算公式为：

$$总资产报酬率 = \frac{息税前利润}{总资产平均余额} \times 100\%$$

该指标说明企业每占用及运用百元资产所能获取的利润，用于从投入和占用方面说明企业的获利能力，反映了企业全部经济资源的利用效率，其比率值越高，表明企业的获利能力越强；反之，获利能力越弱。

根据 XM 公司的财务报表数据：

$$总资产报酬率 = \frac{850+180}{(3\,840+4\,580) \div 2} \times 100\% = 24.47\%$$

该项比率的构建依据在于：① 企业经营的目的在于获利，经营的手段则是合理组织和营运特定资产。因此，将利润与资产比较，能够揭示经营手段的有效性和经营目标的实现程度。从这种意义上说，该指标是用于衡量企业获利能力的一项最基本而又最重要的指标。② 企业利润既包括营业利润，也包括净利润、利润总额等，它们是由企业总资产所创造的，而非仅由部分资产创造。因此，以息税前利润与总资产比较，能够充分体现投入与产出的相关性，从而能够真实客观地揭示获利能力。

总资产报酬率视行业性质不同而不同，但各行业长时期的总资产平均报酬率趋于一致。这是因为，如果某一部门的利润率高于其他部门，就必然引起社会资本向该部门流动，从而引起本部门总资本扩大，利润率下降。一般来说，各行业部门的总资产报酬率基本是一致的，该指标可以用于各行业之间的比较。

（三）净资产报酬率

净资产报酬率是企业一定时期内的净利润与净资产平均余额的比率。净资产报酬率充分体现了投资者投入企业的自有资本获取净利润的能力，突出反映了投资与报酬的关系，是评价企业资本经营效率的核心指标。其计算公式为：

$$净资产报酬率 = \frac{净利润}{净资产平均余额} \times 100\%$$

根据 XM 公司的财务报表数据：

$$净资产报酬率 = \frac{595}{(1\,990+2\,440) \div 2} \times 100\% = 26.86\%$$

净资产报酬率用于从净收益的角度说明企业净资产的获利水平，其比值越高，表明企业的获利水平越高。反之，表明企业获利水平越低。构建该项比率的依据在于：① 股东财富最大化是企业理财的目标之一，而股东财富的增长从企业内部看主要来源于利润，因此，将净利润与净资产比较能够揭示企业理财目标的实现程度。② 企业在一定期间实现的利润中，能够为股东享有的仅仅是扣除所得税后的净利润，而不包括作为所得税及利息开支方面的利润。因此，将净利润与净资产比较才能客观地反映企业股东的报酬状况和财富增长情况。

净资产报酬率与销售利润率尽管均是用于衡量企业获利水平的指标，但两者说明问题的角度不同，销售利润率是从经营的角度说明企业的获利水平，而净资产报酬率则从综合性的角度说明企业的获利水平。换言之，影响销售利润率的因素主要限于营业收入、营业成本等经营性方面的因素，而影响净资产报酬率的因素除经营性因素外，还包括筹资、投资、利润分配等财务性质的因素，这一点可通过以下公式说明：

$$
\begin{aligned}
净资产报酬率 &= \frac{净利润}{净资产平均余额} \times 100\% \\
&= \frac{息税前利润}{总资产平均余额} \times \frac{净利润}{息税前利润} \times \frac{总资产平均余额}{净资产平均余额} \\
&= 总资产报酬率 \times \frac{净利润}{息税前利润} \times \left(1 + \frac{负债平均余额}{净资产平均余额}\right) \\
&= 总资产报酬率 \times \frac{净利润}{息税前利润} \times \left(1 + \frac{负债平均余额}{净资产平均余额}\right) \\
&= 销售利润率 \times 总资产周转率 \times 净利润比重 \times (1 + 负债对净资产比率)
\end{aligned}
$$

可见，影响净资产报酬率的因素有销售利润率、资产周转率、净利润比重和负债对净资产比率四个方面。其中，销售利润率、资产周转率属于经营性因素；净利润比重属于利润分配方面的因素；负债对净资产比率则属于资本结构因素。

正是由于净资产报酬率受多种因素的共同影响，使其相对于其他获利水平指标而言更能综合地反映企业的盈利情况，加之它与企业财务管理目标的内涵（即股东财富最大化）相吻合，使其在企业业绩评价中具有广泛的适用性。

（四）成本费用净利率

成本费用净利率是企业净利润与成本费用总额的比率。它反映企业生产经营过程中发生的耗费与获得的报酬之间的关系，其计算公式为：

$$
成本费用净利率 = \frac{净利润}{成本费用总额} \times 100\%
$$

根据 XM 公司的财务报表数据：

$$
成本费用净利率 = \frac{595}{(4\,200+700+1\,320+1\,100+300+180+255)} \times 100\% = 7.39\%
$$

其中，成本费用是企业为了取得利润而付出的代价，主要包括营业成本、税金及附加、销售费用、管理费用、研发费用、财务费用和所得税费用等。成本费用净利率越高，说明企业为获取报酬而付出的代价越小，企业的盈利能力越强。因此，测算成本费用净利率，不仅可以评价企业盈利能力的高低，还可以评价企业对成本费用的控制能力和经营管理水平。

（五）每股收益

每股收益也称为每股盈余，是净利润扣除优先股股利后的余额与普通股发行在外的加权平均股数之比，反映了每股发行在外的普通股所能分摊到的净收益额。其计算公式如下：

$$每股收益 = \frac{净利润-优先股股利}{普通股发行在外的加权平均股数} \times 100\%$$

每股收益不仅可以衡量股东投资的获利水平，而且可以反映投资者有望从企业获取股利收益的最高水平，因而是用于衡量企业股票投资价值的一项重要指标。该比值越高，表明企业的盈利水平越高，投资者有望从企业获取的股利收益越大，进而说明企业的投资价值越大。每股收益的多少是影响股票市场价格最基本的因素之一。一般情况下，股票价格＝股息（包括红利）/市场利率。显然，股息红利越高，股票价格越高，每股收益的多少便直接影响到股息、红利的高低。只有当每股净收益较高时，才真正具备了提高股息、发放红利的客观物质基础。

在上市公司财务评价中，每股收益的分析占有极其重要的地位。每股收益与净资产报酬率、总资产报酬率等指标一样，也是反映企业盈利能力的一项综合性很强的指标。一切影响利润水平的因素同样都可在每股收益中得到反映；同时，企业股票构成、股利政策、股票分割等影响股份数量的有关因素也都会在每股收益中得到反映，而无论利润水平的高低，或股票数量的多少都会直接影响到每一个股东的切身利益，因而每股收益成为股东关心的重点，也是包括股东在内的其他投资人进行投资决策的基本依据。

在具体运用该比率时，应注意以下问题：

（1）由于优先股股东对股利的受益权优先于普通股股东，因此在计算普通股股东所能享有的收益额时，应将优先股股利扣除。分母普通股的数量应为当期发行在外普通股的加权平均数。若在分析期内，股票数量因增发、配送、减持或债转股等原因而发生变化时，则应以变化后的普通股数量摊薄计算。具体计算时，分母中的普通股股数应采用年内的加权平均股数。例如，A公司20×1年年初普通股为6000万股，5月初增发1500万股，则全年的加权平均股数为7000万股（6000×4÷12+7500×8÷12）。

（2）为了使每股收益指标更具有意义，在进行股票分割和发放股票股利时，发行在外的普通股股数发生了变化，加权平均的股票数量就必须做出调整。例如，如果A公司20×1年每股收益是5元，20×2年是3元，这就造成盈利能力下降的现象。经查A公司20×2年是由于股票按1:2分割引起每股收益下降，因此有必要追溯调整20×1年的股票数量，即也按1:2进行分割，20×1年的每股收益就只有2.5元，解释了盈利能力下降的虚假现象。

假设XM公司20×3年发行在外的普通股加权平均股数为1500万股，根据XM公司的财务报表数据：

$$每股收益 = \frac{595}{1500} = 0.40(元/股)$$

（六）股利支付率

股利政策包括股利支付的水平和每股股利的增长情况等方面，衡量股利支付水平的指标是股利支付率。股利支付率是普通股股利与每股收益的比值，反映每股收益中实际支付的股利水平或普通股股东从每股收益中分得的份额。由于股利是对企业净利润的分配，故企业盈利状况是企业支付股利水平的重要依据，股利支付率的高低可以从一个侧面间接反映企业的盈利能力，尤其是企业实际的利润质量。其计算公式为：

$$股利支付率 = \frac{每股股利}{每股收益} \times 100\%$$

假设 XM 公司 20×3 年度分配的普通股每股股利为 0.17 元，根据 XM 公司的财务报表数据：

$$股利支付率 = \frac{0.17}{0.40} \times 100\% = 42.5\%$$

股利支付率没有一个固定的衡量标准，企业股利支付率的高低主要取决于企业的股利政策、目前的现金流量以及面临的投资机会等。有时候，尽管公司盈余充足，但管理层仍可将资金用于新的投资机会，从而导致股利支付率较低；但一般来说，较高的股利支付率更容易获得投资者的青睐，也反映企业具备较好的盈利能力。

（七）市盈率

市盈率亦称价格与收益比率，是普通股每股市价除以每股收益的比率，用以评估股价水平是否合理。市盈率越高，则投资者为该股票付出的代价越多，同时表明投资者期待着更高的盈利增长。股票市场上并不存在一个标准市盈率，对市盈率的分析要结合企业所在的行业特点和企业的盈利前景。一般情况下，市盈率保持在 20~30 比较合适。一只股票的市盈率越低，市价相对于股票的盈利能力越低，表明投资回收期越短，投资风险就越小；过大则意味着股价高，投资风险大。根据深、沪交易所的规定，市盈率中的每股收益均使用摊薄后的每股收益。其计算公式为：

$$市盈率 = \frac{每股市价}{每股收益}$$

假设 XM 公司 20×3 年 12 月 31 日普通股每股市价为 7.8 元，根据 XM 公司的财务报表数据：

$$市盈率 = \frac{7.8}{0.40} = 19.5$$

市盈率是衡量股票价格高低和投资价值高低的一个重要指标，尽管市盈率作为一个简单指标不可避免地具有局限性，但由于其综合对比了股票的两大核心要素：价格和收益，表明了股价的相对高低，因而被监管当局和投资者广泛采用，尤其是在进行各国市场总体比较以及同一行业的不同公司之间的横向比较时，该指标具有不可替代的重要实践意义。

在具体运用该比率时，应注意以下问题：

（1）市盈率是一个动态指标。企业业绩的变化和股票价格的变化都可以随时改变市盈率。而且，在市盈率与股价之间，并不是一种简单的正相关关系，市盈率高，股价不一定就高，市盈率低，股价也不一定就低。

（2）市盈率与股本变动密切相关。上市公司当年的每股收益水平不仅和企业的盈利水平有关，而且和企业的股本变动与否也有着密切的关系。在上市公司股本扩张后，摊到每股里的收益就会减少，企业的市盈率会相应提高。

（八）市净率

市净率也称市账率，是普通股每股市价与每股净资产比率，用以反映普通股股东愿意为每1元的净资产所支付的价格，表明市场对企业净资产的评价。其中每股净资产等于普通股股东权益总额除以发行在外的普通股股数，表示普通股股东享有的净资产份额。一般来说市净率较低的股票，投资风险也较低，但同时也说明不为市场所重视。市净率比较适合评价处于周期性行业的个股，此类股票每股收益随行业景气度可能有极大波动，但是净资产一般不会出现较大幅度的波动。其计算公式为：

$$市净率 = \frac{每股市价}{每股净资产}$$

$$每股净资产 = \frac{股东权益总额}{发行在外的普通股股数}$$

根据 XM 公司的财务报表数据：

$$每股净资产 = \frac{2\,440}{1\,500} = 1.63(元/股)$$

$$市净率 = \frac{7.8}{1.63} = 4.79$$

（九）XM 公司盈利能力总体评价

将 XM 公司盈利能力指标计算结果汇总，如表 12-8 所示，结合该公司各指标的历史数据及同行业指标数据情况，可以对 XM 公司的盈利能力情况做一个总体评价。

表 12-8　XM 公司盈利能力评价 [①]

比率名称	XM 公司（20×3 年）	XM 公司（20×2 年）	行业平均（20×3 年）
销售毛利率	51.22%	50.84%	51.05%
销售净利率	6.91%	7.37%	7.11%
总资产报酬率	24.47%	21.18%	27.88%
净资产报酬率	26.86%	23.36%	24.94%
成本费用利润率	7.39%	7.89%	10.21%
每股收益	0.40	0.38	0.39
股利支付率	42.50%	43.42%	43.35%

[①] 假设 XM 公司 20×2 年 12 月 31 日普通股每股市价为 7.6 元，20×2 年度分配的普通股每股股利为 0.165 元。XM 公司 20×2 年的盈利能力各项指标计算过程略；20×3 年行业平均指标计算过程略。

续表

比率名称	XM 公司（20×3年）	XM 公司（20×2年）	行业平均（20×3年）
市盈率	19.50	20.00	18.56
市净率	4.79	5.71	4.95

（1）20×3年 XM 公司销售毛利率与 20×2年数值及同行业数值相差不大，处于正常水平。

（2）20×3年 XM 公司销售净利率下降，但公司 20×3年度营业收入与净利润都比 20×2年度高，表明企业 20×3年期间费用有所上升，产品单位成本相比 20×2年提高了。

（3）20×3年 XM 公司总资产报酬率水平和净资产报酬率水平均比 20×2年度有较大幅度的提升，特别是净资产报酬率水平，由低于同业平均水平上涨至高于同业平均水平。究其原因，需要结合销售毛利率、资产周转率来进行具体的因素分析。

（4）成本费用利润率为 7.39%，说明公司每消耗 100 元，仅可以获取 7.39 元的利润，XM 公司的成本费用利润率偏低，说明成本增加过快或者利润增幅过慢，结合 XM 公司的利润表来看，该公司需要对成本进行控制。

（5）每股收益为 0.40，相比去年小幅度上升，但是不能孤立地分析每股收益，还应结合净资产报酬率来分析公司盈利能力，对于 XM 公司，结合其净资产报酬率来看，盈利能力有所上升。

（6）股利支付率为 42.50%，低于去年水平与同行业平均水平。但是，股利支付率的高低和公司的股利政策、面临的投资机会有着紧密联系，公司可能为了抓住良好的投资机会，调整股利政策，致使股利支付率降低。

（7）市盈率为 19.50，相比去年有所下降。虽然市盈率可以大致反映股价，一定程度上反映了投资者对上市公司未来盈利能力的预期，但是市盈率是一个相对估值的概念，与股价之间并不是简单的正相关关系，还需从多个方面进行判断。

（8）市净率为 4.79，相比去年大幅度降低，主要是由于股价上涨幅度小于每股收益上涨幅度。

总体而言，虽然 XM 公司总资产报酬率水平和净资产报酬率水平表现良好，但是产品成本的上升导致销售净利率和成本费用利润率指标下降，XM 公司还需要针对产品成本控制做出调整。

四、发展能力评价

发展能力也称为成长能力，是企业在从事经营活动过程中所表现出的增长能力。企业发展能力评价主要采用增长性指标，以形成企业发展能力的价值变动因素为切入点，通过对众多财务指标进行分类分项的对比，考察企业的发展速度和发展趋势，将财务指标分为销售、资产、收益、资本扩张等几类密切联系的指标。评价发展能力的基本财务比率主要有销售收入增长率、资产增长率、利润增长率与净利润增长率、股东权益增长率等。

（一）销售收入增长率

销售收入增长率是企业本期营业收入增长额与基期营业收入总额的比率，用以反映企业营业收入的变化情况，是评价企业成长性和市场竞争力的重要指标。该比率大于零，表示企业本期营业收入增加；反之，表示本期营业收入减少。该比率越高，说明企业营业收入的成长性越好，企业的发展能力越强。这种分析方式的优点在于，采用相对数指标进行销售收入分析，可以避免由于企业规模不同造成的不可比问题，便于在同行业不同企业之间进行对比分析。其计算公式为：

$$销售收入增长率 = \frac{本期营业收入增长额}{基期营业收入总额} \times 100\%$$

$$= \frac{本期营业收入总额 - 基期营业收入总额}{基期营业收入总额} \times 100\%$$

根据 XM 公司的财务报表数据：

$$销售收入增长率 = \frac{8\,610 - 7\,730}{7\,730} \times 100\% = 11.38\%$$

销售收入增长率的分析不仅可以衡量企业整体年度的销售收入增长情况，也可以分析企业具体某一期或几期的增长情况，如半年、季度、月度等，还可以分析企业具体某业务或某一类业务的销售收入增长情况，使企业的销售收入增长分析更具有针对性和时效性。

（二）资产增长率

资产增长率是企业本期总资产增长额与期初资产总额的比率，是从企业资产规模扩张方面来衡量企业发展能力。企业资产总量对企业的发展具有重要的影响，一般来说，资产增长率越高，说明企业资产规模增长的速度越快，企业的竞争力会增强。其计算公式为：

$$资产增长率 = \frac{本期总资产增长额}{期初资产总额} \times 100\%$$

$$= \frac{期末资产总额 - 期初资产总额}{期初资产总额} \times 100\%$$

根据 XM 公司的财务报表数据：

$$资产增长率 = \frac{4\,580 - 3\,840}{3\,840} \times 100\% = 19.27\%$$

一般而言，资产增长率越大，表明企业资产规模扩张程度越大；资产增长率变动趋势越持久，越能预示出企业资产规模未来的发展方向。实务中，由于不同企业的经营管理略不同，或是因为所处的生命周期阶段特征不同，对资产的需求量和需求类型也不尽相同。在特别的情况下，企业的资产增长率可能出现负的情况，但这时不能轻易下结论，应结合报表附注及相关资料了解企业资产规模缩小集中于哪一部分，原因是什么，这样才能得出正确的分析结论。

企业资产由负债和所有者权益两部分构成，因此，在进行资产增长率分析时，应当进一步对负债和所有者权益的增长情况进行分析，确定导致企业资产规模扩大的因素是因为企业近期的大量举债，还是源于经营管理水平的提高或在销售市场上良好的表现使得企业自有资金不断充实；不仅要关心资产增长水平，还应当考虑这种增长速度是否符合收入、利润的增长要求。如果资产增长速度过慢，可能导致收入增长受阻；如果资产增长速度过快，则会导致流动资金不必要的占用，影响资金使用效率。将资产、收入、利润联合比较有利于避免企业盲目扩张，也有利于及时纠正企业成长中存在的问题。

由于资产增长率分析采用的是账面价值，属于历史成本，与现行市场价值存在脱节，由此得出的结论可能会脱离实际。因此，企业在进行具体分析时，有必要参照公允价值标准对现有资产账面价值进行调整。

（三）利润增长率与净利润增长率

利润增长率是指企业本期利润总额增长额与基期利润总额的比率，其计算公式为：

$$利润增长率 = \frac{本期利润总额增长额}{基期利润总额} \times 100\%$$

$$= \frac{本期利润总额-基期利润总额}{基期利润总额} \times 100\%$$

根据 XM 公司的财务报表数据：

$$利润增长率 = \frac{850-810}{810} \times 100\% = 4.94\%$$

利润增长率反映了企业盈利能力的变化，该比率越高，说明企业的成长性越好，发展能力越强。此外，也可以计算净利润增长率，其计算公式为：

$$净利润增长率 = \frac{本期净利润增长额}{基期净利润} \times 100\%$$

$$= \frac{本期净利润-基期净利润}{基期净利润} \times 100\%$$

根据 XM 公司的财务报表数据：

$$净利润增长率 = \frac{595-570}{570} \times 100\% = 4.39\%$$

从企业整体角度分析的净利润增长水平是对企业竞争综合实力的体现。净利润增长水平越高，越能说明企业各项业务正在蓬勃发展，这可能源于企业成功的营销策略、较高的市场声誉或企业的前景乐观。净利润的增长也是企业资本得以不断积累的重要来源。

（四）股东权益增长率

股东权益增长率又称为净资产增长率、资本积累率，是企业本期股东权益增长额与期初股东权益总额的比率。股东权益的不断积累是企业成长的重要标志之一，能够形成股东权益的途径主要有两种：一是股东追加的资本投入；二是企业历年经营成果的不断积累，即企业的利润留存。股东对企业追加的资本金相当于外部向企业内输入的新鲜血液，它可以缓解企业资金紧张状况，形成企业成长的动力。与股东增资不同，净利润留存量的多少是决定企业能否健康成长的重要因素，净利润留存量的不断增长预示着企业拥有更强的经济实力，是企业得以可持续发展的强大动能。股东权益增长率的计算公式为：

$$股东权益增长率=\frac{本期股东权益增长额}{期初股东权益总额}\times100\%$$

$$=\frac{期末股东权益-期初股东权益}{期初股东权益总额}\times100\%$$

根据 XM 公司的财务报表数据：

$$股东权益增长率=\frac{2\,440-1990}{1990}\times100\%=22.61\%$$

可见，股东权益增长率是对股东已投入企业的资金能否实现保值、增值的重要评价指标。股东权益增长率为正，表明企业经营状况良好，能够实现投入资本的保值，该指标越大，说明投入企业资本的增值能力越强，越能为股东带来收益；如果该指标为负，则意味着企业经营不善，盈利能力可能存在重大问题，损害了企业股东的利益。此外，股东权益增长率还揭示了企业的债务保全能力，是企业进行债务筹资的重要基础。

（五）XM 公司发展能力总体评价

将 XM 公司发展能力指标计算结果汇总，如表 12-9 所示，结合该公司各指标的历史数据及同行业指标数据情况，可以对 XM 公司的发展能力情况做一个总体评价。

表 12-9　XM 公司发展能力评价 [①]

比率名称	XM 公司（20×3 年）	XM 公司（20×2 年）	行业平均水平（20×3 年）
销售收入增长率	11.38%	6.15%	7.5%
资产增长率	19.27%	7.37%	7.11%
利润增长率	4.94%	5.10%	4.88%
净利润增长率	4.39%	4.88%	4.54%
股东权益增长率	22.61%	13.50	12.50%

（1）20×3 年 XM 公司销售收入增长率为 11.38%，20×2 年为 6.15%，表明 XM 公司的销售收入呈现出逐年递增的状态，且增长速度优于同行业水平。

（2）资产增长率为 19.27%，明显高于 20×2 年数值和行业平均值，说明 XM 公司 20×3 年资产规模大幅提升。结合企业的股东权益来看，股东权益增长率为 22.61%，增长速率较快，且高于负债的增长速率（15.68%），说明 XM 公司资产规模扩张并非是因为大量举债。

（3）从利润增长率和净利润增长率来看，XM 公司的利润和净利润在近两年平稳增长，成长性和发展能力较好。

（4）股东权益增长率指标较大，说明投入企业资本的增值能力较强，能为股东带来较高的收益。

总体来看，XM 公司的各项发展能力指标都大于 0，且大部分指标优于行业平均水平，

[①]　XM 公司 20×2 年的发展能力各项指标计算过程略；20×3 年行业平均指标计算过程略。

说明 XM 公司的成长能力较强，呈现出较好的发展趋势。

第三节　财务综合评价

　　分项财务比率的评价，只是从某一侧面说明企业的财务或经营状况，因而基于这种分项评价所形成的对企业财务的认识，也只是一种局部的、分散的认识，而非整体的、综合的认识。要想通过财务评价获得对企业财务的整体认识，有赖于将上述各个方面按内在逻辑结合起来进行联系分析，因此必须对企业进行财务综合评价。企业财务综合评价是在单项财务能力分析的基础上，运用财务综合评价方法将反映企业营运能力、偿债能力、盈利能力和发展能力等各方面的财务指标纳入一个有机的整体之中，全面地反映和揭示企业的财务状况和经营成果。常用的财务综合评价方法主要有杜邦财务分析法、沃尔比重评分法、哈佛分析框架等。

一、杜邦财务分析法

　　杜邦财务分析法是利用几种主要的财务比率之间的内在联系来综合分析企业财务状况的一种方法。这种方法由美国杜邦公司最先提出，因而称为杜邦财务分析法。它以净资产报酬率为核心指标，将盈利能力、营运能力、偿债能力有机地结合起来，层层分解，逐步深入，构成了一个完整的分析系统，全面、系统、直观地反映了企业的财务状况。杜邦财务分析法的关键不在于指标的计算，而在于分析影响企业净资产报酬率变化的主要因素，发现企业存在的主要财务和经营问题，从而实现对企业价值的有效管理，其分析路径如图 12-1 所示。

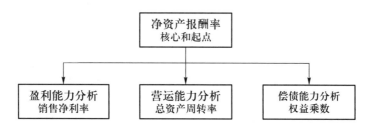

图 12-1　以净资产报酬率为核心和起点的杜邦财务分析法

　　根据财务比率之间的关系可以将净资产报酬率分解为：

$$净资产报酬率 = \frac{净利润}{净资产平均余额} \times 100\%$$

$$= \frac{净利润}{销售收入} \times \frac{销售收入}{资产总额} \times \frac{资产总额}{净资产}$$

$$= 销售净利率 \times 总资产周转率 \times 权益乘数$$

　　杜邦财务分析法通过对上述财务指标的层层分解，可以全面、系统地反映出企业的财务状况和系统内部各个因素之间的内部关系。为了更直观地表达杜邦财务分析法的本质，通常绘制杜邦财务分析法的基本框架图，将有关指标按内在联系排列，便于理解和分析，如图 12-2 所示。

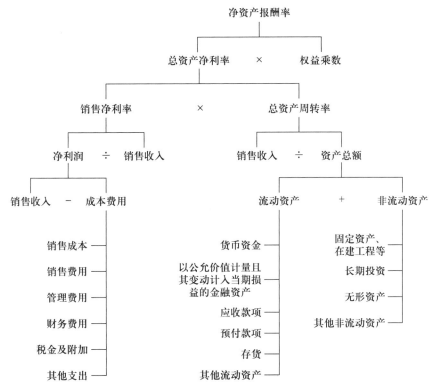

图 12-2　杜邦财务分析法的基本框架图

　　从图 12-2 中可以看出，杜邦财务分析法列示的各个指标间层次分明、结构清晰。不同层次下的财务指标所反映的内容的综合程度是不同的：上层指标综合性强，下层指标综合性弱，也可以认为下层指标是原因，上层指标是结果。正是利用这种因果关系，可以把某指标的变动和企业总目标指标的变动联系在一起，进而分析它们之间的数量关系，用下层指标解释上层指标。从图 12-2 中可以看出，杜邦财务分析法的基本框架有三大分支：一是从销售净利率开始，一直往下层去，这条分支反映企业在盈利能力方面的相关财务指标；二是从总资产周转率往下，这条分支反映企业在营运能力方面的相关财务指标；三是从权益乘数往下，这条分支反映企业的偿债能力，同时也反映资本结构方面的相关财务指标。因而，净资产报酬率与企业的销售规模、成本水平、资产营运、资本结构都有着密切的联系，这些因素构成一个相互依存的系统，只有把这个系统内各个因素的关系协调好，才能使净资产报酬率达到最大，才能实现股东的利益。

　　可见，杜邦财务分析法是对企业财务状况的综合分析，其作用在于揭示指标变动的原因和变动趋势，从而便于管理层采取针对性的措施。分析时应明确以下几点：

　　（1）净资产报酬率是杜邦财务分析的核心和起点，是综合性、代表性最强的财务指标，提高净资产报酬率，增强股东投入资金的获利能力，体现了股东的利益。通过杜邦财务分析可以看出，净资产报酬率高低的决定因素主要有三个，即销售净利率、总资产周转率和权益乘数，反映了企业生产运营、筹资投资、资本结构等多种因素作用的综合结果。

（2）总资产净利率揭示了企业一定期间的资产利用效率，是反映企业获利能力的一个重要的综合性财务指标。总资产净利率等于销售净利率和总资产周转率的乘积，企业的销售情况和资产管理情况都对其有直接影响。因此，提高总资产报酬率也应当从两方面入手：一方面增强企业的销售获利能力，增加收入，降低成本费用；另一方面加强资产管理，降低资金占用。

（3）销售净利率揭示了企业净利润与销售收入之间的关系，是反映销售收入获利水平的财务指标。它的高低取决于销售收入与成本费用的高低，因而要想提高销售利润率，一方面应当提高销售收入，另一方面应当降低成本费用，使净利润的增长高于销售收入的增长。

（4）总资产周转率反映了企业运用资产以形成销售收入的能力，是揭示资产结构及其使用效率的财务指标。资产结构和各资产组成部分的使用效率都直接影响着总资产周转率的高低，因而，在资产结构方面，首先分析流动资产与非流动资产的比例是否合理，再进一步分析流动资产和非流动资产内部结构是否合理。在资产使用效率方面，可以首先从总资产周转率出发，分别进行流动资产周转率和非流动资产周转率分析，然后再从流动资产周转率出发，进一步对应收账款周转率、存货周转率、现金及现金等价物周转率进行分析，从而找出问题所在。

（5）权益乘数既反映企业的偿债能力，又反映企业的资本结构，它主要受企业资产负债率的影响。在资产总额一定的情况下，资产负债率越高，企业的负债程度越高，权益乘数就越大，提高净资产收益率的同时也给企业带来了较大的财务杠杆效应。在财务杠杆的作用下，企业的收益和风险都相应提高。因此，在安排企业资本结构时，既要充分利用财务杠杆效应，又要合理规避风险，从而达到提高净资产报酬率的目的。

虽然杜邦财务分析法被广泛使用，但也存在一些局限性，如总资产净利率的总资产与净利润不匹配。总资产为全部资产提供者（投资者和债权人）享有，而净利润则专属于投资者，因而二者不匹配，还需要进一步将债权人细分为有息负债的债权人和无息负债的债权人，计量投资者和有息负债债权人投入资本所形成的收益，据此准确反映企业的盈利能力。

二、沃尔比重评分法

沃尔比重评分法是指将选定的财务比率基于线性关系结合起来，分别给定各自的系数比重，然后通过与标准比率进行比较，确定各项指标的得分及总体指标的累计得分，从而对企业的财务状况（信用）水平做出评价的方法。1928 年，学者亚历山大·沃尔提出了信用能力指数的概念，并选择了 7 个财务比率，即流动比率、产权比率、固定资产比率、存货周转率、应收账款周转率、固定资产周转率和净资产周转率，分别给定各指标的比重（如表 12-10 所示），然后确定标准比率（以行业平均数为基础），将实际比率与标准比率相比，得出相对比率，将此相对比率与各指标比重相乘，得出总评分。该方法把若干个财务比率用线性关系结合起来，以此来评价企业的综合财务状况。财务评价中，可以参照沃尔比重分析法选择财务评价主体决策需要的财务指标，计算相应的综合绩效评分，进行财务综合评价。一般而言，沃尔比重评分法的运用包括以下步骤：

表 12-10　沃尔比重评分法应用举例

财务比率	分值权重 1	标准比率 2	实际比率 3	相对比率 4=3÷2	实际得分 5=1×4
流动比率	25	2	2.5	1.25	31.25
产权比率	25	1.5	0.9	0.6	15
固定资产比率	15	2.5	3	1.2	18
存货周转率	10	8	10.4	1.3	13
应收账款周转率	10	6	8.4	1.4	14
固定资产周转率	10	4	3	0.75	7.5
净资产周转率	5	3	1.5	0.5	2.5
合计	100	—	—	—	101.25

1. 选定评价财务状况的财务比率

在选择财务比率时，需要注意：① 财务比率要求具有全面性。一般来说，反映企业的偿债能力、营运能力和盈利能力的三类财务比率都应当包括在内。② 财务比率应当具有代表性。所选择的财务比率数量不一定很多，但应当具有代表性，要选择能够说明问题且重要的财务比率。③ 各项财务比率要具有变化方向的一致性。当财务比率增大时，表示财务状况的改善；反之，当财务比率减小时，表示财务状况的恶化。

2. 确定财务比率标准评分值

根据各项财务比率的重要程度，确定其标准评分值，即重要性系数。各项财务比率的标准评分值之和应等于100分，各项财务比率标准评分值的确定是沃尔比重评分法的一个重要问题，它直接影响对企业财务状况的评分多少。对各项财务比率的重要程度，不同的分析者会有不同的态度，但一般来说，应根据企业经营活动的性质、企业的生产经营规模、市场形象和分析者的分析目的等因素来确定。

3. 确定财务比率评分值的上下限

规定各项财务比率评分值的上限和下限，即最高评分值和最低评分值，这主要是为了避免个别财务比率的异常给总分造成不合理的影响。

4. 确定财务比率的标准值

财务比率的标准值是指各项财务比率在本企业目前条件下最理想的数值，即最优值。财务比率的标准值通常可以参照同行业的平均水平，并经过调整后确定。

5. 计算关系比率

计算企业在一定时期各项财务比率的实际值，然后计算出各项财务比率实际值与标准值的比值，即关系比率。关系比率反映了企业某一财务比率的实际值偏离标准值的程度。

6. 计算各项财务比率的实际得分

各项财务比率的实际得分是关系比率和标准评分值的乘积，每项财务比率的得分都不得超过上限或下限，所有各项财务比率实际得分的合计数就是企业财务状况的综合得分。如果综合得分等于或接近 100 分，说明企业的财务状况良好，达到了预先确定的标准；如果综合得分远远低于 100 分，则说明企业的财务状况较差，应当采取适当的措施加以改善；如果综合得分远远超过 100 分，则说明企业的财务状况很理想。因而，企业财务状况的综合得分反映了企业综合财务状况是否良好。

对于沃尔比重评分法，一般认为它存在一个理论局限，即未能证明为何要选择这 7 个指标，以及每个指标所占权重的合理性。同时，还存在一个技术问题，即由于某项指标得分是根据"相对比率"与"分值权重"的乘积来确立的，因此，当某一指标严重异常时，会对总评分产生不合逻辑的重大影响。具体来说，财务比率提高一倍，其评分值增加 100%，而财务比率缩小一半，其评分值只减少 50%。尽管如此，沃尔比重评分法还是在实践中被广泛应用。

三、哈佛分析框架

哈佛分析框架是由哈佛大学的学者克里舍·G. 佩普、保罗·M. 希利和维克多·L. 伯纳德提出的融战略、财务评价于一体的财务分析框架。哈佛分析框架指出财务评价不应局限于评价报表数据，而应以战略为导向，结合企业内外部环境，从战略分析、会计分析、财务分析和前景分析四个维度进行全面评价。

企业的经营战略对财务报表数据有基础性的影响，作为一个整体框架，战略分析环节注重评价企业所处的环境（宏观环境、行业竞争环境）是怎样的，以及企业在竞争中采用何种经营战略来应对。而会计分析环节则注重辨识企业在核算过程中所采用的关键会计政策及这些会计政策选择是否恰当，进而评价企业信息披露的质量。如果会计政策与会计估计选择对财务报表数据有所歪曲，则还需要对财务报表进行调整以便真实地反映企业的生产与经营状况。可见财务报表是企业经营战略与会计政策和估计共同塑造的结果，所以财务分析环节实际上就是在评价企业所使用的经营战略是否有效。前景分析环节是将企业目前的状况与趋势向未来做一个合理延伸，同时，还可以对企业的经营提出建议。运用哈佛分析框架进行财务综合分析的架构如图 12-3 所示。

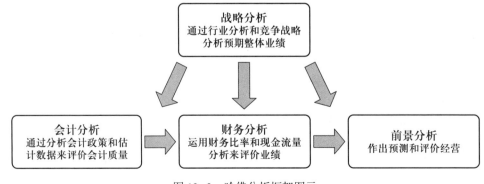

图 12-3 哈佛分析框架图示

（一）战略分析

战略分析的目的在于确定主要利润动因和经营风险，以及定性评估企业的盈利潜力。可以通过战略分析对企业经营的经济意义进行定性分析，以便后续的会计和财务分析建立在企业现实状况的基础上；也可以通过战略分析确认企业的利润动因和主要风险，从而评估企业当前业绩的可持续性并对未来业绩作出现实预测。企业的价值取决于企业运用其资本获取超出资本成本收益的能力。尽管企业的资本成本由资本市场决定，但其盈利能力却取决于自身的战略选择。战略分析包括行业分析、竞争战略分析和企业战略分析。

1. 行业分析

行业分析一般包括行业性质及其在国民经济中的地位和作用分析、行业生命周期分析和行业盈利能力分析三方面。

2. 竞争战略分析

企业可能的竞争优势包括：① 低成本优势，即以更低的成本提供相同产品或服务的能力、大量大批生产的规模优势、生产的高效率、产品设计简化、低投入成本、较少的研究开发费用或者广告费、严格的成本控制机制等。② 差异化优势，包括供应独一无二的产品或服务、更好的产品质量、更多的产品花样、更好的客户服务、更加灵活的交货方式、产品品牌、更多投资于研究开发的资金等。

3. 企业战略分析

企业期望通过何种方法在各经营部门间创造并利用协同效应。首先，企业需要建立一套以价值提升为导向的发展战略，明确企业价值提升的发展目标；其次，需要在企业内部培育企业价值管理理念，并将其与企业的日常经营活动相融合，积极妥善处理企业各利益相关者关系。

（二）会计分析

会计分析的目的在于评价公司会计政策与数据反映基本经营现实情况的程度。会计分析是在战略分析的基础上，辨识关键会计政策，评估会计弹性，挤干报表"水分"、消除"噪声"。通过确定存在会计灵活性的环节，评价企业会计政策和估计的适宜性，可以评估企业会计数据的歪曲程度。会计分析的一个重要步骤是重新计算公司会计数据，形成没有偏差的会计数据，从而消除会计歪曲。合理的会计分析能够提高财务分析结论的可靠性。

（三）财务分析

财务分析在会计分析之后，是在适当调整报表数据的基础上，针对会计报表所进行的财务分析。哈佛分析框架下的财务分析并不是单纯分析企业财务数据，而是结合企业所处的行业环境及企业发展战略解释财务数据异常的原因。在进行财务分析时应重点关注财务指标或财务数据的异常变化，分析变化原因。

（四）前景分析

前景分析从企业的经营战略出发，对企业的财务数据进行分析。首先结合会计分析，找出企业有可能存在的粉饰或虚报业绩的水分，并且采用一定的方法，挤干"水分"，以提高会计信息质量。然后在此基础上进行财务分析，得出较真实的分析结果。再根据目前企业的发展情况，对财务分析结果进行修正，进而对企业进行前景预测。前景分析侧重于预测企业未来，为企业发展指明方向，为决策提供支持。前景分析不同于传统财务分析中的企业发展能力分析。发展前景是公司战略定位、产业环境及企业财务能力综合的结果，而不仅仅是从财务指标增长率来评价，分析企业发展前景时应注重企业能否发挥自身技术优势以及企业与竞争对手的竞争能力。哈佛分析框架的评价维度如表 12-11 所示。

表 12-11　哈佛分析框架的评价维度

评价步骤	评价目的	评价重点	评价工具
战略分析	确定利润动因和经营风险	盈利潜力	核心竞争力分析、SWOT、波特五力模型等
会计分析	确认会计数据、挤干报表"水分"、消除"噪声"、解释数字	会计政策和估计的适宜性	回归分析等
财务分析	对比、评估、评价	企业当前和过去的业绩以及业绩的可持续性	财务比率分析和现金流量分析等
前景分析	侧重于预测企业未来		估值模型等

综上，哈佛分析框架的优势在于将企业战略纳入评价，并作为评价起点，详细评判企业所处的内外环境以及企业目标实现情况，将评价企业的经营管理活动上升到战略的高度。战略分析之后进行会计分析、财务分析、前景分析，将定性分析和定量分析相结合，形成较为完备的数据分析框架。会计分析中评价会计估计与政策的适宜性以提高会计信息的可信度，为财务分析奠定基础，使财务分析更为全面、合理、有效。前景分析综合了其他三种分析的结果，可以对企业的业务发展提供合理可行的建议。此外，哈佛分析框架的评价结构相较于传统财务评价结构而言，各评价方法间有着更密切的联系和逻辑关系；财务数据与非财务数据结合，使财务评价精确性更高、综合性更强。

本章小结

财务评价是财务管理的重要环节，是企业价值管理的基础。财务评价是以财务报告资料及其他相关资料为依据，采用一系列专门的分析技术和方法，对企业财务状况、经营成果和发展趋势进行分析与评价，以了解企业过去、评价企业现状、预测企业未来，为相关决策提供依据的财务管理工作。通过财务能力评价和财务综合评价，信息使用者可以对企业价值管理的主要影响因素及其变化趋势做出判断。

企业财务能力评价，是以财务报告为主要依据，对企业既定财务状况及经营业绩的合理性与有效性进行确认和判断。依据企业财务报告进行的财务能力评价，主要采用比率分析的方式，评价企业的偿债能力、营运能力、盈利能力和发展能力。偿债能力评价着重关注流动比率、速动比率、现金比率、现金流量比率、资产负债率、股东权益比率、权益乘数、产权比率、偿债保障比率和利息保障倍数等；营运能力评价着重关注应收账款周转率、存货周转率、流动资产周转率、固定资产周转率和总资产周转率等；盈利能力评价着重关注销售利润率、总资产报酬率、净资产报酬率、成本费用利润率等，对于上市公司而言，还应考察每股利润与每股现金流量、每股股利与股利支付率、每股净资产、市盈率与市净率等；发展能力评价着重关注销售收入增长率、资产增长率、利润增长率与净利润增长率、股东权益增长率等。

　　企业财务综合评价是在单项财务能力评价的基础上，运用财务综合评价方法将反映企业营运能力、偿债能力、盈利能力和发展能力等各方面的财务指标纳入一个有机的整体之中，全面反映和揭示企业的财务状况和经营成果。分项财务比率的评价，只是从某一侧面说明企业的财务或经营状况，要想通过财务评价获得对企业财务的整体认识，需将上述各个方面按内在逻辑结合起来，进行联系分析和综合评价。企业财务综合评价的主要方法有杜邦财务分析法、沃尔比重评分法、哈佛分析框架等。

即测即评

请扫描右侧二维码，进行即测即评。

思考题

1. 请简述利益相关者进行财务评价的目的。
2. 请简述企业财务能力评价的主要内容。
3. 如何评价企业的偿债能力？
4. 如何评价企业的营运能力？
5. 如何评价企业的盈利能力？
6. 如何评价企业的发展能力？
7. 请简述企业财务综合评价的主要方法。
8. 为什么说净资产报酬率是杜邦财务分析法的核心与起点？
9. 请简述哈佛分析框架的评价步骤。

下　篇

财务特种业务管理

　　本篇包括第十三章至第十七章，介绍财务特种业务管理的有关内容，主要讲述跨国公司财务管理，国家财务管理，人力资本与组织资本财务管理，智能财务管理，企业设立、清算与重组财务管理方面的理论与业务方法。

　　本篇属高级财务的内容，为学生的选学内容。教师可按开课专业的要求选用。

第十三章

跨国公司财务管理

第一节 跨国公司财务管理特征 ■■■

一、跨国公司及其财务活动

跨国公司是指通过对外直接投资的方式，在国外设立分公司、子公司或控制东道国当地企业使之成为其子公司，并从事生产、销售和其他经营活动的国际性企业。任何跨国公司都应具备这样三个条件：一是在一个以上的国家从事生产经营活动的经济实体，不管这些实体的法律形式和领域如何；二是这个经济实体有一个中央决策系统，实体内部各单位的活动都是为全球战略目标服务的；三是实体内部各单位共享资源和信息，共担责任和风险。跨国公司一般由母公司（总公司）和分布在各国的子公司所组成。跨国公司总公司所处的国家称为母国，跨国公司子公司所处的国家称为东道国。

在现代商品经济社会中，任何经济实体的经济活动都与资金的筹集、运用，收入分配和金融资产的买卖等财务活动相伴随，跨国公司也是如此。由于跨国公司的经济活动所涉及资本、资源、劳务和技术等生产要素在世界范围内流动，形成了国际性的生产经营和资本营运活动，因此，跨国公司的财务活动就从母国延伸到了世界各个国家和地区，形成了跨国筹资和投资、跨国资本营运以及跨国资产收入和分配的财务活动。跨国公司的生产经营规模大、分布广，所处的经营环境复杂，跨国公司财务活动也相当复杂，对跨国公司财务活动进行有效管理十分重要。

跨国公司财务管理就是以跨国公司为主体对其资金的筹集、运用，收入分配和资本营运活动所进行的预测、决策、计划、反映、控制、分析和考核等一系列组织和管理工作的总称。其管理的主要内容包括：筹资管理、投资管理、转移价格管理、风险管理、结算管理和纳税管理等。

二、跨国公司财务管理的特点

作为财务范畴，跨国公司财务管理与国内企业财务管理的基本原理、目的和方法等有共同之处，但二者也存在显著的差异，与国内企业财务管理相比，跨国公司财务管理有以下特征。

（一）跨国公司财务管理目标具有全球战略性

这一特征是由跨国公司生产经营的全球战略性所决定的。因为，跨国公司以全世界为市场来安排投资、生产、销售等活动，利用其遍布于全球的分支机构，根据需要把生产、销售、采购和资本从一国转到另一国，在世界范围内实施资源配置，充分利用各国的优势，保证公司取得最佳的经济效益，所以，跨国公司的高层决策者在做重大业务决策时，考虑的是整个公司的最大利益，而不是某一家子公司的局部得失。作为跨国公司经营管理核心部分的财务管理也必须立足于全球，其管理目标也必须具有全球战略性，表现在：① 在财务管理决策权的配置上，必须考虑加强总部的集权管理，以利于总部对全球生产经营的控制。② 在资金管理上，必须从全球战略出发建立国际资本调拨体制，使跨国公司能及时融通资金，充分利用国际资本市场中的条件优惠、成本低廉的资金，并建立统一的现金管理制度。③ 在财务控制系统的建立上，要求控制系统能使总部取得必要的信息，进行全球性协调工作，确保各部门和子公司的生产经营符合公司的整体利益。④ 在财务策略上，采取与全球经营战略相配合的策略，诸如，所有权策略和转移价格策略。所有权策略是跨国公司财务策略的核心，从全球经营战略出发，跨国公司一般都力求通过拥有全部股权和多数股权对国外子公司进行直接控制。转移价格策略是跨国公司独有的一种财务策略，转移价格是跨国公司内部交易结算所采用的价格，这种价格在一定程度上不受市场供求规律的制约，由公司高层决策者根据公司的全球战略制定。它是实现跨国公司全球战略目标的重要工具。例如，利用转移价格最大限度地减少税负和风险，从而增加整个公司的利润总额。

（二）跨国公司财务管理环境的复杂性

跨国公司的经营目标是全球性的，它的运行机制是开放型的，其众多分支机构遍布于世界各地，既要在母公司所在国从事生产经营活动，其海外子公司还要在其他国家从事生产经营活动。跨国公司的经营环境既包括母国的经营环境，又包括东道国的经营环境。经营环境是指围绕影响公司生存和发展的各种因素之和，这些因素主要包括自然、文化、政治、经济和法律等。由此，跨国公司母国的经营环境与众多东道国的经营环境中的各种因素就会相互交叉，相互作用，形成相当复杂的国际经营环境，跨国公司就处于这样的国际经营环境之中。因此，在从事跨国公司财务管理时，不仅要考虑本国各方面的理财背景，而且还要充分考虑国际形势的变化和各国的政治、经济、文化和法律等政策和制度的变化，适时调整与东道国之间的财务关系。这就要求跨国公司财务管理人员具有更高的素质，在复杂的财务环境下，较为准确地进行财务预测和决策。比如在我国，习近平总书记分别在 2013 年 9 月和 10 月提出了建设"新丝绸之路经济带"和"21 世纪海上丝绸之路"的合作倡议，"一带一路"建设自此开始，让更多中国企业走出国门。"一带一路"有六十多个共建国家，后来进一步扩大到非洲和南美洲等一百多个发展中国家，但这些国家的金融、财税和法律制度存在巨大的差异，而如何在复杂的外部环境下进行跨国经营对我国参与"一带一路"的企业来说是一个巨大的挑战。

（三）跨国公司财务风险管理的特殊性

与国内企业财务管理相比较，跨国公司财务管理中的风险管理不仅与众不同，而且十分重要。跨国公司所处的经营环境之复杂，是国内企业无法与之相提并论的，因此，跨国公司的理财环境较之于国内企业比较易于适应和控制的理财环境就显得颇为复杂、不确定、难于控制，这就给跨国公司带来了新的、更大的风险，如政治风险、战争风险和外汇风险等。这就要求在财务管理中采取一些国内企业财务管理未曾采用的对策和方法来回避、防范和减少这些风险，设法保护自己现有的财产，在可能发生风险的情况下保持盈利能力。例如，为防范政治风险，公司可采取较灵活的股权策略，其做法是在新建立的子公司中增加合资企业的比重，除了直接投资，还利用技术销售优势进行非股权安排，这样在很大程度上可避免国有化政策和民族主义倾向导致的重大风险（如公司财产被没收）。再如，利用转移价格策略克服外汇风险，其做法是，公司以适当的转移价格把外汇风险大或币值下跌国家的子公司的产品调往汇率稳定或币值上升国家的子公司，由它在当地市场上销售，获取坚挺或稳定的货币。

（四）跨国公司资金管理方式的独特性

跨国公司的财务活动涉及许多国家，各国的政治、经济情况不同，货币有软有硬，外汇管制和贸易管制以及法规有差别，跨国公司的资金管理相当复杂。因此，跨国公司必须采取一套独特的资金管理方式。在筹资方面，跨国公司的筹资渠道多于一般国内企业，可以在世界范围内筹资。但由于公司的所有权结构不同，公司对拥有不同股权的子公司实行不同的筹资政策：对拥有全部股权的独资企业，由于它是跨国公司完全控制的子公司，公司鼓励其增加内部资金积累；对于拥有少数股权的合资企业，其所需资金通过在当地发行有价证券或借贷解决；对于合营企业，跨国公司则更愿多发股利，以便尽早收回认缴的股本。在资金供应方面，跨国公司根据所处的复杂的国际经营环境，向海外子公司采取不同的资金供应方式，其基本方式有：公司投资入股、公司提供贷款、公司内部调拨资金。在现金管理方面，跨国公司大都建立了统一的现金管理制度，由总公司财务部门全面负责管理资金调拨。

（五）跨国公司财务管理与国际金融和国际税收关系的密切性

跨国公司的资金运动超过了国界，遍布于世界各国，形成与国际资本运动相结合的资金运动。而国际金融研究的是国际资本流动、国际金融市场等，国际金融市场是跨国公司财务的重要国际经营环境之一。就跨国公司财务活动与国际金融市场的关系看，二者是相互依存的，第二次世界大战后跨国公司的发展是资本国际化的客观基础，而国际资本市场的迅速发展又为跨国公司的资金筹措和融通提供了便利场所。这是因为跨国公司规模巨大，一方面暂时闲置的资金数量很大，需要一个灵活存储又能获利的国际金融市场；另一方面所需的资金也相当大，需要一个容易筹措资金的国际金融市场。这就决定了从事国际性经营的跨国公司要求有相应的国际金融市场为其服务。因此，跨国公司对国际金融市场的依赖程度远远超过了国内企业。这就要求跨国公司财务管理人员必须通晓国际金融知识，才能正确进行财务管理，保证公司在可能最优惠的条件下取得资金，并正确进行投资，获得最大的收益。

跨国经营与国际税收关系也极为密切。跨国经营的最大目的是在全球获取最大限度的利润。税负的多寡对跨国公司的净利得有着举足轻重的影响，为此，跨国公司就要想方设法谋求税负最小化。在跨国经营中不仅要分析和研究各国制定的不同税收制度，而且还要根据各国的税收制度，对公司投资方向、成本费用摊销、资金筹集、转移价格的确定等重大问题做出决策。同时，国际税务方面的巨大潜在利益，也使跨国公司积极采取某些行动，使这种潜在的利益变为现实。因此，国际税务管理已经成为跨国公司财务管理的重要内容之一。它开辟了财务管理的新领域，丰富了财务管理的内容，也成为跨国公司财务管理区别于国内企业财务管理的一个显著特征。

三、跨国公司财务管理的内容

跨国公司财务管理的内容主要有以下六个方面。

（一）筹资管理

跨国公司凭借其良好的国际关系和经济实力，不仅从本国筹措资金，而且从外国和国际金融市场筹措大量资金。跨国公司有更多的资金来源，可以采用不同方式筹集资金和向海外子公司供应生产经营所需要的资金。跨国公司的筹资管理涉及如何有效利用世界范围内的各种资金来源渠道，正确选择筹资方式以及母公司以何种形式向子公司供应资金，以较小的成本和风险保证生产经营对资金的需要，特别是保证海外子公司的资金供应。

（二）对外投资管理

从事国际直接投资活动是跨国公司运用资金的主要形式，进行国际直接投资就是要在国外投资办实体。投资的类型主要有独资企业、合资企业和合作企业等，跨国公司采用何种形式取决于自身的条件和国际投资环境，因此，跨国公司在对外投资时，事前必须对海外投资环境进行评估，对投资项目的经济效益和现金收支进行预测和决策。

（三）转移价格管理

转移价格的制定是跨国公司实施全球战略的重要组成内容。转移价格管理在跨国公司财务管理中有着举足轻重的作用。跨国公司利用适当的转移价格策略，可以加强母公司对子公司的控制，减少整个公司的税负，增加总体利润，促进公司资金转移，避免风险，增强公司竞争力。但是不恰当地运用转移价格则可能导致公司所在国政府的惩罚，或者损害公司管理人员的责任心和进取心，因此，合理制定和运用转移价格是进行转移价格管理的关键。在制定和运用转移价格的决策中要研究和分析影响转移价格的因素，制定转移价格的程序和方法，正确处理该领域中同各国政府利益关系密切的特殊问题。

（四）风险管理

跨国公司经营中会遇到一些新的风险，对这些新风险进行管理是公司在变化无常的国际经营环境中生存和发展所必需的。风险管理就是要研究风险的种类及成因，研究如何防范和化解风险、减少和分散风险。

（五）结算管理

跨国公司在全球范围内进行筹资、投资和商品交易活动，必然发生国际之间的款项收付或债务结算。跨国公司结算比国内企业结算更为复杂，因为跨国公司结算是在不同国家之间进行的涉及不同国家货币的兑换。跨国公司结算要通过一定的结算方式来进行。跨国公司要顺利销售商品和及时取得货款，其财务管理人员必须熟悉跨国公司结算的种类、方式及其特点，结算的票据和单据。

（六）纳税管理

跨国公司为了整个公司收益的最大化，就要想方设法谋求税负最小化。因此，跨国经营中不仅要分析和研究各国制定的不同税收制度，而且还要根据各国的税收制度对企业投资方向、成本费用摊销、资金筹集、转移价格的制定以及海外公司应采用的组织形式等重大事项做出决策。这样，跨国公司的纳税管理就成为跨国公司财务管理的重要内容之一。

四、跨国公司财务管理体制

跨国公司的财务活动涉及母国和东道国，其财务管理体制一方面反映跨国公司与母国和东道国有关方面（包括母国和东道国的政府、企业、单位和个人）之间的财务关系，另一方面反映公司总部与各子公司之间的财务关系。因此，跨国公司财务管理体制就包括两个层次：第一个层次是跨国公司所涉及的国家和地区与跨国公司的财务管理体制。这里涉及两个方面，一是母国与跨国公司之间的财务管理体制；二是东道国与跨国公司之间的财务管理体制，本书仅介绍这个方面。第二个层次是跨国公司内部财务管理体制。

（一）东道国与跨国公司之间的财务管理体制

东道国与跨国公司之间的财务管理体制是指东道国对跨国公司财务活动的限制、审查、监督和检查等方面的管理制度，以确立东道国与跨国公司的财务关系。东道国与跨国公司的财务关系集中表现在二者的经济利益上：东道国既是跨国公司投资的受益者，又可能是受害者，二者往往存在着较大的利益冲突。它们主要表现在：①跨国公司的基本目标在于凭借其特有优势从事生产经营，利用东道国所提供的各种优惠政策，依托东道国的市场和资源，在全球谋取最大化的净收益，这与东道国旨在利用跨国公司的活动促进经济增长，引进资金、先进管理经验和技术，提高国民收入水平的目标既有一致性，又有矛盾。②跨国公司从事经营活动的某些做法往往会损害东道国的利益，如操纵价格避税使东道国无利可得，利用所有权结构控制东道国的重要产业，危及东道国的国家安全等。对此，东道国既要利用跨国公司有利的一面，又要防范和限制其不利的一面。东道国除了制定有关经济政策、法规外，还必须建立和健全对跨国公司的财务管理制度。

东道国对跨国公司财务管理制度的主要内容有两个方面。

1. 跨国公司资金进入方面的财务管理制度

对跨国公司的资金进入包括其投资领域、期限和股权结构等方面，东道国应根据自己的国情，衡量接受跨国公司投资的得失，本着利用和限制兼顾的原则，建立有效的财务管理制度。

（1）在资本进入的领域方面，不论是发展中国家还是发达国家都建立了审批制度，比较而言，发达国家的外资审批较为宽松，而发展中国家却较为严格。其审批的内容主要有：引进的外资和技术，是否有损于本国的主权，是否有控制本国重要产业和通过操纵其经济以控制其政治之嫌，是否有利于本国的经济与技术的发展，是否有利于改善本国的国际收支状况，是否符合本国近期和中远期经济发展规划。例如，印度设立有统一的投资管理委员会，规定凡属于工业项目，投资总额在 350 万卢比以上（落后地区 5 亿卢比以上）的企业，都必须先向工业部门申请，由该部门进行评估后，再报投资管理委员会审批。

（2）在投资期限方面，许多发展中国家对外国投资的期限都做了明确的规定，以防止外国企业的短期行为或在本国建立永久性公司。

（3）在股权安排方面，由于股权比例大小关系到企业的经营管理权和投资者的权益，有时甚至涉及国家的安危，因此，对外国企业投资的股权比例要有所控制。就连奉行完全开放政策的美国也明确规定，外国企业在电信企业的合营公司中所占股权不得超过 20%，在航空运输业、沿海及内河航运企业中所占股份不得超过 25%。发展中国家也都给予一定的限制。它们有的在外资法中明确规定，有的在国家的政策中予以规定，有的在政府审批项目时具体加以限制，其目的是保护本国的重要产业，防止跨国公司对国民经济的操纵。这也对外资的进入起到一种正面引导的作用。另一方面，跨国公司的进入为东道国带来了大量的国际资本、先进的技术和管理经验，受到世界各国的普遍欢迎，更是发展中国家经济增长的助推器。因此，一些国家对跨国公司的进入等方面除做出上述规定外，为鼓励跨国公司进入，还建立了资产安全保障制度，如东盟国家向外国投资者保证不实行国有化，不逐步减少外国公司股权比重，不限制跨国公司投资利润的安排等。

2. 跨国公司利润和资本金汇出等方面的财务制度

对于跨国公司利润的汇出，一般来说，发达国家在这个问题上持自由开放的态度，不加任何管制。发展中国家则分为两类：一类原则上允许利润自由汇出，另一类是在允许自由汇出的原则下，采取一定的限制措施，例如厄瓜多尔对矿业部门的利润汇出限制在注册资本的 20%。对于资本金的汇出，发展中国家一般有严格的规定。比如阿根廷规定外国投资者抽回资本金的条件是保证公司能继续经营，并按规定条件提供服务；每年抽回资本额不得超过可汇资本的 20%；从投资开始之日起头三年内，不得抽回任何资本。

（二）跨国公司内部财务管理体制

跨国公司内部财务管理体制是跨国公司对其内部财务活动的权限、组织形式、控制和监督等方面的管理制度，以确定内部各方面的财务关系。跨国公司内部财务关系主要是指总公司与各子公司之间的财务关系，这种财务关系集中反映在财务管理权限的配置上，进而影响到利益分配。跨国公司内部财务管理体制是跨国公司管理体制的一个重要组成部分，其设置形式是由跨国公司管理体制所决定的。根据集权和分权的程度，跨国公司管理体制可归结为三种形式：其一是以母公司为中心的管理体制，这是一种高度集权的管理体制，在这种管理体制下，总公司统一管理国外子公司的生产经营、销售和投资业务，协调国外子公司之间的关系。其二是多元中心管理体制，在这种管理体制下，总公司不直接对子公司进行控制，海外子公司拥有较大的自主权，总公司与子公司之间只保持松散关系。其三是全球中心的管理体制，这种管理体制是将集权与分权相结合，重大决策权和管理权集中于总部，而把那些需要根据具体情况灵活处理的业务权限分散在各个子公司。与此相对应，跨国公司内部财务管理体制划分为三种模式。

1. 集中型财务管理体制

在这种体制下，总部集中财务决策权，国外子公司采用统一的母公司财务政策，其业绩用母公司的会计体系和母国货币进行考核评价，把对母公司利润的贡献大小作为衡量子公司成败的标准，子公司的人事安排、资金调度和利润分配均由总部决定。这种体制的优越性在于能发挥总部财务专家的作用，获取资金调度和运用中的规模经济效益，例如，由公司总部根据海内外生产经营单位的需求统一筹措款项，可在条件较好的金融市场上，以较低的利息率借入大量的资金；由总部集中行使财务管理决策权，可以使总部的财务专家灵活调整公司的外币种类和结构，在国际金融市场上进行外汇的买卖和保值交易，减少或避免外汇风险给公司造成的经济损失。这种管理体制的不足之处在于：①容易挫伤子公司经理的积极性，因为，财务管理权限的大小与子公司的经济利益分配有密切关系，集中的财务管理体制在一定程度上会削弱子公司的生产经营自主权，一些子公司不得不放弃本可捕捉到的机遇和可以得到的利益，以服从母公司全局的需要，而另一些子公司却因总部的战略安排，获得本不属于它们的额外好处，给子公司经营业绩的考核增加困难。②容易损害子公司与当地居民，特别是当地持股人的关系。

2. 分散型财务管理体制

在这种管理体制下，子公司在财务上是相对独立的，子公司经理一般拥有财务决策权，子公司的业绩用子公司所在国的货币和结算期进行主流评价，这些子公司要靠自己的财力扩大子公司的规模。这种管理体制的利弊跟集中型的财务管理体制的利弊恰恰相反。

3. 集中与分散相结合的财务管理体制

在这种管理体制下，公司的重大财务决策和关键性的财务活动集中在总部。除此以外，总部财务专家只向子公司提供指导、咨询和信息，在不违背公司整体利益的前提下，日常的财务管理决策大多由子公司经理根据当地的具体情况来制定，这种管理体制兼容了前面两种体制的优点。

跨国公司内部采取哪种财务管理体制不是固定不变的。由于管理体制的合理与否对公司的发展和经营的成败有着重要影响，所以，跨国公司在其发展过程中要不断调整集权和分权的范围。从发展趋势看，集中与分散相结合的财务管理体制是大型跨国公司财务管理体制发展的方向。

第二节　跨国公司筹资管理

一、跨国公司的资金来源

跨国公司的资金主要来源于两个方面。

（一）公司内部资金

公司内部资金由跨国公司内部未分配利润和提取的折旧费构成。在生产经营国际化初期，子公司所需的资金大多来自公司内部，主要有以下三种形式。

1. 投资入股

母公司主要利用未分配的利润向子公司提供资金，一方面可利用其控制子公司，另一方面可按股取息。

2. 提供贷款

母公司利用内部资金，直接或间接向子公司提供贷款。以贷款方式提供资金可以减少子公司在东道国的税负。

3. 财务往来账款

海外子公司应向母公司支付管理费、专利费、股息和利息等应付款项，在没有实际支付前子公司可以短期占用。

（二）公司外部资金

随着国际资本流动规模迅速扩大和生产经营国际化深入发展，公司外部资金已逐步成为跨国公司资金的重要来源，主要有以下四种资金来源。

1. 来自母国的资金

包括母国各类银行、非银行金融机构和金融市场的资金。

2. 来自东道国的资金

包括子公司所在的东道国的各类银行、非银行金融机构和金融市场的资金。

3. 来自第三国的资金

包括第三国的各类银行、非银行金融机构和金融市场的资金。

4. 来自国际金融机构的资金

包括比较重要的国际金融机构的资金，如世界银行（它的主要任务是为协议成员国提供长期贷款，一些私人或公司的投资项目若得到政府担保，也可能从世界银行获得贷款）、国际金融公司、美洲开发银行、欧洲投资银行和亚洲开发银行等的资金。

二、跨国公司的筹资方式

（一）股票筹资

一般企业只能在本国发行股票，但跨国公司可以通过在国外的子公司在当地发行股票筹集资金。发行股票吸收外资具有较多的优越性：股票可以自由买卖，有偿转让，国外投资者可以随时转让股票，实现资本转移；股份公司的产权具有永久性，通过股票集资比发行债券和补偿贸易等方式吸收外资具有更大的吸引力；发行股票具有广泛性和灵活性，股票金额小，可以从多方面吸收国外分散的小额资金，外国投资者可按自己的力量购买股票，这就为他们开辟了一条投资新门路。

（二）国际债券筹资

1. 国际债券的含义及种类

国际债券指债券发行者在国外金融市场发行的以某种货币为面值的债券。国际债券一般分为两类：①外国债券，指一国政府、金融机构、公司等在某一外国债券市场上发行的，以发行所在国的货币为面值的债券。例如，我国政府在日本债券市场上发行的日元债券。②欧洲债券，指一国政府、金融机构、公司在本国以外的债券市场上发行的不是以发行所在国的货币为面值的债券。例如，我国在德国债券市场上发行的美元债券，称为欧洲美元债券。欧洲债券的主要特点有两个：一是借款人属于一个国家，债券发行在另一个国家，债券面值使用的是第三个国家的货币或使用综合货币单位；二是债券通常由国际辛迪加承保办理发行，这种债券常常在债券票面货币以外的一些国家同时销售，债券的发行除须借款人所在国政府批准外，不受其他国家法律约束。

2. 发行国际债券的优缺点

与国际中长期银行贷款相比，发行国际债券有以下优点：债券利率一般略低于银行贷款利率；发行债券筹资范围广；债券还款期较长；债券偿还方法比较灵活，发行者可以提前赎回债券；债券更符合投资者的要求，借款人易于筹资。投资者一般都要求投资具有安全性、流动性、灵活性，报酬较高，在这几项要求之间往往存在一定矛盾，而债券能比较全面地体现这些要求。因为，债券是信用好的发行者在法律制约下发行的，债券可以随时在市场上出售，购买债券的金额可大可小，比较灵活，债券利率一般高于存款利率。

发行国际债券的缺点是：准备工作时间较长，审查严格，提供资料和手续较复杂，发行后仍要注意债券市场动态等。

（三）国际银行贷款

国际银行贷款是一国借款者在国际金融市场上向外国贷款银行借入货币资金的一种信贷关系。国际银行信贷所采用的货币是在国际经济贸易中经常使用、能发挥世界货币符号职能的那些货币，主要有美元、英镑、马克和日元等。

国际银行贷款按期限长短分为短期银行信贷和中长期银行信贷。

国际银行贷款与其他国际信贷方式相比，有以下特点：①国际银行贷款可以自由使用，不受贷款银行的限制；②贷款方式灵活，手续简便；③国际银行贷款的资金供应允沛，在国际金融市场上有大量闲散资金可供借用；④国际银行贷款允许借款者选用各种货币，借款人可以灵活掌握借用货币的种类，避免借款的外汇风险损失；⑤国际银行贷款利率较高，期限较短。

（四）国际金融机构的贷款

国际金融机构贷款比较多，这里简要介绍世界银行贷款和国际金融公司贷款。

1. 世界银行贷款

世界银行目前主要向发展中国家提供开发贷款。与一般商业银行贷款相比，世界银行贷款有以下特点：①贷款不以营利为主要目的，而是通过贷款协助会员国发展本国经济；

主要是对会员国政府贷款，但也可以在会员国政府担保下，贷款给私人企业。②贷款一般与特定项目相联系，最初是以基础工程方面的项目为重点，近年来增加了对农业、卫生和教育等方面的贷款。贷款的具体项目须经世界银行研究、分析、选择。③贷款期限较长，最长可达30年，平均为17年。④贷款利率一般低于国际金融市场利率，同时，贷款收取费用很少。⑤贷款额度不受会员国认缴股金的限制，但提供贷款的数额一般不超过该项目总投资的40%。⑥贷款手续严密，从提出项目到取得贷款，一般需要一年半到两年，贷款申请、审批手续严密科学。

2. 国际金融公司贷款

国际金融公司是世界银行的附属机构，其宗旨是配合世界银行资助会员国的私人企业。国际金融公司在组织上、财务上都具有相对独立性，并有自己的经营特点，这些特点主要有：①它的主要任务是对发展中会员国企业的新建、改建、扩建提供资金。②提供资金的方式主要是对会员国的企业发放贷款，一般不需政府担保，除了贷款外还可以对企业进行投资，直接入股。③国际金融公司为会员国企业筹资时，主要不是依靠公司本身投资，公司本身投资额至多不超过25%。公司可以为企业寻找外国投资者，同时，也为外国投资者在会员国中寻找投资对象，公司起着中介作用。④国际金融公司除向会员国企业提供资金外，还向会员国提供金融和技术咨询以及援助。⑤投资项目必须有较高的收益，能保证偿还贷款的本息。

（五）国际租赁

国际租赁是不同国籍当事人之间的租赁。国际租赁一般采用中长期租赁，通常为3年、5年、10年，也可以长达20年，甚至30年。

国际租赁方式主要有：融资租赁、经营租赁、综合租赁等。

国际租赁对承租人有利有弊。其优点是：①从国外租入设备，实际上等于筹措到一笔相当于设备价款的外资；②银行中长期贷款利率一般是浮动的，而租赁合同规定的各期租金是固定的，因此，企业容易计算成本，对投资更有把握；③租赁期限可以长于银行贷款期限；④通过租赁可以加快引进外国先进技术设备；⑤利用租赁引进设备手续比较简便，到货快。其缺点是：①租赁费用较高；②承租人对租赁物只有使用权，不能自由处理和改进设备；③出租人为了自身的利益，有时不愿意把先进的技术设备租给承租人。

（六）存托凭证

存托凭证，又称存券收据或存股证，是指在一国证券市场流通的代表外国公司有价证券的可转让凭证，本质上是公司筹资业务范畴的金融衍生工具。存托凭证一般代表公司股票，但有时也代表债券。以股票为例，如某国的一家公司为使其股票在外国流通，就将一定数额的股票委托某一中间机构（通常为一银行，称为保管银行或受托银行）保管，由保管银行通知外国的存托银行在当地发行代表该股份的存托凭证，之后存托凭证便开始在外国证券交易所或柜台市场交易。因此，对于跨国公司，存托凭证也可以帮助其股票在国外流通。而按其发行或交易地点的不同，存托凭证被冠以不同的名称，如美国存托凭证、欧洲存托凭证、全球存托凭证、中国存托凭证等。

除以上筹资方式外，还有国际补偿贸易、国际贸易信贷等筹资方式。

三、跨国公司海外子公司筹资方式的选择

跨国公司海外子公司筹资方式的选择，是根据公司对海外子公司的股权控制程度来决定的。

在权益资金筹资方式方面，对于控制全部股权的子公司，跨国公司鼓励采用内部资金积累方式筹集资金。多数子公司在早期不发或少发股利，以增加子公司的内部资金积累，因此，在子公司的资金总额中，主要是自有资金。对于控制部分股权的子公司，一般通过在当地发行股票的方式来筹集资金。

在借款筹集资金方式方面，控制全部股权的子公司主要通过母公司从本国筹款，或凭借母公司的实力和地位在世界各金融中心筹措低利率的资金。在拥有少数股权的合营企业里，尤其是在发展中国家的合营企业，主要从当地银行筹集资金。合营企业向银行借款有两种渠道，一种是合营企业的各方单独向银行借款，另一种是以合营企业的名义向银行借款。在向银行借款中，又可分为向国外银行借款和向东道国银行借款。究竟从哪里筹资更为有利，跨国公司一般都要对借款成本进行周密的测算。

第三节　跨国公司对外直接投资管理

一、跨国公司对外直接投资的类型

跨国公司对外直接投资是指跨国公司在国外创办企业或与当地资本合营企业，投资者对所投入生产要素使用过程的管理拥有直接控制的权力。跨国公司对外直接投资的类型主要有：独资企业、合资企业和合作企业等。跨国公司采用何种形式从事对外直接投资，取决于自身条件和国际投资环境。

（一）独资企业

独资企业是指根据有关法律规定在东道国境内设立的全部资本由跨国公司提供的企业。一般地说，大型跨国公司倾向于以独资企业的形式进行对外直接投资。跨国公司采用独资企业形式对外直接投资的主要原因有两个：一是垄断技术优势。拥有先进技术是跨国公司最重要的垄断优势。独资企业实际上是跨国公司设在国外的子公司，总公司对其拥有完全的控制权，高级技术人员由总公司直接选派，以便保持技术优势。二是便于转移价格的运用。

1. 独资企业的设立

跨国公司设立海外独资企业的途径主要有：一是在东道国投资兴建企业；二是收购东道国企业。

在东道国投资兴建企业是跨国公司创办海外独资企业的传统做法。其优越性在于：可以根据跨国公司总部的总体发展策略灵活选择投资国、投资部门、生产规模和产品类型。

不便之处是项目的兴建要耗费一定时间。

以收购东道国企业的形式创立独资企业是目前跨国公司创办独资企业的主要形式。收购东道国公司可通过收购该公司股权或财产加以实现。收购股权的交易是在收购人与股权持有人之间进行，而收购现有公司财产则是在收购人与具有法人资格的公司之间进行的，收购公司财产比收购公司股权容易。跨国公司在收购时，应注意这样几个问题：分析被收购企业的技术水平，不要收购那些设备陈旧、技术落后的企业；收购企业宜在小城镇进行，因为小城镇有许多优惠政策，且易得到当地政府的支持；在充分调查研究的基础上，投资者宜迅速做出决策，以免涨价。

2. 独资企业的特点

独资企业的全部资本为外国投资者所有，这样决定了独资企业有如下的特点：① 从设立条件看，东道国对独资企业掌握的尺度较严，各国关于设立独资企业的法律和政策大都规定：独资企业的设立必须有利于本国国民经济的健康发展；独资企业必须采用先进技术；独资企业的产品要全部或大部分出口；有些行业禁止设立独资企业。② 从管理权限上看，独资企业具有充分的自主权。独资企业是依据东道国法律设立的，并在东道国法律保护和约束下，享有充分的自主权。各国政府除行使必要的法律规定的管理职能外，一般不越权干涉独资企业的经营活动。独资企业的组织形式、生产活动、销售活动、工资福利等，均由外国投资者依据东道国法律自主决定。

（二）合资企业

合资企业是指由两个或两个以上属于不同国家或地区的公司、企业或其他经济组织依据东道国的法律，并经东道国政府批准，在东道国境内设立的，以合资方式组成的经济实体。合资企业现已发展成为国际直接投资的主要形式。小型跨国公司大多以建立合资企业的形式进行对外直接投资。

合资企业既可以通过新建投资项目的方式设立，也可以通过购买东道国企业股权的方式设立。

合资企业的特点是：共同投资、共同管理、共担风险和自主经营。

（三）合作企业

合作企业是指跨国公司与东道国企业根据东道国有关法律和双方共同签订的合作经营合同在东道国境内设立的合作经济组织。

合作企业的特点是：① 在经营方式上，合作双方的权利和义务均由合同规定；② 在出资方面，东道国一方一般提供场地或劳动力，跨国公司提供外汇、设备和技术等；③ 在合作期满后，合作企业的全部资产不再作价，而是无偿地、不附带任何条件地转为东道国一方所有。

二、跨国公司对外直接投资环境评估

投资环境是指影响投资决策和投资结果的各种因素。跨国公司的经营范围涉及多国，影响其直接投资的因素主要包括：政治的稳定、民族主义倾向、政府的政策与法规、货币的稳定性、通货膨胀率、资本和利润的返回限制、政府在税收和管理方面的待遇等。这些因素关系到投资的效益、安全，跨国公司必须对其准备投资国家的投资环境进行评估。

跨国公司评估投资环境的方法很多，各公司采用的评估方法也不尽相同，常用的有四种方法。

（一）一般判断法

这是最简单的投资环境评估方法。它主要是对外国投资环境中最关键的因素，如对某国政府的稳定和货币的稳定性等做出分析，并在此基础上判断该投资环境的优劣，而不是对投资环境中的诸多因素进行深入分析研究。这种方法能简便及时地对投资环境进行评估，能减少评估过程中的费用和工作量，但因根据个别关键因素就简单地做出判断，常会使公司丧失有利的投资机会。

（二）等级评分法

这是美国经济学家罗伯特·B.斯托鲍夫提出的。他认为投资环境中的各种因素及其变化对投资的结果会产生不同的影响。首先要针对各种投资环境因素对公司投资影响的重要性确定其等级评分范围。然后再根据每个投资环境因素的有利或不利程度具体进行评分。最后把各种因素的得分进行加总，作为对投资环境的总评价。总分较高的投资环境优于总分较低的投资环境。等级评分法比较直观，易于采用，而且有利于投资环境评估的规范化，受到普遍欢迎。但是，等级评分法有两大缺陷：一是标准化的等级评分不能如实反映相同因素对不同投资项目所产生的不同影响；二是对环境因素的等级评分带有一定的主观性。

（三）加权等级评分法

该方法是由美国学者威廉·A.戴姆赞于1972年提出的。按照这种方法，首先对各环境因素的重要性进行排列，并给出相应的重要性权数。然后根据各环境因素对投资产生不利影响或有利影响的程度进行等级评分，每个因素评分范围都从0（完全不利的影响）到100（完全有利的影响）。最后把各环境因素的实际得分乘上相应的权数，并进行加总。按总分高低，可供选择的投资对象国被分为：投资环境好的国家、投资环境较好的国家、投资环境一般的国家、投资环境较差的国家、投资环境恶劣的国家。加权等级评分法是等级评分法的演进。它能突出重点因素的影响，但它的主要优点和缺陷仍与等级评分法的优缺点大致相同。

（四）动态分析法

投资环境不仅因国别而异，而且在一个国家内也会因时期的不同有所变化。对外直接投资大多数是长期资本投资，期限一般都较长。动态分析法的做法是：首先，对影响投资的目前实际情况进行评价。其次，对可能引起环境因素变化的主要原因进行评价，然后从中挑出 8~10 个使投资项目获得成功的关键因素，以便对其连续进行观察和评价。最后，在上述工作的基础上提出几套预测方案，供决策时参考。动态分析法的优点是充分考虑了未来环境因素的变化及其结果，有助于公司减少或避免投资风险，保证投资项目获得预期收益。其缺点是过于复杂，工作量大，依然有较大的主观性。

三、跨国公司对外直接投资决策

跨国公司对外直接投资决策，就是跨国公司运用科学的方法对众多投资项目进行严格筛选，从中选出若干个较有希望的项目进行综合分析比较，最后确定一个最优的投资项目的过程。其决策过程如下。

首先，公司根据其全球战略目标，对各个投资项目进行严格审查，从中选出最有希望的若干项目。

其次，公司根据其主要战略目标的投资计划，对所选择的项目的市场规模和前景、投资环境、资源和成本等重要因素进行分析考察。投资目标的市场规模和潜力是影响公司对外直接投资的关键因素：如果拥有足够大的市场，就能克服其他困难，哪里有市场，就向哪里投资。投资环境的好坏是影响投资决策的重要因素，对投资环境进行评估，其评估结论是投资决策的重要依据。资源和成本是跨国公司在投资决策中必须加以考虑的因素。没有必要的资源，投资项目就无法顺利地实施，同时，成本过大也会降低投资项目的实际盈利水平。通过对市场规模及前景、投资环境、资源和成本进行分析比较之后，可说明公司新投资能带来的利润增长，而投资项目的优劣最终反映在项目的盈利水平上。

最后，公司对具体投资项目的经济效益进行评估。评估经济效益的指标和方法是：预测项目未来获利能力，测算项目的投资回收期，计算投资项目的平均报酬率。如果考虑收益的时间价值，还必须用现金流量贴现法对投资项目的盈利水平进行评价。

经过上述系列工作后，公司就可以确定出最佳投资项目。

第四节 跨国公司转移价格管理 ■ ▌ ▌

在国际贸易中跨国公司的内部交易占的比重很大。价格管理是跨国公司财务管理的一项重要内容，而转移价格管理是跨国公司价格管理的核心，因为转移价格是跨国公司取得最大限度利润的重要环节。跨国公司的价格管理集中体现在转移价格的运用上。

一、跨国公司采用转移价格的目的

转移价格是指跨国公司内部，母公司与子公司、子公司与子公司之间进行交易结算时所采用的价格。这种价格基本上不受市场供求法则的影响，而是取决于跨国公司全球战略目标和谋求公司整体最大限度利润的需要。转移价格能够发挥作用的基本前提是跨国公司的内部交易具有内部商品调拨特征。

最早，转移价格是公司总部控制其分部或子公司的一种手段。20 世纪 50 年代后，随着生产、资本国际化的进一步发展，从事跨国经营的公司增多，市场竞争愈趋激烈，货币不稳定加剧，东道国对跨国公司也采取各种限制措施。面对新形势，跨国公司利用转移价格来保护自己的利益，并使转移价格逐渐成为其谋求全球战略和最大限度利润的工具。公司采用转移价格的目的有以下几个方面。

（一）减少所得税

由于跨国公司的分部或子公司遍布世界各国，它们必须按取得的利润向所在国缴纳所得税。由于各国税率高低不齐，税法也有较大差别。跨国公司可以制定较低的转移价格，把设在高税率国家子公司的利润转移出去，也可以制定较高的转移价格，把利润转移到低税率国家子公司去，从而增加整个公司的利润总额。

【例 13-1】 某跨国公司在甲、乙两个国家分设 A、B 两家子公司。甲、乙两国所得税税率分别为 40% 和 10%，甲国的 A 公司向乙国的 B 公司提供产品，A 公司所产产品每件成本 60 美元，每件转移价格 70 美元，假设 A 公司本期向 B 公司销售产品 100 000 件，由 B 公司以每件 90 美元的售价全部售出，则该跨国公司本期合并利润额和所得税计算如表 13-1 所示。

表 13-1　某跨国公司采用转移价格之前的所得税额

单位：美元

项目	A 公司	B 公司	母公司
销货收入	7 000 000	9 000 000	9 000 000
销货成本	6 000 000	7 000 000	6 000 000
销货毛利	1 000 000	2 000 000	3 000 000
营业费用	300 000	320 000	620 000
税前净利	700 000	1 680 000	2 380 000
所得税	280 000	168 000	448 000
税后净利	420 000	1 512 000	1 932 000

由于 A 公司所在国的税率高于 B 公司所在国的税率，因而母公司将 A 公司的转移价格从每件 70 美元下调到 65 美元，则可把 A 公司的利润转移到 B 公司去，从而增加跨国公司整体的利润。价格下调后子公司及母公司应纳所得税和利润额计算如表 13-2 所示。

表 13-2　某跨国公司采用转移价格之后的所得税税额

单位：美元

项目	A 公司	B 公司	母公司
销货收入	6 500 000	9 000 000	9 000 000
销货成本	6 000 000	6 500 000	6 000 000
销货毛利	500 000	2 500 000	3 000 000
营业费用	300 000	320 000	620 000

续表

项目	A公司	B公司	母公司
税前净利	200 000	2 180 000	2 380 000
所得税	80 000	218 000	298 000
税后净利	120 000	1 962 000	2 082 000

从例 13-1 可以看到，在其他条件不变的情况下，只要调整子公司间的转移价格，可使母公司的利润增加 150 000 美元（2 082 000 - 1 932 000）。

（二）减少关税

跨国公司母公司与子公司之间，子公司与子公司之间的商品往来，在出入东道国时均要缴纳关税。在一般情况下，母公司对设在高关税国家的子公司以偏低的转移价格发货，降低子公司的进口额，减少关税；相反，如果向低关税的国家的子公司发货，则可将转移价格提高。

（三）增强子公司在国际市场上的竞争能力

母公司为增强子公司的竞争能力，除在资金筹措、信贷等方面给予资助外，还利用转移价格在原材料、半成品、零部件等供应价格上给予协助。例如，对于在国外新创立的子公司，母公司通常在其尚未站稳脚跟之时，以十分低廉的转移价格向该子公司供应所需的产品，以扶持新创立的子公司，增加其市场竞争力。

（四）减少或防范风险

首先，减少和防范外汇风险。实行浮动汇率以来，汇率变动频繁，可能使跨国公司蒙受经济损失。采用转移价格可以减少汇率风险。例如，总公司预测子公司所在国有发生货币贬值的可能，母公司向子公司发货时往往采用高的转移价格，提前将子公司的利润抽回。其次，抵消政治风险的不利影响。东道国政局的稳定与否，直接关系到跨国公司及其下属子公司合法权益能否得到保障。有些跨国公司为了尽量减少可能遭受东道国政府剥夺其财产的风险，母公司常将向子公司出口的产品转移价格调高，借以转移子公司的资金，或将从子公司进口的产品转移价格调低，借以转移子公司的存货，以避免财产被没收的风险。

（五）保证子公司利润和资金顺利返回

首先，避免东道国的外汇管制。跨国公司在国外的子公司取得的利润要以红利等方式支付给母公司，但有些东道国政府对外国公司汇出的利润在时间或数额上做了一定限制。为了顺利返回利润，母公司就采用比较高的转移价格向子公司提供零部件、专利技术等，降低子公司利润，达到调出红利的目的。其次，避免东道国的资金管制。跨国公司对其在海外的投资总是想方设法及早收回资本。如果子公司所在国对资金流动有限制，跨国公司则用较高的转移价格发货，将资金由子公司调回母公司，或把资本抽回到它认为最合适的地方。

（六）避免跨国公司内部利益冲突

跨国公司的子公司或内部各关联组织如成本中心、利润中心、投资中心都为相对独立的责任中心，具有各自独立的利益。为了各责任中心的正常运营，跨国公司须合理考核各责任中心的业绩情况，而转移定价则是建立评价考核机制的一种可行的指标。通过制定合理的内部转移价格，防止成本转移带来的各责任中心之间的责任转嫁，使每个责任中心都能作为单独的组织单位进行业绩评价。同时作为一种价格信号，它也能使各责任中心采取明智的决策，如生产部门可依据转移价格确定提供产品的数量，而购买部门则据此确定所需要的产品数量。如在例 13-1 中，虽然跨国公司通过降低转移价格使公司省下了大量税收，但作为责任中心的 A 公司的业绩却会下滑，净利润从 420 000 元降低到 120 000 元，这对 A 公司的业绩考核是不利的。这是因为转移价格对于 B 公司来说是成本，而对 A 公司来说是收入，A 希望价格越高越好，而 B 希望价格越低越好。因此，以不合理的转移价格为考核指标必然会导致责任中心 A 和 B 直接的矛盾。

二、转移价格的制定

（一）制定转移价格的程序

制定转移价格一般有以下步骤。

第一，确定采用转移价格所要达到的目的。前面介绍了五个目的，跨国公司根据其侧重点而定。如美国、法国的公司把减少公司缴纳所得税作为转移价格的首要目的。

第二，根据所要达到的目的，提出转移价格体系的初步方案。如在公司内部采用什么样的价格水平，在哪些子公司之间调拨产品，以达到逃避关税的目的。

第三，对初步方案进行审查和研究，并在此基础上提出转移价格政策报告。其主要内容有：①建立转移价格体系的目的；②内部调拨的产品定价的标准和依据；③有关的内部成员单位；④解决成员单位之间矛盾的方法；⑤仲裁委员会的组成和职责；⑥计划与管理转移价格体系的原则等。

第四，根据外部经营环境和内部经营要素的变化，定期对转移价格体系进行检查和修订。

（二）制定转移价格的方法

企业的商品可以分为两大类：一类是有形商品，如机器设备、半成品等；另一类是无形商品，如专利技术等。这两大类商品在转移价格的确定上是不相同的。无形商品的转移价格，如专利费，由于缺乏外部相应的价格，在多数情况下完全是凭信息，利用收益现值法、市场价格法等方法定价。但有形商品的转移价格定价，基本上可以归纳为三种方法：一是以外部市场价格为基础的定价方法；二是以公司内部成本为基础的定价方法；三是以协商价格为基础的定价方法。

1. 以市场价格为基础的定价方法

以市场价格为基础的定价方法，就是以转让产品时的外部市场价格作为公司内部转移价格定价基础的方法。采用这种方法制定转移价格的条件是，企业的中间产品有市场价格，企业无论销售多少这种产品，对市场价格都没有影响。这是因为当转移产品本身在自由且完全竞争的市场下，其价格不随产量的变化而变化，其转移价格应该等于市场上公开竞争价格，也等于生产厂商的边际成本。但实际上企业内部转移产品价格要比市场价格低，因为企业内部转移产品时，比在市场上公开销售时可以节省一些费用，如销售佣金、坏账损失等。所以第一种方法具体可表达为：内部转移价格＝市场价格－对外销售费用。

采用以市场价格为基础制定转移价格的优点是：①考虑了产品的供求状况，所确定的转移价格基本上接近于正常的市场交易价格。②考虑了有关内部成员单位的切身利益。利用这种转移价格所确定的子公司的经营收益比较真实，从而有利于评价和考核各子公司的经营业绩。③有利于调动所属子公司的生产经营积极性。采用这种定价方法在公司内转让产品，就等于将公司所属各子公司视为独立经营的企业，不仅能达到公司分权经营的目的，而且有利于维护子公司的自主权，有效地利用其有限的资源，取得正常的经营收益，促使子公司管理人员充分利用市场，增强其适应市场的能力。④这种转移价格很容易为东道国接受，按市场价格确定的转移价格，接近正常的市场交易价格，基本上排除了人为调节的因素。

以市场价格为基准的定价方法也有不足之处：①转移价格的运用会受到一定的限制；②在不完全竞争市场上选定一个公允的市场价格也有其难度。

2. 以成本为基础的定价方法

以成本为基础的定价方法，包括完全成本法、成本加成法、变动成本加固定费用法等。其中完全成本法又称为吸收式成本法，是指在计算中间产品成本和存货成本时，把一定期间内在生产过程中所消耗的直接材料、直接人工、变动制造费用和固定制造费用的全部成本都包括在内，将非生产成本作为期间成本，按传统式损益确定程序计量损益的方法，是一种用以对存货进行估价以及计算全部生产成本的会计模型。成本加成法则是以中间产品的单位成本为基础，加上一个固有比率的预期利润来确定的。变动成本加固定费用法和成本加成法稍有区别，其中，中间产品的单位变动成本部分是一样的，唯一的区别是将预期利润变成了固定费用。即，内部转移价格＝单位变动成本＋固定费用（供应部门期间固定成本预算额＋必要报酬）。值得注意的是，以成本为基础的定价方法可以是实际成本、标准成本或预算成本，其中标准成本是指在正常和高效率的运转情况下制造产品的成本，而不是指实际发生的成本。

采用成本定价法的优点是：①可以克服市场定价法的不足；②方法简便易行，因为公司内部的成本资料容易收集；③公司可以保证内部各企业乃至整个公司获取一定的盈利；④有助于各公司重视成本管理和成本数据的收集，并且避免在定价上的人为判断，有利公司内部间相互协作。

成本定价法的局限性在于：①以产品实际成本为基础确定的转移价格，将使受让产品的公司无形中承担了一部分出让产品企业因经营不善所造成的责任。这种定价方法，不仅不能正确反映受让产品企业的经营成果，也不利于促使受让产品的企业加强成本管理。为此，有些公司改用标准成本或预算成本作为定价基础，但是不论以什么成本为基础，实际上是以历史成本为基础。②在通货膨胀剧烈的国家，以成本为基础制定的转移价格往往与现行市场价格脱节。③由于各国所确定的成本具体内容不一样，因而即使是同样的成本也缺乏可比性。

3. 以协商价格为基础的定价方法

以协商价格为基础的定价方法位于市场定价和成本定价之间，其转移价格也需要依赖一个某种形式的外部市场，但这类市场是非完全竞争的，且可能缺乏一定的流动性，因此市场价格只具有参考性，不具有公允性。在这种情况下，内部购销部门之间可用市场价格为上限、变动成本为下限的价格区间来进行协商，通过合理正规的协商程序确定转移价格。

这种方法的优点是：① 价格更有弹性，有利于企业整体利益的实现，同时也能照顾供需双方的利益并能得到一致认可。② 市场价格和变动成本划分了转移价格确定的范围区间，有一定市场性，为子公司适应市场机制并积极地生产经营创造了动力。但该方法的缺点也很明显：① 协商程序可能会浪费管理层大量时间和精力。② 协商各方若存在不对等的情况，可能会导致部门之间、母公司和子公司之间以及子公司之间的矛盾，因为各方获利能力的大小，既取决于谈判人员的谈判技巧，也和谈判方掌握的协商筹码有很大关系。

（三）转移价格定价方法的选择

由于以市场价格为基础和以成本为基础的定价方法各具长短，在现实经济生活中，跨国公司应选哪种定价方法并非易事。由于各种跨国公司的经营目标、经营体制、经营规模、经营背景、定价战略以及各国文化背景各异，跨国公司在制定转移价格时应联系这些因素选择定价方法。

首先，实行不同内部财务管理体制的跨国公司，在选择定价方法上往往有所不同。对于实行分权型财务管理体制的跨国公司，各子公司经营人员享有很大的财务管理自主权，可根据所面临的实际情况，确定适当的转移价格。这样，子公司往往会选择以市场价格为基础的定价方法。而对于实行集权型和集权与分权相结合财务管理体制的跨国公司，其总部掌握财务管理决策权或重大财务决策权，为实现整个公司的利益，同时也为便于公司操纵转移价格水平，往往选择以成本为基础的定价方法。对跨国公司来说，选择以成本为基础的定价方法有利于其总目标的实现。

其次，跨国公司的经营规模以及介入国际经营的程度也会左右其定价方法的选择。经营规模较大的跨国公司都倾向于以成本为基础制定转移价格，因为其绝大多数都是在垄断的市场中经营，在定价策略方面可以避开竞争的压力，更重要的是公司要从其整体利益考虑，从而更关心转移价格的制定对其总体目标的影响。与此相反，规模小的跨国公司由于其产品不能独立于市场和避开市场竞争的压力，所以只能接受既定的市场价格。另外，公司介入国际经营程度的不同，所受的国际环境的影响也不同。在定价决策中，介入国际经营程度越深，所经受风险的范围也就越广泛。诸如政治风险、外汇风险等，均会关系到定价方法选择的决策。

最后，跨国公司财务决策人员的文化背景也影响着转移价格定价方法的选择。通常，转移价格是由跨国公司财务决策者做出的。由于这些人员的国籍和文化背景的不同在无形中影响着他们对定价决策所做出的判断，影响着他们对不同因素的看法和考虑程度。比如，美、英、法、日等国的财务决策者一般都倾向于以成本为基础的定价策略；加拿大、意大利等国的财务决策者一般优先采用以市场价格为基础的定价策略；德国、比利时和瑞士等国的财务决策者则对这两种定价方法没有特别的倾向性。

应该指出，尽管各跨国公司在转移价格的制定上存在着差别，但在与各国政府的关系这一点上则是相同的。这就是说，跨国公司在全面考虑各影响因素的基础上所制定的转移价格是否为子公司所在国和母公司所在国所接受，是其在制定转移价格时自始至终要考虑的。

三、运用转移价格的困难

跨国公司运用转移价格的最终目的是使公司整体取得最大限度的利润。在转移价格的采用过程中，可能与母国和东道国的经济利益相抵触，也很可能与内部各公司之间产生摩擦。首先，转移价格的使用可能使公司与母国政府发生矛盾。公司使用转移价格的主要目的是减少和逃避纳税，如果母国税率高，公司通过转移价格把利润转到国外，这就减少了向母国政府缴纳的税金，使母国政府蒙受经济损失。其次，引起公司与东道国的政府或其他跨国公司的矛盾。与东道国的矛盾诸如逃税、逃避外汇管制等。而在跨国公司与东道国建立的合资企业里，由于涉及各自的利害关系，决定转移价格时往往因不容易协调而引起矛盾。最后，导致公司内部的矛盾。制定转移价格必须符合公司的最高利益，为了能够实现总部的最高利益，通过转移价格调整内部各子公司的利润，使得各子公司的盈利大小不能真正反映其经营成果。

对于采用转移价格引起的上述矛盾，各国政府鉴于自身利益，对跨国公司转移价格进行干预、监督和管制。美国1982年通过法律并成立了直属联邦税务局，由税务官员、经济专家和律师组成的机构，专门研究和监督跨国公司的转移价格。欧洲及日本等国也相继成立类似的专门机构和通过类似法律，并且各国相应的法律均以如下三种价格来判断公司的转移价格是否合法。这三种价格是：一是正常的国际市场价格；二是向外部企业出售产品的价格；三是公司成本加平均利润形成的价格。如果转移价格偏离同类产品交易的合理交易标准，跨国公司就会受到罚款或其他方面的制裁。因此，公司运用转移价格的自由度和灵活性就变得相对有限了。同时，为了协调总部与各子公司之间的矛盾，公司可能难以制定出一个正确的转移价格，有的公司甚至会取消分权管理，恢复集中管理体制。

第五节　跨国公司风险管理

跨国公司的风险管理，是指跨国公司在国际经营环境中，通过一系列的管理手段和措施来保护自己的资产和保证盈利能力，减少和避免意外事故造成损失的管理工作。其内容主要包括：政治风险管理、外汇风险管理和其他风险（法律风险、合同风险和商业风险等）管理。鉴于政治风险和外汇风险是跨国公司风险管理的重点，本节只对政治风险和外汇风险加以讨论。

一、政治风险管理

（一）政治风险的含义

政治风险指因战争、动乱、政府更迭、民族主义运动等原因可能导致跨国公司海外子公司的财产被征收、人员被驱逐和营业许可证被吊销等事件的发生，给公司造成的经济损失。政治风险往往给跨国公司造成十分严重的损失。例如，1960—1976 年，仅美国在海外的子公司就有 292 家的资产被当地政府征收，其直接和间接的经济损失无法估量。

政治风险的危害是多方面的，但对跨国公司危害最大的莫过于资产被征收。因此，政治风险的管理主要针对资产被征收风险的防范。

（二）政治风险的评估

跨国公司评估政治风险的形式有三种：一是董事会向公司各职能部门（如国际业务部、公共关系部、财务部、计划部、生产部和法律部等）下达评估要点，由各职能部门分头进行，最后上报总部汇总。二是聘请国际经营和国际政治方面的专家、已退休的政府高级官员和军事将领，组成公司专门的政治风险评估班子。三是请求公司的信息咨询公司和经济调研组织提供服务。

跨国公司政治风险评估的方法很多，迄今为止，还没有一种能为大多数跨国公司普遍接受的系统的标准化的政治风险评估方法。相比之下，有两种基本方法被较多地用于政治风险评估，它们是宏观分析法和微观分析法。

1. 宏观分析法

宏观分析法就是从国家角度出发，对可能引发政治风险的各种因素进行数量化分析，直观地表明和比较各个国家政治风险的大小。通常有三类指数可用来进行数量化分析，它们是当地政府稳定性指数、政治制度稳定性指数和经济状况指数。

当地政府稳定性指数反映当地政府是否稳定，将来是否愿意保护外来投资者的利益。这个指数包括：政府更迭的频率、国家武装暴乱的次数和与其他国家发生冲突的次数等。

政治制度稳定性指数反映一国政策的延续性，以及某些政治事件对改变投资项目盈利前景的可能性。这个指数包括：人口分布和经济增长前景、国家发生动乱或巨大变化的可能性、政治权力在社会内部和平转移的概率等。

经济状况指数反映一国经济运行是否正常，是否有利于社会安定和外来直接投资。这个指数包括：通货膨胀率、国际收支状况、人均国民生产总值和国民生产总值增长率等。

除此之外，还须分析和判断东道国政府对私营企业的态度如何。对此，跨国公司可根据需要设计或选择有关指数，以反映东道国私营企业总数、私营企业发展速度、私营企业财产规模和就业人数等内容。

专家小组根据理论思考和实际经验，对上述各项内容和指数设定重要性权数，并对其数值给予等级评分，最后进行加总，从而比较全面地评估各国政治风险的大小。

但宏观分析法只能说明政治形势本身是否稳定，并不能说明政治风险可能对跨国公司造成损失的大小。同时，有关指数显示的政治风险，对于具体的跨国公司来说，其反应也不一样。因为，跨国公司所在行业、生产规模、所有权结构、技术水平以及综合状况各不相同，使其对政治风险的敏感度不一。甚至还有这样的情况：相同的政治气候下，有些跨国公司因东道国的政策变化而遭受损失，而另一些跨国公司却因祸得福，如东道国实行贸易管制，使依赖进口的公司陷入困境，却为在当地生产和销售产品的公司减轻了竞争压力。

2. 微观分析法

微观分析法就是从企业角度出发，根据自身生产经营的特征和对政治风险的敏感程度，对发生政治风险的可能性及其造成的危害进行定性和定量分析。微观分析法由于是从企业角度出发，要因各自的特定情况而采用不同的具体分析方法，并且要在宏观分析的基础上，结合实际需要，创造出适合自己的分析方法。

（三）防范和化解政治风险的对策

跨国公司为减少和避免政治风险可能造成的财产损失，除了对政治风险进行评估外，还应采取对策防范和化解政治风险。其对策可分为三方面：投资前的对策，投资后的对策和资产被征收后的对策。

1. 投资前的对策

投资前，跨国公司在政治风险的威胁面前往往处于比较主动的地位，可采用以下对策。

（1）回避风险，即放弃对政治风险大的国家的投资。这是防范政治风险最简单的对策。回避风险的对策虽然简单易行，但也可能使跨国公司丧失机会，不能滥用，否则对于跨国公司在海外拓展市场不利。正确运用这个对策的关键在于公司愿意承受的政治风险有多大、承受政治风险的补偿是多少。如果公司能够在很大程度上控制风险，或承担风险很可能获得较高的收益，那么就不应采用回避风险的对策。反之，则应采用回避风险的对策。

（2）资产保险。如果跨国公司不愿意放弃投资机会，又担心东道国的政治风险，可以采用资产保险的对策。通过对可能发生政治风险地区的资产进行保险，公司便可以集中精力在东道国投资建厂，组织生产经营活动，而不必过于担心政治风险。大多数发达国家的政府和私人保险机构常为本国公司承保海外的政治风险。

（3）与东道国政府协商。跨国公司在投资计划实施以前，可主动与东道国政府接触，就投资事宜进行协商，以取得相互的理解与合作。协商的积极结果是跨国公司与东道国政府签订特许协议。协议中具体确定双方的权利和责任，以及投资的具体内容和享有的优惠待遇。现在，许多国家为吸引外资，乐于与跨国公司协商并签订特许协议。签订特许协议，作为一种防范政治风险的手段，已被越来越多的跨国公司所采用。

（4）合理安排投资。当跨国公司决定向某国投资时，它可通过合理安排与投资有关的生产经营活动，以防范政治风险。其主要做法是：第一，使设在东道国的子公司依赖于跨国公司的内部资源和市场；第二，把研究开发设施和关键部件的生产放在本国，对专用技术、专利和商标权实行严格控制；第三，利用直接投资控制东道国的能源、交通、通信等基础设施，使东道国政府不能轻易征收子公司的财产；第四，在东道国金融市场上发行有价证券，从东道国政府、各种金融机构和当地居民那里取得资金，使子公司的当地股份占有一定比例。资金来源多元化有利于分散政治风险，并联合各方面的力量抵御政治风险。

2. 投资后的对策

跨国公司一旦把资金投入东道国，在那里形成生产经营实体，它对政治风险的防范能力就大大减弱了，但还没有完全消失，仍可采取不同对策，减轻或化解政治风险，其主要对策有如下几种。

（1）有计划地放弃股权。当跨国公司面临政治风险的直接威胁时，跨国公司可在一定时期内，有计划地放弃自己在子公司的股权，向当地投资者出售全部或绝大多数股份。但是面临资产被征收风险的子公司股份很难卖出好价钱，如果能以较小的代价，避免更大的损失，这样做也是可取的。

（2）短期利润最大化。在感受到子公司资产可能被征收的压力后，跨国公司可尽快地从子公司抽走大量资金，以减少风险造成的损失。常用的做法有：停止新投资、加速折旧、提高管理费等，目的是在短期内产生最多的现金和利润，并迅速将它们返回母公司。但这种做法很可能引起东道国政府的注意，使其加快征收资产的步伐或采取各种限制措施。因此，跨国公司还必须认真地选择时机和方法，并考虑可能产生的后果。短期利润最大化有利于跨国公司减轻迫在眉睫的政治风险，但也可能因此而损害与东道国的关系，不利于公司长远利益。跨国公司在东道国的所作所为还会引起第三国政府对其设在当地子公司的提防和限制。

（3）扶植当地的利益相关者。面对被征收资产的威胁，跨国公司还可以积极扶植与子公司能继续存在利益关系的当地利益集团和个人，借助于他们的力量抵御政治风险。但是，跨国公司必须认识到，当地利益相关者的保护作用是有限的。

（4）适应风险。当资产被征收的风险不可避免时，跨国公司必须为风险的到来做好准备，以适应新情况。其对策主要是：通过签订技术转让协议和管理合同，可以在失去股权控制的情况下，继续管理被征收的子公司，并从中获取利润。实践证明，跨国公司并不一定要实际拥有股权、厂房、设备和其他设施才能牟利。一些发展中国家急需技术和管理人才，以维持国有化企业的生产经营。这样，通过技术转让协议和管理合同，跨国公司的技术专家和管理人员仍然可以控制被征收的子公司，使它继续服务于跨国公司全球利润最大化的目标。

3. 资产被征收后的对策

对于跨国公司资产被征收这种情况，威廉·霍斯金斯提出四大对策，分别是：

（1）进行理性谈判。虽然了公司的资产已被征收，但跨国公司也要从理性出发，与东道国政府进行谈判，一方面指出征收行为的后果是灾难性的、错误的，另一方面可与东道国政府保持联系，以谋求其他有利的机会。如果东道国政府只是把征收资产作为迫使跨国公司在某些方面做出让步的手段，理性的谈判就会显示出积极意义。

（2）发挥公司的政治力量和经济力量。如果在做出最大限度让步的情况下依然不能达到预期的目的，跨国公司可发挥自身的政治力量和经济力量与东道国政府抗争。政治力量包括：支持东道国反对党的立场；要求母国政府向东道国施加压力等。但是，政治力量往往效果不佳，甚至加剧跨国公司与东道国政府之间的矛盾。经济力量包括：中断关键零部件供应，封锁出口渠道，停止技术援助，撤回管理人员等。发挥经济力量能够对东道国政府的征收行为进行报复，但实际效果很难预料。

（3）采取法律行动。在采取上述两个对策的过程中或过程之后，跨国公司也可采取法律行动寻求对被征收资产的补偿。根据法律的基本准则，跨国公司应首先在东道国的法院寻求补偿，只有当这条途径行不通时，才到本国法院或国际法庭寻求补偿。如果东道国的法院能够独立和相对公正地做出裁决，跨国公司向东道国法院寻求补偿就是一种费用低、见效快的选择。如果东道国法院从属于政府，不能公正地裁决，跨国公司则可在母国法院采取法律行动，包括寻求做出不利于东道国本国或第三国财产安全的裁决。跨国公司还可以投诉于国际法庭或有关仲裁机构，如解决投资争端国际中心。这些国际法庭和机构是根据双方共同签订的合同与协议来进行裁决的，并要求违背合同与协议一方赔偿另一方的损失。但是，这种裁决往往难以付诸实施，甚至还会被指控为对东道国主权的侵犯。

（4）放弃所有权。如果前三种对策都无济于事，跨国公司只能面对现实，放弃所有权，进行一些力所能及的其他补救工作，如收回保险金等。虽然跨国公司丧失了资产所有权，但通过具体协议的安排，仍然可以从被征收的子公司取得一定的收益。如代理出口业务收取佣金等。当然，跨国公司要在被迫放弃所有权的情况下从东道国牟利的前提是：跨国公司与东道国的关系还没有完全恶化。

二、外汇风险管理

（一）外汇、汇率及汇率制度

外汇是指一国对外结算所使用的以外币表示的各种支付手段，这些支付手段包括外国货币和以外币表示的信用工具和有价证券，如银行存单、商业票据、公债和股票等。

汇率是以一个国家的货币兑换为另一个国家货币的比率。在国际金融市场上，货币兑换也就是通常所说的外汇买卖。因此，汇率也称为汇价或外汇价格，即一国货币用另一国货币表示的价格。要折算两个国家的货币比率，必须首先确定一国货币作为折算标准，由于确定标准不同，就出现了两种标价法。

（1）直接标价法，是指以 1 单位（或 100 单位，……，10 万单位）的外币为基准，折算为一定数额的本国货币来表示其汇率的标价方法。例如，2014 年 3 月 26 日我国外汇牌价 100 美元等于我国 620.27 元人民币，此时，外国货币称为单位货币，本国货币称为计价货币。由于这是为取得一单位外国货币需要付现的本国货币额，故也称为"应付标价"。直接标价法的特点是：外币数额固定不变，本国货币的数额则随着外币与本国货币币值对比变化而变化，从而表现出汇率的升降。如果一定数额外币折合本国货币的数量上升，即为汇率上升，外国货币币值上升，而本国货币币值下降；反之，则为汇率下降，外国货币币值下降，本国货币币值上升。

（2）间接标价法，也称为应收标价法，是以一单位的本国货币所能换到的外币数额来表示的汇率。例如，2014 年 3 月 24 日美国汇率为 100 美元等于 72.47 欧元。这种标价法的特点是：本国货币的数额固定不变，外币数额则随着本国货币与外币币值对比的变化而变化，从而表现出汇率的升降。如果一定数量的本国货币能兑换到的外币比原来少，则说明外币币值上升，本国货币币值下降，汇率下降；反之，则说明汇率上升。

除英、美等少数国家外，世界上绝大多数国家都采用直接标价法，我国人民币汇率也采用直接标价法。

汇率制度是确定汇率的重要因素。汇率制度可分为固定汇率制度与浮动汇率制度。

固定汇率制度是用不同货币的含金量对比，制定出不同货币的汇率的制度。其特点是汇率变动幅度较小，相对稳定。如果汇率变动超过规定幅度，各国中央银行有义务维持。固定汇率制度是 20 世纪 70 年代前资本主义国家普遍采用的汇率制度。随着经济发展的不稳定性和经济危机的加深，固定汇率制度难以维持，大多数国家转而采用浮动汇率制度。

浮动汇率制度是由外汇市场上各国货币供求关系确定汇率的制度。其特点是汇率完全由货币供求关系自发确定，中央银行不承担维持汇率不变的义务。

（二）外汇风险及种类

外汇风险是指在国际经济、贸易和金融活动中，由于外汇汇率变动，使企业以外币计价的资产价值及负债、收入和支出增加或减少，可能发生的损失。其结果是不确定的。外汇风险的根本起因是汇率变化莫测。企业外汇风险一般包括以下三种。

1. 交易风险

交易风险是指企业用某种外币结算的交易，从成交到收款的一段时间内，由于汇率变动而可能引起的损失。交易风险的主要表现是：①以信用方式购买或销售商品或劳务，而价格是以外币计算的，在货物装运或劳务提供后，货款或劳务费用尚未收支这一期间，外汇汇率变化所发生的风险。②借入或贷出外币，在债权债务未清偿前所存在的风险。③子公司返回母公司的股息，因汇率变动而存在的风险。

下面以商品的信用方式交易为例，说明交易风险的发生。假设香港 A 公司以 90 天信用方式卖给美国某公司一批商品，价值 100 万美元，按成交日 7.8 港元兑换 1 美元的汇率计算，A 公司可收入 780 万港元。由于 90 天后汇率的不确定性，A 公司便面临交易风险，因为 90 天后到期日的汇率可能是 7.65 港元兑换 1 美元，这时，A 公司的收入为 765 万港元，减少 15 万港元。

2. 会计折算风险

会计折算是指最初以外币度量的国外附属公司的资产、负债、收入、费用和损益，以及存放在国外银行的存款等，都须按照一定汇率进行折算，将外汇折算为本位币。会计折算风险是指由于汇率变动后企业的资产、负债、收入、费用和损益增加或减少而形成的收益或损失。

假设美国 B 公司在英国一银行存款 100 万英镑。在第一季度开始时（1 月 1 日），1.5 美元可兑换 1 英镑，在美国 B 公司的财务报告中是 150 美元。一年后，美国 B 公司在做年度综合财务报告时，汇率变为 1.3 美元兑换 1 英镑，该公司在英国银行的存款经折算应为 130 美元。在两个不同日期的财务报告中，同样 100 万英镑存款由于汇率变动，折算成美元，结果价值少了 20 万美元，这就是会计折算风险。

3. 经济风险

经济风险是指由于意料之外的汇率变动对企业的产销数量、价格、成本等产生影响，从而引起企业未来一定期间收益减少的一种潜在的风险。经济风险的定义里不包括预期汇率变动的风险。经济风险比前述两种风险更重要，因为其影响力是长期性的，而会计折算风险和交易风险都是一次性的。经济风险要从对经济的分析上才可以了解。经济风险的预测是一种概率分析，是从企业整体上进行预测、规划和进行分析的过程。

（三）外汇汇率趋势预测

为了防范和化解外汇风险，企业必须了解影响外汇汇率变动的因素和及时把握外汇汇率变动的趋势。

1. 影响外汇汇率变动的因素

这主要包括以下四点。

（1）国际收支状况。一国国际收支包括进出口贸易收支、非贸易收支和外汇资金输入输出。如果国际收入大于支出，国际收支出现顺差，则外币供应充足，会导致外汇汇率下降和本国货币汇率上升；反之，如果国际收支出现逆差，会引起外汇需求的增加，则外汇供不应求，导致外汇汇率上升和本国货币汇率下降。

（2）通货膨胀程度。通货膨胀是流通中的货币超过实际需要量而出现供大于求，使纸币代表的实际价值贬值。当国内出现通货膨胀时，意味着本国货币贬值，若外币币值不变，则会使本国货币的汇率下跌和外汇汇率上升。通货膨胀率越高，本国货币汇率下跌越剧烈。反之，通货膨胀率低，国内货币币值稳定或上升，该国货币的汇率将会趋于稳定或上升。

（3）利率水平。国际利率差距，将引起短期资本在国际的转移，从而影响外汇的供求变化，进而影响汇率。高利率水平促使外国资本流入，使外汇供过于求，导致该国货币汇率上升。反之，低利率水平则促使资本外流，使外汇供不应求，导致外汇汇率上升。

（4）关税政策。关税政策是影响一国国际收支的一个重要因素。如果增加进口关税，降低或免除出口关税，会增加外汇收入，减少外汇支出，出现贸易顺差，可使本国货币汇率下降。反之，会使本国货币汇率上升。

此外，一国的外汇管理制度、外汇市场的投机程度以及国际国内政治局势等也会对汇率的走势产生影响。

2. 汇率的预测

目前，国际货币体系的特点是各种汇率制度共存，既有浮动汇率制（包括自由浮动制、管理浮动制和混合浮动制），又有固定汇率制。由于汇率制度的不同使影响汇率变动的主要因素有较大的差异，对于不同汇率制下的汇率变动趋势，要采用不同的方法加以预测。

（1）浮动汇率制度下的汇率预测。对浮动汇率的预测主要是通过对通货膨胀率、利率和远期汇率的变动进行分析判断所作出的汇率预测。

① 根据通货膨胀率的变动预测汇率。如果甲国发生了通货膨胀，而乙国的物价水平保持不变，那么甲国货币的购买力就会相对降低。如果两国都发生了通货膨胀，则两国的货币购买力都下降，此时，甲国货币与乙国货币的相对购买力的变化要取决于两国物价上涨的程度。如果乙国物价上涨程度小于甲国，则甲国货币的价值相对于乙国货币的价值下降；反之，则上升。据此，我们就可以通过通货膨胀率的变动预测汇率的变动。

现在令 S_0 表示直接标价法下目前的即期汇率，S_t 表示一段时间后的即期汇率。P_d 和 P_f 分别表示这段时间本国和外国的预计通货膨胀率。根据汇率预测中的购买力平价理论，可得下列基本公式：

$$S_t = S_0 \frac{1 + P_d}{1 + P_f} \qquad (1)$$

如果用 Δ 表示从 0 到 t 期间汇率的升值与贬值率，则

$$\Delta = \frac{S_t - S_0}{S_0} \qquad (2)$$

将（1）代入（2）可得（3）：

$$\Delta = \frac{P_d - P_f}{1 + P_f} \qquad (3)$$

【例 13-2】 英国的预期通货膨胀率为 2%，美国的通货膨胀率为 4%，从美国的角度看，英国英镑的预期升值率为

$$\Delta = \frac{4\% - 2\%}{1 + 2\%} = 1.96\%$$

如果目前的汇率 $S_0 = \$1.53/£$，那么，一段时间后汇率应该为

$$S_t = 1.53（1 + 1.96\%）= \$1.56/£$$

在通货膨胀率较低的情况下，可以将（3）中的分母忽略，从而可得

$$\Delta = P_d - P_f$$

即在通货膨胀率较低时，两国货币的升（贬）值率约等于两国预期通货膨胀率之差。

② 根据利率的变动预测汇率。如果一个国家货币的真实利率高于其他国家，那么大量的资本就会流入这个国家。如投资者在甲国的资本市场上可得到年利率 5% 的回报，在乙国资本市场上可得到年利率 9% 的回报，则人们将更乐于投资于乙国的证券，这样在国际资本市场平衡的情况下，甲币持有者就会将甲币换成乙币，必然造成乙国货币供不应求，使其汇率上升。在这种情况下，只要政府不加干涉，这种套利活动就会持续进行，直到真实收益率相等为止。由此可知，浮动的即期汇率会随两国的利率差而变化，变化的幅度与利率差相同，但方向相反。

③ 根据远期汇率与未来即期汇率的关系预测汇率。期汇的升水或贴水表示在期汇市场上远期汇率与即期汇率之间的关系，这种关系的一般结论是：远期外汇市场不太可能高估或低估未来的即期汇率。例如，在期汇市场上甲国货币对乙国货币一年后的远期汇率贴水 3%，这表示将来一年的即期汇率有下降 3% 的可能；如果 7 个月后的远期汇率升水 1%，则表示未来 7 个月的即期汇率上升 1%。这是因为，如果远期汇率比预期的未来即期汇率高，外汇投机商就会卖外汇远期，到期后再在即期市场按预计的汇率买进履行远期合约所需的外汇，并希望从这一交易中获利。如果远期汇率比预期的未来即期汇率低，投机商就会买外汇远期，到期后再在即期市场卖出。从理论上讲，外汇投机活动会推动远期汇率变化，直到远期汇率等于未来的即期汇率。因此，通过远期汇率的升水和贴水就能预测浮动汇率下的即期汇率。

（2）固定汇率制度下的汇率预测。在固定汇率制度下，汇率一般由政府或中央银行制定。尽管在固定汇率制度下，政府何时对汇率采取行动难以捉摸，但是我们仍然可以通过对一些经济参数的分析来预测未来的汇率变动。

① 通过一国的重要经济指标，如国际收支、通货膨胀率、实际利率以及该国经济增

长率，可以预测汇率变动的时间和幅度。如当一国出现持续的国际收支逆差时，该国货币贬值的可能性就会增加。

② 通过外汇储备、官方汇率与非官方汇率差距的变动进行预测。在固定汇率制下，一国必须持有一定的外汇储备，准备随时干预外汇市场以维持固定汇率。一国持续的国际收支逆差很可能导致外汇储备的下降，要求货币贬值的压力随之增加。但是，如果一国的外汇储备足够充裕的话，它可以忍受较长时间的收支逆差，而不必对本国的货币贬值。对于实行外汇管制的国家，如果外汇管制造成官方汇率与平衡汇率（没有任何管制时的汇率）出现差异，就可能引发外汇黑市市场，这样就会形成非官方汇率。官方汇率与非官方汇率差距的变化在一定程度上也反映外汇供求状况的变动，因此，非官方汇率的变动也是决定固定汇率变动的重要参考数据。

在预测固定汇率制度下的汇率变化时，可按下列步骤进行。

第一，首先依据各种基本经济因素，如通货膨胀和利率水平，并参照"平行"市场或黑市市场汇率，计算出平衡汇率，然后比较目前的实际汇率与平衡汇率的差异到底有多大。

第二，预计国际收支状况。这时应考虑贸易收支和资本流动。

第三，根据第二步骤的结果，估计中央银行的外汇储备水平，以及它能从一些国际金融机构借到外汇的能力。这可以帮助预测人员估计政府可以坚持多久而不必改变目前的汇率。

第四，预测政府可能采取的对策。

第五，分析政府可能采取的对策对未来汇率的影响。

（四）外汇风险的防范

公司的外汇风险管理是指对外汇汇率可能出现的变化做出相应的对策。对不同的外汇风险，应采取不同的对策。

1. 交易和会计折算风险的防范

交易风险与会计折算风险紧密相关，前者反映的是单项经营活动的后果，后者反映的是一个时期所有经营活动的后果。其风险管理是以资产安全和货币保值为目标的。在管理这两种风险时主要采用以下一些方法。

（1）远期外汇买卖。公司把预期收进或付出的外汇，以约定的将来的汇率和时间在外汇市场上进行交割。它通常用于公司收益和资金流动中的货币保值。

（2）资产负债的平衡方法。这种方法是将有风险的资产和有风险的负债做一平衡。这种方法要求资产负债表上的风险资产与风险债务的数额相等，使净折算风险（风险资产减去风险债务）为零。这样，外汇汇率的变动就不会产生任何折算收益或损失，这种方法也可以用来化解同时收进和付出数额相等的外汇的交易风险。例如，一家韩国公司向美国一公司出口价值 500 万美元的商品，半年后收回货款。为避免交易风险，它又同时向英国某公司买了价值 500 万美元的机器设备，答应半年后付款。半年后，韩国公司把从美国那里收到的 500 万美元支付给英国公司，不论美元汇率如何变化，对韩国公司都不造成损失。

（3）资金的调动。公司通过资金调动，也可以减少风险，主要是提前或推迟应收账款和应付账款的时间。其一般做法是：如果母公司预期某国的货币将要贬值，它就应该指示设在该国的子公司提前支付欠母公司和其他货币坚挺国子公司的应付款项，如劳务费、利息和股息等款项，从而减少公司在软货币国家的外汇受险部分和相应的风险。反之，如果母公司预期某国的货币将增值，它就应该指示设在该国的子公司推迟向母公司和其他货币疲软国子公司支付款项，等该国货币升值后再进行付款，以得到更多的货币转换好处。例如，美国某跨国公司设在墨西哥的一子公司，按计划该子公司应于7月份向母公司支付利息和红利等款项，在1月份母公司预测4月份墨西哥比索将贬值，因此，母公司指示墨西哥的子公司将上述款项提前到3月份支付给母公司。由于支付提前，会使母公司避免或减少比索贬值造成的收入损失。资金调动技术的使用会对软货币造成压力，因此，许多国家政府对提前和推迟支付加以限制。

（4）货币市场保值。公司在货币市场上借入以一种货币表示的资金，并将其转换成另一种货币，到货款期满时，再以生产经营取得的前一种货币收入归还本息，从而使公司在交易中不再有任何风险。例如，某家美国公司向英国厂商出售一台价值100万英镑的设备，并定于90天后收回货款。为避免英镑贬值可能造成的损失，这家公司在伦敦货币市场借入英镑，并立即将英镑转换成美元，而以出售设备的英镑收入偿还贷款。如果伦敦货币市场上90天贷款的利息率是2%，并设借入英镑数额为 X，则公司应借入98.039 2万英镑，$[（1+2\%）\times X=100，X=98.039\ 2]$，并立即将其兑换成美元。90天后，美国公司收到100万英镑货款，正好用于归还贷款的本金98.039 2万英镑和利息1.960 8万英镑，而不存在任何受险部分。

（5）平行贷款。来自不同国家的两家跨国公司可安排在一个具体时间内彼此借用对方国家货币，在商定的最后日期再交还各自所借的货币。例如，一家美国公司要对其设在英国的子公司投资，而一家英国公司则要对其设在美国的子公司投资，那么，这两家公司可完全避开外汇市场进行平行贷款。美国母公司直接将美元借给设在美国的英国子公司，英国母公司根据美元与英镑的即期汇率，把价值相等的英镑借给设在英国的美国子公司。在规定的日期，两家公司分别以自己子公司的收入向对方归还贷款。这种方法不涉及货币转换，因而双方的贷款均无外汇风险。

（6）价格调整。这里是指跨国公司通过改变价格来调节公司的收益状况，以达到防范风险的目的。例如，中国公司在美国投资生产某产品，当人民币升值，美元贬值时，该产品在美国按美元计价的售价应相应提高，以防止收益降低；反之，则相反。防止交易风险和折算风险的方法除了上述方法，还有信贷互换、货币互换等方法。公司在不同时期、不同地区面临不同的外汇风险，上述各种方法有具体的适用条件，产生的效果也不一样。公司为防范和化解各种外汇风险必须全面掌握各种防范方法，并根据具体的风险和条件选择最佳方法，或同时采用几种方法，才能化解外汇风险，或把外汇风险造成的损失降到最低限度。

2. 经济风险的防范

经济风险涉及供、产、销以及企业所处的不同地域等各个方面。因此，对经济风险的管理除了公司财务部门参与外，往往需要总经理直接参与决策。经济风险管理的目标是预测汇率变化对公司未来收入稳定性可能产生的影响，并采取必要的措施避免或减少风险造成的损失。因此，经济风险的防范与化解的重要方法是走多元路线，即实行生产经营分散化，财务活动多样化。

（1）生产经营分散化，是指公司在许多国家和地区组织生产、销售和其他业务活动，在汇率变化的情况下，以一个子公司的收益弥补另一个子公司的损失，以在某些市场上的优势弥补在另一些市场上的弱势，从而使经济风险产生的不同影响相互抵消，从总体上保持公司收入的一致性，这样，公司就必须在国际范围内分散其产品销售、生产资料的来源和生产地址。由于经营多元化，管理人员只有对不同国家和地区的差别和变化有深刻的了解和密切的注意，并迅速做出反应，才能从比较中发现不同国家和地区的生产成本或销路的差别，并对其经营策略加以调整，以求适应。

（2）财务活动多样化。这主要包括筹资多样化和投资多样化。筹资多样化，是指从不同的金融市场筹措不同货币表示的资金，用多种货币计算，如果有的外币贬值，另外的外币升值，就可使外汇风险相互抵消。投资多样化，是指公司向多个国家投资，创造多种外汇收入，可以适当避免单一投资带来的风险。将外币应收款与外币应付款做一配合，例如，使美元应收款与美元应付款相等，这样如果美元贬值，则应收款的实际值减少，但应付款的实际值也相应减少，从而风险抵消。

第六节 跨国公司结算管理

跨国公司结算除了一般的国内企业结算外，还要进行国际结算。跨国公司从国外筹措资金，向国外直接投资，从事商品进出口等经营活动，必然发生国际性的款项收付或债权债务清算等方面的结算。跨国公司的财务管理人员必须了解国际结算的知识，熟悉国际结算的有关业务。

一、国际结算的特点与种类

国际结算是指对世界各国之间因经济、文化、政治等活动而发生的货币收支进行了结和清算。

（一）国际结算的特点

国际结算是结算的一种，国际结算的基本原理和方式与国内结算大致相同，但又有其特点，主要有以下三点。

（1）国际结算比国内结算更为复杂。因为结算的当事人在不同国家和地区，且无类似中央银行的机构，而且国际结算涉及的货币种类甚多。

（2）国际结算涉及不同国家货币的交换，其交换比率如何决定是一个重要问题。

（3）国际结算可以影响一国的国际收支。国际结算的有关当事人虽是个别的经济主体（个人、企业和政府等），但如以一国为单位，将各个经济主体的国外结算加以综合，即构成国与国之间的结算关系，且以国际收支的形态出现。

（二）国际结算的种类

国际结算按是否与贸易有关分为贸易结算和非贸易结算。贸易结算是指由国际贸易及其从属费用引起的货币支付。非贸易结算是指由贸易以外的往来，如劳务供应、资金调拨和利润转移等引起的货币收支。

国际结算按是否使用现金分为现金结算和非现金结算。现金结算是指直接用运送金属铸币的方法来结算国际债权债务关系。随着国际贸易的发展，现金结算已逐步被非现金结算所取代。非现金结算亦称转账结算，是不直接使用现金而使用代替现金作为流通手段和支付手段的信用工具来结算国际债权债务的一种方法。

二、国际结算的主要工具

现代国际结算的信用工具主要有汇票、本票和银行支票三种。

（一）汇票

汇票是上述信用工具中最重要、最常用的一种，是国际贸易结算中使用比较广泛的一种信用工具。汇票是一人向另一人签发的，要求即期或定期或在可以确定的将来的时间，对某人或其指定人或持票人支付一定金额的无条件书面支付命令。

汇票行为主要有：①发出汇票；②背书；③提示；④承兑；⑤付款；⑥退票；⑦追索；⑧保证。

汇票贴现是指远期汇票承兑后尚未到期，由现公司或银行从票面金额中扣减按照一定贴现率计算的贴现息以后，将余款付给持票人的行为。

汇票按不同标准可以分为：①即期汇票和远期汇票。即期汇票是指付款人见到汇票后应立即支付款项的汇票。远期汇票是指付款人见到汇票后，可于约定的将来某一日期付款的汇票。在国际贸易中，常使用远期汇票。②光票和跟单票。光票是指由出票人开立的一张不附有任何单据的汇票。它是为国际贸易中支付佣金、代垫费用以及收取货款尾数而开立的汇票。跟单汇票是指在汇票开立以后，按照贸易合同的规定，附有发票、提单和其他有关单据的汇票。③商业汇票和银行汇票。

（二）支票

支票是一种由存款人签发的，要求银行对指定受款者支付一定金额的无条件书面支付命令。签发支票是以存款者在银行存款账户上有足够数额存款，或者事前同银行订有一定透支额度作为前提条件的。

支票按照不同特征，主要分为这样几种：①记名支票和不记名支票。记名支票指在收款人一栏里写明收款人姓名，取款时无须收款人签章的支票。不记名支票是指未记载收款人姓名，取款时无须收款人签章的支票。②一般支票和划线支票。一般支票可以向银行提取现金，也可以通过银行将票款收入账户。划线支票是指在支票正面印有两条平行线的支票，划线支票只能通过银行将票款收入账户，不能向银行提取现金。③保付支票。保付支票是指支票经付款银行在支票上加盖"保付"图章，并注明日期和签字，表明在支票提示时一定付款。

（三）本票

本票是由出票人开给收款人或持票人，经出票人签字，保证即期或定期支付一定金额给收款人或其指定人或持票人的无条件支付承诺。

本票一般可分为两种：①一般本票，指由企业或个人签发的本票，是为清偿国际贸易产生的债权债务关系而开立的。它建立在商业信用的基础上。②银行本票，是指由银行签发的本票，是银行为存款户的某种需要而开立的。它建立在银行信用的基础上。

三、国际结算基本方式

国际结算方式是随国际贸易关系和国际信用制度的发展而逐步形成和发展的。现代国际结算方式主要有三类：汇款方式、托收方式和信用证方式。

（一）汇款方式

汇款就是由汇款人通过银行，主动把款项汇给收款人，以达成国际资金收付的实现和国际债权债务的结算。

汇款方式分电汇、信汇和票汇三种。

电汇，是汇出行应汇款人的申请，用电报或电传通知其在国外的分行或代理行（汇入行），向指定收款人解付一定金额的汇款方式。在电报上，汇出行应加注双方约定的"密押"，以便汇入行核对金额和证实电报的真实性。同时，发报后，应立即将"电报证实书"寄给汇入行，以备查对。汇入行收到电报，核对密押无误后，通知收款人取款。

信汇，是汇出行应汇款人的申请，将信汇委托书邮寄（一般是航空邮寄）汇入行，授权向指定收款人解付一定金额的汇款方式。电汇和信汇的差别在于：一个是通过电报，一个是通过邮递。

票汇，包括顺汇和逆汇。顺汇又称汇付法，汇出银行应汇款人的申请，开立以汇入银行为付款人的银行即期汇票，交由汇款人自行携带或邮寄给国外收款人，借以向汇入行取款的一种方式。顺汇方式多用于"预付货款""款到发货""随订单付款"为条件的贸易结算。逆汇又称出票法，由债权人开立以国外债务人为付款人的汇票，通过银行委托国外分行或代理行，向国外的汇票付款人提示付款，以清偿债务的一种方式。逆汇方式一般用于以"托收"为付款条件的贸易结算，以及应收费用的结算。票汇的特点是由收款人自行持汇票向汇入行兑取款项，无须汇入行向收款人发出通知；银行开立的汇票，除限制流通的汇票外，收款人可以通过背书自由转让。

（二）托收方式

托收是由债权人（出口方）签发汇票，委托银行通过它的分行或代理行，向债务人（进口方）收款，以办理结算的方式。托收属于逆汇。

托收的种类有：光票托收和跟单托收。跟单托收是国际贸易中常用的一种结算方式。

跟单托收交单的方式有两种：①付款交单。出口方交单以进口方付款为条件，也就是进口方只有在付清货款后，才能取得货运单据，凭此单据提取货物。这在一定程度上能减轻出口方承担的风险。② 承兑交单。出口方交单以进口方承兑汇票为条件，进口方承兑汇票后，即可向银行取得货运单据，待至汇票到期，再予付款。承兑交单只适用于远期汇票的托收。

托收方式是在商业信用基础上进行的。远期付款交单和承兑交单实际上是出口方对进口方提供的信用。对出口方来说，承担了较大的风险，而对于进口方来说，则有利于资金周转。为此，使用托收方式，出口方事先必须对进口方的资信作风、商业习惯、海关、贸易和外汇管制等情况进行充分调查，以免遭受不应有的损失。

（三）信用证方式

信用证是进口一方的银行根据进口商的要求，对出口商开出的在一定条件下保证付款的一种银行保证文件。信用证方式是当前国际结算的主要方式。

1. 信用证的特点及作用

（1）信用证的特点。它是以银行信用为基础，开证银行以自己的信用作付款保证，承担第一付款责任；信用证是一项独立保证文件，它虽源于贸易合同，但不依附于贸易合同，开证银行只对信用证负责；信用证业务的处理是以单据为依据，而不以货物为准。

（2）信用证的作用主要有两点：一是保证作用。对进口方，付款后即能取得代表货物的装运单据，通过装船条款和检验条款，控制装船期限和货物、装船前的质量和数量；对于出口方，只要按信用证条款备货装运，提供合格单据，即能在出口地银行取得货款。二是资金融通作用。进口方开证时，一般无须付给银行全部开证金额，只需交部分押金；出口方凭信用证在货物装运前后可向当地银行申请打包贷款和出口押汇。

2. 信用证的当事人

信用证结算方式的当事人有六个：开证申请人，指进口商；开证银行；通知银行，指接受开证行的委托将信用证转交给出口商的银行；受益人，一般指出口商；议付银行，指凭信用证买入或贴现受益人交来跟单的银行；偿付银行，指信用证上指定的偿付银行，一般是开证银行，也可以是开证银行指定的另一家银行。

3. 信用证的基本条款

信用证的基本条款大体上可归纳为以下六个方面：

（1）关于信用证本身的条款：信用证的性质、开证银行名称、开证日期、信用证号码、申请开证人、受益人、信用证金额、信用证有效期和通知银行。

（2）关于汇票的条款：出票人、汇票期限、付款人和出票根据。

（3）关于货运单据条款：商业发票、提单、保险单和装箱单。

（4）关于商品的条款：商品名称、牌号、品种、规格、数量、价格方式和单价等。

（5）关于运输的条款：装运港、卸货港或目的地、装运期限、可否分批装运和可否转运。

（6）关于保证条款和特别提示：接受单据日期和寄单方法。开证银行保证条款、议付金额背书条款、通知银行受益人的方式和开证银行负责人签字。

4. 信用证的种类

根据信用证保证程度和流通可能性等，信用证分为不同种类。

为了保障受益人收取货款，由国际商会制定、于 2007 年 7 月 1 日正式实施的《跟单信用证统一惯例》（UCP600）规定，信用证不可撤销。

（1）信用证按是否由另一家银行保证付款为标准，分为保兑信用证和不保兑信用证。

保兑信用证是指开出的信用证由另一银行保证对符合信用证条款规定的单据履行付款。对信用证加以保兑的银行叫作保兑行。保兑行所担负的责任相当于其本身开证，所以只对不可撤销信用证加以保兑。保兑的不可撤销信用证，不但有开证行不可撤销的付款保证，而且有保兑行的兑付保证，这种双重保证的信用证对出口商最为有利。

不保兑信用证是指由开证行负不可撤销的保证付款责任，通知行不加保兑只负责通知，也无其他银行保兑的信用证。

（2）信用证按受益人对信用证的权力是否可转让，分为可转让信用证和不可转让信用证。

可转让信用证是指开证行授权通知行，根据受益人的请求，可将信用证金额的一部分或全部转让给第二个出口商，后者叫第二受益人或受让人。信用证经转让后，由第二受益人办理一部分或全部交货。但第一受益人仍须承担有关买卖合同的卖方责任。转让信用证必须注明"可转让"字样。凡是没有明确注明"可转让"字样者，都是不可转让信用证。

不可转让信用证是指受益人不能将信用证的权利转让给他人的信用证。

（3）信用证按付款时间的不同分为即期信用证、远期信用证和预期信用证。

即期信用证是开证行或付款行收到符合信用证条款的汇票和单据后，立即履行付款义务的信用证。此种信用证在国际结算中广泛使用。

远期信用证是开证行或付款行收到符合信用证条款的汇票和单据后，不立即付款，而是等到汇票到期才履行付款义务的信用证。

预支信用证是指允许出口商在装货交单之前可以支取全部或部分货款的信用证。

第七节 跨国公司纳税管理

跨国经营与国际税收关系十分密切，有关的财务人员必须熟悉和了解国际税收环境，以便在国际财务活动中，充分考虑税收对财务决策的影响，做出理性的决策。

一、东道国税收环境

（一）应税所得来源

应税所得来源的确认是纳税的前提条件。跨国公司应税所得的确认十分复杂。因为跨国公司不仅有国内所得，还有国外所得；既有从公司之外流入的所得，还有公司内部之间的所得流转。虽然跨国公司应税所得来源众多，但可归纳为两方面的来源：国内所得和国外所得。我们主要研究跨国公司的国外所得。

来自国外的所得，可以通过国内公司向国外出售产品或提供劳务取得。按世界惯例，这种所得一经取得即可予以确认和课税。

国外所得也可以通过国外子公司和分公司的经营而获得。这类所得的课税问题相当复杂。目前，对这类所得的课税有两种不同做法。一种是"领土内"课税原则，阿根廷、瑞士等国家和我国香港地区采用此法。另一种是"世界范围"课税原则，按这种方法，不论在领土内还是领土外，凡是所产生的收益均属课税收益。这种方法会导致重复课税的问题。

（二）费用的确认

在各国的税收制度中，由于对同一费用采用不同的处理方法，因而会造成各国纳税的差异。一般地说，费用确认越早，对公司越有利。对费用的确认不做明确的规定，会直接影响到各国的纳税收入。例如对研究开发成本，若将其资本化，它将在整个使用期限内逐期抵减应税所得，若将其在发生时一次转作费用，则只对当期应税所得额产生影响，从而可以减少当期的纳税额，有利于企业。

各国政府对费用确认的规定有差异。这集中体现在资产使用寿命的规定上。比如，同样一项资产，某国政府允许其 5 年内摊完，而另一国政府则要求其在 10 年内予以摊销。从企业角度看，资产成本摊销期越短，对企业经营越有利。

（三）纳税的种类

世界各国税法所规定的税种甚多，因而跨国公司及其下属公司应向各国政府所纳税款的名目繁多，主要有：

1. 公司所得税

公司所得税有两种征收方式，即古典体系和综合体系。古典体系的特点是，当纳税者获得应税所得时即课以所得税，这种体系主要应用于美国。综合体系的特点是将公司和股东视为同一整体纳税人进行所得税的计征，欧洲一些国家应用此法。

2. 周转税

周转税是按生产经营的某个或某几个环节的周转额计征的税种。通常各国都计征周转税，但计征的方式和对象有所不同。例如，加拿大是在生产完成时计征，英国是在商品批发时计征，美国则是在商品零售时计征，而德国对所有周转环节都计征。

3. 增值税

增值税是以产品或劳务的生产经营各环节新增加的价值为对象课税的一种税。目前很多国家开征了增值税。

4. 预扣税

预扣税是东道国对外国投资者所获得的股利、利息和无形资产特许使用费所计征的税种。预扣税是一种与公司所得税相联系的特殊税种，各国的预扣税，表现在对不同收入所规定的税率上有很大的差别。

（四）税负

影响税负的因素有税率、应税所得范围、费用的确认和分配、资产的计价等。此外，各国税务制度的不同也是影响税负的一个因素。

现行的税务制度主要有三种：①传统制度，即公司所得税按单一的税率征收，分配给股东的股利则作为股东个人收入按所得税税率征收。意大利、荷兰、美国等采用这种制度。②分割税率制度，即对未分配收益和已分配收益采用两种不同的税率。日本、挪威和德国等采用这种制度。③税额转嫁或抵减制度，是指对公司收益按同一税率征税，但已纳税款中的部分可作为股东分得股利应纳个人所得税的抵减数，比利时、法国、英国和德国等都采用这种制度。三种税务制度并不是相互排斥的，同一国家可以将它们结合运用。

由于影响税负的因素很多，跨国公司在确定某国的税负时，必须将各种影响因素综合起来加以分析，最终确定其实际税负。

二、跨国公司母国的税收环境

在对本国跨国公司来源于国外的所得进行征税时，跨国公司母国的税收环境主要涉及税收中性、税收延期、外国税收抵免、税收条约和对公司内部交易的税收管理等方面。

（一）税收中性

当一个国家的政府决定征税时，它不仅要考虑潜在的税收收入以及如何有效地征收，而且还要考虑这项税收对经济行为的影响。这就是税收中性问题。例如，美国政府对来源于外国投资收入的所得税政策目的不只是增加财政收入，还有多重目的。这些目的包括：①希望取得税收中性效果，使税收政策影响美国对发达国家的私人投资。②鼓励美国在发展中国家的私人投资。③通过消除人为避税港的优势并鼓励资金汇回，以改善美国的国际收支平衡。④增加财政收入。

对于税收中性的理解有两种，一种观点认为理想的税收政策不仅应有效地增加财政收入，同时对私人投资决策不产生任何影响，即税收是完全中性的，另一种观点认为国际政策的目标，如国际收支平衡和在发展中国家投资，应该通过积极的税收优惠加以鼓励，而不是要求税收完全中性。大多数国家的税收体系把以上两种观点结合起来。

（二）税收延期

如果政府按国籍原则行使税收管辖权，跨国公司就不会获得税收延期的特权。跨国公司的国外子公司在东道国缴纳公司所得税，但只有国外子公司将这些所得汇回国时，母国政府才对这部分所得征收所得税。

由于跨国公司设在海外的企业分为分公司和子公司，有的国家即使按国籍原则行使税收管辖权，但对两种不同组织形式的公司，也采取不同的税收延期政策。例如，美国对本国跨国公司的海外子公司来源于国外的某些类型的所得延期征收公司所得税，直到这些所得汇回美国。然而，对其海外分公司的收入所得却不实行这种税收延期特权；分公司的外国所得应立即向美国政府缴纳所得税，但同时母公司也就已向东道国缴纳的所得税获得外国税收抵免。

许多发达国家按类似方式给予来自海外的收入延期缴纳所得税的特权，也有不少国家对国外来源根本不征收公司所得税。

（三）外国税收抵免

由于各国实行不同的税收管辖权原则，就会发生国际双重征税。国际双重征税使得跨国企业税负增加，会影响企业的生产经营和国际投资，同时，双重征税有违税负公平原则。为避免双重征税，大多数国家对已向东道国缴纳的公司所得税给予税收抵免。通常情况下，如果向母公司汇回的股息、特许权使用费、利息及其他收入已经向东道国缴纳了预扣税，那么汇回的收入也可以获得国外税收减免。增值税及其他销售税无资格要求国外税收抵免，但可从税前利润中扣除。

所要指出的是，如何对国外实行税收抵免，不同的国家有不同的计算方法。

（四）税收条约

实行税收抵免可避免国际双重征税，在实际生活中，它们均体现于各国政府之间所签订的税收条约之中。国家间签订条约最主要的目的是避免国际双重征税，使纳税者在一国缴纳的税款能为另一国政府所承认，从而鼓励资本的自由流动。

国际税收条约一经签订，并经过缔约国双方政府批准，即具法律效力。国际税收条约与国内税法是相互补充、相互配合的，但是，总的来说，国际税收条约优于国内税法，即国内税法的有关规定要服从国家与国家之间签订的税收条约。

（五）对公司内部交易的税收管理

对公司内部交易的税收管理主要指对各国跨国公司利用转移价格策略降低税负的行为，通过制定税法来加以限制。一些国家对此制定了专门的法律条款。跨国公司必须对有关税法规则做更详细地分析。

三、国际税收环境对跨国公司海外经营的影响

跨国纳税人在进行国际投资可行性研究时，常把各种避税方案所预计的不同税收计划与其投资地区和组织形式等设想联系在一起，并将其作为重要的投资决策内容。

（一）分公司与子公司的选择

跨国公司在选择以分公司或子公司的形式设置海外机构时，除了非税收因素外，税收因素也是要考虑的一个重要因素。

从税收因素出发，跨国公司第一个要考虑的是该海外机构是否在开工后几年内亏损经营，如果是这样的话，在创业阶段采取办分公司的形式也许是有利的。因为分公司的预计损失可以合并到母公司的利润表里，这样，任何亏损都可直接由母公司应纳的税做部分抵销。许多国家的税法不允许子公司为税收目的而与母公司合并财务报表，但允许分公司为税收目的与母公司合并财务报表。

第二个税收考虑是支付预扣税后的净税负。大多数国家对向外国投资者支付的股息征收预扣税。预扣税的收取对于分公司和子公司是有区别的。一般而言，如果分支机构是分公司，就不必向东道国缴纳预扣税，但分公司得不到母国的税收延期特权，如果分支机

构是子公司，就要对向母公司支付的股息向东道国缴纳预扣税，但可以得到母国的税收延期特权。因此，跨国公司在设立海外分支机构时，必须认真权衡母国对海外子公司的国外来源所得给予的税收延期好处和东道国以预扣税的形式而带来的额外税收负担的净税负，做出设立分公司或子公司的选择。

第三个税收考虑就是一些特殊成本摊销的税收规定。一些国家允许勘探成本及部分开发成本作为经常费用加以注销，而不是在以后几年内分摊。因此，许多从事石油和矿物开发的跨国公司选择分公司的形式进行海外经营活动。

（二）在避税港设置分支机构

国际避税港与提供一般税收优惠不同，它是免除税款或者把税率压到很低的程度，而且这种特殊优惠是单方面做出的。

避税港的共同特征是：①地域甚小，政府无巨额开支，无税或税率很低；②当地主管当局对外国公司的法律管制较松，不存在外汇管制，货币稳定，允许外币自由兑换，公司的资金调拨和利润分配相当自由；③具有提供金融服务的便利条件；④政治稳定。因此，跨国公司纷纷在避税港设立象征性的分支机构，有计划地利用转移价格将公司的利润收入调拨到避税港，以达到少缴所得税的目的。在避税港设立分支机构的另一个原因是一些国家允许它们的跨国公司对来源于国外的收入延期征收所得税。在避税港设立的子公司通常为全资子公司，跨国公司内部的所有资金转移，包括股息和股权融资，可能都需经过避税港子公司，该避税港子公司还可以为母公司在海外的其他子公司提供股权资本。这样，如果这些海外子公司不断增长并需要从避税港子公司获得内部资金的话，税收延期是无限期的。

本章小结

本章阐述了跨国公司财务管理的主要特点，并分析了跨国公司财务管理为什么具有这些特点，从两个层面讨论了跨国公司财务管理体制是如何建立和形成的，指出跨国公司财务管理体制并不是固定不变的，而是随着所处东道国的有关经济环境以及跨国公司内部管理体制的变化而做出相应的调整的。

跨国公司可以较为便捷地在国际金融市场筹资，本章介绍了几种主要的跨国公司融资方式及其特点。由于跨国公司一切财务活动都要服从于其全球战略目标，跨国公司对其海外子公司筹资方式选择上，根据公司对海外子公司的股权控制程度来决定。

跨国公司对外直接投资一般有独资、合资及合作三种形式。由于跨国公司投资环境复杂，跨国公司对外直接投资管理特别注重对投资环境的评估，常用的评估方法有四种：一般判断法、等级评分法、加权等级评分法和动态分析法。

在跨国经营中，所面临的风险还有政治风险和外汇风险等。对于外汇风险管理，应做好事先外汇汇率变动趋势预测与风险防范；对于政治风险，根据风险发生之前、风险发生之后和资产被征收之后三种不同情况，分别讨论了防范政治风险的策略。

关于跨国公司结算管理，介绍了几种主要国际结算工具和基本方式。

　　转移价格策略是跨国公司极其重要的一项财务策略。实施该策略的目的是避税、防范和减少风险和保证子公司利润及资金的顺利返回等。制定转移价格的方法可以归纳为两种：一是以外部市场价格为基础定价，二是以公司内部成本为基础定价。两种方法各有千秋，在现实经济生活中，跨国公司应选哪种定价方法并非易事。每个跨国公司的经营目标、经营体制、经营规模、经营背景、定价战略以及母国文化各异，跨国公司在制定转移价格时应联系这些因素选择定价方法。

　　跨国公司为了整个公司收益的最大化，就要想方设法谋求税负最小化。因此，跨国公司要熟悉东道国和母国的税收环境、国际税收环境对跨国公司海外经营的影响。

即测即评

　　请扫描右侧二维码，进行即测即评。

思考题

1. 跨国公司财务管理与国内企业财务管理相比有哪些不同？
2. 跨国公司应如何设计内部财务管理体制？
3. 跨国公司应如何从国外筹资？
4. 跨国公司在进行国际结算时应注意哪些问题？
5. 转移价格为何是跨国公司财务管理的一个独特战略？
6. 简述国际投资风险与收益的关系，及其风险防范与化解的措施。
7. 跨国公司对外直接投资的形式有哪几种？
8. 跨国公司如何进行纳税管理？

第十四章

国家财务管理

第一节 国有资本概述

一、国有资产的概念与分类

国务院于 2003 年 5 月 27 日公布的《企业国有资产监督管理暂行条例》指出:"本条例所称企业国有资产,是指国家对企业各种形式的投资和投资所形成的权益,以及依法认定为国家所有的其他权益。"国家的投资,对企业而言即为国家投入的本金;国家投资所形成的权益,即按投资比例应享有的企业净收益;依法认定为国家所有的其他权益,指国家法规规定应作为国有资产的其他收入,如接受馈赠和罚款收入等。上述概念是对企业而言,但推而广之,国家对行政机关和非企业化的事业单位的投资所形成的资产、国家接受馈赠与罚没收入所形成的资产、国家依法对自然资源享有所有权所形成的资产均属国有资产。顾名思义,国家拥有所有权的一切资产,均属国有资产。

国有资产可按不同标准进行分类。

(1)按照经济性质分,国有资产可分为经营性国有资产、非经营性国有资产和资源性国有资产。经营性国有资产是指投入企业和其他经济组织生产经营活动中的国有资产;非经营性国有资产是国家行政机关与非企业化事业单位为进行社会行政与经济管理所占用的国有资产;资源性国有资产是指国家主权所有的、自然界存在的、对社会经济发展有直接影响的、人们已开发和待开发利用的自然要素,如土地、矿藏、河流、森林、海洋资源等。

(2)按照资产占用形态分,国有资产可分为国有固定资产、流动资产、对外投资资产、无形资产和其他国有资产等。前四种形态的资产为国资企业占用,非经营性国有资产与资源性国有资产包括在其他国有资产之内。

(3)按照资产所处地域分,国有资产可分为境内国有资产和境外国有资产。其中,境外国有资产包括在外国投资所形成的国有资产,以及在我国港、澳、台地区投资所形成的国有资产。

国有资产按上述不同标准的分类,对建立不同的国有资产管理模式,确定管理目标与管理方式均有重要意义。

二、国有资本的内容与作用

（一）国有资本的内容

国有资本从一般意义上讲是经营性国有资产的价值形态，是国家投资的企业与其他经济组织中属于国家所有的净资产，即国家所有的所有者权益，包括国家投入的本金和按比例分享的净收益之总和。这一概念是从原单一的国有企业现已转型为产权多元的现代企业的实际出发提出的。这里所讲的国家投资的企业或其他组织，是指从事生产经营活动的企业和一部分专门从事国有资本管理的特殊机构，如目前设立的中央与地方国有资产监督管理委员会（简称国资委）。这些机构也是国有资本管理主体，但非人们一般所讲的企业，我们可将其称为其他经济组织。

国有资本也可按不同标准分类。

1. 按出资者政府级别不同的分类

在坚持国家所有的前提下，充分发挥中央和地方的积极性。国家要制定法律法规，建立中央政府和地方政府分别代表国家履行出资人职责，享受所有者权益，权利、义务和责任相统一，管资产和管人、管事相结合的国有资产管理体制。这就是说，国有资本从所有权看是属于国家所有，但为了发挥中央与地方两个积极性，由中央政府与地方政府分别代表国家作为出资人代表进行监管。按照这一体制，国有资本可分为中央出资人国有资本和地方出资人国有资本，简称为中央国有资本与地方国有资本。这一分类，对建立中央与地方两级国有资本分级监管责任制，分别考核国有资本保值增值目标的实现有重要意义。

2. 按国有资本配置领域不同的分类

从我国实际情况看，国有资本按配置领域不同可分为金融性国有资本和产业性国有资本两类。金融性国有资本包括国有商业银行、国有金融性资产管理公司和其他国有金融性公司中的国有资本；产业性国有资本指分布在工业、农业、商业、交通运输业等产业中的国有资本。国有资本这一分类，对优化国有资本结构，促进国民经济协调发展有重要意义。

3. 按国有资本所处地域的分类

国有资本可分为境内国有资本和境外国有资本。这一分类，对针对境内、境外国有资本所面临的宏观环境与风险的不同，采用不同的管理方式与办法有重要意义。

（二）国有资本的作用

国有经济在国民经济中的关键作用，主要是通过国有资本在国民经济发展中的关键作用表现出来的。

1. 国有资本的导向作用

按照马克思关于生产力决定生产关系，经济基础决定上层建筑的科学原理，先进生产力是推动社会发展的最终源泉。在知识经济条件下，先进生产力的发展，是通过高科技的发展与创业资本投资来实现的。高科技的发展与创业资本投资需要大量的风险资本投入。这些风险资本的投入虽然有一部分来自民营资本或外商资本，但其主要部分却需要国家投入。国有资本具有规模大，抗风险能力强的特点，风险投资一旦获得成功，将为国民经济发展提供新的经济增长点，引导民营资本与外商资本跟进，并形成新的产业。反之，当某一风险投资遭受失败，国家以其强大的财力将其化解，而不会像企业那样导致破产。况且，国有资本以其强大的财力从事多种科技研究与创业投资，有的项目失败，有的项目成功，从而使风险得以抵消。这就是当前世界不少发达国家进行大规模的高科技研究开发与风险投资的原因。2022 年 9 月，中央全面深化改革委员会第二十七次会议审议通过了《关于健全社会主义市场经济条件下关键核心技术攻关新型举国体制的意见》，要求在党中央的领导下，集中全国人力、物力和财力，形成关键核心技术攻关强大合力。党的二十大报告强调，要加快实施创新驱动发展战略，以国家战略需求为导向，坚决打赢关键核心技术攻坚战。这就更需要发挥国有企业和国有资本的主导作用，为关键核心技术攻关提供财力保障。

2. 国有资本的调控作用

发展市场经济是世界各国得以迅速发展的基本道路，市场是有效配置社会资源的基本手段。但是，市场竞争是一把双刃剑，一方面以强大的力量推动资源向高效的产业配置，另一方面却冷落那些为经济发展创造基础条件而目前利润水平不高的产业（如能源、交通与基础设施建设），或者冷落那些关系国计民生与社会稳定，国家不许乱涨价且价格需要相对稳定的产品生产（如水、电、气）。这就造成市场失灵。这些产业或产品的生产，需要国有资本做中流砥柱，以看得见的手调控国民经济，使之协调发展。不仅如此，当一些关系国计民生的产品（如粮食、药品、经济住房）被商家抬高价格时，国有资本还承担着储备足够物资以平抑物价的重任。当前，国际形势复杂严峻，为了国家的政治、经济、社会、文化和生态的总体安全，必须加强国有资本在关系国家安全领域的配置，发挥国有资本保障国家总体安全的调控作用。

3. 国有资本的国际竞争作用

在经济全球化的条件下，大型跨国公司与集团成为国际经济发展的主干力量。我国是世界上最大的发展中国家，为了在国际经济竞争中占有一席之地，加速经济发展，必须建设一批具有强大经济实力和具有较高管理水平的跨国公司与大型企业集团。跨国公司与大型企业集团的建设，已不可能等民营企业成长壮大起来后再形成，而必须依靠我国历史上已形成和壮大起来的大型国有企业集团加以组建，并吸收民营资本加入。

三、国有资本的优化配置

1999 年 9 月 22 日中国共产党第十五届中央委员会第四次全体会议通过的《中共中央关于国有企业改革和发展若干重大问题的决定》（以下简称《决定》）指出，国有经济应保持必要的数量，更要有分布的优化和质的提高；在经济发展的不同阶段，国有经济在不同产业和地区的比重可以有所差别，其布局要相应调整……坚持有进有退，有所为有所不为。《决定》进一步指出：目前，国有经济分布过宽、整体素质不高，资源配置不尽合理，必须着力加以解决。国有经济需要控制的行业和领域主要包括：涉及国家安全的行业，以及支柱产业和高新技术产业中的重要骨干企业。其他行业和领域，可以通过资产重组和结构调整，集中力点，加强重量，提高国有经济的整体素质。在《决定》做出之后，近几年国有经济结构已发生重要变化，一部分国有资本从某些一般竞争性产品生产与流通中退出，进入急需国有资本的产业，使国有经济结构有所改善。但在这一结构调整中，某些地方与部门未能正确理解《决定》精神，硬性规定国有资本要从某些经济效益好、需要国有资本继续存在的领域退出，违背了国有资本仍然具有一般资本的逐利特征，使国有资本营运受到损失。2003 年 10 月 14 日中国共产党第十六届中央委员会第三次全体会议通过的《中共中央关于完善社会主义市场经济体制若干问题的决定》中指出：完善国有资本有进有退、合理流动的机制，进一步推动国有资本更多地投向关系国家安全和国民经济命脉的重要行业和关键领域，增强国有经济的控制力。其他行业和领域的国有企业，通过资产重组和结构调整，在市场公平竞争中优胜劣汰。这就是说，为了发挥国有资本的作用，国有资本应重点配置在关系国家安全和国民经济命脉的重要行业和关键领域，但并不是搞板块式的进退，对处于竞争性产品生产与流通领域的国有资本，不搞全盘退出，而由市场公平竞争的法则决定，优者不退，劣者退出。具体讲，对拥有国有资本的国资企业而言，国家可以实行独资、控股或参股等不同形式，使国有资本能充分发挥作用，不断提高投资效益。2013 年 11 月 12 日党的十八届三中全会《中共中央关于全面深化改革若干重大问题的决定》进一步指出：完善国有资产管理体制，以管资本为主加强国有资产监管，国有资本投资运营要服务于国家战略目标，更多投向关系国家安全、国民经济命脉的重要行业和关键领域，为国有资本优化配置进一步指明了方向。

要合理配置国有资本，优化国有资本结构，必须建立良好的国有资本管理、监督、营运体系，加强国有资本管理，这就需要以国家财务理论为指导，按财务方式对国有资本进行运作。

第二节　国家财务的内容与理论基础

一、国家财务的主要内容

国家财务的概念最先由郭复初 1986 年在江西南昌召开的全国企业财务理论与财务学科建设会议上提出，并在 1988 年公开发表的论文中加以系统阐述。[①] 经过学术界的热烈讨论，后逐渐形成比较清晰的关于国家财务的概念。所谓国家财务，就是社会主义国家作为生产资料所有者，对国有资产经营单位所进行的本金投入与取得资产收益的经济活动及其所形成的经济关系，它是国有经济财务的主导环节，也是国民经济价值运动的独立方面。[②] 国家财务作为国有本金（即国有资本，下同）的投入与收益活动及其所形成的经济关系体系，有着独立的经济内容。

从国有资本的投入与收益活动的内容看，国家财务主要包括国家财务筹资、国家财务投资、国家财务收益的取得与分配、国有资本重组等内容。国家财务筹资，是指国有资产管理部门与国有资产中介经营公司的资本筹集活动，包括内部积累（获取资产收益）、发行股票、发行债券、银行借款等。国家财务投资，是指国有资产管理部门对国有资产中介

---

① 郭复初. 社会主义财务的三个层次. 财经科学，1988（3）.
② 郭复初. 国家财务论. 成都：西南财经大学出版社，1993：31.

经营公司的投资和国有资产中介经营公司对国资企业（包括国家独资、控股、参股、联营、合资企业等形式，下同）的投资活动，包括实业投资（对生产经营活动的投资）与证券投资（购买股票、债券等）。国家财务收益的取得与分配，指国有资产中介经营公司从国资企业取得资产收益（如股息、红利、租金、上缴利润等）并进行分配的活动，以及国有资产管理部门从国有资产中介经营公司取得其集中的小部分资产收益并进行分配的活动。国有资本重组，指国有资产中介经营公司对投入国资企业的国有资本进行集中、转移等重新配置的活动，如通过对国资企业的兼并、出售、租赁、破产、联合等资产重组形式，实现国有资本在地区间、产业间、企业间的流动，进行重新布局。国有资本重组，也包括国有资产管理部门对国有资产中介经营公司的资本所进行的集中与转移，如某一国有资产中介经营公司被另一国有资产中介经营公司兼并、租赁等。

从国有资本投入与收益活动所形成的经济关系体系的内容看，国家财务主要包括：国家所有者与国资企业之间的投资与收益分配关系，国家所有者内部不同层次之间的委托人与受托人的财权分割、财务责任划分与利益分配关系，国家所有者与非国家所有者之间相互进行产权转让与按资分配关系，国家所有者与国家社会行政管理者之间有上缴税费的财务关系。

国家财务有其独立的财务活动内容和财务关系内容。这些财务内容不同于国资企业财务的内容，也不同于国家财政分配的内容。这就证实了国家财务是一个独立的经济范畴。对国家财务活动的组织和财务关系的处理工作，就构成国民经济管理中一项独立的管理，称为国家财务管理。国家财务管理的内容也相应分为国家财务筹资管理、国家财务投资管理、国家财务收益分配管理、国有资本重组管理和国家财务调控管理（对上述四项管理的总体调节与监控）。2013 年 11 月，党的十八届三中全会提出"组建若干国有资本运营公司，支持有条件的国有企业改组为国有资本投资公司"，"允许更多国有经济和其他所有制经济发展成为混合所有制经济"，为国家财务管理奠定了组织基础。

二、国家财务的理论基础

国家财务独立存在的理论依据可主要从两个方面加以分析。第一，社会主义市场经济的存在是国家财务存在的根本条件。在市场经济条件下，国有经济作为主导，基本经济活动是进行商品生产与交换活动，其生产经营要素商品化，决定了经营性国有资产的资本化。国有经济的运行过程既是商品的生产与交换过程，又是国有资本的投入与产出（收益）过程。国有资本投入与收益活动的客观存在，是国家财务存在的基础。第二，国家双重身份和"两权分离"是国家财务存在的必要条件。按照马克思的国家权力学说，国家可以同时具有财产权力（所有者权力）与政治权力两种权力，[1] 同时具有生产资料所有者和政治权力所有者的两种身份。在社会主义市场经济条件下，为了发挥市场资源配置的基础作用，必须贯彻"政企分开"的原则，从而要求将国家的双重身份分开，生产资料所有者身份由国有资产专职部门担任，政治权力所有者身份由政府社会行政管理部门担任，这就是人们所说的"政资"分离。这是第一层次的"两权分离"。按照社会化大生产的规律，国

---

① 马克思，恩格斯. 马克思恩格斯选集：第一卷. 北京：人民出版社，1972：170.

有资产专职部门作为生产资料终极所有者代表，不能直接从事生产经营活动，必须与从事生产经营活动的企业法人所有者相分离，这就是人们所说的终极所有权与法人财产权分离，是第二层次的"两权分离"。经过这两个层次的"两权分离"，国有经济内部形成了两个层次上的财务：一是国家作为生产资料终极所有者的财务，即国家财务；二是拥有国有资本的企业（简称国资企业）的财务，即国资企业财务。前者为宏观财务，后者为微观财务。从上述分析可见，社会主义市场经济的存在，为国家财务独立存在提供了可能性，国家双重身份与"两权分离"为国家财务独立存在提供了现实性，两个方面的依据同时存在，就使国家财务独立存在具有必然性。

国家财务独立存在不仅是停留在理论上的考察。在我国经济体制改革实践中，人们自觉或不自觉地认识到国家财务与国家财政的性质区别，并在改革中将国家财务活动逐步从原财政母体中分离出来，使国家财务独立存在具有实践依据。例如，1988 年开始成立国有资产管理局；1989 年实行税利分流；1991 年实行复式预算；1993 年实行国有资本金制度；1994 年实行国有资本收益用于再投资制度；1995 年提出建立国有资产管理、监督、营运体系；1997 年提出实行国有资产重组制度；2001 年提出逐步实现国有股流通；2002 年提出成立国有资产监督管理委员会；2013 年提出组建国有资本运营公司和国有企业与非国有企业相互参股等一系列改革实践，这些措施都沿着实现国有资本独立管理、监督、营运这一大方向逐步前进，即朝着实现国家财务管理的方向前进。

三、国家财务与国家财政的关系

中华人民共和国成立以来，我国理论界和实业界长期将财政视为具有两重属性的分配活动，即认为，财政既是以社会行政管理者身份进行财政属性的分配，又同时以所有者身份进行经济属性的分配。因此，认为税收与国有资产产权收益（国有企业上缴利润）都应由国家财政统一管理，这就是财政包括国有企业财务论的理论依据。我国经济体制改革的大潮冲击了财政两重属性的理论，为国家财务独立论开辟了道路。

国家财务独立论的关键是区分国家财务与国家财政这两个不同的经济范畴，正确认识二者的关系。国家财务与国家财政是既紧密联系又相互区别的两个经济范畴。

（一）国家财务与国家财政的联系

国家财务与国家财政在分配主体（同为国家）和分配对象（同为国民收入）上密切相关，因此，在国民收入分配中有着紧密的联系。

1. 国家财务分配为国家财政分配提供前提

因为只有国家财务对国有经济提供的国民收入正确进行初分配，国家财政所进行的再分配才有可能。

2. 国家财务资金与财政资金在一定条件下可以相互转化

一方面，国有资产经营公司（又可称为国家财务投资公司）作为经济法人，对其投资收益，应向财政缴纳一定的税收，这就使一部分国家财务收入转化为财政资金；另一方面，一部分财政投资所形成的经营性资产（如交通与基础产业重点建设），常由财政划转给国家财务部门进行资本营运，这就使一部分财政投资转化为国家财务资金。

3. 国家财务资金与国家财政资金在某些情况下可能结合使用

对某些大型的国有经济基本建设项目与基础设施建设项目，国家财务与国家财政可以共同投资建设。

（二）国家财务与国家财政的区别

国家财务与国家财政又是相区别的，主要表现在以下四个方面。

1. 二者性质不同

国家财务以生产资料所有权为依据去参与国资企业劳动者创造的国民收入的分配，在性质上属于所有者与经营组织之间的产权关系，是国有经济内部的分配活动；国家财政以政治权力为依据去参与各种不同所有制企业劳动者所创造的国民收入的分配，在性质上属于社会行政管理者与经营组织或个人之间的分配关系，是国民经济范围内（涵盖国有经济和非国有经济）的分配活动，没有包括产权关系的内容。

2. 二者资金运动形式不同

国家财务资金运动包括本金投入和收益分配两个方面。它是沿着筹资→投资→投资收益与分配→再筹资→再投资→再投资收益与分配的轨迹运动的，有着补偿性（周转性）和增值性（效益性）的特点。国家财政资金运动主要包括税收和财政支出两个方面的基本内容。它是沿着筹资→运用→再筹集→再运用的轨迹不断运动的，有着支出一次性和无偿性的基本特点。

3. 二者参与国民收入分配的方式不同

国家财务是对国民收入的初次分配，国家财政是对国民收入的再分配；国家财务分配限于国有经济内部，而国家财政分配则涉及各种经济成分；国家财务分配以追求经济效益目标为主，国家财政分配以追求社会效益目标为主；国家财务以获取资产收益和财务投资为主要分配手段，国家财政则以税收和国家预算为主要分配手段；国家财务以国家财务收支预算形式或国有资本经营预算的形式进行分配，国家财政则以国家财政预算形式进行分配；国家财务分配由国有资产管理部门和所属各种国有资产经营公司负责，而财政分配则由国家财税部门负责。

4. 二者对经济建设支出的方向不同

国家财务投资所进行的经济建设是以发展和壮大国有经济实力，提高经济效益为目的的经济建设，可称为经济目标建设；国家财政投资的经济建设是为巩固和发展上层建筑，或为国民经济发展提供基础条件，以追求社会效益为主要目的的经济建设，可称为社会目标建设。

四、国有资产经营企业财务与国家财务的关系

国有资产经营企业财务是企业资本的投入与产出活动及其所形成的财务经济关系，它是企业经济活动的重要方面。国家财务是国有资本对企业的投入与从企业获取产权收益的活动及其所形成的各种财务经济关系。它是国家经济活动的重要方面。因此，国家财务属于宏观财务范畴，国有资产经营企业财务属于微观财务范畴。一方面，国家财务以企业财务为基础，因为企业财务的存在与顺利运行才使国有资本的投入与产出得以形成和独立运

行；另一方面，国有经营企业财务又以国家财务为前提，因为如无国有资本的投入，就不可能形成国有资产经营企业法人财产，也就没有国有资产经营企业财务活动（单纯的集体与私营企业财务不是国有资产经营企业财务）。这两种财务内容上也是有区别的。国家财务限于国有经营资本对有关企业的直接投入活动（投入何种企业，以何种方式投入，投入多少等）与产出活动（以何种形式分利，分利多少，拥有多少所有者权益等），不涉及企业法人资本如何使用与循环周转；国有资产经营企业财务限于企业资本的直接投入活动（投入何种生产经营活动，以何种方式投入，投入多少等）与产出活动（取得多少营业收入和如何分配收入，实现多少税收，如何缴税，如何分利等），不涉及国有资本如何独立运转。

五、国家财务管理与国有资产管理的内在联系

我国国有资产（资源性国有资产除外）按其经济用途不同可分为经营性国有资产和非经营性国有资产两类，从比例看，经营性国有资产约占 80%，占绝大比重。国家财务本质上属于国有资本投入与收益分配活动，所以国家财务管理是对经营性国有资产的价值经营的管理，非经营性国有资产管理不属于国家财务管理的范围。《国家财务论》一书中指出，非经营性国有资产的价值管理应属于财政管理的范围。[①]

国家财务管理既然是对经营性国有资产价值经营的管理，它就是国有资产管理的重要组成部分，是搞好国有资产管理的核心。只有抓住经营性国有资产价值经营的管理，才能明确国有资产实物经营的目标（保值、增值），才能对经营性国有资产的存量结构和增量结构进行优化，才能对经营者的权、责、利进行规范和监控，使之符合人民的利益。总之，国有资产的实物管理与价值管理虽然都涉及不同的部门与企业，但国家财务部门（国有资产监督管理部门与国有资本运营公司）却是我国国有资产管理的核心，这一地位是由社会主义市场经济条件下国有资本营运的重要性所客观决定的。

第三节　国有资本管理体制与营运体系

前已述及，国家财务理论的提出以及国家财务的独立，其必要条件是基于国家的两种职能和两种权利的分离。正是由于两权分离使得作为国有资产终极所有者的国家和作为国有资产法人财产所有者的企业都从不同的角度关注国有资本的运行效果。因此，应根据国家财务的理论构想来研究和设计国有资本的管理体制与营运体系。

一、国有资本管理体制

按照《中华人民共和国企业国有资产法》的规定，国有资本管理实行两级三层次的管

---

① 郭复初. 国家财务论. 成都: 西南财经大学出版社, 1993.

理体制。两级管理是指国务院和地方人民政府分级管理。国有资本属于国家所有即全民所有，国务院代表国家行使国有资本所有权。国务院和地方人民政府依照法律、行政法规的规定，分别代表国家对国家出资企业（国家独资、国家控股、国家参股的企业或公司）履行出资人职责。国务院和地方人民政府履行出资人职责的管理范围，是按照国家出资企业在国民经济中的地位来划分的。国务院确定的关系国民经济命脉和国家安全的大型国家出资企业，由国务院代表国家履行出资人职责；其他一般性国家出资企业，由地方人民政府代表国家履行出资人职责。

所谓三层次管理，是指除国务院与地方人民政府和国家出资企业两层次管理外，还必须在政府与国家出资企业之间设立中央与地方的国有资产监督管理机构（国资委或其他政府授权部门），分别代表国务院或地方人民政府行使出资人职责。设立这一中间管理层次，是体现国家社会公共管理职能与国有资本出资人职能分开、政企分开原则的要求，防止政府其他行政管理部门干预企业的自主经营活动。中央与地方国有资产监督管理机构，代表本级人民政府依法享有资产收益权、参与企业重大决策权和选择经营管理者等出资人权利，并承担国有资本保值增值的责任。中央与地方国家出资企业，在国有资产监督管理机构的监管下，依法享有自主经营权利，并向国有资产监督管理机构承担国有资本保值增值责任，执行国家宏观调控政策，履行社会责任。

二、国有资本营运的内容

国有资本营运即经营、运筹、谋划与优化配置。国有资本营运是指国有资本出资人和由其投资设立的国有资本营运机构，运用国有资本，维护国有资本权益，实现国有资本保值增值。[①] 由于经营性国有资产的资本性质，国有资本的营运只是经营性国有资产的营运。

国有资本营运的内容非常广泛，从不同的方面划分，有以下内容。

（1）从资本的运动过程划分，包括资本的筹集、投入、重组、收益和分配的各个环节和各个方面。

（2）按资本的营运组织分，可分为国有资产管理部门资本营运、中介经营公司（国有资本运营公司，下同）资本营运和企业法人资本营运。

（3）按资本的形式和范围，可分为实业资本营运和虚拟资本营运。

三、国有资本营运目标及特点

（一）国有资本营运目标

1. 实现国有资本的保值和增值

保值与增值二者内在上是统一的、不可分割的。保值是维护已有经营性国有资产价值不受损失；增值则指一定时期内既有的经营性国有资产通过营运而产生价值剩余，致使资产价值总量增加。保值是增值的基点，增值是在保值基础上产生的剩余。马克思指出："资本的合乎目的的活动只能是发财致富，也就是使自身增大或增殖……对资本来说，任

---

① 国家体改委. 国家体改委关于城市国有资本营运体制改革试点的指导意见. 经济日报，1997-7-24.

何一个物本身所能具有的唯一的有用性，只能是使资本保存和增殖"。[①]

2. 发挥宏观调控作用，优化国有资本结构，实现国有资本战略性重组

我国国有资本结构不合理。这一方面表现在国家作为国有资产所有者对资本的投向不合理，从而引起整个产业结构的不合理，资本的使用效率低下；另一方面表现在企业的资本结构不合理，企业的负债偏高，负担沉重，难以实现资本的有效运作。进行国有资本营运就是把资本作为商品在资本市场上进行配置和流动，运用新的方式去调整全部国有资本布局和结构，从而从整体上带动产业结构的调整。利用市场机制，实现国有企业战略性改组，是发挥国有资本调控作用的保证。

3. 落实国有资本管理的责任和权利

在传统的国有资本管理体制中，由于产权主体缺位、政企不分、责任不明，造成资本运行效率低下。国家作为投资者过去没有资本经营和资本收益观念，国有企业内无动力、外无压力，自然也就无活力可言。长期以来，由于微观经济细胞不活，必然导致整个国民经济系统缺乏生机，致使国民经济运行不畅，经济效率和效益低下。实行国有资本营运，就是通过进一步明晰产权，明确国有资本的投资主体，落实国有资本营运责任，保障国家所有者权益。同时，促进现代企业制度的建立，落实企业作为法人主体和市场主体的权利和责任，实现自主经营、自负盈亏、自我发展、自我约束的"四自"机制。

上述营运目标中，实现国有资本保值增值是基本目标，其余目标都要以基本目标的实现为前提。

（二）国有资本营运的特点

1. 国有资本营运是以资本为纽带的运作机制

国有资产所有者和经营者之间的关系是出资者和受资者之间的关系，国有资本的营运以资本作为纽带联结双方。出资者和经营者都必须遵循资本运动的基本特征，两者之间不再是行政隶属关系，出资者以资本所有者的身份履行所有者的职能，受资者以资本经营者的身份保证资本的保值和增值。

2. 国有资本营运的要素具有广泛性

资本营运就是把企业的一切生产要素资本化，通过组合与裂变，流动与优化配置，进行有效营运，以实现资本的最大限度增值。从经济学意义上说，资本营运泛指以资本增值为目的的经营活动。资本营运的要素包括货币、设备、物资、品牌、商标、信誉、服务、信息、技术和人才等。按资本的要素运作，就要真正赋予资本运动的特性，资本营运就是要盘活这些要素。

3. 国有资本营运是以价值形态为主的管理

资本营运的要素虽然具有广泛性，但在经营的过程中要求将可以利用和支配的资源都看作是可以经营的价值资本。

4. 国有资本营运是一种开放式的经营

资本营运不只是企业内部资源的重新组合，而且是内外资源的优化组合。其形式也不是单一的，兼并、收购、参股、控股等形式都可作为资本经营的手段和方法。

---

① 马克思，恩格斯. 马克思恩格斯全集：第四十六卷. 北京：人民出版社，1979：225-226.

四、国有资本营运体系的设计

（一）建立新型国有资本营运体系的原则

1. 有利于建立社会主义市场经济体制，促进生产力的发展

国有资本营运体系的设计和建立，必须要遵循市场经济规律，按照市场资源配置的基本原则，力求使国有资本发挥最大的效能。切忌产生新的政企不分和新的政资不分。企业必须真正成为自主经营、自负盈亏、自我发展、自我约束的法人主体和市场主体。通过市场机制使各种生产要素得到合理配置，从而使国有资本得到保值和增值。

2. 有利于公有制经济的发展，充分显示公有制经济的优越性

我国的所有制形式是一种以公有制经济为主体，多种经济成分并存，共同发展的经济运作形式。公有制经济在我国占有较大的优势，如何发挥其巨大的作用，有赖于国有资本的正常运行。评判各种国有资本营运方式的优劣，其标准是看它是否有利于国有经济的壮大和发展。

3. 有利于明晰产权关系，建立现代企业制度

建立现代企业制度是我国企业改革的基本方向，国有资本营运体系的建立必须要体现现代企业制度的基本要求，要明确国有资本的产权代表，使国有资本的所有权和经营权真正分开，同时要使国有资本的监管职能与国有资本经营职能相分离，形成国有资本营运体系和监管体系相互独立、相互配合的运作机制。

（二）国有资本营运体系的基本构架

从委托代理理论看，国有资本管理中存在全国人民代表大会、国务院、国有资产专职部门、中介经营公司和国资企业之间的五个层次的委托代理关系。按照这一观点，我们初步设想的国有资本营运体系如图 14-1 所示。

在图 14-1 中，全国人民代表大会与国务院、国有资产专职管理部门之间的连线表示委托代理关系；国有资本营运总公司、中介经营公司、企业之间的连线表示投资与产权收益上交的关系，这些关系虽然也是委托代理关系，但却具有资本营运的实质内容。至于国有资产行政监督部门与国有资本营运总公司、中介经营公司之间，则是行政监管关系。

上一构想体现了五个层次的委托代理管理要求，使国有资本营运机构专职化，营运形式公司化，营运方法财务化，使国有资本营运总公司、中介经营公司、企业的权责利紧密结合起来。这一构想的意义如下：

（1）有利于实现政府的社会经济管理职能同国有资本监督职能和国有资本经营职能相分离。这表现在国务院下设置国有资产专职部门和专职部门内再将营运总公司与行政监督部门分开上面。

（2）以资本经营为纽带，设置分级层次，使总公司、中介经营公司和企业明确各自管理的目标，注重投入产出，加强经营管理，提高效益。

（3）各控股公司对国资企业相互交叉持股，在保证国家控股的前提下，还可允许企业职工、某些民营与外资企业参股，这样可以使国资企业产权多元化，防止垄断，加强对企业经营者的产权约束。国家股可以在各控股公司之间进行流动，这为解决国家股不能流动

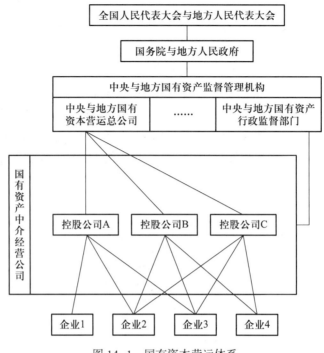

图 14-1 国有资本营运体系

的难题提供了组织改革思路。

至于国务院下面的中央与地方分级设置的国有资本营运总公司，可以按行业特点或经济发展需要设置多个，防止出现国有资本垄断经营。

第四节 国家财务投融资

一、国家财务投资的必要性

国家财务投资，是指国家以生产资料所有者身份，为获得预期经济效益而进行的资本投入活动。其投资主体为国有资产管理部门和国有资产经营公司，投资对象是各种国资企业，投资内容包括进行生产经营实体活动的实业性投资与证券投资，投资目的是追求资本的增值，获取良好的经济效益。国家财务投资的必要性在于以下方面。

（一）发展壮大国有经济

我国实行以公有制为主体、多种所有制经济共同发展的基本经济制度。国有经济作为公有制的重要组成部分，作为国民经济的主导力量，只能加强，不能削弱，只能壮大，不能萎缩。发展壮大国有经济是一个系统工程，但增加投入是基本途径。只有通过增加投资，才能形成更多的国有经营性资产，扩大生产流通规模，带来更多的经济效益，从而提高人民生活水平，增加国家积累，使国有经济发展走上良性循环的道路。

（二）增强国家宏观调控能力

现代经济的发展以宏观调控为前提。宏观调控包括国家以社会行政管理者身份所进行的宏观调控和国家以生产资料所有者身份所进行的宏观调控两大方面。过去学术界普遍注意了国家以社会行政管理者身份所进行的宏观调控，如财政运用税收杠杆和财政投资（公共产品与半公共产品中的政策性亏损产品投资）对国民经济的调控，国家银行运用利率、汇率对国民经济的调控等，而忽略了国家以生产资料所有者身份所进行的调控。国家以所有者身份进行的宏观调控，主要包括通过国家财务积累率（国资企业税后利润上交比例）与国家财务投资（竞争性产品生产中的支柱产业投资、半公共产品生产中的营利性产品生产投资）对国民经济进行的调控，以及国有资本重组所进行的调控。国家财务所进行的宏观调控，近年来才引起人们的重视，因此，正确进行国家财务投资，是增强国家宏观调控能力的重要途径。

二、国家财务投资的范围划分

国家财务投资范围的划分包括外部与内部两个方面。国家财政投资与国家财务投资的范围要划分明确。国家财政投资范围包括对公共产品与半公共产品中政策性亏损产品生产的投资；国家财务投资包括对竞争性产品中支柱产品生产和半公共产品中盈利产品生产的投资。这属于外部的划分。从国有经济内部而言，由于国有资产管理三级架构，相应形成三级财务投资主体，即国资部门投资、国有资产中介经营公司投资和国有企业投资。国资部门投资和国有资产中介经营公司投资属于国家财务投资。三级财务投资范围如下。

（一）国有企业一级的投资

根据《企业财务通则》，我国国有企业应建立"资本公积金""盈余公积金"和"未分配利润"等企业可支配财力，结合发行股票等方式，增加企业的流动资金以及技术改造性投资，保证企业内涵扩大再生产的资金需要。

（二）国有资产中介经营公司一级的投资

国有资产中介经营公司从企业获取资产收益（即投资者分配利润）与产权转让收入，应向国资部门上交一小部分，余下大部分收益在扣除公司费用后，用于对国有企业自有资本投入，满足企业追加流动资金和基本建设性投资的需要，保证企业内涵与外延扩大再生产的资金需要。

（三）国资营运总公司投资

各级国资营运总公司可集中使用国有资产中介经营公司上缴的一部分资产收益与产权转让收入，在地区与行业间进行调节，向急需增加投资的国有资产中介经营公司注入自有资本，从而配合国家产业政策对国有资本配置进行优化，促进国有经济协调发展。

上述三级财务投资分别形成三道防线，既能做到国有企业自有资本的增加主要由国有经济自行积累解决，防止银行不良债权增加，又可以做到以国有经济自身积累能力制约现有国有企业的基本建设投资规模，防止企业盲目建设与重复建设，促使企业经济增长方式由粗放型向集约型转变。总之，建立与健全国家财务投资体系，将会对国有企业债务重组发挥深远的影响。

三、国家财务投资项目、渠道与方式决策

国家财务投资渠道按经济用途划分可分为实业性投资与证券市场投资两类。实业性投资指直接对国资企业生产经营活动的投资，即直接以货币形式投入企业，形成企业的资本，这是国家财务投资的主渠道。实业性投资的方式主要有直接拨款、进行长期性股票与公司债券的投资等。实业性投资的目的是取得企业资产所有权，追求投资收益。证券市场投资是以货币投入证券市场，购买短期性股票、债券、期货、期权的投资等。证券市场投资的目的是追求证券买卖的价差，即追求资本利得。这是国家财务投资的辅渠道。国家财务投资项目必须联系投资渠道与方式，按具体投资对象一一确定。国家财务投资项目、渠道与方式的决策，可运用企业财务投资决策的基本方法进行。但由于国家财务投资是一种宏观性投资，要注意处理好实业性投资与证券市场投资的关系，以实业性投资为主，有余力时才进行证券市场投资，防止泡沫经济的产生，导致财务危机，影响经济安全；要注意处理好投资经济效益与经济结构优化和环境保护的关系，不支持重复建设、盲目建设和没有环境保护配套措施的建设项目；要注意投资收益与投资风险的综合分析，不对投资风险太大的项目投资。总之，在进行国家财务投资时，要注意保证国有资本的安全、保值与增值。

四、国家财务筹资渠道与方式的决策

国家财务投资必须有充足的资本来源作保证，即必须进行筹资。国家财务筹资渠道按范围不同分为内部筹资和外部筹资两类。内部筹资的方式按国资企业经营形式的不同分为收取国家股息与红利、收取承包利润、收取租金等。外部筹资的方式主要有发行国家股票、发行国家财务债券、银行借款等。进行国家财务筹资渠道与方式的决策，可运用企业财务筹资的一套方法。但在进行国家财务筹资时，要注意处理好内部筹资与外部筹资的关系，做到先内后外；要注意处理好自有资本与借入资本的关系，保持合理的资本结构；要进行筹资成本与筹资风险的综合分析，结合国民经济波动周期和产业的商业周期，选择筹资成本较低而筹资风险适度的筹资方案进行筹资，把财务杠杆利益与经济安全很好地结合起来。

第五节　国家财务分配

一、国家财务分配主体

国家财务作为国有资本的投入与收益活动及其所形成的经济关系体系，为使国有资本不断循环与周转，必然存在对收益的分配问题，这是国有经济扩大再生产的客观要求。

在关于国家财务与国家财政关系问题的讨论中，我们已涉及国家财务分配的主体问题，这里将作具体讨论。国家财务分配的主体是国有资产管理部门与国有资产中介经营公司。国有资产中介经营公司（以下简称中介经营公司）的性质是从事国有资本营运的经济法人。它应该做到在国有资产管理部门授权下对国有资本自主经营、自负盈亏，以法人财产承担民事责任。中介经营公司的性质决定了它必须全面拥有法人财产的占有权、支配权、使用权、处置权和受益权，其中的受益权即包括了分配权。因此，中介经营公司作为分配主体，在学术界是取得了共识的。

国有资产管理部门有无分配权，是不是分配主体问题，尚未形成共识，其原因是对国有资产管理部门的性质认识不一致。目前理论界与实业界有一种主张，把国有资产管理部门看作单纯履行出资人兼管理职能的国有资产行政管理机构，负责国有资产的产权界定、产权登记、评估确认、业绩考核、统计报表、检查监督等工作，因而不具分配权。我们对此持不同意见。我们认为，国有资产管理部门是类似于中国人民银行的双重性机构，即不仅具有国有资产的行政监管职能，而且是国有资本所有者的总代表，具有一部分经营职能。它要通过集中一部分收益进行再投入，在各种中介经营公司之间进行资本结构的调控，从而提高国有资本的整体营运效益。国有资产管理部门既然具有双重性，具有资本结构调控职能，也就具有分配权，是一个分配主体。国有资本营运中的双主体分配结构，是与国有资本双层委托代理经营制度相适应的，符合所有者必须拥有受益权的客观要求。

二、国家财务分配内容

国家财务分配是国有资产所有者代表所进行的分配，在分配内容上不仅与财政分配不同，而且与国资企业财务分配也不同。国家财务分配与财政分配在内容上的区别上文已有所阐述。国家财务分配与国资企业财务分配在内容上的区别在于以下两点。

（1）国资企业财务分配的主要对象是商品价值中新增价值的分配，即对 $v+m$ 的分配；而国家财务分配的主要对象是 m 中的一部分价值的分配，即企业税后利润的分配。

（2）国家财务分配的内容包括对国有资产产权转让中的终极产权转让收入的分配，国资企业财务分配内容中则没有这部分内容。

三、国家财务分配比例

中介经营公司参与国资企业税后利润分配的集中比例是在国家规定提取公积金与公益金后，由企业股东大会通过的分配方案决定的，这一比例取决于企业经济效益高低与企业发展需要和有无更好的投资机会。当企业经济效益好，目前尚无好的投资机会时，中介经营公司集中分配的比例可适当高一些；反之，则应少分或不分，让更多的利润用于发展生产与扩大流通，追求所有者权益的增长。国有资产管理部门（国资营运总公司）参与中介经营公司收益分配的集中比例，取决于中介经营公司发展的需要和国有资本总体结构调控的要求。如果中介经营公司有很好的投资机会，这些投资符合国有资本总体结构优化的要求，则国有资产管理部门集中分配的比例应低一些；反之，可适当高一点。无论高低，其上限是不影响中介经营公司自主经营、自负盈亏的需要，其下限是适应国有资本总体结构基本合理的结构调控需要。一般说来，中介经营公司的收益应大部分留归该公司支配，小部分上交国有资产管理部门分配。

四、国家财务分配形式

中介经营公司参与国资企业税后利润分配的形式要与企业经营形式相适应。对股份制企业，应以上缴股息与红利形式分配；对国有独资公司以上缴利润形式分配；对租赁制企业以上缴租金形式分配。国有资产管理部门参与中介经营公司收益分配的形式则宜以上缴利润形式分配。

第六节 国家财务调控

一、国家财务调控的总体目标

国家财务是一种经济机制，它通过对国有资本投入与收益活动的调控，实现对整个国有经济发展速度、结构与效益的调控。因此，国家财务调控的总目标是国有经济的良性循环与效益的提高。

国有经济良性循环与效益的提高，表现在国有经济的投入能带来不低于社会资本平均收益率的收益，国有资本的耗费能及时、足额补偿，并使国有资本不断扩张，使国有经济能发展与壮大，把国有经济发展速度与效益统一起来。这一目标具体表述如下：

$$国有资本收益率 \geqslant 社会平均资本收益率$$

式中，国有资本收益率指国有资本收益额与国有资本额的比率。国有资本收益额包括国家财务部门集中的产权收益与留给企业继续使用而应该属于国家所有的资本公积金、盈余公积金和未分配利润。国有资本额指国家财务部门投入国资企业的实投资本。

国家财务调控总体目标的实现是依靠各种具体调控目标的实现来达到的。这些具体调控目标又包含在调控内容之中。

二、国家财务调控的主要内容

（一）国有资本配置结构调控

国有资本广泛分布于各地区之间、各行业之间、各生产经营环节之间与各生产经营要素之间，由此形成不同的配置结构。国家财务调控要实现国有资本配置结构的优化，即实现国有资本地区分布比例、行业分布比例、生产流通和建设各环节分布比例、固定资产比例、流动资产比例和其他资产的资本占用比例等的合理化，必须在国家财务投资时按国家区域经济政策与产业政策的要求，结合国有资本收益率水平的高低进行投资决策。即在获取社会资本平均收益率的前提下，使国有资本投资向国家区域经济政策和产业政策所鼓励的地区和产业倾斜。当然，社会资本平均收益率要按各地区和产业的实际情况确定，我国中西部的社会资本平均收益率要低于东南沿海地区的水平，不能以东南沿海地区的水平来要求中西部投资的回报。同理，第一、第二、第三产业的社会资本平均收益率也有差别，国家财务投资调控时也应区别对待。对于那些生产半公共产品的微利与亏损项目的投资，我们的观点是应由国家财政投资去解决，而不应由国家财务投资去解决。

（二）国有资产保值增值调控

国家财务调控的总体目标决定了经营性国有资产的使用应做到保值与增值。为此，国家国有资产管理局、劳动部和财政部于 1994 年联合颁布了《国有资产保值增值考核试行办法》，规定从 1995 年 1 月 1 日起对国资企业进行国有资产保值增值指标考核。国有资产保值增值率基本公式如下：

$$国有资产保值增值率 = \frac{期末扣除客观因素后的所有者权益}{期初所有者权益} \times 100\%$$

企业国有资产保值增值率为 100%，为国有资产保值；国有资产保值增值率大于 100% 为国有资产增值。

国家财务调控要实现国有资产保值与增值，必须正确进行投资决策。应由国有资产管理部门派出人员参加公司股东大会、董事会与监事会，行使所有者的权能，并采取各种措施加强国有资产监管，防止国有资产的流失。国家作为所有者，应当与经营者签订详细而严格的聘任合同，明确规定经营者对国有资产保值增值应完成的目标，规定企业的重大决策应由所有者做出或同意，对侵犯国家所有权、造成国有资产严重流失的经营者，要承担法律责任与经济赔偿责任，不能以罚代刑，也不能以刑代罚，做到刑罚结合。只有这样，才能使国有资产保值增值调控落到实处，从根本上解决国有资产严重流失问题。

（三）国有资本收益分配调控

国有资本收益分配有一个结构问题。在前面论述国家财务分配时，已谈到要确定好中介经营公司与国资企业之间、国有资产管理部门与中介经营公司之间在资本收益分配方面的上缴与留用的比例，这是一个重要的结构调控问题。除此之外，在中介经营公司内部对留用的资本收益也有一个分配结构问题，即扣除公司的经营费用外，再投资的收益用于内涵扩大再生产投资与外延扩大再生产的投资的比例。这一比例确定得合理与否，对国资企业经济增长方式能否由粗放型向集约型转变有重大意义。在国资企业管理部门内部，对所集中的资本收益用于再投资，也有一个优化资本的地区结构与产业结构问题。

（四）国有资本重组调控

国有资本重组是存量资本在地区间、产业间、企业间的重新配置问题。它是通过国资企业兼并、出售、租赁、破产、联合等多种产权转让方式来进行的。国有企业改革中推行的混合所有制改革，是一种国有资本和民营资本进行联合的组织形式，对优化企业治理结构和发挥不同资本的优势、形成发展合力有积极作用。国家财务对国有资本重组的调控是通过对重组方案的财务可行性分析来进行的。要研究资本重组可带来的收益与所付出的成本，将重组收益与重组成本相比较，选择收益大于成本的重组方案，并在这些方案执行中严格控制重组成本，力争增加重组收益。这就是说，使国有资本重组变成所有者的市场行为，而不应该是政府部门的行政行为。在国有资本重组中，要防止以行政手段将缺乏任何联合基础的国资企业硬性组合在一起，使一些本应破产的企业把经济效益好的企业拖垮，使国有经济遭受重大损失。现在实业界流行一种观点，即通过资本重组让盈利企业把亏损企业全部兼并，实现"扭亏为零"（亏损企业没有了），就达到了重组的目的，学术界个别学者也认为这是一种"经验"。这种观点背离国有资本重组是为了进行经济结构调整，通过资本优化配置实现人力资源与物力资源的优化配置，从而从整体上提高国有资本营运效益这一根本目标，而以简单的兼并手段掩盖某一地区存在的严重亏损问题，人为制造某些地方政府领导者的"业绩"，是一种弄虚作假行为，应给予揭露与批判。

三、国家财务调控的主要方式

财务调控的一般方式有预算调控与制度调控两类。国家财务预算（即国有资本经营预算）是国有资产管理部门和中介经营公司所编制的国有资本收益、分配和再投资的财务收支综合平衡表。它规定着国有经济内部所有者与国资企业之间、所有者内部委托者与代理者之间的财务关系，是组织国家财务活动的重要依据。[①] 运用国家财务预算，可将国家财务调控总体目标与各项具体目标数据化，并将它们紧密联系起来，形成系统的控制体系。在运用国家财务预算进行调控时，为了具体落实和便于操作，还要进一步把收入指标和支出指标进行分解。有的分解为绝对数指标（如资本收益额、投资额等），有的分解为相对数指标（如国有资产保值率、国有资产增值率、收益上交率、收益留用率、投资收益率等），把这些指标落实到责任单位与责任人，形成调控的组织体系。

国家财务制度是国有资产管理部门、中介经营公司和国资企业在关于国有资本投入收益活动中权责利关系处理的原则与行为规范。运用国家财务制度，形成系统的财务纪律与财务秩序，使国家财务管理责任单位与个人完成国家财务调控目标有财权做保证，对完成目标的单位与个人有利益做动力，对未完成目标的单位与个人有惩罚做约束，从合理处理财务关系的角度保证国家财务调控目标的全面实现。因此，财务制度与财务预算调控是紧密配合的，财务预算调控是基础，财务制度调控是保证。

第七节　国家财务监督 ■ ■ ■

一、国家财务监督的必要性

国有资本，从性质上看是全国人民所有的资本。由于国有资本的营运不能直接由全国人民来进行，只能采用多层次委托代理体制。这一多层次的委托代理关系表现在：

（1）全国人民委托全国人民代表大会代理管理。
（2）全国人民代表大会委托国务院代理管理。

---

① 郭复初. 国家财务论. 成都：西南财经大学出版社，1995：173.

（3）国务院委托国有资产管理部门代理管理。

（4）国有资产管理部门委托中介经营公司代理管理。

（5）中介经营公司通过参加股东大会委托国资企业董事会与经理代理管理。

上述五个层次的委托代理关系出现五个委托者与代理者。按照委托代理理论，由于委托者与代理者之间的利益不同和信息不对称，就可能产生代理人为追求个人收入、地位、权力和舒适条件而不惜损害委托者的利益，或者不认真履行委托代理契约，出现"磨洋工"或侵犯委托者权益。为了使代理人能认真履行代理契约，维护委托者的利益，调动代理人的积极性，就必须建立委托者对代理人的激励机制与约束机制。监督机制是约束机制的核心，所以国家财务监督是国有资本多层次委托代理体制的客观要求，对保证国有资本的安全、保值与增值有着重大的意义。

二、国家财务监督的主体与对象

前面我们研究了国有资本营运中的五个层次的委托代理体系，从这五个层次中可以看到，全国人民是委托代理链条的起点，国资企业董事会与经理是委托代理链条的终点。作为起点的全国人民是单一的监督主体，作为终点的董事会与经理是单一的监督对象，而作为委托代理链条中间环节的全国人民代表大会、国务院、国有资产管理部门和中介经营公司则具有两重性。从下一环节看它是委托者，是监督主体；从上一环节看它是代理者，是监督对象。因此，国家财务监督必须按监督主体与监督对象在国有资本营运中的地位与作用确定监督的内容、组织形式与监督方式。

三、国家财务监督的主要内容

国家财务是国有资本的投入与收益活动及其所产生的财务关系体系。因此，国家财务监督的主要内容有以下四点。

（1）国有资本的安全监督。防止代理者贪污、盗窃、挪用国有资本，损害委托者的所有权。

（2）国有资本的保值监督。国有资本在营运中的耗费表现为成本费用应及时足额从营运收入中给予补偿，从而保证投入的国有资本能全部收回。要防止代理者人为少计、漏计成本费用，搞虚盈实亏，吃老本。

（3）国有资本的增值监督。委托者将国有资本委托给代理者营运，其目的是使资本增值，这是资本运动规律的要求。代理者应认真履行委托代理契约所规定的资本增值目标，要防止代理者消极怠工，追求享受而不愿艰苦奋斗，使国有资本营运效益低下。

（4）国家财务监督的组织形式。国家财务监督的实施必须有组织体系作为依托。国有资本数额巨大，分布在全国各地，经过多层次代理管理，分散在数以万计的国资企业，对国有资本营运的监督是非常艰巨而复杂的工作，需要从国家财务管理体系内部和外部运行全方位、多方面的监督。国家财务管理体系外部的监督包括司法监督、新闻监督、社会中介机构（如会计师事务所）的监督等，这些不属于本书研究范围。我们要研究的是国家财务管理体系内部的监督组织体系问题。

国家财务内部监督组织形式，可借鉴股份公司内部监督形式来构建。大家知道，股份公司内部治理结构是"三会"，即股东大会、董事会、监事会。监事会由股东大会选择产生，可监督董事会和经理是否按股东大会的决议行事。国内外经验证明，由所有者设立监事会监督董事会和经理行为是有效的。按照这一想法，可考虑在各级代理机构内设监事会，由上一级委托机构派员、聘请专家和代理机构选出一部分职工代表组成，以委托者为主，并发挥专家与职工的积极性，形成有效的监督体系。上级派出或聘任的监督人员，其工资与福利性支出由上级委托机构负责，与被监督者不发生收入的支取关系。具体讲，由全国人民代表大会派人并聘请专家，吸收国务院职工代表构成国务院的国有资产监事会，监督国务院作为代理者的行为；同样，再由国务院在国有资产管理部门内设监事会，国有资产管理部门在中介经营公司内设监事会，中介经营公司通过派人参加企业股东大会与监事会进行监督。这样，在国有资本营运的委托代理各层次中建立起了垂直的监督组织，形成自上而下层层监督，自下而上层层负责的监督网络，解决了国家财务内部的监督主体缺位问题。这就既解决了对企业经营者的监督问题，又解决了人民对所有者代表的监督问题，这对治理腐败有重要意义。

四、国家财务监督的主要方式

国家财务监督的方式大体有以下三种。

（一）国家财务预算与决算检查

各级国有资产管理部门与中介经营公司要按计划年度编制国家财务预算，在年终后编制国家财务决算。中介经营公司的预、决算要经监事会审查后才能上报国有资产管理部门。各级地方国有资产管理部门汇编本级政府的国家财务预、决算，要经本级监事会审查后才能提交同级人民代表大会审查批准。国务院要向全国人民代表大会提交全国的国家财务预、决算，在提交前应由国务院的国有资产监事会审查后才能上报。各级监事会应认真审查国家财务预、决算的真实性，坚决反对弄虚作假。各级监事会的监事如有渎职行为，将按规定受到经济与法律的制裁。

（二）国有资产统计报表检查

目前国有资产管理部门要层层汇总编制年度、季度、月度的国有资产统计报表，全面反映国有资本的安全、保值、增值与重组情况。我们认为，统计报表应按国有资本营运多层次委托代理体制逐层上报。为保证统计报表的真实性，在上报前也应由本层次监事会审查后才能上报。监事会通过报表审查所发现的问题要直接上报上一层次监事会，并提出处理意见报上一层次监事会批准后按制度进行处理。目前，国家规定国务院必须按规定每年向全国人民代表大会常委会报告国有资产管理情况，接受人大监督，这对加强国有资产监管有重大意义。

（三）群众举报方式

各层次监事会应设立举报电话，并随时接受群众的书面与电话举报，对代理者在国有资本营运中违纪违法行为要及时向上一层次监事会报告，并配合国家司法部门与纪检部门查实问题，求得迅速解决。属于各层次管理机构内部按制度处理的问题，应提出处理意见，报各级人民代表大会常委会或上一层次委托机构及时处理。

总之，通过国家财务监督，要及时揭露腐败分子侵吞国有资产的罪行，及时解聘不称职的代理者，使国有资本营运的目标能圆满实现。

国家财务独立论、国家财务投融资论、国家财务分配论、国家财务调控论、国家财务监督论是四个紧密联系的理论体系。国家财务独立论是其他"四论"存在的前提，其他"四论"又是国家财务独立的保证。其他"四论"相互之间又互为存在的前提。国家财务理论体系是建立在国有资本循环周转的基础之上的，是现代财务管理理论在国家财务管理中的新发展。

第八节　国有资本经营预算与绩效评价

一、国有资本经营预算的内容

现阶段国资委监管的重点是经营性国有资产，认真编制并执行国有资产经营预算，是经营性国有资产管理的重要内容。科学合理的国有资产经营预算，是中央与地方政府和人民群众监督与考核各级国资委与国有资本优化配置和发挥国家财务宏观调控功能的重要工具，也是国资委对国有企业（国有独资与控股企业）经营者进行业绩考核的依据。学术界对国有资本经营预算的内容与编制方法展开了讨论。有些人从财政建立完全的复式预算的角度，提出将原来财政的建设性收支预算发展为国有资本经营预算的主张。随着中央与地方两级国资委的建立，国有资本经营管理主体已由原来的财政部门变为国资委，因此用完善财政复式预算的办法来编制国有资本经营预算已不恰当。从性质上看，国有资本经营预算是关于国有资本筹集、投资和收益分配的预算，与财政作为社会基金的收支预算已有质的不同，也不能再由财政来管。国有资本经营预算在性质上属于国家财务性收支预算，应与财务报告应反映的内容相联系。

按国家财会制度关于财务报告的内容，结合国有资产经营的实际需要，可从国有资本存量与增量两个方面去设计预算的内容。从存量的角度可编制国有资本占用预算，反映计划期末（如年末）国有资本在地区间、产业间以及企业间的分布状况；从增量的角度编制国有资本经营收支预算，反映计划期间内国有资本的收入支出状况。国有资本占用预算目前可先按年度编制，即计划年度末各地区、各产业部门国有资本占用应达到的规模，通过计划期期初期末国有资本占用规模与分布状况的对比分析，反映国有资本在社会总资本中的比重变化，国有资本配置的地区结构与产业经济结构的变化，考察国有资本占用的合理性、保值增值与结构的优化情况。国有资本经营收支预算中的财务收入，包括计划期资产收益、产权转让收入、财政划拨收入（财政建设性投资项目完工后转入的国有资本）、发行国家财务债券、银行借款和计划期初结余等；国有资本收支预算中的财务支出包括对现有国有独资、控股、参股企业的资本投入（实体投资与证券投资）、创业资本投资、高新技术投资、归还银行借款、偿还债务支出、转入财政支出等。收入大于支出的部分为计划期期末结余，转入下一计划期使用。该预算的收支平衡关系是：

$$期初结余 + 本期财务收入 = 本期财务支出 + 期末结余$$

国有资本收支预算的资产收益与产权转让收入计划指标是对经营者进行考察的重要指标。对现有国资企业的投资与其他各项投资是国家财务调控的重要手段。通过国有资本收支预算的分析，可以使广大人民群众了解国有资本经营的经济效益，监督财务收支，防止国有资本流失。有的学者建议国有资本经营预算还应编制现金预算表、资本保值增值预算表等，形成较完整的预算体系。这些问题今后可进一步研究。就目前状况看，宜先简后繁，不要太复杂。

二、国有资本经营预算的编制

（一）国有资本经营收支预算的编制

国有资本经营收支预算如表 14-1 所示。

表 14-1　国有资本经营收支预算

行次	收入项目	上年预计	本年计划	行次	支出项目	上年预计	本年计划
1	产权收益 股利收入 租金收入			1	机构费用支出 人员经费支出 管理费用支出		
2	产权转让收入 国有股出售收入 国有企业出售收入			2	国资企业资本投入 增加国有资本投入 创业资本投资 高新技术投资		
3	财政划转收入 建设项目完工转入的国有资本 其他划转收入			3	国企改制投入		
4	发行财务债券收入			4	上缴财政税利		
5	银行借款收入			5	偿还债务支出		
6	其他收入			6	归还银行本息		
				7	其他支出		
	本年收入合计				本年支出合计		
	上年结转				结转下年		
	收入总计				支出总计		

　　国有资本经营收支预算，由国有资本经营公司先编制，上报国有资产监督管理委员会（国资委），再由国资委与财政部门汇总编制。国资委与财政部门汇总编制时注意加入国资委本身单独的收支项目金额，不包括对国有资本经营公司的内部转移收支，防止收支的重复计算。

（二）国有资本占用预算的编制

　　为反映国有资本总量的增减变动，考查国有资本的保值与增值情况，除编制国有资本经营收支预算外，还应以存量编制国有资本占用预算，如表14-2所示。

表 14-2　国有资本占用预算

资本分布资本占用	工业	农业	国内商业	对外贸易	建筑业	交通运输业	金融保险业	邮电通信业	其他产业
一、期初资本占用 　　实投资本 　　所属权益									
二、期末资本占用 　　实投资本 　　所属权益									
三、资本占用状况 　　资本保值率 　　资本增值率 　　资本流失率									

　　国有资本占用预算编制中，期初实投资本指国资委对各产业部门的实际货币投入，按各部门实收国有资本额反映；期初所属权益，指各部门资产负债表中所有者权益扣除各种实收资本后的余额中，按国有资本所占部门总资本的比例确定的应属于国家所有的部分。期末实投资本是期初实投资本加上本期新增投入资本，减去本期减少（或退出）国有资本计算；期末所属权益，计算方法与期初所属权益计算方法相同。期初与期末实投资本与所属权益，在资产负债表中总的表现为国家所有者权益，所以，国家规定国有资本保值增值率按期初期末国家所有者权益计算。

　　资本占用状况指标计算方法如下：

$$资本保值增值率 = \frac{期末扣除客观因素后的所有者权益}{期初所有者权益} \times 100\%$$

　　计算的结果等于100%，表明国有资本保值；计算结果大于100%，表明国有资本增值，大于100%的幅度为增值率，幅度越大，则增值率越高；计算结果小于100%，表明国有资本流失，小于100%的幅度为国有资本流失率。

　　上式中应扣除的客观因素由国资委根据国家有关规定具体审核确定。

　　与国有资本经营收支预算一样，国有资本占用预算也应由国有资本经营公司先编制，再上报国资委汇总编制，并进行必要的调整，得出全国或某一地区国有资本占用预算数。

必须指出，国家财务部门在对国有独资企业与国有控股企业的经营者业绩考核中以国有资本保值增值率指标为主要指标时，在按产业部门编制国有资本占用预算的同时，还应按被考核企业进行编制，方法同上。

三、国有资本效绩评价

（一）国有资本金效绩评价

为完善国有资本监管制度，科学解析和真实反映企业资产营运效果和财务效益状况，1999 年财政部、国家经贸委、人事部和国家计委联合发布了《国有资本金效绩评价规则》（以下简称《规则》）。该方法适合于对企业整体效绩评价和对企业负责人的效绩评价与考核。该《规则》首先将国有资本金效绩评价指标体系进行合理分类，如图 14-2 所示。

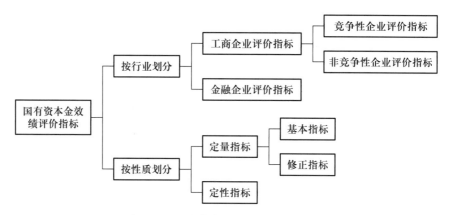

图 14-2　国有资本金效绩评价指标体系

在进行上述分类的基础上，《规则》进一步为不同行业、不同规模的企业制定了应予评价的具体指标、各指标分值权重以及指标的标准值。限于篇幅，以下仅就竞争性工商企业的评价指标体系和大型普通机械制造企业的指标标准值予以列示（如表 14-3、表 14-4 所示），并据此介绍评价的基本程序和方法。

表 14-3　竞争性工商企业评价指标体系

定量指标（权重80%）			定性指标（权重20%）
指标类别（100分）	基本指标（100分）	修正指标（100分）	评议指标（100分）
财务效益状况（42）	净资产收益率（30） 总资产报酬率（12）	资本保值增值率（16） 销售利润率（14） 成本费用利润率（12）	1. 领导班子基本素质（20） 2. 产品市场占有率（18） 3. 基础管理水平（20） 4. 员工素质（12）

续表

定量指标（权重80%）			定性指标（权重20%）
指标类别（100分）	基本指标（100分）	修正指标（100分）	评议指标（100分）
资产运营状况（18）	总资产周转率（9） 流动资产周转率（9）	存货周转率（4） 应收账款周转率（4） 不良资产比率（6） 资产损失比率（4）	5. 技术装备水平（10） 6. 行业（或地区）影响（5） 7. 经营发展战略（5） 8. 长期发展能力预测（10）
偿债能力状况（22）	资产负债率（12） 已获利息倍数（10）	流动比率（6） 速动比率（4） 现金流动负债比率（4） 长期资产适合率（5） 经营亏损挂账比率（3）	
发展能力状况（18）	销售增长率（9） 资本积累率（9）	总资产增长率（7） 固定资产成新率（5） 三年利润平均增长率（3） 三年资本平均增长率（3）	

表 14-4　大型普通机械制造业的标准值

档次（标准系数）项目	优秀（1）	良好（0.8）	平均值（0.6）	较低值（0.4）	较差值（0.2）
净资产收益率（净利润/平均净资产）	16.5	9.5	1.7	−3.6	−20.0
总资产报酬率（利润总额＋利息支出）/平均总资产	9.4	5.6	2.1	−1.4	−6.6
总资产周转率（收入净额/平均总资产）	0.7	0.5	0.3	0.1	0.0
流动资产周转率（收入净额/平均流动资产）	1.2	1.0	0.6	0.3	0.2
资产负债率（负债总额/资产总额）	45	52	70	98	99
已获利息倍数（息税前利润/利息支出）	6	2.5	1.0	−1	−4
销售增长率（本年销售增长额/上年销售总额）	38	10	−9	−20	−30
资本积累率（本年所有者权益增长额/年初所有者权益）	30	20	5	−5	−15

1. 基本指标的评价

基本指标评价包括单项指标得分计算和基本指标总分计算两个方面。

（1）单项指标得分的计算。

$$单项基本指标得分 = 本档基础分 + 本档调整分$$

$$本档基础分 = 指标权数 \times 本档标准系数$$

$$调整分 = \frac{实际值 - 本档标准值}{上档标准值 - 本档标准值} \times (上档基础分 - 本档基础分)$$

$$上档基础分 = 指标权数 \times 上档标准系数$$

【例14-1】 A公司是一大型普通机械制造企业，2017年平均净资产50 000万元，当年净利5 000万元，净资产收益率为10%。该净资产收益率已达到"平均值"（1.7%）水平，可以得到基础分；它处于"优秀"档（16.5%）和"良好"档（9.5%）之间，需要调整。

$$本档基础分 = 指标权数 × 本档标准系数 = 30 × 0.8 = 24（分）$$

$$调整分 = \frac{实际值 - 本档标准值}{上档标准值 - 本档标准值} × (上档基础分 - 本档基础分)$$

$$= (10\% - 9.5\%) ÷ (16.5\% - 9.5\%) × (30 × 1 - 30 × 0.8)$$

$$= 0.5\% ÷ 7\% × (30 - 24) = 0.071\ 4 × 6$$

$$= 0.43（分）$$

$$净资产收益率指标得分 = 24 + 0.43 = 24.43（分）$$

其他基本指标得分的计算方法与此相同，不再举例。

（2）基本指标总分的计算。

$$分类指标得分 = \sum 类内各项基本指标得分$$

$$基本指标总分 = \sum 分类指标得分$$

续例14-1，假设单项基本指标得分的计算结果如表14-5第3列所示，则"分类指标得分"和"基本指标总分"如表14-5第4列所示。

表14-5 大型普通机械制造业的单项基本指标得分

单位：分

类 别	基本指标得分	单项指标得分	分类指标得分
财务效益	净资产收益率（30）	24.43	35.95
	总资产报酬率（12）	11.52	
资产运营	总资产周转率（9）	8.75	17.05
	流动资产周转率（9）	8.3	
偿债能力	资产负债率（12）	11	20.5
	已获利息倍数（10）	9.5	
发展能力	销售增长率（9）	8	16.5
	资本积累率（9）	8.5	
基本指标总分			90

2. 修正系数的计算

基本指标有较强的概括性，但是不够全面。为了更全面地评价企业效绩，《规则》另外设置了4类16项修正指标，根据修正指标的高低计算修正系数，用得出的系数去修正基本指标得分。计算修正系数的"修正指标的标准值区段等级表"（如表14-6所示），由财政部定期发布。

表 14-6　修正指标的标准值

区段（基本分）项目	5（100~80分）	4（80~60分）	3（60~40分）	2（40~20分）	1（20分以下）
一、财务效益状况					
资本保值增值率（扣除客观因素后年末所有者权益/年初所有者权益）	118	106	100	90	65
销售利润率（销售利润/收入净额）	30	25	18	11	4
成本费用利润率（利润总额/成本费用总额）	20	12	4	−3.5	−17
二、资本营运状况					
存货周转次数（销售成本/平均存货）	4.5	2.8	1.5	0.7	0.4
应收账款周转率（销售净额/平均应收账款）	5.8	3.4	1.9	1.1	0.7
不良资产比率（年末不良资产/年末资产总额）	0.0	0.2	1.7	5.5	9.5
资产损失率（待处理资产损失净额/年末总资产）	0.0	0.2	0.6	4.4	8.5
三、偿债能力状况					
流动比率（流动资产/流动负债）	193.0	150	110	82	60
速动比率（速动资产/速动负债）	150.0	116	75	50	33
现金流动负债比率（年经营现金净流入/流动负债）	22.0	9	0	−10	−30
长期资产适合率（所有者权益＋长期负债）/（固定资产＋长期投资）	133.0	118	100	80	50
经营亏损挂账比率（经营亏损挂账/年末所有者权益）	0.0	0.1	4.2	30	70
四、发展能力比率					
总资产增长率（本年总资产增长额/资产总额）	28	19	6	−2	−10
固定资产成新率（平均固定资产净值/平均固定资产原价）	80	70	60	55	50
三年利润平均增长率（最近三年利润环比增长率）	40	16	−4.5	−30	−50
三年资本平均增长率（最近三年年末所有者权益环比增长率）	40	20	6	−7	−30

对基本指标得分的修正，是按指标类别得分进行的，需要计算"分类的综合修正系数"。"分类的综合修正系数"由"单项指标的修正系数"加权平均求得；而"单项指标的

修正系数"由"基本修正系数"和"调整修正系数"组成。

（1）基本修正系数的计算。

某修正指标基本修正系数 $= 1 + $（实际值所处区段 - 修正指标应处区段）$\times 0.1$

"修正指标应处区段"，是指基本指标的初步评价总分数，取自"修正指标的标准值区段等级表"各修正指标的"应处区段"。前例公司的基本指标初步评价得分为 90 分，按此分数各修正指标应处区段为 5。相应的修正指标标准值在表格的第 5 区段，如资本保值增值率应为 118%。

"实际值所处区段"，是指修正指标实际计算结果，取自"修正指标的标准值区段等级表"各实际值对应的区段。假设前例公司实际的资本保值增值率为 115%，处于第 5 区段和第 4 区段之间，但只达到第 4 区段的水平，实际值所处区段为 4。

$$基本修正系数 = 1 + (4 - 5) \times 0.1 = 0.9$$

（2）调整修正系数的计算。由于实际值高于第 4 区段的标准值，所以，需要进行调整。

$$调整修正系数 = \frac{指标实际值 - 本档标准值}{上档标准值 - 本档标准值} \times 0.1$$

$$= (115\% - 106\%) \div (118\% - 106\%) \times 0.1 = 0.075$$

（3）单项修正系数的计算。

$$调整后修正系数 = 基本修正系数 + 调整修正系数$$

$$资本保值增值率调整后修正系数 = 0.9 + 0.075 = 0.975$$

（4）单项指标综合修正系数的计算。

$$单项指标综合修正系数 = 单项指标修正系数 \times 该项指标在本类指标中的权数$$

例如，资本保值增值率指标属于财务效益类指标，其权数为 16，财务效益类指标总权数为 42。

$$保值增值率综合修正系数 = 0.975 \times (16 \div 42) = 37.14\%$$

（5）分类综合修正系数的计算。

$$分类综合修正系数 = \sum 类内各单项指标的综合修正系数$$

续前例，假设各类基本指标和分类综合修正系数如表 14-7 所示，可计算出修正后定量指标的总得分。

表 14-7　修正后得分的计算

项目	类别修正系数（%）	基本指标得分（分）	修正后得分（分）
财务效益	97.02	35.95	34.88
资产运营	102	17.05	17.39
偿债能力	95	20.5	19.48
发展能力	96	16.5	15.84
修正后定量指标总分			87.59

3. 定性指标的计分方法

（1）定性指标的内容。从表 14-3 可见，单项评议指标有 8 个，并分别赋予了一定的权数；评议时相应分为 5 个等级，每个等级规定有相应的参数。假定表 14-8 是一个评议员给出的各项指标的等级。

表 14-8　评议指标等级表

评议指标	权数	等级（参数）				
		优（1）	良（0.8）	中（0.6）	低（0.4）	差（0.2）
1. 领导班子基本素质	20		√			
2. 产品市场占有率	18		√			
3. 基础管理水平	20	√				
4. 员工素质	12			√		
5. 技术装备水平	10		√			
6. 行业（或地区）影响	5			√		
7. 经营发展战略	5			√		
8. 长期发展能力预测	10		√			

（2）计算单项评议指标得分。

单项评议指标分数 = ∑（单项评议指标权数 × 各评议员给定等级参数）÷ 评议员人数

假设评议员有 5 人，对"领导班子基本素质"的评议结果为：优等 1 人，良等 4 人。

领导班子评议指标得分 =（20 × 1 × 1 + 20 × 0.8 × 4）÷ 5 = 16.8（分）

其他指标的计算方法与上述方法相同。

（3）评议指标总分的计算。

评议指标总分 = ∑ 单项评议指标得分

前面已计算出"领导班子素质"评议得分为 16.8，假设其他 7 项评议指标的单项得分分别为 16，18，7.2，6，3，3 和 8。则

评议指标总分 = 16.8 + 16 + 18 + 7.2 + 6 + 3 + 3 + 8 = 78（分）

4. 综合评价的计分方法和最终评价结果的分级

（1）综合评价的计分方法。

综合评价得分 = 定量指标修正后得分 × 80% + 定性指标得分 × 20%

续前例，

综合评价得分 = 87.59 × 80% + 78 × 20% = 85.67 ≈ 86（分）

（2）综合评价结果的分级。

综合评价的结果，采用 5 等 10 级制表（如表 14-9 所示）。前列企业综合得分 86 分，其资本金效绩等级属于 A 级。

表 14-9　资本金效绩评级表

等别	级别	分数（分）
A	A++	100～95
	A+	94～90
	A	89～85
B	B+	84～80
	B	79～75
	B-	74～70
C	C	60～69
	C-	50～59
D	D	40～49
E	E	39 分以下

（二）经营者年度和任期经营业绩评价

上述国有资本绩效评价办法目前仍属国家对国有企业比较成熟的评价分析方法，目前，中央国资委与地方国资委制定了对企业负责人年度和任期经营业绩的评价与考核办法，使上述国有资本绩效评价办法更加完善。并有利于对企业负责人的考核与奖惩。

1. 企业负责人年度经营业绩考核指标

现行中央企业负责人年度经营业绩考核指标包括基本指标与分类指标两类。其中，基本指标包括年度利润总额和经济增加值指标；分类指标由国资委根据企业所处行业的特点，综合考虑反映企业经营管理水平及发展能力等因素确定，并落实到责任书中。例如，煤矿开采企业，除煤炭年产量外，还应按事故多发的特点规定安全生产指标。

年度利润总额是指经核定后的企业合并报表利润总额。企业年度利润计算可加上经核准的当期企业消化以前年度潜亏，因为弥补以前年度亏损可用当期利润弥补，在考核时应作为企业负责人的当期业绩。

经济增加值，是指经核定的企业税后净营业利润减去资本成本后的余额。计算公式如下：

$$经济增加值 = 税后净营业利润 - 资本成本$$
$$= 税后净营业利润 - 调整后资本 \times 平均资本成本率$$

式中，调整后资本按会计准则有关规定确定，平均资本成本率按国资委有关规定执行。

2. 企业负责人任期经营业绩考核指标

中央企业负责人任期经营业绩考核指标也分为基本指标和分类指标两类。

基本指标包括国有资产保值增值率和总资产周转率。国有资产保值增值率是指企业考核期期末扣除客观因素（如政策性亏损等）后的所有者权益同考核期期初所有者权益的比率。计算公式如下：

$$国有资产保值增值率 = \frac{考核期期末扣除客观因素后的所有者权益}{考核期期初所有者权益} \times 100\%$$

客观因素由国资委根据国家有关规定具体审核确定。

该式计算结果为 100% 时，即为国有资产保值；大于 100% 时，为国有资产增值，超过 100% 的部分为国有资产增值率；小于 100% 时，小于 100% 的部分为国有资产损失率（或流失率），如计算结果为 90%，则损失率（或流失率）为 10%。

总资产周转率，是指企业任期内平均主营业务收入同平均资产总额的比值。计算公式如下：

$$总资产周转率 = 三年主营业务收入之和 \div 三年平均资产之和$$

分类指标由国资委根据企业所处行业和特点，综合考虑反映企业可持续发展能力及核心竞争力等因素确定，并落实到责任书中。

本章小结

国有资产是国家拥有所有权的一切资产，主要包括经营性国有资产、非经营性国有资产和资源性国有资产。国有资本是经营性国有资产的价值形态。国有资本对国民经济发展具有导向作用、调控作用和参与国际竞争的作用。

国家财务是国有资本的投入与收益活动及其所形成的经济关系体系，主要包括国家财务筹资、投资、收益分配和资本重组等内容。社会主义市场经济的存在、国家双重身份与"两权分离"是国家财务存在的理论基础。国家财务与国家财政是既相联系又相区别的两个并列的经济范畴。

国有资本管理体制目前实行中央与地方政府两级分管，并设立国有资产监管机构履行出资人职责。

国有资本营运的目标具有两重性，在实现国有资本保值增值的同时，也要发挥对国民经济的宏观调控作用。国有资本营运体系的构建要注意划清资本经营与行政监督的界限。国有资本经营一般可实行中央与地方营运总公司、国有资本中介经营公司与国资企业三级经营模式。

国家财务投资主要指中央与地方国有资本营运总公司与国有资本中介经营公司的财务投资。国家财务投资包括实业性投资与证券性投资两大方面，且应以实业性投资为主。国家财务筹资包括内部筹资与外部筹资两个方面。

国家财务分配是指中央与地方国有资本营运总公司与国有资本中介经营公司的收益分配，主要包括资本投资收益与产权转让收益的分配。要处理好各级分配的比例关系。

国家财务调控的总目标是国有经济的良性循环与效益的提高。其调控内容主要包括国有资本配置结构调控、保值增值调控、收益分配调控和资本重组调控等方面。国家财务调控的方式主要有预算调控与制度调控等。

国家财务监督的主体与国有资本委托代理的主体相一致，主要包括全国人民代表大会、地方各级人民代表大会、中央与地方政府、国有资本营运总公司、中介经营公司等。国家财务监督的主要内容包括国有资本安全监督与保值监督。其监管应从国家财务管理体系内部与外部两方面去进行。国家财务监督的主要方式有预算与决算检查、财务统计报表检查、群众举报等。

国有资本经营预算是国家财务管理的重要依据，主要包括国有资本经营收支预算与国有资本占用预算。国有资本绩效评价是对各级国有资本营运组织经营国有资本业绩的评价。目前比较成熟的办法是国有资本金效绩评价办法。随着国有资本管理体制改革的深入，中央与地方国有资产监管机构还对出资企业的负责人实行年度和任期经营业绩评价与考核，据以进行奖励和惩罚。

即测即评

请扫描右侧二维码，进行即测即评。

思考题

1. 试述国有资产在国民经济中的地位与作用。
2. 你认为国有资本应全部退出竞争性领域的说法对不对？为什么？
3. 国家财务与企业财务的经济内容有何区别？
4. 国有资本管理体制和营运目标与民营资本管理体制和营运目标有何区别？
5. 试述国家财务投资的主体与基本内容。
6. 试述国家财务筹资的主体与基本内容。
7. 试述国家财务分配的主体与基本内容。
8. 试述国家财务调控与国家财政调控的关系。
9. 试述国家财务监督的主体与主要方式。
10. 试述国有资本经营预算与国家财政预算的联系与区别。
11. 试述国有资本效绩评价的目的与方法原理。

第十五章

人力资本财务管理

第一节 人力资本及其产权属性

一、人力资本的概念及其分类

随着知识经济的发展，资本的内容有很大的拓展，不仅包括货币与实物形态的资本，而且包括非货币与非实物形态的人力资本与组织资本，后者已成为价值创造的决定性因素。

早在 18 世纪，亚当·斯密就认为，一国的资本存量应当包括社会成员所获得的有用才能在内。这些才能的获得，总是有实际的花费。这些花费可以说是固定在并实现于其人身之中的资本。可见，尽管他当时没有明确提出人力资本的概念，但已经将人力与资本紧密联系起来了。人力资本概念是 1906 年费雪在其《资本的性质和收入》中首次提出的。他不仅提出了人力资本概念，而且将其纳入了经济分析的理论框架中。之后，李斯特在考察教育在经济发展中的作用时，又提出了"精神资本"的概念。他认为，各国现在的状况是以前许多世代发展、发明、改进和努力的结果，这些结果就是现代人类的精神资本。这里的精神资本无疑与目前的人力资本概念相切合，可以视为人力资本概念的雏形。

人力资本概念的明确提出是在 20 世纪 60 年代，主要代表人物是舒尔茨。他认为人力资本是相对于物质资本或非人力资本而言的，是指体现在人身上的，可以被用来提供未来收入的一种资本，是指个人具备的才干、知识、技能和资历，是人类自身在经济活动中获得收益并不断增值的能力。贝克尔则进一步把人力资本与时间因素联系起来，认为人力资本不仅意味着才干、知识和技能，而且还意味着时间、健康和寿命。之后，又有许多学者对人力资本问题进行了研究，提出关于人力资本概念的各种不同解释。例如，萨洛将人力资本定义为"个人的生产技能、才能和知识"；利普赛和斯坦纳则认为人力资本是"以较高的技艺、知识等形式体现于一个人身上而不是体现于一台机器身上的资本"；《新帕尔格雷夫经济学大词典》对人力资本的解释是"作为现在和未来产出和收入流的源泉，资本是一个具有价值的存量"。人力资本是体现在人身上的技能和生产知识的存量。在我国，关于人力资本概念的解释有以下提法："人力资本是存在于人体之中，后天获得的具有经济价值的知识、技术、能力和健康等质量因素"；"人力资本是凝结在人体中的能够使价值迅速增值的知识、体力和技能的总和";"人力资本是凝结在人体内，能够物化为商品或服务，增加商品或服务的效用，并以此分享收益的价值"。

综合以上这些解释，可以看出人力资本具有以下两个基本特征。

（1）人力资本是以人为载体的资本，它不仅体现为人的才干、知识、技能、经验和信息等，还体现为人的健康和寿命方面。

（2）作为一种资本，它具有经济价值，即能够增加商品或服务的效用，进而为企业提供未来收入。如果将第一个方面视为人力资本的外在特性的话，那么第二个方面则是人力资本的内在特性，人的才干、知识、技能、经验和信息在这里发挥着人力资本价值承担者的作用。

人力资本与人力资产是两个既相联系又相区别的概念。人力资产是企业拥有的从事生产与管理的人力的总和，表现各类人员的人数与比例关系。人力资本是体现在人身上的知识与技能价值的货币表现，是能为企业带来增值的价值。因此，人力资产是从企业人力的使用价值方面加以考察，人力资本则从企业人力的价值方面加以考察。在实际工作中，企业人力资产又叫人力资源。

企业人力资本可以按不同的标准分类。

首先，按照性质划分，可以分为管理型人力资本、技能型人力资本和一般型人力资本。其中，管理型人力资本是以各层次管理人员为载体的人力资本，它体现为管理人员所拥有的特定管理知识、才干、经验、技能等；技能型人力资本是以各层次技术人员为载体的人力资本，它体现为技术人员所拥有的特定专业知识和技能；一般型人力资本是以一般员工为载体的人力资本，它体现为一般员工的知识与技能。

其次，按照层次划分，可分为高层人力资本、中层人力资本和基层人力资本。其中，高层人力资本是指以高级管理人员（如公司董事、总经理、副总经理等）和高级技术人员（如高级工程师）为载体的人力资本，它主要体现为企业高级管理人员的组织管理才能、规划决策能力以及高级技术人员所拥有的专有知识、精湛技术和开发创新能力等；中层人力资本是指以企业中层管理人员（如部门经理、分公司或事业部经理等）和中级技术人员（如工程师）为载体的人力资本，它主要体现为这些人员完成特定管理或技术工作所必需的知识、经验和能力；基层人力资本是指以企业一般员工为载体的人力资本，它主要体现为一般员工完成特定岗位工作所必需的基本知识、操作技能和相关工作经验。

最后，按照使用情况划分，可分为未使用人力资本和在使用人力资本。其中，未使用人力资本是指目前尚未就业的人力资本，它包括已经完成了一个或几个阶段的学历教育，并具有劳动能力的新增人力资本和等待再就业的人力资本；在使用人力资本是指目前正在就业中的人力资本。

需要指出，上述各种人力资本在表现形式上，除知识、技术、经验和能力等外，还体现为人的健康和寿命方面。

二、人力资本产权及其特性

企业人力资本产权包括人力资本的所有权、控制权和收益权等。

对于物质资本来说，其所有权和控制权可以分离：投资者（股东）享有对物质资本的合约控制权和终极所有权，人力资本所有者则享有剩余控制权。这样，与物质资本对应的收益权也应该分属于投资者和人力资本所有者。

人力资本与物质资本不同：首先，作为人力资本价值承担者的知识、技术和信息是以特定的人为载体的，某一个人所拥有的知识、技术和信息通常不能在不同的人力资源个体中进行分解，即使是企业投资所形成的知识和技术，也只能由接受投资的人拥有，企业只能按照契约规定享受其运用所学的知识和技术所提供的服务，而不能任意索取或转让其所拥有的知识和技术。其次，所谓对人力资本的占有、使用和支配也只是对作为人力资本载体的员工而言的。也就是说，企业作为对应于员工的签约方，可以按照契约规定安排和调整员工的工作岗位，也可以通过制定和执行一定的行为约束规则，让员工做到"一切行动听指挥"，但却无法直接占有、使用和支配内在于员工大脑中的知识和技术，从而也就无法真正地占有、使用和支配人力资本。

可见，人力资本产权只能属于其载体，换言之，作为人力资本载体的企业经营者及员工，不仅拥有对人力资本的所有权，而且在实质上享有对它的使用权和支配权。这样，企业人力资本所有者拥有的产权包括两个方面：一是拥有人力资本的完整产权，二是拥有物质资本的剩余控制权以及相应的剩余收益分配权。

企业资本产权首先可以划分为债权和股权两个方面。债权即信贷人对企业的财产权利，它是一种固定合约权利；股权则是投资人对企业的财产权利，它包括对财产的控制权和财产收益的剩余索取权两个方面。从财务方面考察，企业人力资本产权也具有债权和股权双重特性。

（1）人力资本产权具有债权的特性，原因是：①企业与人力资本所有者签订的交易合约首先是一种固定支付合约，人力资本所有者拥有根据这一合约取得固定报酬的权利。这里所指的固定报酬主要体现为两个方面，一是双方在签约时约定的固定"底薪"，二是企业按法律规定为人力资本所有者购买的各种保险（养老保险、医疗保险、工伤保险、失业保险等）。②由于信息的不对称性，企业对人力资本所有者的固定支付合约具有类似于债务融资的杠杆风险，即当人力资产的实际效率高于预期时，企业能够从这一合约中获得杠杆收益，反之，则可能承担合约损失。③企业与人力资本所有者签订的合约通常也是一种固定期限合约，合约期满，任何一方均有是否续约的自主选择权，这就如同债务到期企业与债权人各自都有是否继续借款和贷款的选择权一样。若人力资本所有者选择不再续约，则其人力资产将从企业资产中退出，这又如同债权人从企业收回贷款本金一样，将减少企业资产价值。

（2）人力资本产权还具有股权特性，原因是：①人力资本所有者拥有在企业合约之外对资产的相机处理权，即所谓的"剩余控制权"，它是股权之财产控制权的一个重要方面。②人力资本所有者享有对企业剩余的索取权。一般认为，按照"企业剩余索取权与剩余控制权的安排应相对应"的原则，人力资本所有者在拥有剩余控制权的同时，也应当享有剩余索取权，即享有参与税后收益分配的权利。但赋予人力资本剩余索取权不仅是因为其所有者拥有剩余控制权，而且它也是实现人力资本价值的一种必要的制度安排。对于人力资本所有者而言，其人力资本价值的实现表现为从企业获取交换价值收入，这种交换价值的高低取决于与人力资本相对应的人力资产可望为企业创造的预期现金净流量的多少。然而，由于人力资产的特殊性，使其为企业创造的未来现金流量具有高度的不确定性和不可预测性，这样，人力资本所有者按初始交易合约从企业获取的报酬收入也就难以真实地体现其内在价值。在这种情况下，按照企业收益的实际情况对人力资本进行追加分配，即可弥补初始交易合约的缺陷，实现人力资本内在价值与交换价值的协调。③随着知识经济的形成和社会分工的发展，人力资本在知识、技术和技能方面的专属性日益增强。在这种情况下，人力资本所有者对特定企业的依赖性也愈益强化。货币资本则与此不同，随着资本市场和证券市场的不断发展，其所有者可以采取"用脚投票"的方式适时地撤回其投资。这说明在当今的环境下，人力资本对特定企业投资的稳定性已不亚于货币资本。④从人力资本的产权特性看，由于人力资本产权天然属于个人，因此在承认人力资本是企业的经营资本的同时，也就承认了经营者是企业经营资本的所有者，进而也就说明了企业人力资本投资是一种股权性质的投资。

企业人力资本产权具有债权与股权双重特性，但不同层次人力资本在这双重特性上的分布程度是不同的。一般而言，高层人力资本产权更具有股权特性，基层人力资本产权则更具有债权的特性，中层人力资本则介于两者之间。从理论上分析，一方面，企业的剩余控制权主要集中于高层人力资本，使得相应的剩余索取权也应主要归于高层人力资本。另一方面，基层人力资本为企业创造的预期现金流量通常可以合理预测。如一个工人的预期年现金流量可以按"人均年工时 × 平均工时产量 × 产品平均单价"的公式测算，这样按预期现金流量取得的工资和福利报酬也就大致能够反映这类人力资本的价值。而高层人力资本由于其效率概念的模糊性和不可计量性，加之其决策的影响力和影响面，使其为企业创造的现金流量具有高度的不确定性。这样就有必要通过赋予剩余索取权对其价值进行动态调节。以上两个方面表明，企业人力资本中具有股权特性的主要是高层次人力资本。从实践方面看，企业人力资本收入中稳定性收入的比例与人力资本的层次也通常是反向变化的，即人力资本的层次越高，其稳定性收入的比例越低，反之，则稳定性收入比例高。据美国《商业周刊》的抽样调查，1998 年美国 500 家最大上市公司中的 365 家公司首席执行官的平均报酬为 1 060 万美元，其中 80% 是来自认股权的长期报酬。在我国，尽管还没有找到可靠的数据予以证明，但可以肯定，公司高层管理人员固定收入占总收入的比例将远低于一般员工。

第二节 人力资本财务的内容与目标

一、人力资本财务的意义

现在的企业财务系统主要以物质资本和金融资本为对象，着重于从价值方面组织和管理物质资本运动。至于人力资本，目前主要限于从宏观层面考察人力资本对经济增长的作用，在企业方面，则主要侧重作为资产性质的人力资源管理，而忽视从财务方面研究企业人力资本问题，以致人力资本这样一个极其重要的财务要素至今仍未纳入企业财务管理系统，使得企业财务管理理论和方法体系不完善，难以为企业财务管理实践提供全面指导。因此，研究并构建人力资本财务框架具有重要意义。人力资本财务是人力资本的投入与收益活动及其所形成的经济关系体系。研究人力资本财务的主要意义体现在以下方面。

（一）它是完善企业财务理论和方法的需要

企业财务的对象是资本运动，而企业资本运动包括物质资本运动、金融资本运动和人力资本运动几个方面。其中，物质资本的运动和金融资本的运动体现为这些资本的筹集、使用、耗费、回收和分配等；相应地，人力资本的运动也包括人力资本的取得、使用和分配等几个环节。然而，现有的企业财务理论和方法主要限于物质资本运动与金融资本运动方面，人力资本运动则尚未纳入企业财务系统。因此，如何根据人力资本的运动规律，研究人力资本财务问题，并构建人力资本财务的理论框架和方法体系，对于完善企业财务具有重要意义。

（二）它是知识经济发展的客观要求

知识经济是"以知识为基础的经济"，在知识经济条件下，知识与资本、原材料、设备等一样，是一种生产要素，能够为企业创造价值，进而促进企业财富的增长。对于一个企业来说，其拥有的知识可以分为两类。一类是已经独立于人力资本个体且由特定组织所拥有的知识，通常是以专利权、专有技术等无形资产的形态存在。该类知识的特点在于具有相对确定性：首先是知识存量已基本确定，而且通常都形成了相对固定的知识体系和运用程序，可以由知识创造者之外的其他人所应用；其次是知识运用的预期现金流量可以按照一定方法合理预期。另一类是依附于人力资本个体的知识，存在于人的大脑之中，只能归特定的人所拥有和支配。该类知识又通常具有不确定性：首先是知识存量的不确定性，即随着时间的推移以及知识拥有人的不断学习或知识不断老化，知识存量也将呈现不断递增或递减的趋势；其次是该类知识运用的预期效益具有高度的不确定性，它取决于知识拥有者在知识运用方面的能力水平、企业激励与约束机制的完善程度等多种因素。

上述第一类知识目前已经纳入了企业财务管理中的"无形资产管理"，而第二类知识则尚未纳入企业财务管理系统，使得"知识"这一生产要素迄今还不能全面地加入企业财务管理循环。这种内容体系不完整的财务管理显然不能适应知识经济发展的客观要求。然而，要将这第二类知识纳入企业财务系统，关键在于构建人力资本财务，因为该类知识是人力资本最基本的内涵，只有建立科学、合理的人力资本财务理论与方法，才能将该类知识价值化为财务要素，进而按照财务原则加以引导、组织和管理。

（三）它是实现经济社会可持续发展的客观需要

党的十六届三中全会明确指出：坚持以人为本，树立全面、协调、可持续的发展观，促进经济、社会和人的全面发展。可见，以人为本是现代科学发展观的实质和核心，要实现经济和社会的可持续发展，必须强调和发挥人的作用。企业是社会的构成要素，是经济发展的重要基础，要实现以人为本的经济和社会的可持续发展，首先有赖于以人为本的企业可持续发展。这里，"以人为本"对于企业来说，一方面要求合理界定人力资本产权，赋予人力资本产权收益，实现产权激励；另一方面则要求在确立以人为本的理财目标的基础上，构建包括人力资本融资、投资和分配在内的人力资本财务体系。其原因是：要合理界定人力资本产权，需要明确划分企业资本的来源以及不同资本的比例结构；要赋予人力资本产权收益并实现这种产权收益最大化，需要在明晰人力资本产权的基础上，运用一定的方法，按照一定的程序，分析和控制人力资本融资成本，并正确进行人力资本的投资决策，提高人力资本投资效率和效益。而所有这些都不是现行企业财务所能够解决的，建立人力资本财务理论与方法已是势在必行。

二、人力资本财务的基本概念

（一）人力资本融资

人力资本融资是指企业从各种不同渠道，按照一定方式取得人力资本以及筹集人力资本再投资基金的行为。它包括外部融资和内部融资两个方面。其中，外部融资是指对外进行人才招聘（所招聘的人力资本价值即为人力资本的外部融资额），内部融资是指企业为筹集人力资本再投资（如员工培训）基金而按照一定方式进行内部资金积累的行为。

（二）人力资本投资

人力资本投资是指企业为维持或提升现有人力资本价值和效率而进行的资金运用行为。它包括为维持现有人力资本价值和效率而进行的医疗保健投资；为获得和积累生产经营所需专属知识或技术，进而提升人力资本价值而进行的员工培训投资；为提高生产经营效率而进行的激励性投资等几个方面。

从企业主体考察，人力资本融资和投资既有联系，又有区别。其联系在于：融资是投资的前提，没有对外融资（即招聘），就不存在再投资对象；没有内部融资，投资就会因缺乏资金来源而无法进行。其区别在于：① 两者的行为性质不同。人力资本融资是取得资本的行为，人力资本投资则是运用资金的行为，两者的关系就如同固定资产租赁与对租赁资产进行改良工程的关系。② 对企业财务状况的影响不同。人力资本融资作为取得资本的行为，将会引起企业总资本增加；人力资本投资作为资金运用行为，只引起企业资源的内部结构调整，即人力资源价值增加，货币或其他财务资源减少，企业的总资本不会因此发生变化。

（三）人力资本融资成本

人力资本融资成本是指企业在筹集和使用人力资本过程中所支付的代价。这里，筹集过程中的代价主要是人力资本招聘过程中所发生的各种费用，如支付给中介机构的费用、考试与面试费用、录用前的培训费用等。使用人力资本的代价则可分为契约性代价、法定性代价和分配性代价三个方面。其中，契约性代价是指人力资本聘用合同上所签订的单位时间（年或月）的薪酬，也就是我们通常所说的底薪。法定性代价是指企业按法律规定应为职工支付的各种劳动保险、失业保险、养老保险等。上述两种代价具有相对固定①的特征，也就是说，只要企业绩效没有大幅度的增减，其数额是基本固定的。分配性代价是指人力资本作为具有所有者权益性质的资本，其享受税后收益分配所发生的支付，这种代价

---

① 这里，"相对固定"是相对于一定的收益范围而言的。事实上，当企业收益发生变动，特别是大幅度变动时，这种相对固定的代价也将会被相应调整。

的实质就是企业对人力资本所有者分配的税后利润。

（四）人力资本投资成本

人力资本投资成本是企业为维持或提升现有人力资本价值，或为提高生产经营效率而对人力资源进行投资所发生的支付和承担的代价。这一概念包含着以下基本要点：

（1）支付或承担代价的主体是企业。也就是说，构成企业人力资本投资成本的代价仅限于企业主体所发生或承担的代价，而不包括个人和政府支付或承担的代价。

（2）支付或承担代价的目的在于维持或提升现有人力资本价值，或提高人力资源效率。凡不是以此为目的的支付，即使是与企业员工相关，也不能作为人力资本投资成本，如企业对退休员工的支付、对因工伤残人员的支付等。

（3）支付或承担代价的内容包括全部的投资代价。即作为人力资本投资成本的代价既包括投资过程中所发生的直接支付，也包括员工因接受培训和职业教育而暂时脱离工作岗位，使企业相对减少的经营现金流量（即企业投资的机会成本）；既包括为获得知识和技术而进行的培训和教育支付，也包括为维持或增强员工体力（健康）状况以及为激发员工提高工作效率而发生的医疗保健支付和激励性支付（即奖金支付）。

人力资本筹资成本与投资成本不同的地方在于以下方面：

（1）支付筹资成本的目的在于取得持久的占有和使用既得的人力资源，而支付投资成本的目的在于维持或提升现有人力资本价值，或者是在原有基础上提高效率。

（2）筹资成本的内容主要是直接性的契约支付、法定支付或收益分配性支付，支付的对象一般是企业员工，而投资成本的内容既包括直接的、显现的支付，也包括因员工接受培训和教育而使企业承担的机会成本，并且这种支付的对象既有企业员工（如激励性的奖金支付），也有员工以外的其他单位或个人（如承担培训和职业教育的学校和个人、为员工提供医疗服务的医院等）。

（3）与筹资成本对应的人力资本是由员工个人及其家庭投资所形成的，其所有权属于员工个人，而由企业投资所形成的人力资本，尽管它是以员工个人为载体，但其所有权取决于用于投资的资金的权益属性，不一定归属于员工个人。现实中一些企业在培训员工前通常要与员工签订服务年限合同，原因就在于此。

（五）人力资本投资收益

人力资本投资收益是指企业人力资本投资所获得的增量价值。这一概念也包括以下要点：

（1）收益的主体是实施投资行为的企业。换言之，凡不属于企业直接享有的人力资本收益，如人力资本的"外溢利益"、员工利用所获知识或技术从事第二职业的收入等均不属于此处所指的收益范畴。

（2）收益的内容表现为与投资相关的增量价值。首先，人力资本投资收益是一种增量价值，而不是企业创造的全部价值。因为全部价值与全部人力资本投资相联系，而作为人力资本投资决策通常是按一定期间或某一项目进行的，因而需要单独考察某一期间或某一项目的人力资本投资成本与收益。其次，它是与人力资本投资相关的增量价值。也就是说，凡不是由人力资本投资所产生的增量价值，如由于物价变化、税法调整以及政府的税收优惠与补贴等所形成的增量价值均不属于人力资本投资的收益范畴，应在决策分析时予以调整。

（3）人力资本收益有总收益和净收益两种概念，上述的增量价值是总收益概念，净收益则是总收益减去投资成本的余额。

（六）人力资本产权收益

人力资本产权收益是指人力资本所有者凭借其对企业资本的产权所应分享的收益。人力资本产权收益具有多元性，它既包括债权投资意义上的收益，即契约工资与法定保险；也包括股权投资意义上的收益，即税后收益分配。并且，人力资本所有者享受的税后收益相对于物质资本所有者享受的税后收益意义更为广泛，既包括与人力资本完整产权相对应的收益，也包括人力资本所有者对物质资本剩余控制权对应的收益。

三、人力资本财务管理的主要内容

根据企业人力资本的运行规律，同时考虑与现行财务体系的协调，人力资本财务管理的主要内容应包括以下方面。

（一）人力资本估价

人力资本估价就是按照一定的方法和程序确定人力资本价值。它是人力资本财务管理的基础。

（二）人力资本融资（形成）管理

人力资本融资就是通过一定渠道，按照一定的方式取得人力资本的经济行为。它主要包括人力资本的初始取得（招聘）和再投资基金的筹集两个方面。作为一种财务理论体系，人力资本融资的具体内容包括：①人力资本融资的概念与特点；②人力资本融资的目标；③人力资本融资的财务效应；④人力资本结构；⑤人力资本投资基金的筹集等。

（三）人力资本投资（使用）管理

人力资本投资是指企业作为财务主体，为扩大人力资本存量，提升人力资本价值而进行的资金运用行为。从财务方面看，人力资本投资的具体内容包括：①人力资本投资的概念与特点；②人力资本投资的目标；③人力资本投资的决策分析方法；④人力资本投资的效绩评价等。

（四）人力资本效率监控与评价

人力资本效率监控与评价是人力资本财务的一项重要内容，也是人力资本财务管理的一个重要环节。作为一种理论体系，其具体内容包括：①人力资本效率的概念；②人力资本效率的影响因素；③人力资本效率的监控方法和程序；④人力资本效率的评价指标体系；⑤人力资本效率的评价方法和程序等。

（五）人力资本产权收益管理

人力资本产权收益属于人力资本财务分配范畴，也是实施人力资本产权激励的基本方式。其具体内容包括：① 人力资本的产权特性；② 人力资本产权收益的内涵与外延；③ 人力资本产权收益的分配方式与模式等。

上述各项内容相互联系、相互依托，共同构成了人力资本财务的理论体系和方法体系。在这个体系中，人力资本估价是基础，不仅影响人力资本的融资成本和投资效益，而且关系到人力资本产权能否合理界定，收益能否正确分配，进而决定着人力资本产权激励的合理性和有效性；人力资本融资和投资是人力资本财务的中心内容，同时也是人力资本财务的事前控制环节，其决策正确与否，直接决定着企业人力资本的效率和效益，进而决定人力资本的产权收益；人力资本效率监控和评价是人力资本财务管理的事中与事后环节，发挥着动态控制和绩效鉴定的功能，是实现人力资本财务目标的重要保证，也是进行人力资本产权收益分配的重要依据；人力资本产权收益涵盖了人力资本"产权"和"收益"两个因素，能够综合地反映人力资本财务的各个方面，因而也是人力资本财务目标的集中体现。

四、人力资本财务管理的目标与原则

（一）人力资本财务管理的目标

人力资本财务管理目标从总体上看，应服从企业财务目标，即实现企业价值最大化，具体有以下方面：① 在正确分析人力资本融资成本和杠杆效应的基础上，优化人力资本结构，提升企业价值。② 在做好人力资本投资效益与风险分析的基础上，正确进行人力资本的投资决策，实现投资价值最大化。③ 在正确分析人力资本产权特性和合理界定人力资本产权收益的基础上，选择和构建科学、适用的收益分配方式与模式，通过最大限度的产权激励，实现企业价值的持续增长。

（二）人力资本财务管理的原则

基于以上目标，人力资本财务管理应当遵循以下原则。

1. 价值导向原则

有关人力资本的一切财务事项都应当按照"企业价值最大化"这一目标要求进行组织和管理。在进行人力资本融资、投资和分配等各项具体决策时，均应以财务价值作为最主要的判别标准，对各个决策事项进行充分的财务价值比较分析，选择能实现企业价值最大化的决策方案；在进行人力资本效率的动态控制和定期评价时，也应始终以财务价值目标作为比较和评判的标准，以便将企业的人力资本活动导入实现财务价值目标的轨迹范围。

2. 成本效益原则

在进行人力资本的相关决策时，应当在合理界定"成本"与"收益"的内涵与外延的基础上，运用一定的方法和程序，对两者进行分析和比较，以收益是否大于成本作为方案取舍的标准，实现决策的有效性。

3. 责、权、利对等原则

在对人力资本所有者进行收益分配时，首先要合理界定人力资本所有者为企业带来的增值额和对企业资本的产权及其对应的收益范畴，然后再按人力资本所有者履行责任的情况、拥有的资本产权确定应分享的资本收益，确保责、权与利对等。一般认为，企业人力资本所有者对企业资本的产权包括两个方面：一是人力资本的完整产权，含所有权、控制权、收益权等；二是对物质资本的剩余控制权。相应地，企业人力资本所有者应分享的收益也可划分为两个部分：一是与人力资本完整产权对应的收益，二是与物质资本剩余控制权对应的收益。可见，要确保对人力资本所有者的合理分配，实现责、权、利对等，最关键的就在于正确界定人力资本所有者的贡献与资本产权。人力资本所有者的贡献与资本产权，不仅是确定企业职工工资增长的依据，也是企业职工参与税后利润分配的依据。国家鼓励企业对经营者与企业高管人员、中层管理人员和一般职工的人力资本按不同权数进行估价，折合为企业内部职工股份，参与企业税后利润分配，从而体现人力资本管理责、权、利相结合的原则，并有利于贯彻党的二十大报告中维护和促进社会公平正义，着力促进全体人民共同富裕，坚决防止两极分化的精神。

第三节 人力资本财务估价方法原理 ■ ■ ■

在财务方面，无论是人力资本融资决策，还是人力资本投资决策，或是企业增值在人力资本和非人力资本之间的分配决策，都需要依赖对人力资本进行合理估价。因此，如何确定人力资本价值就成为人力资本财务的一个关键问题。

一、以未来工资报酬为基础的估价方法

以未来工资报酬为基础的估价方法目前为止主要有以下几种。

（一）未来工资报酬折现法

未来工资报酬折现法由 Baruck Lev 和 Aba Schwartz 于 1971 年提出。他们认为人力资本价值应该等于劳动者在未来特定时期提供的服务所获取的报酬的总额。劳动者人力资本目前的价值就是其在未来特定时期提供服务所获取的报酬的现值。其计算公式为

$$V_n = \frac{I_1}{(1+r)} + \frac{I_2}{(1+r)^2} + \cdots + \frac{I_t}{(1+r)^t} = \sum_{t=1}^{T} \frac{I_t}{(1+r)^t} \qquad (1)$$

式中，V_n——现在年龄为 n 的员工的人力资本价值；

　　I_t——员工在第 t 年的工资收益；

　　r——贴现率；

　　t——人力资本价值计算年限。

如果考虑工资提高幅度，加权平均工资和员工平均工作年限，上述公式可以改为

$$V = \frac{W(1+i)}{(1+r)} + \frac{W(1+i)^2}{(1+r)^2} + \cdots + \frac{W(1+i)^t}{(1+r)^t} = \sum_{t=1}^{T} \frac{W(1+i)^t}{(1+r)^t} \tag{2}$$

式中，V——人力资本的群体价值；

　　W——当期加权平均工资额，以当期工资总额和员工人数计算；

　　i——平均工资提高率；

　　r——贴现率；

　　t——现有员工的平均工作年限。

工资报酬折现法是以工薪为依据来衡量人力资本价值，有一定的可靠性，也比较具有可操作性。但用工资作为衡量人力资本的标准，可能会影响到人力资本价值的准确性，因为现实中工资不一定和人力资本的价值相匹配；其次，现代企业中人员流动性的增强可能会影响到人力资本价值的计量年限；再次，贴现率的选择具有主观性。从理论上说，这种方法可用于对个别人力资本的计量。

（二）调整后未来工资报酬折现法

调整后未来工资报酬折现法由 Roger Hermanson 于 1969 年提出。他认为同一行业不同企业之间盈利水平的差异主要是由于人力资本素质的高低决定的，因此，人力资本价值应当用未来特定时期所获得的报酬总额乘以一个用来修正的效率系数确定，即

调整后的人力资本价值 = 未来工资折现价值总额 × 效率系数

所谓效率系数是指反映企业盈利水平与行业平均盈利水平差异的指标，其计算公式为

$$E = \frac{\dfrac{i \times RF_1}{RE_1} + \dfrac{(i-1) \times RF_2}{RE_2} + \cdots + \dfrac{1 \times RF_i}{RE_i}}{i + (i-1) + (i-2) + \cdots + 1} \tag{3}$$

式中，E——效率系数；

　　RF_1——该企业当前年度资产收益率；

　　RE_1——当前年度行业平均资产收益率；

　　RF_i——当前年度往前第 i 年资产收益率；

　　RE_i——当前年度往前第 i 年行业平均资产收益率。

i 由资产收益率的稳定程度决定。

该方法考虑了工资报酬的行业差异，相对于为调整的未来工资报酬折现法有所改进，但该方法依然存在着未来工资报酬折现法的固有局限或缺陷。

（三）未来工资报酬资本化法

未来工资报酬资本化法也是对未来工资折现法进行改进所形成的方法。它是在未来工资折现法的基础上，考虑了可能发生的职工离职、提升等情况，通过引入敏感性分析来计算人力资本价值，其计算公式为

$$E(C_n^*) = \sum_{t=n}^{T} \left\{ P_n(t+1) \sum_{t=n}^{T} \left[\frac{I_{t-n}}{(1+r)_{t-n}} \right] \right\} \tag{4}$$

式中，$E(C_n^*)$——能量为 n 的员工的人力资本价值；

t——员工离开企业时的年龄；

$P_n(t+1)$——员工在 $t+1$ 岁时离开企业的概率；

I_{t-n}——员工 t 岁时的工资报酬；

r——贴现率。

相对来说，上述模型（3）和（4）能够动态地反映人力资本产出的价值信息，在外资企业、高技术企业这样注重人力资本在生产经营中作用的企业更能发挥它的用武之地。

总的来说，以未来工资报酬为基础的计量方法，将员工工资作为计量人力资本个体价值或群体价值的基础，然后考虑工作年限、职位变动、工资变动、盈利水平的差异等因素进行适当调整，有一定的理论合理性，也有一定的实践可操作性。但这样的计算方法和结果，一方面没有考虑非人力资本因素对工资报酬的影响，另一方面，这些模型说明，人力资本为企业创造的新价值只是必要劳动的补偿价值（或进行适当的调整），即只是商品价值中 V 的部分，而没有反映出人力资本创造剩余价值 M 的能力，这与舒尔茨的人力资本理论以及马克思的劳动价值论和剩余价值论是不相符的。

二、知识价值计量法

刘永泽和戴军认为，知识经济时代人力资本价值的最佳计量模式应相关于其所掌握的知识，围绕人力资本所掌握的知识计量其货币性价值，并辅之以非货币性的说明，力求全面反映人力资本价值。企业员工所拥有的知识不是固化的，而是需要不断地更新。人力资本更新知识的投资大多数情况是对原有知识的直接替换，是旧知识价值的直接损失，应当进行费用化。但是从知识的特性来看，它又有一定的延续性，有些知识的更替需要一定的时间。因此，其价值不宜在新知识使用当期完全费用化，而应在此期间内摊配。这样，更新知识资产化数额计算的基础之一应是人力资本开发成本或取得成本。计算方法如下：

$$\begin{array}{l}\text{人力资本更新知识} \\ \text{的资产化数额}\end{array} = \begin{array}{l}\text{追加} \\ \text{投资额}\end{array} - \left(1 - \begin{array}{l}\text{旧知识} \\ \text{可利用率}\end{array}\right) \times \begin{array}{l}\text{人力资产开发成本（或相应} \\ \text{取得成本）的账面价值}\end{array} \quad （5）$$

该方法以知识为基础计算人力资本价值，能够体现人力资本的内涵，并且考虑了知识更新因素，能够体现人力资本价值计算的连续性和可持续性。但该方法也有一定的局限，主要是知识作为内在于人脑的无形资源，其可利用率难以合理确定。

三、人力资本加工成本法

人力资本加工成本法由 E.Engel 提出。他认为人力资本的形成是一个加工的过程，人力资本的价值应由加工过程中的投入决定，其计算公式为

$$V = \sum_{t=0}^{27} \frac{C_t(1+i)^t}{(1+r)^t} \quad （6）$$

式中，V——人力资本的价值；

C_t——第 t 年的加工成本；

i——加工成本增长率；

t——人力资本的加工持续期限。

按照 Engel 的想法 t 为 27 年，即从人生开始到 27 岁可以赚取收入时人力资本才算加工完成，并且随着年龄的增长，人力资本成本价值会越来越高。

该方法将人力资本的成本投入与其价值联系起来，体现了资产价值确定的成本基础法则。并且将人力资本形成全过程的成本投入作为计量人力资本价值的基础，体现了资产估价的动态性，使其能够在一定程度上适应环境变化。但以成本为基础确定人力资本价值，存在成本基础计价的固有缺陷，也不符合财务内在价值的基本内涵。

四、经济价值法

经济价值法是由 Eric G.Flamholtz 提出的。所谓组织的经济价值就是组织未来收益的预测值。Eric G.Flamholtz 认为组织的经济价值由人力资本和其他要素共同作用产生，因此衡量人力资本的价值，应首先将企业的未来预计收益折现，再按人力资本的投资率计算出应属于人力资本的部分，作为人力资本价值。具体计算公式为

$$V = \frac{R_1 H_1}{(1+r)} + \frac{R_2 H_2}{(1+r)^2} + \cdots + \frac{R_t H_t}{(1+r)^t} = \sum_{t=1}^{T} \frac{R_t H_t}{(1+r)^t} \quad (7)$$

式中，V——人力资本的价值；

R_t——第 t 年收益；

H_t——第 t 年人力资本投资率；

n——计算人力资本的时间期限。

经济价值法将企业为人力资本付出的成本和取得的收益联系起来，体现了资产价值确定的产出因素。但这种方法也存在以下问题：一是企业创造的价值中属于人力资本的部分难以准确区分，二是未来的收益、折现率等估计的准确性会直接影响人力资本价值的准确性。

五、随机报酬价值法

随机报酬价值法具体包括以下两种。

（一）基本的随机报酬法

这种方法由弗兰霍尔茨提出，他认为一个人的价值决定于他未来为组织提供的服务，这种服务与其生产能力以及在组织中所处的位置有关，因此一个人为组织提供服务是一个随机过程。所以在计算一个人的价值时，应该综合考虑各方面的因素，具体包括服务年限、可能的服务状态、一个特定时间内每一个状态可能产生的价值，以及处在各种服务状态的概率来计算人力资本的价值，具体计算公式如下：

$$V = \sum_{t=1}^{n} \frac{\sum_{t=1}^{m} R_i \times P(R_i)}{(1+r)^t} \quad (8)$$

式中，V——人力资本的价值；

R_i——第 i 种状态下提供的服务的货币表现；

$P(R_i)$——第 i 种状态的概率；

　　n——计算人力资本的时间期限；

　　r——贴现率。

（二）调整后的随机报酬法

我国学者刘仲文认为将组织全部收益归为人力资本所创造的价值会高估人力资本的价值，因此他引入"人力资产报酬系数"对随机模型进行修正。其提出的人力资本份额的计算公式为

$$K = (K_1 \times 工资和福利费用) \div (K_1 \times 工资福利费 + K_2 \times 厂房折旧费$$
$$+ K_3 \times 流动及其他资金利息 + K_4 \times 资本消耗) \tag{9}$$

式中，K_1、K_2、K_3、K_4 为权数，$K_1 + K_2 + K_3 + K_4 = 1$，对不同企业 K_1、K_2、K_3、K_4 取值有所不同。

随机报酬法综合考虑了影响人力资本价值的诸多因素，并且能够体现动态特性，因此，从理论上说具有合理性。但模型（8）和模型（9）存在的共同问题在于一个特定时间内的状态数量难以穷尽，现实存在多种变化，第 i 种状态下的概率就更难确定了，因此这种方法在现实中缺乏可操作性。

六、期权模型、模糊计量、综合评价体系

杜兴强和黄良文于 2003 年详细分析了利用货币因素（即货币激励机制）以及非货币因素（即模糊性计量）的特点，指出利用期权模型可以计算出企业家人力资本的内在价值或基本价值，但这也仅是企业家人力资本的内在价值，即企业家人力资本发挥 100% 的效率时所应具备的价值；采纳模糊性计量则可以揭示该人力资本效率和能力发挥的高低，以便挖掘潜力、促使经营效率更高；采纳综合评价体系可以全面考评企业家人力资本的经营业绩、并确定乘数，三者共同决定了企业家人力资本的真实价值——体现内在价值、模糊性计量结果及经营业绩综合评价三者的综合。

这种综合考虑货币因素和非货币因素的人力资本价值计量方法，不仅可以部分解决年薪制推行受阻及股票期权缺乏科学的行权标准而诱发财务欺诈的现象，还可以防止企业行为的短期化和企业家决策的盲目化。因此，应当说这种方法为我们研究人力资本估价问题提供了有价值的研究思路。

我国正处于经济转型时期，在知识经济越来越重要的今天，结合上述对人力资本定价模型的综述，我们认为：首先，我国现代人力资本价值的评估应和管理学、数学、经济学、心理学更加紧密地联系在一起。其次，人力资本的产权问题不容忽视。知识拥有者是企业中非常重要的资本，劳动（主要是脑力劳动）占有资本体制比资本雇佣劳动体制更有生命力，按照谁贡献谁受益的原则，人力资本参与产权划分是大势所趋。再次，随着我国市场经济的不断完善，人力资本的定价方式也应按照以下思路进行：①依据内生价值与外生价值统一观，确定人力资本价值维度。②借助市场来评价和反映人力资本的价值。③依据市场定价准则，设计合理有效的企业人力资本报酬分配体系。④坚持管理贡献评价原则，即经营者的收入与其贡献联系起来。最后，因为人力资本的聚积在经济发展和过

渡期的经济增长中具有重要的作用，因此应当采用正确的评估方法，谨防高估或低估人力资本价值。人力资本不同于物质资本，其价值是一个动态变化的过程，并不完全呈线性关系。并且，不同行业，其员工的知识、技能和经验所占比重有所不同，加之人力资本的知识、技能和经验会随着年龄的变化而变化，这就要求人力资本价值计量模型充分考虑这些因素，并体现在模型之中，以期提出具有科学性和针对性的人力资本力量模型。

第四节　人力资本财务决策分析

人力资本财务决策的基本内容是人力资本的融资决策、投资决策和产权收益决策。人力资本财务决策必须采用正确的方法。企业人力资本财务决策中所运用的分析方法，可以划分为定性分析法和定量分析法两大类。其中定性分析法有因素分析法和价值链分析法，定量分析法有成本收益分析法、现值分析法、财务杠杆分析法等。

一、因素分析法

因素分析法就是在考虑和分析各种决策影响因素的基础上进行方案选择的方法。按照这种方法，企业首先应划分人力资本的决策类型，即将人力资本决策分为融资决策、投资决策和分配决策等；其次，界定每一类决策应考虑的主要因素，以及各个因素的权重（可以以百分比方式列示），并制作因素分析图或表。在实施决策时，由企业管理人员或会同有关专家在综合分析各个影响因素的基础上，各自评定分值，并平均计算综合分值，以此作为决策的基本依据。

例如，某公司面临是否招聘一批市场营销人员的决策，该决策属于人力资本融资决策，应该考虑的主要因素有：①公司目前的市场份额以及进一步拓展的潜力；②现有营销人员的业绩与潜力；③公司产销能力的平衡状况；④产成品的库存情况；⑤营销费用的发生情况以及应收账款的结存情况。该公司采用因素评分法进行决策，并设定：因素分值的高低与招聘的必要性正相关；综合分值达到85分，采纳招聘方案，反之，则放弃招聘方案；各个因素分值的权重分别为0.3、0.3、0.2、0.1、0.1。假定参与该项决策的管理人员为5人，对第一项因素的评定分值分别为90分、86分、85分、84分和80分，则该因素的人均分值为85分。又假定上述其他4个因素人均评分分别为70分、95分、90分和80分，则该项决策的综合分值为82.5分（ $85 \times 0.3 + 70 \times 0.3 + 95 \times 0.2 + 90 \times 0.1 + 80 \times 0.1$ ）。由于综合分值未达到85分，故招聘方案应予否决。

二、价值链分析法

价值链是由迈克尔·波特（Michael E.Porter）于1985年首先提出的。它将企业生产经营分解为既具有战略相关性，又在物质上和技术上界限分明的许多活动，即价值活动。在此基础上，相互联系地考察各个价值活动在创造企业"成本优势"与实现企业"标新立异"方面的地位和作用，进而为优化价值活动，创造竞争优势，实现价值目标提供逻辑思路。尽管迈克尔·波特将考察的基点放在了直接或间接的价值活动方面，仅将人力资源管理活动作为一种辅助性活动予以考察，但他的这种分析方法却完全可以用于企业人力资本的决策分析。首先，企业人力资本决策的一项重要目标就是培植企业的核心竞争能力，强化竞争优势，价值链分析作为"研究企业竞争优势的一种适宜方法"和"企业获取竞争优势的一种战略性工具"[①]，在逻辑上无疑可以成为人力资本决策的分析方法。其次，价值链分析是集平衡分析与差异分析于一体的分析。从特定的企业及行业考察，它是一种以"协调一致"为目的的平衡性分析；从与竞争对手的相对性看，它又在于发现并塑造价值链差异，因为"竞争者价值链之间的差异是竞争优势的一个关键来源"[②]。由于企业价值活动说到底是人的能动性和创造性活动，企业各个价值活动的效率是否平衡，能否成功塑造与竞争对手的价值链的差异，从而获取竞争优势，在根本上取决于企业人力资源配置的平衡状况与独特性。因此可以说企业价值链分析在一定意义上就是人力资源配置情况的分析，人力资本决策作为影响和决定人力资源配置效率的一种管理行为，无疑可以而且也应当运用价值链分析法。

将价值链分析法运用于人力资本决策的具体内容和程序包括以下方面。

（一）界定价值活动

界定价值活动是实施价值链分析的前提。迈克尔·波特将企业价值活动划分为基本活动和辅助活动两大类。其中，基本活动包括内部后勤、生产经营、外部后勤、市场销售和服务，辅助活动包括企业基础设施、人力资源管理、技术开发和采购。迈克尔·波特之所以将直接性的成本活动（产品生产经营活动）界定为基本价值活动，是因为他主要从成本方面来论证企业优势的创造，强调的是在实现目标收入和维持必要"歧异性"前提下的低成本。也就是说，他的这种界定服从于"创造成本优势"的目的。人力资本决策中的价值链分析作为创造人力资源优势的一种管理程序，其价值活动的划分显然不应仅从经济性方面考察，而是应当重点考虑活动的知识性和技术性。因为知识和技术是企业人力资源的灵魂所在，企业人力资源优势正是通过以人为载体的知识和技术的独特性和差异性得以体现的。因此，基于人力资本投资决策的价值链分析，其价值活动应当是知识与技术密集型活动，并且，这种知识和技术应当具有独特性（专属性）、时效性、创新性和市场可容性等特征。一般认为，具有这些特征的企业活动主要是管理活动和技术创新活动。当然，企业作为一个价值创造系统，其创造价值的大小，不仅取决于该系统内的各个分、子系统，也取决于系统的构成要素。能够实现企业价值最大化的系统是系统各个要素的功能均得以充分发挥，并能够实现相互协同的最佳化系统。这表明，以创造人力资源优势为目的的价值链活动应当涵盖企业全部人力资源活动，既包括管理活动、技术创新活动，也包括程序性的生产经营活动，只是从人力资源的特点及其对企业价值的作用程度看，管理活动与技术开发活动是基本活动，生产经营活动则属于辅助性活动。人力资本决策的目标首先是强化管理和技术力量，从管理和技术方面创造竞争优势，提升企业价值；其次是平衡内部人力

---

① 迈克尔·波特. 竞争优势. 北京：华夏出版社，1997：40-43.

② 同上。

资源能力，即根据管理与技术创新的要求，合理配置和有效培训生产经营人员。

（二）分析价值活动

人力资本投资决策的价值活动分析主要包括两个方面，一是平衡性分析，二是差异性分析。平衡性分析就是考察人力资源在管理、技术和生产经营等各种价值活动中的配置情况和效率状况，分析企业人力资源价值链中的优势和不足，以便确定人力资本投资的关键领域和重点环节，同时，也为企业进行人力资源结构调整、员工培训和完善分配激励措施等方面的人力资本决策提供参照标准。差异性分析就是通过与作为竞争对手的其他企业比较，发掘本企业在人力资源配置与人力资源效率方面的相对优势和劣势，特别是找准本企业与竞争对手在知识与技术方面各自的"歧异性"所在，以便本企业在进行人力资本决策时能够知己知彼，在不断开发自己的独特性的同时，削弱竞争对手独特性的市场价值，进而从"差异"中获取竞争优势。

（三）进行决策

通过价值活动分析，可知企业人力资源在内部各个价值活动中的平衡配置情况以及相对于竞争对手的独特性所在，接下来应当由企业的人力资源管理部门按照"协调一致"和"标歧立异"的目的和要求，确定人力资本决策的备选方案，并提供关于这些方案的可行性分析资料，由企业管理层根据可行性资料对备选方案进行选择。

三、成本收益分析法

成本收益分析法主要可用于人力资本投资决策分析。它是在合理界定与计量人力资本投资的成本与收益的基础上，按照收益大于成本的原则进行人力资本投资决策的方法。事实上，人力资本理论的著名代表人物舒尔茨、贝克尔等都分别以成本和收益为基准构建了人力资本收益的测度模型，[①] 只是他们的研究主要限于宏观的教育领域，至于如何从企业财务角度来研究人力资本投资成本与收益问题，目前的文献尚不多见。

在按成本收益分析法进行人力资本投资决策时，首先应由企业人力资源管理部门根据企业的人力资源现状和发展规划，拟订人力资本的投资方案；其次，由财务部门对各种方案的成本和收益情况进行预计和测算，并形成书面分析资料；最后，由企业管理层根据投资方案与财务分析资料进行决策。当然，这里的关键是做好成本与收益的预测分析，以便管理层有可靠的决策依据，进行正确决策。

要做好人力资本投资的成本与收益的预测分析，一是要有相对可靠的数据资料。它既包括通过回归分析获得的历史资料，也包括根据环境分析所确定的预测数据；既包括本企业的资料，也包括行业资料，特别是作为竞争对手的其他企业的资料。二是合理设置和运用分析指标。根据人力资本投资的特点，拟设置和运用的指标主要应有投资回收期和投资收益率两项。其中，投资回收期是指收回一定期间（如一年）或某一项人力资本投资所需要的时间。它可以以年为计量单位。其基本计算公式为

① 戴圆晨，姚先国. 新经济时代人力资本开发与管理战略. 北京：中国劳动社会保障出版社，2001：197−202.

$$人力资本投资回收期 = \frac{人力资本投资成本}{年增量价值额}$$

投资收益率是指人力资本投资的年均净收益对人力资本投资成本额的比率。其计算公式为

$$人力资本投资收益率 = \frac{年均净收益}{人力资本投资额} \times 100\%$$

在运用上述指标时，应注意以下两点：

第一，"人力资本投资成本"，在内容上既包括显现的直接支付，也包括隐性的机会成本。在时间上可按年为单位进行预测和归集，对于培训或教育期限在一年以上的情况，则可按项目并结合年度支付（如奖金）归集投资成本。例如，某公司为提高中层管理人员的学历层次，委托某财经大学为其举办期限为 2 年的在职硕士研究生班，学员全部脱产学习。该班预计人数为 50 人，每人学费为 3 万元，根据公司历史资料和对经营情况的预测，公司员工的年均奖金预计为 2 万元；企业目前的年营业额为 2 亿元，人均营业额为 50 万元；该批学员毕业后，预计在其他因素不变的情况下，公司的年产出率将提高 10%。为分析方便，假定公司营业额与员工人数严格正相关。则该项投资的回收期为

$$[50 \times (3 + 2 \times 2) + 50 \times 50 \times 2] \div (20\,000 \times 10\%) = 2.675（年）$$

第二，"年增量价值额"和"年均净收益"均为人力资本投资见效后相对于见效前的增加额，并且这种增加额必须与人力资本投资相关。凡是由与企业人力资本投资无关的其他因素所影响的收入及损益变化额，均应在计算时予以剔除。这些因素包括市场或行业物价指数的变化、税法调整以及政府的税收优惠与补贴、不可抗拒的自然灾害等。

四、现值分析法

现值分析法也主要可用于人力资本投资决策分析。人力资本投资收益与投资成本在现金流量的时间方面通常不同。投资成本中除医疗保健和奖金性质的支付属于经常性支付外，员工培训和在职教育方面的支付往往是一次性的，从投资收益看，一般又都是在以后年度陆续实现。因此，在测算上述投资回收期和投资收益率的同时，还应当运用贴现的方法进行现值分析，具体可通过计算净现值和现值指数两项指标进行分析。其中，净现值（NPV）是人力资本投资的预期现金流入现值与现金流出现值的差额。其计算公式如下：

$$NPV = \sum_{t=1}^{n} \frac{TR_t - TC_t}{(1 + I)^t} - TC_0$$

式中，TR_t——第 t 年投资收益（总收益）的现金流入；

TC_t——第 t 年所发生在医疗保健和薪酬支付方面的现金流出；

TC_0——一次性发生的培训和教育支付；

I——企业人力资本投资的必要收益率；

n——接受投资的员工的服务年限。

现值指数（PVI）是指人力资本投资的预期现金流入现值与现金流出现值的比率。其计算公式如下：

$$PVI = \sum_{t=1}^{n} \frac{TR_t}{(1+I)^t} \bigg/ \left[\sum_{t=1}^{n} \frac{TC_t}{(1+I)^t} + TC_0 \right]$$

现值指数是净现值的辅助性指标。由于它是相对数指标，因而可用于评估人力资本投资的效率状况，并可用于不同投资方案的比较。

与企业项目投资的决策原则一样，当净现值大于 0、现值指数大于 1 时，投资方案可行，反之，应予放弃。

在具体运用上述现值分析法时，还应注意以下几点：① 在确定员工的服务年限 n 时，应结合企业的行业性质和经营特点。首先确定员工的合理退休年龄（如 60 岁），然后可按接受投资的员工的平均年龄到退休年龄所经过的年数作为服务年限。② 在确定人力资本投资的必要收益率（即贴现率）I 时，应根据人力资本投资的高风险特征，适当考虑风险报酬要求。③ 对于经常发生的医疗保健和薪酬支付，可根据企业的历史数据和对经营情况的预测确定，并采用普通年金方式贴现计算。

五、财务杠杆分析法

财务杠杆分析法是人力资本融资决策的分析方法。如上所述，人力资本融资兼有负债融资和权益融资的双重属性。作为负债融资，它具有一般意义上的负债融资特性，即收益性与风险性。其中，收益性是指当企业人力资本所创造的收益超过对人力资本的固定性支付（即契约性代价与法定性代价，以下称为人力资本薪酬）时，企业的人力资本越多，为企业带来的税后收益也就越多。然而，人力资本所创造的收益多少受到各种环境因素的影响，使其具有高度的不确定性。因此，企业的人力资本越多，可能导致的损失风险也就越大。人力资本的这种收益性与风险性在性质上类似于负债融资的杠杆效应。为便于表述，并区别货币性负债的杠杆效应，本书将由人力资本形成的这种杠杆效应称为人力资本杠杆，并给出人力资本杠杆系数（$DHCL$）的概念。在不考虑负债的情况下，人力资本杠杆系数的计算公式为

$$DHCL = \frac{EBSIT}{EBSIT - S}$$

式中，$EBSIT$——扣除人力资本薪酬、利息和所得税之前的利润（简称为薪息税前利润）；
$\qquad$ S——企业的人力资本薪酬。

在上述分析中，假定公司对人力资本的支付是一种不随 $EBSIT$ 变化而变化的固定性支付。事实上，这种假定仅适用于货币性负债，因为在货币性负债的规模与利率一定时，其利息也就确定了，它不随 $EBIT$ 的变动而变动，这样负债的财务杠杆系数将会随 $EBIT$ 的正向增长而下降（意味着货币性负债的财务风险下降），随 $EBIT$ 的负向增长（亏损增加）而上升（意味着财务风险增大）。然而，人力资本作为一种能动性资本，对其薪酬支付总是随着 $EBSIT$ 的变化而变化。特别是当企业的 $EBSIT$ 呈正向增长时，作为"经济人"的人力资本载体——企业员工总是会要求提高对他们的薪酬支付，企业为了维持人力资本效率，并确保 $EBSIT$ 呈进一步上升态势，通常也会迎合员工的要求，按适当比例提高对企业员工的薪酬支付，否则就可能因为产生"道德风险"和"逆向选择"而使人力资本效率下降，进而阻止 $EBSIT$ 的进一步上升。这表明，企业的薪酬支付不是纯固定性成本，而是随

EBSIT 变动而变动，但又非完全正相关的半变动成本。

为分析人力资本薪酬支付的杠杆效应，我们不妨设目前的薪息税前利润为 EBSIT，变化后的薪息税前利润为 $EBSIT_1$，EBSIT 的变化率为 b，目前的人力资本薪金为 S，变化后的人力资本薪金为 S_1，S 的变化率为 a，则在不考虑负债的情况下，人力资本杠杆系数的计算公式为

$$DHCL = \frac{税后利润的变动率}{薪息税前利润的变动率}$$

$$= \frac{\dfrac{(EBSIT_1 - S_1)(1-T) - (EBSIT - S)(1-T)}{(EBSIT - S)(1-T)}}{\dfrac{EBSIT_1 - EBSIT}{EBSIT}}$$

$$= \frac{\dfrac{bEBSIT - aS}{EBSIT - S}}{\dfrac{bEBSIT}{EBSIT}}$$

$$= 1 + \frac{S(b-a)}{b(EBSIT - S)}$$

【例 15-1】 设某公司目前年度的 EBSIT 为 1 000 万元，对人力资本的固定支付为 200 万元，公司约定，若公司的 EBSIT 每增长或下降 100%，工资总额在原来的基础上相应提高或下降 50%。则：

$$DHCL = 1 + \frac{S(b-a)}{b(EBSIT - S)}$$

$$= 1 + \frac{200 \times (100\% - 50\%)}{100\% \times (1\,000 - 200)}$$

$$= 1.125$$

计算结果表明，若公司的薪金支付与 EBSIT 按照上述比例关系变化的话，则由于薪金支付的变动程度小于 EBSIT 的变动程度，使得公司税后利润变动是薪息税前利润变动的 1.125 倍，也就是说，如果薪息税前利润每增减 1%，则税后利润将相应增减 1.125%。检验如下：假定上述公司无负债，所得税税率为 40%，考察其 EBSIT 增长 10%，即由 1 000 万元增长到 1 100 万元时的税后利润变动率，有关计算如下：

目前的税后利润为

$$(1\,000 - 200) \times (1 - 40\%) = 480（万元）$$

EBSIT 增长到 1 100 万元时的税后利润为

$$[1\,100 - 200 \times (1 + 5\%)] \times (1 - 40\%) = 534（万元）$$

税后利润的增长率为

$$(534 - 480) \div 480 \times 100\% = 112.5\%$$

可见，公司税后利润的增长率刚好为其 EBSIT 增长率的 1.125 倍。

再考察其 EBSIT 下降 10%，即由 1 000 万元下降到 900 万元时的税后利润变动率，有关计算如下：

EBSIT 下降到 900 万元时的税后利润为

$$[900 - 200 \times (1 - 5\%)] \times (1 - 40\%) = 426（万元）$$

税后利润的增长率为

$$(426 - 480) \div 480 \times 100\% = -112.5\%$$

可见，公司税后利润下降的百分比刚好为其 *EBSIT* 下降百分比的 1.125 倍。

在上述分析中，假定企业人力资本薪酬随 *EBSIT* 的波动而做相应调整，并且这种调整是对称的。事实上，在企业收益呈正向增长时，员工薪金会相应调增，并且 *EBSIT* 的增幅越大，员工薪金的调增幅度也将会越大。然而，当收益呈负向增长时，情况并非如此。因为作为"经济人"的企业员工，谁都不愿意降低薪酬，否则也就可能产生员工"出工不出力"的道德风险，降低企业的生产经营效率，或者可能产生员工为追求自身利益目标而行使有损公司利益的逆向行为，如贪污、挪用、私自变卖公司资产、吃客户回扣等，进而加剧 *EBSIT* 的下降速度和幅度。此外，降低员工薪酬还可能导致企业人力资本（特别是高层次人力资本）的流失，削弱企业的发展后劲。在这种情况下，企业为控制 *EBSIT* 的进一步下降，并稳定原有人力资本，通常会维持原有的薪酬支付，即使降低，其降低的幅度也会远低于随收益上升而上升的幅度，从额度看，则至少不会降低至合同约定的底薪之下。因此，企业人力资本融资在收益与风险两个方面是不对称的。具体来说，上述情况会导致 *EBSIT* 上升时的杠杆系数小于 *EBSIT* 下降时的杠杆系数，即 *EBSIT* 上升对税后利润的贡献程度将小于 *EBSIT* 下降而导致税后利润的损失程度。上例中，假定公司的 *EBSIT* 上升 10%，员工薪酬在原有基础上调增 5%，但若 *EBSIT* 降低 10%，则员工薪资调减 1%。在不考虑货币性负债的情况下，当 *EBSIT* 呈正向增长时，*DHCL* 为 1.125，而当 *EBSIT* 呈负向增长时，*DHCL* 为 1.25。也就是说，当 *EBSIT* 正向增长时，税后利润增长率为 *EBSIT* 增长率的 1.125 倍，而当 *EBSIT* 负向增长时，税后利润的负增长率将达 *EBSIT* 增长率的 1.25 倍。可见，由于员工薪酬随 *EBSIT* 变化的不对称性，使得企业由此承担的风险程度要大于可能获得的收益程度。

第五节　人力资本财务贡献分析

一、人力资本对企业价值影响的一般分析

人力资本财务贡献主要从人力资本对企业价值的影响进行分析。

美国学者舒尔茨早在 20 世纪 60 年代就明确指出，在社会经济发展中起决定作用的因素是人力资本。现代经济增长的实践也充分证明了人力资本投资具有高于物质资本投资的贡献率，资料显示，在美国，人力资本对经济增长的贡献率从 1929 年到 1957 年平均为 33%，20 世纪 90 年代则上升到 90%；日本的经济增长中，人力资本的贡献率从 1951 年到 1955 年为 58.5%，进入 20 世纪 70 年代则上升到 87.6%；在我国，从 1978 年到 1996 年，每增加 1 亿元人力资本投资可带来近 6 亿元国内生产总值的增加额，而每增加 1 亿元物力资本投资，只能带来近 2 亿元国内生产总值的增加额。另据有关专业人士计算，作为高质

量人力资源开发的人力资本投资效益相当于作为物力资源开发之主要形式的固定资产投资效益的 9 倍。

上述统计数据主要是从宏观层面考察的。从微观方面看，人力资本也是企业价值大小的决定性因素。现代财务学上的企业价值是指企业预期现金流的现值，而企业预期现金流的多少又主要取决于企业的人力资本。

首先，从经济理论方面看，人是企业生产力要素中最基本、最活跃的因素，人力资本效率决定着企业的产出水平，进而决定着企业的现金总流量水平，人力资本的质量决定着人力资本杠杆作用的程度，进而决定着企业的现金净流量水平。不仅如此，根据新经济增长理论，在知识经济条件下，知识资本不仅可以创造巨额财富，而且可以支配和控制财务资本。人力资本作为知识资本的核心内容和主动性因素①，无疑对企业财富的创造和财务资本的效率具有决定性意义。

其次，从管理学方面看，许多研究成果也都表明了企业人力资本是企业价值的决定性因素。例如，迈克尔·哈默和詹姆斯·钱辟（J. Champy）在其合著的《再造企业——管理革命的宣言书》中指出：企业再造的首要任务是业务流程重组（BPR），它是企业重新获得竞争优势与生存活力的有效途径，而 BPR 的实施又需要两大基础，即现代信息技术和高素质的人才。彼得·圣吉在其 1990 年所著的《第五项修炼》中指出：企业唯一持久的竞争优势源于比竞争对手学得更快更好的能力，学习型组织正是人们从工作中获得生命意义、实现共同愿望和获取竞争优势的组织蓝图。瑞典第一大保险公司——斯堪的亚（Skandia）公司从 1991 年就开始着手智力资本的评估研究，并设计出了智力资本评估模型，即"斯堪的亚导航器"。该导航器的核心思想是：一个企业的真正价值在于它为自己创造可持续发展的潜力，企业的价值来源于财务（Financial）、客户资源（Customer）、运作过程（Process）、人力资本（Human Capital）、更新与发展（Renewal & Development）五个部分，其中，"人力资本"处于中心位置，是起决定作用的因素，其他部分都是通过人力资本起作用的，如图 15-1 所示。以上这些管理学理论无不充分表明了企业人力资本是决定企业竞争优势和生存活力的主要因素，甚至是唯一因素。回到财务上思考，由于无论是企业的竞争优势还是生存活力，都是通过企业的现金流来反映的。因此，人力资本是决定企业现金流量的关键性因素。

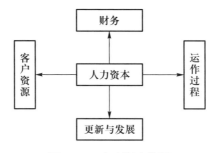

图 15-1　人力资本作用

---

① 一般认为，知识资本由人力资本和结构性资本所构成。其中，人力资本主要由知识和学习知识的能力、技术发明和创造能力、完成任务的能力等构成。结构性资本则是支持人力资本效率的环境性因素，包括企业管理当局的领导能力、数据库和信息技术的应用程度、品牌形象等。

最后，从现实方面看，许多事例都证明了人力资本在企业价值创造方面的作用。20世纪90年代以来，微软、英特尔等公司先后在我国成立了分支机构，招聘了国内一批又一批的拔尖人才。其中，微软中国研究院不惜以总额8 000万美元、人均几十万美元的科研费招揽中国精英的这一事实，已足以说明人力资本对企业价值创造的重要作用。可以说，国外大公司在中国设立分支机构的重要战略意图就在于大规模汲取中国的科技精英，利用中国的人力资源来为其研发新产品、开发新市场，进而实现最大的价值增值。

二、人力资本对企业价值影响的定量分析

以上是从定性方面阐述人力资本对企业价值的作用。下面将人力资本纳入财务系统，构建包含人力资本在内的企业价值模型，据以从定量方面考察人力资本对企业价值的影响。从理论上说，要从定量方面考察人力资本融资对企业价值的影响，可选择直接法和间接法两种方法。直接法就是按照一定的方法先计算出人力资本价值，然后以人力资本价值额作为其对企业价值的影响额。间接法则是不单独计算人力资本价值，而是以人力资本现金流及其对相关资本现金流的影响分析为基础，通过贴现计算的方法来考察人力资本对企业价值的影响。比较而言，直接法直观、易于理解，并且如果企业人力资本价值是按照预期收益（或现金流量）现值法确定的话，那么直接法与间接法的逻辑思路基本上是一致的。但这种方法忽视了企业人力资本与非人力资本的相互作用，以及这种相互作用可能对企业价值产生的影响，进而也就可能歪曲企业人力资本对企业价值的作用程度。相反，间接法是以人力资本现金流及其对相关资本现金流的影响分析为基础来考察人力资本对企业价值的影响，由于它考虑人力资本与非人力资本的相互作用和关联，因而也就能够较为真实、客观地说明人力资本对企业价值的影响程度。以下我们仅就间接法做进一步阐释。

按照间接法分析人力资本对企业价值的影响，关键在于重构包括人力资本在内的企业价值模型。为此，以传统的企业价值模型为起点，将人力资本引入财务系统，在探讨并建立能够反映企业各种资本现金流量及其相互影响的企业价值模型的基础上，考察人力资本对企业价值的影响。

（一）传统的企业价值模型

传统的企业价值模型是建立在传统的资本概念基础上的。按照传统的资本概念，企业资本主要由货币性负债和货币性所有者权益[①]两个部分构成，这样企业价值（V）也相应由负债价值和所有者权益价值构成。其计算公式为

$$V = 负债价值 + 所有者权益价值$$

$$= D + \frac{(EBIT - I)(1 - T)}{K_S}$$

$$= \sum_{n=1}^{t} \frac{I_n(1 - T_D)}{K_D} + \frac{M}{K_D} + \frac{(EBIT - I)(1 - T_S)}{K_S} \tag{1}$$

---

① 这里为区别人力资本负债和人力资本权益，姑且称传统意义上的负债和所有者权益为货币性负债和货币性权益。

式中，I_n——第 n 年货币性负债的利息额；

　　　M——货币性负债的本金；

　　　K_D——货币性债权人所要求的投资收益率；

　　　K_S——货币性权益资本所有者所要求的收益率；

　　　T_D——债权人所得税税率；

　　　T_S——公司所得税税率。

（二）引入人力资本后的估价模型

人力资本融资具有负债融资和权益融资的双重属性，因此，与此相适应，企业赋予人力资本投资者的现金流也包括两个方面：一是与负债融资性质对应的相对固定的现金流，二是与权益融资性质所对应的随收益而变动的现金流。前者主要表现为企业对人力资本的契约性支付（即招聘契约上约定的工资）和法定性支付（即企业按法律规定为员工购买各种保险的支付），为方便表述，设该部分的年支付为 G；后者则主要表现为企业对人力资本的收益分配，设人力资本的年收益分配额为 U，并设人力资本投资的必要收益率分别为 K_R，人力资本工薪所得税税率为 T_R，人力资本收益所得税税率为 T_R，则在 G、U 以及 $EBIT$ 为永续的情况下，企业价值 V 可表述为

$$V = \sum_{n=1}^{t} \frac{I_n(1-T_D)}{K_D} + \frac{M}{K_D} + \frac{G(1-T_R)}{K_R} + \frac{U(1-T_R)}{K_R} + \frac{(EBIT-I)(1-T_S)-U}{K_S} \qquad (2)$$

事实上，式（2）中的 G 和 U 并不是固定不变的，而会随企业利润的变化而变化，其中，G 会随息后税前利润即 $EBIT-I$ 的变化而变化，而 U 则会随息税后利润即 $(EBIT-I)(1-T_S)$ 的变化而变化，只是两者随利润变动的幅度会有所不一。G 的变动幅度一般要低于息后税前利润的变动幅度[①]，而 U 的变动幅度则通常是与息税后利润一致。为便于表述，设 $EBIT-I$ 的年均增长率为 e，G 的年均增长率为 g，G 对 $EBIT-I$ 的相对变化率为 a，则有：$g/e=a$，即 $g=ea$，这里 $a<1$。再设 U 与 $(EBIT-I)(1-T)$ 的年均增长率同步，且均为 b。这样可以用下面的计算公式表示上述价值模型：

$$V = \sum_{n=1}^{t} \frac{I_n(1-T_D)}{K_D} + \frac{M}{K_D} + \frac{G_1(1-T_R)}{K_R-ea} + \frac{U_1(1-T_R)}{K_R-b} + \frac{(EBIT_1-I)(1-T_S)-U_1}{K_S-b} \qquad (3)$$

式中，G_1——第一年的契约及法定性支付；

　　　U_1——第一年对人力资本的收益分配额；

　　　$EBIT_1$——第一年的息税前利润。

式（2）与式（3）表明，当其他因素一定时，人力资本从企业获取的现金流入量越多，人力资本价值越大，进而使企业价值相应越大。那么，这是否意味着企业提高对人力资本的支付就能提升企业价值呢？显然不是。如上所述，企业对人力资本的支付主要由两个部分构成，一部分是在税前列支的契约工资及法定保险支付（G），另一部分则是对人力资本的收益分配（U）。前者与所有者权益此消彼长，后者则与货币资本所有者权益互为消长。具体来说，契约工资及法定保险支付作为企业的成本费用，在提高其支付水平的

[①] 因为根据传统的分配原则和现代的契约惯例，工资的增长幅度通常要低于劳动生产率的提高幅度，这样在市场价格一定的情况下，工资的增长幅度通常也要低于利润的增长幅度。

同时，将会导致 $EBIT$ 等额减少，进而使企业价值中所有者权益价值下降；人力资本收益作为企业税后利润的分配，提高其支付水平，无疑会减少属于货币资本所有者的收益，进而使货币资本所有者权益价值下降。可见，在其他因素一定的情况下，提高对人力资本支付的实质是在企业各利益主体之间重新分配企业价值。它改变了企业价值的内部结构，而不会相应提升企业价值。

同时，式（3）表明，从人力资本方面提升企业价值的主要途径有两个：一是优化人力资本结构，改善人力资本质量，提高人力资本效率，进而促进收益增长率（即式中的 e 和 b）的不断提高；二是合理安排对人力资本的支付结构，具体说，就是合理确定对人力资本税前支付与税后分配的比例结构。提高税前的契约工资及法定保险支付，能够为企业带来抵税收益，从而能够在一定程度上提高企业价值，但同时可能因税后分配下降而导致对人力资本激励不足，进而影响人力资本效率与企业价值的提高；提高对人力资本的收益分配，能够更好地体现收益激励，提高人力资本效率，但却不能使企业获得抵税价值。因此，企业在安排对人力资本的支付结构时，应以最大限度地提升企业价值为原则，在权衡抵税价值和收益激励的效率价值的基础上正确决策。

三、人力资本结构与企业价值

以上是将人力资本作为一个笼统的资本概念来考察的，而没有联系人力资本结构分析。事实上，类似于传统资本结构对企业价值的影响一样，人力资本结构也将对企业价值产生重要影响。如前所述，人力资本结构包括人力资本对总资本的比例（姑且称为总体结构）和人力资本内部结构两个方面，两者都将直接影响着企业价值。

关于人力资本总体结构与企业价值的关系似乎显而易见，这就是人力资本在企业总资本中的比例越大，企业的价值也通常越大。这正如一个拥有大量人力资本，而非人力资本比例相对较低的高科技企业，其财务价值通常要高于传统行业的企业一样。从定量方面考察，可以借助经济增加值（EVA）指标进行分析。经济增加值是指企业息前税后利润扣除全部货币资本按加权平均资本成本率计算的资本成本后的余额。它是针对传统绩效评价指标的缺陷所提出的一项绩效评价指标。利用经济增加值进行企业效绩评价的方法不仅被理论界认为是最合理、最有效的方法，而且在实务界也已经为包括可口可乐、西门子、索尼等在内的大公司所应用。为便于分析人力资本结构对企业经济增加值的影响，设 Z 为企业总资本，R 为企业人力资本，H 为货币资本，人力资本在企业总资本中的比例为 r，货币资本的加权平均资本成本率为 K，则根据经济增加值的含义有：

$$EVA = (EBIT - T) - H \times K = (EBIT - T) - Z \times (1 - r) \times K \tag{4}$$

可见，当企业的 $EBIT$、T 及 K 等一定时，人力资本在企业总资本中所占的比例 r 越大，企业的 EVA 也相应越大，进而企业价值越大，反之则企业价值越小。

为分析人力资本内部结构对企业价值的影响，我们首先将企业人力资本划分为三大类，即一般型人力资本、技能型人力资本和管理型人力资本。比较而言，该三类人力资本对企业税后利润（或现金流量）的贡献率是不同的，一般型人力资本的贡献率相对较低，而管理型人力资本的贡献率相对较高，技能型人力资本的贡献率则通常介于两者之间（除非掌握具有高附加值或垄断性技术的高科技人才）。此外，根据惯例，企业对这三类人力资本分配的方式也不尽相同。对一般型人力资本进行分配的方式主要是工资、福利和保险等契约性支付和法定性支付；对技能型人力资本和管理型人力资本的分配通常包括两个部分，一部分是契约性和法定性支付，另一部分则是对人力资本的税后利润分配。其中对技能型人力资本的税后利润分配主要体现为对作为技术股股东的股利分配，对管理型人力资本的税后利润分配则主要体现为利润分享计划的实施。由于各类人力资本对企业税后利润的贡献率不同，加之企业对各类人力资本分配的方式以及列支渠道不尽相同，使得人力资本内部结构将会影响企业的现金流量，进而影响企业价值。具体来说，若企业的技能型人力资本和管理型人力资本所占比重较大，企业价值也通常较大，反之，若一般型人力资本所占比重大，则企业价值相对较小。

为便于从定量方面考察人力资本结构对企业价值的影响，设 R 为企业人力资本总额，y、j、g 分别为一般型人力资本、技能型人力资本和管理型人力资本在企业人力资本总额中所占的比重，s、$d_1 s$ 和 $d_2 s$ 分别为三类人力资本对企业税后利润的贡献率（即人力资本税后利润率），这里 $d_2 > d_1 > 1$，则在 G、U 以及 $EBIT$ 为永续的情况下，企业价值 V 可表述为

$$V = \sum_{n=1}^{t} \frac{I_n(1-T_D)}{K_D} + \frac{M}{K_D} + \frac{G(1-T_R)}{K_R} + \frac{U(1-T_R)}{K_R} + \frac{R \times s(y+d_1 j + d_2 g) - U}{K_S} \quad (5)$$

上式表明，当其他因素一定时，人力资本内部结构对企业价值的影响。由于 $d_2 > d_1 > 1$，因此，在人力资本总额中，提高管理型人力资本比例比同等程度地提高其他类型人力资本比例所产生的价值增值要大。结合现实看，人们之所以强调现代企业应该将管理放在首要位置，一些企业之所以不惜重金去引进优秀的管理人才，道理就在于此。

还有两点尚需说明：

第一，这里的管理型人力资本价值不仅是数量上的总和概念，而主要是从管理人才的质量方面考虑的。换言之，管理型人力资本价值的提升不是指数量上的"多"，而在于质量上的"精"。

第二，上述 $d_2 > d_1$ 的假定是就一般情况而言的，对于一些高科技企业而言，由于拥有大量的掌握具有高附加值或垄断性技术的高科技人才，以致可能存在 $d_2 < d_1$ 的情形，但这并不影响本章关于人力资本内部结构与企业价值相关的这一论点。

本章小结

企业资本除了货币与实物形态的资本以外，还包括非货币与实物形态的人力资本与组织资本，而且后者已成为价值创造的决定性因素。

人力资本是体现在人身上的知识与技能的价值的货币表现，它是能为企业带来增值的价值。人力资本与人力资产（或人力资源）是两个既相联系又相区别的概念。企业人力资本可按不同标准进行分类。人力资本的产权包括人力资本的所有权、控制权和收益权等。

人力资本财务是人力资本的投入与收益活动及其所形成的经济关系体系。涉及人力资本财务的主要概念有人力资本融资、人力资本投资、人力资本融资成本与投资成本、人力资本投资收益和人力资本产权收益。人力资本财务管理主要包括人力资本估价、人力资本

融资管理、人力资本投资管理、人力资本效率监控与评价、人力资本产权收益管理等。人力资本财务管理的目标是实现企业价值最大化。人力资本财务管理应遵循价值导向原则，成本效益原则和责、权、利对等原则。人力资本财务估价的方法主要有未来工资报酬折现法、调整后未来工资报酬折现法、未来工资报酬资本化法、知识价值计量法、人力资本加工成本法、经济价值法、随机报酬价值法、期权模型、模糊计量、综合评价体系等。人力资本财务决策的关键是人力资本融资决策、投资决策和产权收益分配决策。人力资本决策分析的主要方法有因素分析法、价值链分析法、杠杆分析法、成本收益分析法和现值分析法等。

人力资本财务贡献主要从人力资本对企业价值的影响去分析。从宏观层面考察，人力资本投资具有高于物质资本投资的贡献率；从微观层面考察，人力资本也是企业价值大小的决定性因素。人力资本对企业价值影响的定量分析方法包括直接法和间接法两种。

即测即评

请扫描右侧二维码，进行即测即评。

思考题

1. 什么叫人力资本？什么叫人力资产？二者有何联系与区别？
2. 试述人力资本的分类标准及其不同分类的作用。
3. 试述人力资本财务与传统财务在内容与管理目标上的异同。
4. 试述人力资本财务管理的地位与作用。
5. 试述人力资本财务估价的方法原理。
6. 试述人力资本财务决策的分析方法及其特点。
7. 试述人力资本财务贡献的分析方法及其特点。

第十六章

智能财务管理

第一节　人工智能与智能财务

一、人工智能概述

"人工智能"一词是美国人约翰·麦卡锡及其同事在 1956 年达特茅斯会议上提出的，他们认为"让机器达到这样的行为，即与人类做同样的行为"即可称为人工智能。在随后的 60 多年中，人工智能曾经历了两次兴起，又两次陷入低谷。除了技术方向本身不断进化以外，人工智能含义由于解释的灵活性，也出现了多层次的划分。

人工智能定义之所以困难，是因为人们对于智能本身的定义与判别存在争议。阿兰·图灵提出图灵测试来判别计算机是否具有智能。图灵测试直接以人这个智能实体为参照物来判别机器是否具有智能，但一部分人相信研究智能的根本原则比复制参照物更为重要。因此，人工智能的研究分为两个学派，以 MIT 为代表的弱人工智能学派将任何表现出智能行为的系统都视为人工智能的实例，他们认为人造物是否使用与人类相同的方式执行任务并不重要，唯一的标准是程序能够正确执行[①]。以卡内基梅隆大学为代表的强人工智能学派则认为当人造物展现智能行为时，他的表现应基于人类所使用的相同方法。强弱人工智能两个学派采用的是对人类思维模拟的不同方法，一个是结构模拟，一个是功能模拟。弱人工智能并不弱，在特定任务方面甚至已经胜过了人类，如国际象棋（1997 年）、图像识别（2015 年）、语音识别（2015 年）、围棋（2016 年）以及德州扑克（2017 年）等。

人工智能领域的经典著作《人工智能：一种现代方法》也指出人工智能技术未来的方向，它提出人工智能技术具有四个层次，即像人一样思考，像人一样行动，理性的思考与理性的行动。尽管现有的科学还不能完全解释人类智能产生的原因，但人们知道人类智能有其局限性，因此只能做到有限的理性，可以预见未来的人工智能有可能会超越人类理性达到接近于完美的理性行动。当然人类智能的核心除了思考、推理还有规划与创造，以及幽默感、同情心等。所以人工智能要想完全和人类智能一样，还有相当长的路需要走。目

---

① 史蒂芬·卢奇，丹尼·科佩克. 人工智能. 2 版. 林赐，译. 北京：人民邮电出版社，2018.

前人们可以利用它来增强人类的能力。

在本章中，我们采用最为宽泛的定义，即人工智能是研究、开发用于模拟、延伸和扩展人的智能的理论、方法、技术及应用系统的一门科学。这门科学中涵盖众多学科，包括但不限于计算机科学、统计学、脑神经科学等。我们认为人类利用智能可以实现的任务，如学习、阅读、对话、交流、开车、写作等，如果机器也可以完成，那么这个机器就具有某种性质的"人工智能"。近年来，随着计算能力增强和海量大数据的指数级别增长，机器学习、计算机视觉、自然语言处理、语音识别、知识图谱等人工智能技术日益发展成熟并已经投入应用。

二、人工智能核心技术介绍

（一）机器学习

机器学习（Machine Learning）是指使用算法模仿人类学习的方式来分析数据，并逐渐提高其准确性以完成特定任务。机器学习的起源可以追溯到IBM的工程师亚瑟·塞缪尔，他的工作是教计算机下跳棋。他将人类跳棋选手下跳棋的策略思路，分解植入程序中，让程序记住以前棋局中的好走法。同时，就像人们为了赢得棋局要进行练习一样，塞缪尔也让不同版本的程序互相比赛，失败者将从获胜者那里学习并获得启发式[1]。1959年，塞缪尔在他有关跳棋的研究论文中首次提出"机器学习"这一概念，并将其定义为"可以提供计算机能力而无须显式编程的研究领域"。1962年，跳棋大师罗伯特·尼尔利在与IBM 7094计算机的对弈中，输给了计算机。这一事件成为人工智能领域的重大里程碑。在随后的几十年里，随着计算机存储和计算处理能力的突飞猛进，机器学习不断发展，分别在国际象棋、围棋以及德州扑克中战胜人类顶级选手，并且应用领域不断增大。

尽管机器学习最初采用显式编程[2]的方法，但现在它在不对结果进行显式编程的情况下也能学习，可以使用统计分析从数据集中动态生成结果。这个过程的核心是算法，即用来描述或预测数据集特征的数学模型。机器学习的过程是先输入"训练"数据集，这些训练数据使模型能够"学习"单个数据点最为重要的特征有哪些。然后将这个算法运用于不包含初始训练数据集的新数据集，如果新数据集显示出额外或不同的规律，那么算法可以迭代地进行调整，再将新发现的规律加入其特征之中。这样，机器学习就能够以传统编程所不能实现的方式来适应陌生的新数据。

英国特许公认会计师公会（ACCA）在其研究报告《机器学习：科学向左，科幻向右》中举了一个例子来说明显式编程与机器学习的区别。ACCA假设一家企业希望知道哪些客户最有可能拖欠货款，传统的做法是，程序人员将观察到的拖欠货款的客户特征，如曾延期付款、曾被要求支付定金等作为基础，在此基础上创建一个程序，该程序能为客户设置一套基本评分系统，用以将具有这些特征的客户标记出来。运行这个程序可以得到最有可能拖欠货款的客户名单。但程序的有效性取决于程序员对这些特征的静态观察。在实践

---

[1] 启发式是一个认知心理学的名词，指一种帮助人类在自身与环境限制中做出有效决策的手段。

[2] 显式编程是指为执行任务所给出的特定的计算机指令，它是由人类程序员编码，对一个数据集执行程序，根据程序中嵌入的一组固定规则得出结果。

中，随着付款方交易、业务构成和交易量的不断变化，这些特征有可能发生变化。另外，随着需要考虑的特征变量不断增多，通过预设静态规则来确定高风险违约客户的标准将会变得越来越复杂和不准确。

机器学习可以利用一套基于训练数据集的算法来甄别高风险客户，它还可以引入更广泛的输入变量并最终识别出程序员编程时可能没有考虑到的相关特征。通过持续完善，机器学习系统将逐步提高自身能力，匹配结果的质量会得到持续改进。为了识别高风险客户，机器学习还可以利用更广泛的相关运营环境的宏观经济数据、第三方评级机构的信用评级数据或网上关于客户的正面或负面信息等，将这些数据也放入训练数据集，提高识别精度。在方法上，机器学习还可采用概率方法，利用数据可能存在的规律、相关性和特征建立统计基础。随着新数据的引入，算法能够动态地吸收新识别出的相关特征。

如今，机器学习通常被理解为通过对历史大数据的分析进行预测或决策。从本质上讲，它是指随着时间的推移，机器学习能够学习数据集的特征并识别单个数据点的特征。这有助于机器识别大型复杂数据集的各种关系，而这个过程对人类来说往往更耗时也更困难。之所以认为此类系统可以"学习"，是因为随着时间推移以及输入的数据不断增加，机器可以提高对数据规律的识别能力，并将更强的识别能力应用到以往未曾见过的新数据集中。

机器学习有几种不同的类型。监督学习是从一组训练数据中学习，这些数据被标记为某些属性，如较差的信用或良好的信用，并分为输入变量和输出结果，算法再根据试验数据提供的"正确"答案将二者关联起来，以便形成对正确规律或关系的基本认识。监督学习通常用于分类（例如，识别欺诈性和非欺诈性交易）以及预测（例如，根据客户的应收账款账龄来预测无法收回的账户数量）。假设企业希望根据客户的应收账款账龄来预测无法收回的账户数量，开发人员将为企业建立有监督的机器学习模型，然后，模型将根据历史数据制定规则，以后就可以根据新的账龄数据预测无法收回的账户数量。

无监督学习是计算机算法从未标记输入数据（即输出未知）学习的过程。例如，有一个会计部门的负责人想更好地了解客户为什么不在 30 天内付款，无监督机器学习模型将教会算法识别与输入数据相关的趋势和模式。该算法可能会识别 120 天以上未付应收账款余额的客户可能具有的相似的邮政编码、收入水平或信用评分。无监督学习最常用的方法之一是聚类分析，即根据相似性对输入数据进行分组。

两种方法中，监督学习的结果通常更精确，但这种方法通常要求对数据做事先判别，对于海量数据则难以做到，因为训练样本集数量有限因此无监督机器学习往往能够更快地获得结果。

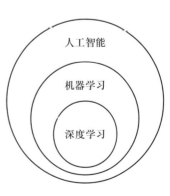

（二）深度学习

深度学习（Deep Learning）是机器学习的一个子集（如图 16-1 所示）。深度学习与机器学习一样，都是试图找一个函数/模式，尽可能地准确拟合出输入数据和输出结果之间的关系。

深度学习使用人工神经网络从数据中发现各种模式。人

图 16-1　深度学习、机器学习、人工智能三者的关系

工神经网络也称为神经网络，它由节点层组成，包含一个输入层、一个或多个隐藏层和一个输出层（如图 16-2 所示）。每个节点也称为一个人工神经元，它连接到另一个节点，具有相关的权重和阈值。如果任何单个节点的输出高于指定的阈值，那么该节点将被激活，并将数据发送到网络的下一层。否则，不会将数据传递到网络的下一层。深度学习中的"深度"指的是神经网络中层的深度。由三层以上组成的神经网络（包含输入和输出）可视为深度学习算法或深度神经网络。只有两层或三层的神经网络只是基本神经网络。

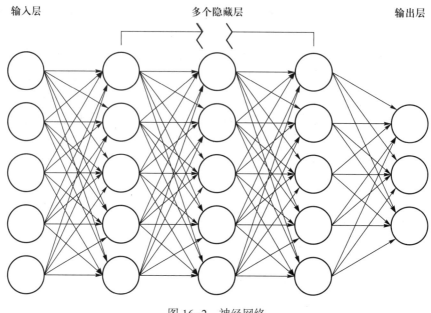

图 16-2　神经网络

在传统的机器学习中，算法的结构逻辑较为清楚，最终可抽象为某种流程图或代数公式，结构可以为人所理解，具有可解释性。但深度学习是通过一层一层神经网络，输入的数据在经过每一层时，都完成一次数学拟合，这样每一层都提供了一个函数。因为深度学习至少三层，通过每一层的函数叠加，深度学习网络输出就无限逼近目标输出。这种"万能近似"很多时候只是输入与输出在数值上的一种耦合，而不能用代数表达式表示。所以深度学习一定程度是一种"黑箱"。它学习的中间过程不可知，产生的结果不可控。

除此之外，深度学习与传统机器学习最大的区别，首先在于对数据依赖度不同。由于需要经过多层神经网络，因此深度学习算法需要大量数据才能完美拟合。其次，两者对于芯片运行速度的依赖不同，深度学习算法需要做大量的矩阵乘法运算，传统 CPU 无法满足运算要求，只有 GPU 才能有效优化这些运算。最后，深度学习算法需要很长时间来训练。这是因为深度学习算法中有很多的参数，所以训练它们需要更长的时间。最先进的深度学习算法 ResNet 需要大约两周时间才能完全从 0 开始的训练。相比之下，机器学习的训练时间要短得多，从几秒钟到几小时不等。

深度学习和神经网络目前的成就，主要表现在计算机视觉、自然语言处理和语音识别等领域的突飞猛进。深度学习在感知领域尤为有用，如语音识别与图像识别，可用于面部识别、图像分类等。2007 年，斯坦福人工智能实验室主任李飞飞放弃计算机显式编程，转而使用标签和深度学习技术来识别物体，由此制作的数据集 ImageNet 因能以最低的错误率识别出图像中包含的物体，成为一场比赛的优胜者。这场比赛举办了 8 届，优胜者的识别率从一开始的 71.8% 提升到 97.3%，超过了人类，成为图像认知技术的转折点。

（三）自然语言处理

人工智能研究的核心目的是希望计算机具有与人类相同的智能和能力。语言是人类思维、认知和交流的最重要工具。因此，如何使计算机有效地理解人类语言，进而实现人与计算机之间的信息交换，是人工智能领域最具挑战性的技术分支之一，即自然语言处理技术。自然语言处理（Natural Language Processing，NLP）是一种使计算机可以像人类一样理解文字和口语的计算机技术。自然语言处理将基于计算语言学规则的人类语言建模与统计、机器学习和深度学习模型相结合，让计算机以文本或语音数据的形式处理人类语言，并"理解"其全部含义，包括说话者或作者的意图和情感。

自然语言处理驱动计算机程序将文本从一种语言翻译成另一种语言，响应语音命令，甚至实时快速总结大量文本。人们可以通过语音 GPS 系统、数字助理、语音转文本软件、客服机器人和其他设施与自然语言处理进行交互。在企业应用程序中，自然语言处理可以帮助企业简化业务操作和关键业务流程，并提高员工的生产力。

人类语言充满了歧义，这使得编写能够准确确定文本或语音数据意图的软件非常困难。同音异义词、讽刺、习语、隐喻、语法和用法异常以及句子结构的变化等一些不规则的语言现象，在人类语言中需要多年的学习。

一些自然语言处理任务可以分解人类文本和语音数据，以帮助计算机理解它们摄取的内容。其中一些任务包括：

（1）语音识别，也称为语音对文本，是将语音数据可靠地转换为文本数据的任务。任何遵循语音命令或回答语音问题的应用程序都需要语音识别。语音识别尤其具有挑战性的是人们说话速度快，用不同的重音和语调，用不同的口音，经常使用错误的语法，把单词混在一起。

（2）词性标注也称为语法标注，是根据上下文确定特定单词的词性的过程。例如，词性标注将"make"识别为"我能做一架纸飞机"中的动词。

（3）词义消歧是通过语义分析过程来选择一个具有多重含义的词在文中的含义。例如，词义消歧有助于区分英文动词"make"在"make the grade"（实现）和"make a bet"（下注）中的含义。

（4）命名实体识别（NEM）是指将单词或短语识别为有用的实体。例如，NEM 将"肯塔基"作为一个地点，将"弗雷德"作为一个男人的名字。

（5）共指消解的任务是确定两个单词是否指代以及何时指代同一实体。最常见的例子是确定某个代词所指的人或对象，例如，"she"是指"Mary"，但也可能涉及识别文本中的隐喻或习语，例如，"bear"不是动物而是一个毛茸茸的大人物。

（6）情感分析试图从文本中提取主观品质态度、情感、讽刺、困惑和怀疑。

自然语言处理可分为两种类型：自然语言理解（Natural Language Understanding）和自然语言生成（Natural Language Generation）。

自然语言理解使计算机能够理解人类语言提供的指令。例如，当用户使用语音命令

"嘿，Siri，最近天气怎么样？"询问 iPhone 的天气状况时，Siri 能理解他们的命令，然后在互联网上检索相关信息。

自然语言生成使计算机能够生成人类语言，以便人们能够理解计算机，它的本质是将结构化信息转化为人类可理解的语言。Siri 搜索了最新天气后，给出了如下回答："今天天气晴朗，最高气温将为 33 度，最低气温将为 23 度。预计今晚将有部分多云。"Siri 知道用户要求它查看特定位置和时间的天气状况，然后以口语返回结果。自然语言生成技术还可以将数据可视化转换为人类可以理解的口头描述语言。

自然语言处理在财务中的应用潜力很大，目前自然语言处理已被用于分析与公司财务绩效、会计标准和法规合规性相关的各种文本文件。自然语言处理的应用包括文本挖掘组件，如语义分析、文本分类、文本摘要和文本翻译，还有语音识别、问答系统和聊天机器人。

（四）计算机视觉技术

计算机视觉是指让计算机和系统能够从图像、视频和其他视觉输入中获取有意义的信息，并根据该信息采取行动或提供建议。如果说人工智能赋予计算机思考的能力，那么计算机视觉就是赋予计算机发现、观察和理解的能力。

计算机视觉的工作原理与人类视觉类似。人类视觉系统的优势是终身可以在适当的环境下训练分辨物体、物体距离、物体动静与否以及图像是否存在问题等能力。计算机视觉训练机器来执行这些功能，但必须依靠摄像头、数据和算法用更短的时间完成，而不是依靠视网膜、视神经和视觉皮质。经过训练用于检验产品或监控生产的系统每分钟能够分析数千个产品或流程，并且会发现极其细微的缺陷或问题，因此计算机视觉的能力在迅速超越人类。

计算机视觉需要大量数据。它一遍又一遍地运行数据分析，直到能够辨别差异并最终识别图像为止。它主要用到的机器学习算法是卷积神经网络（Convolutional Neural Networks，CNN），是深度学习的代表算法之一。

机器学习使用算法模型，让计算机能够自行了解视觉数据的上下文。如果通过模型输入足够多的数据，计算机就能"查看"数据并通过自学掌握分辨图像的能力。算法赋予机器自学的能力，而无须人类编程来使计算机能够识别图像。

CNN 将图像分解为像素，并为像素指定标记或标签，从而帮助机器学习或深度学习模型"查看"。它使用标签来执行卷积运算（用两个函数产生第三个函数的数学运算）并预测它"看到"的东西。该神经网络运行卷积运算，并通过一系列迭代检验预测准确度，直到预测开始接近事实。然后它以类似于人类的方式识别或查看图像。

就像人类辨别远距离的图像一样，CNN 首先辨别简单的形状，然后一边运行预测迭代，一边填充信息。CNN 只能用于理解单个图像，而循环神经网络（RNN）以类似的方式在视频应用程序中帮助计算机理解一连串帧中的图片关系。

计算机视觉对商业、娱乐、运输、医疗保健和日常生活有着十分重要的作用。推动这些应用增长的一个关键因素是智能手机、安全系统、交通摄像头和其他视觉检测装置源源不断地输出大量视觉信息。这些数据对各行各业的运营影响重大，但目前没有得到充分利用。这些信息为训练计算机视觉应用打造了试验领域。例如，IBM 利用计算机视觉为2018 年美国高尔夫名人赛创造了"我的高光时刻"（My Moments）视频剪辑。IBM 沃森超级计算机观看了数百小时的名人赛视频，并能够识别出重要镜头的景象和声音。它精心挑选了这些关键时刻，作为量身定制的精彩回放回馈给参赛者们。

三、智能财务的含义

随着信息技术的发展，企业财务领域先后出现了会计电算化、企业资源计划（Enterprise Resource Plan，ERP）、网络财务、云财务、大数据财务等信息技术应用。会计电算化用小型数据库和简单的计算机软件取代了部分人工会计核算工作，实现了计算能力和存储能力的巨大飞跃；企业资源计划将财务与业务广泛连接，向业财融合迈出第一步。但这一阶段的财务，信息技术的介入范围有限，因而信息传递方式不能完全电子化，业务处理中仍有大量的手工操作。ERP 时代的财务管理体系仍然承袭人工处理下的分散模式，业务流程中的数据处理标准也不统一，各类应用系统在企业内部按需求点无序增长，但又相互隔绝。这时的财务较人工时代财务处理速度快，但无法实现实时、全面地采集和处理数据，无法实现对风险的有效控制，对管理者仍只能提供后视镜式的决策支持。

互联网的出现使人们跨越了时空的障碍，封闭分散的财务借助云计算技术可以汇聚起来，通过流程和信息系统再造来实现网络财务、云财务等。财务管理体系因此进一步发生变化。

而现在，以"大智移云物"为代表的新兴技术正在改变企业和行业的运行模式，持续变革已成为商业领域乃至整个社会的新常态，传统企业纷纷进行自动化、智能化、数字化的转型。财务领域也跟随新信息技术的步伐，智能财务呼之欲出。

和人工智能定义尚无统一定论一样，智能财务的定义也尚无定论，根据张庆龙（2021）的总结，对于智能财务的认识，主要存在以下观点：

（1）技术应用观认为智能财务主要是指人工智能技术在财务相关工作中的应用，认为人工智能技术是对传统财务工作的模拟，进而对其的延伸与拓展。

（2）系统模式观认为智能财务是一种系统或新型财务管理体系，借助于人工智能技术，可对业务流程、财务会计活动、管理会计活动进行全流程智能化分析判断并形成战略决策，进而完成企业复杂的财务活动。

（3）应用场景观认为智能财务体现为应用于战略层面、业务层面和核算或者财务共享层面的各类场景。

（4）管理活动观认为智能财务是一种经济管理活动，它是基于智能化环境（智能化信息资源，人的智能决策选择，智能化技术、方法和工具）产生的，对各主体的价值运动进行智能化管理。

（5）交叉学科观认为智能财务是指人工智能及其相关技术的理论与会计理论相结合而形成的一门新的叉学科。

以上观点，都强调智能财务是基于人工智能技术，与传统财务有着明显区别。技术应用观与应用场景观关注人工智能技术对于财务的影响过程，而系统模式观、管理活动观、交叉学科观则更为强调人工智能技术对财务的影响结果，即人工智能技术会带来新的财务管理体系、新的管理活动以及新的学科。

根据前面对于人工智能技术的介绍可知，人工智能技术是新一代信息技术，尽管它与传统的信息技术有着显著的区别，但它对财务的影响路径与传统信息技术并无二致。按照信息技术扩散的规律，信息技术对于某个行业的改造，一开始可能是技术性的改造，但随着技术扩散，就会发生经济性、社会性、体制性的全面改造。因此，从长远来看，人工智能技术在财务领域中的扩散，将对财务产生技术层面之外更深远的影响。

因此，智能财务有两层含义：一是以人工智能技术为代表的新一代信息技术在财务领域中的应用，并且赋能于财务职能的过程；二是对于传统财务管理体系，包括组织、流程和工作模式的全方位变革与创新。这两层含义同时也是智能财务的两个发展阶段。智能财务是一种复杂的系统，它不可能是从顶层向下设计出来的，这种系统一定是先由技术作为主要推动力，从简单系统应用演化而来的。也就是说，先有人工智能技术创新性地点状应用于财务领域（即应用场景），当技术越来越成熟，应用场景越来越多且可以相互联系时，就会推动财务工作流程的重组，应用场景就会与财务信息系统融合，产生新的系统并有新的管理体系诞生，从而实现财务数字化转型。因此智能财务是一个历史过程，也是一个时代概念，它是在财务职能从"核算型"与"弱管理型"向"强管理型"与"强服务型"转型的过程中，不断地通过数字化转型和智能化应用而实现的。[①]

需要指出的是，以上的财务并没有明确的限定范围，信息时代企业的组织架构、运营模式和商业模式都在不断发生变革，信息技术对于会计行业的影响是全方位的，对会计生态圈内的各分支也是相互影响且互为因果。例如会计数据范围的扩大与数字化，使得审计必须相应采用信息化技术。因此，在本章中，我们将从更广义的财务概念入手，涉及对象包括财务管理、财务会计、管理会计、审计以及税务等，并逐渐延伸到其他的潜在领域。

四、智能财务的技术发展路径

智能财务是一个过程，信息技术在财务中的应用一开始都是创新应用，这种创新只是一种点状应用，可能是在数据采集、处理、存储或者分析利用的某一个环节。当其中某些点状应用经实践证明可行后，就会形成产品，好的产品会被整合进信息系统与平台之中，形成整体应用。有些平台不仅整合了技术，而且整合了流程，这就出现与流程契合的管理体系。人工智能技术与财务的深度融合发展路径如图16-3所示，一种技术的应用，往往会经历数据与算法创新、产品创新、系统与平台创新和体系创新的闭环发展过程。数据与算法创新是指在底层实现数据的采集、传输和治理以及对这些数据进行处理的新技术算法，也称为智能财务点状应用场景。产品创新是指将产生的技术算法进行包装，形成软硬件应用产品，方便财务人员使用。从频率上看，点状应用场景是最为活跃的一个环节。在数据与算法创新时，单个新型技术即可支撑创新的出现；在产品创新时，需要考虑更多技术环节，包括软硬件；在系统与平台创新

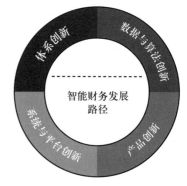

图16-3　智能财务发展路径

---

① 张庆龙. 智能财务研究述评. 财会月刊，2021（3）.

时，则要求计算与存储能力有数量级的提升；而体系创新需要将业务流程、人员素质、管理体系等进行全方位的变革。并不是所有技术的应用都有一个完整的闭环发展过程，只有少数成熟的技术才能推动智能财务体系的创新。

尽管目前智能财务处于发展的初期，但以往成熟的信息技术与人工智能技术相结合致使点状应用层出不穷，推动创新的产品、创新系统和平台以及体系的出现。本章内容将介绍当下智能财务的点状应用场景，智能财务中最为成熟的产品——财务流程机器人，以及以财务共享为基础的新型管理体系。

第二节　智能财务的应用和管理体系

一、智能财务数据与算法创新：点状应用场景

智能财务点状应用场景是指在财务处理的某个环节或某个点应用人工智能创新技术，例如差旅报销环节，从以前人工对发票的处理，到现在使用计算机完成对发票信息的抽取与甄别。从某种意义上说，信息技术的点状应用场景是成熟应用产品的孵化器。在智能财务发展初期，学术界、实务界纷纷探索人工智能在财务领域中的应用场景。这些智能财务应用场景都具备一个共同的特征，即通过机器学习等人工智能技术分析数据获取的可行性，做出由价值驱动的业务决策，这个过程中，技术的应用始终与之息息相关。

这些层出不穷的创新性应用场景主要包括七个：日常差旅、税务管理、营销管理、采购流程、采购付款风控、订配货预测和供应商优选，目标是实现交易处理的自动化、管理和决策的智能化。

包括"四大"在内的各大会计师事务所是这些创新应用的发源地，它们也在不断地探索机器学习工具在审计领域的应用，例如毕马威的人工智能信贷审阅工具，德勤的 Argus 电子文档信息抽取工具，普华永道的抽样审计工具以及安永的账簿异常检测工具等。这些工具充分应用自然语言处理和大数据技术，对信贷文档或电子信贷相关的内外部信息进行更为有效的获取、储存、管理以及分析，在决策支持和流程优化等方面为审计人员赋能。以信贷审阅工具为例，它利用自然语言处理技术实现信贷文本的批量秒读，对信贷文本进行自动化快速分类；识别信贷文本与相关资料中的重要信息，实现对信贷文本的自动化摘要处理；利用深度学习模型，自动识别资料中包含的各类风险信号，提取对应的关键风险信息；运用大数据技术收集整合金融机构内部和外部数据，深度挖掘风险点，进行多维度风险信息分析；可视化展示内外部整合数据的风险信息，提供更直观、更具洞察力的辅助决策平台。

与任何新技术一样，智能财务也有许多来自初创企业的创新应用场景，以下详细介绍其中几个。

（一）智能现金流预测工具

Fluidly 是一个智能现金流预测工具，它利用机器学习等人工智能技术帮助企业解决

最大的财务难题——现金流管理。Fluidly 本质上是预测和优化未来现金流，以帮助企业更好地做出财务决策，进而提高长期盈利能力。它主要有以下四个功能。

1. 预测

它将企业财务系统中的日记账交易账本同步出来后，将这些数据分解，来查找现金流的模式，分析企业的常规交易，以预测未来的现金流。一旦做出预测，财务人员就可以看到企业现金流的高峰和低谷的预测（如图 16-4 所示），并可以随鼠标变动显示详细信息。

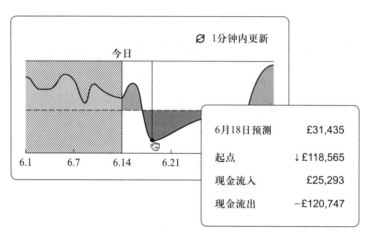

图 16-4　Fluidly 可视化显示预测现金流

2. 计划

Fluidly 还可以可视化地显示企业做出的某些决策对企业现金流的影响，如新雇用一个员工，或者关闭一个门店。财务人员只需要用鼠标简单拖动进度条，就可以建立相应场景，以显示这种情景下对公司现金流的影响（如图 16-5 所示）。

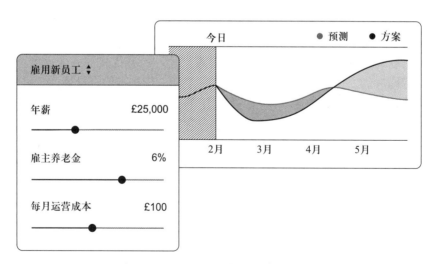

图 16-5　Fluidly 可视化显示计划现金流

3. 资金

当企业需要资金时，财务人员只需要输入公司名称或以 Fluidly 方式登录，就可使用公共数据调出企业的详细信息。接下来，Fluidly 将检索财务人员制定的资金报价，并让财务人员与专门的资金专员联系，以协助财务人员完成剩余工作。

4. 追欠

追欠功能是使用一个简单的红绿灯系统来提供一个预先排序的债务人列表（如图 16-6 所示），并提醒财务人员客户的异常付款行为。一旦财务人员确认该项追欠款项，系统就可以使用预先设置好的电子邮件（包括发票链接），立即联系逾期付款的人。

图 16-6 Fluidly 可视化显示追欠人名单

（二）员工费用欺诈侦测工具

AppZen 是一个员工费用欺诈侦测工具，它使用机器学习算法和自然语言处理技术自动分析欺诈费用报告。AppZen 的费用审计平台集成了 Workday、Oracle、Coupa、Concur 等系统的数据，利用计算机视觉、深度学习和语义分析，使得财务经理和审计人员不用再逐行审批差旅收据。它给员工分配了一个评分——AppZen 行为指数——由他们在旅途中提交的每一份报告、收据和旅行文件组成。费用审计平台的洞察功能可以识别和授权报销客户批准清单中的项目（例如，旅行），并突出显示需要仔细查看的可能的违规行为（例如，酒精饮料）。它比较有特色的功能包括：

（1）控制员工在国外的费用。它可以自动将员工在国外的收据翻译成英语，可以使用 40 多种语言来审核和识别未经授权的支出，图 16-7 展示了 AppZen 自动审核员工在中国出差的发票的合规性，它识别出员工的违规消费行为。

（2）实施精细控制支出的政策。该工具内嵌的人工智能技术可以理解自然语言术语和品牌名称，例如公司政策不允许报销酒精类消费支出，这个工具可以区分：鸡尾酒虾（是一种菜名）可以报销，而 IPA（一种啤酒的名字）却不可以。另外，它还可以检查签名项，通过在线数据库的自动搜索功能验证活动或用餐参与者是否属于不应邀请的人员。

（3）快速识别重复发票、收据。该工具通过将图像与提取的非结构化电子数据进行

图 16-7　自动翻译发票 / 收据

匹配，可以查找相似收据和发票、手动键入错误、多次提交、不同收据格式所导致的重复项，消除重复开支。

（4）从不同角度可视化分析。它可以从不同角度来可视化分析、呈现支出情况，便于部门管理者与财务人员监控和优化部门支出，识别高风险员工，并采取相应行动。

人工智能技术在财务领域的应用尚处于初期，点状应用场景的创意层出不穷，除文档信息抽取工具、交易数据深度分析工具以外，其他更多的应用领域还包括智能聊天机器人，如 AskMyUncleSam，它是一款由机器学习驱动的聊天机器人，可向纳税人提供税务建议。Kreditech 和 OakNorth 等公司则提供机器学习信用风险评估工具，如 YayPay，它是一款应收账款应用程序，它以公司的历史支付模式为训练集，利用机器学习发现付款人的行为特征，识别付款的趋势和陷阱，并用可视化的报告呈现出来，而且这些报告可以以秒为单位频率进行刷新。这些工具中，有的工具后来失败了，如 Kreditech，但存活下来的工具很可能会对财务行业产生重大影响。

值得一提的是，这一阶段应用的不仅仅只有人工智能技术，还有许多处于不同发展阶段的其他技术，通过与机器学习技术相结合，也发挥着重要作用。数据爆炸使这些技术连接起来，而推动数据爆炸的一个重要因素便是移动互联网、物联网的发展。从冰箱到手机，众多设备都可以产生与收集数据，这极大地增加了机器学习需要分析的原始资料。此外，随着这些数据的不断倍增，分散的传统数据集可能无法完成其任务，新一代数据平台将它们连接在一起，可以为许多相互关联的使用者提供单一的事实共享版本，这将极大地改善数据质量，从而提高机器学习应用程序的增值能力。各种技术的交集将产生协同作用，不仅可以提高每项技术的投资回报率，也将带来此前不可能产生的新商业模式。

二、智能财务产品创新：财务流程机器人

财务的自动化是智能化的前提，自动化处理是财务领域引入计算机的原始目标。ERP的引入实现了企业系统内业务处理和信息流转的自动化，它通过功能独立但又深度集成的模块，增强了内部信息的交互，实现了业务财务一体化。然而，在模块覆盖流程范围之外，财务活动仍有相当一部分在自动化程度上存在较大的提升空间。具体表现为：首先，数据输入工作量大，会计信息化仅将原来财务人员的记账工具改为信息系统，但仍然需要大量的人工录入数据，效率低下。其次是错误率高。在海量数据的情况下，人工录入准确性低。最后是信息不统一。多年来为满足不同的信息需要而建立的信息系统之间由于数据标准或系统接口不一致，使得不同系统中不仅数据可能存在重复冗余，而且交互困难，大量历史数据无从利用。机器人流程自动化（Robotic Processes Automation，下称 RPA）技术因其开发周期短，设计简单，适合不同的异构系统，成为应用最广的产品。

（一）RPA 概述

RPA 通过特定的、可模拟人类在计算机界面上进行操作的技术，按规则自动执行相应的流程任务，代替或辅助人类完成相关的计算机操作。RPA 本质上是一种能按特定指令完成工作的软件，这种软件安装在个人计算机或大型服务器上，通过模拟键盘、鼠标等人工操作来实现办公操作的自动化。与传统概念中具备机械实体的"机器人"不同，本质上来说，RPA 是一种计算机程序，在这里，机器人是一个"虚拟"的概念。RPA 从技术上具备以下特点：

（1）自动化处理。RPA 可以按照设定要求模拟人工完成重复、机械式的任务，它可以实现 7×24 小时不间断工作，确保信息的实时性；同时它避免了人工操作可能出现的疏漏和员工坏情绪等个人因素的影响，保障了工作质量和效率，提高了数据处理和报表的可靠性、安全性、合规性。

（2）以外挂形式部署。RPA 是在企业底层数据、基础软件、ERP 三层结构之上的软件层，不改变企业已有的 IT 系统，以外挂形式部署。

（3）基于结构化数据，模仿有明确规则的人类活动。RPA 主要是代替人工进行重复机械式操作，研发时需要基于明确规则编写脚本。因此，RPA 的适用流程必须有明确的、可被数字化的触发指令和输入，工作期间可能出现的一切场景都需要提前定义，如财务、人力资源、供应链、信息技术等部分流程都符合 RPA 适用条件。也就是说，RPA 不适用于创造性强、流程和系统变化频繁的工作场景。

（4）模拟人类操作。RPA 主要模拟的是人类员工手工操作，如复制、粘贴、鼠标点击、键盘输入等。与现行成熟的大型编程软件相比，RPA 就像是这些软件中的一个小控件，无论是编译器的效率，还是调试查错的手段，都略逊一筹。但是，RPA 使用起来更为简单、灵活、方便。成本低、收益高，这就是 RPA 被广泛应用的根本原因。

总的来说，根据技术特点本质，RPA 可分为两种：一种为基于手工操作的任务处理，即由 RPA 在计算机上对员工操作进行记录，并将其处理为计算机可理解的对象，使计算机能够基于一定的规则处理登录内部应用、收发日常邮件、填制表格等任务；另一种为

基于规则判断的任务处理，即由 RPA 模拟人类进行计算、识别、数据处理、分析预测等，例如通过 OCR 技术将图片信息转化成文字信息、利用爬虫抓取万维网的脚本和程序等，从而间接地完成人类模拟动作。

RPA 技术可运用于多个行业，在企业经营管理的各类场景中发挥其自动化处理任务及模拟人类判断的优势。

（二）RPA 在财务领域的应用——财务机器人

2017 年德勤的"小勤人财务机器人"上线，这是财务机器人第一次出现在公众的视野当中。以德勤、安永、普华永道和毕马威为代表的国际四大会计师事务所先后开发财务机器人，国内的各企业管理软件公司也相继开发了创新性应用。

RPA 在财务领域的应用统称为财务机器人，它可以辅助财务人员完成交易量大、重复性高、易于标准化的基础业务。企业必须明确财务机器人是否适合自身需求以及财务机器人可用于哪些流程。财务机器人适用业务应具备以下特点：

（1）流程是基于明确规则的简单重复操作。财务工作中，有些重复性的、规则明确的流程，需要人工机械反复地进行操作。经过编程，RPA 可以遵循"如果－那么"判断规则。企业可在这类流程上应用财务机器人，从而减少人力成本，提高工作效率及准确率。这类流程一般是低附加值的，例如接收票据、审核、出具报表等工作。而一些难以用明确规则定义或判断、难以用数字化指令触发和输入的经营活动，如评估和决策，财务机器人往往很难实现。

（2）业务量大且易错。财务机器人处理业务存在一定的开发周期和投资成本，因此，适用的流程必须是投入产出比合理的流程。财务机器人应当被用于大量数据的计算、核对、验证、审核、判断等流程。这部分流程如果由人工操作，出错率和人力成本将会显著增加。而财务机器人能够批量处理数据，并且能够大大提高处理的准确率。

（3）需在多个异构系统间改造。在财务机器人出现之前，财务工作通过财务人员人工操作或信息系统自动化的方式完成。人工操作场景下，工作效率低、错误率高。通过信息系统进行自动化操作，一旦出现跨系统的数据流转需求，就需要在多个异构系统间进行系统改造和 API 开发，导致投资成本高、部署周期长、需求响应缓慢。而财务机器人可利用特定的算法，在不改变原有系统架构的情况下，实现多个应用程序的交互，自动完成各类管理任务，进而在用户界面层（即 UI 层）执行事务流程。财务机器人不但能够以自动化的方式提高财务工作的效率和质量，而且其开发周期短、投资成本低，能够大大提高需求响应速度，是人工操作场景和 API 财务应用场景的有效补充。

（4）财务机器人仅能对大量结构化、数字化的数据和信息进行识别处理。在输入端，财务机器人可以结合光学字符识别、语音识别等技术，将外界信息转化为计算机可以处理的信息，再交由机器人进行后续处理。比如，光学字符识别技术可以把纸质的凭证发票、账册、合同信息扫描到计算机里，并识别为电子发票信息，然后交给机器人去记账、出具报表。而语音识别技术可以帮助机器人识别、接收人的语音指令，甚至从人的语音中识别出数字信息并进行处理。

RPA 通过模仿人类员工的操作来执行业务流程，可以模拟人工完成系统登录、文件的移动创建、数据的键入、复制与粘贴、读取结构化数据或利用 OCR 等技术读取非结构化数据、识别用户界面控件等工作。这将使财务人员从简单机械的操作性工作中解脱出来，去从事需要经验和主观判断的高价值的工作，为企业创造更大的收益。

以企业间的付款流程为例，在使用 RPA 前，尽管有 ERP 系统支持，但财务人员仍然需要用鼠标去操控系统，通过邮件收到付款请求，通过费用类明细账批准发票，发起付款，确认没有重复支付，再创建生成会计分录并等待批准，然后过账。而应用 RPA 后，以上操作只需要留下最后一个过程以实施授权批准的内部控制，其余过程均可由 RPA 来完成，无须人工干预，如图 16-8 所示。

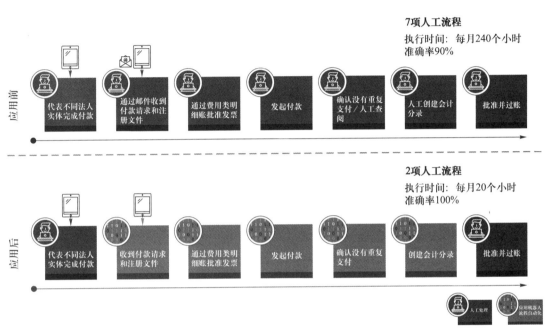

图 16-8　RPA 在企业付款流程中的应用

资料来源：ACCA. 毕马威联合发布报告《财务报表与机器自动化》. 2018.

（三）RPA+AI：超自动化

经过几年的发展，RPA 财务机器人在企业的应用范围逐渐扩大，RPA 已经成为财务领域比较成熟的技术产品，并且已经不再局限于自动执行简单任务。RPA 利用人工智能和机器学习技术来增强现有功能。借助这些先进的技术，RPA 能自动执行需要认知能力（知识和判断力）的工作活动，RPA 演变为智能 RPA。2020 年，Gartner 提出"超自动化（Hyperautomation）"，并把它列为当年十大战略技术趋势之首，到 2022 年，这一技术连续 3 年入选技术趋势报告，成为入选次数最多的技术之一。超自动化是企业使用 AI 人工智能、RPA 机器人流程自动化、API 集成技术、ML 机器学习、事件驱动软件以及其他类型的决策流程和流程自动化工具集，来实现更广泛的业务流程自动化。这些技术各有优势，单独使用可实现特定场景下的自动化，使用局限性较大，需要多人协同和人工干预，无法实现整个流程的智能化运行。而超自动化与普通自动化最大的不同，就是混合使用多种技术与工具，从而完成更加复杂的流程与决策。可以预见的将来，财务智能 RPA 可以实现超自动化，可以实现更智能的流程，如自动补货的库存预测，对设备进行自动巡检，发现阈值后可以自动发送微信给设备主管等。

三、智能财务系统与平台创新：新一代智能 ERP 云系统

ERP 是企业资源规划的简称。理解 ERP 最简单的方法是先思考企业正常运营需要的所有核心业务流程，比如财务、HR、制造、供应链、服务、采购等，而 ERP 系统最基础的功能就是帮助企业在集成式系统中高效管理这些流程。因为 ERP 系统涉及企业经营管理的方方面面，其还常被称为"企业的记录系统"。ERP 系统能够为企业提供高效运营所有日常业务所必需的自动化、集成和智能功能，因此又被称为"企业的中枢"。企业的大多数或全部数据都应存储在 ERP 系统中，这样就能为整个企业提供统一的真实数据源。

自从 20 世纪 90 年代 ERP 系统产生后，企业对于这个"中枢"的依赖性越来越强。企业的会计部门需要利用 ERP 系统进行核算；销售部门需要利用 ERP 系统管理所有客户订单；物流部门需要依靠强大的 ERP 系统，按时向客户交付正确的产品和服务；应付账款部门需要利用 ERP 系统，按时向供应商支付正确的款项；管理层需要通过 ERP 系统即时了解公司业绩，及时做出决策；银行和股东需要获取准确的财务记录，他们都需要依赖 ERP 系统提供可靠的数据和分析。

从图 16-9 可以得知，ERP 系统一直伴随着信息技术的逐步发展而发展，成熟的信息技术产品一旦整合于系统与平台中，就很快得以推广。20 世纪 80 年代应用的 DBMS 平台为数据的统一与冗余的消除提供基础，90 年代服务器端与客户端双层结构以及网络的采用，使得客户端应用灵活多样，服务器端专注于数据管理与安全，提高数据的可靠性。21 世纪初，互联网技术使 ERP 系统功能进一步增强，与移动终端和网站数据融合的 ERP 系统进一步整合数据。进入 21 世纪后，互联网发展速度加快，新的开发工具不断涌现，引发了 ERP 套件的再次革新。基于浏览器的软件的兴起为 ERP 云软件的诞生铺平了道路，云 ERP 系统是 ERP 领域的一项突破性创新，进一步扩展了 ERP 解决方案的功能和覆盖范围。

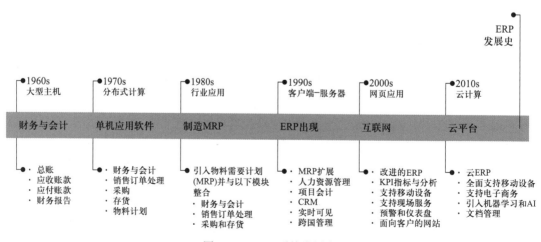

图 16-9 ERP 系统发展史

新一代智能 ERP 云系统内嵌了越来越多的人工智能、机器学习、机器人流程自动化（RPA）、物联网、自然语言处理（NLP）和内存数据库等新型智能技术。借助现代 ERP 系统，企业能够构建更高效的流程，充分利用从事务数据和非结构化数据中获取的最新洞察，在前所未有的变革时期保持竞争力。

（一）传统 ERP 系统存在的问题

20 世纪 90 年代以来，随着企业信息化的全面普及，越来越多的信息系统被逐步应用，以满足企业的日常运营需求。传统 ERP 系统是从以往的手工信息处理流程发展为利用半自动流程分析财务、制造和业务运营情况的一类系统，它利用基于规则的业务流程来评估运营活动。这类系统会定期或者批量获取数据，并手动分析从数据挖掘中获取的信息，它获取的是历史数据，因此不具备实时信息的优势。同时，大部分企业的传统 ERP 系统中各模块历时 20 多年先后建立，企业用于财务分析和决策的大多数数据都分散在这些系统模块中，难以有效收集。建立这些数据的统一视图也是一个非常烦琐和耗时的过程。这些原因导致大多数企业的决策都是基于过时的数据，而不是基于最新数据的实时分析和决策。

关系型数据库自 1970 年产生以来，一直是 ERP 系统赖以存在的数据平台。随着企业的不断发展，存储的数据量迅速增加，从原来的 KB 和 GB 增加到 TB，数据类型也大量增加。在这种情况下，关系型数据库不能承载这些海量且极其复杂的数据。数据库数据一直都存储在硬盘上，系统仅在必要时才会将数据放入内存进行计算。尽管硬盘的容量在不断扩大，但其数据传输速度却很少提高。目前，物理硬盘的输入 / 输出瓶颈使得传统数据库在处理海量数据时，特别是涉及海量数据的范围查询时，耗费了大量的时间，导致效率非常低。企业不得不减少从运营应用层加载到分析模型中的数据量，导致决策者对运营状态的了解远远落后于收集到的相应数据所应呈现的状态。因此，要实现实时化查询与分析数据的智能化，必须要对传统数据库进行变革。

传统 ERP 等企业信息系统的搜索速度非常慢，尤其是对于涉及海量数据的复杂查询，可能需要几十分钟甚至几个小时才能得到结果。与人们都习惯的 web 搜索的亚秒响应速度相比，等待时间太长，因此不太可能使用进一步的查询来挖掘数据的深层价值。此外，随着基于企业应用程序的移动终端设备的普及，人们几乎没有耐心等待这些设备，急需一个平台来帮助企业应用程序实现亚秒级响应，就像搜索引擎一样。

在进行分析时，财务报表查询工具、财务数据分析工具和财务数据挖掘工具等前端工具的开发人员需要进行一系列的数据提取、数据上传、数据清理、数据集成、数据建模、数据查询，以及建立查询和信息立方体，将数据从传统数据库传输到数据仓库。对于分析系统来说，获取前端工具的过程非常烦琐。如果一个数据库能够完成所有与数据操作相关的工作，那么前端应用程序只需要呈现数据库的操作结果，开发时间将大大缩短，开发效率将大大提高。

（二）新一代数据平台

人工智能的实现需要一个统一的、可以容纳海量数据的平台作为分析的基础。各个企业管理软件公司开始开发新的数据平台，2010 年 SAP 公司推出 SAP HANA 平台，阿里巴巴首次提出"数据中台"的概念。以下将以 SAP HANA 平台及其新一代智能 ERP 云系统为例，讨论人工智能时代新一代数据平台和系统。

SAP HANA 是 SAP High-performance Analytic Appliance 的缩写，意为 SAP 高性能分析设备，它是一套由硬件及整合了基于硬件优化的 SAP 软件模块组成的，专注于实时大数据分析和应用的数据平台。它采用了列式内存数据库技术，能够在同一系统中执行快速的事务处理和先进的分析处理。它可以支持财务人员近乎零延时地处理海量数据，即时查询数据，并真正实现由数据驱动。

内存数据库（IMDB）将数据存储在计算机内主内存（RAM），而不是传统磁盘或固态硬盘（SSD）。内存数据库只需要较少的 CPU 指令就可以检索数据，因此处理速度比传统数据更快。利用这一优势，基于内存数据库里的应用可以添加更多的功能，且不会影响系统的响应速度。此外，内存数据库支持并行处理，可以同时处理多个数据子集（列），这将进一步提高处理速度和处理量。

传统 ERP 系统将交易数据存储在传统数据库中，而这个数据库只能供联机事务处理（OLTP）工具访问。如果想要获取分析视图，通常需要将数据移至单独的数据库（数据仓库），然后使用联机分析处理（OLAP）工具对大型数据集（或大数据）进行分析。而内存数据库可以同时支持 OLAP 和 OLTP，消除了冗余存储和数据传输延迟问题，无须担心仓库中数据的完整性和及时性。另外，内存数据库可以嵌入分析功能，可以基于实时交易数据进行分析，生成实时报告。

SAP HANA 平台采用的内存计算和独特的列存储技术，可以把企业当前的和历史的海量数据全部放到服务器的内存中进行存储及处理，彻底消除了传统数据库中物理硬盘延时这一最大的性能瓶颈。通过这一技术，企业可以对所有运营数据进行实时预测分析，并将结果迅速展现给财务人员来制定下一步决策。这一开创性变革彻底消除了以往企业需要分别处理日常财务运行数据和财务决策分析数据的壁垒。

（三）新一代智能 ERP 云系统

相对于传统 ERP 系统，以新一代数据平台为基础的智能 ERP 系统拥有更多功能，这些功能依据其服务的行业和提供的模块有所不同。所有新一代 ERP 系统都具备一些共同的特性，如通用的数据平台，可以集中存储信息，打造统一的真实数据源，提供一致、共享的数据和跨职能部门的企业视图，提供嵌入式分析和合规管理工具。大部分系统都配备数据可视化功能，通过仪表盘、KPI 和点击式分析功能，直观地呈现关键信息，帮助企业快速制定明智的决策；实现重复任务自动化，并提供由人工智能和机器学习驱动的 RPA；支持人工智能和机器学习、数字助理、物联网、RPA、安全和隐私保护以及移动化等技术等。财务管理模块仍然是新一代智能 ERP 系统的核心部分，相比传统 ERP 系统财务模块，它们功能范围更广，能够整合财务和运营数据，帮助财务人员全面了解企业的运营情况。最重要的是，点状应用和产品创新中的优秀应用，会整合进入 ERP 系统，与数据平台与系统其他功能融合为一体。

新一代的智能 ERP 系统往往提供云解决方案，这些可以通过互联网访问的企业资源规划软件称为 ERP 云系统。作为企业的中枢，ERP 云系统能够为内部的所有核心流程提供全面的功能。新一代智能 ERP 云系统，可以支持持续的业务创新，企业不仅可以改进和加快实施财务和会计实践，还能优化整个企业的业务运营，甚至可以扩展到业务合作伙伴和业务网络。借助现代 ERP 云系统，企业可以整合独立的传统应用，集成所有现有应用及新应用并实现标准化，摒弃分散的系统。此外，企业还可以简化工作流程，实现流程智能自动化，并提高整个企业的效率。ERP 云系统供应商通过持续升级，为使用其软件的所有企业提供新功能和改进应用。由于所有用户都能即时获取更新，因此企业在等待供应商更新其定制 ERP 系统的过程中，不会错过任何业务机会。另外，如果企业有了新的需求，也可以敦促 ERP 系统供应商进行更改。这样一来，整体创新步伐会更加快速。尽管传统的 ERP 系统可以提供报告工具，但却无法通过云端提供实时的集成式分析，而这些分析对于企业制定更明智的决策至关重要。新一代智能 ERP 云系统可以支持企业员工、分包商、供应商和客户，利用移动设备，随时随地访问信息。ERP 云系统还可以嵌入智能技术，这些技术包括人工智能、机器学习和物联网。有了这些技术的加持，机器或传感器等设备可以通过云端将数据反馈给系统，提供最新的状态信息。最为重要的是，ERP 云系统可以跟随企业发展速度，随时进行扩展，当企业快速发展时，可以轻松提升计算能力或数据存储容量，同时不会产生高昂的资本支出。

（四）嵌入新一代 ERP 云系统的人工智能技术

新一代智能 ERP 云系统将高级分析、人工智能、机器学习、RPA 等智能技术直接嵌入工具中，这将显著加快财务转型。与独立于系统的人工智能点状应用和产品不同，内嵌于 ERP 的机器学习算法可以直接从 ERP 数据库或者平台上获取所需要的数据集，比如交易日记账、销售采购订单和发票、销售业绩统计信息和供应链管理记录等数据，从这些数据中发现相关性和模式。这些智能技术的应用面十分广泛，下面仅举几个例子加以说明。

1. 自动化手动任务

机器学习在自动化重复任务方面发挥着巨大作用，可以让财务和会计专业人员专注于推动业务发展的增值活动。例如，机器学习可以检测用户何时反复执行相同的任务，并在将来实现自动化。对于中型或大型企业的财务人员来说，采购订单、发票和付款的输入和批准通常需要花费大量的时间，月末或年终结账活动也非常耗时。虽然这些活动可能有时需要人工干预，但可以制定规则。嵌入式分析能让财务人员实时掌握业务流程情况，简单地说就是当企业相关数据达到规定的规模后就可以使用机器学习创建直通式处理，系统能自动完成一些日常的业务，并且只将异常情况发送给员工或高级管理层，供其审查或采取行动。机器学习直接驱动的自动化可降低成本，提高员工生产效率，提高整体运营效率。

2. 应收账款行项目匹配

应收账款工作人员必须记录从客户处收到的付款通知单，这些通知单往往以非数字化的形式呈现，但又包含了极其重要的内容。因此应收账款人员往往手工处理输入付款通知单的信息，这一过程耗时且容易出错。提取完信息后，应收账款人员还需要将这些付款通知单与发票匹配，由于付款有可能是针对某发票的某行商品进行的，所以这种匹配为行项目级别的，极易出错。如图 16-10 所示，为了提高效率和准确性，SAP 在系统中嵌入机器学习技术，利用它来识别付款通知中的关键信息。它可以识别非结构数据源，如电子邮件、PDF 文件甚至扫描纸张中的关键支付信息，实现汇款或者付款通知的自动数字化，再利用 SAP 现金管理模块，与应收账款行项目进行按比例地自动匹配，并

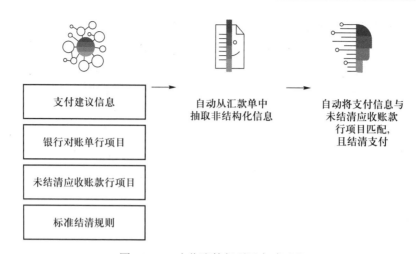

图 16-10 应收账款行项目自动匹配

自动准备清算流程的相关信息。这一自动化过程降低了应收账款管理成本，提高了发票处理的效率，加快了销售完成速度，也降低了共享服务的成本。

3. 采购到请款流程自动化

在采购到请款的业务流程中，需要对进项发票进行查重、验真、认证。SAP 通过 SAP iRPA 机器人功能读取发票图片文件，调用云端 API（Application Programming Interface）进行识别、验真，对比现有数据库存储数据进行查重，对于没有问题的发票，将识别结果保存到 SAP 进项增值税发票管理模块，并在月末批量勾选认证。该系统以 T+1 频率从国家税务总局发票底账库中下载企业发票信息到 SAP 进项发票管理模块。iRPA（Intelligent Robots Processing Agent）自动收集电子发票数据或从纸质发票扫描图片的 FTP 服务器读取发票文件信息，iRPA 借助 OCR 功能识别发票信息，生成发票明细数据，同时结合 SAP 进项增值税发票管理模块同步的数据及第三方接口对发票进行自动查重、验真操作。接下来 iRPA 自动比对采购订单、收货单、发票、发票清单及合同内容，并预制发票校验凭证，财务人员介入审核并过账发票校验凭证；SAP 财务系统的应付模块接下来进行付款处理，总账模块生成相应的凭证并过账，税务申报则利用 SAP 进项增值税发票管理模块管理报表，选择需要进行勾选认证的发票，利用 iRPA 下载报表，并在税务平台上批量勾选抵扣。

4. SAP 智能聊天机器人

荷兰合作银行（Rabobank）是一个荷兰的跨国投资银行，有 4.3 万名员工，在 54 个国家都有分行。它在荷兰有着 900 万名个人和公司客户。以往 Rabobank 采用人工来处理供应商发票查询，不仅工作量大，而且需要处理自由文本或附件，人工处理经常会出错，从而增加处理时间。Rabobank 通过使用 SAP 扩展套件中的 SAP 对话人工智能技术，构建了聊天机器人"Billy"。SAP 对话人工智能技术可以将聊天机器人 Billy 与 SAP ERP 的系统连接起来，在保证聊天机器人收集公司内部数据时的数据隐私和安全的前提下，对其供应商的发票查询、何时支付等问题进行自动回答。聊天机器人 Billy 利用机器学习算法，可以自动从请求内容中识别和提取供应商的信息，还可以从请求的附件中提取结构化信息。Billy 可以 24 小时进行发票查询，并能够回答更具体、非标准的问题。尤其是在新冠疫情期间，当此类查询数量激增时，它的回答相对人工查询服务更快捷、更准确，可以更好地为供应商提供支持，同时减轻服务团队的工作量，使他们能够将精力专注于回答更复杂的问题。

四、智能财务管理体系创新：智能财务共享平台

企业智能财务管理体系的创新，可以从三个平台创新着手。一是企业业务和财务密切融合的智能财务共享平台，做到企业人、财、物各要素相互协调，供、产、销各环节相互衔接；二是基于商业智能的智能管理会计平台，提供商业方面的辅助决策功能，更好地为用户服务；三是基于人工智能的智能财务平台，构建起连通、集约、自动、高效的智能管理财务体系，发挥财务综合价值管理职能。目前，智能财务共享平台已经基本实现。

财务共享服务是一种将分散于各业务单元、重复性高、易于标准化的财务业务进行流程再造与标准化，并集中到一个新业务单元（财务共享中心）下统一进行处理的作业管理体系，以达到提高效率、创造价值、节约成本、降低财务风险的目的。财务共享服务起源于 20 世纪 80 年代，由美国通用、福特等大型制造企业集团提出。集团把内部不同的事业单元之间相同的、重复设置的财务流程集中到独立的共享中心，借助规模效益来推动效率的提升和成本的节约。之后 30 多年，随着共享服务和实践应用的进一步发展，依托信息化手段的提升，共享服务被广泛地应用于世界各企业集团的财务、人力等综合职能部门，成为一种行之有效的职能运营模式。

传统财务共享服务通过在规模经济下进行精细分工，以实现低成本的人力替代，具有集中化、标准化、分布化等特点，但是其本质是在财务工作中实现流水线作业，将一些原本分散的、重复的、可标准化的交易基础业务进行集中式处理，从而达到控制成本、提高效率的目的。在这一过程中，虽然财务组织架构、工作场地及方式会发生一定的变化，但这些变革并不真正触及财务工作流程，也无法改变传统财务管理体系。

首先，传统财务管理体系存在着财务流程与交易脱节等问题，且有大量流程管控环节，导致管理低效且成本很高。其次，财务处理滞后，财务信息无法及时反映环境变化，无法满足使用者实时决策需求。最后，财务数据与业务实质脱离，无法真实反映业务实质等问题，然而这一问题无法通过财务共享中心得以解决。

智能财务的发展路径指出，信息技术应用创新最终会引起财务管理体系的创新。信息技术的创新发展，必然引发商业模式的变革，使得财务体系、运营策略和运作流程发生变化。在自动化、智能化、数字化的趋势下，流程机器人、人工智能、大数据和云计算等新技术被不断应用于财务领域，为财务流程的优化提供技术可行性。

智能财务共享中心是传统财务共享在人工智能时代转型的结果，其本质是基于以人工智能为代表的新一代技术，实现对企业财务数字化、企业的业务流程和组织架构的颠覆性变革。因此智能财务共享模式是基于信息技术，不仅仅是人工智能技术应用的产物，它是近年来集团企业财务转型的焦点、创新技术应用的聚集地，也是构建面向未来财务的基石。

基于 RPA 技术的特性，财务管理尤其是共享财务是 RPA 的重点应用领域和天然场景。RPA 将为企业带去更智能、更优化、更创新的财务管理方式，帮助企业提升竞争优势：一是 RPA 可跨系统自动执行；二是形成良好的人工与机器人合作的模式；三是能把抽象的规则都交给 RPA 自动执行。RPA 的运用，减少了大量烦琐的流程，释放出一定的人力，也大大提升了财务人员的工作效率。例如阿里巴巴集团共享财务平台在资金管理方面应用

了阿里云 RPA 后，实现了数据合并、数据校验等全流程自动化，人工只需要最终审核机器人处理结果即可，流程简单，无须过多的人工干预，使得整体效率提升了 100%。

智能财务管理体系的建设，可以使企业全面预算管理体系、全面预算控制体系、全面风险监管体系、全面财务管理能力评价体系和全面人才建设体系紧密衔接，为建设世界一流财务管理体系提供信息保证。

第三节　智能财务的发展

目前以人工智能技术为代表的新一代技术对于财务的影响处于初期，随着人工智能技术的深入应用，其对财务的影响将遵循智能财务的发展路径，最终实现财务数字化转型。可以预见，未来智能财务有着与传统财务管理不同的鲜明特点。

一、智能财务的未来

（一）未来智能财务将继续深入应用以人工智能为代表的新一代技术

智能财务涵盖对信息系统自动化、实时化、智能化和业务流程的数字化等多方面的要求，智能技术无疑是其得以全面实现的底层技术和前提条件。人工智能在财务中主要应用于三个方面：感知智能、运算智能和认知智能。

感知智能让系统能够感知外部世界、获取外部信息；运算智能让系统能够将感知到的信息存储起来，并利用已有知识对信息进行分析、计算、比较、判断、联想、决策；而认知智能让系统"能理解，会思考"，也就是可以联想推理。智能财务将实现对人工智能的全方面深入应用。

通过应用内存多维数据库和分布式计算，智能财务系统能够实现数据时效性的革命性突破和数据计算速度的革命性提升，财务人员能够以前所未有的方式获得新的洞察和完成业务流程。

通过应用自然语言识别技术，系统能够具备感知并认知自然语言的能力。财务人员可以通过语音给系统发出指令，甚至与之进行对话。通过应用知识图谱和智能推理技术，智能财务系统可以自动检索、阅读，并与用户进行智能问答。

应用机器学习可以让智能财务系统具备自助分析的能力。系统基于对业务知识的理解，科学预测、合理控制、智能分析，真正成为管理和财务人员的智能助手。以数据分析为例，传统的分析工作需要人按照一定的路径对管理数据进行浏览和探索，与预算、经营目标对比来寻找数据异常，发现经营和管理中的问题并形成分析结论。智能财务能够对数据自动进行快速、多维度分析，并输出或者保存分析报表。

智能财务系统就像一个财务"行使仪"，在这个系统中可以事先输入国内外各种财务模型、财务规章制度和历史财务数据。在确定计划期财务目标之后，只要随时向智能财务系统输入企业生产经营与财务活动的各种原始数据，智能财务系统就可以持续进行大数据分析和云计算，得到各种有用信息，并用文字或语音提醒企业财务活动中存在的问题和风险、应遵守的财务规则、可供选择的财务方案以及在当前国际国内形势下的优选财务方案、财务目标完成的进度与偏离目标的程度和纠正方法、对一个阶段财务目标完成情况的财务分析报告、各财务分管单位财务目标完成的考核报告等，实现财务管理全过程的数字化监管，为提高财务管理水平、改进财务管理工作提供参考。

目前，依托初期的智能技术，企业已经可以实现业务处理的自动化，以及对主体的财务预测、经营推演和风险量化等。如图 16-11 所示的 Gartner2021 年度人工智能技术成熟度曲线，未来 2~5 年内，AI 组合技术、AIOps 智能运维、AI 治理、生成式 AI、以人为中心 AI、合成数据、决策智能、边缘计算、深度神经网络，以及数据标注标记服务与智能应用进入成熟期，利用这些新技术手段，财务人员能够提升流程效率、加强部门协作、优化数据分析以获取深刻洞见，为企业管理层提供真正有价值的信息，提升企业应对市场变化的能力。

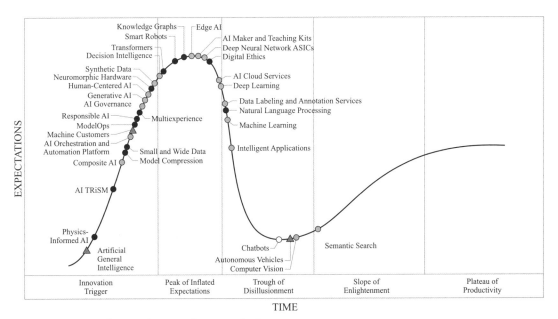

图 16-11　Gartner2021 年度人工智能技术成熟度曲线

（二）未来智能财务将实现以客户为中心的实时化决策

实时化是市场环境对财务提出的新要求，也是在新一代信息技术推动下智能财务应用创新的新发展。在进入数据爆炸的移动互联网和大数据时代后，成熟企业的财务应用的数据量急剧增长，如何提升数据处理、数据分析和数据响应的速度成为智能财务的新挑战。基于云的智能财务系统，通过应用内存计算技术，能够把数据完整保留于内存中，并通过优化的存储结构如行存储和算法，处理海量数据和复杂逻辑，将用户的数据读写请求快速转换为内存读写和内存计算，使得系统性能不会因数据量的持续增加而发生衰减，从而使数据处理的频度和速度获得大幅度提升。

在传统 ERP 系统下，为了满足日益多样的报告要求（如社会责任报告），以及数据分析维度的增加（如从客户、渠道或者产品来分析盈利能力等），企业围绕着其核心系统开发了许多定制化的系统和工具，从而使 ERP 系统的承载规模日益增加。更麻烦的是相互隔离的系统之间无法实现数据联动，数据不统一。体现在流程上，不同数据源之间的对账仍是财务工作的重要组成部分。新一代基于云的 ERP 系统解决了这种问题，企业只需要选用通过应用编和接口（API）连接在一起的、针对特定领域的应用程序，就可以实现不同系统的数据联动，建立一个统一的真实数据源，即整个企业有且只有一组能够反映企业真实情况的数据。这样对账就没有存在的必要，财务人员也可以随时汇总业务相关的所有数据，从而随时进行月末结账。如果这一统一的真实数据源保证了数据的有效性、同质性，消除了模糊性并实施相关基于规则的交易处理模式，企业便可借助人工智能、大数据分析和 RPA 等工具，来进行预测性输出，形成实时化的决策，例如根据特定产品的生命周期来追踪财务绩效等。

云解决方案的实施带来了颠覆性的转变。在传统 ERP 系统下，企业可以通过量身定制的企业资源规划系统来提升流程效率，以拉开市场差距。而基于云的"最佳实践"应用程序的实施则意味着，企业将共享基于该最佳应用程序的通用商业模式。形成市场差异化的最主要因素将转变为对客户的响应速度。因此以客户为中心的实时化决策的速度与质量，将成为制胜的关键。

（三）未来智能财务将扩展数据的边界，改变数据使用方式

数据是财务的基础。一直以来企业关注于经营活动中产生的大量内部数据，包括以收入、成本、利润、资产、负债等为代表的财务数据和与产品、供应商、客户、渠道、生产、研发等相关的业务数据。这些数据直接反映企业经营情况和财务状况，是企业在做出经营和管理决策时必不可少的重要依据。传统 ERP 系统所应用的数据主要是这些财务数据和部分业务数据。随着 ERP 的发展，企业收集的业务数据远多于财务数据，甚至财务数据已经被视作以货币为单位的业务数据。利用 ERP 业务数据的全方位分析能力，扩展了财务可利用的数据边界。

随着互联网技术与大数据的出现，企业的数据并不仅限于企业内部数据和财务数据，还包括来自企业外部的社会大数据。大数据是具有海量的数据规模、快速的数据流转、多样的数据类型和价值密度低四大特征的数据集合，对企业而言，大数据主要涵盖与企业所处行业相关的竞争环境、盈利模式、业务模式、客户消费模式等一系列内外部信息流。大数据不仅是企业为管理所收集的信息，而且是企业赖以生存的平台。大数据时代下，企业在获取资源和交换产品的过程中，都会依赖大数据来定义客户，完成交易。

大部分大数据为非财务数据，传统财务一度忽略这些数据，究其原因：一是这些数据大多为非结构化数据，包含图片、语音等，这些数据通常很难用标准的关系型数据获取，如果企业想搜索、管理及分析大量非结构化数据，只能依靠烦琐的手动流程，对数据进行清洗、整理，成本极高；二是非财务数据的可比性较差。但技术与财务的发展，改变了这两个关键因素。目前，人工智能中的机器学习与知识图谱等技术的出现，以及人工芯片带来的计算速度的提升，还有遵循摩尔定律发展的计算机存储成本，开始对海量大数据进行解构分析，并沿着数据、信息、知识、智慧的提炼路径将海量数据转化为可洞见的信息。如果没有人工智能帮助整理和分析大数据，大数据就无法发挥实际用途。

现代财务价值评估的标准已经从利润转向了价值。前者侧重于过去发生的信息，而后者侧重于公司的竞争力和未来业绩。从价值评估的角度来看，具有可比性和低成本特征的财务信息所给出的决策标准导致了"精确错误"[①]。迄今为止，基于过去的结果型财务信息无法反映公司价值的整体情况，而过程型非财务信息（包括定性信息）为公司价值评估提供了更多的增量信息。因此，不仅财务会计准则从以历史成本为基础的利润表观转变为以公允价值为基础的资产负债表观，而且企业财务报告中非财务信息的披露也显著增加。

财务的重要职能是通过量化决策提升管理效率与水平，这意味着管理活动中需要量化和数据思维。智能财务的数据边界向非财务数据扩展，并且成为企业提升战略规划能力、改进企业决策水平的关键。

（四）未来智能财务将改变财务职能

1. 直接赋能企业业务发展

传统财务系统由于数据采集、数据整理、数据加工比较缓慢，相关信息也不充分，所以更多地强调用数据支持管理层的决策，对一线业务部门的赋能、对运营端的支持相对较为薄弱。在数字化时代，对数据的整理能力、计算能力和分析能力均大幅提升，财务与业务运营的融合更紧密。这使智能财务能够更多地应用于销售、生产、供应链和研发创新等价值链环节的具体业务场景中，直接为业务运营赋能。例如，零售企业基于场景化应用开展区域单品的销售预测，房地产企业对所持有房产进行价值分析，制造企业针对重点产品开展产销协同分析，服装企业依据某季服装销售额做出库存/物流优化决策等。未来，"纯财务报告"的角色将从财务职能中剥离，改为由管理层自助式的数据呈现和问询。外部报告将经过整合实时交付，监管机构将实时地远程访问数据，财务团队将重点面向外部，关注市场、竞争对手并识别颠覆因素。总之，财务人员的角色将向管理者转变。

2. 面向未来，而不仅仅是反映过去

数据应用可以帮助企业感知现在和预测未来。感知现在即基于历史数据看当下，包括描述性分析和诊断性分析，表现为将历史数据与当前数据融合，挖掘潜在线索，向分析者展现企业"发生了什么"和"为什么这样发生"。预测未来则是应用模型开展对未来态势的判定与调控，包括预测性分析、优化性分析和自主性分析，表现为基于数据模型解释事件发展演变规律，进而对发展趋势进行预测，不仅要告诉分析者"可能发生什么"，更要帮助分析者了解企业"应该怎么做"以及"如何适应改变"。从价值创造的角度来说，预测未来的应用致力于解决问题，更符合数据洞察"向前看"的发展趋势。传统财务主要是感知未来的数据应用，而智能财务则更加重视预测未来的数据应用。举个例子，企业可以利用隐形关联的历史数据，如企业内部运营数据（订单数量、投诉数量等）和外部数据（天气、社交网络情绪指数等）来训练机器学习模型。利用完成训练的模型对在线数据进行预测，从而使对历史数据的静态分析变成一个动态的预测模型。在智能财务领域，基于对新一代信息技术的充分应用，企业将获得更充分的业务决策信息，从而更好地支持计划预算和经营预测。

---

① ACCA，上海国家会计学院. 大数据引领管理会计变革. 2019.

（五）未来智能财务将改变对财务人员的技能要求

随着传统财务职能的转型，对财务人员的能力要求将发生巨大变化。乔什·伯尔辛（Josh Bersin）在其文章《新型组织：利用设计造就不同》中预测，只有注重培养人类深层次技能的企业在未来才可以应对人工智能带来的挑战。毕马威在其 2020 年"未来财务"主题的调研报告中，也指出除了传统的财务能力，未来的财务人员还需要具备流程管理和流程异常状况处理技能，以履行数字化流程管理职责；此外，还需要配备数字财务专家和数据科学家，以分析内外部数据，为业务发展提供关键的洞察和见解。未来，企业将更看重那些具有更加广泛的技能、能够适应不断变化的商业环境的员工，而不是狭隘的只能处理特定任务的员工。这些技能包括：① 数据利用技术，包括数据建模和可视化、战略趋势分析、设计思维和编程。② 行为方面，包括战略思维、服务管理、关系管理和沟通。③ 财务技术，包括业务建模、流程设计、财务驱动分析等。

总之，根据经济学人智库调查报告（如图 16-12 所示），企业需要建立更多元化的能力模型。在传统财务管理技能基础之上，财务高管需要具备以下技能：了解业务战略和运营状况，有批判性思维、有效沟通、掌握新兴技术、分析数据、懂法律 / 合规知识、进行客户关系管理甚至阅读和编写代码等。尤为重要的是，财务人员要能够成为机器的主人，借助机器形成知识提炼，将固定模式的动作用机器实现自动化，从而回归人类擅长的智慧与思考。

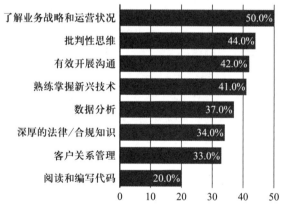

图 16-12　未来财务高管应掌握的技能

资料来源：经济学人智库调查报告。

（六）未来智能财务的流程和组织架构将发生变化

据 ACCA 报告《财务的未来之路》的分析，自动化技术与人工智能技术的深入应用，要求企业对其业务流程做出相应调整。业务流程的调整也要求企业对组织架构做出调整来完成流程治理。目前来看，在建立了共享服务中心的前提下，企业有两种组织架构调整方案。

一种方案是矩阵式管理架构，如图 16-13 所示，该架构梳理了采购到付款（Procure-TO-Pay，P2P）、记录到报告（Record to Report，R2R）、报价到付款（Quote-TO-Cash，

Q2C）等流程。在保持了纵向职能专业化管理的基础上，横向的每一个流程都设置全职的端到端流程负责人（Global Process Owner）、业务流程负责人（Business GPO）和财务流程负责人（Finance GPO），对每种流程跟踪 KPI 表现，发现改进点，推动持续优化，实现端到端流程的效率最优。譬如，麦当劳成立了跨部门工作小组"自动化卓越中心"来负责公司内部常态化的流程优化和自动化。

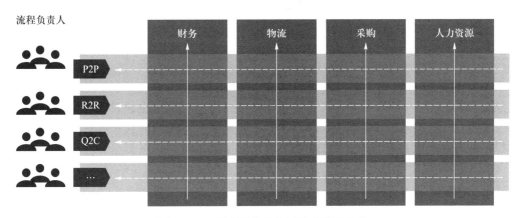

图 16-13　端到端流程的矩阵式管理架构

另一种方案则更进一步，建立多职能共享的全球商业服务中心（Global Business Service，简称 GBS），打破了原来职能架构，按照端到端流程来设置组织，将原有专业职能嵌入其中，例如在"采购到付款"流程中包括了采购、财务、物流等职能（如图 16-14 所示）。这样的组织架构，直接整合了端到端流程的专业职能，以更好地提升端到端流程的效率和质量，对内外部客户需求做出更快的响应。

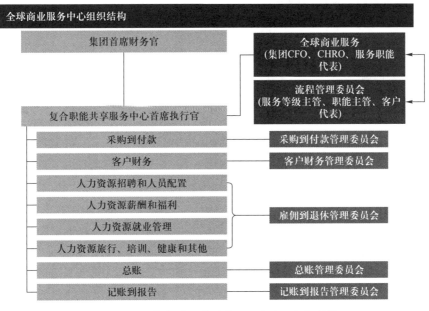

图 16-14　普华永道的全球商业服务中心组织结构

二、智能财务面临的挑战

未来的智能财务通过将企业业务、财务应用场景与以人工智能为代表的新一代信息技术相整合，重塑企业组织和流程，构建新的财务管理体系。在这一过程中，不可忽视的是，要想达到以上目标，智能财务必须克服算法偏差、技术瓶颈以及数据安全与隐私风险等挑战。

（一）算法偏差

现有人工智能技术的核心机器学习算法，存在着算法偏差这一根本性问题。当一个算法反映出编写它的个体或者训练它的数据的隐性偏差时，就会出现算法偏差[①]，也就是说，所有算法都被认为是中立的，但我们的偏见往往深深地嵌入这些算法中。算法所使用的模型预测的方式可能会延续现有的偏见。这些偏见现在已经出现在不同的应用之中，例如词嵌入算法是为下一代招聘软件提供动力的技术，但那些软件在寻找和选择编程工作的候选人时会出现歧视女性的问题；再如在医疗保健领域，人工智能正在大力诊断和治愈疾病，但算法可能会伤害那些尚未将数据包含在训练集中的人群。同样，利用智能财务系统的财务人员如果使用了预先存在偏差的历史财务数据或者业务数据，这些数据中未反映业务的近期变化，将导致某些交易类型的代表性不足，从而影响算法做出决策。

避免算法偏差的第一步，就是承认人工智能的局限性。接下来，应采取措施来确保提供给算法的数据是多样化的，并使用某些统计方法来避免算法中的隐藏偏差。第二步，应增加智能财务应用程序的透明度，当一种算法开发成功后，开发者倾向于将其算法的内部工作原理作为商业秘密，这样使得算法的弱点难以被发现并弥补。第三步，前文提到，深度学习的层次过多时，算法本身变得过于复杂而难以解释，这将增加找到和消除偏差的机会，因此，目前可解释的人工智能再次成为研究热点，因为它可以让人们建立对人工智能所做决策的信任。

（二）技术瓶颈

人工智能技术存在着认知能力不足的问题。比如计算机视觉方面，存在自然条件的影响如光线、遮挡等，主体的识别判断问题如从一幅结构复杂的图片中找到关注重点；语音技术方面，存在特定场合的噪声问题、远场识别问题、长尾内容识别问题，如有口语、方言等；自然语言处理方面，存在理解能力缺失、与物理世界缺少对应等问题，如常识的缺乏。总的来说，现有的人工智能技术，一是依赖于大量高质量的训练数据；二是对长尾问题的处理效果不好；三是依赖于独立的、具体的应用场景，通用性很低。这与算法本身有关。机器学习使用成千上万的例子来训练一个软件模型。由此产生的系统可以完成一些任务，如识别图像或语音，比那些用手动编写的传统程序可靠得多，但它们并不是常人理解的那种"智能"。它们只是强大的模式识别工具，但缺乏人类大脑所具备的许多认知能力。

[①] Jones, N. *Top strategic IoT trends and technologies through 2023*. Retrieved from Gartner database. 2018(9).

这使得它们有时更像是"人造智障",可以出色地完成某些特定的任务,但一旦越过边界,便表现得十分糟糕。

从未来看,人们对人工智能的定位绝不只是用来解决狭窄的、特定领域的某个简单具体的小任务,而应真正像人类一样,能同时对不同领域、不同类型的问题进行判断和决策,也就是所谓的通用型人工智能。具体来说,需要机器一方面能够通过感知学习、认知学习去理解世界;另一方面通过强化学习去模拟世界。前者让机器能感知信息,并通过注意、记忆、理解等方式将感知信息转化为抽象知识,快速学习人类积累的知识;后者通过创造一个模拟环境,让机器通过与环境交互试错来获得知识、持续优化知识。人们希望通过算法上、学科上的交叉、融合和优化,整体解决人工智能在创造力、通用性、对物理世界理解能力上的问题。

人工智能技术在财务的应用上同样也存在着瓶颈问题。大多数应用只是集中在利用人工智能技术提高财务工作效率,集中于优化财务会计工作,而非将重点放在财务转型的大趋势上。各类研究方向和应用探讨比较零散,不具有系统性。特别是对智能财务的应用设计大多是将技术应用于个别场景,实现部分业已存在的会计职能的"点状"升级,仍处于财务流程中部分环节的自动化或某个财务流程的优化和再造阶段,这种效率的提升最终会被自动化榨取殆尽,而没有实现整体的协同效应,因此也就难以真正实现财务的智能。

(三)数据安全与隐私风险

人工智能面临的挑战不仅有算法偏差的风险,还往往伴随着安全和隐私方面的风险。今天的人工智能系统涉及使用扩展的算法库对结构化和非结构化数据进行复杂的处理,因此,它们通常与各种第三方应用程序、系统和设备(移动计算、物联网)互连。这种更高层次的复杂性和互连性使它们更容易受到管理权限滥用、访问控制不当和恶意代码的攻击。

此外,在大数据领域,人工智能系统涉及的数据量比以往任何时候都要大得多。越来越多的商业决策是自动做出的。这些商业决策由采用机器学习、数据分析和人工智能的系统驱动,这些系统使用数据来推导决策规则,而不是让人编写规则。这种向数据驱动系统和软件中介过程的转变为组织创造了新的数据治理需求。

例如,收集和保留的任何数据都会带来违反隐私法的风险或其他危害。因此,有的研究人员建议,只收集必要的数据,避免在数据不再是业务关键型数据时保留数据,随时保护数据不受外部黑客攻击,并管理内部人员的潜在故意滥用(即,数据在静止和传输过程中应始终加密)。他还建议,可以清除保留的数据,并将其聚合到较低的敏感度水平。某些重要类别的数据,如个人身份识别信息,则更要小心地进行管理。

要减少人工智能应用所带来的数据安全与隐私方面的风险,可以从组织的内部控制着手,如在组织内成立跨职能数据使用审查委员会,批准或拒绝收集新数据,批准是否利用公司数据调查敏感问题。定期审查数据收集和分析实践,以进行风险评估,并向组织提供正式的社会影响声明,以便就风险和减轻风险的技术或程序进行内部沟通;确保组织能够解释数据驱动流程在做什么以及如何达成决策(例如,通过提供关于这些流程的充分解释或文档);对人工智能系统进行持续审计,包括评估或测试系统是否存在潜在的不良偏差,并设计有助于此类审查的系统。

本章小结

近年来，随着计算能力增强和海量大数据的指数级别增长，机器学习、计算机视觉、自然语言处理、语音识别、知识图谱等人工智能技术日益发展成熟并已经投入应用。以"大智移云物"为代表的新兴技术正在改变企业和行业的运行模式；持续变革已成为商业领域乃至整个社会的新常态，传统企业纷纷进行自动化、数字化、智能化的转型。财务领域也跟随新信息技术的步伐，智能财务呼之欲出。智能财务有两层含义：一是以人工智能技术为代表的新一代信息技术在财务领域中的应用，并且赋能于财务职能的过程；二是对于传统财务管理体系，包括组织、流程和工作模式的全方位变革与创新。这两层含义同时也是智能财务的两个发展阶段。因此智能财务是一个历史过程，也是一个时代概念，它是在财务职能从"核算型"与"弱管理型"向"强管理型"与"强服务型"转型的过程中，不断通过数字化转型和智能化应用实现的。信息技术在财务中的应用一开始都是创新应用，这种创新只是一个点状应用，可能是在数据采集、处理、存储或者分析利用的某一个环节，当其中某些点状应用经实践证明是可行后，就会形成产品，好的产品会被整合进信息系统与平台之中，形成整体应用。有些平台不仅整合了技术，而且整合了流程，这就出现与流程契合的管理体系。这就是人工智能技术与财务的深度融合发展过程。

智能财务点状应用场景是指在财务处理的某个环节、某个点，应用人工智能技术创新。信息技术的点状应用场景是成熟应用产品的孵化器。这些智能财务应用场景都具备一个共同的特征，即通过机器学习等人工智能技术分析数据获取的可行性，做出由价值驱动的业务决策，技术的应用始终与之息息相关。智能财务流程机器人是迄今为止最为成功的智能财务产品。RPA 通过模仿人类员工执行业务流程，可以完成系统登录、文件的移动创建、数据的键入、复制与粘贴、读取结构化数据或利用 OCR 等技术读取非结构化数据、识别用户界面控件等工作。这将使财务人员从简单机械的操作性工作中解脱出来，去从事需要经验和主观判断的高价值工作，为企业创造更大的收益。智能财务流程机器人产品在企业财务中有着广阔的应用前景。新一代智能 ERP 云系统正越来越多地内嵌了人工智能、机器学习、机器人流程自动化、物联网、自然语言处理和内存数据库等新型智能技术。企业能够构建更高效的流程，充分利用从事务数据和非结构化数据中获取的最新洞察，在前所未有的变革时期保持竞争力。智能财务流程机器人与新一代智能 ERP 云系统，为财务共享模式的出现奠定了技术与设施基础，技术的进步进一步推动智能财务业务流程再造与组织架构创新，财务共享中心即为这一创新的产物。

目前以人工智能技术为代表的新一代技术对于财务的影响处于初期，随着人工智能技术的深入应用，其对财务的影响将遵循智能财务的发展路径，最终实现财务数字化转型。未来的智能财务，将继续深度应用以人工智能为代表的新一代技术，实现以客户为中心的实时化决策，使数据边界向非财务数据扩展，并且财务职能将得以拓展，直接赋能企业业务发展，由反映过去转而面向未来。要达成这样的目的，企业需要培养具备数据利用技术和财务技术等多元能力的财务人员，并且要对企业的业务流程与组织架构进行调整以适应数字化的要求。

即测即评

请扫描右侧二维码，进行即测即评。

思考题

1. 什么是人工智能技术？对于人工智能技术的定义有哪些不同的观点？

2. 人工智能的核心技术有哪些？这些技术分别解决哪些方面的问题？

3. 智能财务的含义是什么？为什么说智能财务是一个历史过程？

4. 智能财务的技术发展路径是什么？

5. 为什么说智能财务点状应用场景是智能财务成熟应用产品的孵化器？

6. 流程机器人适合处理哪类事务？

7. 财务流程机器人适用的财务业务有哪些？

8. 新一代智能云平台相对于传统的平台有何优势？为什么说它是智能财务得以实现的基础？

9. 未来的智能财务具备什么特点？

10. 智能财务面临哪些挑战？

第十七章

企业设立、清算与重组财务管理

第一节　企业设立、清算与重组概述 ■■▊▊

一、企业设立概述

西方发达国家在市场经济的长期发展过程中，逐步形成了比较完善的企业设立程序。企业的基本设立程序是由企业设立原则决定的。将发达国家的企业设立原则与我国企业设立原则进行比较，从总体上对中外企业设立程序展开研究，对于构筑和完善我国企业设立程序、建立符合 WTO 基本规则的企业设立程序，具有重要而长远的意义。我国的企业登记立法与西方发达国家存在共同之处，主要表现在：企业登记立法的基本思路都是为使企业成为独立的商品生产者，同时从市场准入口把关，为市场输入合格的竞争主体。因此，都通过颁布法律法规来规定企业设立应具备的实体条件和程序条件，企业必须经登记注册方能成立。但我国企业的类型和法律地位与西方国家不同。西方国家企业的法律地位是同企业的组织形式直接联系的：独资企业、合伙企业是自然人企业，没有法人资格，只有公司具有法人资格。而我国企业的法律地位，是与企业的所有制相联系的：全民所有制企业和集体所有制企业，无论其是否采取公司形式，具备法人条件的，经登记注册均可取得法人资格。因此，我们在比较企业设立程序时，参照西方国家公司设立的程序，才具有可比性。

（一）西方国家公司的设立方式

从历史上看，西方国家在公司的设立上经历了自由设立、特许设立、核准设立、准则设立和严格准则设立五个阶段。

1. 自由设立

自由设立亦称放任主义，是指政府对公司的成立不加任何干预。这种设立方式在欧洲中世纪末盛行，这是同当时资产阶级反对封建势力、提倡民主和自由相联系的。由于过分自由，不需任何手续，极易造成公司滥设，影响社会经济秩序，政府也无法掌握各企业的发展状况，此方式很快即被各国舍弃而成为历史，近代以后各国不再采用。

2. 特许设立

特许设立，亦称特许主义，是指公司的设立须经特别立法或基于国家元首的命令。这一原则带有浓厚的政府经营和垄断效果，是与政府保持对公司的垄断和特权相适应的。如1600 年经英国国王批准设立的东印度公司，1602 年荷兰设立的东印度公司等。美国受英国法律的影响，在公司设立上，直到 19 世纪初仍采用特许设立方式，由州立法机关签发特许状以成立公司。由于设立程序烦琐，限制过严，普遍不利于公司的发展。目前，西方国家仅在很小的范围内使用。如许多国家通过颁布《中央银行法》设立中央银行。

3. 核准设立

核准设立亦称行政许可设立或核准主义，是指公司的设立除应符合有关法律法规外，需经行政机关审批许可后，再到登记主管机关依法登记注册。核准设立与特许设立相比，既摆脱了政府的垄断专营，又能较有效地控制公司的设立。19 世纪的法国、德国等均采用核准设立原则。随着资本主义经济的进一步发展，西方国家认为核准设立手续仍较烦琐、重复（需经至少两个部门审批），设立程序过于严苛，过多地体现了国家的行政干预，故不再采用。目前仅有一部分第三世界国家仍采用这种方式。

4. 准则设立

准则设立亦称准则主义或登记主义，是指以法律规定公司设立要件，以此为准则，依法直接登记注册。公司设立要件分为实体要件和程序要件。实体要件是指公司本身必须具备的实体性条件，包括：公司组织要件，公司创办人住所、国籍及出资要件，股东人数、住所、国籍及出资要件，公司住所要件，公司章程要件。程序要件包括：订立公司章程，决定所营事业；确定股东，确定出资额；申请设立；经主管机关审批登记、发照公告。准则主义手续简便，有法可依，减少了行政机关对企业设立的干预，适应了资本主义经济迅速发展的需要，在 20 世纪为西方各国普遍采用。但单纯准则主义易产生滥设公司的严重后果，故西方各国在总结单纯准则设立的基础上进而实行严格准则设立。

5. 严格准则设立

严格准则设立亦称严格准则主义或强度干涉主义，是指在准则主义的基础之上，一方面进一步规定公司的设立要件及设立责任，另一方面加强法院、行政官署对公司的监督。例如，在公司法中规定公司创办人必须是原始股东，公司最低资本额必须由公司创办人全部认购下来，以加重创办人的责任，防止滥设公司。再如实行严格的公示主义，公司设立要件必须向社会公开，公司账目必须向股东公开，以健全公司制度。依照严格准则的设立原则，公司的设立必须经过严格的法律审查程序。例如：法国的公司法规定，公司的设立必须经过双重审查，即公司的内部审查与政府登记机关的审查。首先，应由发起人及公司的有关机构检查是否已经履行了设立公司的必要手续，并做出声明，表明该公司已完成设立程序并符合法定要求。发起人需对此项声明的真实性负刑事与民事责任，然后由发起人将公司章程及有关文件递交商业登记处，由注册官根据上述声明进行审查，如认为符合法定要求，即予登记，公司即告成立。严格准则设立既可做到手续简便，企业依法设立，又可在一定程度上防止公司滥设，是当今世界各国普遍采取的公司设立方式。我国企业设立程序要与国际惯例接轨，就必须改革现有的审批制度，建立以严格准则设立为原则的企业设立程序。当然，严格准则设立作为准则设立发展的高级阶段，是同西方完善的市场机制和健全的法制环境相联系的，它需要企业有较强的自律意识和较高的素质。同时，也只有在良好的法制环境和有序的市场中，严格准则设立原则才能发挥其应有的作用。

（二）我国公司的设立方式

我国正处在建立和完善市场经济体制过程中，企业设立程序面临重大的改革。其改革方向是，逐步由企业的核准设立原则向严格的准则设立原则过渡。我国的前置审批是建立在行业审批、部门审批和授权审批的基础之上的，是通过法规和政策的形式固定下来的。因此，前置审批的规范与简化，需要取得政府及其各职能部门的支持与配合，需要法规和政策的调整与完善。进入 20 世纪 90 年代以来，各级工商行政管理机关在当地政府的支持下，相继出台了一系列改革措施。例如，海南省率先取消了企业主管部门的审批，废止了带有行业垄断或部门垄断的法规、政策，将企业的前置审批局限于航空、医药等特殊行业。同时，国家工商行政管理总局在政府和各职能部门的支持下，逐步对现有的许可证、专项审批、行业审批进行了全面调查清理，并在总结各地改革经验的基础上，于 1992 年 9 月下发了《关于改进企业登记工作，促进改革和经济发展的若干意见》。将行业归口部门的审批局限于外贸、交通、航空、出版等特定行业，不再将一些部门自行制定的审批条件和许可证作为企业登记注册的法定前置条件，从而大大简化了企业设立程序，规范了企业的前置审批，迈出了改革的第一步。1993 年 12 月，第八届全国人民代表大会第五次会议通过了《中华人民共和国公司法》（简称《公司法》），1997 年 7 月国务院颁布《中华人民共和国公司登记管理条例》（简称《公司登记管理条例》）。《公司法》和《公司登记管理条例》是在建立和完善我国市场经济体制的环境下产生的。它适应了我国经济体制改革的需要。一是取消了企业主管部门的审批。申请设立公司，不再需要提交主管部门的批件。二是依据公司的种类，采取核准设立和严格准则设立并存的公司设立制度。《公司法》和《公司登记管理条例》依据公司的种类，对股份有限公司采取核准设立原则，对于有限责任公司采取有限度的严格准则设立原则，由此建立起核准设立和严格准则设立并存的公司设立制度。

2004 年 8 月 28 日，第十届全国人民代表大会常务委员会第十一次会议通过了《关于修改〈中华人民共和国公司法〉的决定》第二次修正案。鉴于我国经济的发展和法律环境的变化，修正案按市场经济的原则对原有《公司法》的内容做出修改和完善，使其能适应新形势下公司发展对法律的需求。

2005 年 10 月 27 日，第十届全国人民代表大会常务委员会第十八次会议对《公司法》再次进行修订，新的《中华人民共和国公司法》已于 2006 年 1 月 1 日起开始实施。与 2004 年第十届全国人民代表大会常务委员会第十一次会议通过的《公司法》修正案相比，新《公司法》在很多方面做出了修改和完善，其中最重要的一点是股份公司不再采取核准设立的方式，删除了“股份公司的设立，必须经过国务院授权的部门或者省级人民政府批准”的规定。有限责任公司和股份有限公司的设立应当依法向公司登记机关申请设立登记，符合法律规定的设立条件的，由公司登记机关分别登记为有限责任公司或者股份有限公司。法律、行政法规规定设立公司必须报经批准的，应当在公司登记前依法办理批准手续。2013 年 12 月，第十二届全国人民代表大会常务委员会第六次会议决定对《公司法》再次修改，重要的一点是取消了公司注册资本的最低限额，将注册资本实缴登记制改为认缴登记制，降低了公司设立门槛。

2018 年 10 月，第十三届全国人民代表大会常务委员会第六次会议通过了修改《公司法》的决定，此次修订的主要变化体现在以下四个方面：增加了允许股份回购的情形，简化了股份回购的决策程序，增加了上市公司信息披露的规定，同时列明股份回购不设置兜底的情形。此次修订大大提高了上市公司的回购积极性，有助于增强上市公司资本运营活力，提高企业资本运营效益，促进资本市场健康长远发展。

企业依法设立，而不是依行政机关的意志设立，这就为我国在市场经济条件下全面实行严格的准则设立原则奠定了基础，新《公司法》的实施标志着我国公司的设立进入全新的阶段。

1. 有限责任公司的设立

设立有限责任公司应当具备下列条件：股东符合法定人数；有符合公司章程规定的全体股东认缴的出资额；股东共同制定公司章程；有公司名称，建立符合有限责任公司要求的组织机构；有公司住所。有限责任公司由五十个以下股东出资设立。

有限责任公司章程应当载明下列事项：公司名称和住所；公司经营范围；公司注册资本；股东的姓名或者名称；股东的出资方式、出资额和出资时间；公司的机构及其产生办法、职权、议事规则；公司法定代表人；股东会会议认为需要规定的其他事项。另外，股东应当在公司章程上签名、盖章。

有限责任公司的注册资本为在公司登记机关登记的全体股东认缴的出资额。除法律、行政法规以及国务院决定对公司注册资本实缴、注册资本最低限额另有规定的外，其他公司一律实行认缴登记制。公司股东（发起人）自主约定认缴出资额、出资方式、出资期限等，并记载于公司章程。

股东可以用货币出资，也可以用实物、知识产权、土地使用权等可以用货币估价并可以依法转让的非货币财产作价出资；但是，法律、行政法规规定不得作为出资的财产除外。对作为出资的非货币财产应当评估作价，核实财产，不得高估或者低估作价。法律、行政法规对评估作价有规定的，从其规定。全体股东的货币出资金额不得低于有限责任公司注册资本的百分之三十。

股东应当按期足额缴纳公司章程中规定的各自所认缴的出资额。股东以货币出资的，应当将货币出资足额存入有限责任公司在银行开设的账户；以非货币财产出资的，应当依法办理其财产权的转移手续。股东不按照前款规定缴纳出资的，除应当向公司足额缴纳外，还应当向已按期足额缴纳出资的股东承担违约责任。

2. 股份有限公司的设立

设立股份有限公司，应当具备下列条件：发起人符合法定人数；有符合公司章程规定的全体发起人认购的股本总额或者募集的实收股本总额；股份发行、筹办事项符合法律规定；发起人制定公司章程，采用募集方式设立的经创立大会通过；有公司名称，建立符合股份有限公司要求的组织机构；有公司住所。股份有限公司的设立，可以采取发起设立或者募集设立的方式。发起设立，是指由发起人认购公司应发行的全部股份而设立公司。募集设立，是指由发起人认购公司应发行股份的一部分，其余股份向社会公开募集或者向特定对象募集而设立公司。

设立股份有限公司，应当有两人以上二百人以下为发起人，其中须有半数以上的发起人在中国境内有住所。股份有限公司发起人承担公司筹办事务。发起人应当签订发起人协议，明确各自在公司设立过程中的权利和义务。

股份有限公司采取发起设立方式设立的，注册资本为在公司登记机关登记的全体发起人认购的股本总额。在发起人认购的股份缴足前，不得向他人募集股份。法律、行政法规以及国务院决定对股份有限公司注册资本实缴额、注册资本的最低限额另有规定的，从其规定。

股份有限公司章程应当载明下列事项：公司名称和住所；公司经营范围；公司设立方式；公司股份总数、每股金额和注册资本；发起人的姓名或者名称、认购的股份数、出资方式和出资时间；董事会的组成、职权和议事规则；公司法定代表人；监事会的组成、职权和议事规则；公司利润分配办法；公司的解散事由与清算办法；公司的通知和公告办法；股东大会会议认为需要规定的其他事项。

股东可以用货币出资，也可以用实物、知识产权、土地使用权等可用货币估价并可以依法转让的非货币财产作价出资；但是，法律、行政法规规定不得作为出资的财产除外。对作为出资的非货币财产应当评估作价，核实财产，不得高估或者低估作价。法律、行政法规对评估作价有规定的，从其规定。全体股东的货币出资金额不得低于有限责任公司注册资本的百分之三十。

以发起设立方式设立股份有限公司的，发起人应当书面认足公司章程规定其认购的股份，并按照公司章程规定缴纳出资。以非货币财产出资的，应当依法办理其财产权的转移手续。发起人不依照前款规定缴纳出资的，应当按照发起人协议承担违约责任。发起人认足公司章程规定的出资后，应当选举董事会和监事会，由董事会向公司登记机关报送公司章程以及法律、行政法规规定的其他文件，申请设立登记。

以募集设立方式设立股份有限公司的，发起人认购的股份不得少于公司股份总数的百分之三十五；但是，法律、行政法规另有规定的，从其规定。

发起人向社会公开募集股份，必须公告招股说明书，并制作认股书。认股书应当附有发起人制定的公司章程并且载明下列事项：发起人认购的股份数；每股的票面金额和发行价格；无记名股票的发行总数；募集资金的用途；认股人的权利、义务；本次募股的起止期限及逾期未募足时认股人可以撤回所认股份的说明。另外，认股人应当认真填写认购股数、金额、住所，并签名、盖章。认股人按照所认购股数缴纳股款。

公开募集成立的公司应提供招股说明书应当附有发起人制定的公司章程，并载明下列事项：发起人认购的股份数；每股的票面金额和发行价格；无记名股票的发行总数；认股人的权利、义务；本次募股的起止期限及逾期未募足时认股人可撤回所认股份的说明。发起人向社会公开募集股份，应当由依法设立的证券公司承销，签订承销协议。发起人向社会公开募集股份，应当同银行签订代收股款协议。代收股款的银行应当按照协议代收和保存股款，向缴纳股款的认股人出具收款单据，并负有向有关部门出具收款证明的义务。

发行股份的股款缴足后，必须经依法设立的验资机构验资并出具证明。创立大会由发起人、认股人组成。发行的股份超过招股说明书规定的截止期限尚未募足的，或者发行股份的股款缴足后，发起人在三十日内未召开创立大会的，认股人可以按照所缴股款并加算银行同期存款利息，要求发起人返还。

发起人应当在创立大会召开十五日前将会议日期通知各认股人或者予以公告。创立大会应有代表股份总数过半数的发起人、认股人出席，方可举行。创立大会行使下列职权：

审议发起人关于公司筹办情况的报告；通过公司章程；选举董事会成员；选举监事会成员；对公司的设立费用进行审核；对发起人用于抵作股款的财产的作价进行审核；发生不可抗力或者经营条件发生重大变化直接影响公司设立的，可以做出不设立公司的决议。创立大会对前款所列事项做出决议，必须经出席会议的认股人所持表决权过半数通过。发起人、认股人缴纳股款或者交付抵作股款的出资后，除未按期募足股份、发起人未按期召开创立大会或者创立大会决议不设立公司的情形外，不得抽回其股本。

董事会应于创立大会结束后三十日内，向公司登记机关报送下列文件，申请设立登记：公司登记申请书；创立大会的会议记录；公司章程；验资证明；法定代表人、董事、监事的任职文件及其身份证明；发起人的法人资格证明或者自然人身份证明；公司住所证明。以募集方式设立股份有限公司公开发行股票的，还应当向公司登记机关报送国务院证券监督管理机构的核准文件。

二、企业清算概述

（一）企业清算的法律规定

与企业设立相对应的是企业的终止，企业终止包括自愿解散和被迫解散两种形式。企业终止必须进行企业清算。

《公司法》规定，公司因不能清偿到期债务，被依法宣告破产的，由人民法院依照有关法律的规定，组织股东、有关机关及有关专业人员成立清算组，对公司进行破产清算。

公司有下列情形之一的，可以解散：①公司章程规定的营业期限届满或者公司章程规定的其他解散事由出现时；②股东会或者股东大会决议解散；③因公司合并或者分立需要解散的；④依法被吊销营业执照、责令关闭或者被撤销；⑤公司经营管理发生严重困难，继续存续会使股东利益受到重大损失，通过其他途径不能解决的，持有公司全部股东表决权百分之十以上的股东，可以请求人民法院解散公司。

公司依法解散的，应当在解散事由出现之日起十五日内成立清算组，有限责任公司的清算组由股东组成，股份有限公司的清算组由股东大会确定其人选；逾期不成立清算组进行清算的，债权人可以申请人民法院指定有关人员组成清算组，进行清算。人民法院应当受理该申请，并及时组织清算组进行清算。

清算组在清算期间行使下列职权：①清理公司财产，分别编制资产负债表和财产清单；②通知或者公告债权人；③处理与清算有关的公司未了结的业务；④清缴所欠税款以及清算过程中产生的税款；⑤清理债权、债务；⑥处理公司清偿债务后的剩余财产；⑦代表公司参与民事诉讼活动。

清算组应当自成立之日起十日内通知债权人，并于六十日内在报纸上公告。债权人应当自接到通知书之日起三十日内，未接到通知书的自公告之日起四十五日内，向清算组申报其债权。债权人申报其债权，应当说明债权的有关事项，并提供证明材料。在申报债权期间，清算组不得对债权人进行清偿。

清算组在清理公司财产、编制资产负债表和财产清单后，应当制定清算方案，并报股东会、股东大会或者人民法院确认。

公司财产在分别支付清算费用、职工的工资、社会保险费用和法定补偿金，缴纳所欠税款，清偿公司债务后的剩余财产，有限责任公司按照股东的出资比例分配，股份有限公司按照股东持有的股份比例分配。清算期间，公司存续，但不得开展与清算无关的经营活动。公司财产在未依照前款规定清偿前，不得分配给股东。

因公司解散而清算，清算组在清理公司财产、编制资产负债表和财产清单后，发现公司财产不足清偿债务的，应当立即向人民法院申请宣告破产。公司经人民法院裁定宣告破产后，清算组应当将清算事务移交给人民法院。

公司清算结束后，清算组应当制作清算报告，报股东会、股东大会或者人民法院确认，并报送公司登记机关，申请注销公司登记，公告公司终止。不申请注销公司登记的，由公司登记机关吊销其公司营业执照，并予以公告。

清算组成员应当忠于职守，依法履行清算义务。清算组成员不得利用职权收受贿赂或者其他非法收入，不得侵占公司财产。清算组成员因故意或者重大过失给公司或者债权人造成损失的，应当承担赔偿责任。

（二）企业清算程序

《企业财务通则》第三十七条规定：企业按照章程规定解散或者破产及其他原因宣布终止时，应当成立清算机构，对企业财产、债务、债权进行全面清查，编制资产负债表、财产目录和债权债务清单，提出财产作价依据和债权债务处理办法，妥善处理各项遗留问题。按照上述规定，企业终止清算应按一定程序进行。

（1）成立清算机构，编制清算开始日的会计报表。企业终止时，应将终止时间通知各投资者，按国家法律法规的规定，成立清算机构，并发布企业终止公告。清算机构应依法对企业进行清算，完成以下任务：一是制定清算方案，全面清理企业的财产债务债权，编制资产负债表和财产清单。二是处理企业债务债权。三是向投资者收取应缴而未缴纳的出资。四是清理纳税事宜。五是处理企业的剩余财产。六是妥善处理各种遗留问题。发布终止公告后，企业应编制自年初至清算开始日止的会计报表。清算开始日会计报表反映企业终止时的财产物资和债权债务、所有者权益等，是企业终止和清算的重要依据。

（2）制定清算方案，组织全面清查。清算机构应根据清算开始日的会计报表，制定清算方案。其内容包括：清算程序，采用的方法，财产作价和清算的依据，债务的清偿和剩余财产的分配等一切清算事项。清算机构须对终止企业的财产债权债务进行全面清查核实。对清算后的财产应封存，对财产的盘盈盘亏要查明原因进行处理。对未摊销完的无形资产和递延资产价值要核实。根据清查结果，编制清算开始日的财产目录和债权债务清单，并与清算开始日的资产负债表等一起，作为清算开始的重要依据。

（3）按照清算方案处理各项财产、债权债务。清算机构应按清算方案，认真处理各项财产物资，向企业所有者收取已认未缴的资本金，清算纳税，收回债权，清偿债务，并要妥善处理各种遗留问题。企业在清算期间，未经清算机构批准，任何人不得处理企业财产。企业对清算过程中发生的费用，应优先从现存财产中支付，然后由清算机构按下列顺序清偿债务：一是应付未付的职工工资、社会保险费用、法定补偿金等。二是应缴未缴国家的税金。三是尚未偿付的债务。企业财产不足以清偿同一顺序债务的，按照比例清偿。

（4）分配剩余财产。企业清算完毕后的剩余财产，是企业全部资产减去全部负债后的资产净额。其计算公式如下：

所有者权益＝实收资本＋资本公积＋盈余公积＋经清查落实并扣除应缴纳所得税
后的未分配利润（未弥补亏损以负数反映）

可供分配的所有者权益净额（即剩余财产）＝所有者权益＋清算收益－清算费用
和损失－应缴所得税

企业清算完毕后的剩余财产，应按下列原则处理：有限责任公司，按股东的出资比例分配；股份有限公司，按优先面值对优先股股东分配，如不能全额偿还，按各优先股股东所持比例分配。优先股股东分配后的剩余部分，按普通股股东的股份比例分配。

（5）编制清算结束日的财务报告，办理企业注销手续。企业清算完毕后，清算机构应提出清算报告，并编制清算期内收支报表，同时报送工商行政部门和主管财政机关办理企业注销手续，并公告该企业终止。

三、企业重组财务概述

（一）企业重组的概念与内容

企业重组是企业对现有的各种生产要素和资源通过企业间的合并与收购、出售与分立等各种方式，实现生产要素和资源在企业间的合理流动与重新配置，从而实现资源共享、效益提升、公司扩张等发展目标的行为。企业重组一般会对原有公司的产权结构、组织结构、控制权乃至法人地位等产生重大的影响。

国外理论界对企业并购的概念是"M&A"，即合并（Merger）和收购（Acquisition）。合并通常是指两家以上的公司合并成一家公司，原公司的权利与义务由新设的公司承受。合并一般有两种情形，即"吸收合并"与"新设合并"。所谓"吸收合并"是合并中的其中一个续存下来，其他的公司则结束终止。而"新设合并"是合并的公司都终结，而新产生一家公司。收购是指买方公司向卖方公司购买部分或全部资产或股票的行为。收购又可通过购买资产与购买股份两种形式实现。

国外的 M&A 概念是建立在企业产权制度与市场竞争基础之上的。它表明的是一种企业产权的交易行为，并且通过对企业产权尤其是股权的拥有，对公司的治理结构发生影响，取得对目标公司的控制权、决策权、分配权等，进而实现公司股东财富增长的目标。

企业分立是与企业并购相对应的一种活动。企业分立是通过出售、分设、以产易股、管理层收购等将资产或股权分立或分派出去的活动。

一般的合并、收购，实际工作中统称为并购。

《公司法》第九章第一百七十二条至第一百七十四条规定，公司合并可以采取吸收合并或者新设合并。一个公司吸收其他公司为吸收合并，被吸收的公司解散。两个以上公司合并设立一个新的公司为新设合并，合并各方解散。

公司合并，应当由合并各方签订合并协议，并编制资产负债表及财产清单。公司应当自作出合并决议之日起十日内通知债权人，并于三十日内在报纸上公告。债权人自接到通知书之日起三十日内，未接到通知书的自公告之日起四十五日内，可以要求公司清偿债务或者提供相应的担保。

公司合并时，合并各方的债权、债务，应当由合并后存续的公司或者新设的公司承继。

《中华人民共和国证券法》第四章对上市公司收购也做出了相应的规定。第六十二条至七十七条规定，投资者可以采取要约收购、协议收购及其他合法方式收购上市公司。通过证券交易所的证券交易，投资者持有或者通过协议、其他安排与他人共同持有一个上市公司已发行的股份达到百分之五时，应当在该事实发生之日起三日内，向国务院证券监督管理机构、证券交易所作出书面报告，通知该上市公司，并予公告；在上述期限内，不得再行买卖该上市公司的股票，但国务院证券监督管理机构规定的情形除外。

投资者持有或者通过协议、其他安排与他人共同持有一个上市公司已发行的股份达到百分之五后，其所持该上市公司已发行的股份比例每增加或者减少百分之五，应当依照前款规定进行报告和公告。在该事实发生之日起至公告后三日内，不得再行买卖该上市公司的股票，但国务院证券监督管理机构规定的情形除外。

投资者持有或者通过协议、其他安排与他人共同持有一个上市公司已发行的有表决权股份达到百分之五后，其所持该上市公司已发行的有表决权股份比例每增加或者减少百分之一，应当在该事实发生的次日通知该上市公司，并予公告。

通过证券交易所的证券交易，投资者持有或者通过协议、其他安排与他人共同持有一个上市公司已发行的股份达到百分之三十时，继续进行收购的，应当依法向该上市公司所有股东发出收购上市公司全部或者部分股份的要约。收购上市公司部分股份的收购要约应当约定，被收购公司股东承诺出售的股份数额超过预定收购的股份数额的，收购人按比例进行收购。收购要约约定的收购期限不得少于三十日，并不得超过六十日。在收购要约确定的承诺期限内，收购人不得撤销其收购要约。收购人需要变更收购要约的，应当及时公告，载明具体变更事项，且不得存在下列情形：降低收购价格，减少预定收购股份数额，缩短收购期限。

收购行为完成后，被收购公司不再具备股份有限公司条件的，应当依法变更企业形式。在上市公司收购中，收购人持有的被收购的上市公司的股票，在收购行为完成后的十八个月内不得转让。

收购行为完成后，收购人与被收购公司合并，并将该公司解散的，被解散公司的原有股票由收购人依法更换。收购行为完成后，收购人应当在十五日内将收购情况报告国务院证券监督管理机构和证券交易所，并予公告。

（二）企业并购的类型

（1）从行业相互关系划分，企业并购可以分为横向并购、纵向并购以及混合并购。

① 横向并购（Horizontal Merger）是指生产同类商品的厂商之间或同一市场上销售相互竞争的商品的商家之间的并购。横向并购的目的是迅速扩大并购企业的生产规模和市场份额，确立并购公司在行业内的优势地位，节约共同费用，提高通用设备的使用效率、采用统一的技术与工艺标准，在更大范围内实现专业化协作。

横向并购是 19 世纪末 20 世纪初资本主义国家最常见的企业重组方式。其结果是出现了一大批规模庞大的行业托拉斯，如美国在 1898—1902 年五年中 100 家最大的公司规模增长了 4 倍，控制全国 40% 的工业资本，形成了经济垄断的格局。正是出于横向并购对竞争的破坏，一些国家的法律开始对其进行限制。

② 纵向并购（Vertical Merger）指并购企业将与本企业生产工艺前后相连的企业进行重组，是生产经营中互为购买者与销售者的企业之间的并购，如生产厂商与销售代理商之

间的并购。它又可以分为"前向并购"和"后向并购"。前向并购是指生产加工原材料企业向二次加工或组装企业并购，或制造厂商向销售商家并购。后向并购的并购方与被并购方与前向并购相反。

纵向并购实现了产销一体化的组织形式。其特点是：实现供、产、销的紧密结合，缩短生产周期，完成生产经营的专业化协作，对提高企业效率与效益有积极的作用。纵向并购较少受到各国反垄断法规的限制。

③ 混合并购（Conglomerate Merger）指既非竞争对手又非客户或供应商企业的并购。混合并购一般有商品扩展并购、市场扩展并购和纯粹并购等形式。

混合并购是20世纪50年代后主要的企业并购形式。混合并购是与企业多元化战略目标相联系的。按照企业多元化发展战略，公司并购主要向本企业的非主导行业拓展，或直接开辟新的产业部门，以减少公司过分依赖一个主业所带来的风险，达到资源互补和资源配置优化组合的目的。有关资料显示，在美国制造业和采矿业的收购案例中，20世纪40年代混合并购占45.4%，50年代上升为52.6%，60年代达到72.4%，70年代高达87.8%。[①]

（2）按并购的出资方式划分，公司并购可分为承担债务式并购、现金购买式并购、股权式并购等。

承担债务式并购是并购方以承担被并购方全部或部分债务为条件，取得被并购方的资产所有权与经营权。我国目前很多企业采用了此种方式，如仪征化纤公司就以承担13亿元债务的形式收购了佛山化纤的全部产权。

现金购买式并购是并购方以现金购买被并购方资产，使原有企业法人地位消失并入购买企业；或并购方以现金购入被并购方一部分股票，控制其经营权或资产。现金购买式并购需要对被并购方产权、债权债务关系有清楚的了解，并对被并购方价值做出合理的估算。

股权式并购是指并购方发行自己的股票以交换被并购方的股票或资产，以达到控制目标公司的目的，在股票交换中，交换股票至少达到并购方能够控制的足够表决权，通过这种安排，被并购方成为其子公司，或者解散。

（3）按并购双方合作状况划分，可以分为善意并购和敌意并购。

善意并购是并购双方友好协商，通过谈判达成一致完成的并购活动。善意并购双方有合作意向，对收购的方式、价格、人事安排等重大事项有商讨的余地，提高了并购的成功率。

敌意并购也称强迫接管并购，是并购方在被并购方不知情或持反对态度的情形下强行实施的并购行为。在敌意并购中，并购方会采取突然的并购手段或设置苛刻的条件，例如公开收购要约、征集被并购方股东投票等方式；而被并购方也可能采用反收购措施，如股票回购、毒丸、金降落伞、分拆业务等。[②]

① 孙黎. 公司收购战略. 北京：中国经济出版社，1996：12.
② 毒丸是目标公司为避免被其他公司收购，采取一些对自己造成伤害的行为；金降落伞是目标公司与高级管理人员订立合同，一旦公司被收购，因此而失去职务的高级管理人员将立即得到巨额退休金；分拆业务是对公司业务重新拆分，消除收购公司兴趣。

（4）按并购行为法律程序，可以分为强制并购和自由并购。

强制并购是有关证券法规规定并购方持有被并购方公司股票达到一定限额后，并购方有义务对被并购方股东发出收购要约，以特定价格购买其股份的强制行为。

自由并购也称协议并购，是指并购双方协议达到并购行为。当然这种行为要符合所在国家的法律规定，并按规定公告陈述。

此外，企业并购按照并购涉及范围还可划分为整体并购和部分并购；按照有无中介机构出面划分为直接并购和间接并购等。

（三）企业并购理论

西方理论界认为并购活动能够为公司带来效益和增值。这便是为什么存在企业并购活动的理论基础。企业并购的代表理论如下。

1. 效率理论（Efficiency Theory）

效率理论认为公司并购能够增加社会利益，同时提高交易双方的交易效率。这个理论包含六个子理论：①效益差异化理论。交易双方管理效率不一致，通过公司并购可以提高较差公司的管理效率。②非效率管理理论。公司通过并购，引入外部力量，改善原有发挥效益的资产绩效。③经营协同效益理论，并购双方优势互补，可产生更高效益。④多元化理论。在所有权与经营权相分离的情形下，多元化可以分散公司员工的报酬风险，使无形资产得以有效使用，收购可以迅速达成多角化。⑤策略性结盟理论。公司并购可使公司多角化，以适应变化的经济环境。⑥价值低估理论。当目标公司的市场价值由于某种原因未能反映出真实价值时，并购行为将会发生。

2. 信息信号理论（Information and Signaling）

当目标公司被收购时，资本市场将重新对该公司进行价值评估，例如股票收购行为，向市场释放了目标公司被低估的信号。

3. 代理问题与管理主义（Agency Problem and Managerialism）

该理论认为公司管理人与股东利益存在冲突，出现了代理问题。Fama 和 Jensen 认为收购可以解决代理问题，公司代理问题可通过适当的组织设计来解决，收购事实上可以提供控制代理问题的外部机制，当目标公司管理人出现代理问题时，收购可以在一定程度上降低代理成本。与之相反，Muller 提出收购本身就是一种代理问题，假设代理人报酬取决于公司规模，则代理人有动机扩张公司规模。

4. 自由现金流量假说（Free Cash Flow Hypothesis）

所谓自由现金流量是公司的现金在支付了所有净现值（NPV）为正的投资项目后剩余的现金量。Jensen 认为，自由现金流量应完全交给股东，以降低经理人的权力，避免代理问题的发生。他认为过度的债权由于必须在未来某一时期通过现金清偿，故其更容易降低成本。在增长低迷的公司中，如果自由现金流量过大，企业可以通过控制债权，适当开展公司收购活动以提高负债比例，进而增加公司的价值。

5. 市场力理论（Market Power）

公司并购的好处就是可以提高市场占有率，减少竞争对手，增强对公司的控制力。但是当收购达到一定的市场占有率后，企业会受到政府反托拉斯法的限制，从而影响其并购活动。

6. 税收考虑（Tax Consideration）

这种理论是通过企业并购可使盈利企业应纳税额因并入另一公司而降低，从而为公司带来效益。如果政府鼓励企业并购且出台相关税收减免政策，则效果更为明显。

（四）企业重组的财务动因

股东财富最大化是企业财务管理的重要目标。企业的并购行为也以此为出发点和归宿。鉴于重组并购可以扩大企业的经济规模，增加产品产量，提高企业运营效率，帮助其在激烈的市场竞争中取得更大的市场份额以及更优的发展机会，因此，企业并购行为频繁发生。按照西方理论分析，当企业重组并购带来的新增价值超过收购成本时，股东财富最大化的目标将会被满足。

收购增加价值 = 收购后收购企业和被收购企业价值 − 收购前二者的总价值
收购企业股东股票价值增加额 = 增加价值 − 收购成本
收购成本 = 收购交易成本 − 收购溢价

企业并购的具体动因有以下几方面。

1. 经营协同动机

通过企业重组并购带来企业经营规模扩大和效率的提高，并购后企业总体效益大于两个独立企业效益之和。其直接的作用是提高工厂规模经济和企业规模经济效益。工厂规模经济是指企业通过并购实现对工厂资产的再补充，使其达到最佳经济规模的要求，降低工厂生产成本，实现生产专业化要求，充分利用企业的生产能力。企业规模经济是指并购后将许多工厂归于同一公司，因而可以节约管理费用、营销费用，扩大对科研新产品开发的投入，扩大筹资规模，进而实现企业规模效益的提高。

2. 财务协同动机

通过企业重组兼并，可以给企业带来财务上的效益提高，这也是刺激企业并购活动越来越多的重要动因。如利用所得税递延条款，公司在一年内亏损或连续几年亏损时就可能成为兼并对象，为并购企业带来减免税优惠；又如采用换股方式实现并购，并购企业股东在不交税或低税负的条件下完成资产的流动交易；又如并购使股票市场对企业股票评估发生改变，由预期效应刺激股票价格上升，增大股东财富。

3. 企业发展动机

企业不断保持一定的增长速度是在市场竞争中立足的条件之一。企业扩张主要有两种方式：①通过内部积累投资扩大生产能力。②通过并购实现发展，这是一种较好的方式。如美国通用汽车公司就是杜兰特通过股票交换的方式实现了几十家小汽车公司摇身一变成为世界第一的大汽车制造公司。企业重组并购有效地降低了企业进入新产业的壁垒，大幅度降低了企业发展的成本与风险，同时增大了企业产品的市场份额，甚至是形成一定程度的垄断——实现规模经济和产业化集中，减少竞争者的数量，控制原料、生产、销售等关键环节，降低成本，进而取得超额收益。在很多情况下，企业是通过并购活动实现管理战略调整和产业结构调整的。

从我国企业重组兼并实践来看，企业并购有利于我国产业结构调整，实现全社会资源合理配置；有利于组建企业集团，充分发挥规模经济优势，推动国民经济快速增长；通过实行国有企业混合所有制改革，对非国有企业实行参股式控股，或吸收民营企业股份，有利于国有企业公司化改革，实现国有资产产权落实和资产重组，让国有资产价值流动起来，真正实现国有资产保值增值；有利于打破地区、政府行政等制约经济的限制，发展市场经济；有利于提高企业资本营运水平，实现股东财富增长的目标。

第二节　企业设立税收筹划

企业设立时需考虑的财务问题主要是：如何通过设立方式有效地进行税收筹划，这里着重从设立地点和设立方式两个角度介绍企业设立时的税收筹划。

一、通过选择设立地点进行税收筹划

我国现行企业所得税中存在大量的区域性税收优惠，如民族自治地方、国务院批准的高新技术产业开发区等，尤其是外商投资企业和外国企业享受的税收优惠更多。另外，在经济特区、沿海经济开放区、国家高新技术产业开发区、中西部地区等也都有相应的所得税减免政策。科学合理地设置分支机构，就可以最大限度地享受这些税收优惠，降低企业税收负担。

假设 A 企业是生产高科技通信设备的企业，由于其客户主要集中于山西地区，该企业设立时，注册地和实际生产经营地均选择在山西太原。按税法的规定，A 企业应适用 25% 的企业所得税。能通过设立分支机构的方式，就可以实现税收筹划。比如，A 企业选择一个可以长期适用低税率的地区，设立一个独立核算的 B 企业，再将其部分业务分离出来，并转移到 B 企业。按现行税法规定，纳税人支付给总机构的与本企业生产、经营有关的管理费，准予在税前扣除；凡具备法人资格和综合管理职能，并且为下属分支机构和企业提供管理服务又无固定经营收入来源的总机构，可以提取管理费，但提取比例一般不得超过总收入的 2%。这样，即使会由于机构分设而增加一些管理方面的费用，也会因税前扣除而减轻税负。在低税地区的选择上，根据 A 企业的具体环境，可以选择距离太原较近的天津新技术产业园区、西安市新技术产业开发区或郑州高新技术开发区等，同时还可以综合考虑各低税地的投资环境、人工成本等因素；在业务的分离方面，考虑到销售网络的连贯性，可以将生产业务转移到 B 企业，其余业务留在原 A 企业。假设 A 企业于 2008 年年初选择天津新技术产业园区设立 B 企业，并将生产业务转移到 B 企业。考虑 B 企业与 A 企业之间产品价格的确定、相关费用的分摊、总分支机构间的管理费用、B 企业产品运费的增加等问题，我们可以简单地假设，A、B 两企业可以通过各种合法手段将 A 企业的利润总额调整到近似于零的水平，而将全部利润转移到 B 企业。如果按照 A 企业 2007 年的经营状况不变，2008 年 B 企业仍将创造 120 万元的利润，这样，2008 年两企业应缴纳企业所得税数量为：A 企业：利润为 0，缴纳企业所得税为 0。B 企业：利润总额 = 120 万元，缴纳企业所得税 = 120×15% = 18 万元。如果不设 B 企业，A 企业在太原的所得税税率为 25%，利润总额仍为 120 万元，则应纳所得税为 30 万元。可见，经过以上筹划，A 企业实现节税 12 万元（30 万元 − 18 万元）。当然，实际操作中由于各种干扰

成本的存在，实际节税效果会有所降低，但这一税收筹划方法仍不失为好方法。

二、通过选择设立方式进行税收筹划

以分支机构选择为例，从增值税和企业所得税纳税义务的角度考虑，企业分支主要有以下三种形式。

（一）固定业务的临时性外出办事机构

这种形式的分支机构因为不符合"独立核算"的要求，所以应与总机构合并缴纳企业所得税；增值税方面则应向总机构所在地主管税务机关申请开具《外出经营活动税收管理证明》，向总机构所在地主管税务机关申报纳税。未持有以上《外出经营活动税收管理证明》的，应向销售地主管税务机关申报纳税，否则应由总机构所在地主管税务机关补征。

（二）总机构的常设分支机构，不实行独立核算

这种形式的分支机构也应与总机构合并缴纳企业所得税；增值税方面，现行税法规定，总机构和分支机构不在同一县（市）的，应分别向各自所在地主管税务机关申报纳税（经国家税务总局或其授权的税务机关批准，也可由总机构汇总向总机构所在地主管税务机关申报纳税）。因此，一般情况下，常设分支机构应在经营地办理税务登记，并在经营地申报缴纳增值税。

（三）总机构的常设分支机构实行独立核算

这种形式的分支机构，应独立缴纳增值税和企业所得税，纳税地点均为分支机构所在地。可见，从税收角度考虑，企业分支机构形式的选择主要应考虑两个因素：一是从增值税角度考虑，是作为临时性外出办事机构，在总机构所在地缴纳增值税，还是作为常设分支机构，在分支机构所在地缴纳；二是从所得税角度考虑，是不独立核算，与总机构合并缴纳企业所得税，还是独立核算，分别缴纳企业所得税。根据以上税收处理的不同，我们可以对企业分支机构的形式做出以下选择：分支机构作为一般纳税人税负较低，但分支机构的一般纳税人资格不易取得，而总机构已经被认定为一般纳税人时，分支机构应作为临时性外出办事机构；当分支机构或总机构中有一方预计将发生亏损时，应合并缴纳企业所得税，即分支机构不应独立核算。对此，我们可以举例说明如下：假设总机构与分支机构均适用25%的企业所得税税率，预计最近三年盈亏情况如表17-1所示。

表 17-1　某企业最近三年的盈亏情况

机构	第一年	第二年	第三年
总机构	30	30	30
分支机构	−10	0	20

（1）分支机构不独立核算，则二者应合并纳税。此时三年纳税情况为

第一年应纳企业所得税 = （30 - 10）× 25% = 5（万元）

第二年应纳企业所得税 = 30 × 25% = 7.5（万元）

第三年应纳企业所得税 = （30 + 20）× 25% = 12.5（万元）

（2）在设立分支机构时将其独立核算，则总机构与分支机构应分别缴纳企业所得税。三年纳税情况为

第一年：总机构应纳企业所得税 = 30 × 25% = 7.5（万元）

分支机构有亏损，应结转以后年度弥补，总计支出税金 7.5 万元。

第二年：总机构应纳企业所得税 = 30 × 25% = 7.5（万元）

分支机构无利润，不缴纳企业所得税，因此总计支出税金 7.5 万元。

第三年：总机构应缴纳企业所得税 = 30 × 25% = 7.5（万元）

分支机构弥补第一年亏损后，应纳企业所得税 = （20 - 10）× 25% = 2.5（万元）。总计支付税金 10 万元。

比较以上两种纳税方案可知，在两种方案中，总机构与分支机构三年中纳税的总额是相等的，均为 25 万元，但第一种方案在第一年比第二种方案少缴纳 2.5 万元，而到第三年则多缴 2.5 万元。也就是说，采用第一种方案，企业通过不同机构之间的"借税"，获得了 2.5 万元资金两年的免费使用权，或者说是两年的货币时间价值。反之，当总机构预计产生亏损，而分支机构预计将产生盈利时，也可以运用以上方法实现税收筹划。同样类似的，还有一个总机构所属多个分支机构同时存在盈利和亏损的情况。在通货膨胀严重的情况下，由于银行贷款利率较高，货币的时间价值更为重要，此种税收筹划方案的节税意义就更为显著。

当总机构适用税率较低时，选择合并纳税；当分支机构适用税率较低时，选择分别纳税。假设 M 公司为一深圳企业，已获得"高新技术企业"认定，适用 15% 的企业所得税税率，年盈利规模大约为 200 万元；N 企业是 M 公司设在南宁的分支机构，适用 25% 的企业所得税税率，年盈利规模大约为 100 万元。若合并纳税，二者共需缴纳企业所得税为：（200 + 100）× 15% = 45 万元；若分别纳税，二者共需缴纳企业所得税为：200 × 15% + 100 × 25% = 55 万元。可见，当总机构适用较低的企业所得税税率时，合并纳税会减轻纳税人的税收负担，而且经分析可知，分支机构的盈利越多、二者税率差别越大，进行以上税收筹划的实际效果就越好。反之，如果以上总公司 M 位于南宁，分支机构 N 位于深圳，则应选择分别纳税，即 N 企业独立核算。

第三节　企业清算财务管理

一、企业清算的形式

清算就是在企业不能归还债务时，通过特定程序变卖资产，并按照支付清算费用、职工工资和社会保险费用和法定补偿金，缴纳所欠税款，清偿公司债务，分配剩余资产等顺序进行分配的过程。其基本规则就是保证企业依法承担相关债务，维护市场公平。

事实上，有限责任制度的设计犹如双刃剑，它在保护投资者利益的同时，牺牲了债权人的利益。有限责任的法律价值，没有其他制度可以替代，但是，有限责任制度的弊端却可以通过种种新制度设计来弥补。清算制度就是其中之一。法律之所以规定企业在解散的时候，必须进行清算，就是因为，在一般情况下，企业独立承担民事责任，除合伙企业和个人独资企业外，投资人对企业的债务仅以出资额为限承担责任。当企业解散时，企业要以其全部财产清偿所有债务，不足以清偿的，不再清偿。这种制度存在被滥用的可能。很多企业就是利用有限责任制度，恶意解散，转移企业资产或私分资产，损害债权人利益。清算程序能够保证每一个债权人受到公平的清偿，同时清算程序也能够保证，在企业资产大于企业债务的情况下，剩余财产在投资人或股东之间能够公平地得到分配。

清算按照是否由股东提出分为自愿清算和强制清算。股东可以做出终止企业的决定，这时企业的价值可能超过债务价值，股东可以分配剩余资产，因此，清算并非总是利空消息，适时清算有利于提高价值和保护债权人利益。但是，如果公司无力支付债务，债权人就有可能要求强制清算。无论是自愿清算还是强制清算，一旦出现资不抵债的情况就形成破产，进入破产程序的企业只有在法院认定之后才能免除无力支付的债务。

破产有两层含义：一方面是指债务人不能清偿到期债务的事实状态；另一方面是指司法部门和当事人依法处理债务清偿事务的特定程序。因而，破产就是债务人不能清偿到期债务时，依法将其全部财产按一定顺序和比例偿还给债权人，并免除其无法偿还的债务。

破产的目的有三：①保护债务人免受来自某些债权人的不正当压力；②在债权人之间保持公平合理的关系；③解除债务人的债务并使债务人能够从头开始。

我国企业破产法规定，当债务人资不抵债，不能清偿到期债务时，债权人可以申请宣告债务人破产，以使自己的债权得到最大限度的保护。相反，债务人在不能清偿到期债务的情况下，为摆脱资不抵债的困境，在取得上级主管部门的同意后，也可以向法院申请宣告自己破产。

申请提出后，经法院裁定同意，即可召开债权人会议，组织清算小组，依法变卖资产，按法定顺序偿还债务。不管是由谁提出申请，在我国现阶段，债务的破产清偿率非常低，所以破产对债权人不利。有些债务人以各种名目逃债，使这一现象更加严重。而国有银行的债权在破产后只能由国家财政统一负担。

正因为如此，无论从保障债权人角度，还是考虑国家的实际负担，都不能简单地让资不抵债的企业直接进入破产清算程序，变卖资产，按法定顺序偿还债务，而应更多地寻求其他解决方式，如用"债转股"等方式挽救企业，保证债权人和债务人双方的利益。最常见的方法是在法院受理破产申请之后按期召开的债权人会议上与债务人达成和解与整顿协议。

和解，是指破产程序开始之后，债务人与债权人在互谅互让的基础上，就到期的债务延期偿还或减少债务金额进行整顿等事项达成协议，经法院认可后，由法院公告中止破产程序。整顿，是指债权人和债务人达成和解协议，经法院认可生效后，企业进行全面整顿，使其扭亏为盈，以恢复清偿债务的能力。和解与整顿程序对于挽救有希望免于破产的企业具有重要意义，但和解与整顿不是破产的必经程序。我国破产法规定，企业由其债权人申请破产的，在人民法院受理案例后3个月，被申请破产的企业上级主管部门可以申请对该企业进行整顿，整顿期限不超过两年。整顿期满，企业不能按照和解协议清偿债务的，法院应宣告该企业破产，并且重新登记债权，进行清算。

另外，可以通过破产重组（如债转股等），让债权人对债务人进行重组改造。破产重组，是指企业在法庭受理的破产程序内经整顿存活下来。从企业负债角度看，企业可能到了破产清算界限，但不能说明企业已经到了无可挽救的地步。企业陷入困境，是由多种复杂的因素决定的，如果给企业一个债务重组的机会，使其在破产保护下，通过一定时间的调整，找出陷入困境的主要矛盾并加以解决，是可以在债务重组过程中获得新生的。

破产重组可以通过承担债务式的企业并购来实现，由并购方以承担债务的方式来解决债务包袱。通过优势互补，使破产企业在与优势企业的合并中，实现生产要素的重新优化组合，达到搞活企业的目的，保障债权人和债务人的利益免受破产的损失。

从财务决策角度看，在破产重组的过程中，债权人处于主动地位。因此，债权人必须比较债务重组和破产清算的两种方案的成本和收益，做出决策。前者一般通过债转股的方式由债权人买下债务人的股份，而后相应地追加投资，进行改组，使企业扭亏为盈。这种方案历时较长，风险较大，但一旦企业效益改善则可偿还全部债务。后者历时较短，执行容易，但债务清偿率一般较低。在对这两种方案进行选择时一般应考虑以下定性和定量因素：改组债务企业所需的投资大小、时间长短；债务企业与债权公司是否具有互补效应；重组成功的概率大小；预计破产清算的债务清偿率；债权公司的财务状况，尤其是是否有足够的流动资金对债务企业进行追加投资。

二、企业清算的财务方法

企业宣布清算，意味着会计核算的前提条件发生了变化。会计分期，持续经营等会计基本假定在清算企业已不再适用。为了确定清算前企业的财务状况和经营成果，明确经济责任，应由清算企业会计人员编制自年初至宣告日的利润表及宣告日资产负债表，并经注册会计师验证，作为正常经营的终结和清算的开始。

（一）清算企业资产权益状况表

破产企业在破产宣告日资产负债表中列示的资产、负债与破产企业用于清偿的资产和承担的债务在范围、内容构成上存在较大差异。因此，如何确定破产企业的资产、负债范围并对其正确计量，是破产清算会计面临的首要问题。

1. 资产的范围

在破产清算条件下，企业的资产由两部分组成，即非破产资产和破产资产。前者包括已作为担保物的财产和递延资产、待摊费用。其中，递延资产和待摊费用应在清算期内一次转入清算费用，因此，非破产财产实质上即为作担保的资产；后者指企业被宣告破产后，可用来进行财产清算和清偿的财产，根据有关规定，破产财产由以下内容组成。

（1）破产宣告日破产企业拥有的全部财产扣除非破产财产后的余额。如果担保物的价款大于其所担保的债务数额，以差额作为破产财产，反之作为债务。递延资产和待摊费用实质上是费用资本化，在企业持续经营的情况下，以资产的形式反映是必要的、有益的，但在破产清算的条件下，这部分既没有实物形态又没有利用价值的资产不能用于清偿债务，因此，不能作为破产财产。

（2）破产宣告后至破产程序终结前所取得的财产。包括因破产企业的债务人的清偿和财产持有人的交还而取得的财产，因未履行合同的继续履行而取得的财产，由破产企业享有的投资权益所产生的收益，破产财产所生的孳息，清算期间继续营业的收益和基于其他合法原因而取得的财产等。

（3）应当由破产企业行使的其他财产权利。包括应当由破产企业行使的物权、合同债权、票据权利、股东权，以及破产企业的开办人注册资金投入不足而由开办人予以补足的出资等。

（4）人民法院受理破产案件前 6 个月至破产宣告日期间，因破产企业的无效行为由清算机构追回的财产。其中破产企业隐匿、私分或无偿转让，压价出售，对未到期债务提前清偿的财产及破产企业自动放弃的债权，由清算机构报请法院收回；对原来没有担保的债务提供财产担保的，由清算机构宣告担保无效。

（5）除上述内容以外，按国家有关规定应计入破产财产的其他财产。

2. 债务的范围

破产企业破产宣告日负债表上的债务由两部分组成，即非破产债务和破产债务。前者指清偿得到保障的那部分债务，也叫有担保债务。后者指只能通过破产程序而清偿的债务，也叫无担保债务。无担保债务包括破产宣告前成立的无资产担保的债务，债权人放弃优先受偿权利的有资产担保的债务以及破产宣告前成立的有资产担保的债务中因超过担保物价款而未受清偿部分。当破产企业的债权人对破产企业负有债务时，可以在破产清算前实行等额抵销，破产企业同时降低资产额和负债额，破产债务大于债权的差额作为破产债务，反之作为破产财产。根据《破产法》，无担保债务中的应付工资、应交税金优先于一般债务得到清偿。因此，无担保债务按清偿顺序可分为有优先权的债务和无优先权的债务。

3. 破产企业资产权益状况表

破产企业的资产、债务范围确定以后，由清算机构对破产企业的各项财产、债务等全面清查并按选定的财产作价方法逐项确定其重置价值或变现值，在此基础上编制破产企业资产权益状况表。破产企业资产权益状况表是反映破产企业可分配资产、应偿还权益及分配情况的报表。它包括破产企业资产、可变现价值以及应偿还权益的构成和分配顺序。其基本格式如表 17-2 所示。

表 17-2　破产企业资产权益状况表

20×× 年 × 月 × 日　　　　　　　　　　　　单位：人民币元

资产	账面价值（1）	可变现价值（2）	分类			权益	账面价值（6）	分类			
			有担保财产（3）	无担保财产（4）	小计（5）			有担保债务（7）	无担保债务		小计（10）
									有优先权（8）	无优先权（9）	
合计						合计					

（二）清算损益的确定

清算损益是破产企业自破产宣告日起至清算结束日止的清算时间内的清算成果。它直接影响破产企业的分配结果，包括如下内容。

1. 清算收入

这包括：①清算期间的财产盘盈收入。②因破产企业债权人的原因确实无法偿还的债务。③破产宣告日未了业务的经营收益。④清算期间资产变现增值。⑤清算期间资产重估收益。⑥清算期间债务折让收益。

2. 清算费用

这包括：①清算期间发生的财产盘亏损失。②清算期间的破产费用，即清算机构对破产财产的管理、变卖和分配所需的费用。③为保护债权人的共同利益而支出的其他费用。④清算期间资产清算减值。⑤清算所得依法缴纳的所得税。⑥破产案件诉讼费用。

3. 清偿债务利益

这是指清算期间因资产不足而未能清偿的债务。破产企业应设置"破产清算权益"账户核算上述内容。清算过程中的清算费用计入该账户的借方，清算过程中的清算收入和清偿债务利益计入该账户贷方，清算结束日该账户的余额为清算净损失或净收益，转入"资产负债表"有关项目。

（三）变现财产及其分配

1. 资产变现

破产企业的债务，绝大部分应以货币资金偿付。破产企业资产确定后，应将全部财产变现出售，债权收回，有价证券通过证券交易市场出售，同时由清算会计人员按实际收回的变现款借记"现金""银行存款"账户，按变现财产的账面价值贷记有关资产账户，差额即变现损益，以"财产处置净损益"账户列支。如果破产企业的债务与债权等额抵销，应借记"应付账款"等账户，贷记"应收账款"等账户。全部资产变现或收回后，填制"财产变现情况清单"，反映每一种财产的名称、数量、账面价值、变现款、变现损益等情况，作为清算的依据之一；对未能实现变现的财产，由清算机构按时价估价，清偿债务时以市价抵债。

2. 变现财产分配

根据《破产法》的规定，一般由清算机构提出分配方案，经债权人会议通过后，由人民法院进行审查，然后以裁定书的形式批准分配方案。

（1）债务偿还程序。首先，以非破产财产（有担保财产）偿还有担保债务。其次，以破产财产按下列顺序分配：①破产费用；②所欠职工工资、社会保险费用和法定补偿金；③所欠税款；④破产债务。在上述分配顺序中，当财产数额不足以清偿同一顺序清偿要求时，应按比例清偿。

（2）剩余财产分配程序。破产企业的资产清偿债务后如有剩余财产，应根据公平对等的原则，按投资方投资比例分配给投资者。其中，如果是股份制企业，应首先用于对优先股股东的分配，如有剩余，再按普通股股东的持股比例进行分配。

（3）破产债务分配率。这个比率反映的是破产企业以其财产按顺序清偿有担保债务、无担保有优先权的债务之后，对破产企业债务人的清偿率。

无担保无优先权的债务分配率＝（全部变现财产－有担保债务－无担保有优先权
的债务）÷无担保无优先权债务之和×100%

如果上述分配率小于100%，说明债务不能全部清偿；反之，意味着债务全部清偿后尚有剩余财产分配给投资人。

（4）财产分配的处理。破产企业清偿有担保债务时，借记有关负债账户，贷记"银行存款""现金"账户；支付破产费用时，借记"债务清偿净损益"账户，贷记"银行存款""现金"账户；清偿无担保债务时，借记有关负债账户，贷记"银行存款"账户；如果在债务清偿过程中，破产财产不足以全部清偿，将未能清偿数额作为清偿债务利益，反映在"债务清偿净损益"账户，借记有关负债账户，贷记"债务清偿净损益"账户。破产企业按投资者投资比例向投资者分配剩余财产时，借记"实收资本"账户，贷记"银行存款"账户。

（四）破产程序的终结

破产企业的清偿工作结束后，应编制清算结束日"资产负债表""清算期间损益表"以及"清算期货币资金收支表"，作为破产清算会计的清算报告。"资产负债表"反映清算结束日破产企业的财务状况，由于在清算结束日破产企业的资产已全部用于清偿债务，故资产为零；破产企业债务已得到清偿，未清偿数额已转入"破产清算损益"，故负债亦为零，所有者权益与清算损益抵销后总额为零。"清算期间损益表"反映清算期间的清算结果，由清算收入、清算费用、清偿债务利益和清算净收入（净损失）四项内容构成。

第四节　企业并购财务管理 ■■■

一、企业合并收购的一般程序

企业合并收购是涉及公司很多相关法律的过程，如公司法、证券法、金融法规、会计财务法规、税法等。因此，它是一项复杂的操作过程。一般将企业兼并收购划分为准备阶段、谈判阶段、交接阶段以及重整阶段等。但具体操作中，上市公司、非上市公司合并收购的程序有所不同。现分别概述如下。

（一）非上市公司合并收购程序

非上市公司合并收购程序也要经历上述四个阶段。

（1）在调查难备阶段，具体工作有拟订并购意向书，对双方并购总的意向加以肯定；买方企业派出注册会计师对被收购方的财务会计账簿、行政事务和商业事务做出调查报告；买方或卖方在签订法律协定前必须将报告提交董事会得到批准。对一些收购达到垄断指控标准的，买卖双方要提请政府部门批准。

（2）在谈判阶段，买卖双方将就收购价格、付款方式等条款进行谈判，拟订正式的收购决议。决议内容包括：拟收购公司名称，收购条款与条件，把每个公司股份转换为存续公司或其他公司股份、债权或转换为现款或其他财产的方式和基础，关于收购引起存续公司章程改变的内容，有关收购必需的其他条款。最后买卖双方交换合同。

（3）在交接阶段，收购双方共同在媒体上公开发表声明，公布并购消息；合同交换后买方企业会调查卖方产权等，要求股东核准通知单，同时，合同中所要求的特别许可或权威机构许可，都要求有关部门核实或批准。当需要股东核准时，收购方公司会召开股东特别大会表决，如果将发行新股作为一定补偿也将表决。被收购公司董事会改组，通过新提名董事会名单、股权证和把股票从卖方转入买方的过户，将经过董事会重新登记和盖章，公司法定账簿、地契、动产等各种资料转交收购方。最后，在一切结束后实际付款。改组完毕后，应在规定时间内去政府部门登记，完成正式手续，收购活动生效。收购登记后因收购而解散的公司的一切资产和债务，由存续公司或新设公司承担。

（4）在重整阶段，买方对被收购公司内部进行重新整合，完成公司运作一体化过程。

（二）上市公司合并收购的程序 [①]

上市公司合并收购程序主要包括以下两个阶段。

1. 准备阶段

首先要聘请投资银行作为收购顾问，为公司并购提供财务咨询和建议，处理复杂的法律事务。收购顾问要严格为此次并购活动做出保密措施。在收购活动正式展开前，公司可能事先在市场上少量购入被收购公司的一部分股票。但是这种收购达到一定量时就受到政府证券法规的限制。

2. 谈判与公告阶段

收购公司或委托投资银行首先提交出价给目标公司董事会，如果得到其支持则收购成功可能性很大。目标公司董事会通常会按照证券法规采取步骤，如聘用投资银行顾问，讨论出价，并通告股东收购主要内容。在出价宣布前股价上升加快，可能显示情况泄露，甚至是内幕人士交易出现。这时董事会可以要求交易所对股票交易停牌。对于确定的出价公告，出价者要遵守报价诺言，并在公平交易、反垄断规定等方面向有关监管部门申报。在出价期间，其股票交易仍可以进行，但对交易可能有一些限制，如内幕交易、交易数量等。在出价意见公布后，目标公司应依据出价者要求，尽快提供股票资本或认股权细则，正式的收购要约要在规定日期内寄出。收购要约包括：出价者聘用的投资银行、出价者和目标公司财务状况、资产接受和转移方式、交易完成程序等。目标公司应公布对收购要约的意见。目标公司如果采用防御措施，可以用股份回购、法律起诉、"毒丸计划"等手段。在出价期间，会出于目标公司自我防卫或第三者加入竞买出现竞争。

3. 接收与重整阶段

完成收购的公司将对被购买公司重新组织、整合与购买公司业务运作等一系列工作。

---

① 我国上市公司兼并收购相关具体规定参见《中华人民共和国公司法》和《中华人民共和国证券法》。

二、并购目标企业的价值评估方法

（一）并购目标企业的价值评估一般方法

所谓价值评估是指并购方对并购目标企业的股权或资产价值做出的价值估算。这是并购双方最关心的问题。合理的价值评估是并购双方进行价格协商的基础，在目前市场条件下确定目标企业的价值区间，维护股东的合法权益，对并购后企业的成长发展有积极的意义。

目标企业价值评估是遵循资产评估的基本原则和方法程序做出的估算。它受到诸多因素的影响。如受到目标企业信息准确性影响，如果并购是不友好的行为，那么会极大增加信息获取的难度；又如并购支付方式不同，评估价值也会相应调整，并购支付方式一般有资产置换、股权交换、支付现金三种，在前两种方式下还应考虑作为支付手段的资产与股权价值评估的影响；又如受到并购双方主观意愿的影响，目标企业价值评估也会产生很大差异，影响最后的价格协商；又如上市企业与非上市企业差异，一般理论上认为非上市企业股票由于受到转让限制，信息披露更困难，缺少市场影响力，受到股票持有人对控制权、发新股等能力的影响，从而降低其价值，在实际评估中一般会依据一定比例做出价格折扣率。

目标企业价值评估的方法一般有资产价值法、市盈率法等。

1. 资产价值法

它是指通过对目标企业资产进行价值评估来确定企业价值。一般通行的有以下四种估价标准。

（1）账面价值法。它是以目标企业会计核算记账的资产价值来估算其净资产价值的方法。这种方法不考虑现时资产市价波动，而以历史成本来估计资产价值；也不考虑资产未来收益状况，是静态的估价方法，一般只适用于资产价格变动较小的企业使用，而且该方法也难于认定无形资产价值。

（2）市场价值法。它是通过资产或股权在市场公平竞价，在供需平衡前提下形成的市场价。就股票价格而言，它在证券市场处于均衡状态时反映了投资人对目标企业的未来投资收益与风险的预期，反映了目标企业客观真实的价值。市场价值法的优点在于真实体现了上市企业收购的自由支付的价值，在成熟的证券市场中可操作性强、真实性强。但在一个不成熟的市场中，上市企业股价由于各种因素会远远偏离其真实价值，如我国上市企业由于上市资格是稀缺资源而高估其价值等。

（3）清算价值法。它是公司由于停业或亏损破产风险出现时，公司资产变现出售时的价格。当公司盈利能力下降，已低于公司资产丧失整体盈利能力而单独出售的价值时，可以采用清算价值法。这是某些严重亏损公司并购时使用的方法。

（4）净现值法。并购企业的目的是获取企业未来经营效益。对目标企业未来利润予以价值资本化的方法就是净现值法。一般理论界认为，净现值法是最成熟、科学的评估方法。它是用目标企业未来行业发展和盈利能力预测企业每年预期净现金流量 CF，并在考虑风险、时间价值基础上按适当贴现率 I 计算现值，从而得出评估价值。其计算公式如下：

$$PV = \sum_{t=0}^{n} \frac{CF_t}{(1+I)^t}$$

这种方法的优点是：评估着重于目标企业未来发展，反映企业续存价值，避免历史成本与收益估算价值的偏差，充分考虑投资风险价值与时间价值。但是这种方法很难避免预期测算误差。

2. 市盈率法

它是针对上市企业价值评估，以目标企业的收益水平和市场平均市盈率确定企业价值的方法。其计算公式如下：

目标企业价值 = 目标企业预计每股收益 × 平均市盈率 × 普通股股数

$$平均市盈率 = \frac{同行业平均股价}{同行平均每股收益}$$

在市盈率法中，目标企业预计每股收益，应对目标企业近期盈利水平进行检查，对虚假的、不符合会计准则规定的内容进行调整；平均市盈率是选择并购时目标企业同行业所体现的平均市盈率，并保证目标企业发展潜力与风险和行业发展保持同步，如果有偏差要及时调整。

市盈率法从证券市场投资平均收益水平、风险水平等角度评估目标企业价值，具有相对的客观性、可操作性，对通过证券市场的并购行为特别实用。但是，我国证券市场发展过程中存在的市盈率偏向的问题影响了此方法的准确性。

（二）运用三种收购估价模型来评估企业价值的方法

决定企业收购价值的不仅仅是目标企业被收购前的市场价值，也在于目标企业的实际支付价格。由于收购市场竞争，收购企业不仅要求对目标企业价值进行科学评估，也要对自身价值进行评估，为并购价格与方式做出决策，减少并购风险。

1. 贴现现金流量法（拉巴波特模型）

此方法是美国经济学家阿尔弗雷德·拉巴波特提出的。他认为收购价格是根据企业收购预期的自由现金流和贴现率确定的并购最高可接受的价格。所谓自由现金流是目标企业被收购后对收购企业现金流量的贡献，是指目标企业履行了所有财务责任（如偿付债务本息、支付优先股股息等）并满足企业再投资需求后的现金流量。其模型表达如下：

$$CF_t = S_{t-1}(1+g_t) \cdot P_t(1-T_t) - (S_t - S_{t-1}) \cdot (F_t + W_t)$$

式中，CF——现金流量；

　　　S——年销售额；

　　　g——销售额年增长率；

　　　P——销售利润率；

　　　T——所得税税率；

　　　F——每元销售额增加需追加的固定资本投资；

　　　W——每元销售额增加需追加的营运资本投资；

　　　t——预测年度。

所谓贴现率是指企业加权平均资本成本率，这需对企业资本结构和长期要素成本进行估算。资本成本用税后债务成本与股本成本的加权平均值计算，当收购不会影响收购企业风险时，收购企业才能用自己的资本成本率作为贴现率，否则要进行调整。

$$WACC = \sum_{t=1}^{n} K_i \cdot b$$

式中，$WACC$——平均资本成本率；

$\qquad K_i$——单项资本成本率；

$\qquad b$——单项成本资本比重。

而现金流量现值就是收购价格。

$$TV_a = \sum \frac{FCF_t}{(1+WACC)^t} + \frac{V_t}{(1+WACC)^t}$$

式中，TV_a——并购后企业价值；

$\quad FCF_t$——t 年度目标企业自由现金流量；

$WACC$——加权平均资本成本率；

$\quad V_t$——t 时刻目标企业终值。

2. 企业评估法（运用沃斯顿模型）

此方法是美国教授弗瑞德·沃斯顿创立的。此模型假定企业经历零成长后进入超常增长阶段。而企业在早期阶段成长率要高于整个经济系统成长率。在中期阶段企业成长率等于经济系统成长率，而在晚期阶段企业成长率低于经济系统成长率。其价值评估模型如下：

$$V_0 = X_0(1-T)(1-b)\sum_{t=1}^{n}\frac{(1+g)^t}{(1+k)^t} + \frac{X_0(1-T)(1-g_s)^{n+1}}{K(1+k)^n}$$

式中，X——息税前盈余 EBIT；

$\quad g$——营业净利或息税前盈余增长率；

$\quad k$——边际盈利率；

$\quad K$——加权边际资金成本；

$\quad b$——税后投资需求；

$\quad N$——超常增长时期；

$\quad T$——边际所得税税率。

这一模型揭示了收购价格与几个重要的经济参数之间的关系，包括销售收入增长率、投资盈利率、投资额、所得税、边际资本成本等，可以检验市场环境、企业战略等对企业价值的综合影响，可以测算不同阶段企业价值，动态地估价。

3. 杜邦财务分析法（运用杜邦模型）

杜邦模型以税前投资报酬率作为最具代表性指标，分析了影响指标的重要因素，如成本费用控制、加速资本周转、固定资产投资等，为评估企业收益水平提供了坚实基础。该方法的具体应用已在本书前面有关章节讲述。

三、企业兼并收购的财务融资分析

（一）企业并购的支付方式分析

在企业并购活动中，一般可以选择三种支付方式：现金收购、股票收购、混合证券收购。

1. 现金收购

现金收购是单纯的收购行为，是由并购企业支付给目标企业股东一定数额的现金，借以取得目标企业所有权。这种出资方式的特点是交易过程迅速清晰，目标企业股东得到确定的无风险的现金支付，不必受到股票、债券等不确定性风险影响，不必受到企业兼并后经营发展前景、投资回报率等不确定性影响。

现金收购要考虑的因素是：

（1）对并购企业来讲，现金收购是巨大的财务负担，或是企业动用现有现金存量，或是对外筹集现金，这时要涉及筹资渠道、筹资成本、筹资结构等一系列问题。这时应该考虑企业的资产流动性、资本结构、企业借款能力、金融市场及利率水平等众多因素。

（2）现金收购的另一个问题是税收。世界大多数国家认定，企业股权的出售是涉及投资人的资本损益，在已实现资本收益的前提下必须缴纳资本收益税。例如，英国税法规定，个人股东只有在三种情况下可以减轻或免除资本收益税：资本收益与通货膨胀挂钩，实际资本收益下降；年度资本收益减免（1994—1995 年度免收益税最低限额为 5 800 英镑）；在股东证券投资组合中，资本收益被其他投资亏损抵销。当然，分期支付现金也是推迟纳税的方式。

2. 股票收购

股票收购是指收购方通过增发本企业股票，以新发行股票换取目标企业股票，达到收购目的的方式。股票收购的特点是：并购企业可以节约大量的现金支出，避免并购对企业财务状况带来影响；股票收购的企业如果是绩优企业，股票收购比现金收购更加受欢迎，它可以在出售股票时才上税，而现金收购必须当年上税；同时，目标企业股东不会因并购失去他们的权益，而是将权益由目标企业转入兼并企业，成为兼并企业的新股东，但是由并购企业原有股东占有控制权。需指出的是，企业的兼并是把目标企业纳入兼并企业，所发行的是兼并企业股票，兼并后目标企业不再存在。企业合并是发行一个共同拥有的新企业股票，交易结果是合并各方原有企业消失，组成一个新企业。

股票收购要考虑的因素是：①股票收购首先要对兼并方的股权结构产生影响，因为股票收购会对原有股权比例产生很大影响，因此大股东会评估控制股权问题。②股票收购会对每股收益产生影响，如目标企业盈利状况较差，或支付价格偏高，都会导致兼并企业每股收益的下降，而且新股的发行会摊薄每股净资产。③股票收购对当前股价有重大影响。如果股票市场处于一个上升阶段，企业收购能够带来预期收益的提高，股票收购方式会受到目标企业的欢迎，股票收购使股价提高；反之，股票收购使股价下跌。④股票收购要考虑股息因素，如果股息太高，股票收购方式就不适宜。此外，股票收购还要考虑股票市场的制度规定。

在股票收购中，股票的交换比率是关键。对于公开上市股票，公式计算如下：

$$股价交换比率 = \frac{并购企业每股市价 \times 股票交换率}{被并购企业每股市价}$$

如果这一比例大于 1，表明并购对被并购企业有利，企业因并购获利。如果小于 1，则表明被并购企业因此遭受损失。对于上市企业，在并购交易完成后，由于并购企业股权变动，很可能会作为新企业重新申请上市。这时可能会考虑证券交易规则，向证券交易所请求豁免。

3. 混合证券收购

这是指并购企业对目标企业收购出资方式包括现金、股票、企业债券、可转换债券、认股权证等多种证券的组合。其中，可转换债券向持有人提供企业债券，并附有在一定时期内可按特定价格转为股票的期权。它的优势在于可以以更低的债券利率出售债权；在将来可能股票出售价格高于现在股票价格，从而保护老股东权益；而转换期的安排使企业财务更有弹性。企业债券是较普通股成本更低的资金来源，而且对持有人有免税功效。认股权证是上市企业赋予持有人在有效期内用特定价格购入该企业股票的权力。它的好处在于可以延期支付股利，为企业提供新的股本来源，并对持有人赋予选择权力，使其有转变获利的空间。

混合收购方式的优势在于避免企业大量的现金支出，减轻财务压力，同时对控股权实行控制。这种收购方式近几年在国外呈现上升趋势。目前我国资本市场发育不够完善，多种信用工具与金融中介机构发展滞后，各种法律规范不够健全。因此，混合收购方式的实现还有一个过程。

（二）并购中的融资渠道与方式分析

从资金来源划分，企业并购中融资渠道分为两类：内部融资渠道和外部融资渠道。

企业内部融资渠道主要指企业自有资金内部留存。这部分资金的特点是企业长期持有，自由支配，无须偿还，无募集成本费用等。这主要依靠企业历来收益留存积累和资本公积金积累形成，表明了企业并购的资金实力。

企业外部融资渠道主要包括企业现有或潜在股东、商业银行机构、非银行金融机构、外部企业、社会资金、外资等渠道融资。其中，对于股东是采用增资分股的方式融资。并购方选择这一方式取得现金时，要充分考虑股东增资认购的意愿。如上市企业，拥有企业控制权的大股东要分析自身的认购资金成本、其他股东认购意向，在其他股东放弃认购时要与股票承销商协调包销事宜，特别要考虑增资扩股后并购企业股权结构的变动。有时大股东会因此转用负债方式融资。而商业金融机构、非银行金融机构是并购企业借款融资的主渠道。这种贷款有别于一般商业贷款。它表现为金额较大，偿债期可能较长、风险较大，所以企业应尽早与金融机构协商，在并购中取得银行支持是至关重要的。其他企业资金是并购企业融资的又一渠道，在商业信用、资金拆借、企业债券、股票等多种形式下都可实现融资。特别是并购中对目标企业推迟支付出现卖方融资，类似于"分期付款"方式，可以减轻目标企业股东纳税负担，也可以要求并购方支付一定的利息补偿。而外资是并购中越来越重要的融资渠道。我国加入 WTO 后，越来越多的国外资本要进入中国，途径之一就是参与中国企业并购。

收购方融资的基本原则是：一方面尽量利用债务资本的杠杆效应，降低资本成本；另一方面避免因此带来的财务风险。在诸多的融资渠道中，企业并购首先选择内部融资。因为它筹资阻力小，保险性好，不必再支付融资发行成本，迅速保密。在外部融资中首先是选择银行借款。银行借款供应资金量大，供应及时，融资成本相对较低。取得金融机构支持是并购成功的关键条件之一。而随着中国资本市场发展，越来越多的企业也会选择发行有价证券的形式融资。首先倾向是发行企业债券、可转换企业债券，之后才是发行普通股或配股。

（三）并购中的融资成本分析

企业并购涉及大量资金的筹集，如何选择最佳方案以降低资金成本，成为非常重要的问题。并购中的融资成本计算方法与本书前面所讲筹资成本计算方法相同，不再赘述。

（四）杠杆收购（LBO）的财务分析

杠杆收购是 20 世纪 80 年代美国企业兼并高潮中出现的重要手段。所谓杠杆收购，就是并购企业主要通过负债增加来获取目标企业的产权，又通过目标企业的现金流量去归还借款，从而完成并购行为。从经济原理上讲，杠杆收购是高负债的收购方式，在美国表现为并购资金"一成自备，九成贷款"的格局。在资本不变的条件下，企业要从 EBIT 中支付利息、优先股息、租赁费，这是固定的。当 EBIT 增大时，每 1 元利润负担的固定利息、优先股息、租赁费用会相对减少，从而给普通股带来额外收益，这就是财务杠杆原理。

依据财务杠杆原理，企业负债增加在投资利润率大于借款利率前提下可以增大普通股股东收益；反之，可能减少普通股股东收益。而将其用于企业并购也极大增大了并购的风险，并在风险中追求高收益。杠杆收购的优点是：①股权回报率很高。杠杆收购使企业资本结构发生变化，银行贷款、企业债券占有很大比例，增强了财务杠杆利益。这在收购的前期表现特别明显，在企业用每年的现金流量还债后，债务资本结构下降，财务杠杆利益会逐步降低。②可享受税收优惠。由于杠杆收购使企业资本结构中债务资本增加，而债务资本的成本按照税法规定可以在税前扣除，从而减少税额。同时，目标企业在收购前有亏损，可以抵冲收购后企业以后年度的利润。

杠杆收购的一般程序如下：首先由投资银行贷给并购企业一笔贷款，并购企业只支出极少的自有资金就可买下目标企业。取得控制权后，安排目标企业发行大量债券筹款，来偿还贷款。由于企业负债比率过大，信用风险过大，这类债券信用等级很低，发行利率达到 15%，被称为"垃圾债券"。在实际操作中，并购方常常先设立一家"纸上企业"（Paper Company）来收购目标企业。"纸上企业"的资本结构为过渡性贷款及自有资金，通过"再融资"，该企业偿还过渡性贷款，同时将目标企业与"纸上企业"合并，完成并购过程。

在杠杆收购中，目标企业管理层也可以利用杠杆收购，用很少的资金投入收购自己企业。这种收购被称为"管理层收购"（MBO）。管理层收购是指公司管理人员自己买入被分立资产，分立的子公司出售给现有的管理人。数据表示，这种管理层收购主要针对民营家庭公司、小型国有公司，在破产公司接管中也较常见。管理层收购能够使现有管理人有机会继续管理自己的企业，有更高的忠诚度和更严的财务约束。这种收购一般要依赖专门从事 MBO 融资的金融机构的支持。对小型国有公司实行管理层收购时，要严防国有资产流失。新的企业资本结构一般还包括员工认股（ESOP）。ESOP 类似于基金，是用来向银行贷款认购目标企业股权的，其还款资金来源是目标企业发给职工的薪金的一部分。在美国这一比率可达 25%。ESOP 的发行会享受一定的免税优惠，因而贷款利息较低。

当 ESOP 贷款清偿后，员工即取得股权。当员工退休或离开时可取回股权或卖出 ESOP。

杠杆收购后目标企业财务状况会发生重大改变，从较小负债变为巨额负债。一般包括优先债、从属债、股票三个层次。因而收购后企业是否能够有足够现金流量清偿负债便成为收购是否成功的关键。这对目标企业就产生了一定的要求，如企业管理层素质较高、长期负债水平低、现金流量较稳定、目标企业实际价值高于账面价值等。

杠杆收购是一把"双刃剑"。它一方面可以使企业获得高额收益，另一方面可以把企业推到财务危机的边缘。目前，我国资本市场发育不够完善，不能满足杠杆收购中多种信用工具的融资需求，金融中介机构发展滞后，各种法律规范不够健全，投资风险管理机制不够健全。因此，杠杆收购的实现还有一个过程。

四、企业分立与财务重整

（一）企业分立的财务管理

1. 企业分立的主要动因

企业分立，又叫公司分立，是与企业并购相对应的一种活动，是通过出售、分设、以产易股、管理层收购等将资产或股权分立或分派的活动。其中，出售是公司将一部分资产或股权出让给另一家公司，以谋求重组业务、获取现金资源等。分立和以产易股有相同之处，都是把公司部分资产划出，分立的部分通过发行股票成立新公司，新公司的股票分配给母公司的股东，实现母子公司的分立。分立一般不存在股权与控制权的转移，分立后的新公司拥有独立的法人地位，可能拥有比分立前更大的规模。另外，分立一般不涉及现金或证券的支付。

企业分立的主要动因是：①调整公司战略。母公司希望集中于某一领域，而将不适应战略发展的部门分立出去，突出主营业务。②提高管理效率。当公司规模扩大到一定规模后，会带来管理效率的下降，特别是不同产业之间带来的不同产业特点，让公司无从把握，这时常常会分立不具优势的部门和产业。③因公司经营中出现财务危机，需要出售资产以获得现金流入，避免清算危机。④企业分立常常是企业并购的一部分，并购公司可能通过分拆出卖获得收购资金，或分立后更利于并购实施。⑤提高管理激励机制。在大公司中无法单独列示的部门业绩在分立后可以表现出来，并将直接与效益分配挂钩。而MBO更是极大调动了管理者的积极性。⑥作为反敌意收购的手段，如对效益好的部门分立，实行出售"皇冠上的珍珠"制约收购方。⑦获取税收上的优惠，如母公司将某些部门分立可获取国家产业政策优惠与税收减免。⑧有些公司分立是出于国家反托拉斯法规限制，如美国电业巨头——美国电报电话公司分立为若干个"小贝尔"公司就是典型。

企业分立越来越成为企业重组的重要方式。如英国20世纪80年代分立大约占全部收购与兼并的35%~40%，英国1988—1993年分立占到全部并购27%~40%。

2. 公司分立的主要方式

公司分立的主要方式有：①公司的出售，即卖给其他公司。这种交易有益于两家公司。分拆公司可以从中获得现金收入，以支持自己公司财务现金周转。而出售也可以消除分拆业务占用公司资源，从而提高价值，增强公司竞争力。②分设或以产易股。分拆的部分通过发行新股建立新公司，并将新公司股票分配给母公司股东。这种方式增强了母公司股东投资的灵活性，可以通过股权流通实现投资组合，而新公司可能在股票市场上为股东带来溢价收入。③管理层收购。英国1987—1994年MBO占全部收购的7.5%~12.6%。管理层收购建立了激励机制，使现有管理人身兼所有者角色，更好地服务于公司，使分立后的公司效益达到预期水平，因为管理人股权收益取决于公司未来的业绩增长。对于MBO也要配套变现措施，如交易出售、第二次收购、回购、发行证券等。

公司分立的财务决策基础是分立后的母子公司的总价值大于分立前的公司价值。对于上市公司就表现为分立后两家上市公司合计市值高于分立前独家的总市值。而对非上市公司则不能简单套用同类上市公司价格，而只能依据两家公司分立后预期现金流量贴现值进行判断。

（二）企业财务重整

1. 企业财务重整的内容

企业财务重整是对涉及面临破产的企业按照一定程序实施的债权债务及财务重整，清理财产，改善经营，保护债权人和股东利益，以达到挽救企业避免破产清算的目的。

我国法律上对企业破产的界定有两层含义：①资不抵债时实际上的破产，指企业经营亏损，负债超过资产、不能清偿到期债务的破产。②债务人无法清偿到期债务而被法院依法宣告破产。这时企业可能资产是超过负债总额的，但却没有现金支付到期债务，而债权人又不同意以其他方式清偿或展期，这种破产又称法律意义上的破产。

企业破产制度是市场经济发展过程中的重要制度。它有利于市场经济健康、有序地发展，保护了债权人合法的经济利益，体现了优胜劣汰的市场经济规律，集中社会资源向优势企业的转移，有利于社会资源合理配置。但是从实际情况看，企业一旦进入破产清算程序，其实际清偿率是极低的。这对债权人、股东都是巨大的损失。这时引入财务重整制度，就可以对一些尚有持续经营能力的公司进行挽救，通过重组措施激活企业的经营，减少亏损，改善资本结构，降低成本，增加盈利，走出困境。在这个过程中，债权人也可以减少债权风险损失，甚至全部收回债权；整个社会财富损失也会减少，破产导致的社会代价也会大大降低。这正是财务重组的重要意义。

在我国《破产法》中，允许企业在破产时进行重整。企业破产清算程序包括破产申请阶段、和解整顿阶段、破产清算阶段。在和解整顿阶段，经人民法院批准，通过与债权人协商，可按照法定程序对公司进行财务重组工作。

2. 财务重整的基本程序

财务重整的基本程序是以下几个。

（1）向法院提出重整申请。企业向法院阐明对企业实施财务重整的必要性，以及债权相关情况。如果符合条件，经法院批准重整申请。

（2）法院任命债权人委员会。债权人委员会由企业主要债权人及政府相关部门组成。其职责是，聘任中介机构作为代表履行职责，对企业经营活动、财务状况、债务状况进行调查，了解企业重整计划内容的相关情况，并呈交法院企业重整计划。

（3）制定企业重整计划。这是对企业债权、股权的清理和变更做出安排，调整公司资本结构，安排公司经营方案的计划，它一般包括：重新估算企业价值，判断企业持续经营前景；调整债权结构，有些债权可能要展期，或转为优先股、普通股等；用新的证券替换旧的证券，安排债权先后顺序；对公司管理班子、生产计划、投资项目、资产出售等做出安排。

（4）执行重整计划。重组计划报法院批准后，对企业、债权人、股东均有约束力。具体由债权人委员会监督执行。

（5）法院宣布终止重整。如果重整后企业能按协议及时偿债，法院宣布终止重整；或重整期满后，企业重整失败，法院宣布终止重整，进入破产清算。

3. 企业财务重整的步骤

在企业财务重整中，财务管理主要包括以下几方面的工作。

（1）对公司各项资产进行分析清理，对已贬值的财产的价值进行调整，真实反映公司资产在重整时的真实价值。

（2）重新估算公司的价值。这是实施财务重组的关键。只有公司重估价值大于公司清算价值，公司才有继续存在、扭亏为盈的可能性。这时一般采用收益现值法，预计公司未来收益与现金流量，特别是考虑企业重整需要的流动资金追加投资、设备维修改造、人员培训、辞退人员补偿支出等重整成本。然后选择适当的贴现率对公司未来净现金流量进行计算，得出公司重估价值。在企业持续经营假设前提下，一般用年金法、分段法来评估企业整体价值。其计算公式为

$$P = \frac{A}{r}$$

$$P = \sum_{i=1}^{n} \left[R_i \times (1+r)-i \right] + \frac{R_n}{r(1+r)^{-n}}$$

式中，P——企业重估价值；

A——企业每年的年金收益；

r——贴现率或本金化率；

R_i——i 年预期收益。

（3）债务清理与调整。将公司各类债权人和股东按求偿优先等级进行清理排队，首先安排对优先等级靠前的债权人、权益人的支付，然后才是对优先等级靠后的债权人和权益人的支付。用严谨的重整计划求得债权人债务展期，或在一定条件下转为优先股、普通股，改善资本结构，为公司重整创造条件。

本章小结

企业设立的方式主要有自由设立、特许设立、核准设立、准则设立和严格准则设立等。我国制度规定，对股份有限公司采取核准设立原则，对有限责任公司采取严格准则设立原则。企业设立必须进行多方面的可行性论证，在设立方式与地区的选择中，要注意搞好税收筹划。

与企业设立相对应的是企业的终结。企业终结无论是自愿解散还是被迫解散，都必须进行清算。企业清算必须按法律规定，成立专门的清算组去进行。企业清算应按清算程序进行。

企业清算的形式包括自愿清算与强制清算两种。企业清算中出现资不抵债时，就可能进入破产清算程序。在进入破产清算程序之前，为保护债权人和职工的利益，有条件时可对企业进行挽救，即进行财务重整。如果挽救失败，则应进行破产清算。

企业重组是企业对现有的各自生产要素和资源通过企业间的并购与分立等方式，实现

企业资源优化配置的行为。股东财富最大化是企业财务管理的重要目标，企业并购以此为出发点与归宿。企业重组的动机有经营协作动机、财务协同动机和企业发展动机等。

合理的价值评估是并购双方进行价格协商的基础。其方法有资产价值法、市盈率法等。公司的并购活动一般选择三种支付方式：现金收购、股票收购和混合证券收购。企业并购有内、外两类融资渠道。而杠杆收购是重要的企业并购手段。企业分立是企业并购的一种财务活动，是企业重组的一种重要形式。

即测即评

请扫描右侧二维码，进行即测即评。

思考题

1. 企业设立的方式有哪些？企业设立中如何做好税收筹划工作？
2. 企业清算对于维护债权人和投资人利益有何重要意义？
3. 在清算过程中清算小组的职能是什么？
4. 企业收购与合并的财务动因是什么？
5. 企业收购合并的主要形式是什么？
6. 企业并购价值评估的方法有哪些？

附录

复利终值系数表（FVIF 表）

n	1%	2%	3%	4%	5%	6%	7%	8%
1	1.010	1.020	1.030	1.040	1.050	1.060	1.070	1.080
2	1.020	1.040	1.061	1.082	1.103	1.124	1.145	1.166
3	1.030	1.061	1.093	1.125	1.158	1.191	1.225	1.260
4	1.041	1.082	1.126	1.170	1.216	1.262	1.311	1.360
5	1.051	1.104	1.159	1.217	1.276	1.338	1.403	1.469
6	1.062	1.126	1.194	1.265	1.340	1.419	1.501	1.587
7	1.072	1.149	1.230	1.316	1.407	1.504	1.606	1.714
8	1.083	1.172	1.267	1.369	1.477	1.594	1.718	1.851
9	1.094	1.195	1.305	1.423	1.551	1.689	1.838	1.999
10	1.105	1.219	1.344	1.480	1.629	1.791	1.967	2.159
11	1.116	1.243	1.384	1.539	1.710	1.898	2.105	2.332
12	1.127	1.268	1.426	1.601	1.796	2.012	2.252	2.518
13	1.138	1.294	1.469	1.665	1.886	2.133	2.410	2.720
14	1.149	1.319	1.513	1.732	1.980	2.261	2.579	2.937
15	1.161	1.346	1.558	1.801	2.079	2.397	2.759	3.172
16	1.173	1.373	1.605	1.873	2.183	2.540	2.952	3.426
17	1.184	1.400	1.653	1.948	2.292	2.693	3.159	3.700

n	1%	2%	3%	4%	5%	6%	7%	8%
18	1.196	1.428	1.702	2.206	2.407	2.854	3.380	3.996
19	1.208	1.457	1.754	2.107	2.527	3.026	3.617	4.316
20	1.220	1.486	1.806	2.191	2.653	3.207	3.870	4.661
25	1.282	1.641	2.094	2.666	3.386	4.292	5.427	6.848
30	1.348	1.811	2.427	3.243	4.322	5.743	7.612	10.063
40	1.489	2.208	3.262	4.801	7.040	10.286	14.974	21.725
50	1.645	2.692	4.384	7.107	11.467	18.420	29.457	46.902
n	9%	10%	11%	12%	13%	14%	15%	16%
1	1.090	1.100	1.110	1.120	1.130	1.140	1.150	1.160
2	1.188	1.210	1.232	1.254	1.277	1.300	1.323	1.346
3	1.295	1.331	1.368	1.405	1.443	1.482	1.521	1.561
4	1.412	1.464	1.518	1.574	1.630	1.689	1.749	1.811
5	1.539	1.611	1.685	1.762	1.842	1.925	2.011	2.100
6	1.677	1.772	1.870	1.974	2.082	2.195	2.313	2.436
7	1.828	1.949	2.076	2.211	2.353	2.502	2.660	2.826
8	1.993	2.144	2.305	2.476	2.658	2.853	3.059	3.278
9	2.172	2.358	2.558	2.773	3.004	3.252	3.518	3.803
10	2.367	2.594	2.839	3.106	3.395	3.707	4.046	4.411
11	2.580	2.853	3.152	3.479	3.836	4.226	4.652	5.117
12	2.813	3.138	3.498	3.896	4.335	4.818	5.350	5.936
13	3.066	3.452	3.883	4.363	4.898	5.492	6.153	6.886
14	3.342	3.797	4.310	4.887	5.535	6.261	7.076	7.988
15	3.642	4.177	4.785	5.474	6.254	7.138	8.137	9.266
16	3.970	4.595	5.311	6.130	7.067	8.137	9.358	10.748
17	4.328	5.054	5.895	6.866	7.986	9.276	10.761	12.468

续表

n	9%	10%	11%	12%	13%	14%	15%	16%
18	4.717	5.560	6.544	7.690	9.024	10.575	12.375	14.463
19	5.142	6.116	7.263	8.613	10.197	12.056	14.232	16.777
20	5.604	6.727	8.062	9.646	11.523	13.743	16.367	19.461
25	8.623	10.835	13.585	17.000	21.231	26.462	32.919	40.874
30	13.268	17.449	22.892	29.960	39.116	50.950	66.212	85.850
40	31.409	45.259	65.001	93.051	132.78	188.88	267.86	378.72
50	74.358	117.39	184.57	289.00	450.74	700.23	1 083.7	1 670.7
n	17%	18%	19%	20%	25%	30%		
1	1.170	1.180	1.190	1.200	1.250	1.300		
2	1.369	1.392	1.416	1.440	1.563	1.690		
3	1.602	1.643	1.685	1.728	1.953	2.197		
4	1.874	1.939	2.005	2.074	2.441	2.856		
5	2.192	2.288	2.386	2.488	3.052	3.713		
6	2.565	2.700	2.840	2.986	3.815	4.827		
7	3.001	3.185	3.379	3.583	4.768	6.276		
8	3.511	3.759	4.021	4.300	5.960	8.157		
9	4.108	4.435	4.785	5.160	7.451	10.604		
10	4.807	5.234	5.696	6.192	9.313	13.786		
11	5.624	6.176	6.777	7.430	11.642	17.922		
12	6.580	7.288	8.064	8.916	14.552	23.298		
13	7.699	8.599	9.596	10.699	18.190	30.288		
14	9.007	10.147	11.420	12.839	22.737	39.374		
15	10.539	11.974	13.590	15.407	28.422	51.186		
16	12.330	14.129	16.172	18.488	35.527	66.542		
17	14.426	16.672	19.244	22.186	44.409	86.504		

续表

n	17%	18%	19%	20%	25%	30%		
18	16.879	19.673	22.091	26.623	55.511	112.46		
19	19.748	23.214	27.252	31.948	69.389	146.19		
20	23.106	27.393	32.429	38.338	86.736	190.05		
25	50.658	62.669	77.388	95.396	264.70	705.64		
30	111.07	143.37	184.68	237.38	807.79	2 620.0		
40	533.87	750.38	1 051.7	1 469.8	7 523.2	36 119.0		
50	2 566.2	3 927.4	5 988.9	9 100.4	70 065.0	497 929.0		

复利现值系数表（PVIF 表）

n	1%	2%	3%	4%	5%	6%	7%	8%	9%
1	0.990	0.980	0.971	0.962	0.952	0.943	0.935	0.926	0.917
2	0.980	0.961	0.943	0.925	0.907	0.890	0.873	0.857	0.842
3	0.971	0.942	0.915	0.889	0.864	0.840	0.816	0.794	0.772
4	0.961	0.924	0.888	0.855	0.823	0.792	0.763	0.735	0.708
5	0.951	0.906	0.863	0.822	0.784	0.747	0.713	0.681	0.650
6	0.942	0.888	0.837	0.790	0.746	0.705	0.666	0.630	0.596
7	0.933	0.871	0.813	0.760	0.711	0.665	0.623	0.583	0.547
8	0.923	0.853	0.789	0.731	0.677	0.627	0.582	0.540	0.502
9	0.914	0.837	0.766	0.703	0.645	0.592	0.544	0.500	0.460
10	0.905	0.820	0.744	0.676	0.614	0.558	0.508	0.463	0.422
11	0.896	0.804	0.722	0.650	0.585	0.527	0.475	0.429	0.388
12	0.887	0.788	0.701	0.625	0.557	0.497	0.444	0.397	0.356
13	0.879	0.773	0.681	0.601	0.530	0.469	0.415	0.368	0.326
14	0.870	0.758	0.661	0.577	0.505	0.442	0.388	0.340	0.299
15	0.861	0.743	0.642	0.555	0.481	0.417	0.362	0.315	0.275

n	1%	2%	3%	4%	5%	6%	7%	8%	9%
16	0.853	0.728	0.623	0.534	0.458	0.394	0.339	0.292	0.252
17	0.844	0.714	0.605	0.513	0.436	0.371	0.317	0.270	0.231
18	0.836	0.700	0.587	0.494	0.416	0.350	0.296	0.250	0.212
19	0.828	0.686	0.570	0.475	0.396	0.331	0.277	0.232	0.194
20	0.820	0.673	0.554	0.456	0.377	0.312	0.258	0.215	0.178
25	0.780	0.610	0.478	0.375	0.295	0.233	0.184	0.146	0.116
30	0.742	0.552	0.412	0.308	0.231	0.174	0.131	0.099	0.075
40	0.672	0.453	0.307	0.208	0.142	0.097	0.067	0.046	0.032
50	0.608	0.372	0.228	0.141	0.087	0.054	0.034	0.021	0.013
n	10%	11%	12%	13%	14%	15%	16%	17%	18%
1	0.909	0.901	0.893	0.885	0.877	0.870	0.862	0.855	0.847
2	0.826	0.812	0.797	0.783	0.769	0.756	0.743	0.731	0.718
3	0.751	0.731	0.712	0.693	0.675	0.658	0.641	0.624	0.609
4	0.683	0.659	0.636	0.613	0.592	0.572	0.552	0.534	0.516
5	0.621	0.593	0.567	0.543	0.519	0.497	0.476	0.456	0.437
6	0.564	0.535	0.507	0.480	0.456	0.432	0.410	0.390	0.370
7	0.513	0.482	0.452	0.425	0.400	0.376	0.354	0.333	0.314
8	0.467	0.434	0.404	0.376	0.351	0.327	0.305	0.285	0.266
9	0.424	0.391	0.361	0.333	0.300	0.284	0.263	0.243	0.225
10	0.386	0.352	0.322	0.295	0.270	0.247	0.227	0.208	0.191
11	0.350	0.317	0.287	0.261	0.237	0.215	0.195	0.178	0.162
12	0.319	0.286	0.257	0.231	0.208	0.187	0.168	0.152	0.137
13	0.290	0.258	0.229	0.204	0.182	0.163	0.145	0.130	0.116
14	0.263	0.232	0.205	0.181	0.160	0.141	0.125	0.111	0.099
15	0.239	0.209	0.183	0.160	0.140	0.123	0.108	0.095	0.084

n	10%	11%	12%	13%	14%	15%	16%	17%	18%
16	0.218	0.188	0.163	0.141	0.123	0.107	0.093	0.081	0.071
17	0.198	0.170	0.146	0.125	0.108	0.093	0.080	0.069	0.060
18	0.180	0.153	0.130	0.111	0.095	0.081	0.069	0.059	0.051
19	0.164	0.138	0.116	0.098	0.083	0.070	0.060	0.051	0.043
20	0.149	0.124	0.104	0.087	0.073	0.061	0.051	0.043	0.037
25	0.092	0.074	0.059	0.047	0.038	0.030	0.024	0.020	0.016
30	0.057	0.044	0.033	0.026	0.020	0.015	0.012	0.009	0.007
40	0.022	0.015	0.011	0.008	0.005	0.004	0.003	0.002	0.001
50	0.009	0.005	0.003	0.002	0.001	0.001	0.001	0	0
n	19%	20%	25%	30%	35%	40%	50%		
1	0.840	0.833	0.800	0.769	0.741	0.714	0.667		
2	0.706	0.694	0.640	0.592	0.549	0.510	0.444		
3	0.593	0.579	0.512	0.455	0.406	0.364	0.296		
4	0.499	0.482	0.410	0.350	0.301	0.260	0.198		
5	0.419	0.402	0.320	0.269	0.223	0.186	0.132		
6	0.352	0.335	0.262	0.207	0.165	0.133	0.088		
7	0.296	0.279	0.210	0.159	0.122	0.095	0.059		
8	0.249	0.233	0.168	0.123	0.091	0.068	0.039		
9	0.209	0.194	0.134	0.094	0.067	0.048	0.026		
10	0.176	0.162	0.107	0.073	0.050	0.035	0.017		
11	0.148	0.135	0.086	0.056	0.037	0.025	0.012		
12	0.124	0.112	0.069	0.043	0.027	0.018	0.008		
13	0.104	0.093	0.055	0.033	0.020	0.013	0.005		
14	0.088	0.078	0.044	0.025	0.015	0.009	0.003		
15	0.074	0.065	0.035	0.020	0.011	0.006	0.002		

续表

n	19%	20%	25%	30%	35%	40%	50%		
16	0.062	0.054	0.028	0.015	0.008	0.005	0.002		
17	0.052	0.045	0.023	0.012	0.006	0.003	0.001		
18	0.044	0.038	0.018	0.009	0.005	0.002	0.001		
19	0.037	0.031	0.014	0.007	0.003	0.002	0		
20	0.031	0.026	0.012	0.005	0.002	0.001	0		
25	0.013	0.010	0.004	0.001	0.001	0	0		
30	0.005	0.004	0.001	0	0	0	0		
40	0.001	0.001	0	0	0	0	0		
50	0	0	0	0	0	0	0		

年金终值系数表（FVIFA 表）

n	1%	2%	3%	4%	5%	6%	7%	8%
1	1.000	1.000	1.000	1.000	1.000	1.000	1.000	1.000
2	2.010	2.020	2.030	2.040	2.050	2.060	2.070	2.080
3	3.030	3.060	3.091	3.122	3.153	3.184	3.215	3.246
4	4.060	4.122	4.184	4.246	4.310	4.375	4.440	4.506
5	5.101	5.204	5.309	5.416	5.526	5.637	5.751	5.867
6	6.152	6.308	6.468	6.633	6.802	6.975	7.153	7.336
7	7.214	7.434	7.662	7.898	8.142	8.394	8.654	8.923
8	8.286	8.583	8.892	9.214	9.549	9.897	10.260	10.637
9	9.369	9.755	10.159	10.583	11.027	11.491	11.978	12.488
10	10.462	10.950	11.464	12.006	12.578	13.181	13.816	14.487
11	11.567	12.169	12.808	13.486	14.207	14.972	15.784	16.645
12	12.683	13.412	14.192	15.026	16.917	16.870	17.888	18.977
13	13.809	14.680	15.618	16.627	17.713	18.882	20.141	21.495

n	1%	2%	3%	4%	5%	6%	7%	8%
14	14.947	15.974	17.086	18.292	19.599	21.015	22.550	24.215
15	16.097	17.293	18.599	20.024	21.579	23.276	25.129	27.152
16	17.258	18.639	20.157	21.825	23.657	25.673	27.888	30.324
17	18.430	20.012	21.762	23.698	25.840	28.213	30.840	33.750
18	19.615	21.412	23.414	25.645	28.132	30.906	33.999	37.450
19	20.811	22.841	25.117	27.671	30.539	33.760	37.379	41.446
20	22.019	24.297	26.870	29.778	33.066	36.786	40.995	45.762
25	28.243	32.030	36.459	41.646	47.727	54.865	63.249	73.106
30	34.785	40.588	47.575	56.085	66.439	79.058	94.461	113.28
40	48.886	60.402	75.401	95.026	120.80	154.76	199.64	259.06
50	64.463	84.579	112.80	152.67	209.35	290.34	406.53	573.77
n	9%	10%	11%	12%	13%	14%	15%	16%
1	1.000	1.000	1.000	1.000	1.000	1.000	1.000	1.000
2	2.090	2.100	2.110	2.120	2.130	2.140	2.150	2.160
3	3.278	3.310	3.342	3.374	3.407	3.440	3.473	3.506
4	4.573	4.641	4.710	4.779	4.850	4.921	4.993	5.066
5	5.985	6.105	6.228	6.353	6.480	6.610	6.742	6.877
6	7.523	7.716	7.913	8.115	8.323	8.536	8.754	8.977
7	9.200	9.487	9.783	10.089	10.405	10.730	11.067	11.414
8	11.028	11.436	11.859	12.300	12.757	13.233	13.727	14.240
9	13.021	13.579	14.164	14.776	15.416	16.085	16.786	17.519
10	15.193	15.937	16.722	17.549	18.420	19.337	20.304	21.321
11	17.560	18.531	19.561	20.655	21.814	23.045	24.349	25.733
12	20.141	21.384	22.713	24.133	25.650	27.271	29.002	30.850
13	22.953	24.523	26.212	28.029	29.985	32.089	34.352	36.786

n	9%	10%	11%	12%	13%	14%	15%	16%
14	26.019	27.975	30.095	32.393	34.883	37.581	40.505	43.672
15	29.361	31.772	34.405	37.280	40.417	43.842	47.580	51.660
16	33.003	35.950	39.190	42.753	46.672	50.980	55.717	60.925
17	36.974	40.545	44.501	48.884	53.739	59.118	65.075	71.673
18	41.301	45.599	50.396	55.750	61.725	68.394	75.836	84.141
19	46.018	51.159	56.939	63.440	70.749	78.969	88.212	98.603
20	51.160	57.275	64.203	72.052	80.947	91.025	102.44	115.38
25	84.701	98.347	114.41	133.33	155.62	181.87	212.79	249.21
30	136.31	164.49	199.02	241.33	293.20	356.79	434.75	530.31
40	337.89	442.59	581.83	767.09	1 013.7	1 342.0	1 779.1	2 360.8
50	815.08	1 163.9	1 668.8	2 400.0	3 459.5	4 994.5	7 217.7	10 436.0
n	17%	18%	19%	20%	25%	30%		
1	1.000	1.000	1.000	1.000	1.000	1.000		
2	2.170	2.180	2.190	2.200	2.250	2.300		
3	3.539	3.572	3.606	3.640	3.813	3.990		
4	5.141	5.215	5.291	5.368	5.766	6.187		
5	7.014	7.154	7.297	7.442	8.207	9.043		
6	9.207	9.442	9.683	9.930	11.259	12.756		
7	11.772	12.142	12.523	12.916	15.073	17.583		
8	14.773	15.327	15.902	16.499	19.842	23.858		
9	18.285	19.086	19.923	20.799	25.802	32.015		
10	22.393	23.521	24.701	25.959	33.253	42.619		
11	27.200	28.755	30.404	32.150	42.566	56.405		
12	32.824	34.931	37.180	39.581	54.208	74.327		
13	39.404	42.219	45.244	48.497	68.760	97.625		

n	17%	18%	19%	20%	25%	30%		
14	47.103	50.818	54.841	59.196	86.949	127.91		
15	56.110	60.965	66.261	72.035	109.69	167.29		
16	66.649	72.939	79.850	87.442	138.11	218.47		
17	78.979	87.068	96.022	105.93	173.64	285.01		
18	93.406	103.74	115.27	128.12	218.05	371.52		
19	110.29	123.41	138.17	154.74	273.56	483.97		
20	130.03	146.63	165.42	186.69	342.95	630.17		
25	292.11	342.60	402.04	471.98	1 054.8	2 348.8		
30	647.44	790.95	966.7	1 181.9	3 227.2	8 730.0		
40	3 134.5	4 163.21	5 519.8	7 343.9	30 089.0	120 393.0		
50	15 090.0	21 813.0	31 515.0	45 497.0	280 256.0	165 976.0		

年金现值系数表（PVIFA 表）

n	1%	2%	3%	4%	5%	6%	7%	8%	9%
1	0.990	0.980	0.971	0.962	0.952	0.943	0.935	0.926	0.917
2	1.970	1.942	1.913	1.886	1.859	1.833	1.808	1.783	1.759
3	2.941	2.884	2.829	2.775	2.723	2.673	2.624	2.577	2.531
4	3.902	3.808	3.717	3.630	3.546	3.465	3.387	3.312	3.240
5	4.853	4.713	4.580	4.452	4.329	4.212	4.100	3.993	3.890
6	5.795	5.601	5.417	5.242	5.076	4.917	4.767	4.623	4.486
7	6.728	6.472	6.230	6.002	5.786	5.582	5.389	5.206	5.033
8	7.652	7.325	7.020	6.733	6.463	6.210	5.971	5.747	5.535
9	8.566	8.162	7.786	7.435	7.108	6.802	6.515	6.247	5.995
10	9.471	8.983	8.530	8.111	7.722	7.360	7.024	6.710	6.418
11	10.368	9.787	9.253	8.760	8.306	7.887	7.499	7.139	6.805

n	1%	2%	3%	4%	5%	6%	7%	8%	9%
12	11.255	10.575	9.954	9.385	8.863	8.384	7.943	7.536	7.161
13	12.134	11.348	10.635	9.986	9.394	8.853	8.358	7.904	7.487
14	13.004	12.106	11.296	10.563	9.899	9.295	8.745	8.244	7.786
15	13.865	12.849	11.938	11.118	10.380	9.712	9.108	8.559	8.061
16	14.718	13.578	12.561	11.652	10.838	10.106	9.447	8.851	8.313
17	15.562	14.292	13.166	12.166	11.274	10.477	9.763	9.122	8.544
18	16.398	14.992	13.754	12.659	11.690	10.828	10.059	9.372	8.756
19	17.226	15.678	14.324	13.134	12.085	11.158	10.336	9.604	8.950
20	18.046	16.351	14.877	13.590	12.462	11.470	10.594	9.818	9.129
25	22.023	19.523	17.413	15.622	14.094	12.783	11.654	10.675	9.823
30	25.808	22.396	19.600	17.292	15.372	13.765	12.409	11.258	10.274
40	32.835	27.355	23.115	19.793	17.159	15.046	13.332	11.925	10.757
50	39.196	31.424	25.730	21.482	18.256	15.762	13.801	12.233	10.962
n	10%	11%	12%	13%	14%	15%	16%	17%	18%
1	0.909	0.901	0.893	0.885	0.877	0.870	0.862	0.855	0.847
2	1.736	1.713	1.690	1.668	1.647	1.626	1.605	1.585	1.566
3	2.487	2.444	2.402	2.361	2.322	2.283	2.246	2.210	2.174
4	3.170	3.102	3.037	2.974	2.914	2.855	2.798	2.743	2.690
5	3.791	3.696	3.605	3.517	3.433	3.352	3.274	3.199	3.127
6	4.355	4.231	4.111	3.998	3.889	3.784	3.685	3.589	3.498
7	4.868	4.712	4.564	4.423	4.288	4.160	4.039	3.922	3.812
8	5.335	5.146	4.968	4.799	4.639	4.487	4.344	4.207	4.078
9	5.759	5.537	5.328	5.132	4.946	4.472	4.607	4.451	4.303
10	6.145	5.889	5.650	5.426	5.216	5.019	4.833	4.659	4.494
11	6.495	6.207	5.938	5.687	5.453	5.234	5.029	4.836	4.656

n	10%	11%	12%	13%	14%	15%	16%	17%	18%
12	6.814	6.492	6.194	5.918	5.660	5.421	5.197	4.988	4.793
13	7.103	6.750	6.424	6.122	5.842	5.583	5.342	5.118	4.910
14	7.367	6.982	6.628	6.302	6.002	5.724	5.468	5.229	5.008
15	7.606	7.191	6.811	6.462	6.142	5.847	5.575	5.324	5.092
16	7.824	7.379	6.974	6.604	6.265	5.954	5.668	5.405	5.162
17	8.022	7.549	7.102	6.729	6.373	6.047	5.749	5.475	5.222
18	8.201	7.702	7.250	6.840	6.467	6.128	5.818	5.534	5.273
19	8.365	7.839	7.366	6.938	6.550	6.198	5.877	5.584	5.316
20	8.514	7.963	7.469	7.025	6.623	6.259	5.929	5.628	5.353
25	9.077	8.422	7.843	7.330	6.873	6.464	6.097	5.766	5.467
30	9.427	8.694	8.055	7.496	7.003	6.566	6.177	5.829	5.517
40	9.779	8.951	8.244	7.634	7.105	6.642	6.233	5.871	5.548
50	9.915	9.042	8.304	7.675	7.133	6.661	6.246	5.880	5.554
n	19%	20%	25%	30%	35%	40%	50%		
1	0.840	0.833	0.800	0.769	0.741	0.714	0.667		
2	1.547	1.528	1.440	1.361	1.289	1.224	1.111		
3	2.140	2.106	1.952	1.816	1.696	1.589	1.407		
4	2.639	2.589	2.362	2.166	1.997	1.849	1.605		
5	3.058	2.991	2.689	2.436	2.220	2.035	1.737		
6	3.410	3.326	2.951	2.643	2.385	2.168	1.824		
7	3.706	3.605	3.161	2.802	2.508	2.263	1.883		
8	3.954	3.837	3.329	2.925	2.598	2.331	1.922		
9	4.163	4.031	3.463	3.019	2.665	2.379	1.948		
10	4.339	4.192	3.571	3.092	2.715	2.414	1.965		
11	4.486	4.327	3.656	3.147	2.752	2.438	1.977		

n	19%	20%	25%	30%	35%	40%	50%		
12	4.611	4.439	3.725	3.190	2.779	2.456	1.985		
13	4.715	4.533	3.780	3.223	2.799	2.469	1.990		
14	4.802	4.611	3.824	3.249	2.814	2.478	1.993		
15	4.876	4.675	3.859	3.268	2.825	2.484	1.995		
16	4.938	4.730	3.887	3.283	2.834	2.489	1.997		
17	4.988	4.775	3.910	3.295	2.840	2.492	1.998		
18	5.033	4.812	3.928	3.304	2.844	2.494	1.999		
19	5.070	4.843	3.942	3.311	2.848	2.496	1.999		
20	5.101	4.870	3.954	3.316	2.850	2.497	1.999		
25	5.195	4.948	3.985	3.329	2.856	2.499	2.000		
30	5.235	4.979	3.995	3.332	2.857	2.500	2.000		
40	5.258	4.997	3.999	3.333	2.857	2.500	2.000		
50	5.262	4.999	4.000	3.333	2.857	2.500	2.000		

参考文献

[1] 王庆成. 财务管理理论探索. 北京：中国人民大学出版社，1999.

[2] 王庆成. 现代企业财务预测. 成都：西南财经大学出版社，1994.

[3] 郭复初. 财务通论. 上海：立信会计出版社，1997.

[4] 郭复初. 财务专论. 上海：立信会计出版社，1998.

[5] 王庆成. 财务管理. 北京：经济科学出版社，1995.

[6] 王庆成. 财务管理学. 北京：中国财政经济出版社，1995.

[7] 郭复初. 财务新论. 上海：立信会计出版社，2000.

[8] 郭复初. 发展财务学导论. 北京：清华大学出版社，2005.

[9] 李相国. 企业财务管理. 北京：中国审计出版社，1999.

[10] 荆新，王化成，刘俊彦. 财务管理学. 北京：中国人民大学出版社，1998.

[11] 王化成. 国际财务管理. 北京：中国审计出版社，1998.

[12] 吴丛生，郭振游. 国际财务管理. 北京：对外贸易教育出版社，1993.

[13] 余绪缨. 企业理财学. 沈阳：辽宁人民出版社，1955.

[14] 余绪缨. 管理会计学. 北京：中国人民大学出版社，1999.

[15] 吴水澎，袁新文，车幼梅. 财务管理的理论与方法. 成都：西南财经大学出版社，1989.

[16] 夏乐书，刘淑莲. 公司理财学. 北京：中国财政经济出版社，1998.

[17] J.费雷德·韦斯顿，托马·E.科普兰. 管理财务学. 杨君昌，何忠卿，周慈铭译. 北京：中国财政经济出版社，1992.

[18] 尤金·伯格汉姆，路易斯·加清斯基. 美国中级财务管理. 天津商学院 MBA 班编译. 北京：中国展望出版社，1990.

[19] 詹姆斯·范霍恩，约翰·瓦霍维奇. 现代企业财务管理. 郭浩，徐琳译. 北京：经济科学出版社，1998.

[20] 道格拉斯·R.爱默瑞，约翰·D.芬尼特. 公司财务管理. 荆新，王化成，李焰等译. 北京：中国人民大学出版社，1999.

[21] 傅元略. 网络财务. 上海：立信会计出版社，2001.

[22] 舒尔茨. 论人力资本投资. 北京：北京经济学院出版社，1990.

[23] 萨德沙姆. 兼并与收购. 北京：中信出版社，1998.

［24］王庆成. 王庆成文集. 北京：中国人民大学出版社，2017.

［25］郭复初. 中国特色财务理论研究. 成都：西南财经大学出版社，2010.

［26］郭复初. 财务理论与学科建设研究. 成都：西南财经大学出版社，2019.

［27］江涛. 财务预算与控制. 成都：西南财经大学出版社，2017.

［28］刘勤. 智能财务——打造数字化时代财务管理新世界. 北京：中国财政经济出版社，2021.

［29］Benton E. Gup. Principles of Financial Management. Second Edition. New York：John Wiley & Sons, Inc, 1987.

［30］Geoge E. Pinches. Essentials of Financial Management. Third Edition. New York：Harper & Row Publishers, 1990.

［31］Lawrence J. Gitman, Michael D. Joehnk, George E. Pinches. Managerial Finance. New York：Harper & Row Publishers, 1985.

［32］Eugene F. Brigham. Fundamentals of Financial Management. Fifth Edition. Chicago：Dryden Press, 1989.

［33］Hilary Hough. Financial Management（ACCA Study Book）. London：The Certified Accountants Educational Trust, 1988.

［34］Richard Brealey, Stewart Stewart Myers, Gordor Sick, Ronald Giammarino. Principles of Corporate Finance. Second Canadian Edition. New York：McGraw-Hill Ryerson, 1992.

郑重声明

高等教育出版社依法对本书享有专有出版权。任何未经许可的复制、销售行为均违反《中华人民共和国著作权法》，其行为人将承担相应的民事责任和行政责任；构成犯罪的，将被依法追究刑事责任。为了维护市场秩序，保护读者的合法权益，避免读者误用盗版书造成不良后果，我社将配合行政执法部门和司法机关对违法犯罪的单位和个人进行严厉打击。社会各界人士如发现上述侵权行为，希望及时举报，本社将奖励举报有功人员。

反盗版举报电话　　（010）58581999　58582371　58582488
反盗版举报传真　　（010）82086060
反盗版举报邮箱　　dd@hep.com.cn
通信地址　　北京市西城区德外大街 4 号
　　　　　　高等教育出版社法律事务部
邮政编码　　100120